Detlef Nolte / Nikolaus Werz (Hrsg.)
Argentinien
Politik, Wirtschaft, Kultur und Außenbeziehungen

Schriftenreihe des Instituts für Iberoamerika-Kunde · Hamburg
Band 42

Detlef Nolte / Nikolaus Werz (Hrsg.)
unter Mitarbeit von Peter Birle

Argentinien
Politik, Wirtschaft, Kultur und Außenbeziehungen

Vervuert Verlag · Frankfurt am Main 1996

Institut für Iberoamerika-Kunde · Hamburg

Verbund Stiftung Deutsches Übersee-Institut

Das Institut für Iberoamerika-Kunde bildet zusammen mit dem Institut für Allgemeine Überseeforschung, dem Institut für Asienkunde, dem Institut für Afrika-Kunde und dem Deutschen Orient-Institut den Verbund der Stiftung Deutsches Übersee-Institut in Hamburg.

Aufgabe des Instituts für Iberoamerika-Kunde ist die gegenwartsbezogene Beobachtung und wissenschaftliche Untersuchung der politischen, wirtschaftlichen und gesellschaftlichen Entwicklungen in Lateinamerika.

Das Institut für Iberoamerika-Kunde ist bemüht, in seinen Publikationen verschiedene Meinungen zu Wort kommen zu lassen, die jedoch grundsätzlich die Auffassung des jeweiligen Autors und nicht unbedingt die des Instituts darstellen.

Die Deutsche Bibliothek - CIP-Einheitsaufnahme

Argentinien : Politik, Wirtschaft, Kultur und Aussenbeziehungen / [Institut für Iberoamerika-Kunde ; Verbund Stiftung Deutsches Übersee-Institut]. Detlef Nolte/Nikolaus Werz (Hrsg.). - Frankfurt am Main : Vervuert, 1996
(Schriftenreihe des Instituts für Iberoamerika-Kunde, Hamburg ; Bd. 42)
ISBN 3-89354-242-6
NE: Nolte, Detlef [Hrsg.]; Institut für Iberoamerika-Kunde <Hamburg>: Schriftenreihe des Instituts ...

© Vervuert Verlag, Frankfurt am Main 1996
Alle Rechte vorbehalten
Umschlaggestaltung: Konstantin Buchholz
Printed in Germany: Rosch-Buch, Hallstadt

INHALTSVERZEICHNIS

Vorbemerkungen 7

Detlef Nolte/Nikolaus Werz
Einführung 8

Tulio Halperín Donghi
Die historische Erfahrung Argentiniens im lateinamerikanischen Vergleich. Konvergenzen und Divergenzen im Laufe des 20. Jahrhunderts 15
(Einführung durch Ernesto Garzón Valdés)

Michael Riekenberg
Historischer Diskurs und politische Öffentlichkeit 29
(19./20. Jahrhundert)

Arnold Spitta
Die Industrialisierungspolitik in den vierziger Jahren aus der Sicht des *"Economic Survey"* 41

Peter Waldmann
Anomie in Argentinien 58

Karl Kohut
Jenseits der Barbarei und des Schreckens.
Die argentinische Literatur der Diktatur 81

Detlef Nolte
Ein neuer Perón? Eine Bilanz der ersten Präsidentschaft von Carlos Menem (1989-1995) 98

Carlota Jackisch
Die Verfassungsreform von 1994 und die Wahlen vom 14. Mai 1995 125

Liliana de Riz
Menem – zweiter Akt: Die Wiederwahl 133

Dirk Messner
Wirtschaftsstrategie im Umbruch
Anmerkungen zu den ökonomischen und politischen Determinanten
von Wettbewerbsfähigkeit 149

Christian von Haldenwang
Der Anpassungsprozeß und das Problem der Legitimierung 177

Hartmut Grewe
Staat und Gewerkschaften 194

Peter Birle
Die Unternehmerverbände. Neue *"Columna Vertebral"* des Peronismus? 205

Wolfgang Heinz
Militär und Demokratie 225

Sandra Carreras
Die Entwicklung der Parteien seit Beginn der Demokratisierung 241
Eine Bilanz

Cecilia Braslavsky
Veränderungen im Erziehungswesen 1984-1995 260

Klaus Bodemer
**Peripherer Realismus? Die Außenpolitik der Regierung Menem
gegenüber Europa und den USA zwischen Kontinuität und Wandel** 273

Nikolaus Werz
Die deutsch-argentinischen Beziehungen 297

Autorenverzeichnis 313

Vorbemerkungen

Am 14. Mai 1995 fanden in Argentinien zum dritten Mal seit der Redemokratisierung des Landes im Jahre 1983 Präsidentschaftswahlen statt. Der seit Juli 1989 amtierende Präsident Carlos Saúl Menem von der Peronistischen Partei (*Partido Justicialista*, PJ) konnte sich klar gegen seine Herausforderer durchsetzen.

Anläßlich des Endes der ersten Amtsperiode der Regierung Menem veranstaltete das Institut für Politik- und Verwaltungswissenschaften der Universität Rostock vom 30.6. bis zum 2.7.1995 ein Symposium mit dem Titel "Argentinien − Politik, Kultur und Außenbeziehungen", bei dem eine Bestandsaufnahme der politischen, wirtschaftlichen und kulturellen Entwicklungen der letzten Jahre erfolgte. Das Symposium wurde von Prof. Dr. Nikolaus Werz nach Gewährung einer finanziellen Förderung durch die Fritz Thyssen Stiftung mit Unterstützung von Dr. Peter Birle geplant, vorbereitet und organisiert. Etwa 30 deutsche und argentinische Wissenschaftler setzten sich mit der Frage auseinander, wie sich das Land durch die tiefgreifenden, für viele Beobachter zunächst überraschenden Reformen der letzten Jahre verändert hat und welche Zukunftsperspektiven sich abzeichnen.

Das Presse- und Informationsamt der Bundesregierung hatte im Zusammenhang mit dem Symposium eine Delegation argentinischer Wissenschaftler, Journalisten und Politiker nach Deutschland eingeladen. Der Gruppe, die im Anschluß eine zehntägige Informationsreise durch Mecklenburg-Vorpommern und die anderen neuen Bundesländer antrat, gehörten Dr. Juan Alemann, Prof. Dr. Tulio Halperín Donghi, Dr. Alicia Pierini, Dr. Federico Storani und Angel Vega an. Ein Vertreter des aus den letzten Wahlen als zweitstärkste politische Kraft hervorgegangenen *Frente para un País Solidario* (FREPASO) und die Soziologin Liliana de Riz mußten ihre Teilnahme kurzfristig absagen. Eine Publikation der Stellungnahmen der argentinischen Wissenschaftler und Politiker zur aktuellen Situation ihres Landes erfolgte kurz nach der Tagung (Peter Birle/Nikolaus Werz: Argentinien nach den Wahlen vom Mai 1995. Rostocker Informationen zu Politik und Verwaltung, Heft 3). In dem vorliegenden Band werden in Kooperation mit dem Institut für Iberoamerika-Kunde Hamburg und mit Dr. Detlef Nolte die überarbeiteten Fassungen der in Rostock gehaltenen Referate veröffentlicht.

Verschiedenen Institutionen und Personen gebührt unser Dank für das Gelingen des Symposiums: der Fritz Thyssen Stiftung für die großzügige und unbürokratische Förderung des Vorhabens, Herrn Dr. Gerhard Kutzner, Leiter des Referats Lateinamerika im Presse- und Informationsamt der Bundesregierung in Bonn, Prof. Dr. Ernesto Garzón Valdés für seine Ratschläge sowie den Mitarbeitern des Lehrstuhls für Vergleichende Regierungslehre und des Instituts für Politik- und Verwaltungswissenschaften für ihre tatkräftige Mithilfe bei der Organisation der Veranstaltung im Konzilzimmer der Universität. Gedankt sei auch dem Veranstaltungsdienst der Universität und den Vertretern der Stadt Rostock.

Einleitung

Argentinien und seine Geschichte im 20. Jahrhundert haben in- und ausländische Beobachter immer wieder fasziniert. Auf der einen Seite stehen die Möglichkeiten und Leistungen, die ein großes, potentiell reiches Land mit einem hohen Bildungsniveau seiner Einwohner aufweist. "Gott ist Argentinier", hieß es früher, wobei offenbar niemanden störte, daß ähnliche Sätze auch in Brasilien und Uruguay kursierten. Ein wachsender Wohlstand um die Jahrhundertwende und der stetige Zustrom von europäischen Zuwanderern schienen gerade die *porteños*, d.h. die Bewohner der Hauptstadt, in ihrer visionären Sicht der Dinge zu beflügeln: Eigentlich lasse sich Buenos Aires doch nur mit Paris vergleichen, zumal man sich auch auf den Gebieten der Kultur und des Sports nicht hinter den Europäern zu verstecken brauche. Viel lieber als mit den Latein- oder gar Nordamerikanern suchten die Argentinier den Vergleich mit den Europäern, als deren nur räumlich getrennt lebende Verwandte sie sich verstanden.

Auf der anderen Seite finden sich schwer erklärbare Aspekte und dunkle Stellen in der argentinischen Geschichte: So gehört der Peronismus der Nachkriegszeit zu den im In- und Ausland kontrovers diskutierten Phasen. Der Ausschluß der Peronisten aus dem politischen Prozeß sollte von Mitte der 50er Jahre bis Anfang der 70er Jahre die Entwicklung des Landes prägen und zur politischen Instabilität beitragen. Der langsame, aber stetige wirtschaftliche Niedergang des Landes seit Mitte des Jahrhunderts gab auch versierten Ökonomen immer wieder Rätsel auf. Die mit dem ersten Militärputsch 1930 einsetzende politische Instabilität gipfelte zwischen 1976 und 1982 in einer Militärdiktatur, deren Repression in Südamerika ihresgleichen suchte. Schließlich kam es im Konflikt um die Falkland/Malvinas-Inseln 1982 zu einer kriegerischen Auseinandersetzung zwischen zwei vormals fast verbündeten Staaten, Argentinien und Großbritannien, was in der zweiten Hälfte des 20. Jahrhunderts als Anachronismus erschien.

Nach der Redemokratisierung im Jahre 1983 fand unter der Regierung von Präsident Raúl Alfonsín eine rechtliche Auseinandersetzung mit den Verbrechen der Generäle statt. Auch sonst leistete die zivile Regierung wichtige Beiträge zur Herstellung rechtsstaatlicher und demokratischer Zustände, sowohl auf innen- wie auf außenpolitischer Ebene. Die wirtschaftliche Dauerkrise des Landes jedoch bekam sie nicht in den Griff. Im Juli 1989 mußte sie die Amtsgeschäfte überstürzt an den gewählten Nachfolger, Carlos Saúl Menem von der Justizialistischen Partei, übergeben. Mit der Wahl des Peronisten Menem 1989 wurde ein Rückfall in den Populismus prognostiziert. Tatsächlich hat der gewählte Präsident jedoch eine marktorientierte Wirtschaftspolitik verfolgt. Die Wiedererlangung wirtschaftlicher Stabilität verschaffte der peronistischen Regierung bei allen Wahlen seit 1989 einen deutlichen Rückhalt in der Bevölkerung und ermöglichte – nach einer nicht unumstrittenen Verfassungsreform – im Jahre 1995 auch die Wiederwahl Menems für eine zweite Amtszeit.

Argentinien hat sich seit dem Amtsantritt Menems stärker verändert, als die meisten Beobachter erwartet und für möglich gehalten hätten. In politischer, ökonomischer und sozialer Hinsicht fanden Weichenstellungen statt, die das Land prägen werden. Ob die Optimisten oder doch eher die Skeptiker recht behalten werden, was die Beurteilung der Menem'schen Politik anbelangt, wird sich erst in Zukunft zeigen.

Interessant ist, wie am Ende des Jahrhunderts einige zentrale Entscheidungen der argentinischen Geschichte im 20. Jahrhundert revidiert wurden und sich wichtige politische und gesellschaftliche Akteure in neuen Bahnen bewegen oder sich in neuen Rollen zurechtfinden müssen. Insofern war es naheliegend, historische und gegenwartsbezogene Themen gemeinsam zu behandeln und zu verknüpfen. In dem vorliegenden Buch geht es folglich nicht nur um eine "Halbzeitbilanz" der Regierung Menem, sondern auch um eine Bestandsaufnahme der jüngeren Entwicklung Argentiniens und seiner Außenbeziehungen.

Eingangs werden historische und zeitgeschichtliche Fragen behandelt. **Tulio Halperín Donghi**, Nestor der neueren argentinischen und lateinamerikanischen Geschichtsschreibung, vermittelt in seinem Rostocker Festvortrag einen Überblick über die argentinische Geschichte im 20. Jahrhundert. Er greift auch einige Mythenbildungen der nationalen Geschichte auf und stellt die Frage nach der Gegenwart der Vergangenheit im zeitgenössischen Argentinien. **Ernesto Garzón Valdés** nimmt eine Würdigung des Werkes von Halperín Donghi vor und verweist besonders auf die stilistischen Finessen in den Schriften des Historikers.

Michael Riekenberg analysiert das Verhältnis zwischen historischem Diskurs und politischer Öffentlichkeit in Argentinien im 19. und 20. Jahrhundert. Er greift damit ein Thema auf, das zumindest in der deutschsprachigen Lateinamerikaforschung vernachlässigt wurde, nämlich die Frage nach der Historiographie und der politischen Instrumentalisierung unterschiedlicher Geschichtsinterpretationen in Argentinien. Auch hier spielt der Vergleich mit Europa und die Frage nach der nationalen Identität der Argentinier eine Rolle.

Im Zeitraum von 1880 bis 1930 ist die dynamische Entwicklung Argentiniens vergleichbar mit der Australiens, Kanadas und Neuseelands. Das bis Ende des 19. Jahrhunderts unterbevölkerte Land wächst schnell durch den Zustrom von Einwanderern aus Italien, Spanien und Deutschland. Die unerschlossenen Flächen und der rasante wirtschaftliche Aufschwung, dessen sichtbarster Ausdruck der Ausbau des Eisenbahnwesens ist, lassen die Vorstellung einer prosperierenden Zukunft aufkommen. Die "goldene Zeit" Argentiniens endet mit der Weltwirtschaftskrise der 30er Jahre. Zwar ermöglichen die enormen natürlichen Reichtümer dem Land auch in den folgenden Jahrzehnten immer noch eine Prosperität, die deutlich über dem Lebensstandard der meisten lateinamerikanischen Nachbarländer liegt, aber die Mitte der 30er Jahre begonnene und unter Perón forcierte binnenmarktorientierte Industrialisierung gerät in eine Stagnation. Überhaupt gehört die Regierungszeit von Juan Domingo Perón bis zum heutigen Tag zu jenen Perioden, die in der argentinischen Historiographie äußerst umstritten sind. **Arnold Spitta** untersucht am Beispiel der Auswertung des *"Economic Survey"* die Diskussion über Industrialisierung und Wirtschaftspolitik in den 40er Jahren.

Es geht ihm vor allem um die Frage, ob es realistische Alternativen zu der von Perón eingeschlagenen Entwicklungsstrategie gab.

Die folgenden Aufsätze setzen sich mit zwei Aspekten der zeitgeschichtlichen Entwicklung auseinander. **Peter Waldmann**, dem die Argentinien-Forschung in der Bundesrepublik viel verdankt, greift das Thema der sozialen Anomie in den 70er und 80er Jahren auf. Ihm geht es weniger um die politische Seite der Anomie, wie sie zum einen im Extremismus der Militärs und zum anderen in den Protestformen der Unterschichten Anfang der 90er Jahre auftaucht, sondern um ihre sozialpsychologischen Aspekte im Alltagsleben. **Karl Kohut** zeigt in seinem Beitrag an zahlreichen Beispielen, wie sich die argentinischen Schriftsteller mit der Militärdiktatur auseinandersetzten. Die Möglichkeiten und Grenzen schriftstellerischen Wirkens während der Diktatur interessieren ihn dabei ebenso wie die literarische Verarbeitung des *"Proceso"*.

In jüngster Zeit erweckt die "kopernikanische Wende" des Peronismus unter Carlos Menem im In- und Ausland publizistisches und wissenschaftliches Interesse. Mit seiner Wiederwahl im Mai 1995 (die zweite Amtsperiode endet 1999) wird Präsident Menem die argentinische Entwicklung in der letzten Dekade des Jahrhunderts prägen. Bereits im Vorgriff kann man festhalten, daß Menem wie Yrigoyen und Perón zu den wichtigen argentinischen Präsidenten im 20. Jahrhundert zählen wird, die der wirtschaftlichen und politischen Entwicklung des Landes ihren Stempel aufdrückten. Unter Menem wurde, ähnlich wie unter Perón, ein neues wirtschaftliches Entwicklungsmodell eingeleitet, die politische Landkarte umgestaltet und das Verhältnis zwischen politischer Führung und gesellschaftlichen Machtgruppen neu bestimmt. Im Namen des Peronismus verfolgt Menem allerdings einen Kurs, der in vieler Hinsicht der ersten Präsidentschaft von Perón diametral entgegegesetzt ist.

Mehrere Beiträge im vorliegenden Band sind der ersten Präsidentschaft von Carlos Menem gewidmet. Der Aufsatz von **Detlef Nolte** gibt einen Überblick über Grundtendenzen der Präsidentschaft: den Regierungsstil, den sozialen und politischen Rückhalt der Regierung, die Stärke der Opposition, die Wirtschafts-, Militär- und Außenpolitik. Diskutiert wird die Frage von Kontinuität und Diskontinuität im Verhältnis von Peronismus und Menemismus, deren Gemeinsamkeiten eher im politischen Stil als in den Inhalten zu suchen sind.

Beim Vergleich der Politiken der Präsidenten Menem und Alfonsín wird versucht, die Zeitumstände und die Rahmenbedingungen in Rechnung zu stellen, die die Handlungsoptionen beider Regierungschefs einschränkten. Damit können voluntaristische Geschichtsinterpretationen und vereinfachende Glorifizierungen (bzw. Abqualifizierungen) vermieden werden.

Bei einer Bestandsaufnahme der argentinischen Demokratie Mitte der 90er Jahre in historischer Perspektive kommt der Beobachter nicht umhin, die beachtlichen Veränderungen und Fortschritte festzuhalten. Argentinien kann seit 1930 als Prototyp einer "blockierten Demokratie" angesehen werden. Das Land blieb, was die Entwicklung seiner politischen Institutionen im Sinne einer pluralistischen Demokratie betrifft, über Jahrzehnte hinter seinem sozioökonomischen Entwicklungsniveau zurück. Unter Menem und seinem Amtsvorgänger Alfonsín wurden einige der "Blockadesyndrome" überwunden und auf diese Weise die Aussichten für eine dauerhafte Konsolidierung der Demokratie verbessert. Entscheidende Veränderungen ergaben sich hinsichtlich der Rolle des Militärs und der Haltung der Wirtschaftselite zur Demokratie und zur Peronistischen Partei. In gewisser

Weise gelang es Menem, durch die ideologisch-programmatische Neuverortung der Peronistischen Partei traditionelle Konflikt- und Trennungslinien der argentinischen Politik zu verschieben.

Unbeschadet bedenklicher Tendenzen in der Art der Machtausübung der peronistischen Regierung und des Ansehensverlustes (in Meinungsumfragen) der Politik – dies ist nicht allein ein argentinisches Phänomen – zeigt sich eine Zunahme demokratischer Einstellungen in der Bevölkerung.

Carlota Jackisch gibt eine kurze Analyse der Verfassungsreform von 1994, die erst die Wiederwahl von Carlos Menem ermöglichte. Zuvor war, wie in der Mehrzahl der lateinamerikanischen Republiken, eine direkte Wiederwahl ausgeschlossen. Behandelt werden Vorgeschichte der Verfassungsreform, einschließlich der Initiativen während der Präsidentschaft von Alfonsín, und die Frage, ob mit der Reform – wie von der Radikalen Partei intendiert – eine Einschränkung der präsidentiellen Kompetenzen erreicht wurde. Dies war nach der Meinung der Mehrzahl der Kommentatoren nicht der Fall.

Die Wahlen vom Mai 1995 endeten mit einem deutlichen Wahlsieg von Menem, der nur knapp die absolute Mehrheit verfehlte, aber aufgrund des argentinischen Wahlrechtes gleichwohl im ersten Wahlgang gewählt wurde. **Liliana de Riz** analysiert die Ergebnisse der Präsidentschafts-, Parlaments- und Gouverneurswahlen. Zu den Besonderheiten der Wahlen gehören die Zunahme des Stimmensplittings, d.h. einer nach Parteipräferenzen differenzierten Stimmabgabe bei den parallel abgehaltenen Wahlen, und das "Ende" des Zweiparteiensystems auf nationaler Ebene.

Neben dem erneuten Sieg der Peronisten, die sich mittlerweile als dominante Partei im Parteiensystem (mit einem Wählersockel von mehr als 40%) etabliert hat, ist die Entwicklung im Oppositionslager von Interesse: Einerseits hat sich gezeigt, daß durch den Kurswechsel der Peronisten im liberalen Mitte-Rechts-Spektrum der politische Raum für andere Parteien eng geworden ist, zum anderen fiel die bisher stärkste oppositionelle Gruppierung, die Radikale Partei (UCR), bei den Präsidentschaftswahlen (nicht bei den Kongreßwahlen) mit deutlichem Abstand auf den dritten Platz zurück und wurde von einem Mitte-Links-Bündnis, dem FREPASO, verdrängt. Es bleibt abzuwarten, ob damit eine grundsätzliche Restrukturierung des Parteiensystems verbunden ist. Möglich ist eine personelle Erneuerung und eine Erholung der UCR, während die innere Stabilität des FREPASO nicht gesichert scheint.

Sandra Carreras geht in ihrem Beitrag auf die jüngsten Veränderungen im Parteiensystem ein. Sie behandelt darüber hinaus die Frage, ob es seit der Rückkehr zur Demokratie 1983 zu grundsätzlichen Neuerungen in den Parteien und dem Parteiensystem gekommen ist, trugen doch die Parteien bzw. ihre Defekte in der Vergangenheit häufig zur politischen Instabilität oder sogar zum Zusammenbruch der Demokratie bei. Zu erwähnen ist insbesondere der traditionelle Antagonismus zwischen Peronisten und Radikaler Partei mit ihrem unterschiedlichen Demokratieverständnis und beiderseitigem Hegemonieanspruch. Carreras untersucht die programmatische und organisatorische Entwicklung der beiden großen Parteien in den vergangenen 12 Jahren und ihren Beitrag zum Funktionieren der demokratischen Institutionen (und damit zur Konsolidierung der Demokratie). Ihr Gesamturteil fällt eher skeptisch aus: So dominiert immer noch Personalismus in den Parteien über die Parteistrukturen, und die Bedeutung der Parteien für die politische Sozialisation hat abgenommen. Sie haben ihr altes

Mobilisierungspotential eingebüßt und versagen bei ihrer Aufgabe der Repräsentation und Aggregation gesellschaftlicher Interessen.

Während der Präsidentschaft von Carlos Menem erfolgte ein wirtschaftlicher Kurswechsel. Im Namen des Peronismus wurde eine Wirtschaftspolitik betrieben, die dem traditionellen Peronismus der 40er und frühen 50er Jahre diametral entgegengesetzt war. Auch wenn die Programmatik der Peronistischen Partei in der Vergangenheit wenig präzise und auslegungsfähig war, so gehörten doch ein wirtschaftlicher Nationalismus mit Schutzzöllen und Vorbehalten gegenüber dem Auslandskapital, ein hoher Staatsanteil an der Wirtschaft und ein korporativistisches System der Interessenvermittlung, das staatliche Kontrollen mit einer progressiven Arbeits- und Sozialpolitik kombinierte, dazu. Unter Menem wurde der Staatseinfluß in der Wirtschaft deutlich reduziert – u.a. durch die Privatisierung nahezu aller Staatsunternehmen –, eine Außenöffnung (Zollsenkungen, Wirtschaftsintegration in den MERCOSUR) betrieben und um ausländische Investitionen geworben. Zudem gelang der Regierung eine erfolgreiche Stabilisierungspolitik. Nach einer Hyperinflation von fast 5.000% zum Jahresende 1989 schloß das Jahr 1995 mit einer Inflationsrate von 1,6% ab – weltweit eine der niedrigsten.

Mittlerweile besteht in Argentinien ein Konsens darüber, daß Präsident Menem und seinem Wirtschaftsminister Domingo Cavallo eine erfolgreiche Stabilisierungspolitik gelang. Auch die Grundrichtung des neuen wirtschaftspolitischen Kurses wird nur noch von kleinen Gruppen in Frage gestellt. Strittig ist aber in Argentinien wie auch bei ausländischen Beobachtern die Frage, ob mit der erfolgreichen Stabilisierung bereits die Grundlagen für ein dauerhaftes und auch sozial ausgewogenes Wachstum geschaffen wurden. **Dirk Messner** arbeitet in seinem Beitrag Schwachpunkte des Wirtschaftsmodells heraus und skizziert das Anforderungsprofil für eine Wirtschaftspolitik, die langfristig den Standort Argentinien im internationalen Wettbewerb sichern will.

Ein wichtiger Faktor ist dabei die Qualität des Bildungssektors. **Cecilia Braslavsky** beschreibt in ihrem Beitrag verschiedene Reformbestrebungen im argentinischen Erziehungssystem zwischen 1984 und 1995, insbesondere die Bestrebungen nach Dezentralisierung und umfassenden curricularen Reformen.

Trotz des Kurswechsels der Regierung und trotz der sozialen Kosten der wirtschaftlichen Umstrukturierung konnte die Peronistische Partei ihren Rückhalt in der Wählerschaft konservieren. **Christian von Haldenwang** analysiert die Legitimierungsmechanismen und -strategien der peronistischen Regierung, die erfolgreich traditionelle Elemente, wie den Führungsstil und das Charisma Menems oder den Sonderfonds des peronistischen Gouverneurs der Provinz Buenos Aires, mit "modernen" Effizienzkriterien, wie sie vor allem Wirtschaftsminister Cavallo verkörpert, kombinierte. Zwischen beiden Komponenten – und den sie verkörpernden Akteuren – können sich, wie die Entwicklung nach den Wahlen von 1995 zeigte, Spannungen ergeben. Zentral für die bleibende Popularität waren allerdings die Stabilisierungserfolge nach einer Phase der Hyperinflation, die nicht nur wirtschaftliche Erwartungssicherheit schufen, sondern auch einen Beitrag zur Wiederherstellung staatlicher Autorität leisteten und der sozialen Desintegration entgegenwirkten.

Der wirtschaftspolitische Kurswechsel wurde auch dadurch erleichtert, daß die Peronisten die Gewerkschaftsbewegung kontrollierten, die sich schwer tat, gegen ihre eigene Regierung zu streiken, wie sie es mit 13 Generalstreiks gegen die Wirtschaftspolitik der Regierung Alfonsín getan hatten. Mit dem Fortschreiten der wirtschaftlichen Reformen wurde der Rückhalt in den Gewerkschaften (und die Rücksichtnahme auf ihre Anliegen) zunehmend entbehrlicher. In seinem Beitrag schildert **Hartmut Grewe** die Grundzüge der Entwicklung der argentinischen Gewerkschaftsbewegung und vor allem die Prägung durch den Peronismus, um danach den Bruch unter Menem darzustellen. Einst das Rückgrat der peronistischen Bewegung, sind die Gewerkschaften heute kein entscheidender Machtfaktor mehr. Die wirtschaftlichen Umstrukturierungspolitiken und ihre Folgen − der Anteil der Arbeitslosen und Unterbeschäftigten summierte sich 1995 auf fast 30% der Erwerbsbevölkerung − hat das Störpotential und die Verhandlungsmacht der Gewerkschaften verringert. Soweit starke Branchengewerkschaften überleben konnten, so haben sie sich an die Logik der neuen Zeit angepaßt und agieren als Unternehmer oder Dienstleistungsorganisationen.

Auch im Unternehmerlager waren Veränderungen zu verzeichnen: Traditionell stand es in seiner Mehrheit den Peronisten mit großen Vorbehalten gegenüber, und unter demokratischen Bedingungen sahen die Unternehmer ihre Interessen nicht immer ausreichend gesichert. Beides waren Faktoren, die zur Instabilität in Argentinien beitrugen. Durch die politische Neuverortung der Peronistischen Partei und die Verankerung eines wirtschaftlichen Ordnungsmodells, daß der Privatinitiative gegenüber staatlichen Interventionen eindeutig den Vorrang einräumt, hat sich die Position des Unternehmerlagers im politischen Kräftespiel verbessert. **Peter Birle** gibt einen Überblick über die historische Entwicklung der Interessenorganisationen der Unternehmerschaft und über ihre Haltung zu unterschiedlichen Regimen und Regierungen. Er stellt die Frage, ob die Unternehmer die Gewerkschaften als *"columna vertebral"* des Peronismus abgelöst haben. Betrachtet man die Wirtschaftsminister der Regierung Menem − beginnend mit zwei Topmanagern des argentinischen Multis Bunge & Born − so scheint diese Überlegung nicht einmal abwegig.

Ähnlich wie die Rolle und Position der Unternehmerschaft hat sich die der argentinischen Streitkräfte verändert. Einst waren sie ein permanenter Stör- und nicht zu übersehender Machtfaktor in der Politik gewesen und hatten immer wieder Demokratiephasen abrupt abgebrochen. Mittlerweile hat Argentinien viele Nachbarländer hinter sich gelassen, was die Einbindung der Streitkräfte in eine demokratische Ordnung betrifft. Sie stellen zur Zeit keinen entscheidenden Machtfaktor in der Politik mehr dar. Diese Entwicklung wurde durch die letzte Episode militärischer Intervention möglich. Am Ende der Militärherrschaft waren die argentinischen Streitkräfte militärisch (durch die Niederlage im Malwinen-Konflikt), moralisch (durch die illegale Repression) und auch wirtschaftlich (durch ihre Mißerfolge) diskreditiert. Die nachfolgenden Militärrebellionen gegen Alfonsín und Menem vermehrten zusätzlich die Antikörper in der Gesellschaft gegen den Bazillus militärischer Interventionen und verstärkten die internen Konflikte in den Streitkräften. **Wolfgang Heinz** beschreibt das Auf und Ab in den zivil-militärischen Beziehungen seit 1983 und die Grundzüge der Militärpolitik von Alfonsín und Menem. Unbeschadet der Fortschritte hinsichtlich einer Unterordnung des Militärs unter die zivile Regierung sieht Heinz immer noch Probleme bei der Definition des Selbstverständnisses der Streitkräfte.

Ähnlich markant wie in der Wirtschaftspolitik fiel der Kurswechsel der Regierung Menem in der Außenpolitik aus, der sich vor allem im engen Schulterschluß mit den USA und dem demonstrativen Austritt aus der Blockfreienbewegung manifestierte. **Klaus Bodemer** überprüft den Anspruch der Regierung Menem, eine neue und realistischere Außenpolitik zu betreiben, und fragt nach den Ergebnissen (im Sinne einer Kosten-

Nutzen-Kalkulation) der außenpolitischen Wende. Er verweist auf Kontinuitätslinien, einen in vielen Bereichen eher graduellen Wandel, der bereits unter der Regierung Alfonsín einsetzte, und auf die externen, vor allem ökonomischen Rahmenbedingungen, die jeder Regierung bestimmte Kurskorrekturen und Prioritätssetzungen vorgegeben hätten. Nach Ansicht von Bodemer fiel der Ertrag — im Sinne materieller Vergünstigungen oder außenpolitischer Vorteile — des "peripheren Realismus" der Regierung Menem eher bescheiden aus. Dies gilt in besonderer Weise für das Verhältnis zu den USA. Demnach haben die "Selbstkastration" und der "vorauseilende Gehorsam" der peronistischen Regierung die Verhandlungsposition Argentiniens in den internationalen Beziehungen geschwächt.

Vergleichsweise harmonisch sind die Beziehungen zwischen Argentinien und Deutschland im 20. Jahrhundert verlaufen. **Nikolaus Werz** untersucht Stationen der historischen Beziehungen und die aktuellen Kontakte. Gerade in jüngster Zeit hat das Land an Bedeutung für die deutsche Außenpolitik gewonnen. Bei einem Besuch im Mai 1994 bezeichnete der damalige Forschungsminister Paul Krüger Argentinien als wichtigsten wissenschaftlichen Partner in Lateinamerika. In den letzten Jahren hatten mehrere diplomatische und wirtschaftliche Initiativen, die auch auf andere südamerikanische Länder zielten, ihren Ausgangspunkt in Buenos Aires — im Oktober 1993 die Konferenz deutscher Botschafter in Lateinamerika, im Juni 1995 eine Lateinamerika-Konferenz unter Leitung von Wirtschaftsminister Rexrodt sowie im gleichen Monat ein Technik-Symposium, an dem deutsche High-Tech-Firmen teilnahmen. Auch das neue Lateinamerika-Konzept der Bundesregierung wurde in Buenos Aires vorgestellt.

Das vorliegende Buch, das Beiträge deutscher und argentinischer Wissenschaftler vereint, möchte einen Beitrag zum besseren Verständnis der jüngeren Geschichte Argentiniens leisten.

Der Band ist dem Andenken von **Leopoldo Mármora** gewidmet, dessen Tätigkeit in Freiburg, Berlin und Heidelberg bei Freunden und Kollegen unvergessen bleibt[1].

Detlef Nolte und Nikolaus Werz
Hamburg/Rostock im März 1996

---

[1] Der Nachlaß von Leopoldo Mármora ist Dank der großzügigen Schenkung seiner Familie in die Bibliothek des Instituts für Politik- und Verwaltungswissenschaften der Universität Rostock eingegangen.

Festvortrag Tulio Halperín Donghi

Einführung durch Ernesto Garzón Valdés

Selbstverständlich ist es nicht meine Absicht, Ihnen Tulio Halperín Donghi vorzustellen, gehört er doch zu jener Klasse von Intellektuellen, die nicht zu kennen jedem zum Schaden gereicht. Unter Juristen pflegt man folgenden Aphorismus: *error juris nocet* — das Recht nicht zu kennen, ist schädlich. Im übertragenen Sinne könnte man sagen: *error Halperín Donghi nocet* — denn sein Werk nicht zu kennen, heißt, entscheidende Beiträge zur Interpretation der lateinamerikanischen und insbesondere der argentinischen Geschichte und Realität zu ignorieren. Angesichts der Gewißheit, daß keiner der Anwesenden an dieser schädlichen Ignoranz leidet, möchte ich mich darauf beschränken, einige Daten aus dem Leben und Werk Tulio Halperín Donghis in Erinnerung zu rufen.

Geboren wurde er in Buenos Aires, wo er auch studierte. Während eines Forschungsaufenthaltes in Spanien bereitete er seine Doktorarbeit *"Un conflicto nacional. Moriscos y cristianos viejos en Valencia"* vor. Er arbeitete als Professor an der Universität Río de la Plata, der Universität von Montevideo, der Philosophischen Fakultät der Universität von Buenos Aires und der Universität des Litoral. Seit mehr als zwei Jahrzehnten teilt er das Schicksal vieler argentinischer Akademiker seiner Generation, "Spanisch-Amerika und Argentinien mehr von außen als von innen beobachten und analysieren zu müssen". Seit 1972 forscht er an der historischen Fakultät der *University of California* in Berkeley.

In einer kurzen Auflistung seiner wichtigsten Veröffentlichungen dürfen zumindest die folgenden Bücher nicht fehlen: *"El pensamiento de Echeverría"*, *"Historia de la historiografía argentina"*, *"Tradición política española"*, *"Historia de la Universidad de Buenos Aires"*, *"El Río de la Plata al comenzar del siglo XIX"*, *"La expansión ganadera en la provincia de Buenos Aires"*, *"Argentina en el callejón"*, *"Revolución y Guerra"*, *"Historia contemporánea de América Latina"*, *"El espejo de la historia"* y *"La larga agonía de la Argentina peronista"*.

Vielleicht ist es nicht ganz unangemessen, zumindest an einige der für ein Verständnis der lateinamerikanischen und der argentinischen Geschichte aufschlußreichsten Thesen Halperín Donghis zu erinnern. Erwähnt sei erstens seine Interpretation der Krise der spanischen Kolonialordnung als Folge des Bruchs einer stillschweigenden Übereinkunft zwischen der spanischen Krone und den kreolischen Eliten. Während eines großen Teils des 19. Jahrhunderts widmeten die neuen Staaten ihre Kräfte der Errichtung einer neokolonialen Ordnung, deren Herausbildung und Krise auch weiterhin das Schicksal der lateinamerikanischen Länder prägt. Diese Aussage gilt m.E. nicht nur für das 19. Jahrhundert, sondern bis zum heutigen Tag.

Die zweite These betrifft "die Persistenz eines ungelösten Konfliktes zwischen einer liberal-konstitutionellen Berufung und einem Geschichtsverlauf, der sich darauf zu versteifen scheint, diese zu enttäuschen." Halperín Donghi hat recht. Die Existenz von Verfassungstexten, die Zeugnis ablegen von einem noblen, durch die europäische und die nordamerikanische Verfassungstradition beeinflußten Erbe, und deren reduzierte Gültigkeit in der Verfassungswirklichkeit einerseits und das Andauern einer politischen Kultur, die deutlich von einem Bewußtsein dieser Diskrepanz geprägt ist und die eine größere Harmonie zwischen Gesetzestext und Realität verhindert, andererseits, ist eines der grundlegenden Kennzeichen des politischen Lebens in Lateinamerika.

Drittens: Halperín hat, m.E. zu recht, auf die Verrohung der Sitten in der argentinischen Gesellschaft nach der Unabhängigkeit als Folge dessen, was er die Verländlichung der Machtgrundlagen (*ruralización de las bases de poder*) nennt, hingewiesen. Diese These halte ich für besonders interessant, denn sie ermöglicht beispielsweise eine außerordentlich interessante und reichhaltige Interpretation des Phänomens "Caudillismo".

Viertens: Die Interpretation der argentinischen Geschichte, ich zitiere Halperín Donghi, "stützt sich nach wie vor auf die Feststellung, daß die argentinische Geschichte die eines Versuches ist, sich von diesem 'südamerikanischen Schicksal' (Borges) zu befreien, um auf dieser Grundlage ein nationales Profil zu konstruieren, und damit unterscheidet sich unsere nationale Geschichte weniger, als es uns bis gestern lieb war, von der der anderen lateinamerikanischen Nationen." Meines Erachtens handelt es sich hier um eine ausgezeichnete Interpretation der Probleme, die wir Argentinier mit unserer historischen Identität haben.

Das Werk Halperín Donghis weist ein weiteres Merkmal auf, das ich an dieser Stelle unbedingt erwähnen möchte – sein Interesse für die lateinamerikanische Literatur, das sich in einer ganzen Reihe von Studien über die Beziehungen zwischen der Belletristik und den Sozialwissenschaften niedergeschlagen hat. Dieses Interesse verharrt nicht auf einer rein theoretischen Ebene, sondern es beeinflußt auch Halperín Donghis eigenen Schreibstil. Seine Bücher sind in einem wunderbaren Spanisch geschrieben, mit Anklängen an Sarmiento und auch an Borges. Sein nüchterner und vollkommener Umgang mit den Adjektiven bereitet mir als Leser ein enormes Vergnügen. Sehen wir uns einige Beispiele an: *"rencorosa memoria"* (grollende Erinnerung), *"melancólica coincidencia"* (melancholische Übereinstimmung), *"incontenible vocación por el enriquecimiento ilícito"* (unbezähmbare Berufung zur unerlaubten Bereicherung), *"conquista golosa y goza insaciable del poder personal"* (naschhafte Eroberung und unersättlicher Genuß der persönlichen Macht), *"desolada lectura del pasado"* (trostlose Lektüre der Vergangenheit), *"misericordiosa ceguera"* (barmherzige Blindheit), *"ilusión retrospectiva"* (rückblickende Illusion).

Diese stilistische Nähe findet sich auch im Vorwort des Buches *"Espejo de la Historia"*, mit wiederholten Anspielungen auf das *"Poema conjetural"* (Mutmaßendes Gedicht) von Borges. Dort lesen wir folgenden, glänzend komponierten und auf García Moreno bezogenen Satz, der mich immer wieder an die Worte Sarmientos über Gaspar Francia erinnert: "García Moreno, der sich zunächst auf die Aristokratie von Quito und später auf einen ausgeklügelten, geschickt mit Terror operierenden Polizeistaat stützte, widmete sich der Aufgabe, ein Land zu zivilisieren, das voll war von Indios und Mestizen, die er verachtete. Selbst seine Feinde bewundern García Moreno wegen seiner Ehrenhaftigkeit und seines wirtschaftspolitischen Gespürs, wegen seines bescheidenen Lebensstils und wegen einer wissenschaftlichen Bildung, die er sich während eines

Studienjahrs in Paris erworben hat. Diese Bildung ist gleichzeitig umfassend und pedantisch, aber in Quito hält man sie für immens."

Die Leser Halperín Donghis sehen sich in zweifacher Hinsicht bereichert. Ihnen bietet sich nicht nur eine Vision der Geschichte, die geprägt ist von einer souveränen Kenntnis der Tatsachen, sondern sie haben darüber hinaus das seltene Vergnügen, sich mit einer eleganten und präzisen Prosa auseinanderzusetzen. Aber ich glaube, dies ist nicht der Moment, um Halperín Donghi zu lesen, sondern um ihm zuzuhören.

Tulio Halperín Donghi

Die historische Erfahrung Argentiniens im lateinamerikanischen Vergleich.
Konvergenzen und Divergenzen im Laufe des 20. Jahrhunderts[*]

Vielen Dank für die überaus freundliche Einführung. Am liebsten würde ich mich jetzt verabschieden und Sie mit jenen Illusionen zurücklassen, die diese so inspirierte Einführung bei Ihnen erzeugt hat. Aber leider muß ich Sie enttäuschen. Ich erinnere mich an eine − wohl kaum authentische, aber nichtsdestotrotz köstliche − Anekdote über General Perón während der berühmten Totenwache für seine verstorbene Frau, bei der die Leute sich gegenseitig an Trauerbekundungen zu überbieten versuchten. Eine Dame, die wohl entschlossen war, diesen Wettstreit zu gewinnen, erging sich in einem geradezu frenetischen Klagegesang. Da klopfte ihr General Perón freundlich auf die Schultern und sagte: "Aber Señora, so schlimm ist es doch auch nicht." Nun, in gewisser Hinsicht werden Sie, wenn Sie jetzt meinen Vortrag hören, ebenfalls merken, daß mein Vorredner ein wenig übertrieben hat.

Mein Thema lautet: Konvergenzen und Divergenzen der argentinischen Geschichte im lateinamerikanischen Vergleich. In einem jener Zitate, die mein Vorredner freundlicherweise ausgewählt hat, habe ich darauf hingewiesen, daß Argentinien nicht nur lange Zeit darum bemüht war, seinem "lateinamerikanischen Schicksal" zu entkommen, sondern daß man auch glaubte, dazu seien keine allzu großen Anstrengungen notwendig. Argentinien − davon war man im Grunde überzeugt − war nicht Lateinamerika. Nun, ein Vorteil erlittener Mißgeschicke ist, daß man eine gewisse Bescheidenheit lernt. Auch wenn dies für die Argentinier ein schwieriger Lernprozeß war, so bin ich doch davon überzeugt, daß diese Vorstellung heute weitgehend verschwunden ist. Dies ist die Folge einer historischen Erfahrung. Denn zu einem bestimmten Zeitpunkt schien sich Argentinien ja tatsächlich vom Rest Lateinamerikas klar zu unterscheiden. Später jedoch schwanden diese Unterschiede, oder, um es anders auszudrücken, es waren nicht

---

[*] Übersetzung des spanischen Vortrages von Peter Birle.

mehr positive Divergenzen, die den Unterschied zu den übrigen lateinamerikanischen Ländern ausmachten, sondern geradezu pathologische Züge.

José Vasconcelos, der Argentinien gegen Ende der ersten Präsidentschaft Yrigoyens (1916-22) besuchte, beschrieb die Unterschiede zu seinem eigenen Heimatland folgendermaßen: Argentinien habe die gleichen Probleme wie alle anderen zivilisierten Länder, Mexiko dagegen sei zunächst einmal mit dem Problem konfrontiert, zu einem zivilisierten Land zu werden.

Der Ökonom Alejandro Bunge unternahm 1925 einen statistischen Vergleich zwischen Argentinien und den anderen lateinamerikanischen Ländern, durch den er aufzeigte, daß sich Argentinien nicht nur in wirtschaftlicher Hinsicht, sondern auch im Hinblick auf Modernisierungsleistungen und "gesellschaftliche Reife" (*madurez social*) auf einem ganz anderen Niveau bewegte als der Rest des Subkontinents. Damals entfielen 70% der in Lateinamerika verschickten Telegramme und 60% des Papierverbrauchs für Bücher und Zeitungen auf Argentinien. Ähnlich sah das Verhältnis bei Telefonen und Autos aus. Im Jahr 1928 gab es in Argentinien ca. 400.000 Autos. Angesichts solcher Zahlen schien der geeignete Vergleichsmaßstab für Argentinien nicht Brasilien oder irgendein anderes südamerikanisches Land zu sein, sondern Frankreich oder Großbritannien, und selbst dort war die Anzahl von Autos und Telefonen pro Kopf damals niedriger.

Drei Elemente schienen den Kontrast zwischen Argentinien und seinen lateinamerikanischen Nachbarn klar zu belegen: die augenscheinliche wirtschaftliche Überlegenheit, die Fortschritte bei der Herausbildung einer modernen Gesellschaft und das erste durch einen friedlichen Transformationsprozeß geschaffene demokratische politische System Südamerikas. Vor allem dieser letzte Punkt interessierte Vasconcelos, präsentierte sich ihm doch hier – im Unterschied zu den für ihn enttäuschenden Erfahrungen mit der mexikanischen Revolution – eine Demokratie, die seiner Einschätzung nach von der Gesellschaft als legitim angenommen worden war und an deren Stabilität er nicht zweifelte.

All dies trug zu einer Verfestigung der argentinischen Eitelkeit bei, mit Ergebnissen, die sich auf lange Sicht als katastrophal erweisen sollten. Aber – dies gilt es mit der typisch argentinischen Bescheidenheit anzuerkennen – es war ja tatsächlich so, daß sich Argentinien damals deutlich von seinen lateinamerikanischen Nachbarn unterschied.

Worauf waren diese Unterschiede zurückzuführen? Vor dem Aufschwung der Exportwirtschaft existierte Argentinien eigentlich überhaupt nicht, als Land natürlich schon, aber nicht als Gesellschaft. Dies mag übertrieben sein, aber denken wir daran, daß Mexiko 1810 sechseinhalb bis sieben Millionen Einwohner hatte, Argentinien dagegen nur etwa 400.000. Auch Peru wies schon damals eine Bevölkerung zwischen eineinhalb und zwei Millionen Menschen auf. Im Vergleich zu diesen Ländern war Argentinien kaum mehr als der Entwurf einer Gesellschaft. Allerdings sollte man bei solchen Vergleichen nicht vergessen, was man die Hartnäckigkeit der genetischen Codes nennen könnte. Mögen sie auch wenig ins Gewicht fallen, so kann dieses wenige doch tiefe Spuren hinterlassen.

Bereits vor der großangelegten wirtschaftlichen Modernisierung ganz Lateinamerikas in der zweiten Hälfte des 19. Jahrhunderts hatte sich in Argentinien, und zwar in jener dynamischen Zone, die die gesamte historische Entwicklung des Landes dominieren sollte, dem Litoral, eine Exportökonomie herausgebildet, die sogar noch extremer exportorientiert war als das, was später folgte. Bei einer, zugegebenermaßen summarischen, rudimentären und infolgedessen bestreitbaren Berechnung der Wirtschaftsleistung der Provinz Buenos Aires in den 20er Jahren des 19. Jahrhunderts bin ich zu dem Ergebnis gekommen, daß die Exportquote pro Kopf damals mehr als fünf Goldpfund pro Jahr betrug, während es in Großbritannien, dem Zentrum der Handelswelt, nur etwas mehr als ein Pfund war. Das soll ganz und gar nicht heißen, daß die Provinz Buenos Aires über eine entwickeltere und modernere Ökonomie verfügt hätte. Einer der Gründe für diese Konzentration war vielmehr die extreme Einfachheit der vorherigen Ökonomie, in der es mit einem Schlag zu einem triumphalen Exportboom gekommen war. Die Provinz Buenos Aires, die fünf Goldpfund pro Kopf exportierte, mußte sogar noch das Holz importieren, das als Feuermaterial gebraucht wurde. Aber auf jeden Fall war der Ausgangspunkt völlig anders als in Ländern wie Mexiko, Peru und selbst Chile – Ländern mit einer bäuerlichen Gesellschaft, von denen einige ethnische Aufspaltungen von einer bemerkenswerten Rigidität und einer beachtlichen Beharrungskraft aufwiesen.

Es gab eine andere Tatsache, die Argentinien vielleicht nicht von ganz Lateinamerika, aber zumindest vom größten Teil Lateinamerikas unterschied. Bereits vor der Expansion der Exportökonomie setzte die Bevölkerungsknappheit jeder Möglichkeit eines wirtschaftlichen Wachstums klare Grenzen. Schon vor der Unabhängigkeit beklagte Hipólito Vieytes, daß man im Umland von Buenos Aires niemals eine funktionierende Landwirtschaft betreiben könne, denn die Löhne für die Knechte seien doppelt so hoch wie in Chile. Dies führte er – in einer Analyse, die man in modernen Begriffen als "Problem der Reproduktion der formalen Ökonomie durch die informelle Ökonomie" bezeichnen würde – darauf zurück, daß die Frauen im Umland von Buenos Aires nicht strickten. Alle Aktivitäten, die zum Unterhalt des chilenischen Knechts beitrugen und die außerhalb der volkswirtschaftlichen Kontabilität, d.h. in der häuslichen Wirtschaft stattfanden, fehlten hier. Wenn der Knecht einen Poncho brauchte, so mußte er sich den kaufen. Dadurch war von vornherein klar, daß sich in Argentinien nur eine marktorientierte Landwirtschaft entwickeln konnte. Zudem mußten durch Einwanderung zusätzliche Arbeitskräfte zugeführt werden.

Wir haben es daher in Argentinien mit einer Situation zu tun, in der die Einwanderung zwar zum Thema einer ideologischen Debatte wird, aber niemals zu einem Thema der politischen Debatte. So existiert beispielsweise die Vorstellung, daß das Rosas-Regime der Einwanderung extrem feindselig gegenüberstand. Wir alle wissen, daß dieses Regime es äußerst effizient verstand, von seiner Bevölkerung das zu erhalten, was es wollte. Aber als Rosas gestürzt wurde, war mehr als die Hälfte der in der Hauptstadt lebenden erwachsenen Männer in Übersee geboren. Julian Bond, ein Arzt aus Boston, hatte eine der Schwestern von Rosas geheiratet, und niemand schenkte dem besondere Aufmerksamkeit.

In Argentinien existierte also eine Reihe von Voraussetzungen, die zur Herausbildung einer modernen Gesellschaft notwendig sind. Ein solcher Gesellschaftstyp entstand zumindest in großen Teilen des argentinischen Territoriums. Gleichzeitig entstand eine prosperierende, aber periphere Ökonomie, die sich in einigen Aspekten noch in den 20er Jahren auf einen nicht besonders modernen technologischen Apparat stützte. Es wäre ungerecht und falsch, unserer Grundbesitzerklasse die Schuld für diesen Zustand zu geben und zu sagen, diese sei nicht daran interessiert gewesen, durch eine Verbesserung der Technologie ihre Gewinne zu erhöhen. Vielmehr existierten eine Reihe von guten Gründen für diesen Archaismus, auf die ich allerdings an dieser Stelle nicht näher eingehen kann.

Tatsache ist jedoch, daß es in Argentinien zwar mehr Autos gab als im übrigen Lateinamerika zusammengenommen, aber kaum Straßen. Insofern war das Auto zwar ein Instrument, um einen modernen urbanen Lebensstil zu schaffen, aber es trug nicht zur Transformation der peripheren Ökonomie bei. Es handelte sich um eine fragile Ökonomie, die aber gleichzeitig im lateinamerikanischen Rahmen der 20er Jahre noch privilegiert war. Oft wird vergessen, daß die meisten Exportökonomien schon in den 20er Jahren mit großen Problemen konfrontiert waren. Chile exportierte nach wie vor Nitrat, aber nur, weil die Regierung entsprechende Subventionen zahlte. Dies wiederum war nur möglich, weil man Kredite erhielt. Ähnlich erging es Brasilien, dessen Kaffee-Exporte ebenfalls nur durch Subventionen aufrechterhalten werden konnten. Im Hinblick auf das Argentinien der 20er Jahre kann man feststellen, daß die Exportökonomie von ihrem Kurs abgekommen war, aber so oder so stiegen die Exporte auf niemals zuvor erreichte Werte an. Im Jahr 1928 exportierte man doppelt so viel wie zu den Spitzenzeiten vor Ausbruch des Ersten Weltkrieges.

Argentinien war es Dank der genannten Entwicklungen in den 20er Jahren gelungen, eine weniger polarisierte Gesellschaft zu schaffen, als sie in vielen anderen lateinamerikanischen Ländern existierte. Es gab eine bedeutende urbane Mittelklasse, in einigen Zonen auch eine ländliche Mittelklasse. Man braucht sich nur einmal die Photos in einem Buch von Plácido Grela über den *Grito de Alcorta* anzuschauen, um sich gewisse Dinge vor Augen zu führen. Wenn ein Streikkomitee gebildet wurde, warfen sich die Streikenden zuallererst in ihre besten Anzüge und ließen ein Photo aufnehmen. Betrachtet man diese Photos heute, so werden einem die gesellschaftlichen Ungleichheiten klar. Da tauchen Frauen in Hausschuhen auf, aber es gibt auch solche, die sich in ihrem besten Sonntagsstaat präsentieren. So sehen wir uns also mit jenen Massen konfrontiert, die der kommunistische Historiker Plácido Grela als ausgebeutet und der schlimmsten Misere unterworfen präsentierte.

Meines Erachtens waren die 20er Jahre das Jahrzehnt, in dem die argentinische Mittelklasse geschaffen wurde. Dies war eine der Errungenschaften des Radikalismus. Der Prozeß wurde durch so einfache Dinge wie die Ausweitung des staatlichen Personals eingeleitet. Sicherlich handelte es sich zum Teil um überflüssiges Personal, aber dies galt beileibe nicht in jedem Fall. Auch die Erhöhung der staatlichen Gehälter kam der Mittelklasse zu gute.

Was passierte, nachdem die Welt, in der Argentinien prosperiert hatte, zusammenbrach und verschwand? Schon 1929 gab es Anzeichen für eine Krise. Im Jahr 1933 betrug der Wert des Welthandels weniger als die Hälfte dessen, was er vor der Krise ausgemacht hatte. Noch entscheidender war, daß ein großer Teil des Welthandels überhaupt nicht mehr existierte, sondern durch bilaterale Handelsbeziehungen ersetzt worden war. Gerade für ein Land wie Argentinien, daß – ähnlich wie Deutschland – derart abhängig vom Außenhandel war, mußte dies natürlich zu außerordentlichen Schwierigkeiten führen, ganz anders als beispielsweise für die Vereinigten Staaten, für die der Außenhandel ein nicht allzu bedeutendes Zusatzgeschäft war.

Argentinien paßte sich, genauso wie der größte Teil der lateinamerikanischen Länder, der Krise mit größerer Leichtigkeit an als die Länder des Zentrums. Im lateinamerikanischen Vergleich gehörte man zu den erfolgreichsten, wenn auch nicht ganz so erfolgreich wie Brasilien. Schon 1935 waren die Auswirkungen der Krise überwunden. Als der Zweite Weltkrieg begann, übertraf die argentinische Volkswirtschaft die Werte vor der Krise, und sie hatte zudem begonnen, sich zu diversifizieren. Diese erste Transformationsphase fiel nicht zuletzt deshalb leicht, weil die jetzt beginnende importsubstituierende Industrialisierung von den vorherigen Erfahrungen profitierte. Argentinien verfügte bereits über ein beachtliches industrielles Potential. Die jetzt einsetzende Expansionsphase basierte vor allem darauf, daß die vorhandenen und zuvor brachliegenden Kapazitäten vollständig ausgenutzt wurden. Zudem entstand in dieser Phase ein nationaler Markt, d.h. die nationale Industrie verfügte über einen einheimischen Markt für ihre Produkte.

All dies waren in einer ersten Phase Vorteile, aufgrund derer Argentinien positive Erfahrungen machte. Wir rufen uns dies für gewöhnlich nicht ins Gedächtnis, denn gleichzeitig haben wir es mit einer in politischer Hinsicht sehr negativen Erfahrung zu tun. Zum ersten Mal seit langem war eine Regierung nicht aus allgemeinen Wahlen hervorgegangen, blieb der Volkswille unbeachtet. Insofern ist es nicht verwunderlich, daß man an der Regierungszeit des General Justo kein gutes Haar läßt. Dies ist verständlich und bis zu einem gewissen Punkt auch gerechtfertigt, gleichzeitig unterliegt man damit jedoch einer völlig falschen Vorstellung des damaligen Argentinien, vor allem in wirtschaftlicher Hinsicht. Es sei daran erinnert, daß John Maynard Keynes da ganz anders dachte. Nachdem er sich eingehend mit dem Land beschäftigt hatte, lobte er es 1936 in seinem Hauptwerk, der "Allgemeinen Theorie der Beschäftigung, des Zinses und des Geldes", als Beispiel für eine gute und effiziente Wirtschaftspolitik.

Danach haben wir es mit einer neuen Phase zu tun, in der die Situation zunehmend schwieriger wird. Argentinien macht einen politischen Wandel durch, der – und das sage ich hier, in Argentinien fällt mir diese Bemerkung weitaus schwerer – einer sozialen Revolution gleichkommt. In Argentinien gibt es Leute, die mich fälschlicherweise für einen Peronisten halten, weil ich glaube, daß es eine peronistische Revolution gab. Ich würde sogar noch weitergehen zu sagen, daß es die einzige Revolution war, die jemals in Argentinien stattgefunden hat. Das mag einiges über Argentinien aussagen, aber es ist die Realität. Es kam zu einem derart intensiven sozialen Wandel, daß jede Möglichkeit einer Reorientierung der Wirtschaftspolitik für viele Jahre erschwert wurde.

Allerdings scheint es mir übertrieben, in der peronistischen Wirtschaftspolitik die einzige Ursache für die späteren Probleme des Landes zu sehen. Das hieße doch, den Schaden zu überschätzen, den einige Jahre falscher Wirtschaftspolitik anrichten können. Im Grunde genommen, setzte der Peronismus lediglich eine bereits begonnene Industrialisierungspolitik fort. In der peronistischen Ideologie existierte unter anderem die Vorstellung von einer Forcierung der Schwerindustrie aus militaristischen Motiven. Die konkrete Politik sah jedoch völlig anders aus, sie glich dem, was Alejandro Bunge schon in den 30er Jahren vorgeschlagen hatte und was später Raúl Prebisch unterstützen sollte. Selbstverständlich gab es Abweichungen von deren Vorstellungen. Bunge beispielsweise war davon ausgegangen, daß auch bei einer Modernisierung der Wirtschaft unbedingt darauf geachtet werden müsse, die Arbeitskraft so billig wie möglich zu halten. Dies ändert jedoch nichts daran, daß die peronistische Industrialisierung grundsätzlich eine Fortsetzung des zuvor eingeschlagenen Kurses bedeutete.

Die peronistische Lösung war auch deshalb verführerisch, weil sie einerseits eine in materieller, moralischer und politischer Hinsicht zufriedengestellte Arbeiterklasse schuf und andererseits eine bescheidene Unternehmerklasse, die Dank der Kreditpolitik enormen Zuwachs verzeichnete. Vom Standpunkt sozialer Gerechtigkeit her handelte es sich um eine bewundernswerte Lösung. Ich sage dies nicht zuletzt vor dem Hintergrund dessen, was wir zur Zeit erleben. Man muß sich nicht wundern, wenn viele Leute einer nostalgischen Erinnerung an jene Jahre nachhängen, mir selbst geht es manchmal so, denn zweifellos war die damalige Gesellschaft besser als unsere heutige.

Die Industrialisierung führte zu einer Zunahme der Betriebe. Damit stieg jedoch nicht automatisch die Anzahl der Arbeiter, denn unter den gegebenen Bedingungen konnte sich insbesondere der Typ des Kleinunternehmens entwickeln. Der staatliche Protektionismus ermöglichte die Entstehung und das Überleben vieler solcher Betriebe. War diese Entwicklung in sozialer Hinsicht zu befürworten, so sorgte sie doch dafür, daß keine guten Voraussetzungen zur Bewältigung jener Probleme geschaffen wurden, mit denen sich das Land später konfrontiert sehen sollte.

Hinzu kam ein weiteres Problem: Die Industrialisierung führte im Laufe der Zeit zur Herstellung von Produkten, die in einem Land wie Argentinien keine Massenkonsumgüter sein konnten. Je mehr die technologische Entwicklung voranschritt, desto teurer wurde der Wohlstand. In der ersten Phase des Peronismus war der Entsafter der Gipfel des technologischen Fortschritts. Diesen Luxus konnten sich die Massen noch leisten. Es folgte der Motorroller, und schon damit ergaben sich für die argentinische Wirtschaft erhebliche Absatzprobleme. Noch schlimmer wurde es natürlich, als dann das Auto auf den Markt kam.

Ein weiterer Aspekt des argentinischen Problems ist bislang zu kurz gekommen: die Kosten der politischen Überlegenheit. Natürlich war der Kurs der argentinischen Wirtschaft problematisch, aber es gab zwei Momente, die wirklich ausschlaggebend für das Nachlassen im Modernisierungstempo des Landes waren. Man muß sehen, daß Argentinien trotz all seiner Probleme noch 1950 ein höheres BSP aufwies als Brasilien und Mexiko, obwohl beide Länder ein beträchtliches Bevölkerungswachstum verzeichneten. Diese zwei Momente, so scheint mir, sind jene, in denen man versuchte, die politischen Dilemmata zu lösen, die das Land sich durch seinen katastrophalen Umgang mit der Demokratie selbst geschaffen hatte.

Nicht zufällig überholt Brasilien Argentinien in einem Moment, in dem infolge einer Verschärfung des politischen Konfliktes alle nationalen Energien gebunden sind. Diese Periode beginnt mit der sog. *Revolución Argentina* (1966). Die Regierung des General Onganía wollte alle politischen Probleme des Landes mit einem Schlag und von Grund auf lösen. Aber sie war dazu nicht in der Lage, vielmehr bekam sie im Laufe der Zeit vor Augen geführt, wie tiefgreifend die Krise war. Selbst eine talentiertere Person als General Onganía hätte sicherlich große Probleme dabei gehabt, einen Ausweg aus jenem Wirrwarr zu finden, zu dem die argentinische Politik geworden war.

Hinter Chile bleibt Argentinien dann aufgrund der katastrophalen Folgen des erneuten Versuchs zurück, die politischen Probleme des Landes mit militärischen Lösungen zu bekämpfen. Zweifellos war bereits die Regierung des General Onganía sehr autoritär, aber jetzt, im Rahmen des sog. *Proceso de Reorganización Nacional* (1976-1983), kam es zu einem regelrechten Rückfall in die Barbarei, zu einem niemals für möglich gehaltenen Ausmaß staatlicher Brutalität. Am Ende dieser Erfahrung stand eine Regierung, die jegliche Legitimation eingebüßt hatte.

Schon nachdem die erste Phase eines durch die Kreditpolitik künstlich geschaffenen Überflusses vorbei war, zeigte sich diese Regierung außerstande, den Wirtschaftsprozeß zu kontrollieren. Gerade in diesem Punkt unterscheidet sich Argentinien von Chile. Ich möchte keine in politischer Hinsicht grausigen Schlußfolgerungen ziehen. Worauf es mir ankommt, ist der Hinweis, daß das "chilenische Wunder" darin bestand, nach einer ersten, ähnlich wie in Argentinien unter Martínez de Hoz (1976-1981) verlaufenen Phase und einer darauf folgenden schweren Wirtschaftskrise eine moderne Exportökonomie zu schaffen, vor allem im Landwirtschaftssektor. Dies war möglich, weil die chilenische Militärregierung dazu in der Lage war, die Situation weiterhin zu kontrollieren. Warum gelang dies den chilenischen, nicht aber den argentinischen Militärmachthabern? Es war weder ein Verdienst noch die Schuld von General Pinochet. Ganz offensichtlich ist er kein Menschenfreund, aber wenn wir auf beiden Seiten der Anden die Opfer der Militärdiktaturen zählen, so waren es in Chile immer noch weitaus weniger als in Argentinien.

Was wirklich einen Unterschied zwischen beiden Ländern ausmachte, war die Tatsache, daß es in Chile zur Lösung einer realen politisch-gesellschaftlichen Krise kam. Chile hatte am Rande einer sozialen Revolution gestanden. Daher verfügte die Militärregierung über einen Konsens, der stark genug war, um sie zu konsolidieren. Argentinien hatte niemals am Rand einer sozialen Revolution gestanden. Es erlebte zwar die schlimmsten Tumulte seiner Geschichte, mit äußerst blutigen Aspekten, aber in keinem Moment drohte eine sozialistische Machtergreifung. Das Problem Argentiniens bestand vielmehr darin, daß es augenscheinlich nicht möglich war, in diesem Land ein als legitim anerkanntes demokratisches politisches System zu installieren.

Vasconcelos hatte gegen Ende der ersten Präsidentschaft Yrigoyens (1916-1922) das erhebliche, bis zur Diffamierung reichende Ausmaß der öffentlichen Kritik am Präsidenten als Zeichen demokratischer Reife und Stabilität interpretiert. Meines Erachtens bedeutete es schon damals genau das Gegenteil: In Argentinien war die Demokratie nicht allgemein als legitim anerkannt, und ein demokratisches Regime mit den Merkmalen der regierenden UCR-Mehrheit konnte nur solange überleben, wie es politische und wirtschaftliche Erfolge aufzuweisen hatte, was zwangsläufig nicht für immer der Fall sein konnte. Die Situation verschlimmerte sich mit der triumphalen Rückkehr Yrigoyens 1928. Jetzt nahm die Spaltung zwischen Yrigoyen und der gesamten politischen Klasse des Landes extreme Formen an. Alle, von den Konservativen und den anti-personalistischen Radikalen über die unabhängigen Sozialisten bis hin zu den Kommunisten (die Yrigoyen in ihrer "genialen" Analysefähigkeit als lokalen Repräsentanten des Faschismus ausgemacht hatten), hatten entschieden, daß Yrigoyen gehen müsse.

Hinzu kam ein weiteres entmutigendes Merkmal der argentinischen Demokratie: Die Regierung Yrigoyen war zwar ganz offensichtlich im ganzen Land – selbst in der *Capital Federal* – unpopulär, aber sie gewann, wenn auch äußerst knapp, die Wahlen im März 1930. Von diesem Zeitpunkt ab stand meines Erachtens fest, daß der Moment für einen "Urlaub von der Demokratie" gekommen war. Diese Entscheidung wurde wohl auch deswegen getroffen, weil man – ähnlich wie Vasconcelos – die Demokratie für derart solide hielt, daß man glaubte, auch ein kurzer Bruch lasse sich später problemlos beheben, um dann zur Normalität zurückzukehren.

Zwischen 1932 und 1943 erlebten wir eine betrügerische Demokratie, die sog. "infame Dekade". Es kam zu einer politischen Auseinandersetzung ohne mögliche Lösung, denn es existierte ein sehr großer Sektor in der öffentlichen Meinung, der nicht an einer Lösung interessiert war. Immer wieder hat man gesagt, ein grundlegendes Problem Argentiniens sei, daß die Konservativen eine verschwindend kleine Minderheit seien. Aber das Problem bestand gerade darin, daß sie keine kleine, sondern eine sehr starke Minderheit waren, die niemals gelernt hatte, zur Mehrheit zu werden. Andererseits spielten die Streitkräfte jetzt eine wichtige Rolle. Nach 1930 war es zu Säuberungen gekommen, und man fürchtete erneute Säuberungen, falls die Radikalen an die Macht zurückkehren sollten. Somit "gelang" es Argentinien, in einem völlig anderen Kontext eine ähnliche Situation zu schaffen wie in Peru, wo die Streitkräfte sich dazu entschieden hatten, eine von der APRA gestellte Regierung um jeden Preis zu verhindern, und wo die APRA die "schlechte Gewohnheit" angenommen hatte, die Wahlen zu gewinnen. Ähnlich präsentierte sich die Situation in Argentinien. Nach einem äußerst komplizierten Prozeß, auf dessen Einzelheiten ich aufgrund der fortgeschrittenen Zeit nicht eingehen kann, kam es schließlich zur peronistischen Revolution.

Im Grunde genommen war die peronistische Revolution ein Rettungsangebot Peróns an diejenigen Sektoren, die in den 30er Jahren die Macht ergriffen hatten. Es handelte sich jedoch um ein Rettungsprogramm, daß diese nur aus Verzweiflung akzeptieren konnten, denn von Anfang an wurden ihnen enorme politische Kosten aufgeladen. Perón war dazu entschlossen, sich ihnen gegenüber entscheidende Beeinflussungsmöglichkeiten zu sichern. Zudem waren die von Perón umgesetzten Reformen weitaus umfassender, als ihnen lieb sein konnte. Allerdings bin ich mir sicher, daß selbst Perón zunächst nicht beabsichtigt hatte, derart umfassende Reformen zu initiieren. Die Vorstellung beispielsweise, daß der Peronismus zu einer Bewegung würde, deren Rückgrat die Arbeiterbewegung darstellte, spielte zu Beginn von Peróns politischer Laufbahn noch keine Rolle. Sie war das Ergebnis seiner Erfolge und seiner Fehlschläge – seiner Erfolge gegenüber der Arbeiterklasse und seiner Fehlschläge bei der Rekrutierung anderer politischer Sektoren, denen gegenüber er sich wiederholt um eine Annäherung bemühte.

Jetzt war es in Argentinien zwar möglich, Wahlen gegen die Radikalen zu gewinnen, aber nach einigen Jahren Erfahrung mit dem peronistischen Regime begannen einige derjenigen, die es zuvor für wichtig erachtet hatten, einen Wahlsieg der Radikalen zu verhindern, darüber nachzudenken, ob es nicht vielleicht vorzuziehen sei, in Zukunft sicherzustellen, daß die Radikalen die Wahlen gewinnen würden.

Die Gründe dafür waren in der Herausbildung eines neuen Regimetyps zu sehen. Es handelte sich um ein Regime mit einer an Besessenheit grenzenden Machtkonzentration. In diesem Sinne unterscheidet sich auch der Stil unseres gegenwärtigen Präsidenten vollständig vom Stil des General Perón. Doktor Menem akkumuliert Macht so wie General Roca Macht akkumulierte, auf eine freundliche, diskrete, niemals verletzende Art und Weise. General Perón hatte eine abstrakte Vorstellung von der Machtausübung, die zudem überhaupt nicht mit seinem politischen Stil übereinstimmte. Seine Idee einer vertikal organisierten Bewegung beispielsweise brachte einige äußerst unerfreuliche Aspekte für das nationale Leben mit sich, denn Argentinien nahm nun einige Züge eines totalitären Landes an. Ich erinnere mich, vom peronistischen Argentinien ins franquistische Spanien gereist zu sein, und im Vergleich zu meinem Heimatland war dieses Spanien eine richtige Erleichterung. Dort existierte nicht dieser uniforme ideologische Druck, der einem in Argentinien von den Mauern entgegenstarrte.

Das peronistische Regime – gerade weil es eine soziale Revolution initiiert hatte – hatte einen Mehrheitssektor geschaffen, der es unterstützte, aber gleichzeitig einen Minderheitssektor, der ihm unversöhnlich feindlich gegenüberstand und dem man keinerlei

Erleichterungen zukommen ließ. Zudem machte sich dieser Sektor, da man ja die formale Demokratie aufrechterhalten mußte, jedes Mal bei Wahlen bemerkbar.

Der Peronismus hatte noch ein weiteres Problem. Der enorme Erfolg bei der Schaffung einer mayoritären sozialen Bewegung basierte auf einem Wirtschaftsschema, das nicht allzu lange funktionieren konnte. Zur Ehrenrettung von General Perón muß man sagen, daß er sich dessen durchaus bewußt war. Je mehr Dokumente aus dieser Zeit offengelegt werden, desto klarer wird beispielsweise, daß er kein fanatischer Anhänger der Nationalisierungen war. Einen großen Teil der Nationalisierungen mußte er durchführen, weil Geld zur Verfügung stand, von dem man ihm auf tausenderlei Art und Weise erklärt hatte, daß es für keinen anderen Zweck ausgegeben werden könne. Angesichts dessen erwies er sich als guter Politiker und entschied, daß die Nationalisierung der Eisenbahn ein enormer Schritt in Richtung wirtschaftliche Unabhängigkeit sei. Es gibt dieses berühmte Telegramm, das der Repräsentant der britischen Eisenbahngesellschaft nach London schickte, nachdem man mit der argentinischen Regierung handelseinig geworden war. "We did it", lauteten seine Worte. Man hatte es geschafft, sich diesen Ladenhüter vom Halse zu schaffen. Noch zu Beginn der Verhandlungen hatte Miguel Miranda, das Faktotum der peronistischen Wirtschaftsequipe, eine komische und gleichzeitig völlig zutreffende Bemerkung gemacht. Als man ihm zuriet, die Eisenbahnen zu kaufen, hatte er gesagt: "Warum sollte ich die Eisenbahnen kaufen, wenn ich sie schon habe?"

Letztendlich führte diese widersprüchliche und immer stärker zugespitzte Situation zu einer Krise, für die sich keine Lösung abzeichnete, denn inzwischen hatten sich die Leute daran gewöhnt, peronistisch zu wählen, und zwar in weitaus größerem Umfang, als man vorher die Radikalen zu wählen pflegte. Selbst 1954, als General Perón bereits diese kuriose Gewohnheit angenommen hatte, begleitet von einer Gruppe junger Mädchen mit dem Motorroller durch die Straßen von Buenos Aires zu flanieren, erzielte er wie gewöhnlich 64% der Stimmen. Erneut war das Land in einer ausweglosen Situation angekommen, und einmal mehr war der Ausweg ein Putsch.

Dieser Putsch führte nicht nur zu einer Spaltung der argentinischen Gesellschaft, sondern er verwurzelte den Peronismus noch tiefer als bisher im politischen Leben des Landes. Dies war nicht nur eine Folge des peronistischen Widerstandes, sondern auch eine Konsequenz der geschickten Anpassung des Peronismus an die Bedingungen einer fragmentierten Gesellschaft, die nicht dazu in der Lage war, sich eine stabile Regierung zu geben.

Die Gewerkschaftsbewegung wurde nicht während der Regierungszeit Peróns zu einem zentralen Machtfaktor, sondern erst in der Phase des Widerstandes. Es entstand ein peronistisches politisches Bewußtseins, das sich von dem vor 1954 unterschied. Erfolgreich war dieser Widerstand nicht zuletzt deshalb, weil er zu einem gewissen Zeitpunkt aufhörte, frontal zu sein. All dies führt zu einer politischen Krise ohne Ende, die sich immer weiter zuspitzt und die schließlich in die extreme Brutalität des *Proceso* mündet.

Das charakteristische, das essentielle dieser Krise ist, daß es sich um eine politische, nicht um eine soziale Krise handelt wie in Chile. Dafür gibt es eine ganze Reihe von Hinweisen. 1971 war das, was die Regierung "Terrorismus" nannte und diejenigen, die damit sympathisierten, "Gewalt von unten", "Widerstand", in vollem Gange. Es handelte sich schon nicht mehr um aufrührerische Bewegungen mit einer vielschichtigen urbanen Basis, sondern immer mehr um eine Aktivität kleiner Gruppen, die sich neben anderen Aktivitäten auch politischen Attentaten und Entführungen widmeten. Umfragen aus dieser

Zeit zeigen, daß ca. 40% der argentinischen Gesellschaft diese Aktivitäten billigten. Die Zustimmung war um so größer, je höher man in der gesellschaftlichen Rangskala anstieg. In den Oberschichten betrug sie landesweit etwa 47%, in Córdoba erreichte sie 60% und in der Stadt Rosario unglaubliche 80%. Es ist kaum vorstellbar, aber ich vertraue diesen Zahlen ganz einfach deswegen, weil ich selbst einmal miterlebt habe, wie Nacha Guevara eine Anthologie der Protestlieder anbot, die sie damals sang. Ich erinnere mich daran, wie die Damen von Rosario selbst noch den abscheulichsten Dingen applaudierten, die Nacha von sich gab. Sie kündigte ihnen den Untergang, die Vernichtung an, und diese Damen waren vor Freude außer sich.

Wir haben es hier mit den Konsequenzen der fortgeschrittenen politischen Dekadenz eines Landes zu tun, dem es nicht gelang, in Demokratie zu leben, das sich aber auch nicht damit abfinden wollte, nicht in Demokratie zu leben. General Onganía hatte nach der Maxime regiert. "Wenn dieses Volk nicht in Demokratie leben kann, wird es eben etwas anderes erhalten." Es reichten ein paar Jahre aus, um die Argentinier davon zu überzeugen, daß sie dieses "andere" auf keinen Fall wollten. Eine größere Mehrheit als die, die sich im Moment des Putsches von Onganía für eine Machtübernahme der Streitkräfte ausgesprochen hatte, wollte jetzt unbedingt eine Rückkehr zu Wahlen.

Es gibt einen Ausdruck, der diesen argentinischen Konsens gut widerspiegelt, jenes Wort von der "Rückkehr zur Normalität". Es war eine ziemlich kuriose Normalität, die so gut wie nie funktionierte, aber selbst in seiner maoistischen Phase unterzeichnete General Perón Deklarationen, in denen es hieß, die einzige Lösung sei die Rückkehr zur Normalität. Noch in ihrer linksextremsten Phase sprach die Peronistische Partei davon, daß die Lösung wieder einmal darin bestehe, zum normalen Funktionieren der von unserer weisen Verfassung festgelegten Institutionen zurückzukehren.

Argentinien wurde zu einer Gesellschaft, die ihr politisches Problem nicht gelöst hatte, und die infolgedessen auch ihre anderen Probleme nicht lösen konnte. In dieser Hinsicht existiert ein klarer Unterschied zwischen Argentinien und Chile. Dort war ein tiefgehender sozialer Konflikt entbrannt. Nachdem die Sieger dieser Auseinandersetzung einmal feststanden, setzten sie eine sehr präzise Politik durch. In Argentinien passierte das nicht. Der *Proceso* war ein Regime von einer unverzeihlichen repressiven Brutalität, aber in anderen Aspekten war er wesentlich moderater. Es ist einfach, Kritik zu üben an Wirtschaftsminister Martínez de Hoz, und er hat tatsächlich eine Reihe von Fehlern begangen, die man einer Person mit einer gewissen wirtschaftlichen Erfahrung nicht zugetraut hätte. Aber wie dem auch sei, genauso sicher ist auch, daß sein Entscheidungsspielraum sehr eingeschränkt war. So waren unsere "weisen" Militärs beispielsweise zu der Schlußfolgerung gelangt, daß es keine Arbeitslosigkeit geben dürfe, denn dadurch entstünden soziale Proteste. Die ganze Welt weiß, daß in der Regel das Gegenteil der Fall ist, und zudem hatten sich die Streitkräfte ja nun wirklich perfekt dazu in der Lage gezeigt, Tumulten wirkungsvoll etwas entgegenzusetzen.

Ein anderer Punkt betraf die Verkleinerung des Staates, aber selbstverständlich ohne eine Verkleinerung derjenigen Unternehmen, in denen Militärs Direktoriumsposten innehatten. Bei denjenigen Unternehmen, die privatisiert wurden, bestand die wichtigste Veränderung darin, daß Führungsgremien geschaffen wurden, in denen selbstverständlich einige verdienstvolle Sektoren unserer Streitkräfte gutdotierte Posten erhielten. Auch die Öffnung der Wirtschaft gegenüber dem Weltmarkt blieb eine sehr besondere Sache. Plötzlich importierten wir sogar Kürbisse aus Brasilien. Als ich einmal nach Buenos

Aires kam, fiel mir auf, daß die Kürbisse nicht mehr gelb, sondern rot waren. Nun, es stellte sich heraus, daß sie aus Brasilien stammten. Gleichzeitig war es nicht möglich, Autos zu importieren, denn einige Sektoren der Industriestruktur waren nun einmal unantastbar.

Wir haben es also mit einer Situation zu tun, in der sich die politische Krise ständig verschlimmert, ohne daß die grundlegenden Probleme der argentinischen Wirtschaft und Gesellschaft angegangen würden. Und dies führt uns zur gegenwärtigen Situation.

Was unterscheidet unsere heutige Situation von der früherer Jahre? Spielt es überhaupt noch eine Rolle, ob und warum es Argentinien besser oder schlechter geht als dem Rest Lateinamerikas? Ich glaube nein, und zwar aus einem Grund, der für uns nicht besonders schmeichelhaft ist: Inzwischen haben andere Transformationsprozesse stattgefunden, die dafür gesorgt haben, daß jene Probleme, die das Leben in Argentinien zur Hölle machten, an Bedeutung verloren haben.

Die ökonomische Transformation der Welt hat dafür gesorgt, daß der Staat als Entscheidungszentrum nicht mehr jene Rolle spielt – und auch nicht mehr spielen kann –, die ihm in der Vergangenheit zufiel. Ich bin davon überzeugt, daß es weltweit zur Zeit keine wirtschaftspolitischen Alternativen gibt, was nicht zuletzt dazu führt, daß die Eroberung der politischen Macht mehr und mehr zu einer Aktivität geworden ist, für die sich nur noch diejenigen interessieren, die sich für Macht interessieren. Der Rest der Gesellschaft dagegen betrachtet all dies mit immer größerer Gleichgültigkeit. Wählerstimmen werden weitgehend aufgrund persönlicher Präferenzen für einzelne Politiker vergeben, weil einem jemand vertrauenswürdig erscheint oder weil man jemanden für symphatisch hält, auch wenn er vielleicht ein bißchen zu korrupt ist.

Dies ist die gegenwärtige Situation Argentiniens. Nachdem es uns zunächst unendlich besser und später viel schlechter ging als dem Rest Lateinamerikas, sind wir heute alle gleich. Hinzu kommt für ein Land wie Argentinien, daß doch so gerne der Ersten Welt angehören möchte, der beruhigende Gedanke, daß es uns in gewisser Hinsicht tatsächlich genauso geht wie der Ersten Welt. Wenn man beispielsweise gegenwärtig in den Vereinigten Staaten darüber diskutiert, ob die Zinssätze erhöht oder gesenkt werden sollten, so ist da doch viel Selbsttäuschung dabei. Denn im Grunde werden die Zinssätze ja doch von den Gläubigern diktiert, die den nordamerikanischen Staat am Leben erhalten. Wenn man also die Zinsen zu sehr senkt, dann suchen sich die Gläubiger andere Anlagemöglichkeiten und der Dollar erleidet eine weitere Schwächung. Wir befinden uns in einem Finale, das Discépolo würdig wäre – in dieser Gruft werden wir uns alle treffen – und mit diesem fröhlichen Gedanken möchte ich schließen.

Michael Riekenberg

Historischer Diskurs und politische Öffentlichkeit (19./20. Jahrhundert)

Es ist bekannt, daß im Zuge der modernen Staaten- und Nationenbildung aus Kreisen der politischen Eliten und der ihnen verbundenen "bildungsbürgerlichen" Gruppen heraus auch eine jeweils "nationale" Geschichtskultur hervorgebracht wurde, der mannigfaltige politische Aufgaben zukamen. Diese Entwicklung fand mit Variationen auch in den postkolonialen Gesellschaften und konkret im hispanoamerikanischen Raum nach der Unabhängigkeitsbewegung statt. Hier ließen die Notwendigkeit, die mit dem Bruch von Spanien verlorengegangenen Loyalitäten durch eine neue politische Semantik zu ersetzen, sowie der Zwang, häufig nur lokal begrenzte und klientelar begründete Gemeinschaftsgefühle in weite, abstrakte Identitätskonzepte zu überführen, im frühen 19. Jahrhundert die politische Nachfrage nach gemeinschaftsverbürgenden Geschichtsbildern rapide ansteigen.

Diese Entwicklung vollzog sich, wie gesagt, mit Ausschlägen nach oben oder unten im gesamten hispanoamerikanischen Raum, aber sie war in der La Plata-Region von besonderer Schärfe und Intensität. Warum dies so war, ist offen. Vielleicht erklärte es sich aus dem ausgeprägten Selbstbewußtsein (vgl. Socolow 1978) der kreolischen Eliten vor allem in der Provinz Buenos Aires, vielleicht hing es mit dem durch die erfolgreiche Abwehr der englischen Invasionen genährten Gefühl eigener Stärke zusammen, daß diese Gruppen ihrer eigenen Geschichte verhältnismäßig unverkrampft gegenüberstanden, unverkrampfter zumindest als Elitegruppen in anderen Regionen Hispanoamerikas (vgl. Riekenberg 1994). Auf jeden Fall war, pauschal formuliert, die Geschichte im Gebiet des heutigen Argentinien über das 19. und weite Phasen des 20. Jahrhunderts hinweg ein politisch hochbrisantes Thema, und es gab kaum einen innenpolitischen Konflikt, der nicht auch vom Kampf konkurrierender Geschichtsdeutungen begleitet worden wäre. Bis in die jüngste Vergangenheit hinein läßt sich dieser Mechanismus nachzeichnen, zuletzt anhand der Repatriierung der Überreste von Juan Manuel de Rosas (Gouverneur der Provinz Buenos Aires; verstorben 1871 im englischen Exil), die 1989 von der Regierung Menem aus innenpolitischem Kalkül heraus veranlaßt wurde.

Diese Verwebungen zwischen Geschichtsdeutung einerseits und Politik andererseits sollen im folgenden in groben Strichen (ausführlicher Riekenberg 1995) umrissen werden. Drei Zeiträume werden dazu herausgegriffen, nämlich zunächst die Unabhängigkeitskrise um und nach 1810, dann der beschleunigte soziale Wandlungsprozeß Argentiniens um die Jahrhundertwende, schließlich die Suche nach autoritären Politiklösungen nach 1930. Welche, so die Leitfragen, politische Motivationen und Interessenlage strukturierten die Geschichtsbetrachtung in diesen unterschiedlichen gesellschaftlichen Entwicklungsabschnitten jeweils vor, und welche Rolle spielte darin umgekehrt der Historische Diskurs für die politische Öffentlichkeit des Landes.

Zunächst wäre es verkehrt, aus den einleitenden Bemerkungen schließen zu wollen, daß sich der Historische Diskurs in der La Plata-Region bereits unmittelbar mit der Unabhängigkeitsbewegung entwickelt hätte. Zwar gab es Ansätze dazu, etwa wenn das Triumvirat in Buenos Aires im Juli 1812 Fray Julián Perdriel damit beauftragte, eine Geschichte über "unsere glückliche Revolution [von 1810]" zu schreiben (Caillet-Bois 1960, S. 20), oder wenn die Zeitung *"El Abogado Nacional"* am 24.12.1818 forderte, daß die "großen Männer" der Mairevolution endlich gebührend gewürdigt werden müßten. Aber die "nationale" Geschichtsanschauung, die damit in ersten groben Umrissen entstand, war bruchstückhaft und vage, und noch teilten sich, betrachten wir die Struktur des Diskursgefüges, in erster Linie die Politik selbst oder die Literatur die Aufgabe, historische Aussagen zu treffen. Und vor allem: Nach einem ersten Aufflackern historischer Traditionensuche brachen diese Bemühungen nach etwa 1820 schnell wieder ein, vor allem wegen der Bürgerkriege, die in der Region eskalierten, und der Verländlichung der politisch-sozialen Machtpotentiale, ferner durch das Aufkommen caudillistischer Gewalten, sowohl in der südlichen Grenzregion der Provinz Buenos Aires wie auch im Landesinnern (vgl. Riekenberg 1993a).

Mit diesen Entwicklungen veränderte sich zugleich die politische Semantik. So ist etwa für den Bereich des Nationbegriffs zu beobachten, wie die stärker politisch geprägte Nationvorstellung, die die Nation um das "jakobinische" Ideal eines Staatsbürgerkörpers gruppierte, nach ungefähr 1820 zunehmend durch organische Nationbilder ersetzt wurde, wobei die damit verbundene Renaturalisierung des Nationbegriffs auch zu einem Geschichtsverlust führte (vgl. Riekenberg 1993b). Analoge Entwicklungen dazu fanden aber auch in der Literatur bzw. den volkstümlichen Liedformen und Erzählungen statt. Hatten darin anfangs politische und historische Motive überwogen, wie in dem 1816 anonym verfaßten *"Cielito de la independencia"*, so änderte sich nun in dem Maß die Thematik dieses Liedguts, wie die Zwänge in den Vordergrund rückten, im Zuge der Bürgerkriege auch untere soziale Bevölkerungsgruppen in den ländlichen Zonen in politischer und militärischer Hinsicht zu mobilisieren. So entstand nach 1820 eine folkloristische Verklärung des sogenannten Gaucho und seiner Lebens- und Kulturformen, die von allen Bürgerkriegsparteien betrieben wurde und die dazu beitrug, die Geschichte als politische Legitimationsinstanz in den Hintergrund zu drängen (vgl. Poesia gauchesca 1977, S. 3ff.). Und schließlich ist der Zerfall früher Formen der politischen Öffentlichkeit zu nennen, der in den Bürgerkriegen stattfand und der in marginalen Teilregionen, wie etwa in der Provinz La Rioja, so weit gehen konnte, daß die inneren Auseinandersetzungen in eine Art Tribalisierung politisch-sozialer Konflikte zurückfielen. All dies erklärt im Zusammenhang betrachtet, warum eine erst rudimentäre "Nationalgeschichte" schnell wieder verlorenging, was im übrigen bereits von den Zeitgenossen wahrgenommen wurde. Die Bürgerkriege und das ganze "Chaos" in der Region, so die Zeitung *"La Gaceta Mercantil"* vom 25. Mai 1826, habe die Erinnerung an die Mairevolution und die Unabhängigkeitserklärung von 1816 völlig verdrängt.

Ein Historischer Diskurs vermochte sich in dieser Konstellation erst auszubilden, sobald drei Bedingungen gegeben waren. Erstens mußte eine eigenständige Sphäre des Umgangs mit der Geschichte entstehen, in der diejenigen, die sich damit befaßten, gesonderte Kommunikationsstrukturen errichteten, die primär der Verständigung über Geschichte dienten. Anfangs geschah dies in informeller Art, ehe allmähliche Institutionalisierungsprozesse einsetzten: 1854 wurde in Buenos Aires das *"Instituto Histórico-Geográfico del Río de la Plata"* gegründet, in den 1860er Jahren kamen historisch-kulturelle Fachzeitschriften hinzu. Zweitens mußten Regeln, Aussagetypen und Signifikanzkriterien entwickelt werden, die darüber entschieden, welche Art historischer Aussagen überhaupt soziale Gültigkeit beanspruchen konnten. In diesem Sinn ging die Ausbildung des Historischen Diskurses mit Theoriebildungen einher, auch wenn es sich dabei anfangs noch um sehr rudimentäre Begriffs- und Aussagesysteme handelte. Und drittens schließlich mußten sich historische Aussagen von ihrer unmittelbaren Einbindung in tagespolitische Nutzungen lösen. Die, wie Baumgartner (1976, S. 280) schreibt, "Kontinuität des lückenlos fließenden Lebensgeschehens" mußte aufgebrochen werden, um den Zeitfluß neu, eben aus einer "historischen" Betrachtungsweise organisieren zu können. Insofern waren Distanzierungsleistungen gefragt, sowohl gegenüber dem tagespolitischen Geschäft wie auch dem unmittelbar lebensweltlichen Umgang mit der Geschichte.

Es ist im nachhinein möglich, den Anfang eines so definierten Historischen Diskurses in der La Plata-Region zeitlich recht genau zu verorten, wobei zwei Entwicklungsstränge zu unterscheiden sind. Den ersten hat Halperin Donghi (1961, S. 7f.) beschrieben, und zwar anhand des *"Fragmento"* von Juan Bautista Alberdi, in dem dieser 1837 der Geschichtsphilosophie die Aufgabe stellte, ein Bewußtsein vom nationalen Entwicklungsprozeß des Landes zu gewinnen, um ein den Bedingungen in der Region angemessenes gesellschaftspolitisches Entwicklungskonzept erstellen zu können. Der Historische Diskurs fand damit erstmals eine rudimentäre theoretische Begründung sowie die Zuweisung eines eigenen Aufgabenbereichs. Daneben bildete sich aber eine zweite Entwicklungslinie aus, die von einem ganz anderen Personenkreis als den intellektuellen Gruppen getragen wurde. Dabei handelte es sich um die Veteranen der Unabhängigkeitskämpfe und Bürgerkriege, die aufgrund erlebter Enttäuschungen nach "Lehren" in der Geschichte suchten, um, wie es in einem Brief des Generals Tomás Guido vom September 1836 an den General Miller (Rodríguez 1922, S. 161f.) hieß, kommenden Generationen die eigenen Fehler und Irrtümer im "Labyrinth" der Politik zu ersparen. Hieraus hervor ging die Geschichtsschreibung der *"actores y testigos"* mit ihr eigentümlichen Regelsetzungen, wie sie etwa in den *"Reminiscencias"* nachzulesen sind, die der General Guido 1864 in der *"Revista de Buenos Aires"* veröffentlichte. Zu diesen Regeln gehörten der Stolz auf die persönliche Teilhabe an den Unabhängigkeitskämpfen, die in der historischen Erinnerung aufbrechende emotionale Bewegtheit oder die fiktionale Konzeption von Geschichte als "Drama", gruppiert um das Handeln einzelner Heldengestalten. Diese Regelsetzungen waren so wirksam, daß Vicente Fidel López, einer der bedeutendsten argentinischen Geschichtsschreiber des 19. Jahrhunderts, später in seiner *"Revolución Argentina"* (1881, S. 1f.) den Zenit der Unabhängigkeitsrevolution nicht in das Jahr 1810, sondern in das Jahr 1820 verlegen sollte, und dies wohl vor allem deshalb, weil López erst 1815 geboren war und deshalb, wie er selbst schrieb, [wenigstens] den "Schimmer der Glorie" von 1820 im "unbewußten Alter" miterlebt habe.

Daß der Historische Diskurs um 1836/37 seinen Anfang nahm, war nicht zufällig. Offenkundig spielten die Einflüsse des romantisierenden Denkens eine Rolle. Bildungsbürgerliche Gruppen, in literarischen Zirkeln verbunden, suchten in diesem Zeitraum nach neuen Wegen zur kulturellen Codierung (vgl. Giesen 1993, S. 24) der Nation. Hinzu kamen allgemeinere politische Prozesse, die hier nur stichwortartig angedeutet werden können, vor allem die Erschöpfungen als Folge der Bürgerkriege sowie die allmählich um sich greifende Überzeugung, daß die wirtschaftliche und gesellschaftliche Entwicklung der Region auf der Basis einer Vielzahl von kleinen, eigenständigen und souveränen Provinzstaaten, wie sie in den 1820er Jahren auf dem Gebiet des heutigen Argentinien entstanden waren, kaum Chancen versprach. In nichts, so der Finanzminister der Provinz Buenos Aires 1830 (Correspondencia 1989, S. 66f.), seien sich die Führungsgruppen der einzelnen Provinzen so einig wie in der Überzeugung, daß eine neue, "gemeinsame Ordnung zum wechselseitigen Nutzen" der einzelnen Provinzen errichtet werden müsse. Neuerlich war damit das "nationale" Entwicklungsprojekt in der La Plata-Region angemahnt, wodurch zugleich die Geschichte wieder an politischer Bedeutung gewann. Denn erst der Historische Diskurs stellte die "Nation" am Río de la Plata in kategorialer Hinsicht wieder in den Zeitfluß hinein und ließ sie damit letztendlich auch als politisch verhandelbar erscheinen.

Die Ressourcen, also die *manpower* und die Infrastruktur, um eine argentinische Nationalgeschichte zu schreiben, fanden sich allerdings erst später und unter eigentümlichen Bedingungen. Nach dem Sturz von Rosas 1852 wurde in Buenos Aires ein Strafverfahren gegen Rosas, der nach England geflüchtet war, angestrengt, das sich bis zum Ende des Jahrzehnts hinziehen sollte und das die politische Öffentlichkeit der Stadt phasenweise in Atem hielt. Dies lag vor allem an dem Klima wechselseitiger Schuldvorwürfe und Rechtfertigungszwänge, das in diesem Zeitraum gedieh und dessen Nährboden die Frage war, wie sich die einzelnen Elitefamilien unter der "Tyrannei" von Rosas verhalten hätten (vgl. Causa criminal 1975). So brachte Carlos Tejedor, der an der Universität Buenos Aires Staatsrecht lehrte und später zum Provinzgouverneur avancierte, 1857 im Parlament der Provinz die Anschuldigung vor, daß im Grunde alle, die unter Rosas nicht emigriert seien, dessen Terrorherrschaft unterstützt hätten und insofern auch daran mitschuldig seien (vgl. Mitre 1945, S. 30ff.). Diese Schuldzuweisungen, Rechtfertigungszwänge und persönlichen Integritätsbeteuerungen einerseits, der andauernde politische Konflikt zwischen der Provinz Buenos Aires und der Konföderation im Landesinnern andererseits, gaben den Rahmen ab, in dem sich der Historische Diskurs in den 1850er Jahren entwickelte.

Der Aufgabe, in dieser Situation ein nationales Geschichtsbild zu entwerfen, das die Regierungszeit von Rosas verarbeitete und zugleich den politischen Führungsanspruch der Provinz Buenos Aires über die "Nation" aufrechterhielt, nahm sich Bartolomé Mitre an, eine der einflußreichsten Gestalten in der politischen Geschichte Argentiniens im 19. Jahrhundert und von 1862 bis 1868 Staatspräsident des Landes. Mitre benutzte dazu die Zeitung *"Los Debates"*, die er 1852 in Buenos Aires gründete und in der er zwischen dem 26. Mai und 18. Juli 1857 eine Reihe von historischen Grundsatzartikeln schrieb. Die Grundzüge des darin entworfenen Geschichtsbilds lassen sich wie folgt umreißen. Erstens wies Mitre die Schuld an den Bürgerkriegen in der Region allein den "föderalistischen Horden" im Landesinnern und den *Caudillos* zu. Zweitens suchte Mitre nach den Kontinuitäten der Mairevolution von 1810 und fand diese in der Politik von

Bernadino Rivadavia, der in den 1820er Jahren als Gouverneur der Provinz Buenos Aires und Präsident der Föderation gewirkt hatte. Rivadavia, so Mitre, sei der "Messias" gewesen, der den revolutionären Idealen treu geblieben sei, so wie Buenos Aires der Hort dieser Ideale in einem insgesamt barbarischen Umfeld gewesen sei. Und drittens schließlich versuchte Mitre, Buenos Aires von dem Makel zu befreien, die Heimstatt und Wirkungsstätte von Rosas gewesen zu sein. Dazu schuf er den Mythos einer Bevölkerung, die sich eigentlich in ihrer Gesamtheit in ständiger Opposition gegen Rosas befunden habe und die nur durch dessen Terrorpolitik zur Loyalität gezwungen worden sei. Mitres Geschichtsbild übte damit wenigstens zwei Funktionen aus. Zum einen legitimierte es den bonaerensischen Hegemonialanspruch innerhalb der argentinischen "Nation". Zum anderen stellte es zugleich auch psychologische Entlastungen für die sozialen Eliten der Provinz bereit, was notwendig war, um diesen Gruppen den Glauben an ihren politischen Führungsanspruch zurückzugeben. Und in den beschwörenden Worten, die den Artikel in "Los Debates" vom 18. Juli 1857 beschlossen, bekannte Mitre zugleich in frappierender Offenheit den Glaubenscharakter dieses Geschichtsbilds. Denn wenn es nicht so gewesen sei, wie er hier schreibe, dann, so Mitre, habe das Vaterland auch keine Zukunft.

Vergegenwärtigen wir uns, wann dieses Geschichtsbild entworfen wurde und welchen Zwecken es diente, so mag es überraschen, daß es das offiziöse Geschichtsverständnis Argentiniens nachhaltig und im Grunde bis in die jüngste Vergangenheit hinein prägen sollte. Bei näherem Hinsehen zeigen sich jedoch einige Gründe, die dies erklären. Zunächst entwickelte sich Buenos Aires nach dem Zusammenbruch der Konföderation 1861/62 endgültig zum intellektuellen Anziehungszentrum in der Region. Die engen kulturellen Kontakte zum europäischen Ausland, die meist besser funktionierten als die Kommunikation mit dem eigenen Hinterland, bewirkten, daß Buenos Aires die "intellektuellen Talente" des Landes anzog (Scobie 1971, S. 109). Dies führte dazu, daß die Geschichte des Landes in der Folgezeit in erster Linie von Gruppen geschrieben wurde, denen das Landesinnere fremd war bzw. die aus einer hierarchischen Perspektive über die Region hinwegschauten. Nicht wenige der historischen Bücher, die erscheinen sollten, hatten ihre erste Auflage in einem Pariser Verlag. Hinzu kam, daß die Geschichtsschreiber im 19. Jahrhundert nicht in erster Linie Wissenschaftler waren, sondern Angehörige der politischen Klasse. Studierte Juristen, die dann politische Karrieren einschlugen, überwogen. Aufgrund ihrer sozialen Herkunft und Ausbildung, ihrer politischen Ambitionen sowie mehr oder minder gemeinsamer "liberaler" Grundüberzeugungen über die Geschichte und Zukunft des Landes einte diese Gruppe eine verbindende Kollektivmentalität, die mit spezifischen Selektionsleistungen in bezug auf das historische Selbstverständnis einherging. Und vor allem besaß diese Gruppe auch die Macht, um verbindliche Geschichtsdeutungen durchzusetzen, kontrollierte sie doch die Zugänge zu den Foren der politischen Öffentlichkeit, wie die Presse und die Parlamente oder die frühparteilichen Honoratiorenzirkel.

Der Siegeszug dieses sogenannten liberalen, mitristischen Geschichtsbilds vollzog sich deshalb nicht frei von Brüchen und regressiven Phasen. Die schärfsten Widerstände kamen aus den Reihen der *montoneros*, also der verschiedenen Rebellionen im Landesinnern in den 1860/70er Jahren. Die wohl wichtigste Bewegung war die von Felipe Varela, die nach 1866 und begünstigt durch die ganzen Belastungen, die die Verstrickung Argentiniens unter Mitre in den Krieg der Dreierallianz gegen Paraguay mit sich brachten, vor allem die Andengebiete erschütterte. Die Ablehnungen des Mitrismus gingen darin mit einer scharfen Kritik der offiziösen Geschichte und Nationvorstellung einher. So griff Varela in einem Manifest, das im Januar 1868 auf bolivianischem Territorium erlassen wurde, die Politik von Buenos Aires als einen Aufguß "kolonialer" Ausbeutung an und propagierte die Notwendigkeit eines neuerlichen Unabhängigkeitskrieges im Landesinnern, der sich nunmehr allerdings nicht gegen Spanien, sondern gegen Buenos Aires richten sollte (Manifiesto 1968, S. 83f.). Indem die *montoneros* sich jedoch gegen ein Konzept der Modernisierung wandten, von dem zunehmend auch die großen Viehzüchter und Getreideanbauer in den Provinzen des Litoral oder später die Zuckerproduzenten in Tucumán profitierten, blieben sie ungeachtet ihrer teils breiten Unterstützung in unteren ländlichen, Handwerker- oder auch klerikalen Kreisen isoliert und damit letztlich in politischer Hinsicht zum Scheitern verurteilt. Widerstände kamen aber auch aus Kreisen von Elitegruppen im Landesinnern, wofür zumeist der Verlust eigener Einflußmöglichkeiten oder die Ängste vor einer politischen Hegemonisierung durch Buenos Aires ausschlaggebend waren. In La Rioja etwa richtete die Provinzregierung im April 1858 ein Schreiben an die Konföderationsregierung, in dem es hieß, daß weder die Mairevolution von 1810 noch die Unabhängigkeitserklärung von 1816 als Eckdaten einer Nationalgeschichte brauchbar seien, wären die Provinzen im Landesinnern nach 1810 doch nur von der kolonialen Abhängigkeit von Spanien in die noch schlimmere und verheerendere von Buenos Aires geraten (Registro, S. 254f.).

Insofern fanden sich über das 19. Jahrhundert hinweg vielfältige Widerstände sozialer und politischer Gruppen vor allem aus eher marginalen Regionen im Landesinnern gegen die Konzentration der wirtschaftlichen und politischen Ressourcen auf der Atlantikseite des Landes, die von Kontroversen um das nationale Geschichtsbild begleitet waren. Allerdings ist zu konstatieren, daß sich diese Kontroversen allmählich abschliffen, was zugleich die wichtigste Voraussetzung dafür darstellte, daß nunmehr eine stärker synthetisierende Nationalgeschichte möglich wurde. Grob verkürzt waren maßgeblich zwei Prozesse dafür verantwortlich. Erstens handelte es sich um die bereits erwähnten Interessenangleichungen zwischen den wichtigsten Fraktionen der sozialen Eliten und wirtschaftlichen Führungsgruppen in Buenos Aires einerseits und denen im Litoral bzw. in Tucumán andererseits. Und zweitens verschoben sich die politischen Machtchancen in den 1870er Jahren wieder stärker ins Landesinnere, nicht zuletzt auch aufgrund innerer politischer Spaltungen des bonaerensischen Liberalismus sowie als Folge der wachsenden politischen Bedeutung der Armee. Zuerst die Präsidentschaft von Nicolás Avellaneda (1874-1880), der aus Tucumán stammte und über klientele Netze im Litoral gestützt wurde, dann die des Generals Roca (1880-1886), der im Jahr 1880 einen letzten offenen Sezessionsversuch von "nationalistischen" Gruppen in Buenos Aires zerschlug, legten von diesen Machtverschiebungen ins Landesinnere hinein Zeugnis ab. Vorsichtige, eher sanfte Korrekturen der Nationalgeschichte, die sich in den späten 1870er Jahren durchsetzten, begleiteten diesen Prozeß. Insbesondere war es nun nicht länger Bernardino Rivadavia, der "Messias" Mitres, der an der Spitze des Pantheons nationaler Heldenfiguren rangierte, sondern der General San Martín. San Martín stammte aus der Provinz Corrientes, hatte an den Bürgerkriegen in der Region nicht aktiv Anteil genommen und wurde schließlich im Unterschied zu Rivadavia auch nicht mit der bonaerensischen Hegemonialpolitik in Verbindung gebracht. All dies prädestinierte ihn dazu, zum Integrationssymbol einer Nationalgeschichte aufzurücken, in der vor allem den Provinzen im Litoral ein ebenbürtigerer Platz an der Seite von Buenos Aires konzediert war. Daß von seiten bonaerensischer Kreise versucht wurde, an der alten Hierarchie festzuhalten, schloß das nicht aus. San Martín, so ein Schulbuch 1897 (Aubin, S. 69, 76), war der größte aller Argentinier, Rivadavia aber "vielleicht" doch der allergrößte.

Um 1880 herum war damit in Analogie zum sogenannten Prozeß der Nationalen Organisation Argentiniens auch der Entwurf einer Nationalgeschichte abgeschlossen. Es war im Kern das mitristische Geschichtsbild der 1850er Jahre, hatte aber einige Abschleifungen und Korrekturen erfahren, in denen sich die eingetretenen politischen Veränderungen widerspiegelten. Um 1880 gerade konsolidiert, hielt die Geschlossenheit und Bindekraft dieses Geschichtsbilds jedoch nicht lange vor, wodurch eine historische Kontroverse eröffnet wurde, die bis heute unter dem Namen Revisionismusdebatte bekannt ist. Das zentrale Thema dieser Debatte war, vergröbert zusammengefaßt, die Frage, wie die Rolle des Landesinnern und konkret die der von der mitristischen Geschichtsanschauung als "barbarisch" eingestuften Caudillos für die Entwicklung Argentiniens im 19. Jahrhundert zu bewerten sei. Insofern fanden sich in der Revisionismusdebatte von Beginn an auch die alten Konflikte zwischen den Provinzen wieder. Aber es wäre verkürzt, die Revisionismusdebatte deshalb nur oder primär als Verlängerung der überkommenen interprovinzialen Konflikte sehen zu wollen, wie sie die Geschichte im La Plata-Raum im 19. Jahrhundert bestimmten. Vielmehr machten sich in dieser Debatte auch früh die sozialen Wandlungsprozesse des Landes bemerkbar, die sich nach etwa 1880 rapide beschleunigten und die neue gesellschaftliche Entwicklungsaufgaben aufwarfen. Insofern ist es möglich, in der Revisionismusdebatte zwei Phasen zu unterscheiden, eine erste, die ungefähr von 1880 bis 1905 reichte und in der das Problem des Ordnungserhalts und der sozialen Disziplinierung im Vordergrund stand (vgl. Riekenberg 1993c), dann eine zweite Phase, die vor allem die 1930er Jahre umfaßte und in der der historische Revisionismus dazu benutzt wurde, um eine grundlegende nationalistische Kritik am liberalen Entwicklungsmodell Argentiniens vorzutragen und autoritäre Politiklösungen einzufordern.

Diese Interpretation erklärt, betrachten wir die erste Phase des Geschichtsrevisionismus, warum es in diesem Zeitraum eigentümlicherweise auch Ärzte oder frühe Kriminalsoziologen waren, die Neuinterpretationen des Caudillismus anstießen. Die neuen sozialen Ordnungsprobleme, wie der städtische Pauperismus, die wachsende Kriminalitätsrate oder die expandierende anarchistische Arbeiterbewegung, führten dazu, daß gerade diese Gruppen, die unmittelbar mit sozialen Konflikten oder der "Sozialhygiene" befaßt waren, in der Geschichte nach Vorbildern einer erfolgreichen Sozialdisziplinierung suchten. Vor allem die Lehre von Gustave Le Bon über Führer und Masse war darin von großem Einfluß, konnten die Caudillos des frühen 19. Jahrhunderts doch nun als naturwüchsige Führergestalten erscheinen, die die wilden Gauchos erfolgreich gebändigt hätten. Die Studien von José María Ramos Mejía und Lucas Ayarragaray, beide Ärzte und politisch tätig, waren wohl die wichtigsten Arbeiten, die in diese Richtung fielen. Zu ergänzen bleibt, daß es sich hierbei keineswegs um versponnene und esoterische Gedankengänge randständiger Intellektueller handelte, die niemand ernstgenommen hätte, sondern daß weite Teile der politischen Klasse sich daran beteiligten. So konnte Rocque Saénz Peña (1952, S. 28), später Staatspräsident des Landes, im Wahlkampf von 1903 in einer Rede im Theater Victoria in Buenos Aires die Geschichtsschreiber auffordern, von der Theorie Le Bons her den Caudillismus und das Verhältnis von Führer und Masse neu zu studieren.

Die überkommene Geschichtsanschauung sah sich in dieser Konstellation mit rivalisierenden Anschauungen, im Grunde mit einer tiefen Bedrohung ihres eigenen Status konfrontiert. Denn nicht allein, daß der soziale Wandlungsprozeß in Argentinien oder der 1912 durch die Wahlreform eingeleitete Prozeß einer kontrollierten Demokratisierung von oben auch ganz neue Orientierungsprobleme aufwarf, auf die die Geschichtsschreibung Antwort geben sollte. Schlimmer war, daß der gerade mühsam konsolidierte Historische Diskurs wieder ausfaserte. Dies galt zum einen in vertikaler Hinsicht. Die Urbanisierungsprozesse und sozialen Ausdifferenzierungen, die Entstehung neuer Führungsgruppen in mittelständischen oder Arbeiterkreisen, die Ausweitung der Lese- und Schreibfähigkeit im städtischen Raum oder die Expansion des Presse-, Verlags- und Vereinswesens, all dies trug dazu bei, daß die Diskussion der Geschichte in der politischen Öffentlichkeit an Spannbreite und Facettenreichtum zunahm. Das beste Beispiel dafür war wohl die Inanspruchnahme des alten kreolischen Gauchokults durch anarchistische Gruppierungen, die den Gaucho allerdings uminterpretierten zum Verlierer "kapitalistischer" Modernisierungsprozesse und zum Prototypen des abhängigen, unterdrückten Landbewohners. Es galt aber auch in horizontaler Hinsicht, weil nunmehr Gruppen (Ärzte) oder Disziplinen (Soziologie) in die Geschichtsdeutung eingriffen, die außerhalb des engeren Kerns der frühen Historiker standen.

Vielleicht erklären sich aus dem damit verbundenen Gefühl, auch der Befürchtung, in der eigenen Kompetenz beschnitten bzw. von unkontrollierbaren Entwicklungen einfach überrollt zu werden, die teils scharfen Abwehrreaktionen, die von seiten der frühen Historiker die Folge waren. Zuerst wurde 1893 und unter maßgeblichem Mitwirken von Mitre die (spätere) Historische Akademie gegründet, die sich in der Folgezeit zu einem festen Hort der offiziösen, mitristischen Geschichtsbetrachtung entwickelte. Der Geschichtsrevisionismus wurde von der Akademie, nach anfänglichen Ambivalenzen, entschlossen bekämpft, "revisionistische" Anschauungen wurden per Abstimmung untersagt bzw. als "falsch" ausgegrenzt. Nach 1906 setzte dann der Institutionalisierungsprozeß der Geschichte im Universitätsbereich ein, als zunächst an den Universitäten La Plata und Buenos Aires historische Studiengänge eingerichtet wurden. Als wissenschaftlicher *late-comer* mit noch nicht gefestigten Strukturen zog sich aber auch die neugeschaffene Universitätsdisziplin Geschichte, nicht zuletzt in methodischer Hinsicht, auf den Mitrismus zurück, waren darin doch die Traditionen der eigenen Disziplin am deutlichsten repräsentiert.

Es ist insofern, um einen in der argentinischen Geschichtsschreibung vielbenutzten Begriff zu zitieren, ein Paradoxon, daß das mitristische Geschichtsbild im Grunde in einer historischen Entwicklungsphase Argentiniens konsolidiert wurde, in der es von seinen Grundannahmen her dem inzwischen veränderten Charakter des Landes nicht mehr entsprach. Zwischen den gesellschaftlichen Verhältnissen und den Orientierungshilfen, die die Geschichte darüber zu geben vermochte, tat sich eine weite Kluft auf. Vermutlich erklärte sich dies aus den krisenhaften Zügen, die der soziale Wandlungsprozeß in Argentinien um die Jahrhundertwende auch trug. Es ist aus der Sozialpsychologie bekannt, daß krisenhafte Entwicklungsabschnitte zu unterschiedlichen Reaktionen führen können, sei es in Richtung einer Überprüfung überkommener Verhaltens- und Deutungsmuster mit dem Ziel, deren Wirklichkeitskongruenz zu steigern, sei es in Richtung regressiver Prozesse. Das Festhalten an der mitristischen Nationalgeschichte fiel stärker in diesen zweiten Bereich, d.h. es stellte eine Art Fixierung auf die *patria vieja* dar, deren Kontur im Werk Mitres so vorbildlich als homogenes Ganzes erzählt schien und die nun unter dem Eindruck der massiven europäischen Zuwanderungen nach Argentinien und all der damit verbundenen sozialen und politischen Folgeprobleme endgültig unterzugehen drohte. Soziale Ordnungsängste, aber auch Bedürfnisse zur sozialen Status- und Privilegienverteidigung bildeten auf seiten der kreolischen Führungsgruppen und der ihnen angeschlossenen mittelständischen Kreise die wohl wichtigsten Motivationen, die diesen Fixierungen im Bereich der historischen Symbolbildung zugrunde lagen.

Den Grad innerer Kohäsion und Homogenität, wie er ungefähr um 1880 erreicht war, erlangte der Historische Diskurs im 20. Jahrhundert nie wieder. Ein Konsens über die Geschichte war weder innerhalb der engeren Elitenkreise noch im Verbund mit den aufsteigenden mittelständischen Gruppen herzustellen, worin sich im übrigen die ganzen Spannungen und Kontroversen ausdrückten, die der Verlust eines mehr oder minder konsensfähigen gesellschaftspolitischen Entwicklungsprojekts für Argentinien mit sich brachte. Dieser Prozeß setzte bereits im späten 19. Jahrhundert ein; offen zum Durchbruch kam er nach einer Beruhigung in den 1920er Jahren mit der Großen Depression nach 1930. Was den Historischen Diskurs anging, so stand dieser in den 1930er Jahren im Zeichen einer zunehmenden politischen Polarisierung einerseits, Anstrengungen zu einer Reorganisation der "Nation" im Zeichen autoritärer Staats- und Gesellschaftsentwürfe andererseits. Insofern partikularisierte sich der Historische Diskurs in diesem Zeitraum weiter und in schärferer Form als zuvor; vor allem wurden historische Kontroversen auch wieder in andere diskursive Bereiche ausgelagert, wie die Literatur, worin sich der Verlust an Konsensfähigkeit wohl am deutlichsten zeigte.

Stark vereinfacht können in den 1930er Jahren drei Kräftefelder unterschieden werden, die die Geschichtsdiskussion bestritten. Erstens handelte es sich um die mitristische Tradition, deren Bollwerk die Historische Akademie sowie die große und einflußreiche Tageszeitung *"La Nación"* waren, die sich im Besitz der Familie Mitres befand. Die Historische Akademie stand unter der Leitung von Ricardo Levene. Unter dessen Führung ging die Historische Akademie eine enge, symbiotisch zu nennende Beziehung mit Staat und Regierung ein, zumindest in den Jahren bis 1938, als General Justo das Präsidentenamt innehatte (vgl. Gandia 1936). In gewisser Hinsicht kann die Tätigkeit der Akademie in diesem Zeitraum als das Bestreben charakterisiert werden, in enger Kooperation mit staatlichen Stellen das Interpretations- und Deutungsmonopol über die Geschichte zurückzugewinnen. Der Historische Diskurs sollte damit, wenn man diesen Begriff in Analogie zu den zeitgleich in der politischen Öffentlichkeit Argentiniens kursierenden Politikvorstellungen gebrauchen will, eine korporativistische Struktur annehmen, in der die Geschichtskontroversen durch Ausgleichs- und Lenkungsmaßnahmen "von oben" und zum Zweck der innenpolitischen Stabilisierung aufgehoben gewesen wären. Erfolgreich waren diese Bestrebungen letztlich nicht; sie reichten allerdings aus, um die Symbiose von klassisch-liberaler und offiziöser Geschichtsdeutung aufrechtzuerhalten.

Zweitens ist das an der Universität Buenos Aires angesiedelte Historische Forschungsinstitut zu nennen, das unter der Leitung von Emilio Ravignani in einer spannungsreichen Beziehung zur Historischen Akademie stand. Die Gründe für diese

Spannungen waren unterschiedlich. Teils spielten unmittelbar politische Gründe eine Rolle, gehörte Ravignani doch (später) der Radikalen Partei an, während in der Akademie eher konservative Kreise vertreten waren. Ausschlaggebend war aber der gemäßigte Geschichtsrevisionismus, der im Institut Ravignani betrieben wurde und der sich vor allem um Fragen der Verfassungsgeschichte und die Bewertung der caudillistischen Führergestalten gruppierte. So beurteilte Ravignani etwa in der Zeitung *"Mundo Argentino"* vom 13. April 1927 Rosas recht wohlwollend als einen argentinischen "Patrioten". Insgesamt bemühte sich Ravignani um eine quellennahe und vorurteilsfreie Geschichtsbetrachtung, auch in deutlicher Distanz zu den tagespolitischen Kontroversen. Eine große Schwäche des Forschungsinstituts war aber, daß es in seinen Themen- und Fragestellungen fast gänzlich im 19. Jahrhundert verharrte und insofern ebensowenig wie die mitristische Geschichtsbetrachtung die sozialen Strukturwandlungen Argentiniens in Rechnung zog.

Drittens schließlich ist ein breiter, diffuser Bereich des Geschichtsrevisionismus zu nennen, der "rechte" und "linke" Nationalisten ebenso umfaßte wie katholisch-klerikale Kreise oder national-populistische Strömungen (vgl. Quattrocchi-Woisson 1992). Vom engeren Wissenschaftsbetrieb waren diese Strömungen stärker ausgegrenzt; sie verfügten aber im Pressewesen, in politischen Organisationen und Gremien oder auch durch den Hörfunk über zahlreiche Möglichkeiten zur Kommunikation und Meinungsäußerung. Als die Historische Akademie 1938 von der Regierung Justo staatlich anerkannt wurde, gründeten Teile der Geschichtsrevisionisten im gleichen Jahr das "Historische Forschungsinstitut Juan Manuel de Rosas", das als eine Gegen-Akademie konzipiert war. Juristen, Journalisten und Schriftsteller sowie Offiziere bildeten die wichtigste Trägergruppe dieses Instituts. In politischer Hinsicht war der Geschichtsrevisionismus, der in den 1930er Jahren in immer aggressiveren Tönen vorgetragen wurde, keineswegs homogen. Er fand aber ein einigendes Band in einer nationalistischen Grundstimmung, einer "anti-imperialistischen" Gesinnung sowie in der Präferenz für organische, harmonisierend angelegte Gesellschaftsbilder. Rosas galt diesen Gruppen als Nationalheld und früher Verteidiger spezifisch argentinischer Interessen gegenüber imperialistischen Mächten von außen wie auch einer liberalen politischen Klasse aus "Kollaborateuren" im Innern.

Der Peronismus sah sich damit nach 1943/46 mit scharfen Polarisierungen innerhalb des Historischen Diskurses konfrontiert, in der sich die unterschiedlichen Interessenlage und politischen Entwicklungsvorstellungen gesellschaftlicher Teilgruppen abbildeten. Der Umgang mit der Geschichte war eminent politisch, und dieses Merkmal sollte er auch in der ersten Amtszeit Peróns beibehalten. Nicht allein, daß nationalistische Gruppen in wohlmeinender Absicht versuchten, dem Peronismus ein revisionistisches historisches Identitätskonzept anzutragen und Perón als zweiten Rosas zu definieren. Umgekehrt zogen auch die politischen Gegner Peróns daraus Nutzen, etwa indem sie das peronistische Regime im Parlament oder in der Presse, so in *"La Nación"* vom 3. Februar 1946, als bloße Neuauflage der Tyrannei von Rosas angriffen.

Die Haltung Peróns zu diesen Geschichtskontroversen war jedoch weitaus ambivalenter, als es die unbestrittenen ideologischen Affinitäten des Peronismus zu nationalistischen Gruppierungen vermuten ließen. Das Problem Argentiniens, so Perón in einer Rede vom 12. Februar 1946 vor der Deputiertenkammer (Diario 1946, S. 48), bestünde nicht in einer neuen Debatte über Rosas, sondern in der Lösung der gegenwärtigen Probleme. Und entsprechend entzogen sich Perón wie auch zentrale Führungsgruppen um ihn herum dem Versuch, den Peronismus in eine bestimmte historische Traditionslinie einzufügen, gleich ob liberaler, revisionistischer oder anderer Couleur. Zwei Gründe waren dafür wohl ausschlaggebend. Erstens war der Peronismus in der Phase, in der die Konsolidierung des Regimes anstand, nicht daran interessiert, unnötige innenpolitische Gräben auf einem Gebiet aufzureißen, das als eher marginal betrachtet wurde. Zweitens stand Perón vor dem Problem, daß wichtige Teile seiner Anhängerschaft, wie etwa die aus den Traditionen der sozialistischen Gewerkschaftsbewegung herkommenden Arbeitergruppen, im, was ihre Geschichtsanschauung betraf, klassisch-liberalen Sinn erzogen worden waren. Ein Beleg dafür findet sich auch in der großen Umfrage, die die peronistische Zeitung *"La Epoca"* 1948 mit dem Ziel durchführte, Perón zu einem offenen Bekenntnis zum Geschichtsrevisionismus zu drängen. Auf die Frage, ob man die Überreste von Rosas repatriieren solle, antworteten insgesamt 320.000 Leser durch ihre Zuschrift, wovon aber nur 170.000 zustimmend waren, 150.000 sich aber dagegen aussprachen. Zweifelsohne dürfte dieses Umfrageergebnis Perón in seiner Ansicht bestärkt haben, daß der Geschichtsrevisionismus ein untaugliches, allzu polarisierendes Mittel war, um das Regime in historischer Perspektive zu legitimieren. Nicht Rosas, sondern neuerlich der General San Martín war denn auch die Figur, die als historisches Leitbild des Peronismus fungierte, und dies offenbar aus Motiven zur inneren Harmonisierung der Gesellschaft heraus, die denen der liberalen Führungsgruppen Argentiniens in den späten 1870er und frühen 1880er Jahren nicht unähnlich waren (vgl. El Presidente 1951).

Eine abschließende Bemerkung: Daß der Peronismus an diesem Grundmuster historischer Symbolbildung festhielt, ist in mehrfacher Hinsicht bemerkenswert. In der Diskussion über den "populistischen" Charakter des Peronismus hat Horowitz (1990, S. 215f.) jüngst argumentiert, daß die charakteristischen Komponenten populistischer Regime vor allem in den "ideologischen" Faktoren der Diskursführung und Symbolik zu suchen seien. Daß "Populismus" sich dann maßgeblich auch in der historischen Selbstdefinition eines Regimes ausdrücken müßte, ist eine naheliegende Annahme. Gerade auf dem Gebiet des Historischen Diskurses war der Peronismus, von Teilströmungen abgesehen, aber wenig innovativ und sprang sozusagen nicht aus seinem liberalen Schatten heraus. Insofern entpuppt sich der Peronismus auch in diesem Punkt als weniger populismustypisch, als früher in der Forschung angenommen wurde. Eine Betrachtung des Historischen Diskurses legt damit aber auch Fragen, mitunter Hypothesen nahe, die über den engeren Bereich der Diskurs- und Symbolbetrachtung hinaus für allgemeinere sozialwissenschaftliche Untersuchungen von Interesse sein können.

Literaturverzeichnis

AUBIN, José María, 1897: Lecturas sobre Historia Nacional para los niños de segundo grado, Buenos Aires.

BAUMGARTNER, Hans Michael, 1976: Thesen zur Grundlegung einer transzendentalen Historik, in: Ders./Rüsen, Jörn (Hrsg.), Seminar Geschichte und Theorie, Frankfurt/M.

CAILLET-BOIS, Ricardo R., 1960: La historiografía, in: Historia de la literatura argentina. Dir. por Rafael Alberto Arrieta, Tomo VI, Buenos Aires.

Causa criminal seguida contra el Ex-Gobernador Juan Manuel de Rosas ante los tribunales ordinarios de Buenos Aires. Edición facsimil de la original de 1864, Buenos Aires 1975.

Correspondencia inédita entre Juan Manuel de Rosas y Manuel José García (Cuadernos de Investigación), Tandil 1989.

DIARIO DE SESIONES. Cámara de Diputados, Tomo I, Buenos Aires 1946.

El Presidente de la Nación Argentina Gral. Juan Perón declara inaugurado el año del Libertador General San Martín, in: Homenaje al General José de San Martín en el centenario de su fallecimiento, Universidad de Córdoba 1951.

GANDIA, Enrique, 1936: La Academia Nacional de la Historia, in: Ricardo Levene (Hrsg.), Historia de la Nación argentina, Tomo I, Buenos Aires.

GIESEN, Bernhard, 1993: Die Intellektuellen und die Nation, Frankfurt/M.

HALPERIN DONGHI, Tulio, 1961: Tradición política española e ideología revolucionaria de Mayo, Buenos Aires.

HOROWITZ, Joel, 1990: Industrialists and the rise of Perón, 1943-1946. Some implications for the conceptualization of populism, in: The Americas Vol. 47, S. 209-227.

LOPEZ, Vicente Fidel, 1881: La revolución argentina. Su origen, sus guerras y su desarrollo político hasta 1830, Tomo II, Buenos Aires.

Manifiesto del General Felipe Varela a los pueblos americanos sobre los acontecimientos políticos de la República Argentina en los años 1866 y 1867 (1868), Buenos Aires 1968.

MITRE, Bartolomé, 1945: Arengas selectas, Buenos Aires.

POESIA GAUCHESCA. Selección, notas y cronología: Jorge B. Rivera, Caracas 1977.

QUATTROCCHI-WOISSON, Diana, 1992: Un nationalisme de déracinés. L'Argentine, pays malade de sa mémoire, Paris.

Registro oficial de la provincia de La Rioja (años 1857-1859).

RIEKENBERG, Michael, 1993a: Juan Manuel de Rosas 1820-1835. Eine politische Karriere im La Plata-Raum, in: Asien, Afrika, Lateinamerika Vol. 21.

– – –, 1993b: El concepto de la nación en la región del Plata (1810-1831), in: Entrepasados. Revista de Historia (Buenos Aires) Vol. 3.

– – –, 1993c: Die Revisionismusdebatte in Argentinien 1880-1905. Eine Re-Interpretation, in: Periplus. Jahrbuch für außereuropäische Geschichte Vol. 3.

– – – (Hrsg.), 1994: Politik und Geschichte in Argentinien und Guatemala (19./20. Jahrhundert), Frankfurt/M.

– – –, 1995: Nationbildung, sozialer Wandel und Geschichtsbewußtsein am Río de la Plata, 1810-1916, Frankfurt/M.

RODRIGUEZ, Gregorio F., 1922: Contribución histórica y documental, Tomo III, Buenos Aires.

SAENZ PEÑA, Roque, 1952: La reforma electoral y temas de política internacional americana, Buenos Aires.

SCOBIE, James R., 1971: Argentina. A city and a nation, New York.

SOCOLOW, Susan Midgen, 1978: The merchants of Buenos Aires 1778-1810, Cambridge.

Arnold Spitta

Die Industrialisierungspolitik in den vierziger Jahren aus der Sicht des *"Economic Survey"*

I. Vorbemerkung

Die vierziger Jahre stellen einen der umstrittensten Abschnitte in der neueren Geschichte Argentiniens dar. Hatten in den dreißiger Jahren — nach der allmählichen Überwindung der Folgen der Weltwirtschaftskrise — ausländische Beobachter dem Land eine rasante politische und wirtschaftliche Entwicklung und den Status einer regionalen Vormacht vorausgesagt, zeigte sich in den fünfziger Jahren, daß trotz der singulären Chancen, die der Zweite Weltkrieg dem Land in mancher Hinsicht bot, Argentinien im wirtschaftlichen Wettbewerb der Nationen zurückgefallen war und am Beginn einer langen Phase der politischen und ökonomischen Stagnation stand.

Das Agrarexportmodell, mit dem Argentinien fast ein halbes Jahrhundert lang, 1880 bis 1930, gute bis traumhafte Wachstumsraten erzielt hatte, erwies sich als endgültig obsolet, ohne daß es dem Lande gelungen wäre, eine umfassende Industrialisierung als einen neuen Wachstumsmotor in Gang zu setzen. Das Scheitern der insbesondere von Perón in der zweiten Hälfte der vierziger Jahre forcierten Industrialisierung wirft viele Fragen auf und gab Anlaß zu einer Vielzahl von Kontroversen zu seiner Wirtschaftspolitik. Strittig ist etwa die Frage, ob es gangbare Alternativen zur Politik Peróns gegeben habe, Alternativen, die bereits von Zeitgenossen öffentlich debattiert worden waren, und die nicht nur *ex post facto* von den Nachgeborenen, die immer klüger sind, konstruiert wurden.

Eine der Möglichkeiten, die zeitgenössischen Kontroversen zu verfolgen, ist die Lektüre von damals erschienenen Zeitungen und Zeitschriften, weil sich in den Blättern die Diskussionen zu politischen, wirtschaftlichen, sozialen oder kulturellen Fragestellungen unmittelbar oder mittelbar widerspiegeln.

Desgleichen können zeitgenössische Periodika für die historische Forschung als Quellen von beachtlichem Nutzen sein. Insbesondere dann, wenn eine Zeitung oder Zeitschrift sich nicht nur durch ihre beschreibende Chronik als gut informierte Quelle zur politischen oder wirtschaftlichen Entwicklung des Landes erweist, sondern wenn sie darüber hinaus die damaligen Entscheidungsträger und ihr politisches Handeln über die Jahre hinweg mit fundierter Kritik begleitet. Neben dem Erkenntnisgewinn aus der detailreichen Deskription bestimmter Abschnitte sind für den Historiker insbesondere auch die normativen Aspekte von Wert, in denen aus zeitgenössischer Sicht und Wertung Vorschläge für politische oder wirtschaftliche Alternativen gemacht werden.

Unter diesem Blickwinkel erweist sich der Anfang 1941 von Rodolfo Katz in Buenos Aires gegründete *Economic Survey* (im folgenden als ES abgekürzt) als eine material- und kenntnisreiche Quelle. Die in dem Blatt entwickelten umfassenden Vorschläge für die Wirtschaftspolitik Argentiniens in den vierziger Jahren – und insbesondere für eine aktive Industrialisierungspolitik des Landes – zeichneten sich durch ihren eigenständigen Ansatz aus. Sie standen häufig im Widerspruch zur jeweiligen Wirtschaftspolitik der Regierung Castillo (bis 1943), des Militärregimes (1943-1946), und der Regierung Peróns während dessen erster Präsidentschaft. Aus der Kritik der nach Ansicht des Blattes gravierenden wirtschaftspolitischen Fehler, die in diesem Jahrzehnt begangen wurden, und aus den wiederholt veröffentlichten Alternativvorschlägen läßt sich eine umfassende wirtschaftspolitische Alternative des Blattes entnehmen.

Natürlich ist es im Nachhinein schwer zu sagen, welchen Kurs die argentinische wirtschaftliche und politische Entwicklung genommen hätte, wenn statt der tatsächlich betriebenen Politik die vom ES vorgeschlagenen Alternativen durchgeführt worden wären, doch gibt die oft erstaunliche Weitsicht, die er bei der Vorhersage der Folgen bestimmter Regierungsmaßnahmen bewies, seinen normativen Vorschlägen ein besonderes Gewicht: das Blatt zeigt auf, daß zum Beispiel zur peronistischen Wirtschaftspolitik im allgemeinen und zur peronistischen Industrialisierungspolitik im besonderen Gegenkonzepte vorhanden waren, Konzepte, die sich zugleich deutlich unterschieden von einer Rückkehr zu der traditionellen Agrarexportpolitik früherer Jahrzehnte, und die näher zu untersuchen sich lohnt.

Die Industrialisierung Argentiniens aus der Sicht des ES ist daher der Gegenstand des vorliegenden Beitrags.

II. Der Herausgeber des "Economic Survey" und die Erscheinungszeit des Blattes

Der aus Deutschland stammende Wirtschaftsjournalist Rodolfo Katz (geboren 1899 in Frankfurt/Main, gestorben 1975 in Bariloche/Argentinien) war in den dreißiger Jahren aufgrund "rassischer" und politischer Verfolgung durch das NS-Regime nach Argentinien emigriert[1] und gründete Anfang 1941 das wöchentlich erscheinende Wirtschaftsfachblatt *Economic Survey*, das in einer spanischen und einer englischen Ausgabe erschien.

Seine harsche Kritik an der Wirtschaftspolitik der Regierung Perón führte zu Repressalien und Schikanen von peronistischer Seite, aufgrund derer sich Katz Ende März 1951 gezwungen sah, die Herausgabe des Blattes einzustellen und nach Montevideo

---

[1] Vgl. die Ausbürgerunglisten A-Z im Politischen Archiv des Auswärtigen Amtes, Bonn.

zu emigrieren[2]. Für einige Jahre arbeitete er in der *Comisión Económica para América Latina* (CEPAL). Nach dem Sturz Peróns kehrte Katz nach Argentinien zurück und gab erneut den ES heraus.

Die vorliegende Arbeit untersucht das Blatt im ersten Jahrzehnt seines Erscheinens, von April 1941 bis März 1951. Es bleiben außer Betracht die Jahrzehnte nach Peróns Fall, in denen sich der ES wieder in ein einflußreiches Wirtschaftsblatt verwandelte, das Pflichtlektüre war für Unternehmer und Manager, für die Wirtschaftsfachleute in der Regierung, in ausländischen Botschaften und in der Presse des In- und Auslandes.

Zu Beginn der siebziger Jahre zog sich Katz aus der aktiven Arbeit zurück. Sein Nachfolger wurde Agustín Rómulo Maniglia (1921-1986), der seit vielen Jahren eng mit Katz zusammengearbeitet hatte. Das Blatt wechselte seinen Namen in *Relación Económica*. Ende 1984 stellte es das Erscheinen ein. Neue Wirtschaftszeitungen und spezialisierte Blätter hatten sich am Markt durchgesetzt. Der Generationenwechsel im Mitarbeiterstab des Blattes und unter seinen Lesern hat sicher ebenfalls eine Rolle gespielt[3].

Von seiner Gründung an war der ES ein Wirtschaftsfachblatt, das sich an die argentinischen Unternehmer und Geschäftsleute wandte, an Importeure, Exporteure und Industrielle ebenso wie an Großgrundbesitzer, seien sie Viehzüchter oder Landwirte, und nicht zuletzt an die für die Wirtschaft des Landes zuständigen Beamten in der Regierung. Die Zielgruppe des ES waren also die Entscheidungsträger in der argentinischen Wirtschaft.

Die englische Fassung richtete sich an ausländische Unternehmer mit Wirtschaftsinteressen in Argentinien. Möglicherweise hatte Katz außerdem die Hoffnung, Einfluß zu nehmen auf jene Persönlichkeiten in der einflußreichen englischen und in der (damals weniger bedeutenden) nordamerikanischen Kolonie in Argentinien, die Veröffentlichungen in spanischer Sprache nur mit Schwierigkeiten lesen konnten.

Ein großer Teil der Artikel des ES mündete in praktische Schlußfolgerungen für den Leser. Aus der makroökonomischen Übersicht wurden Informationen und Ratschläge für unternehmerische Entscheidungen abgeleitet. Dies war wahrscheinlich einer der Schlüssel für den Erfolg des Fachblatts: seine Fähigkeit zur Synthese. Aus globalen Wirtschaftsanalysen zog es praxisbezogene Folgerungen auf der mikroökonomischen Ebene. Ausgangspunkt war in jedem Fall ein breit angelegter perspektivischer Überblick.

Die vorliegende Arbeit gliedert sich in zwei Kapitel, die zwei deutlich gegliederten Abschnitten der argentinischen Geschichte der vierziger Jahre folgen:

---

[2] Zu den Schikanen der Peronisten gehörten legale Einschüchterungsversuche, wie das gegen Katz angestrebte Gerichtsverfahren, um ihn seiner angenommenen argentinischen Staatsbürgerschaft zu berauben (17.12.46, VI: 310, S. 1); es scheiterte jedoch in zwei Instanzen. Später intervenierte man auf Anordnung einer Untersuchungskommission des Parlaments, in dem die Peronisten eine satte Mehrheit hatten, die Administration des ES, der zudem unter polizeiliche Bewachung gestellt wurde. Zur Einschüchterung gehörten aber auch illegale Übergriffe, wie eine kurzzeitige Entführung Katz' Anfang Juli 1947, vgl. 8.7.47, VII: 337, S. 1; vgl. Brief Katz' aus Montevideo (nach der erzwungenen Einstellung des Blattes und seiner Flucht bzw. Übersiedlung aus Buenos Aires Ende März/Anfang April 1951) an seine Leser (im Exemplar des ES in der Deutschen Bibliothek, Frankfurt am Main; vgl. auch Aufbau (New York), 1947, XIII: 28, S. 4, wo kurz über das Attentat berichtet wird).

[3] Vgl. den Nachruf auf R. Katz in La Nación, 13.2.1975, Año 106, Nr. 37081, S. 5; vgl. den Nachruf auf A. R. Maniglia in La Prensa vom 11.11.1986.

1. die Jahre von der Gründung des ES bis zum Sturz der Regierung Castillo durch den Militärputsch vom 4. Juni 1943;
2. die Jahre des Militärregimes (1943 bis 1946) und der ersten Präsidentschaft Peróns bis zur Schließung des Blattes (1946-1951).

III. April 1941 bis zum Militärputsch vom 4. Juni 1943

Von der ersten Nummer an ging der ES von der Überzeugung aus, daß der Krieg zwischen Deutschland und den Alliierten unter Großbritanniens Führung lang andauern werde; einer der kriegsentscheidenden Faktoren werde die massive Unterstützung der englischen Kriegsanstrengungen durch die USA sein. In einem Artikel "Die Folgen des Kriegseintritts der USA", der im April 1941 (!) erschien, berichtete das Blatt von den zunehmenden Gerüchten über einen baldigen Kriegseintritt der USA und stellte fest, daß es "jedes Mal" klarer sei, "daß dies nur noch eine Frage der Zeit ist" (22.4.41, Nr. 16, S. 1ff.)[4]. Man könne nicht mehr von einem "nichtkriegführenden" Land sprechen, sondern von einem Land im Vor-Kriegsstadium (*país pre-beligerante*). Der Artikel analysierte dann die industrielle Konversion, die aufgrund der neuen Situation in den Vereinigten Staaten beginne, und kam dann auf die "Konsequenzen für Südamerika, und besonders für Argentinien" zu sprechen. Es gebe "zwei Hauptfaktoren in Erwägung zu ziehen": die "Restriktionen der Exporte [aus den USA, A.Sp.] und Verfügbarkeit von Schiffsraum" (ebenda). Eine Woche später hieß es, daß in Anbetracht der relativ hohen Wahrscheinlichkeit eines Krieges zwischen Japan und den USA sich die eh schon schwierige Versorgungslage der lateinamerikanischen Staaten mit Industrieprodukten noch verschärfen werde. Japan, der letzte Kunde und Anbieter von industriellen Gütern außerhalb des amerikanischen Kontinents, werde entfallen, und der "Handel mit dem Ausland wird vollständig von der Frage der zur Verfügung stehenden Schiffe abhängen" (29.4.41, Nr. 17, S. 4). Die Exporte der Vereinigten Staaten in südamerikanische Länder würden wahrscheinlich auf das absolut Notwendige schrumpfen, weil logischerweise die Kriegslieferungen Vorrang genießen würden. Die Schlacht um den Atlantik, in der die deutschen U-Boote den Zustrom nordamerikanischer Lieferungen an Großbritannien zu unterbrechen suchten, habe zu einem wachsenden Mangel an Schiffsraum geführt. Der Artikel endete optimistisch, daß "das Resultat" für Argentinien "eine intensivere Industrialisierung" werde sein können (ebenda).

In diesen Artikeln, acht Monate vor dem tatsächlichen Kriegseintritt der USA geschrieben, erscheinen bereits einige der Themen, die sich im Verlauf des Zweiten Weltkriegs in die Konstanten der Berichterstattung und der dezidierten Meinungsäußerung des ES verwandeln würden: die akuten Schwierigkeiten − bzw. die Unmöglichkeit − für Argentinien, seinen Bedarf an industriellen Gütern und an strategischen Rohstoffen (wie z. B. Kautschuk für die Reifenherstellung) zu decken, und der Mangel an Schiffsraum, der nicht nur die Importe erschwerte, sondern auch die Exportmöglichkeiten Argentiniens in Frage stellte.

---

[4] Alle Zitate aus dem ES sind Übersetzungen aus der spanischen Ausgabe, es sei denn, es wird besonders vermerkt, daß es sich um eine Übersetzung aus der englischen Ausgabe handelt.

Von dieser Analyse ausgehend, plädierte der ES für die rasche Bildung strategischer Rohstoffreserven. Man müsse eine Prioritätenliste der notwendigen Importe erstellen und die Einfuhr von weniger wichtigen Konsumgütern einschränken oder einstellen (vgl. u.a. 12.1.42, II: 54, S. 2; 19.1.42, II: 55, S. 3; 21.7.42, II: 81, S. 1). Ganz auf dieser Argumentationslinie kritisierte das Blatt im Mai 1941 die Erhöhung der Einfuhrzölle für Eisen und Stahlprodukte. Die verhängten "Importrestriktionen" seien "schädlich für die wirtschaftlichen Interessen des Landes" (21.5.41, Nr. 21, S. 2). Das Gegenteil tue not: Jede Tonne Schiffsraum sei für den Import notwendiger Güter auszunutzen. Zum Aufbau der eigenen Handelsflotte könne man die aufgrund der englischen Blockade in den argentinischen Häfen festsitzenden Schiffe der Achsenmächte nutzen. Zugleich sei "der Bau argentinischer Schiffe eine dringende Notwendigkeit für die Fortführung unseres Wirtschaftslebens" (ebenda; vgl. ähnlich auch 4.6.41, Nr. 22, S. 3, engl. Fassung; 16.7.41, Nr. 28, S. 3).

Um unkontrollierte Preissteigerungen und Versorgungsengpässe zu vermeiden, plädierte der ES − obwohl ein radikaler Anhänger einer marktwirtschaftlichen Wirtschaftspolitik − für eine Politik der Zwangsbewirtschaftung und Preiskontrollen für lebenswichtige Mangelgüter (vgl. 9.12.41, Nr. 49, S. 1 f.; 16.12.41, Nr. 50, S. 1-3; 10.2.42, II: 58/59, S. 1; 14.4.42, II: 67, S. 2 f. und 6; 21.4.42, II: 68, S. 1 f.; 21.7.42, II; 81, S. 1).

Ausgangspunkt aller dieser Vorschläge war, wie erwähnt, die Annahme einer langen Kriegsdauer, denn nur dann war der Aufbau einer eigenen Handelsflotte zu den kriegsbedingt hohen Preisen gerechtfertigt (vgl. u.a. 14.5.41, Nr. 20, S. 2; 11.6.41, Nr. 23, S. 3f.; 25.6.41, Nr. 24, S. 1; 2.3.42, II: 61, S. 1; 17.11.42, II. 98, S. 1, wo der ES die Kriegsdauer bis mindestens Ende 1944 schätzt). Und nur aufgrund der gleichen Überzeugung machte es einen Sinn, für eine Industrialisierungspolitik einzutreten, wie es der ES in fast jeder Nummer tat. Der Moment für eine forcierte Industrialisierung sei günstig, dozierte das Blatt, denn fast alle äußeren Wettbewerber seien weggefallen. Man müsse die Gunst der Stunde nutzen und so massiv wie möglich Maschinen und Rohstoffe importieren, um ein möglichst hohes Versorgungsniveau sicherzustellen (4.6.41, Nr. 22, S. 2). Äußerste Eile sei geboten, da die nordamerikanischen Exporte jederzeit versiegen könnten. Die Bildung von strategischen Reserven müsse Vorrang haben vor Bedenken wegen der hohen Preise oder der Sorge wegen der daraus resultierenden Devisenabflüsse. Es sei "eine dringende Notwendigkeit, die Importe auf das Äußerste zu steigern (...), um wirklichen Mangel zu verhindern, wenn die Kriegsnotwendigkeiten alle US-Stahlexporte zum Erliegen brächten" (4.6.41, Nr. 22, S. 2, engl. Ausgabe). Die Preise für Importgüter würden auf absehbare Zeit nicht sinken, sondern steigen, ebenso wie die Transportkosten (7.5.41, Nr. 18, S. 5). Jeder Tag Verzögerung werde die Versorgung mit lebensnotwendigen Gütern also nur verteuern, oder, schlimmer noch, zu Versorgungslücken führen.

Der ES wies auf ein weiteres Element hin, das, richtig eingesetzt, der vorgeschlagenen Industrialisierungspolitik förderlich sein werde: das große Volumen von Fluchtkapitalien, die nach Argentinien transferiert worden waren, um sie vor den Fährnissen des Krieges zu schützen. Das Blatt polemisierte gegen die Finanzpolitik der Regierung, die in diesen Kapitalien lediglich eine Gefahr für die Preis- und Währungsstabilität sah, und plädierte dafür, die Bedingungen für ihre volle Beteiligung an der Finanzierung der Industrialisierung zu schaffen (vgl. u.a. 29.2.44, IV: 165, S. 5f.).

Es sei notwendig, so erläuterte das Blatt in immer neuen Varianten, Exportoffensiven in den Nachbarländern und in den anderen Ländern Lateinamerikas zu starten (vgl. u.a. 2.7.41, Nr. 26, S. 4; vgl. auch 21.5.41, Nr. 21, S. 4). Die gegenüber diesen Ländern höhere Entwicklung der argentinischen Industrie sei ein Vorteil, den es zu nutzen gelte (9.6.42, II: 75, S. 3); der Mangel an Importgütern, der durch den Wegfall der US-Exporte in diesen Ländern entstanden sei, biete eine günstige Gelegenheit, sich einen Platz auf diesen Märkten zu erobern (vgl. 4.6.41, Nr. 22, S. 3). "Mit der Ausnahme Englands und, zu einem geringeren Grad, Spaniens, ist der gesamte europäische Markt für dieses Land geschlossen". (...) "Daraus folgt, daß der amerikanische Kontinent und insbesondere der US-Markt als die einzigen Möglichkeiten für den argentinischen Export übrig bleiben. Äußerste Sorgfalt muß angewandt werden, um diesen Markt für die Nachkriegsära zu erhalten. Dieser Krieg ist geeignet, noch lange Zeit zu dauern (...)" (14.5.41, Nr. 19, S. 2, engl. Ausgabe). Eine Woche später heißt es, daß die "Perspektive eines langen Krieges" dazu zwinge, die Außenhandelspolitik neu zu definieren. Argentiniens Exporte gingen früher zu 70% nach Europa. Nunmehr müsse man nach anderen Exportmöglichkeiten suchen. Die Situation erfordere "einen radikalen Wechsel in der Wirtschaft des Landes" (21.5.41, Nr. 20, S. 2). Eine der Lösungen sei die Schaffung einer modernen Leichtindustrie.

Die wiedergegebenen Gedanken waren das *"Credo"* des ES. Das Blatt war sich im klaren darüber, daß die argentinische Industrie erst in ihren Anfängen stand und daß mit dem Beginn der Nachkriegszeit, in der die alten Industrieländer wieder anfangen würden zu exportieren, die Situation für die junge argentinische Industrie schwierig werden würde. Aber mit einem gewissen Optimismus vertrat das Blatt die These, daß Argentinien bis dahin einen festen Platz auf einer Reihe von während des Krieges eroberten Märkten inne haben und halten könne. Dies bedeute, warnte das Blatt, ohne Zweifel eine Politik sorgfältigen Marketings und größter Zuverlässigkeit in der Qualität und der Pünktlichkeit der Lieferungen. Außerdem müsse man die Jahre des "natürlichen" Schutzes, den der Krieg gegen die Konkurrenz der Industrieländer biete, nutzen, um die eigene Industrie zu modernisieren und international wettbewerbsfähig zu machen (vgl. 30.1.45, V: 213, S. 1 f.; vgl. auch 20.2.45, V: 215, S. 1f.; 13.3.45, V: 218, S. 4f.).

Mit seinem Plädoyer für eine schnelle Industrialisierung nahm der ES eine Haltung ein, die nicht mit dem Denken der traditionellen argentinischen Elite übereinstimmte. Das "argentinische Modell" hatte über viele Jahrzehnte hinweg auf der Basis einer sehr erfolgreichen Arbeitsteilung mit Großbritannien funktioniert: argentinische Agrarprodukte gegen industrielle Konsumgüter. Deshalb stand die Agraroligarchie Bestrebungen, aus diesem in Jahrzehnten bewährten Schema auszubrechen, argwöhnisch gegenüber. Man vertrat in diesen Kreisen die Meinung, daß die Industrialisierung den Agrarsektor, die Grundlage für den Reichtum des Landes, schwächen werde. Eines der Sprachrohre für diese Ansicht war die einflußreiche Tageszeitung *La Prensa*, gegen deren antiindustrielle Haltung der ES verschiedentlich polemisierte (vgl. 18.4.44, IV: 172, S. 5 u.a.)[5].

Die Skepsis gegenüber dem durch die Umstände erzwungenen Industrialisierungsprozeß gründete sich nicht nur auf den Erfolg des Agrarexportmodells der Vergangenheit, sondern wurde verstärkt von der im Argentinien der Jahre 1940 bis 1943 verbreiteten

---

[5] Gegen die Vorstellung, daß Industrialisierung notwendigerweise die Schwächung des Agrarsektors bedeute, wandte sich der ES auch in allgemeiner Form, vgl. 30.12.41, Nr. 52, S. 3-6.

Meinung, daß der Frieden in Europa binnen kurzem durch einen deutschen Sieg wiederhergestellt werden würde (vgl. ES, 17.11.42, II: 98, S. 1; Spitta 1978, S. 22ff.; Escudé 1983, Rapoport 1981).

Wenn aber der Frieden in greifbarer Nähe war, entfiel die Notwendigkeit, größere strategische Rohstoffreserven zu den geltenden hohen Preisen einzukaufen, ebenso wie die Notwendigkeit, eine eigene Handelsflotte – selbst die in den Häfen festliegenden Schiffe waren teuer – aufzubauen. Mit der Wiederherstellung des Friedens, so sahen es viele Entscheidungsträger in der argentinischen Elite, stünden den Agrarprodukten wieder exzellente Absatzmärkte in den vom Krieg in Mitleidenschaft gezogenen europäischen Ländern offen. Die Preise für Industrieprodukte hingegen würden rasch wieder auf Friedensniveau sinken. Es werde sich also das traditionelle Modell der komplementären Ökonomien zum Nutzen aller Beteiligten wiederherstellen lassen. Der dargestellte Gedankengang liefert möglicherweise die Erklärung für die im Nachhinein schwer erklärbare Untätigkeit der Regierung, die in regelmäßigen Abständen den ES zu drängenden Kommentaren provozierte. Es war die unerschütterliche Gewißheit, daß sich in der Nachkriegsära die Käufer um argentinische landwirtschaftliche Güter reißen würden, egal, wer als Sieger aus dem Krieg hervorgehe (vgl. hierzu die kritischen Anmerkungen des ES, 11.4.44, IV: 171, S. 1f.; 16.6.42, II: 76, S. 2; 22.8.44, IV: 190, S. 9).

Dieser auf den Erfahrungen der Vergangenheit beruhende Optimismus, der den tiefgreifenden Wandel, der sich auf dem Weltmarkt bereits in der Zwischenkriegszeit vollzogen und den der Zweite Weltkrieg noch verstärkt hatte, außer acht ließ, scheint die argentinische Wirtschaftspolitik der frühen vierziger Jahre geprägt zu haben, die sich durch mangelnde Entscheidungsfreude bis hin zur Lethargie und durch ein unbekümmertes *laissez-faire* auszeichnete. Die mangelnde Vorsorge, die sich darin ebenfalls ausdrückte, gab dem ES Anlaß zu wiederholter Kritik:

"Es hängt davon ab, welchen Weg der Wirtschaftsreformen dieses Land wählt, ob wir aus dem Kriege gestärkt oder geschwächt hervorgehen. (...)

Bisher ist das Land einer 'als ob'-Politik gefolgt. Wir haben eine landwirtschaftliche Politik betrieben, als ob wir unsere Ernten exportieren könnten wie vor dem Krieg. Wir haben so gut wie nichts für die Entwicklung unserer Bergwerksindustrie getan, als ob es keine Änderungen gegeben hätte. Wir haben nichts getan, die Industrie im allgemeinen zu entwickeln, außer daß wir die Einfuhr vieler Produkte behinderten, die lebensnotwendig sind für eine solche Entwicklung. Wir schichten ein Haushaltsdefizit auf das andere, als ob wir unsere Finanzpolitik aus der Vorkriegszeit weiterführen könnten. Das ganze Programm ist auf der Falschannahme aufgebaut worden, daß das Ende des Krieges um die Ecke warte und daß wir dann unseren Ernteüberschuß unter boomenden Bedingungen exportieren könnten. Aber selbst wenn der Krieg heute zu Ende gehen sollte, sähen wir uns vollständig veränderten wirtschaftlichen Bedingungen gegenüber, die eine allein auf rein kommerzieller Basis beruhende Lösung höchst zweifelhaft machen würden" (11.6.41, Nr. 23, S. 3, engl. Ausgabe). Der Artikel zählte dann die allgemeinen Prinzipien auf, unter denen eine Reform der argentinischen Wirtschaft stehen müsse:
1. Entwicklung des Inlandsmarkts
   a)   Steigerung des Binnenkonsums argentinischer Produkte;

b) Förderung des Wohnungsbaus (billigere Bauweise, bessere Qualität) unter Ausnutzung der vorteilhaften Tatsache, daß die Baubranche praktisch keine Importprodukte benötigte;
c) Importsubstitution (aktive Politik zur Förderung neuer Industrien, etwa im agroindustriellen Bereich oder zur Verarbeitung von Rohstoffen, insbesondere Mineralien, die in Argentinien vorhanden waren).
2. Entwicklung der Exportmärkte (Außenhandel)
a) Förderung neuer Absatzgebiete — "systematische Forschung, Handelsabkommen, Entwicklung der Schiffsindustrie und Kreditpolitik werden diese Entwicklung befördern";
b) Förderung des Anbaus nichttraditioneller Produkte;
c) Förderung des Exports von neuen Industriegütern und Rohstoffen;
d) Anpassung der bereits existierenden Industrieproduktion an die Vorgaben der neuen Märkte;
e) Adaptation der vorhandenen Industrien (und der aufgrund der oben genannten Förderpolitik neu gegründeten Produktionsunternehmen) an die voraussehbaren Veränderungen auf den Exportmärkten der Nachkriegszeit.
3. Anpassung der Fiskalpolitik auf kommunaler, Provinz- und nationaler Ebene an die durch das Industrialisierungsprogramm gegebenen Rahmenbedingungen (ebenda, S. 3f.).

Aus der Sicht des ES nutzte die Regierung Castillo ihre Möglichkeiten für eine vermehrte Industrialisierung nur halbherzig: zu spät und zu wenig. Es handelt sich um eine Politik, die eher hinter den Tatsachen herzuhinken schien, als eine offensive Antwort auf die besonderen Chancen zu geben, die die Weltlage Argentinien bot (vgl. 2.12.41, Nr. 48, S. 5). Über die Gründe für diese Politik der Halbherzigkeiten kann nur spekuliert werden. Sei es, daß man an einen raschen deutschen Sieg glaubte, sei es wegen des "exzessiven Erfolgs" (in den Worten von Guido di Tella 1986) des agrarexportierenden Modells früherer Jahrzehnte, der die Sicht der traditionellen Eliten auf den tiefgreifenden Wandel der internationalen Märkte verstellte, Tatsache ist jedenfalls, daß der Industrialisierungsprozeß im Argentinien der frühen vierziger Jahre sich abseits der offiziellen Politik, häufig sogar von ihr behindert vollzog. Dies minderte die Kraft und Dynamik des Prozesses.

IV. Die Jahre des Militärregimes und der ersten Präsidentschaft von Perón (4. Juni 1943 bis März 1951)

In einem am 13. Juli 1943 veröffentlichten Artikel über die künftige Handelspolitik ging der ES auf die von der Regierung Castillo vernachlässigte Frage nach Krediten für die Industrie ein und erörterte dann Grundsatzfragen der Industrialisierung.

"Während des vorherigen Krieges kam es in unserem Land zu einem gewissen Maß an Industrialisierung, doch viele Industrien, die damals gegründet worden waren, mußten liquidiert werden, als Argentinien nach der Beendigung des Konflikts sich erneut der traditionellen Politik des Freihandels verschrieb, in der Zölle lediglich als ein Mittel zur Erlangung von Einnahmen zur Deckung öffentlicher Ausgaben gesehen wurden und nicht als eine gewissenhafte Methode für eine Handelspolitik. Die Erfahrung dieses Krieges, der Mangel an vielen Gütern und der daraus resultierende deutliche Anstieg der Preise für die nichtagrarischen Güter wird nicht in Vergessenheit geraten, wir hoffen es wenigstens, wenn der jetzige Kampf vorbei ist. Es wäre wahrhaft unsinnig zu erlauben, daß einmal mehr unsere Industrien zugunsten des Prinzips des Freihandels geopfert werden." Eine solche Politik würde nicht nur "große Verluste" für die einheimische Wirtschaft bedeuten, "sondern sie würde auch unsere internationale Politik schwächen", da sie dem Land die Basis für die Errichtung von Rüstungsindustrien entziehe (13.7.43, III: 132, S. 1)[6].

(Ob der ES sich im Ernst als ein Verfechter militärischer Interessen sah oder ob er meinte, mit diesem Hinweis den Militärs als den neuen Machthabern die Industrialisierung im Sinne einer *captatio benevolentiae* schmackhaft zu machen, muß offen bleiben.)

Der Artikel fuhr fort mit dem Hinweis, daß die nationale Industrie und die in ihr Beschäftigten bereits jetzt – nach dem kriegsbedingten Wegfall der traditionellen Absatzmärkte – die wichtigsten Konsumenten der einheimischen Agrarprodukte seien. "Was geschähe mit dem Wollmarkt, wenn wir keine wollverarbeitende Industrie geschaffen hätten?", fragte sich das Blatt, ähnliches gelte für die Baumwolle. Sogar das Fleisch werde zu zwei Dritteln auf dem Binnenmarkt verkauft (ebenda).

Die vorherige Regierung habe es versäumt, sich über die künftige Wirtschafts- und Handelspolitik zu äußern. Es sei jedoch im Interesse der heutigen und künftigen Investoren in Industrieunternehmen dringend geboten, von seiten der Regierung deutlich zu machen, daß die derzeitigen Handelsperspektiven nach dem Kriege nicht aufgegeben würden.

Der ES forderte also bereits im Juli 1943 klare Spielregeln für die Wirtschafts- und Handelspolitik auch über das Kriegsende hinaus, um Investoren und Unternehmern eine möglichst große Planungssicherheit zu ermöglichen. Dabei müsse garantiert werden, daß "unser derzeitiger Industrialisierungsprozeß fortgesetzt wird" (23.5.44, IV: 177, S. 1f.; vgl. auch 16.5.44, IV: 176, S. 1f.).

Nachdem das Blatt auf diese Weise für eine Industrialisierungspolitik plädiert und die Hoffnung geäußert hatte, daß die neue Regierung diesem Prozeß eine größere Aufmerksamkeit und Unterstützung gewähren werde als bisher geschehen, polemisierte der ES gegen die englischsprachigen Zeitungen in Argentinien, die für einen schrankenlosen Freihandel eintraten. Dies würde nicht nur die in ihren Anfängen stehende argentinische Rüstungsindustrie – und damit die Verteidigungsbereitschaft des Landes – behindern, sondern hätte als "unmittelbares Ergebnis (...) die Verarmung großer Sektoren der Bevölkerung" in Argentinien und in anderen Ländern zur Folge (13.7.43, III: 132, S. 1; ähnlich auch 19.3.46, VI: 270, S. 1).

Der ES trat für eine zeitlich befristete, moderate Schutzzollpolitik ein, die mittelbzw. langfristig abgebaut werden sollte. Hierbei sei jedoch wichtig, daß den Industriebetrieben die Vorgaben – d. h. die Zollsenkungen – klar bekannt seien, um ihnen die entsprechende Planung und Anpassung zu erlauben.

Es war daher nur folgerichtig, daß sich der ES zugunsten der Zuckerindustrie von Tucumán aussprach, die in früheren Jahren staatlich subventioniert worden war, was

---

[6] Vgl. auch die Polemik des ES gegen die Befürworter eines unbeschränkten Freihandels in der Nachkriegsära (7.1.44, IV: 201, S. 4; 20.1.45, V: 213, S. 1).

Anlaß für Auseinandersetzungen in der argentinischen Öffentlichkeit gegeben hatte. Die inländischen Zuckerpreise lägen inzwischen unter dem Weltmarktpreis. Wie man wohl ohne die heimische Zuckerindustrie die Bevölkerung mit Zucker versorgt hätte, nachdem mangelnder Schiffsraum die argentinischen Importe drastisch reduziert hatte, fragte das Blatt in polemischer Absicht, an die Adresse von *La Prensa* gewandt, die keine Gelegenheit ausließ, sich gegen die nationale Industrie und insbesondere gegen die Zuckerindustrie auszusprechen (26.9.44, IV: 195, S. 2; ähnlich 18.4.44, IV: 172, S. 5; 6.6.44, IV: 179, S. 1-4 und später 2.4.46, VI: 272, S. 1f.).

Nach dem Putsch vom 4. Juni 1943 bemühte sich der ES zunächst um eine *low profile*-Linie. In der ersten Nummer nach dem Staatsstreich erschienen nur Nachrichten und Berichte aus dem Ausland, auf Argentinien wurde nicht eingegangen. Dies sollte sich jedoch bald ändern. Wenn der ES gegenüber der Regierung Castillo Kritik geäußert hatte — zumeist wegen deren *laissez-faire*-Politik — so war der Ton doch respektvoll gewesen, auf der Basis gemeinsamer wirtschaftspolitischer Grundüberzeugungen. Dieser Konsens ging gegenüber dem Militärregime bald in die Brüche, und zwar in dem gleichen Maße, in dem Elemente einer dirigistischen Wirtschafts- und Sozialpolitik sichtbar wurden. Initiator dieser Maßnahmen war Oberst Juan Domingo Perón, (Unter-)Staatssekretär der *Secretaría de Trabajo y Previsión*, der sich immer deutlicher als der starke Mann in der Militärregierung profilierte.

Nach drei Jahren — inzwischen war Perón in freien Wahlen zum Präsidenten gewählt — war der Ton des ES von heftiger Polemik gekennzeichnet, die nicht frei von Tiefschlägen war, etwa wenn im spanischen Text die deutschen Worte "Gleichschaltung" (11.6.46, VI: 282, S. 1f.) und "Arbeitsfront" erscheinen (1.1.46, VI: 260, S. 2) mit denen das Blatt die Urheber der kompulsiven Sozial- und Gewerkschaftspolitik absichtsvoll in die geistige Nähe der Nationalsozialisten stellte. Zugleich erhob das Blatt gegenüber der Regierung den Vorwurf der Förderung kommunistischen Gedankenguts: Die "derzeitige Politik, jegliche Art von Forderungen als rechtens anzuerkennen, solange sie von Arbeitern kommen, (...) tut nichts anderes **als ein Klima zu schüren, in dem der Kommunismus gedeiht**" [Hervorhebung im Original] (29.4.47, VII: 327, S. 1).

Der Regierungspolitik wurde also sowohl die Nähe zu faschistischem wie auch zu kommunistischem Gedankengut vorgeworfen, was die Unsicherheit des ES in der Beurteilung der peronistischen Bewegung zeigt — eine Unsicherheit, die das Blatt mit vielen zeitgenössischen Beobachtern teilte.

Die Kritik des Blattes an praktisch allen wichtigeren Maßnahmen der Regierung Perón nahm im Verlauf der Jahre zu und mündete in einer nahezu vollständigen Ablehnung ihrer Wirtschafts- und Sozialpolitik. Es polemisierte besonders dagegen, daß der Staat in immer stärkerem Maße die Kontrolle der wichtigsten Bereiche des wirtschaftlichen Lebens übernahm. Als ein Beispiel hierfür sah der ES die staatliche Lenkung der Lohn- und Preispolitik an. Er kritisierte die regelmäßig wiederkehrenden, massiven Lohnerhöhungen, die die *Secretaría de Trabajo y Previsión* diktierte bzw. die diese nach Ausständen, bei denen die Arbeiterschaft ihre stillschweigende oder explizite Unterstützung erhielt, als "Kompromiß" durchsetzte. Diese Lohnerhöhungen, denen keine entsprechenden Produktivitätsfortschritte zur Seite standen, belasteten nach Ansicht des ES die Unternehmen über Gebühr und brachten ihre internationale Wettbewerbsfähigkeit in Gefahr. Außerdem bedeuteten Lohnerhöhungen ohne Produktivitätsfortschritt neuerliche Anreize für inflationäre Entwicklungen, da die Unternehmen sich gezwungen sahen, die erhöhten Kosten auf die Preise aufzuschlagen. In späteren Jahren sah der ES in den verordneten Lohnerhöhungen nichts anderes als weitere Drehungen der Lohn- und Preisspirale, in einem Wort, der Inflationsspirale, die sich in der peronistischen Ära entwickelt hatte und die letztendlich nur die Arbeiter selbst schädigen werde: "Das ungenügende − oder, besser gesagt, nicht existierende − Erziehungsniveau in ökonomischen Fragen hat zu dem Glauben geführt, daß eine Politik, die sich allein auf Lohnerhöhungen gründet, die nicht auf einer Steigerung der produktiven Effizienz oder auch nur der Produktion basieren, positive Ergebnisse für die arbeitenden Klassen haben könnte" (7.3.46, VI: 268, S. 3). Nach Ansicht des ES konnten argentinische Industrieprodukte solange auf dem Weltmarkt konkurrieren, wie die Nominallöhne im Lande niedrig, die Reallöhne aufgrund ihrer Kaufkraft jedoch hoch waren. Diese Struktur von im internationalen Vergleich niedrigen Löhnen und zugleich niedrigen Lebenshaltungskosten sei durch die Hochlohnpolitik Peróns zerstört worden (15.4.47, VII: 325, S. 4f.; vgl. auch 15.4.47, VII: 325, S. 4f.; 29.4.47, VII: 327, S. 1 f.).

Die Hochlohnpolitik wurde vom Blatt auch unter dem Gesichtspunkt kritisiert, daß Argentinien sich noch in der Phase der notwendigen Akkumulation des Kapitals für die Produktion befinde. Zeitweilige Konsumbeschränkungen seien daher richtig und notwendig; sie stünden allerdings im Widerspruch zur Regierungspolitik, die eine Erhöhung des Konsums propagiere. Durch den Vorrang von distributionistischen Maßnahmen aus durchsichtigen politisch-demagogischen Gründen gefährde die Regierung das von ihr zugleich proklamierte Ziel des Aufbaus einer Rüstungsindustrie (4.1.44, IV: 157, S. 1f.). Zur Wahrung des Standortvorteils plädierte der ES hingegen für niedrige Nominallöhne und für moderate, produktivitätsabhängige Lohnerhöhungen (vgl. 20.2.45, V: 215, S. 1).

Ob tatsächlich trotz niedriger Nominallöhne die Reallöhne der Arbeiterschaft so hoch waren, wie das Blatt behauptete, muß dahingestellt bleiben. Aus den Kommentaren des ES wird jedenfalls deutlich, daß soziale Belange für ihn nur eine begrenzte Rolle spielten. In einem kritischen Artikel zu den undiskriminierten "sozialen Verbesserungen" stellte er grimmig fest: "Diese 'sozialen Reformen' sind letztendlich nichts anderes als eine Redistribution des kollektiven Reichtums" und seien somit "der unabänderlichen Grenze unterworfen, die von dem zu verteilenden Reichtum gebildet wird" (9.1.51, XI: 512, S. 1-3).

Hinzu kamen weitere inflationäre Tendenzen aufgrund der ungehemmten Ausgabenpolitik der Regierung. Die dadurch entstandenen, wachsenden Haushaltsdefizite konnten letztendlich nur über die Notenpresse "finanziert" werden (vgl. die Kritik u.a. 25.3.47, VII: 322, S. 4).

In einem langen Artikel über "Argentinische Industrieprobleme", der Ende Dezember 1944 erschien, war der Ausgangspunkt der Überlegungen der offensichtlich unmittelbar bevorstehende Beginn der Nachkriegszeit. Man müsse davon ausgehen, daß die Industrieländer sich darum bemühen würden, möglichst schnell ihre Maschinen und Anlagen zu modernisieren, die infolge der durch den Krieg gesetzten Prioritäten veraltet waren. Auch die argentinische Industrie müsse "sich dieser allgemeinen Erneuerung des Maschinenparks anschließen. Es wäre ein Irrtum anzunehmen, daß lediglich mit hohen Schutzzöllen unser Problem gelöst werden könnte. Die möglichen Differenzen zwischen der äußeren Entwicklung und der im Innern unseres Landes würden nicht nur unsere Produktionsmethoden sehr schnell völlig veralten lassen und damit die Strukturierung unserer nationalen Industrie in Gefahr bringen, sondern auf die Dauer könnte keine Zollbarriere hoch genug aufgebaut werden, um den Wettbewerb von zu niedrigen Kosten hergestellten Gütern aushalten zu können (...)". (26.12.44, VI: 208, S. 1ff.). Daher sei es notwendig, daß jedes Unternehmen sich einerseits seinen eigenen Modernisierungsplan erstelle, und daß der Staat andererseits diese Anlagenerneuerung durch eine adäquate Förderpolitik begleite. Hierzu gehörten Kreditlinien ebenso wie die Zuteilung der notwendigen Devisen wie auch die Suche nach Ländern, die bereit wären, die notwendigen Maschinen nach Argentinien zu liefern. Wenn einer der traditionellen Lieferanten dazu nicht in der Lage sei, so "ist das Mindeste, was die Regierung tun kann, andere Versorgungsquellen aufzutun" (ebenda, S. 2).

Die Modernisierung der Maschinen und Produktionsanlagen in den Unternehmen müsse vom Staat durch verbesserte Abschreibungsmöglichkeiten unterstützt werden. Der ES wies darauf hin, daß in den Industrieländern höhere Abschreibungssätze als in Argentinien üblich seien, was für die argentinischen Unternehmen einen Wettbewerbsnachteil bedeute. Hier müsse Abhilfe geschaffen werden.

Eine solche Politik der ehrgeizigen und umfassenden industriellen Erneuerung, die entsprechend hohe Investitionen erforderlich mache, könne sich nur amortisieren, wenn die hergestellten Waren auf eine entsprechend große Nachfrage stießen. Daraus folge, daß man nicht nur den Binnenkonsum weiter steigern, sondern zugleich an Exporte in andere Länder denken müsse. Dies bedeute aber wettbewerbsfähige Preise und einen Qualitätsstandard, der internationalen Vergleichen standhalten könne. Wenn das Blatt sich also gegen eine unbeschränkte Freihandelspolitik nach dem Kriege wandte, weil diese die junge argentinische Industrie ruiniert hätte, lehnte es doch zugleich eine vollkommene Abschottung vom Weltmarkt ab, zu der die Politik der Regierung Perón nolens volens trieb (vgl. 23.5.44, IV: 177, S. 1f.).

Der ES kritisierte daher die Wirtschafts- und Handelspolitik des Militärregimes wie der Regierung Perón, weil beide den Binnenmarkt gegenüber dem Auslandsmarkt priorisierten und zur Aufrechterhaltung einer ausreichenden Inlandsversorgung zu regulierten staatlichen Preisen mit der Einschränkung von Exportgenehmigungen oder mit der Erteilung von Exportverboten schnell bei der Hand waren (was allerdings die Regierung Castillo ähnlich getan hatte) (vgl. 29.12.42, II: 104, S. 2). Statt sich um eine Kostensenkung in der Industrieproduktion zu bemühen, so polemisierte das Blatt, setze die Regierung Exportverbote als ein Instrument zur Stärkung des Angebots auf dem Binnenmarkt und als Preisdämpfungsmittel ein, um die durch die − hausgemachte − Inflationsspirale stark angeheizten Inlandspreise zu senken. Das Blatt sah in diesen Maßnahmen eine Gefährdung der in den Kriegsjahren eroberten ausländischen Märkte und bemängelte, daß die Regierung es sich zu einfach mache mit ihren Exportverboten und den ohne Ansehen der realen Kostenstrukturen festgesetzten Höchstpreisen (8.8.44, IV: 188, S. 1ff.). Der Verlust der Wettbewerbsfähigkeit werde dazu zwingen, sehr hohe Schutzzölle bzw. Importverbote zu verhängen. Die Verlierer seien − langfristig betrachtet − die argentinischen Arbeiter, die sich gezwungen sehen würden, einheimische Industriegüter zu hohen Preisen und von schlechter Qualität zu kaufen (vgl. u.a. 15.4.47, VII: 325, S. 4f.). Eine Prognose, die sich nur allzu bald - und für viele Jahre - als zutreffend erweisen sollte.

Mit Juan Domingo Perón übernahm im Jahre 1946 ein Mann die Präsidentschaft, der eine forcierte Industrialisierung explizit als eines seiner vorrangigen Regierungsziele definiert hatte. Im Gegensatz zur konservativen Regierung Castillo gab es also eine vordergründige Übereinstimmung über die Notwendigkeit einer schnellen Industrialisierung. Das Blatt, das die Wirtschafts- und Sozialpolitik der Militärregierung mit zunehmender Schärfe beurteilt hatte, zollte der neuen, durch saubere Wahlen demokratisch legitimierten Regierung zunächst seinen Respekt: "Keiner der früheren oder jetzigen Gegner des Obersten Perón kann die Verfassungsmäßigkeit seiner Wahl verneinen". Die Wahlkampfzeit sei vorbei und der Präsident konstitutionell gewählt (28.5.46, VI: 280, S. 1). Dennoch kam es wegen der dirigistischen und korporativistischen Elemente in der peronistischen Wirtschaftspolitik bald zu einer zunehmend kritischen Berichterstattung und zu negativen Kommentaren. Auch die Industrialisierungspolitik stellte der ES immer deutlicher in Frage, weil die getroffenen Maßnahmen nach Ansicht des Blattes den gegenteiligen Effekt zur Folge hatten, das heißt, sich auf die Dauer als industrialisierungsfeindlich oder zumindest als Hemmnis erweisen würden (6.6.46, VI: 281, S. 1f.).

Ein Vergleich der peronistischen Wirtschaftspolitik aus der Sicht des ES mit der Industrialisierungskonzeption des Blattes macht die gravierenden Unterschiede deutlich[7].

V. Die Kennzeichen der peronistischen Industrialisierungspolitik aus der Sicht des ES

1. Binnenmarktorientierung statt Exportorientierung

a) Staatliche Lohn- und Preisregulierung (Vorrang der Distribution vor der Kapitalakkumulation);
b) Politik steigender Lohn- und Lohnnebenkosten bei stagnierender bzw. sinkender Arbeitsproduktivität, u.a. aufgrund überbesetzter Stellenpläne;
c) Inkaufnahme des Verlustes der internationalen Wettbewerbsfähigkeit;

2. Zunehmende Reglementierung der Wirtschaft, dirigistische Maßnahmen

a) protektionistische Maßnahmen (hohe Schutzzölle bzw. starke Wechselkursdifferentiale);
b) staatliche Kontrolle der Ex- und Importe durch das ineffiziente *Instituto Argentino de Promoción del Intercambio* (IAPI);
c) infolge hoher Wechselkursdifferentiale Schädigung der Landwirtschaft durch das IAPI (Aufbau der Industrie auf Kosten der Landwirtschaft);
d) Aufbau einer Staatsindustrie, insbesondere im Rüstungsbereich;

---

[7] Die folgende Aufzählung muß notwendigerweise unvollständig bleiben. Wichtige Themen, wie das der argentinisch-britischen Wirtschaftsbeziehungen 1941-1951, unzertrennlich verknüpft mit den jahrelangen Auseinandersetzungen um die argentinischen Fleischlieferungen gegen nicht konvertierbare englische Pfund, was einem zinslosen und unbefristeten Kredit Argentiniens an England gleichkam, und gleichermaßen verknüpft mit dem seit vielen Jahren schwelenden Streit über die Eisenbahnen britischen Eigentums in Argentinien, denen im ES eine Vielzahl von Artikeln gewidmet ist, müssen aus Raumgründen ausgespart bleiben. Das gleiche gilt für die Beurteilung mancher bedeutsamer innenpolitischer Ereignisse, wie etwa des 17. Oktober 1945, durch das Blatt.

e) hohe Staatsdefizite und inflationsfördernde Maßnahmen;
f) Vorrang der innenpolitisch motivierten Nationalisierung bzw. Verstaatlichung ausländischer Unternehmen (Eisenbahnen u.a.) vor einer Modernisierung dieser Unternehmen unter Beteiligung privater argentinischer Kapitalien (inklusive ausländischen Fluchtkapitals).

Der ES forderte hingegen eine Industrialisierung, die die Inlandsnachfrage befriedigen und zugleich exportorientiert sein sollte. Die Nachfrage nach landwirtschaftlichen und industriellen Produkten in anderen lateinamerikanischen Ländern, aber auch jenseits des Südatlantik (z.B. in der Südafrikanischen Union) müsse für Exportoffensiven genutzt werden. Es gehe darum, den temporären, da kriegsbedingten Vorteil auf diesen Märkten durch eine vorausschauende Industrieförderungs- und Industriekonsolidierungspolitik möglichst dauerhaft abzusichern.

Ausgehend von dem für 1943 von 13,3 auf 19,9 % der Gesamtexporte gestiegenen Volumen der Industrieprodukte, zog der ES daraus eine "wertvolle Lehre für die Nachkriegszeit": Argentinien müsse nach dem Kriegsende jede sich bietende Exportchance nutzen und "den Export unserer Industrieprodukte nicht vernachlässigen", sondern "alle Wege gehen, sie zu fördern", denn der Mehrwert sei um ein Beträchtliches höher als bei den "traditionellen Exporten" (18.1.44, IV: 159, S. 5). Anfang 1946 wiederholte der ES einen bereits in früheren Jahren gemachten Vorschlag, in den Hafenstädten lateinamerikanischer Länder zusammen mit ortsansässigen Firmen Kühlhäuser zu bauen, um den argentinischen Fleischprodukten bessere und sicherere Absatzchancen zu geben (22.1.46, VI: 263, S. 1).

Warnend hob der ES hervor, daß große Industrieländer wie die USA und Großbritannien sich sorgfältig für die Nachkriegszeit rüsteten – nur Argentinien schliddere planlos in diese hinein, statt sich mit aggressiven Exportoffensiven einen Wettbewerbsvorteil zu verschaffen (28.3.44, IV: 169, S. 2 u. 4). Besondere Anstrengungen seien notwendig, da die kriegsbedingte Bonanza, in der sich die Kunden um argentinische Produkte rissen, bald vorbei sein werde (11.4.44, IV: 171, S. 1f.). "Es kann keine schlimmere Täuschung geben als zu glauben, daß wir nichts anderes tun müssen als mit gekreuzten Armen zu warten, bis die Kunden zu uns kommen" (22.8.44, IV: 190, S. 9).

Aufgrund des geringen Echos, das diese Themen in der Öffentlichkeit fanden, ging das Blatt etwas resigniert der Frage nach, warum so wenig an Vorsorge geschehe und sinnierte darüber, daß es in Zeiten der Hochkonjunktur psychologisch offenbar besonders schwierig sei, die Menschen auf möglicherweise kommende schlechtere Zeiten hinzuweisen (25.7.44, IV: 186, S. 4f.).

Für die notwendige Erneuerung der industriellen Anlagen sei ein großer Kapital- und Devisenbedarf notwendig, der trotz der hohen Exportüberschüsse der Kriegsjahre die argentinische Leistungsbilanz erheblich belasten werde. "Die Verminderung unserer Exporte in diesem Augenblick, wenn es ausreichend deutlich ist, daß wir in der Nachkriegszeit mehr ausländische Devisen benötigen werden, als wir zur Verfügung haben, könnte die gleichen widrigen Auswirkungen auf unsere Wirtschaft haben, wie es die Importverbote von 1940 zeitigten" (13.3.45, V: 218, S. 4f.; vgl. auch 22.4.47, VII: 326, S. 8).

Deshalb kritisierte der ES die peronistische Politik, die von einem Überfluß an Devisen ausging und diese mit vollen Händen ausgab: Devisen für die Repatriierung von Auslandsanleihen gemäß der peronistischen Ideologie, daß Auslandsanleihen Knechtschaft bedeuteten (23.5.50, X: 478, S. 2; vgl. auch 23.7.46, VI: 288, S. 1f.); Devisen für die Übernahme der Telefongesellschaft *Unión Telefónica* — die bis dahin ausländischen Kapitalien gehört hatte — durch den argentinischen Staat. Diesen Kauf kritisierte der ES scharf, da er keinen Sinn darin sah, für bereits im Lande ansässige Unternehmen Devisen auszugeben, es sei denn, um Importgüter zur Modernisierung ihrer Anlagen zu begleichen (10.9.46, VI: 295, S. 4).

Der "Erfolg" der großzügigen Ausgabenpolitik der Regierung sei, daß in weniger als anderthalb Jahren — von Ende 1946 bis Mitte 1948 — die Devisenreserven Argentiniens von 3,5 Milliarden Pesos auf etwa 600 Millionen Pesos gesunken seien (23.5.50, X: 478, S. 2), ohne daß man dem eigentlichen Ziel der Schaffung einer modernen Industrie nennenswert nähergekommen sei (vgl. auch 22.3.49, IX: 420, S. 2f.).

Wer die Berichterstattung des ES zur Devisenpolitik der Regierung Perón las, konnte bereits zu einem frühen Zeitpunkt den Eindruck gewinnen, daß diese Politik zwangsläufig an ihren eigenen Widersprüchen scheitern würde. Aus der Sicht des ES verpaßte das Land damit die einmalige Chance, mit Hilfe der im Kriege kumulierten Devisenreserven seine industrielle Basis zu modernisieren. Als Ende der vierziger Jahre das Angebot an Industrieprodukten auf dem Weltmarkt allmählich wieder anstieg, hatte Argentinien dafür kein Geld mehr übrig. Vor dieser Situation und ihren negativen Auswirkungen hatte das Blatt immer wieder — vergeblich — gewarnt (vgl. 1.8.50, X: 488, S. 1f.).

Weil in seinen Augen das Vorhaben einer Sondersteuer auf "exzessive Gewinne" erfolgreiche und innovative Unternehmen bestrafte, lehnte der ES es ab (21.12.43, III: 155, S. 1f. u.a.). Es handle sich in vielen Fällen um Scheingewinne, argumentierte das Blatt, denn das kriegsbedingt hohe Preisniveau werde möglicherweise in der ersten Nachkriegsphase noch weiter ansteigen. Man wisse also noch gar nicht, ob die Kosten für die Wiederbeschaffung von Waren oder für die Neuanschaffung von Maschinen die sogenannten Gewinne nicht vernichten würden. Deshalb schlug der ES anstelle dieser — demagogisch gefärbten — Steuer eine moderate Erhöhung der Einkommensteuer vor, da sie die Privatpersonen, nicht aber die Unternehmen belaste. Zusätzlich könne man eine temporäre Verkaufssteuer auf Luxusartikel einführen (ebenda).

Die immer offener zu Tage tretenden inflationären Tendenzen wurden vom ES aufmerksam registriert. Das Blatt sah — im Gegensatz zu der Regierung — die Inflation als ein Krebsgeschwür der Gesellschaft, dessen langfristig negative Folgen gar nicht hoch genug eingeschätzt werden könnten. "In ihren Anfängen erscheint die Inflation immer als ein einfaches und leicht zu steuerndes Allheilmittel, das den Anschein der Prosperität schafft." Ihre Folgen für die Wirtschaft, und ganz besonders für die Industrie, seien aber verheerend (18.3.47, VII: 321, S. 3).

Fragt man, welche Maßnahmen der Regierung Perón aus der Sicht des ES die größten Fehler gewesen seien, kann man nur schwer mit Einzelbeispielen antworten; die Wirtschaftspolitik als Ganzes wurde vom Blatt in Frage gestellt, das verschiedentlich auf ihre offenbare Planlosigkeit hinwies. "Improvisierte Wirtschaft" (10.6.47, VII: 333, S. 1), "Gelenkte Wirtschaft ohne Plan" (13.8.46, VI: 291, S. 1f.), "Chaotische Elemente in unserer Wirtschaft" (17.6.47, VII: 334, S. 1) lauteten polemische Überschriften des Blattes.

In den Augen des ES scheiterte letztendlich die peronistische Industrialisierungspolitik an ihren inneren Widersprüchen und an ihrer Unfähigkeit bzw. Unwilligkeit, die Gültigkeit allgemeiner ökonomischer Gesetzmäßigkeiten anzuerkennen. Populistisch motivierte

Lohnsteigerungen ohne Produktivitätsfortschritt bei staatlich festgelegten Höchstpreisen, die sich nicht an den Kosten orientierten, und als Folge davon der Verlust der internationalen Wettbewerbsfähigkeit auf praktisch allen Gebieten waren nur zwei besonders hervorstechende Elemente einer generellen Krise, in die die peronistische Wirtschaftspolitik das Land innerhalb weniger Jahre hatte fallen lassen. Der deutlich sichtbare Voluntarismus, der in dieser Wirtschaftspolitik zum Vorschein kommt, scheint ein neues Element in der politischen Kultur Argentiniens zu sein, das mehrere Jahrzehnte lang eine Rolle spielen sollte: die Vorstellung, daß ein fester Wille imstande sei, die Wirtschaftsgesetze außer Kraft zu setzen. Es ist dieses *wishful thinking*, diese Überschätzung der eigenen Möglichkeiten und der Unterschätzung der Optionen der Handelspartner Argentiniens, eine der folgenschwersten Erblasten des Peronismus[8].

Ob dieser Voluntarismus aus Peróns militärischer Tradition stammt (etwa der Vorstellung, daß eine Volkswirtschaft sich regieren lasse mit dem "Befehl und Gehorsam" zwischen Soldat und Offizier) oder eher ein Relikt aus der Gedankenwelt der in ihrer glorreichen Vergangenheit verhafteten Agraroligarchie ist, läßt sich nicht beantworten. Tatsache ist, daß die peronistische Wirtschaftspolitik, verfolgt man sie im Spiegel der Berichterstattung des ES, schon sehr früh gravierende Schwächen zeigte, die ihr Scheitern wahrscheinlich machten.

Die Analysen der Weltlage und der sich daraus für Argentinien ergebenden Probleme und Chancen auf wirtschaftlichem Gebiet, die im ES Woche für Woche erschienen, haben sich in der Retrospektive als erstaunlich weitsichtig erwiesen. Dies macht seine Plädoyers für eine aktive Industrialisierungspolitik und für die zur Erreichung dieses Ziels notwendigen konkreten Maßnahmen interessant. Im Nachhinein erscheint die vom ES vorgeschlagene Wirtschafts- und Industrialisierungspolitik als eine reale Alternative zur Politik der peronistischen Regierung, eine Alternative, die durchaus Erfolgschancen hätte haben können.

Nach dem Scheitern der Industrialisierungspolitik Peróns folgten weitere, ähnliche Versuche seiner Nachfolger, jedoch unter ungleich ungünstigeren Bedingungen. Entsprechend mager fielen die Erfolge aus. Für annähernd fünfzig Jahre litt Argentinien an den Folgen der während des Zweiten Weltkriegs und unmittelbar danach verpaßten Chancen.

Vergleicht man die Strukturreformen der Wirtschaft, die Präsident Menem und sein Wirtschaftsminister Cavallo seit einigen Jahren durchführen (wichtige Vorarbeiten waren bereits – von vielen unbemerkt – unter Alfonsín begonnen worden) mit den Forderungen des ES, kann man eine beachtliche Übereinstimmung in vielen Maßnahmen feststellen, nur daß die Reformen heute ungleich härter und für wesentliche Teile der Bevölkerung schmerzlicher sind als die aus heutiger Sicht geringfügigen Einschränkungen, die der ES seinerzeit zur Sicherung einer dauerhaften Industrialisierung vorschlug.

Im Namen der Modernisierung des Peronismus zerschlägt Peróns "politischer Enkel" eine nach der anderen alle jene peronistischen "Errungenschaften" auf wirtschaftlichem und sozialpolitischem Gebiet, die ein halbes Jahrhundert früher dem ES Anlaß für seine

---

[8] Der ES konnte die langfristigen Wirkungen auf die argentinische (Wirtschafts-)Politik natürlich nicht ahnen; seine Kritik an der praktischen Wirtschaftspolitik der Regierung zeigt jedoch deutlich, daß das Blatt sich über die langfristigen Folgen keine Illusionen machte. Vgl. z. B. die harsche Kritik an 1. Fünfjahresplan der Regierung Perón (insbesondere Kritik an der unsoliden Finanzierung), 29.10.46, VI: 303, S. 1f.; 19.11.46, VI: 306, S. 1; 1.4.47, VII: 323, S. 6; 20.5.47, VII: 330, S. 1f. u.a.

heftige Polemik gewesen waren. Möglicherweise konnten erst – und allein – Peróns politische Erben die Korrektur der Fehlentwicklungen, für die seine Wirtschafts- und Sozialpolitik verantwortlich war, in Angriff nehmen. Die sozialen Kosten dieser tiefgreifenden Korrekturen des über lange Jahrzehnte vom Peronismus geprägten Wirtschafts- und Sozialsystems sind enorm. Vielleicht hätte Argentinien diesen Preis nicht zahlen müssen, wenn die Regierung Perón wirtschaftspolitische Alternativen in Betracht gezogen hätte, auch wenn diese weniger spektakulär und weniger ideologisch-populistisch befrachtet waren. Daß es ernstzunehmende warnende Stimmen von Zeitgenossen gab, beweist der *Economic Survey*.

Das Blatt erweist sich so als ein zeitgenössisches Zeugnis dafür, daß Argentinien in den vierziger Jahren wirtschaftspolitische Optionen zur peronistischen Industrialisierungspolitik hatte; Optionen, die sich als die zukunftsträchtigeren erweisen sollten, und die fünfzig Jahre später – unter ungleich ungünstigeren Umständen und an die veränderte Weltsituation angepaßt – von Peróns Erben in die Praxis umgesetzt werden sollten.

Literatur

DI TELLA, Guido, 1986: Worte G. Di Tellas auf dem Kolloquium "La democracia argentina", Mainz, 24. bis 26. November 1986. (Vgl. Di Tellas Beitrag La Argentina: éxito o fracaso? in: Ernesto Garzón Valdés/Manfred Mols/Arnold Spitta (Hrsg.), La nueva democracia argentina (1983-1986), Buenos Aires 1988, S. 77-85).

ECONOMIC SURVEY (ES). Jahrgänge 1941 (April) bis 1951 (März). Ein fast vollständiges Exemplar des Blattes befindet sich in der Sammlung Exilliteratur der Deutschen Bibliothek, Frankfurt am Main.

ESCUDE, Carlos, 1983: Gran Bretaña – Estados Unidos y la Declinación Argentina 1942-1949, Buenos Aires.

HALPERIN DONGHI, Tulio, 1994: La larga agonía de la Argentina peronista, Buenos Aires.

RAPOPORT, Mario, 1981: Gran Bretaña, Estados Unidos y las clases dirigentes argentinas: 1940-1945, Buenos Aires.

SPITTA, Arnold, 1978: Paul Zech im südamerikanischen Exil 1933-1946, Berlin.

– – –, 1994: Rodolfo Katz' Economic Survey: Eine Exil-Zeitschrift wird *opinion leader* für Wirtschaftsfragen in Argentinien. In: Kohut/von zur Mühlen (Hrsg.), Alternative Lateinamerika. Das deutsche Exil in der Zeit des Nationalsozialismus, Frankfurt am Main, S. 237-252.

SUKUP, Viktor, 1992: El Peronismo y la economía mundial, Buenos Aires.

Carlos S. Nino zum Gedächtnis

Peter Waldmann

Anomie in Argentinien

Vor einigen Jahren beendete ein französischer Autor seine Studien zur Geschichte des Anomiebegriffs seit dessen Einführung in die Soziologie durch Emile Durkheim mit der Empfehlung, ihn wieder aus dem wissenschaftlichen Verkehr zu ziehen, gewissermaßen zu beerdigen, da er zu zahllosen Mißverständnissen und Fehldeutungen Anlaß gegeben hätte (Besnard 1987, S. 387 ff.). Diesem Vorschlag, sofern er ernst gemeint war, zu folgen, wäre ein Fehler. Denn mit dem Terminus wäre noch nicht das Phänomen als solches aus der Welt geschafft. Dieses, nämlich Gesellschaften und gesellschaftliche Teilbereiche, die unter unscharfen, unstimmigen oder überhaupt unter einem Mangel an gesetzlichen und sozialen Normen leiden, scheint vielmehr von unverminderter, wenn nicht sogar im Vergleich zum späten 19. Jahrhundert gestiegener Aktualität zu sein (womit sich eine der Hauptprognosen des soziologischen Klassikers zur Entwicklung der Moderne erfüllt hätte). Wohin man auch blickt, ob nach Osten, zu den jüngst aus dem Joch kommunistischer Diktaturen entlassenen Staaten, oder nach Süden, etwa auf eines der unterentwickelten Länder Afrikas, oder selbst auf einige europäische Industriegesellschaften (Haller 1992), überall begegnet man derselben Klage über die nachlassende Verbindlichkeit der bisher maßgeblichen Normen und die entsprechende Zunahme abweichenden und experimentierenden Verhaltens.

Im folgenden wird die These von der unverminderten Bedeutung und Fruchtbarkeit des Anomiekonzepts anhand eines südamerikanischen Landes, Argentinien, veranschaulicht. Wenngleich dem allgemeinen Trend folgend, weist Argentinien durchaus ein anomisches Eigenprofil auf, das herauszuarbeiten und zu interpretieren das Ziel dieses Beitrags ist. Dazu bedarf es zunächst einiger Vorerläuterungen zur Verwendung des Anomiebegriffs. Anschließend werden durch die Beschreibung und Analyse bestimmter Verhaltensbereiche und einer Schlüsselphase in der jüngeren argentinischen Geschichte typische Dimensionen des Anomieproblems in diesem Land aufzuzeigen sein. Bei dem abschließenden Interpretationsversuch wird nach den spezifischen und den verallgemeinerbaren Schlußfolgerungen aus der Einzelfallstudie zu fragen sein.

I. Rückkehr zu Durkheim

Wie schon angedeutet, erscheint es sinnvoll, direkt bei Emile Durkheim, dem französischen Klassiker der Soziologie (1858-1917) anzuknüpfen, der den Anomiebegriff zwar nicht erfunden, ihm aber als erster einen zentralen Platz in der soziologischen Theorie und Analyse eingeräumt hat (Besnard 1987, S. 20f.). Das heißt, daß wir die anschließende teilweise Uminterpretation, die er etwa durch Parsons (1949, S. 301-450/S. 460-470/S. 708-714) oder in dem bekannten Schema zur Erklärung abweichenden Verhaltens durch Merton (1964; 1968) erfuhr, als wenig erhellend beiseite lassen und ebenso, daß wir uns nicht eingehend mit der umfangreichen Literatur der 50er, 60er und frühen 70er Jahre zu dem Thema befassen, als Anomie zu einem soziologischen Modekonzept wurde, das zahlreiche empirische und sonstige Untersuchungen inspirierte[1]. Nicht daß alles, was damals dazu geschrieben wurde, abwegig oder uninteressant gewesen wäre. Insgesamt war die primär im angelsächsischen Sprachraum geführte Anomiedebatte aber zu einseitig an den spezifischen gesellschaftlichen Verhältnissen in den USA orientiert. Außerdem erfuhr der Anomiebegriff dabei eine semantische Ausweitung, die das besondere Anliegen, das Durkheim mit ihm verfolgt hatte, immer mehr aus dem Blickfeld geraten ließ.

Durkheim war es vor allem um die auffällige Lockerung gesellschaftlicher Kontrolle und Solidarität gegangen, die im Zuge des beschleunigten Wandels der Sozialstrukturen im Europa des ausgehenden 19. Jahrhunderts zu beobachten war[2]. Er brachte die Verdrängung traditioneller durch moderne Gesellschaftsstrukturen auf die Formel des Übergangs von einem Zustand mechanischer zu einem Zustand organischer Solidarität (Durkheim 1992, S. 155 ff./S. 162 ff./S. 180 ff.). Während die mechanische Solidarität auf dem Prinzip sozialer Ähnlichkeit und der konsequenten Unterdrückung jeglichen abweichenden Verhaltens beruhe, sei die organische Solidarität, die sich mit dem Ersatz des jeweils entstandenen Schadens begnüge, ein Ergebnis der für moderne Industriegesellschaften charakteristischen funktionalen Arbeitsteilung. Nun entging Durkheim jedoch nicht, daß diese Herausbildung einer neuen Art von Solidarität z.T. noch auf sich warten ließ, das Bild, das die jüngst entstandenen europäischen Industriegesellschaften boten, vielmehr durch soziale Ungleichheit, kollektive Konflikte, fehlende soziale Kontrolle und Orientierungslosigkeit geprägt war. Um dieses Stadium der Unordnung zu kennzeichnen, in dem eine Gesellschaft den Zustand mechanischer Solidarität hinter sich gelassen hatte, ohne bereits dem neuen Industriezeitalter gemäße Solidaritätsbindungen hervorgebracht zu haben, führte er den Begriff der Anomie ein.

Dem Begriff begegnet man vor allem in seinen beiden frühen Hauptwerken "Über die Arbeitsteilung" (*La division du travail social*) und "Der Selbstmord" (*Le suicide*) (Durkheim 1992, S. 437; 1973, S. 273 ff.). Wenngleich nirgendwo explizit definiert, läßt sich doch aus dem Kontext, in dem er auftaucht, und zuweilen gebrauchten Synonymen erschließen, was Durkheim darunter verstanden wissen wollte (Besnard 1987, S. 26). Da ist etwa von *"absence de règlementation"* die Rede, von *"état d'anarchie"*,

---

[1] Vgl. hierzu die Kapitel 3 und 4 der erwähnten Studie von Besnard (1987) sowie Bohle (1975) und Lamnek (1990, S. 106-142).

[2] Zur Einführung in den Problemkreis vgl. Müller/Schmid 1992. Siehe auch die Einleitung von Klaus Dörner zu Durkheim (1973). Der ursprünglich beim Luchterhand-Verlag erschienene Band wurde inzwischen vom Suhrkamp-Verlag als Taschenbuch übernommen (3. Aufl. 1990).

"état d'inorganisation", *"état d'effervescence"* und *"mal de l'infini"*. Am häufigsten wird Anomie mit *"état de dérèglement"* gleichgesetzt, einem Zustand gesellschaftlicher Unordnung, in dem es an sozialen Regeln und Zwängen fehle, die das individuelle Verhalten in feste Bahnen lenkten und in seinen Möglichkeiten begrenzten. Deshalb kann man, in Anlehnung an den französischen Klassiker, Anomie als einen Zustand sozialer Desorganisation definieren, der auf das Fehlen klarer und verbindlicher Normen zurückgeht.

Durkheim hat keinen Zweifel daran gelassen, daß er die Menschen durch derartige Situationen unzulänglicher normativer Kontrolle und moralischer Desorientierung für ebenso überfordert hielt, wie wenn ihre Entfaltung durch ein Zuviel an Regeln eingeengt würde (Übernormierung führt nach ihm zu "Fatalismus") (Besnard 1987, S. 38 f./88 ff.)[3]. Die in diesem Zusammenhang von ihm assoziierten Gemütszustände, wie "Traurigkeit", "Enttäuschung", "Störung", "Erregung", "Wut", "Lebensüberdruß", "übertriebene Torheit" (Durkheim 1973, S. 280 ff.; Dohrenwend 1959, S. 468), zeigen, wie sehr er von der Lenkungsbedürftigkeit des einzelnen durch die soziale Gemeinschaft überzeugt war. Angesichts der Aufhebung aller Begrenzungen würden die Wünsche und Begierden über alles Maß hinaus wachsen, das Individuum von der Sehnsucht nach dem Unendlichen, *"la passion de l'infini"*, gequält werden. Trotz dieses unverkennbaren anthropologischen Bezuges ist zu betonen, daß es sich bei Anomie keineswegs um eine psychologische Kategorie, sondern um einen gesellschaftlichen Zustand, eben Situationen normativer Insuffizienz, handelt (Besnard 1987, S. 114 ff./S. 119).

So sinnvoll und notwendig es ist, auf Durkheim zurückzugreifen, seine Überlegungen allein reichen nicht aus, um Anomieprobleme der Gegenwart angemessen zu erfassen und aufzuschlüsseln. Für diesen Zweck bedarf es zweier zusätzlicher Präzisierungen. Die erste betrifft die verschiedenen Bedeutungskomponenten von *"règle"* bzw. sozialer Norm (um den heute in der Soziologie üblichen Fachterminus zu benützen); diese ermöglichen zweitens eine genauere Bestimmung des Anomiekonzeptes.

Was zunächst den Bedeutungs- und Funktionsgehalt von sozialen Normen betrifft, so schlagen wir vor, drei Bedeutungskomponenten auseinanderzuhalten:

− die regulatorische Komponente,
− die ethisch-moralische Komponente,
− die klassifikatorische Komponente.

Die beiden erstgenannten Komponenten, die übrigens ansatzweise schon bei Durkheim selbst auftauchen, sind in der Literatur oft thematisiert und einander gegenübergestellt worden (Olsen 1965; Meir 1987, insbes. S. 71-106; Popitz 1961). Zum einen wurde betont, daß die Hauptfunktion sozialer Normen darin bestehe, soziale Verhaltensweisen berechenbar, erwartbar und damit enttäuschungsfest zu machen. Da ohne eine Mindestvorhersehbarkeit der Reaktion des jeweiligen Interaktionspartners die Vertrauensgrundlage für jeglichen sozialen Verkehr entfalle, müsse der Gesellschaft an der Erhaltung der Normen und der Kontrolle abweichenden Verhaltens durch Sanktionen gelegen sein. Wird bei der Begründung der regulatorischen Funktion von Normen primär mit dem

---

[3] Vgl. auch Dreitzel (1968, S. 330 ff.). Dreitzel hat sehr klar Probleme der Überdeterminierung und Probleme der Unterdeterminierung von Rollen, d.h. Entfremdung und Anomieprobleme, voneinander getrennt.

Eigeninteresse aller Mitglieder einer Gemeinschaft argumentiert, so stellt demgegenüber eine Gegenmeinung mehr den Überzeugungsaspekt und die moralische Verbindlichkeit von Normen in den Vordergrund. Diese verdankten sich nicht allein einem rationalen Kalkül aller Beteiligten und Betroffenen, sondern hätten darüber hinaus die Funktion, bestimmte ethische Vorstellungen zu artikulieren und zu vermitteln. In diesem Sinn hat Hart (1967, S. 80ff./96 f./111 ff.; s. a. Parsons 1951, S. 201 ff.) schon Anfang der 60er Jahre auf die begrenzte Wirkung eines ausschließlich durch Sanktionsdrohungen abgesicherten Rechtssystems aufmerksam gemacht. Sei nicht ein Teil der betreffenden Bevölkerung, zumindest aber die Schöpfer und Anwender der Gesetze, der sog. Rechtsstab, von deren Richtigkeit und Gültigkeit überzeugt, dann sei es um die Durchsetzungsmöglichkeit und Funktionsfähigkeit der betreffenden Rechtsordnung auf Dauer schlecht bestellt.

Bei der "klassifikatorischen" Komponente geht es schließlich um den sprachlichen Aspekt sozialer Normen[4]. Normen, gleichviel ob sie mündlich tradiert oder schriftlich festgelegt sind, beruhen auf Sprachregelungen und Sprachformeln. Läßt sich über die begrifflichen Elemente keine Einigung (mehr) erzielen, da sie von verschiedenen Seiten, je nach Standpunkt und Interesse, unterschiedlich ausgelegt werden, dann wird es kaum mehr möglich sein, eine Verständigung über ganze Normen oder Normkomplexe herbeizuführen.

Die Aufgliederung von Normen in mehrere Funktionskomponenten erlaubt es uns, die Merkmale typisch anomischer Situationen genauer zu erfassen. Dabei gilt es vorab zu betonen, daß der Ausdruck "Normlosigkeit", mit dem Anomie häufig übersetzt wird, ungenau und irreführend ist. Denn Situationen eines normativen Vakuums, wie sie der Terminus Normlosigkeit suggeriert, bilden in der Realität äußerst seltene, auf kurze Übergangsphasen beschränkte soziale Ausnahmefälle. Weniger Normenmangel als vielmehr ein Zuviel an sozialen Normen stellt in den meisten Ländern der Dritten Welt (und nicht nur in ihnen) das Hauptproblem dar. Allerdings von sozialen Normen, die nicht aufeinander abgestimmt sind und nur partiell die an eine Norm zu stellenden Anforderungen im Sinne der oben genannten drei Komponenten erfüllen. Nicht selten ist beispielsweise eine Situation, in der es einerseits eine durch ein staatliches Sanktionssystem abgesicherte Gesetzesordnung gibt, die jedoch vom Gros der Bevölkerung als Octroi empfunden wird, die ihrerseits sozialen Regeln folgt, die mit keinerlei staatlicher Sanktionsmacht ausgestattet sind (vgl. Adler 1983). Oder der Fall, daß verschiedene staatliche Gesetze denselben Sachverhalt unterschiedlich regeln oder verschiedene gesellschaftliche Bezugspersonen an den einzelnen widersprüchliche normative Erwartungen herantragen. Die aus dem Neben- und Gegeneinander von vielerlei, noch dazu mit unterschiedlicher Verpflichtungswirkung ausgestatteter Normen resultierende Verunsicherung stellt den einzelnen Normadressaten vor kaum geringere Schwierigkeiten als Situationen, die jeder normativen Vorgabe ermangeln. Nach welcher Norm, welcher Bezugsgruppe soll er sich jeweils richten, welche Folgekosten riskiert er im Falle eines Irrtums?

Wir plädieren, mit anderen Worten, für einen relativ weiten Anomiebegriff, der sich nicht auf Situationen der Unternormierung im engeren Sinn beschränkt, sondern auch

---

[4] Dieser Aspekt ist in der Literatur oft übersehen worden. Eine Ausnahme bilden Ritsert (1969, S. 159) und Eckert (1983).

gesellschaftliche Lagen und Bereiche mit einschließt, in denen inkonsistente, wirre und widersprüchliche normative Verhältnisse herrschen.

II. Einige *prima facie*-Belege

Die Relevanz der vorgenommenen Konzepterweiterung erweist sich rasch, wenn wir uns unserem Untersuchungsgegenstand, der Norm- und Gesetzesordnung Argentiniens, zuwenden. So chaotisch breite Bereiche des sozialen und öffentlichen Lebens auf Anhieb wirken mögen, bei näherem Hinsehen stellt man bald fest, daß sich der staatliche und der gesellschaftliche Raum dieses Landes keineswegs als normarm kennzeichen lassen. Was auffällt, ist vielmehr, daß ein Großteil der zahllosen existierenden Gesetzesvorschriften nicht beachtet wird und daß es zudem für zahlreiche Verhaltensbereiche neben einem formellen, in schriftlichen Vorschriften verankerten, einen informellen Normenkodex gibt.

Wie läßt sich ein solches auf einer mehr oder weniger naiven Primäranschauung des Beobachters beruhendes Urteil empirisch erhärten? In der Literatur wird traditionell zwischen "objektiven" und "subjektiven" Indikatoren unterschieden (Clinard 1964, S. 33 ff.; Bohle 1975, S. 67 f.). Erstere, etwa Kriminalstatistiken oder die von Durkheim benutzten Selbstmordstatistiken, haben den Vorteil der Eindeutigkeit, Quantifizierbarkeit und leichten Überprüfbarkeit. Andererseits spiegeln sie nur die Reaktion einer Minderheit (deshalb die Rede vom "abweichenden Verhalten") auf einen vermuteten Zustand zunehmender Normlockerung oder Normeninkonsistenz wieder, lassen also nur indirekte Schlußfolgerungen auf den zu erforschenden Sachverhalt zu[5]. Deshalb ist es ratsam, "objektive" durch "subjektive" Indikatoren zu ergänzen, d.h. Indikatoren, welche die Sichtweise der Betroffenen selbst berücksichtigen, etwas darüber aussagen, inwieweit sie die normativen Verhältnisse als überschaubar und akzeptabel oder als verwirrend, verunsichernd und belastend empfinden.

Auch im Falle Argentiniens sollen objektive mit subjektiven Belegen kombiniert werden. Vorab gilt es jedoch zu betonen, daß die Frage in keinem Fall lauten kann, ob Argentinien anomisch ist oder nicht. Chaotischen, durch Regelvielfalt gekennzeichneten Lebensbereichen stehen stets relativ klar strukturierte Lebensbereiche gegenüber. Kein Land, keine Gesellschaft kann sich Regelinkonsistenz und Regulierungsmangel in sämtlichen Verhaltensbereichen leisten, ohne ihren Zusammenbruch oder ihre Auflösung (durch Abwanderung) zu riskieren. Dies gilt, wie wir sehen werden, auch für Argentinien. Eine Annäherung an die Anomieproblematik in diesem Lande soll mittels zweier Vorabfragen versucht werden. Wie sehen die Argentinier sich selbst? Lassen sich auf Anhieb objektive Belege für die Anomiethese finden?

---

[5] Hinzukommt, daß der Terminus "objektiv" ein allgemein anerkanntes, meßbares Quantum an wissenswerter Normendichte und Normenkonsistenz suggeriert, das in dieser Form nicht existiert. Unterschiedliche Kulturen und Schichten sind an unterschiedliche Grade normativer Sicherheit und Verbindlichkeit gewöhnt und setzen dementsprechend auch die Schwelle unterschiedlich an, von der ab sie die Verhältnisse als intolerabel und anomisch beklagen. Zur Differenzierung von Rollen je nach Engmaschigkeit bzw. Weitmaschigkeit normativer Erwartungen vgl. Dreitzel (1968, S. 368/372) sowie Mizruchi (1964, S. 91 ff.).

Was die erste dieser Fragen anbelangt, so kann man, ohne großen Widerspruch zu riskieren, die Behauptung wagen, daß sich nicht nur die meisten externen Beobachter über die Virulenz der Anomieproblematik in diesem Lande einig sind, sondern in dieser ihrer Auffassung auch von der Mehrzahl der Argentinier bestärkt werden. Man muß lange suchen, bis man einen Argentinier findet, der bereit wäre, seinen Landsleuten Tugenden, wie Disziplin, Fähigkeit zur Organisation und die Unterordnung unter die Regeln der Gemeinschaft, zu attestieren. Im Gegenteil, alle Argentinier scheinen sich darin einig zu sein, daß sie ein ausgesprochen individualistisches, in mancherlei Hinsicht sogar mit anarchischen Zügen behaftetes Volk darstellen, in dem der Respekt vor Recht und Ordnung kaum rudimentär vorhanden ist und jeder im Grunde tue und lasse, was er wolle[6]. Manchmal drängt sich sogar der Eindruck auf, die Meinung der Argentinier über ihresgleichen sei skeptischer oder negativer, als sie es tatsächlich verdienten[7]. Der Verfasser dieser Zeilen machte wiederholt die erfreuliche Erfahrung, daß es weit mehr die Grundregeln des Rechts und der Moral achtende Bürger dieses Landes gibt, als einen die allgemeine wie auch die öffentliche Meinung glauben machen will. Dieser Widerspruch läßt sich vermutlich durch den psychischen Belastungseffekt erklären, der aus der verbreiteten normativen Unsicherheit resultiert. Er läßt es den meisten angeraten erscheinen, auf Offenheit, Zutrauen und ähnliche enttäuschungsträchtige Einstellungsmuster im sozialen Verkehr zu verzichten und sich statt dessen mit einer Haltung prinzipiellen Mißtrauens zu wappnen, um gegen unliebsame Überraschungen gefeit zu sein.

Zumindest als indirekter subjektiver Indikator für Anomie lassen sich auch die in Argentinien besonders verbreiteten Verschwörungstheorien interpretieren[8]. Es lohnt hier nicht, auf deren inhaltliche Varianten im einzelnen einzugehen. Ob bestimmte Teile der nationalen Oberschicht, etwa die "Finanzoligarchie", für unliebsame Entwicklungen verantwortlich gemacht werden oder internationale Gruppen und Kräfte, etwa die Freimaurer, die Juden, der Weltkommunismus, ein kapitalistisches Weltkartell – die Denkfigur, die dabei verwendet wird, bleibt immer dieselbe: Es wird unterstellt, es gebe einen geheimen Clan, Club oder wie auch immer gearteten Verschwörungsstab, der nach einem genau durchdachten Plan mittels raffinierter Machenschaften alles so lenke und beeinflusse, daß dabei seine monströsen Machtambitionen und seine materiellen Interessen befriedigt würden. Diese Vorstellung einer perfekten, hinter den Kulissen operierenden Organisation kontrastiert in so auffälliger Weise zu der Unkalkulierbarkeit der sozialen Alltagsbeziehungen in diesem Land, daß man nicht umhin kann, sie für eine Projektion zu halten: das

---

[6] Zur Sozialpsychologie des Argentiniers vgl. Herzfeld (1981), eine kleine Broschüre, in der mehrere Beiträge zu dem Thema aus Beilagen zur Zeitung "Argentinisches Tageblatt", der wichtigsten deutschsprachigen Tageszeitung des Landes, zusammengefaßt sind. Dort ist u.a. von dem mangelnden Respekt vor den Gesetzen, der zweideutigen Haltung zur Disziplin (sie wird nur bei den anderen vermißt), der Neigung zur Spekulation, dem extremen Individualismus und dem großzügigen Umgang mit der Zeit, vor allem der Zeit der anderen, die Rede.

[7] Zum gegenseitigen Mißtrauen der Argentinier vgl. Carballo de Cilley (1994). Danach sind 7 von 10 Argentiniern der Meinung, man müsse vor dem anderen auf der Hut sein.

[8] Vgl. hierzu z.B. Moyano (1991, insbes. S. 51). In Moyanos Aufsatz wird die Bedeutung der Verschwörungstheorien speziell zur Erklärung des brutalen militärischen Vorgehens nach 1976 herangezogen. Als Beleg dafür, daß auch die argentinischen Sozialwissenschaftler durchaus nicht frei von der Versuchung sind, die Schuld für Fehlentwicklungen einer einzigen Gruppe, in diesem Fall meist einer Teilfraktion der argentinischen Oberschicht, anzulasten, siehe: Sábato/Schvarzer (1983).

imaginierte Gegenstück und zugleich die Verschleierung der sozialen Wirklichkeit, in der nur das wenigste nach Plan abläuft und Mißverständnisse sowie Fehlkalkulationen anstatt präzise ineinander greifende Funktionsabläufe das Bild bestimmen.

Was die Frage objektiver Indikatoren betrifft, so begnügen wir uns mit einem einzigen Beispiel aus dem Bereich der Politik, die eine Fülle anomischer Züge aufweist. Wir denken an die Tatsache, daß keine bedeutendere politische Figur, sie mag noch so eklatant gegen rechtliche oder moralische Normen verstoßen haben, je definitiv aus dem Zirkel der einflußreichen politischen Meinungsmacher ausgeschlossen wurde. Es mag sich um Vertreter der politischen Klasse handeln, die geputscht haben oder bei einem Putsch ihre Machtposition eingebüßt haben, um einen General oder einen Guerillaführer, einen Staatspräsidenten, der vorzeitig aus dem Amt scheiden mußte, weil er der Lage nicht mehr gewachsen war, oder einen in Unehren entlassenen, da allzu bestechlichen Minister, sie alle müssen nicht befürchten, endgültig von der politischen Bühne abtreten zu müssen. Daß jemand ungeniert Politik zum Zweck der persönlichen Bereicherung betrieben hat, die Öffentlichkeit belogen, selbst daß er Hunderte oder Tausende unschuldiger Landsleute in den Tod geschickt hat oder hat töten lassen, all dies reicht nicht hin, um den Betroffenen ein für allemal zur politischen Unperson abzustempeln. Im schlimmsten Fall muß er sich mit Geduld wappnen und einige Zeit verstreichen lassen, bevor er wieder unter die politischen *"opinion leaders"* aufgenommen wird. Meist ist dies aber nicht einmal erforderlich, findet sich doch ein Sektor der Bevölkerung, der nicht nur für sein Fehlverhalten Verständnis aufbringt, sondern dieses geradezu glorifiziert und als vorbildlich hinstellt. In dieser Bereitschaft, letztlich alles zu akzeptieren und zu verzeihen, kommt augenfällig das Fehlen fester, internalisierter politischer Prinzipien zum Ausdruck. Im Sinne solcher unantastbarer Prinzipien und Normen stellt ein militärischer Putsch einen Akt politischen Hochverrats dar, und die willkürliche Umbesetzung des obersten Gerichtshofs durch den Staatspräsidenten einen eklatanten Verfassungsbruch, unabhängig von den Erklärungen und Rechtfertigungen, die dafür vorgebracht werden mögen, und unabhängig von einem eventuellen Umschwung der öffentlichen Meinung.

Nach diesen allgemeinen Beobachtungen sollen im folgenden einige spezielle Verhaltenskomplexe genauer unter die Lupe genommen werden. Das Beispiel des chaotischen Straßenverkehrs steht primär für die Mißachtung der regulatorischen Dimension sozialer Normen. Deren ethisch-moralische Aushöhlung soll durch das in Argentinien gängige Delikt der Steuerhinterziehung demonstriert werden. Regelwidriges Verhalten im Straßenverkehr und Steuerhinterziehung sind eingeschliffene, sozusagen "chronische" anomische Verhaltensmuster. Hingegen erfuhren diese anhaltenden anomischen Tendenzen in den Jahren 1973-1978 eine Zuspitzung zur "akuten" Anomie, welche an den Grundlagen des argentinischen Identitätsverständnisses rührte. Diese Zuspitzung, die von einer Gewaltexplosion begleitet war, hing eng mit der Infragestellung der dritten Voraussetzung eines funktionierenden Normensystems, nämlich der Möglichkeit sprachlicher Verständigung, zusammen. Bei allen Beispielen stützen wir uns primär auf argentinische Literatur, d.h. die Analyse und Bewertung der jeweiligen Situation durch Argentinier. Damit soll erneut das Gewicht der Sichtweise der Betroffenen unterstrichen bzw. dem Einwand begegnet werden, was aus einem europäischen Blickwinkel anomisch erscheine, seien, mit argentinischen Augen betrachtet, normale und "erträgliche" Verhältnisse, die keiner besonderen Analyse bedürften.

III. Anomie im Alltag: Straßenverkehr und Steuerhinterziehung

Die Unberechenbarkeit und Gefährlichkeit des argentinischen Straßenverkehrs ist jedem, der sich einmal einige Tage in Buenos Aires aufgehalten hat, nur allzu vertraut: die Dreistigkeit der Autofahrer, welche die Vorfahrt rücksichtslos erzwingen, das Wagnis, als Fußgänger eine der breiten Avenidas, etwa die "9 de Julio" zu überqueren, die links und rechts in rasendem Tempo die anderen Autofahrer überholenden Taxis, das Dauerhupen bei Staus, die wilde Manier, in der sich die Busfahrer, die berühmt-berüchtigten *Colectiveros*, durch den Verkehr kämpfen, um ihren Zeitplan einzuhalten u.a.m. Das Bild wird ergänzt durch gelegentliche tragische Todesanzeigen von Freunden und Bekannten, die ihren Sohn oder Enkel bei einem Verkehrsunfall verloren haben.

In der Tat, der Straßen-, vor allem der Autoverkehr in der argentinischen Hauptstadt, teilweise jedoch auch auf den Überlandstraßen, stellt ein Spiel mit einem hohen Risikoeinsatz dar[9]. Nach statistischen Berechnungen sind Verkehrsunfälle bei den 10-50jährigen Argentiniern die häufigste Todesursache. Schätzungen zufolge kommen in dem Land jährlich rund 6.000 Menschen aufgrund eines Verkehrsdelikts um, ganz zu schweigen von der Zahl der Verletzten, die weit höher liegt. Das bedeutet bei einer Gesamtbevölkerung von etwa 33 Millionen täglich 15 Verkehrsopfer. Damit nimmt Argentinien im internationalen Vergleich eine traurige Spitzenstellung ein. Die Zahl der Verkehrstoten, die auf je eine Million Einwohner in diesem Land entfiel, betrug 1978 227, mehr als doppelt soviele wie in Deutschland, rund vier mal soviele wie in England und den USA, und rund sechs mal soviele wie in Schweden (Nino 1992, S. 126).

Nino, der den Verkehr zu den beunruhigendsten und augenfälligsten Bereichen zählt, in denen sich der argentinische Hang zur Regelwidrigkeit und Regellosigkeit äußert, hat die gebräuchlichsten Verletzungen der Verkehrsordnung zusammengestellt (Nino 1992, S. 127). Dazu zählen insbesondere:

– die Nichtbeachtung der Ampeln,
– die Verletzung des Vorfahrtrechts desjenigen, der von rechts kommt,
– die Nichtbeachtung der Fußgängerstreifen,
– das Überholen auf der rechten Seite,
– die Überschreitung von Geschwindigkeitsbegrenzungen,
– unzureichende Beleuchtung nachts,
– die Mißachtung der Anschnallpflicht in Autos und der Pflicht zum Tragen eines Schutzhelms durch Motorradfahrer,
– die Disziplinlosigkeit der Fußgänger, die sich an keine Zeichen und Regeln halten.

Die eine oder andere der aufgezählten Regelwidrigkeiten ist sicher kein Spezifikum von Buenos Aires, sondern auch in vielen anderen Hauptstädten der Welt anzutreffen, in ihrer Gesamtheit häufen sie sich aber zu einem Risiko für sämtliche Verkehrsteilnehmer, das seinesgleichen sucht. Nicht wenige der Unfälle werden durch die bereits erwähnten Busse verursacht, deren Fahrer sich durch rasches Reaktionsvermögen, aber auch durch

---

[9] Unser argentinischer Gewährsmann für diesen Abschnitt ist in erster Linie Carlos S. Nino, der einiges Datenmaterial zu den verschiedenen Formen gesetzeswidrigen bzw. anomischen Verhaltens zusammengetragen hat. Zur Gefährlichkeit und Regellosigkeit des Straßenverkehrs, einem seiner bevorzugten Beispiele, vgl. Nino (1992, S. 25/125 ff./161).

eine besondere Härte in ihrem Fahrverhalten auszeichnen. Es lohnt sich, kurz bei ihnen zu verweilen, da sie zwei bereits angesprochene Merkmale und Folgen anomischen Verhaltens zu verdeutlichen vermögen. Zum einen sind sie ein gutes Beispiel für den psychischen Druck, den der ständige Umgang mit einer anomischen Situation erzeugt. Nach den Ergebnissen einer medizinischen Untersuchung, die im März 1995 in mehreren argentinischen Tageszeitungen abgedruckt wurden, stellen sie jene Gruppe, die im Vergleich zu anderen Berufsgruppen am meisten unter Stressymtomen leidet (Página 12 v. 22.2.1995). Zum anderen läßt sich an ihrem Verhalten gut demonstrieren, daß das, was zunächst als bloße Regelwidrigkeit erscheint, auf dem mehr oder minder subtilen Zusammenspiel zweier Normcodes beruht, eines offiziellen, der formell gültigen Straßenverkehrsordnung, und eines inoffiziellen. Letzterer läuft im Grunde auf die schlichte Devise hinaus, daß dem "Stärkeren", d.h. besser Gepanzerten, im Zweifel die Vorfahrt gebührt. So wie sich Pkw-Fahrer nicht scheuen, den verletzlichen Fußgänger beiseite zu drängen und gegebenenfalls sogar vom Fußgängerstreifen zu "jagen", so weichen sie ihrerseits vorsorglich Bussen und Lastkraftwagen aus, wohl wissend, daß sie im Falle einer Kollision den größeren Schaden erleiden würden.

Wirft man die Frage nach den Ursachen und Gründen für die Mißachtung des offiziellen Regelkanons im Verkehr durch die Argentinier auf, so ist einerseits auf das Fehlen einer verantwortungsvollen Verkehrserziehung, andererseits auf das geringe Sanktionsrisiko bei Straßenverkehrsdelikten hinzuweisen. Setzt in anderen Ländern das Erwerben des Führerscheins einen erheblichen intellektuellen und praktischen Lernaufwand voraus, so kann er in Argentinien ohne besondere Anstrengungen erlangt werden. Die entscheidende Sozialisationsinstanz, die auf die Gefährdungen des Straßenverkehrs vorbereiten, sind hier nicht öffentlich geprüfte Fahrlehrer, sondern die Eltern, Geschwister und Freunde des Kandidaten, womit der anarchische Fahrstil ohne Unterbrechung weitervermittelt wird. Wichtiger noch als die mangelnde Verkehrserziehung dürfte der Umstand sein, daß die Wahrscheinlichkeit einer offiziellen Ahndung von Verkehrsdelikten gleich Null ist (Nino 1992, S. 128 f.). Sieht man von der Überwachung der Parkverbote in der Innenstadt und einigen ähnlich harmlosen Ordnungswidrigkeiten ab, so ist eine polizeiliche Verkehrskontrolle praktisch inexistent. Noch schwerer wiegt jedoch, daß selbst in jenen Fällen, in denen Verkehrszusammenstöße Verletzte und Tote zur Folge haben, die Schuldigen fast nie zur Verantwortung gezogen werden. Nino zitiert eine Untersuchung aus dem Jahr 1986, wonach es nur in 1,3% aller Verkehrsunfälle, bei denen Menschen körperlichen Schaden erlitten, zu einem Urteilsspruch kam, und nur in 0,6% aller Fälle zu einer effektiven Verurteilung.

Ohne eine funktionierende Praxis der Strafverfolgung ist aber schwerlich damit zu rechnen, daß der ungeheure Strom an kleinen und großen Verkehrsdelikten eingedämmt werden kann. Denn bei der Mehrzahl der Argentinier ist das Unrechtsbewußtsein bei Verstößen gegen die Straßenverkehrsordnung nur gering ausgeprägt. Verkehrsordnung und Verkehrssicherheit — das sind in ihren Augen unpersönliche, abstrakte Schutzgüter, die ihnen fern stehen und keinerlei persönliches Verantwortungsgefühl wecken. Und was konkret den materiellen Besitz, die Gesundheit sowie das Leben des einzelnen Verkehrsteilnehmers anbelangt, so gilt die Devise, jeder müsse auf sich selbst aufpassen. Verkehrsdelikte gelten in diesem Land weitgehend als Kavaliersdelikte. Daß sie sich mit dieser Auffassung, nicht nur im Falle schwerer Unfälle, gewissermaßen ins eigene Fleisch schneiden, weil das individualistische, die Regeln ständig zum eigenen Vorteil umbiegende Verhalten des einzelnen Verkehrsteilnehmers zu einer anhaltenden psychischen, zeitlichen und physischen Mehrbelastung der Verkehrsgemeinschaft in ihrer Gesamtheit führt, das sehen die Argentinier nicht oder wollen es nicht wahrhaben.

Stellt das Straßenverkehrsrecht den Prototyp eines Normensystems dar, bei dem der regulatorische Aspekt dominiert, so tritt bei den Steuergesetzen der ethisch-verpflichtende Gehalt von Normen mehr in den Vordergrund. Wie alle wissen, erfüllt der Staat zentrale Funktionen für das Gemeinwesen, vom Bau und der Erhaltung der Infrastruktur über die nationale Verteidigung bis hin zur Wahrnehmung sozialer Aufgaben. Und es liegt auf der Hand, daß er diesen Aufgaben nur nachkommen kann, wenn er von der Bürgerschaft entsprechend finanziell ausgestattet wird, d.h. wenn jeder je nach Vermögen und Einkommensverhältnissen regelmäßige Abgaben entrichtet.

Nun ist gerechterweise an dieser Stelle einzuflechten, daß es um die Steuermoral in den allermeisten Staaten, auch den westlichen Industriestaaten, nicht gut bestellt ist. In der Bundesrepublik Deutschland beispielsweise ist eine wachsende Steuerverweigerungshaltung zu beobachten. Sie hängt einerseits mit zunehmenden Legitimierungsproblemen des in seiner Bedeutung relativierten Nationalstaats zusammen, andererseits damit, daß die Steuer- und Soziallasten, die dem Bürger aufgebürdet werden, eine die individuelle Leistungsbereitschaft in Frage stellende Höchstmarke erreicht haben. Beide Begründungen greifen im Falle des argentinischen Staates nicht. Dort wurden die direkten Steuern in jüngster Zeit zwar erheblich erhöht, sind aber noch deutlich von dem Niveau entfernt, das sie in vielen europäischen Staaten erreicht haben. Auch ist das Hintergehen des Fiskus in diesem Land keine neuere, mit einer Staatsvertrauenskrise zu erklärende Erscheinung, sondern so alt wie dieser Staat selbst.

Da es sich um eine heikle Materie handelt, über die schwer verläßliche Auskunft zu erhalten ist, fehlt es weitgehend an harten Daten. Die wenigen, meist aus den 60er und 70er Jahren stammenden Hochrechnungen und Schätzungen kommen zu dem Ergebnis, daß die öffentliche Hand aufgrund von Steuerbetrug zwischen 50% und 85% der potentiellen Steuereinnahmen einbüßt (Nino 1992, S. 97 ff./132 f.). Der Normalbürger verspürt genauso wenig Hemmungen, dem Staat einen Teil der ihm zustehenden Summe von vornherein vorzuenthalten wie widerrechtliche Steuerreduktionen in Anspruch zu nehmen. Internationale Vergleiche liefern ein ähnlich ungünstiges Bild wie die Bilanz der Verkehrsopfer: Argentinien rangiert hinsichtlich der Steuermoral seiner Bürger mit deutlichem Abstand hinter den europäischen Staaten und den USA, wobei indes fairerweise hinzuzufügen ist, daß kein weiteres lateinamerikanisches Vergleichsland aufgeführt ist.

Offenbar ist es mit dem Unrechtsbewußtsein bei diesem letztlich die staatliche Funktionsfähigkeit in Frage stellenden Delikt kaum besser bestellt als bei Verkehrsdelikten. "Wenn die anderen nicht zahlen, warum soll ich der Dumme sein", "ob die (gemeint sind die Politiker, P.W.) etwas Vernünftiges mit dem Geld anfangen?", "mein Konkurrent entzieht sich der Steuer, und wenn ich zahle, gehe ich pleite", sind einige der gängigen Antworten, die bei einer Befragung zu dem Thema zu hören waren. Es stellte sich heraus, daß 42% der Befragten nur wegen der ansonsten zu erwartenden Strafe zur Begleichung ihrer Steuerschuld bereit sind (Nino 1992, S. 100). 25% der Befragten begründeten die Ablehnung von Steuerzahlungen damit, daß das Geld doch nur in den Taschen der Politiker und Verwaltungsbeamten verschwinde, 10% damit, daß die öffentlichen

Dienstleistungsbetriebe schlecht funktionierten. Nur 40% sprachen sich konsequent gegen eine Steuerhinterziehung aus.

Von hohen Beamten im argentinischen Finanzministerium wird bestätigt, daß ein hohes Sanktionsrisiko die beste Garantie für die Reduzierung der Steuerdelikte sei. In den USA oder in Deutschland, so ihr Argument, erübrige sich der vom Staat ausgeübte repressive Abgabendruck inzwischen weitgehend, da die Bürger von ihren diesbezüglichen Pflichten überzeugt seien und die Steuer aus freien Stücken entrichteten. Dagegen könne der argentinische Staat auf diese freiwillige Kooperation von seiten der Bürger noch nicht bauen (Nino 1992, S. 101). Dies ist wohl der Hauptgrund für die lange Zeit angekündigte und inzwischen teilweise realisierte strenge Verfolgung und Bestrafung von Steuersündern. Im übrigen muß bei dieser Gelegenheit angemerkt werden, daß der argentinische Staat in der Vergangenheit selbst, indirekt und direkt, nicht wenig dazu beigetragen hat, daß die Steuermoral lax blieb: indirekt, indem er keine ernsthaften Anstrengungen unternahm, die Inflation zu drosseln, die automatisch jene begünstigt, die die Begleichung der Steuerschulden hinauszögern[10], und direkt, indem er den aufgelaufenen Berg an Steuerrückständen in regelmäßigen Zeitabständen durch einen globalen Steuererlaß abtrug, was einer "Bestrafung" all jener gleichkam, die ihre Steuern pünktlich und in voller Höhe entrichtet hatten.

Um nun nicht den Eindruck zu erwecken, in den Augen des Verfassers stelle das soziale Leben in Argentinien ein einziges Verwirrspiel dar, eine Art sozialen Dschungel, geprägt durch offene und versteckte Regelwidrigkeiten, egoistische Praktiken und widersprüchliche Verhaltensstandards, sei am Ende dieses Abschnitts kurz ein Gegenbeispiel skizziert. Versetzen wir uns am Wochenende in einen der zahlreichen Sport- und Freizeitclubs, die im Norden der Stadt, im Delta des Paraná-Flusses, existieren. Hier herrscht bereits am frühen Vormittag ein reges Treiben, das auf Anhieb durchaus ein Bild von Regelhaftigkeit und sozialer Harmonie vermittelt. Eine Gruppe von Männern spielt Tennis, Jugendliche machen sich an den Ruderbooten zu schaffen, um eine längere Ausfahrt oder einen Wettbewerb vorzubereiten, Frauen schwimmen oder bereiten ein Picknick vor, junge Mädchen oder ältere Frauen beaufsichtigen das Spiel der Kleinkinder usf. Man könnte einwenden, die auffällige Eintracht, der allenthalben zu beobachtende höfliche und zuvorkommende Ton, der die sozialen Beziehungen in diesen Clubs auszeichneten, seien damit zu erklären, daß es sich um bloße Zerstreuung, eben Wochenendaktivitäten handle. Aber implizieren diese Tätigkeiten etwa keine Verpflichtungen, z.B. das Warten und Aufräumen der Sportgeräte, die Beachtung der Sicherheitsvorschriften und Spielregeln im Sport, die Beaufsichtigung der Babys, das Besorgen der Picknickvorräte, das Begleichen von Rechnungen in Cafés und Restaurants, die durchaus Anlaß zu Dissens und Drückebergerei sein könnten? Zudem ist die Teilnahme am Straßenverkehr, der gerade an Wochenenden sehr dicht sein kann, ebenfalls eine freiwillige Angelegenheit und führt dennoch zu den erwähnten Regelverstößen.

Wichtiger als die Frage ob Wochentag oder Wochenende, freiwillige Zerstreuung oder Alltagsfron, dürfte die jeweilige soziale Bezugsgruppe sein. Ein Sportverein stellt, wie ein Freundes- und Bekanntenkreis oder ein Familienclan, eine überschaubare Einheit von Leuten dar, die man regelmäßig sieht, oft schon lange kennt, die man z.T. mag und mit denen man in jedem Fall gut auskommen möchte, weshalb man ihnen gegenüber

---

[10] Zur Aufkündigung des "Steuerpaktes" mit dem Staat in Zeiten der Hyperinflation siehe Llach (1988).

Tugenden wie Korrektheit, Loyalität, Verantwortungsbewußtsein und Hilfsbereitschaft an den Tag legt. Vergleichbare positive Gefühle und Eigenschaften vermag die abstrakte Größe "Staat" nicht zu wecken, und noch weniger das allgemeine Schutzgut "öffentliche Verkehrssicherheit". Der Argentinier ist, wie Nino (1992, S. 115) an einer Stelle etwas drastisch, aber vielleicht nicht unzutreffend feststellt, jederzeit dazu bereit, mit einem beliebigen anderen, er möge ihn noch so flüchtig kennen, ein Bündnis zu Lasten des Staates zu schließen. Das ist die berüchtigte "negative Solidarität", die man ihm nachsagt, das "siehst Du mir eine Schädigung der Gemeinschaft nach, so werde ich ein Gleiches tun". Er ist jedoch auch zu einem intensiven positiven Engagement bereit, ist ein exzellenter Freund, Familienvater, Sportskamerad, der die an den jeweiligen sozialen Status geknüpften Pflichten sehr ernst nimmt, immer vorausgesetzt, es handelt sich dabei um eine faßbare und überschaubare soziale Einheit oder Beziehung, und vorausgesetzt, jener minimale Spielraum für die Entfaltung seiner Individualität bleibt erhalten, auf den kein Argentinier zu verzichten bereit ist.

IV. Sprachliche Verwirrung und Gewaltexplosion in den 70er Jahren

Sind die bisherigen Überlegungen richtig, so nimmt die Tendenz zu anomischen Verhaltensweisen in diesem Land in dem Maße zu, in dem es um schwer faßbare, allgemeine und abstrakte soziale Güter und Gebilde geht, für die sich niemand verantwortlich fühlt. Im Hinblick auf diese öffentlichen Güter und Gebilde hat sich ein eigentümlich doppelbödiger Diskurs und Regelkanon eingespielt. Einerseits wird ihnen rhetorischer Tribut gezollt, wird ihre Schlüsselbedeutung für das Gemeinwohl und die Gemeinschaft unterstrichen. Auf der anderen Seite scheut man sich aber nicht, im Namen von informellen Handlungsmaximen, die meist (aber nicht immer) auf die Wahrung des eigenen Vorteils, sei es ein individueller oder ein Gruppenvorteil, hinauslaufen, die offiziell hochgehaltenen Prinzipien zu unterlaufen und in ihrer Glaubwürdigkeit herabzusetzen. Beide Verhaltensregeln und -weisen, der formelle und der informelle Code, relativieren einander nicht nur, sondern bedingen sich auch gleichzeitig, wie Garzón Valdés (1995, S. 6/9 ff.) schön am Beispiel der Korruption aufgezeigt hat. Man kann nur aus der Verletzung seiner Amtspflichten Vorteil ziehen, solange es noch öffentliche Ämter gibt, wer aufgrund von regelwidrigem Verhalten im Straßenverkehr rascher vorankommt, profitiert davon, daß die meisten übrigen Verkehrsteilnehmer sich an die Verkehrsregeln halten usf. Auf diese Weise entsteht ein subtiles Gleichgewicht zwischen den verschiedenen Norm- und Verhaltensebenen, das der Situation eine gewisse, letztlich allerdings prekäre Stabilität verleiht. Wie wenig fundiert dieser mit dem Anschein äußerer Stabilität versehene *modus vivendi* ist, der sich eingespielt hat, wird spätestens deutlich, wenn aus dem versteckten Dissens ein offener wird, die verborgen gebliebenen oder heruntergespielten Differenzen in den Handlungsorientierungen und im Normverständnis verschiedener Gruppen deutlich zutage treten. Eine solche Situation trat in Argentinien Mitte der 70er Jahre ein.

Die Fakten werden hier als großenteils bekannt vorausgesetzt und deshalb nicht im einzelnen wiederholt[11]. Zwischen 1973 und 1978 versank das Land in einem Strudel von Gewalt. Ursprünglich ausgelöst wurde sie durch die seit 1966 die Macht ausübende Militärdiktatur von General Onganía, die 1969 durch einige Volksaufstände in Provinzhauptstädten erschüttert wurde und sich ab 1970 mit einer Guerillabewegung von wachsender Stärke konfrontiert sah. Um einen Bürgerkrieg zu vermeiden, gestatteten die in die Defensive gedrängten Streitkräfte den seit über 15 Jahren politisch geächteten Peronisten eine Teilnahme am Demokratisierungsprozeß, der deren Wahlsieg zur Folge hatte und Perón eine dritte Präsidentschaft sicherte. Weit davon entfernt, die allseits erwünschte nationale Wiederversöhnung einzuleiten, führte die Rückkehr der Peronisten an die Herrschaft jedoch zu einer Verschärfung der inneren Auseinandersetzungen, die sich nun in den Schoß der peronistischen Bewegung verlagerten, wo sich ein rechter und ein linker Flügel unversöhnlich gegenüberstanden. Als mit dem Tod des greisen Peron die letzte Klammer entfiel, welche das heterogene Lager seiner Anhänger zusammengehalten hatte, brach unter seiner Frau und Amtsnachfolgerin, die eine äußerst schwache politische Figur abgab, das offene Chaos aus. Dem Kampf aller gegen alle wurde ein Ende gesetzt, als das Militär in einem Putsch im März 1976 erneut die Macht an sich riß. Es stellte die äußere politische Ruhe wieder her, indem es jegliche oppositorische Regung unterdrückte und in einem in der Geschichte des Landes beispiellosen Repressionsfeldzug Tausende von wirklichen und vermeintlichen Regimegegnern beseitigte ("Verschwindenlassen").

Die explodierende Gewalt war nur der äußerste Ausdruck einer generellen Stimmung von Verunsicherung und Verwirrung, Furcht und Verzweiflung, Desorientierung und Hilflosigkeit, welche insbesondere die Jahre 1974 bis 1976 kennzeichneten. Hierzu trugen die hohe Inflation und wirtschaftliche Unsicherheit ebenso bei wie die äußerst undurchsichtigen politischen Verhältnisse. Dies mag eine Begründung dafür sein, warum zur Charakterisierung dieser wirren Jahre bereits relativ früh der Begriff anomisch auftaucht. Der Verfasser selbst hat ihn schon in einem 1978 publizierten Aufsatz benutzt, vor allem stellt er jedoch eine Schlüsselkategorie in einer Reihe von Arbeiten des argentinischen Sozialwissenschaftlers Corradi aus jener Zeit und zu jener Zeit dar (Waldmann 1978; Corradi 1982/83; 1985; S. 83 ff.; 1993). Dabei kann offen bleiben, ob seine Verwendung angebrachter für die Phase vor dem Militärputsch ist, als das offene politische Chaos herrschte, oder für jene danach, als zwar rein äußerlich wieder Ruhe eingekehrt war, das Militär hinter dem Schutzschirm einer scheinbaren Ordnungsdiktatur jedoch eine perverse Willkürherrschaft ausübte. Was uns hier interessiert, ist nur ein Aspekt der in zahlreichen Bereichen sich manifestierenden Anomie, nämlich die Begriffsverwirrung, die sie mit sich brachte.

An sich ist der eigenwillige bis bewußt einseitige Gebrauch von Begriffen, die aus ihrem ursprünglichen Zusammenhang herausgerissen werden, in diesem Land nichts Neues. Er hängt mit der chronischen Neigung argentinischer Intellektueller zusammen, die nationale Geschichte aus einem europäischen Blickwinkel zu interpretieren und ihre markanten Episoden und Ereignisse entsprechend zu benennen. Jedem Argentinien-Kenner ist beispielsweise die teilweise Umdeutung vertraut, die der Terminus "liberal" im Rahmen

---

[11] Siehe Cavarozzi (1983); Di Tella (1983); Torre (1983); Evers (1972); Duhalde (1983); Waldmann/Garzón Valdés (1983); Torre/De Riz (1992). Siehe auch Amérique Latine Nr. 11(1982) sowie Rouquié (1982).

seiner Anwendung auf eine wirtschaftliche und politische Schlüsselphase der argentinischen Entwicklung im späten 19. Jahrhundert erfuhr. Dem Verfasser selbst fiel bei seinen Studien zur ersten peronistischen Regierungszeit (1946-1955) auf, wie sehr eine Reihe dem Regime kritisch gegenüberstehender argentinischer Sozialwissenschaftler darauf bestand, dieses als eine Variante des Faschismus oder gar des Nationalsozialismus einzustufen.

Zweifellos ist indes nach 1955 eine Steigerung in der Kunst der Begriffsverdrehungen zu konstatieren. Dies lag vor allem an einem realpolitischen Dilemma, der Tatsache nämlich, daß das Militär einerseits ein striktes Veto gegen jede politische Machtbeteiligung der Peronisten eingelegt hatte, andererseits in einem demokratischen Rahmen jedoch jegliches Regieren ohne diese stärkste politische Kraft des Landes ausgeschlossen war. Dieses "unmögliche Spiel"[12] verlangte Politikern, die sich um das Präsidentenamt bewarben, wahre Akte verbaler Akrobatik ab, um die Peronisten als Wahlunterstützung zu gewinnen, ohne jedoch gleichzeitig die Streitkräfte zu verprellen. Zur Meisterschaft in dieser fragwürdigen Kunst brachte es der Kandidat eines Flügels der Radikalen Partei (UCR), A. Frondizi, mit dem der politische Diskurs in Argentinien nach Corradi neue Rekorde der Unstimmigkeit und Dissonanz erreichte und sich definitiv von jeder rational nachvollziehbaren Basis ablöste (Corradi 1985, S. 104 ff.). So leugneten etwa die Gefolgsleute und Berater Frondizis, daß wirtschaftspolitische Maßnahmen, durch welche die Abhängigkeit Argentiniens vom Ausland vertieft wurde, in einem klaren Gegensatz zu dem offiziell proklamierten Ziel einer Befreiung des Landes vom imperialistischen Joch stünden. Im Sinne eines bewußten Ignorierens offenkundiger Widersprüche war es dann nicht weiter erstaunlich, daß General Onganía die autoritäre Ordnungsdiktatur, die er dem Land nach 1966 auferlegte, "argentinische Revolution" nannte und Perón mit seinen Botschaften aus dem Exil die Guerillaverbände, die sich ab 1969 bildeten, zu immer radikaleren Angriffen gegen die bestehenden gesellschaftlich-politischen Strukturen ermunterte, obwohl ihm im Grunde an deren Rettung und Erhaltung gelegen war.

Die Guerillaverbände, vor allem die linksnationalistischen Montoneros, waren ein Opfer und Instrument der Sprach- und Perspektivenverwirrung in einem (Gillespie 1987; Giussani 1984; Waldmann 1978; Corradi 1982/83; 1985; 1993; Moyano 1993). Abgestoßen sowohl durch die scheindemokratischen politischen Experimente der jüngeren Vergangenheit als auch durch die herrschende Militärdiktatur, arbeiteten sie auf eine grundlegende politisch-gesellschaftliche Umwälzung und die Errichtung eines neuen Argentinien hin, das durch die Ideale nationaler Unabhängigkeit sowie politischer Gleichheit und sozialer Gerechtigkeit geprägt sein sollte. Als Gallionsfigur für ihre sozialrevolutionären Pläne hatten sie Perón gewählt, den greisen, verbitterten *Caudillo*, unter dessen Regierungen in den 40er und 50er Jahren sie ihre Zielvorstellungen wenigstens ansatzweise verwirklicht sahen und der zudem durch bewußt zweideutig gehaltene Botschaften aus seinem Exil in Madrid die allgemeine politische Unzufriedenheit nach Kräften schürte. Dabei unterlagen sie einem zweifachen Irrtum. Der eine wurde schon angedeutet, er betraf die Person Peróns, der nie ein Revolutionär gewesen war und auch jetzt alles andere als revolutionäre politische Absichten hegte. Der andere Irrtum bezog sich auf die argentinische Gesellschaft, die, traditionell im politischen Kräftespektrum eher rechts stehend, in ihrer weit überwiegenden Mehrheit keineswegs gewillt war, sich auf ein sozial-

---

[12] Der Ausdruck entstammt einem frühen Aufsatz von O'Donnell (1971, S. 103 ff./108 ff.).

revolutionäres Abenteuer einzulassen. Hatten insbesondere Gruppen der neuen Mittelschichten die Anschläge der Guerilleros gegen das autoritäre Onganía-Regime auch mit einer gewissen Sympathie beobachtet, weil sie der Bevormundung durch die Militärs leid waren, so dachten sie doch nicht daran, den jugendlichen Heißspornen auf dem Weg in ein sozialistisches Utopia zu folgen.

Dies alles wäre nicht schwer zu erkennen gewesen. Eine aufmerksame Lektüre der Schriften Peróns und eine unvoreingenommene Analyse der Konstellation und Stimmungslage der sozialen Kräfte hätten ausgereicht, um den verantwortlichen Guerillaführern die Aussichtslosigkeit ihres Unterfangens klar zu machen. Statt dessen verstrickten sie sich in einen voluntaristischen Diskurs, der ihre Wunschvorstellungen als soziale Wirklichkeit ausgab und damit die bereits bestehenden politischen Ungereimtheiten noch steigerte. Sie gaben vor, die Vorhut der Arbeiterschaft zu sein, obwohl man in ihren Reihen vergeblich nach einem Arbeiter suchen mußte. Sie huldigten den Idealen der Gleichheit, der Freiheit und des sozialen Friedens, brachten aber gleichzeitig willkürlich Polizisten und Manager um, weil sie ihren Plänen angeblich im Weg standen. Sie kündigten eine neue Gesellschaft an, ahmten in ihren eigenen Organisationsformen aber sklavisch die rigiden hierarchischen des von ihnen verachteten Militärs nach. Wie sehr sie sich von den eigenen Idealen entfernt und ins politische Abseits manövriert hatten, wurde schlagartig deutlich, als sie voller Stolz die Details der quasi zeremoniellen "Hinrichtung" eines hohen militärischen Führers vor der Öffentlichkeit ausbreiteten, ein Bericht, der allgemein mit Abscheu und Entsetzen aufgenommen wurde (Giussani 1984, S. 51 ff.).

Den Höhepunkt der Anomiekrise, die immer breitere Lebensbereiche erfaßte, stellten zweifellos die Jahre der erneuten Militärherrschaft nach 1976 dar[13]. Nun stimmte nichts mehr überein: Weder paßten die Worte zu den Ideen, die sie ausdrücken sollten, noch zu den Taten, die unter Berufung auf sie begangen wurden. Um Gesetze und Verordnungen kümmerte sich offenbar niemand mehr, am wenigsten die Militärs selbst, die fortfuhren, sie in großer Zahl zu produzieren. Das einzige Gesetz, das galt, war das des Schrekkens und der panischen Angst, das einzige Prinzip, das noch zu erkennen war, das der Selbsterhaltung. Zählen wir einige der besonders eklatanten Ungereimtheiten in der Vorgehensweise der Streitkräfte auf: Diese gefielen sich in medizinischen Bildern, der Rolle des "Arztes", der die Gesundheit des Volkes und der Nation durch einen operativen Eingriff wiederherstellen möchte (Delich 1983). Tatsächlich führten sie aber einen Vernichtungsfeldzug gegen breite Teile der eigenen Bevölkerung. Für diese zerstörerische Seite ihres Wirkens hatten sie ebenfalls eine Formel bereit; sie sprachen von einem "schmutzigen Krieg" gegen einen "erbarmungslosen Feind" (Moyano 1991, S. 65 ff.)[14].

---

[13] Neben den bereits genannten Arbeiten von M.J. Moyano (1991) und E.L. Duhalde (1983) vgl. zum folgenden CONADEP 1984; Heinz 1991; Cox 1983; Pion-Berlin/López 1989; Mittelbach; Groisman 1983; Tobler/Waldmann 1991.

[14] Die Krieg- und Feindmetapher liefert, wie Moyano (1991, S. 53ff) aufzeigt, ein gutes Beispiel für die Manipulation der Sprache von beiden Seiten, sowohl der Guerillaverbände als auch der Streitkräfte. Im allgemeinen wurde sie dann benutzt, wenn eine Seite sich stark fühlte und den Konflikt wie auch den Gegner, den man besiegen zu können glaubte, aufgewertet wissen wollte. In diesem Sinne ist es bezeichnend, daß die Montoneros vor 1976, als sie vermeintlich in der Offensive waren, von einem Krieg sprachen, während sie danach, als sich herausstellte, daß sie dem Militär hoffnungslos unterlegen waren, den Ausdruck "Widerstand" benutzten. Im Fall des Militärs war es gerade umgekehrt: Es spielte den Konflikt herunter, als es in den Guerillaverbänden noch eine ernsthafte militärische Bedrohung sah, und bauschte ihn zum "Krieg"

Krieg, auch wenn er nicht sauber geführt wird, setzt aber eine sichtbare Auseinandersetzung mit einem definierbaren Gegner voraus. Dagegen ließ das Regime eine Vielzahl mehr oder minder willkürlich herausgegriffener Bürger in bei Nacht und Nebel durchgeführten Verfolgungsaktionen entführen und "verschwinden". Hier lag vermutlich die irritierendste aller Inkonsistenzen, die sich das Militär vorwerfen lassen muß. Einerseits hatte es eine offizielle Strategie ausgearbeitet, um mit der "subversiven Gefahr" fertig zu werden, hatte Sondergesetze erlassen, eine eigene Gerichtsbarkeit und einen umfangreichen Verfolgungsapparat geschaffen. Andererseits wurde jedoch dieses ganze offizielle Instrumentarium nicht benützt, fanden die entscheidenden Säuberungsaktionen gleichsam unter der Hand statt, in einem unkontrollierbaren Halbdunkel, wo die Öffentlichkeit vieles ahnte und nichts Genaues wußte. Dieser Charakter des Halbformellen erstreckte sich sogar noch in die einzelnen Entführungsoperationen hinein, die eine eigentümliche Mischung von hoheitlichem Akt und dem Vorgehen einer auf Bereicherung erpichten Räuberbande darstellten (Waldmann 1994, S. 83; Puget 1988)[15]. Vor Gericht gestellt und förmlich verurteilt wurde keiner der unter dem Vorwand des Subversionsverdachtes Festgenommenen, in ihrer überwiegenden Mehrzahl wurden sie nach langer Folter umgebracht, ohne daß jemand sie noch einmal zu Gesicht bekommen hätte.

Auch außerhalb des engeren repressiven Bereiches war die Herrschaft der Streitkräfte von Widersprüchen gekennzeichnet. Angetreten, um die Wirtschaft von Grund auf zu reformieren, hinterließen sie nach ihrem Rückzug von der Macht ein teilweise deindustrialisiertes Land. Nachdem sie stets gegen die Bestechlichkeit der Parteipolitiker gewettert hatten, stellte sich nun heraus, daß sie selbst nicht unempfänglich für die aus dem Regierungsgeschäft fließenden materiellen Vorteile waren. War eines ihrer erklärten Hauptanliegen stets die effektivere Organisation des Regierungsapparats gewesen, so boten die Streitkräfte nun selbst ein Bild chronischer innerer Zerstrittenheit und politischer Desorganisation. Die Realitätsfiktion dieser Ansammlung von disparaten Diskurs-, Gesetzes-, Organisations- und Verhaltensfragmenten konnte nur durch das überlegene militärische Gewaltpotential aufrechterhalten werden, das die Bevölkerung zum Schweigen und zur Unterwerfung zwang. Insofern war es nur logisch, daß die gesamte ungereimte Konstruktion in sich zusammenbrach, als die Streitkräfte auch noch in diesem, ihrem ureigensten, professionellen Gebiet versagten – d.h. nach der Niederlage im Malvinas/Falkland-Krieg von 1982[16].

---

auf, als der Gegner praktisch schon besiegt war. Siehe hierzu auch Waldmann (1978, S. 337ff.), wo, ähnlich wie bei Corradi (1982/83, S. 67ff.) darauf hingewiesen wird, daß ungeachtet solcher Sprachspiele, welche die Gegenseite ins legitimatorische Abseits drängen sollten, die gemeinsamen Züge einer "Subkultur der Gewalt" überwogen.

[15] Zur Reaktion der Betroffenen aus psychoanalytischer Sicht vgl. Puget (1988).

[16] Vgl. etwa Haffa (1987). Es erscheint bezeichnend für die herrschende Sprachverwirrung, daß die Mütter der Verschwundenen, die regelmäßige Protesttreffen vor dem Regierungsgebäude abhielten, von den Militärs als "verrückt" bezeichnet werden, s.a. Puget (1988, S. 106).

5. Ein Interpretationsversuch

Unter den möglichen Schlußfolgerungen aus der Fallstudie muß die erste sicher lauten, daß es sich vor Verallgemeinerungen zu hüten gilt. Argentinien darf nicht mit ganz Lateinamerika gleichgesetzt werden[17], und auch innerhalb der argentinischen Gesellschaft ist Anomie keine durchgehende Konstante. Gesellschaften ertragen nur ein bestimmtes Quantum an anomischen Verhältnissen (das man freilich nicht unterschätzen sollte), ohne an den Rand der Auflösung zu gelangen. Neben anomischen Verhaltensbereichen gibt es in der argentinischen Gesellschaft auch nach vergleichsweise transparenten, eindeutigen Regeln funktionierende Verhaltensfelder. Vor allem haben wir festgestellt, daß die mikrosozialen und teilweise auch die mesosozialen Gebilde (z.B. die wirtschaftlichen Interressengruppen und Berufskorporationen) durchaus über einen unzweideutigen, Orientierung und Verhaltensloyalität verbürgenden, normativen Kanon verfügen. Die Anomie nimmt in dem Maße zu, in dem wir uns der makrogesellschaftlichen Sphäre nähern, den allgemeinen und abstrakten Schutzgütern und Entitäten, für die sich niemand verantwortlich fühlt.

Hier, so die Beobachtung, herrscht oft eine Doppelmoral, gibt es zwei oder noch mehr Verhaltensstandards. Man huldigt etwa nach außen hin der Idee des Gemeinwohls, der Gesetzestreue und Erfüllung staatsbürgerlicher Pflichten, verbiegt aber faktisch den Sinn der Gesetzesnormen, indem man sie nur soweit erfüllt, wie es dem eigenen Interesse zuträglich erscheint oder dem Interesse der Gruppe, die man vertritt. Oder man beugt sich offiziell dem demokratischen Prinzip und den gewählten politischen Autoritäten, behält sich aber innerlich vor, die Regierung wegen der Verletzung angeblich höherrangiger Werte und Ziele in einem Putsch zu stürzen. Mehrere simultan nebeneinander existierende Normen- und Regelcodes müssen sich im sozialen Leben nicht unbedingt ausschließen, zumal wenn es eine bestimmte Rangordnung zwischen ihnen gibt. Im allgemeinen bilden sie eine heterogene Gemengelage, die den Individuen wegen ihrer Mehrdeutigkeit eine vermehrte Aufmerksamkeit abverlangt, ihnen jedoch gleichzeitig vermehrten Verhaltensspielraum verschafft. Der durch die zahlreichen Querverbindungen und Komplementärbeziehungen zwischen den verschiedenen Normsystemen vermittelte Eindruck einer relativen strukturellen Stabilität ist indes trügerisch. Denn aus latenten Spannungen kann offener Dissens werden, das gesamte labile Gefüge kann leicht "umkippen", womit die wenig soliden Wertfundamente der Gemeinschaft bloßgelegt werden. Das Tragische an Anomiekrisen dieser Art liegt darin, daß sie zu keiner innovativen Lösung, etwa in Form eines offenen und reinigenden Konfliktes führen, sondern allenfalls durch Kompromisse beendet werden, die das Anomieproblem wieder in die Latenz verweisen (Corradi 1993, S. 91 ff.).

Eine Schlüsselrolle kommt bei alledem dem Staatsapparat zu. Der Staat hat an der Hervorbringung anomischer Verhältnisse in zweifacher Weise Anteil, sowohl indirekt als auch direkt. Was die indirekte Verursachung betrifft, so ist nochmals auf die Beobachtung zurückzukommen, daß die Loyalität und praktizierte Solidarität der Argentinier den faß- und überschaubaren sozialen Gebilden, nicht der abstrakten Größe "Staat" gehört. Insofern löst der Staat, je mehr er an Gehorsam und an Erfüllung staatsbürgerlicher

---

[17] Allgemein zur Anomie in Lateinamerika vgl. Lühr (1987), Bouricaud (1967); Waldmann (1980).

Pflichten verlangt, desto wahrscheinlicher die beschriebene Doppelhaltung des *"se acata pero no se cumple"* aus. Der Staat ist aber auch im ganz unmittelbaren Sinn ein Produzent anomischer Verhaltensweisen. Denn er unterhält einen Stab von Beamten, die sich von den übrigen Bürgern durch besondere Pflichten und Privilegien abheben. Daraus ergibt sich die Möglichkeit, Macht auszuüben und Vorteile zu erlangen, die dem normalen Bürger verwehrt sind. Bei ihm, dem normalen Bürger kann man von vornherein unterstellen, daß er den berechtigten Eigennutz nur insoweit zurückstellt, als er durch Gesetze zum Wohle der Allgemeinheit dazu angehalten wird. Dagegen ist es gerade die Fiktion, Staatsdiener würden prinzipiell ihre Amtspflichten erfüllen und Belange des Gemeinwohls wahrnehmen, die Beamten besondere Chancen korrupten und anomischen Verhaltens eröffnen (Waldmann 1994, S. 91/96). Max Weber hatte bei seinen Ausführungen über den Idealtypus des Beamten und der Bürokratie den okzidentalen Staat als Motor des Entwicklungs- und Rationalisierungsprozesses im Auge. Es wäre im Hinblick auf die Situation in zahlreichen Entwicklungsländern an der Zeit, die Frage andersherum zu stellen, inwieweit Staaten, die vom Weberschen Modell die Form, aber nicht den Geist entlehnt haben, nicht eher Produzenten von Anomie und ein Entwicklungshindernis für die betreffenden Gesellschaften darstellen.

Damit sind wir bei der komplexen Frage nach den Wurzeln und dem historischen Hintergrund der beschriebenen anomischen Verhältnisse angelangt. Hierzu nur ein paar kurze Bemerkungen. Ausgangspunkt ist die Feststellung, daß bereits in der Kolonialzeit die vom spanischen König erlassenen Verordnungen und Gesetze in Hispanoamerika lax angewendet und oft direkt umgangen wurden. Dieses Muster einer dualen Ordnung hat sich im weiteren Verlauf der historischen Entwicklung eher vertieft als eingeebnet. Während der europäische Staat im Verlauf der vergangenen zwei Jahrhunderte seinen Zugriff auf die Bürger kontinuierlich verstärkt hat, mußte sich der Staat in Lateinamerika mit einer weit lockereren Kontrolle der Gesellschaft begnügen. Entscheidend in diesem Sinn dürften sich die ganz unterschiedlichen politischen Weichenstellungen und Entwicklungsschübe zwischen dem späten 18. und der zweiten Hälfte des 19. Jahrhunderts ausgewirkt haben. In Europa machte der Staat in diesen knapp hundert Jahren einen großen Sprung nach vorne in seinem Bemühen, die Individuen und sozialen Gruppen zu lenken und zu disziplinieren. Wichtige Etappen dieses Disziplinierungsprozesses waren zunächst der Spätabsolutismus (Einführung der allgemeinen Schulpflicht und der Wehrpflicht), dann, nach der Zwischenphase der Französischen Revolution, die politische Restauration und ab 1850 die Konsolidierung des Nationalstaats mit all den mehr oder weniger sichtbaren Kontrollen und Zwängen, die er für den Staatsbürger bereithielt. Das 19. Jahrhundert war in Europa geprägt durch die Unterdrückung und allmähliche Kanalisierung sozialer und politischer Protestbewegungen einerseits, umfassende kriminalpolitische Reformen (Reform des Strafrechts, der Polizei und des Strafvollzugs) andererseits. Beide hatten zum Ziel, die rebellischen und abweichlerischen Elemente der Gesellschaft zu bändigen und in tugendsame und nützliche Staatsbürger umzuwandeln[18].

---

[18] Die hier sehr grob skizzierte Entwicklung Europas stützt sich vor allem auf die Arbeiten zur staatlichen Durchsetzung des Gewaltmonopols und zur Disziplinierung von Max Weber, Norbert Elias, Michel Foucault, Gerhard Oestreich u.a. Vgl. statt aller Breuer (1986).

Dagegen verlief die Entwicklung in Lateinamerika in dieser Zeit genau in die entgegengesetzte Richtung. Sie begünstigte die rebellischen, zu bewaffneter Selbsthilfe bereiten Individuen und Gruppen, während der auf den staatlichen Schutz vertrauende Bürger um seinen Besitz und zeitweise auch um sein Leben bangen mußte. Da waren zunächst die Unabhängigkeitskriege, die einen sozialen Mobilisierungsschub auslösten und teilweise nicht nur die Befreiung von der politischen Bevormundung durch die Kolonialmacht, sondern von jeglicher staatlicher Kontrolle einleiteten. Dann folgten ab den 20er Jahren des 19. Jahrhunderts die bewaffneten Auseinandersetzungen zwischen rivalisierenden Caudillos um die jeweilige nationale Vorherrschaft, die mit einem weiteren Verfall der staatlichen Autorität und Ordnung einhergingen. Daß der ehrgeizigste und oft brutalste dieser regionalen Kriegsführer schließlich die staatliche Macht an sich riß und mit seinen Gefolgsleuten eine mehr oder weniger offene Diktatur errichtete, konnte die inzwischen entstandene Lücke zum Staatsausbau in Europa nicht mehr schließen. Ebensowenig vermochten dies die anschließenden Bemühungen positivistischer Eliten, diesen Ländern politische Verfassungen zu geben und ihr politisches Leben entsprechend zu ordnen. Im Gegenteil, der Versuch dieser Eliten, die Rechts- und Verfassungsinstitutionen europäischer Staaten oder der USA auf Lateinamerika zu übertragen, verschlimmerte die Situation im Grunde noch. Denn diese Institutionen, die auf dem Boden von Gesellschaften entstanden waren, in denen der Staat nach langem Ringen ein Gewaltmonopol durchgesetzt hatte, und die Bürger ihrerseits gelernt hatten, Selbstkontrolle zu üben, konnten unter den ganz anders gearteten lateinamerikanischen gesellschaftlichen Verhältnissen keine Wurzeln schlagen. Sie konnten andererseits als offiziell sanktioniertes und von Teilgruppen engagiert verteidigtes Recht aber auch nicht einfach links liegen gelassen und nicht beachtet werden. So kam es zu jener hybriden normativen Orientierung, die noch heute für diese Gesellschaften kennzeichnend ist.

Aber, so ließe sich abschließend einwenden, ist diese Dualität und Doppelbödigkeit des Rechtsverständnisses nicht ein Merkmal sämtlicher lateinamerikanischer und vielleicht überhaupt aller ehemaligen Kolonialstaaten (Kandil 1984)? Wo liegt das Besondere am Falle Argentinien, das es rechtfertigt, gerade diesen Staat in den Mittelpunkt einer derartigen Betrachtung zu rücken? In der Tat, viele der hier als anomisch apostrophierten Erscheinungen sind, mehr oder weniger ausgeprägt, in ganz Lateinamerika zu beobachten und keineswegs ein Spezifikum der argentinischen Situation. Deren Besonderheit liegt darin, daß dieses Land eine Zeit lang am engsten zur europäischen Entwicklung aufgeschlossen hatte und deshalb seine Identifikation mit Europa besonders groß, folglich auch der Bruch zwischen idealiter angestrebtem und faktisch praktiziertem Normsystem besonders scharf ist. Erinnern wir uns: Argentinien hatte und hat eine fast ausschließlich aus Europa stammende weiße Bevölkerung, der durchschnittliche Lebensstandard seiner Bewohner lag noch 1940 deutlich über dem der meisten europäischen Länder, es konnte sich aufgrund seines Wohlstandes ein vergleichbar hochentwickeltes System sozialer Sicherheit, eine anspruchsvolle urbane Architektur und eine von profanen Gewerbetätigkeiten weitgehend freigestellte, intellektualisierte Mittelklasse leisten (vgl. etwa Escudé 1983, Introducción), kurzum: Argentinien stellte im frühen 20. Jahrhundert aufgrund seines der Exportwirtschaft zu verdankenden kollektiven Reichtums einen der in Lateinamerika seltenen Fälle von *"anomie progressive"* i.S. Durkheim, d.h. von durch relativen Überfluß bedingter Anomie, dar. Unter den Folgen dieser Wohlstandsanomie sind vor allem zwei hervorzuheben[19]. Zum einen nahm die für anomische Zustände dieser Art bezeichnende Revolution der Erwartungen und Wunschvorstellungen bei den Argentiniern die Form des Wunschglaubens an, sie würden innerhalb absehbarer Zeit das Entwicklungsniveau Europas und der USA nicht nur definitiv erreichen, sondern möglicherweise sogar hinter sich lassen. Zum anderen dürfte auch der ausgeprägte Individualismus der Argentinier eine Konsequenz des Reichtums und der damit einhergehenden laxen gesellschaftlichen Kontrolle sein.

Beide Konsequenzen wirkten sich anomieverschärfend aus, nachdem aufgrund der veränderten weltwirtschaftlichen Lage die ursprünglich günstigen Entwicklungsbedingungen entfallen waren. Es stellte sich heraus, daß die politische Stabilität und Sozialverträglichkeit des Systems wesentlich auf einer allseitigen Verteilung des reichlich vorhandenen Überflusses beruht hatten. Jetzt, da der Überfluß allmählich zur Neige ging, nahmen die Verteilungskämpfe erheblich an Härte zu und begannen, sämtliche gesellschaftlichen und politischen Strukturen in Mitleidenschaft zu ziehen[20]. Von der Vorstellung, die Europäer Südamerikas zu sein, fällt den Argentiniern umso schwerer, Abschied zu nehmen, als sie, wie keine zweite lateinamerikanische Nation, die europäischen Wertorientierungen und normativen Standards verinnerlicht haben. Aus diesem Grunde wird dort der beschriebene normative Dualismus auch als irritierender und schmerzlicher empfunden als sonstwo in Lateinamerika. Was schließlich den früh entwickelten argentinischen Individualismus betrifft, so kann man feststellen, daß er alles andere als hilfreich war, als es allmählich galt, sich auf eine stärker von Rationalität, Organisation und Effizienz bestimmte Form des Wirtschaftens umzustellen.

Dies ist übrigens der Punkt, an dem Nino (1992, S. 24 f./31 ff./175 ff./102 f.) besonders einhakt, wenn er behauptet, es handle sich um eine *"anomia boba"*, eine törichte, kostenträchtige Anomie, die das Land in seiner Entwicklung hemme. Dem Patrioten Nino, dem an der Zukunft seines Landes lag, kann man sicher nur beipflichten. Aus europäischer Perspektive bleibt indes hinzuzufügen, daß die argentinische Tendenz zur Anomie, wie alle sozialen Phänomene, auch ihre Gegenseite hat: Ohne die sanfte Anarchie, die große Teile des argentinischen Sociallebens kennzeichnet, und ohne den ausgeprägten Individualismus der Argentinier hätte das Land wahrscheinlich nicht eine so große Zahl von brillanten Köpfen, von Künstlern, Gelehrten, Architekten usf. hervorgebracht, die weltweit wirkten und von denen viele fruchtbare Anstöße ausgingen und weiter ausgehen. Auch der jüngst aufgrund unglücklicher Umstände allzu früh verstorbene Verfassungsrechtler Nino zählt zu ihnen.

---

[19] Allgemein zur Wohlstandsanomie Simon/Gagnon (1976/77).

[20] Einige Passagen Durkheims zur Wohlstandsanomie erscheinen wie gemünzt auf den argentinischen Fall: "Zur gleichen Zeit wird der Kampf härter und opfervoller, einmal, weil die Kampfregeln weniger beachtet werden, und zum anderen, weil der Wettbewerb schärfer wird. Alle Klassen sind dem ausgesetzt ... Je mehr man sich anstrengt, umso nutzloser wird die Anstrengung usf." Durkheim (1973, S. 289).

Literatur

ADLER, Freda, 1983: Nations not obsessed with crime, Littleton/Col.

BESNARD, Philippe, 1987: L'anomie, ses usages et ses fonctions dans la discipline sociologique depuis Durkheim, Paris.

BOHLE, Hans Hartwig, 1975: Soziale Abweichung und Erfolgschancen. Die Anomietheorie in der Diskussion, Neuwied/Darmstadt.

BOURICAUD, F., 1967: Les règles du jeu en situation d'anomie: Le cas peruvien, in: Sociologie du Travail 9, N° 3, S. 339-351.

BREUER, Stefan, 1986: Sozialdisziplinierung. Probleme und Problemverlagerungen eines Konzepts bei Max Weber, Gerhard Oestreich und Michel Foucault, in: C. Sachße und F. Tennstedt (Hrsg.): Soziale Sicherheit und soziale Disziplinierung, Frankfurt.

CARBALLO DE CILLEY, María T., 1994: Los valores de los argentinos de nuestro tiempo, Buenos Aires.

CAVAROZZI, Marcelo, 1983: Autoritarismo y democracia (1955-1983), Buenos Aires.

CLINARD, Marshall B. (Hrsg.), 1964: Anomie and Deviant Behavior. A Discussion and Critique, New York/London.

Comisión Nacional sobre la Desaparición de Personas (CONADEP), 1984: Nunca Más, Buenos Aires ("Sábato-Bericht").

CORRADI, Juan E., 1982/83: The mode of destruction: Terror in Argentina, in: Telos, 54, S. 67-76.

– – –, 1993: Dos reflexiones sobre el lugar de la violencia en el discurso social: la fábula de Ulises y Polifermo y el caso de las juventudes Peronistas, in: Revista Internacional de Sociología, Número Monográfico sobre "La violencia política", Córdoba, S. 79-100.

– – –, 1985: The fitful Republic. Economy, Society, and Politics in Argentina, Boulder and London.

COX, Robert, 1983: Total Terrorism: Argentina 1969 to 1979, in: M. Crenshaw (Hrsg.): Terrorism, Legitimacy and Power. The consequences of political violence, Middletown, S. 124-142.

DELICH, Francisco, 1983: La metáfora de la sociedad enferma, in: Crítica y Utopia, N° 10/11, S. 11-31.

DI TELLA, Guido, 1983: Perón-Perón 1973-1976, Buenos Aires.

DOHRENWEND, Bruce P., 1959: Egoism, Altruism, Anomie and Fatalism: A conceptual analysis of Durkheims types, in: American Sociological Review, 24, 4, S. 466-473.

DREITZEL, Hans Peter, 1968: Die gesellschaftlichen Leiden und das Leiden an der Gesellschaft, Stuttgart.

DUHALDE, Eduardo Luis, 1983: El Estado terrorista argentino, Buenos Aires.

DURKHEIM, Emile, 1973: Der Selbstmord. Neuwied/Berlin.

– – –, 1992: Über soziale Arbeitsteilung. Studie über die Organisation höherer Gesellschaften, Frankfurt/Main. ECKERT, Roland, 1983: Sind anomische Prozesse institutionalisierbar, in: F. Neidhardt (Hrsg.): Gruppensoziologie, Sonderheft der Kölner Zeitschrift für Soziologie und Sozialpsychologie, Nr. 25, S. 144-155.

ESCUDE, Carlos, 1983: Gran Bretaña, Estados Unidos y la declinación argentina 1942-1949, Buenos Aires.

EVERS, Tilman Tönnies, 1972: Militärregierung in Argentinien. Das politische System der "Argentinischen Revolution", Hamburg.

GARZON VALDES, Ernesto, 1995: Acerca del concepto de corrupción, Manuskript.

GILLESPIE, Richard, 1984: Soldados de Perón. Los Montoneros, Buenos Aires.

GIUSSANI, Pablo, 1987: Montoneros. La Soberbia Armada, Buenos Aires.

GROISMAN, Enrique J., 1983: Poder y derecho en el "Proceso de Reorganización Nacional", Ensayos y Tesis, CISEA, Buenos Aires.

HAFFA, Annegret I., 1987: Beagle-Konflikt und Falkland (Malvinen)-Krieg. Zur Außenpolitik der argentinischen Militärregierung 1976 bis 1983, München u.a.

HALLER, Max, 1992: New Societies or Anomie in the Europe of Tomorrow?, in: Schweizer Zeitschrift für Soziologie, 3, S. 635-656.

HART, H.L.A., 1967: The Concept of Law, Oxford.

HEINZ, Wolfgang, 1991: Determinants of Gross Human Rights Violations by State- and State-sponsored Actors in Argentina, Manuskript, Leiden University.

HERZFELD, Hans, 1981: Verhaltensformen des Argentiniers, Buenos Aires.

KANDIL, Fuad, 1984: Anomisches Handeln. Ein typisches Handlungsmuster für Entwicklungsgesellschaften?, in: H. Lenk (Hrsg.): Handlungstheorien interdisziplinär III. Verhaltenswissenschaftliche und psychologische Handlungstheorien, 2. Halbband, München, S. 1003-1018.

LAMNEK, Siegfried, 1990: Theorien abweichenden Verhaltens. Eine Einführung, 4. Aufl. München.

LLACH, Juan J., 1988: La Megainflación Argentina: Un enfoque institucional, in: Botana, Natalio R. und Waldmann, Peter (Hrsg.): El impacto de la inflación en la sociedad y la política, Buenos Aires, S. 75-97.

LÜHR, V. (Hrsg.), 1987: Das Problem der Anomie in Lateinamerika. Seminarbericht mit Beiträgen zu Ignacio de Loyola Brandão, Gabriel García Márquez und Miguel Angel Asturias, Materialien zur Lehre und Forschung, Berlin.

MEIR, Kurt, 1987: Emile Durkheims Konzeption der Berufsgruppen. Eine Rekonstruktion und Diskussion ihrer Bedeutung für die Neokorporatismus-Debatte, Berlin.

Merton, Robert K., 1968: Social Structure and Anomie, in: ders.: Social Theory and Social Structure, New York/London, S. 185-214.

— — —, 1964: Anomie, Anomia, and social Interaction: Contexts of deviant Behavior, in: Clinard, Marshall B.: Anomie and deviant Behavior. A discussion and critique, New York.

MITTELBACH, Federico, o.J.: Informe sobre Desaparecedores, Buenos Aires.

MIZRUCHI, Ephraim Harold, 1964: Success and Opportunity. A Study of Anomie, New York.

MOYANO, María José, 1993: Argentinien. Die "unehelichen" Kinder Peróns, in: P. Waldmann (Hrsg.): Beruf: Terrorist. Lebensläufe im Untergrund, München, S. 70-95.

— — —, 1991: The "Dirty War" in Argentina: Was it a war and how dirty was it?, in: H.W. Tobler und P. Waldmann (Hrsg.): Staatliche und parastaatliche Gewalt in Lateinamerika, Frankfurt, S. 45-73.

MÜLLER, Hans-Peter/SCHMID, Michael, 1992: Arbeitsteilung, Solidarität und Moral. Eine wertegeschichtliche und systematische Einführung in die "Arbeitsteilung" von Emile Durkheim, in: Durkheim (1992, S. 487-512.

NINO, Carlos S., 1992: Un país al Márgen de la Ley, Buenos Aires.

O'DONNELL, Guillermo A., 1971: "Un juego imposible": Competición y coalición entre partidos políticos en Argentina, 1955-1966, in: Revista Latinoamericana de Sociología.

OLSEN, Marvin E., 1965: Durkheims two Concepts of Anomie, in: Sociological Quarterly, 6, S. 37-44;

PARSONS, Talcott, 1951: The Social System, London.

— — —, 1949: The Structure of Social Action. A Study in Social Theory with special Reference to a group of recent European writers, 2nd ed., Glencoe/Ill..

PION-BERLIN, David/LOPEZ, A. George, 1989: Of Victims and Executioners: Argentine State Terror, 1976-1983, Working Paper N° 117, Notre Dame/Ind.: The Helen Kellogg Institute for International Studies.

POPITZ, Heinrich, 1961: Soziale Normen, in: Archives Européennes de Sociologie, Tome II, N° 2, S. 185-198

RITSERT, Jürgen, 1969: Die Antinomien des Anomiekonzepts, in: Soziale Welt 30, S. 145-162.

PUGET, Janine, 1988: Social Violence and psychoanalisis in Argentina. The unthinkable and the unthought, in: Free Associations, London, 13, S. 84-140.

ROUQUIE, Alain (Hrsg.), 1982: Argentina hoy, México D.F.

SABATO, Jorge F./SCHVARZER, Jorge, 1983: Funcionamiento de la Economía y Poder Político en la Argentina: Trabas para la Democracia, Arbeitspapier von CISEA, Buenos Aires.

SIMON, William/GAGNON, John H., 1976/77: The Anomie of Affluence: A Post-Mertonian Conception, in: American Journal of Sociology, 82, 2, S. 356-378.

TOBLER, H.W./WALDMANN, P. (Hrsg.), 1991: Staatliche und parastaatliche Gewalt in Lateinamerika, Frankfurt.

TORRE, Juan Carlos, 1983: Los sindicatos en el gobierno 1973-1976, Buenos Aires.

− − −/DE RIZ, Liliana, 1992: Argentina since 1946, in: Bethel, L. (Hrsg.): Cambridge History of Latin America, vol. VIII, London, S. 93-172.

WALDMANN, Peter, 1978: Ursachen der Guerilla in Argentinien, in: Jahrbuch für Geschichte von Staat, Wirtschaft und Gesellschaft 15, S. 295-305f.

− − −, 1980: Unsicherheit als Alltagserfahrung in Lateinamerika, in: Beilage zur Wochenzeitung Das Parlament, B 13/18, S. 31-38.

− − −/GARZON VALDES, Ernesto, 1983: El poder militar en la Argentina. 1976-1987, Buenos Aires.

− − −, 1994: Staatliche und parastaatliche Gewalt in Lateinamerika, in: D. Junker/D. Nohlen/M. Sangmeister (Hrsg.): Lateinamerika am Ende des 20. Jahrhunderts, München, S. 75-103.

Karl Kohut

Jenseits der Barbarei und des Schreckens. Die argentinische Literatur der Diktatur

I. Der politische Hintergrund

"Jenseits der Barbarei und des Schreckens, die unser Leben bestimmt haben — schreibt Ricardo Piglia — bleibt in einigen Seiten unserer Literatur eine Erinnerung, die es uns erlaubt, uns nicht dafür zu schämen, daß wir Argentinier sind"[1]. Die letzte Militärdiktatur hat das literarische Leben des Landes so stark bestimmt, die Reaktion der Schriftsteller und Intellektuellen war so heftig, daß es gerechtfertigt erscheint, die Literatur zwischen 1976 und 1985 als "Literatur der Diktatur" zu bezeichnen. Die Wurzeln sind in der Vergangenheit zu suchen. Die politische Geschichte der vorausgegangenen Jahrzehnte hatte die Schriftsteller und Intellektuellen gegenüber allen diktatorialen Bestrebungen sensibilisiert. Die Militärs wiederum sahen in ihnen ihre natürlichen Feinde, die es zu bekämpfen galt.

Die Kenntnis des politischen Hintergrunds ist deshalb unabdingbar nötig, um die Literatur dieser Jahre zu verstehen[2]. Die Militärdiktatur, die 1976 dem peronistischen Zwischenspiel von 1973-1976 folgte, definierte sich als "Prozeß der nationalen Reorganisation"[3]. Wer diese Jahre der Gewalt nicht miterlebt hat, kann sie nur schwer in ihrer inneren Zerrissenheit rekonstruieren. Die Stadtguerilla der *montoneros* scheute nicht vor Gewalttakten zurück, um den ihr verhaßten bürgerlichen Staat zu bekämpfen. Nachdem es der Militärregierung 1978 gelungen war, sie fast völlig auszuschalten, bezifferte sie die Zahl der von ihr begangenen politischen Morde auf 678[4].

Die große Mehrheit der Intellektuellen sympathisierte mit den Zielen der *montoneros*, auch wenn sie nicht immer ihre Mittel billigte. Dies ist im Kontext der Geschichte der

---

[1] *"Más allá de la barbarie y del horror que hemos vivido, en algunas páginas de nuestra literatura persiste una memoria que nos permite, creo, no avergonzarnos de ser argentinos"* (in: Kohut/Pagni 1989, S. 103).

[2] S. Miguel Loretti: Cronología social y política de la Argentina 1970-1990, in: La cultura argentina (1993, S. 15-24).

[3] *"Proceso de reorganización nacional"*. Von daher bürgerte sich das Wort *"Proceso"* zur Bezeichnung der Militärdiktatur ein. Viele Argentinier sahen in diesem Wortgebrauch allerdings eine Verharmlosung der politischen Realität.

[4] Nach Lamberg (1986, S. 348-352); anderen Schätzungen zufolge war die Zahl der Opfer jedoch höher (ibid.).

Intellektuellen in unserem Jahrhundert zu verstehen, die eine Geschichte der politischen Linken ist. Nach der Kubanischen Revolution identifizierten sich die meisten Intellektuellen mit deren Zielen (s. Kohut 1991). Selbst ein inzwischen aller revolutionären Tendenzen unverdächtiger Autor wie Mario Vargas Llosa sprach 1967, anläßlich der Verleihung des *Premio Rómulo Gallegos* die Hoffnung aus, daß die Revolution wie in Kuba alle lateinamerikanischen Länder vom Imperialismus der USA und der Ausbeutung durch die eigenen Eliten befreien möge (Vargas Llosa 1983, S. 135).

Nach dem Putsch von 1976 gehörte der Kampf gegen die Stadtguerilla und ihre Sympathisanten zu den vordringlichen Zielen der neuen Machthaber. Deshalb erstreckte sich die politische Repression auch auf die Medien und die Literatur. Haroldo Conti und Rodolfo Walsh "verschwanden" 1977, während Antonio Di Benedetto, der wie sie entführt worden war, dank der Intervention einiger bedeutender Autoren des Auslands freigelassen wurde. Die Verlage wurden der Zensur unterworfen. U.a. wurde *"El Duke"* von Enrique Medina im Januar 1977 kurz nach seinem Erscheinen verboten (s. Foster in Balderston u.a., S. 100f). Es war gefährlich, über die Realität dieser Jahre zu schreiben. Erst als zu Beginn der 80er Jahre die inneren Probleme des Regimes zu groß geworden waren, wurde die Zensur schwächer, wovon vor allem das Theater profitierte. In den drei Spielzeiten von 1981-1983 etablierte sich das sogenannte "offene Theater" (*teatro abierto*), in dessen Rahmen eine Vielzahl kritischer Stücke in verschiedenen Sälen der Stadt aufgeführt wurde.

Das Militärregime rechtfertigte und verschleierte seine physische Gewalt durch einen öffentlichen Diskurs, in dem die christlichen und abendländischen Werte einen zentralen Stellenwert erhielten. In einer Vielzahl von Artikeln, Proklamationen und Reden wurden diese Werte beschworen:

> *"Vigencia de los valores de la moral cristiana, de la tradición nacional y de la dignidad del ser argentino [...]. Vigencia de la seguridad nacional, erradicando la subversión y las causas que favorezcan su existencia [...]. Conformación de un sistema educativo acorde con las necesidades del país, que sirve efectivamente a los objetivos de la nación y consolide los valores y aspiraciones del ser argentino [...]. Ubicación internacional en el mundo occidental y cristiano" (Avellaneda, 1986I: S. 234).*

Es kam sogar zu Bücherverbrennungen, die damit gerechtfertigt wurden,

> *"para que con este material se evite continuar engañando a nuestra juventud sobre el verdadero bien que representan nuestros símbolos nacionales, nuestra familia, nuestra iglesia, y en fin, nuestro más tradicional acervo espiritual sintetizado en Dios, patria y hogar" (Avellaneda 1986I: S. 135).*

Der Zynismus dieser Deklarationen ist kaum zu überbieten, da die Mittel, mit denen die Guerilleros bekämpft wurden, in offenem Widerspruch zu den beschworenen Werten standen. Die Nationale Kommission unter Leitung von Ernesto Sábato[5], die 1983 von Präsident Alfonsín eingesetzt worden war, um die Verbrechen des Regimes aufzuklären,

---

[5] Comisión Nacional sobre la Desaparición de Personas (CONADEP).

zählte 8971 "Verschwundene", wobei sie jedoch darauf verwies, daß dies nicht die Gesamtzahl sein könne. Meist wird von 30.000 oder sogar mehr "Verschwundenen" gesprochen[6]. Wichtiger jedoch als die bloßen Zahlen ist die Realität, die sich hinter ihnen verbirgt: der Terror gegen Schuldige und Unschuldige, Männer, Frauen und Kinder, und der systematische Einsatz der Folter. Die Lektüre des Berichts der erwähnten Kommission, des sogenannten *"Informe Sábato"*, wird zu einem Alptraum.

II. Die Literatur der Diktatur: die erste Phase

Man kann bei der Literatur der argentinischen Diktatur[7] drei Phasen unterscheiden: Die erste geht der Diktatur voraus, die zweite begleitet sie, und die dritte folgt ihr. Die Werke der drei Phasen unterscheiden sich über das zeitliche Moment hinaus in ihrer politischen Haltung und dem literarischen Ausdruck.

Die Werke der ersten Phase reflektieren die politische Situation der vorausgegangenen Diktatur und das peronistische Zwischenspiel. *A posteriori* kann man sie auch als Vorläufer der Literatur späterer Jahre sehen. Paradigmatisch erscheinen mir die Romane *"Libro de Manuel"* (1973) von Julio Cortázar, *"Abaddón"* (1974) von Ernesto Sábato und *"El beso de la mujer araña"* (1976) von Manuel Puig sowie die Stücke *"El campo"* (1968) und *"Explicación para extranjeros"* (1973), von Griselda Gambaro.

Den drei Romanen ist die Sympathie mit den jungen Revolutionären gemeinsam, die mit Idealismus die reine Idee einer besseren Welt dem Terror der Diktatur entgegensetzen. Bei Cortázar ist diese Idee stärker politisch, bei Sábato mehr religiös gefärbt. Die jungen Revolutionäre Cortázars träumen von einer sozialistischen Revolution, die frei, gerecht, spontan und zugleich spielerisch sein sollte. Aber die Utopie Cortázars hat auch eine religiöse Dimension, die im Namen der Titelfigur sichtbar wird: Der Name Manuel symbolisiert nicht nur die politische Hoffnung auf den neuen Menschen, sondern auch die religiöse, insofern, als er auf den biblischen Emmanuel verweist, der als Vorläufer des Erlösers gepriesen wird. Expliziter ist *"Abaddón"*, wo der Che die Züge Christi erhält. Die genannten Romane und Theaterstücke nehmen die utopischen Vorstellungen auf, die die lateinamerikanische Literatur der sechziger und siebziger Jahre prägen.

III. Die zweite Phase

In dieser zentralen Phase der Literatur der Diktatur sind so viele Werke verfaßt worden (die Publikation ist aus verständlichen Gründen vielfach erst später erfolgt), daß eine Strukturierung des Corpus angezeigt erscheint. Drei Kriterien bieten sich an. Das erste Kriterium ist temporal und betrifft die Zeit des Schreibens, um die Autoren, die bereits

---

[6] S. dazu Hugo Quiroga: Los derechos humanos en la Argentina, in: La cultura argentina (1993, S. 79).

[7] Zur Literatur der Diktatur s. Jara/Vidal (1986), Balderston (1987), Kohut/Pagni (1989), Kohut (1990/91), Arancibia (1992), Reati (1992), La cultura argentina (1993), Spiller (1993) und (1995), Foster (1995) und Kohut (1996). Siehe weiterhin Röhl-Schulze (1990) und Perilli (1994).

vor der Diktatur zu schreiben begonnen hatten, von denen zu trennen, deren erste literarische Erfahrungen mit der Diktatur zusammenfielen. Das zweite Kriterium betrifft den Ort des Schreibens, um die Autoren, die im Land blieben (und publizierten) von den Exilautoren zu unterscheiden. Die politische Verfolgung trieb zahlreiche Autoren ins Exil. Es ist jedoch nicht richtig zu behaupten (was auch in Argentinien häufig der Fall war), daß das Bleiben im Land eine Unterstützung oder zumindest Duldung des Regimes bedeutete. Ebensowenig darf man behaupten (auch dies war damals und danach häufig zu hören), daß die argentinische Literatur in diesen Jahren wesentlich außerhalb des Landes geschrieben wurde. Sicher jedoch mußte ein Autor, der im Land publizieren wollte, zu bestimmten literarischen Strategien greifen, um nicht mit der Zensur in Konflikt zu kommen. Das dritte Kriterium ist bis zu einem gewissen Grad die Folge der beiden ersten: Es handelt sich um die Strategien, mit denen die Autoren die politische Realität in ihren Werken reflektieren. Allerdings sind diese Strategien auch im Kontext der literarischen Tradition zu sehen. Selbst in der Stunde der äußersten Gefährdung kann die Literatur nicht als bloße Folge der historischen Situation angesehen werden.

Das erste — zeitliche — Kriterium erlaubt es, die Autoren, die wesentliche Werke gegen die Militärdiktatur schrieben (oder auch nur der politischen Opposition angehörten), drei Gruppen zuzuordnen. Die folgende Liste umfaßt die wichtigsten Autoren und Werke[8], ohne jedoch Vollständigkeit anzustreben, und gliedert sie nach den literarischen Genera.

Die Autoren der ersten Gruppe wurden in den zwanziger Jahren geboren und begannen in den fünfziger und sechziger Jahren zu publizieren:

Roman und Erzählung

Antonio Di Benedetto (1922-1986).
Humberto Costantini (1924-1987): *De Dioses, hombrecitos y policías*
    (geschrieben in der Zeit der Militärdiktatur und 1984 in Argentinien publiziert); *La larga noche de Francisco Sanctis* (1984).
Haroldo Conti (1925-1977).
Marta Lynch (*1925): *La penúltima versión de Colorada Villanueva* (1979)
    und *Informe bajo llave* (1983).
Rodolfo Walsh (1927-1977).
David Viñas (*1929): *Cuerpo a cuerpo* (1979).
Marta Traba (1930-1983): *Homérica Latina* (1979) und *Conversación al sur* (1981).
Daniel Moyano (1930-1992): *El oscuro* (1968); *El vuelo del tigre* (1981);
    Libro de navíos y borrascas (1983); *Tres golpes de cimbal* (1989).

---

[8] Es werden nur solche Werke aufgeführt, die in irgendeiner Form eine Reaktion auf die Militärdiktatur darstellen, weshalb z.B. bei Haroldo Conti und Rodolfo Walsh, die zu Beginn der Diktatur ermordet wurden, kein Werk erscheint.

Theater

Griselda Gambaro (*1928): *Decir sí* (1974 geschrieben und in der ersten
Spielzeit 1981 des *Teatro abierto* uraufgeführt); *La malasangre* (geschrieben 1981
und im August 1982 uraufgeführt).

Lyrik
Juan Gelman (*1930).

Essay

Osvaldo Bayer (*1927).

* * *

Die Autoren der zweiten Gruppe wurden in den dreißiger Jahren geboren und begannen
in den sechziger und siebziger Jahren zu publizieren:

Roman und Erzählung

Enrique Medina (*1937): *El Duke* (1976).
Juan José Saer (*1937): *Nadia nada nunca* (1980) und *Glosa* (1988).
Luisa Valenzuela (*1938): *Cola de lagartija* (1983).
Antonio Dal Masetto (*1938): *Siempre es difícil volver a casa* (1985).
Gerardo Mario Goloboff (*1939; später gab er den zweiten Vornamen
  auf): *Criador de Palomas* (1984 in Buenos Aires erschienen).
Abel Posse (*1939): *Daimón* (1976) und *Los perros del paraíso* (1982).

Theater

Eduardo Pavlovsky (*1933): *Telarañas* (uraufgeführt 1977); *Tercero
  incluido* (1981 in der ersten Spielzeit des *Teatro abierto* uraufgeführt).

* * *

Die Autoren der dritten Gruppe schließlich wurden in den vierziger und fünfziger Jahren
geboren und begannen in der Zeit der Militärdiktatur zu publizieren. Häufig wird diese
Gruppe als repräsentativ für die Literatur der Diktatur angesehen:

Roman und Erzählung

Ricardo Piglia (*1941): *Respiración artificial* (1980).

Vlady Kociancich (*1941?): *Ultimos días de William Shakespeare* (1984).
Osvaldo Soriano (*1943): *No habrá más penas ni olvido* (1982) und
 Cuarteles de invierno (geschrieben in Brüssel, Straßburg und Paris zwischen 1977 und 1979, in Argentinien zuerst im Februar 1983 veröffentlicht).
Juan Carlos Martini (*1944; später ließ er den zweiten Vornamen fallen):
 La vida entera (1981 in Barcelona erschienen).
Jorge Asís (*1946): *Flores robadas en los jardines de Quilmes* (1980).
Mempo Giardinelli (*1947): *Luna caliente* (1983) und *Qué solos se
 quedan los muertos* (1985).
César Aira (*1949): *Ema la cautiva* (1981).
Miguel Bonasso: *Recuerdo de la muerte* (1984).
Reina Roffé (*1951): *Monte de Venus* (1978).

Theater

Ricardo Monti (*1944): *Marathón* (1980 Uraufführung).
Die Autoren des *Teatro abierto* der Spielzeiten 1981, 1982 und 1983,
 bei denen jedoch auch Autoren der beiden älteren Gruppen mitwirkten.

Besonders überrascht bei diesem Corpus die Dominanz des Romans. Die Besonderheit dieses Phänomens läßt sich durch einen Vergleich mit zwei anderen Ländern in ähnlicher Situation herausarbeiten, dem Spanien des Bürgerkriegs und dem Frankreich in der Zeit der deutschen Besatzung. In beiden Fällen ist die Lyrik in Quantität und Qualität das bei weitem dominierende Genus. In Frankreich — im Land selbst wie im Exil — erschien überhaupt nur ein einziger Widerstandsroman in der Zeit der Besatzung. Die Gründe für diese Verteilung sind unmittelbar einsichtig: Man kann ein Gedicht auf irgendeinen Fetzen Papier schreiben, im Extremfall sogar auswendig lernen und mündlich weitergeben. Ein Roman braucht zur Veröffentlichung den Apparat eines Verlags und einer Druckerei (die Weitergabe als Manuskript ist zwar nicht unmöglich, aber schwierig), ganz abgesehen einmal davon, daß das Schreiben eines Romans weit längere Zeit in Anspruch nimmt als das eines Gedichts. Am anfälligsten ist das Theater, das aufgrund seiner Öffentlichkeit dem Zugriff der Zensur am stärksten ausgeliefert ist.

Hier stoßen wir auf eine zweite Anomalie der argentinischen Literatur der Diktatur: Zensur und Verfolgung konzentrierten sich auf Journalisten und Romanciers, die ins Exil flüchten mußten, wollten sie nicht das gleiche Schicksal wie Rodolfo Walsh und Haroldo Conti erleiden. Nur sehr wenige Widerstandsromane erschienen im Argentinien der Militärdiktatur. Auf dem Theater hingegen konnten zur gleichen Zeit Stücke eindeutig oppositionellen Charakters gespielt werden. Selbst wenn die Autoren auch im Theater mit dem Risiko spielten, so war die Repression hier doch zweifelsohne weit weniger stark als in den anderen Bereichen[9].

---

[9] Ein bezeichnendes Beispiel ist das Schicksal Eduardo Pavlovskys. Nachdem ein Versuch, ihn zu entführen, gescheitert war, ging er 1978 ins Exil, kehrte jedoch Anfang der 80er Jahre zurück und beteiligte sich in der Spielzeit 1981 am *Teatro abierto*.

Beide Anomalien verlangen eine Erklärung: Warum bevorzugten die argentinischen Autoren den Roman, warum tolerierten die Militärs auf dem Theater, was sie im Roman verfolgten? Die erste Frage ist allenfalls damit zu beantworten, daß die Zahl der Romanciers unabhängig von der politischen Situation weitaus größer war als die der Lyriker. Dennoch ist es erstaunlich (und bewundernswert), wie rasch die Romanciers auf die politische Situation reagierten. Noch schwieriger ist die zweite Frage zu beantworten. Eine erste Erklärung könnte darin liegen, daß die Militärs dem Theater als einer Institution einer kleinen Oberschicht keine große Bedeutung zumaßen. Hinzu kommt der bereits erwähnte Umstand, daß die Zensur in den späten Jahren des Regimes an Schärfe verlor, wodurch das *Teatro abierto* der Spielzeiten 1981-1983 überhaupt erst möglich wurde.

IV. Allgemeine Charakteristika

Die Werke des nunmehr umrissenen Corpus haben den Widerstand gegen die Militärdiktatur gemeinsam, sie unterscheiden sich jedoch in der Art und Weise, in der sie diesen Widerstand zum Ausdruck bringen. Die Spannweite ist breit und reicht von Werken, in deren Mittelpunkt die Diktatur steht bis zu solchen, in denen nur implizit auf sie angespielt wird. Ebenso unterschiedlich sind die formalen Mittel.

Vermutlich lassen sich die drei Gruppen am klarsten durch die Konzeptionen der politischen Rolle der Literatur unterscheiden. In der ersten Gruppe dominiert das Konzept des politischen Engagements im Sinn von Jean-Paul Sartre, das vor allem von David Viñas und Marta Lynch vertreten wurde. Für Shaw (1988, S. 196) stellt David Viñas "den Archetyp des engagierten lateinamerikanischen Schriftstellers" dar. Túpac Amaru im gleichnamigen Stück von 1973 erscheint in seinem Handeln und mehr noch in seinen Worten als ein Vertreter der rebellischen Generation von 1968.

Die Autoren der dritten Gruppe hingegen (mit Ausnahme vielleicht von Osvaldo Soriano) verteidigen die Autonomie der Literatur gegenüber der Politik, ohne daß sie sich deshalb jedoch völlig von ihr abwenden würden. Die Autoren der zweiten Gruppe kommen dieser Haltung ziemlich nahe, ebenso wie Humberto Costantini und Daniel Moyano aus der ersten, was darauf hinweist, daß das Kriterium der Generationszugehörigkeit nur zu einer ersten Strukturierung verwandt werden darf.

Die Haltung der Autoren der dritten Gruppe zur Politik ist widersprüchlich, da sie die Autonomie der Literatur verteidigen und gleichzeitig der Politik nicht ausweichen können und wollen. Dieser innere Widerspruch wird am deutlichsten in einer Aussage von Ricardo Piglia und deren Interpretation durch Mempo Giardinelli (in Kohut 1990, S. 56) faßbar[10]:

> *"Piglia opina – y creo que con razón – que escribimos 'contra' la política. A mí me parece que es verdad: quizás al contrario que otras generaciones, nosotros quisiéramos que no se nos metiera lo político. Pero sucede que a la vez esa intromisión es inevitable. Y no es que uno esté en oposición con lo político o lo*

---

[10] Vgl. dazu Piglia: Ficción y política en la literatura argentina; Saer: Literatura y crisis argentina, und Mercader: El difícil matrimonio de la literatura y la política, alle in Kohut/Pagni (1989, S. 97-131).

> *social, sino que debemos entender que literatura y sociedad son términos que se entrecruzan, históricamente. Lo que yo sé que no quiero es que mi literatura se defina por lo político, y en ese sentido escribo 'contra' lo político. Lo cual no significa una despedida de la política. No hago literatura para hacer política, ni utilizo a la política para, ni en mi literatura. No obstante, soy un hombre político. No creo en la literatura comprometida, sino en el hombre comprometido. [...] Y sucede algo que me parece desdichadamente inevitable [...] que la política se filtre contra mi voluntad en lo que escribo. Trato de darlo de la manera más sobria, sutil y lejana posible, pero está. Será por eso que el género negro ha tenido una influencia tan grande en mi generación".*

Für alle Gruppen entscheidend ist der Ort des Schreibens. Für die Romanciers war es in der großen Mehrheit das Exil, während die Theaterautoren zumeist im Lande blieben. Einen Sonderfall stellt Juan José Saer dar, der seit 1968 in Frankreich lebte und den man deshalb ähnlich wie Cortázar nur bedingt zu den Exilautoren zählen darf.

V. Vier repräsentative Werke

Diese allgemeinen Beobachtungen sollen in der Analyse von vier Werken konkretisiert werden. Zwei von ihnen erschienen in Argentinien, und zwar der Roman *"Respiración artificial"* von Ricardo Piglia und das Stück *Marathón* von Ricardo Monti, die anderen zwei im Exil. In beiden Fällen handelt es sich um Romane: *"El vuelo del tigre"* von Daniel Moyano und *"Cuarteles de invierno"* von Osvaldo Soriano. Im Hinblick auf die Unterscheidung nach Generationen gehört Daniel Moyano zur ersten Gruppe, während die anderen drei Autoren zur dritten Gruppe zu zählen sind.

"Respiración artificial" gilt unter den Romanen, die in der Zeit der Militärdiktatur in Argentinien erschienen, als der bei weitem wichtigste. Die außerordentlich komplexe Struktur des Romans läßt sich sicher damit erklären, daß der Autor sich gezwungen sah, seine politischen Intentionen zu verschleiern; sie ist aber unabhängig von aller Politik auch Ausdruck seines literarischen Wollens. Die Handlung spielt auf verschiedenen zeitlichen Ebenen. Der junge Emilio Renzi will das Leben seines Onkels mütterlicherseits, Marcelo Maggi, rekonstruieren, der wiederum die Biographie von Enrique Ossorio, dem Urgroßvater seiner Frau, schreibt. Dieser verfaßte 1850 im New Yorker Exil ein Tagebuch, in dem er sich das "Argentinien in 130 Jahren" vorstellte (Piglia 1980, S. 97). Die Gegenwart Argentiniens von 1980 erscheint somit als utopische Projektion, die Mitte des vergangenen Jahrhunderts geschrieben wurde.

Zu einem gewissen Zeitpunkt will Emilio Renzi seinen Onkel in seiner Provinzstadt befragen, trifft jedoch nur dessen Freund an, den Polen Tardewski, der ihn in Kürze zurückerwartet. Die beiden warten jedoch vergeblich, womit dem Leser von 1980 suggeriert wird, daß er "verschwunden" ist.

In der langen Zeit des Wartens erzählt Tardewski von seinen historischen Forschungen, die ihn zu einer geisterhaften Entdeckung geführt haben. Diese Entdeckung stellt die stärkste Verbindung zwischen der Romanhandlung und der politischen Realität Argentiniens dar. Tardewski war einer mysteriösen Episode im Leben des jungen Hitler nachgegangen, der zwischen Oktober 1909 und August 1910 aus Wien verschwunden war. Im Verlauf seiner Nachforschungen entdeckte er, daß Hitler diese Monate in Prag verbrachte, wo er im Café Arcos Franz Kafka kennenlernte. Hitler erzählte von seinen politischen Träumen, die Kafka in Literatur umsetzen sollte, bevor sie Realität wurden. Kafkas "Prozeß" reflektiert die Träume Hitlers und nimmt zugleich damit die spätere Realität des Dritten Reichs vorweg. Der Name bildet jedoch auch eine Brücke zum argentinischen "Prozeß", der Militärdiktatur der Jahre 1976-1983, ohne daß der Autor dies explizit sagen müßte. Der Kommentar Tardewskis zum Werk Kafkas gilt deshalb auch für das Argentinien von 1980:

> *Usted leyó 'El Proceso', me dice Tardewski. Kafka supo ver hasta en el detalle más preciso cómo se acumulaba el horror. Esa novela presenta de un modo alucinante el modelo clásico del Estado convertido en instrumento de terror. Describe la maquinaria anónima de un mundo donde todos pueden ser acusados y culpables, la siniestra inseguridad que el totalitarismo insinúa en la vida de los hombres, el aburrimiento sin rostro de los asesinos, el sadismo furtivo. Desde que Kafka escribió ese libro el golpe nocturno ha llegado a innumerables puertas y el nombre de los que fueron arrastrados a morir como un perro, igual que Joseph K., es legión"*
> *(Piglia 1980, S. 265).*

Für die meisten argentinischen Kritiker gehört der Roman von Ricardo Piglia zusammen mit den Romanen von Juan José Saer zu den besten Werken der zeitgenössischen argentinischen Literatur. Die Komplexität und Schwierigkeit des Romans läßt jedoch daran zweifeln, ob die politischen Intentionen auch wirklich von den Lesern dieser Jahre verstanden wurden. Tulio Halperín Donghi (in Balderston, 1987, S. 80) stellt deshalb diesem Roman den ein Jahr darauf erschienenen Roman von Jorge Asís gegenüber: *"Flores robadas en los jardines de Quilmes"*. Beide Romane fanden nach Donghi Leser, die in den Geschichten des Romans ihre eigene wiedererkannten; allerdings fand Asís weitaus mehr Leser als Piglia, womit er, wenn auch mit einem ironischen Unterton, eine gewisse Vorliebe für den Bestseller Asís' gegenüber dem allzu komplizierten Werk Piglias erkennen läßt.

"Marathón", von Ricardo Monti, wurde 1980, also im Erscheinungsjahr von *"Respiración artificial"*, uraufgeführt[11]. Die Handlung spielt am 23. Juni 1932 in einem Tanzpalast, der in irgendeinem Vorort gelegen ist. Dort wird ein Wettbewerb veranstaltet, wie er für die Jahre der Wirtschaftskrise typisch war. Tanzpaare werden zu einem Wettbewerb aufgerufen, in dem sie ohne Unterbrechung tanzen müssen, bis nur noch das Siegerpaar übrigbleibt. Die Handlung setzt in der Endphase des Wettbewerbs ein, als nur noch fünf Paare auf der Tanzfläche ausgehalten haben.

Die politische Bedeutung des Stücks liegt in der Organisation des Wettbewerbs. Die Paare werden von einem Animateur überwacht, der von einem Podest aus auf sie niederschaut. Seine Anweisungen werden von einem Leibwächter ausgeführt. Soweit wäre die Handlung eine leicht entzifferbare Allegorie der Diktatur. Monti geht jedoch einen Schritt weiter und fragt nach den verborgenen Grundlagen der Macht. Am Ende des Stücks verrät der Animateur einem Tanzpartner das Geheimnis seiner Macht:

---

[11] Zu den wichtigen Stücken des Widerstands gehört weiterhin *"La Malasangre"* (1982) von Griselda Gambaro. S. Kohut (1990/1991); weiterhin Arancibia (1992); Pellettieri: Los 80: el teatro porteño entre la dictadura y la democracia, in: La cultura argentina (1993, S. 313-322); und das Gespräch von Jorge Dubatti mit Eduardo Pavlovsky über "Dictadura, censura y exilio" in Spiller (1995, S. 229-241).

"Entiende, señor, que mientras usted esté aquí, yo soy el que dicta las reglas. [...] Entienda, mi amigo, que sus sufrimientos, sus dudas, sus desvelos nacen de usted y a usted vuelven. Yo, desde este punto de vista, no soy nadie y soy todo. Yo, en realidad, no existo, estoy, por decirlo así, dentro de usted. Lo poseo porque usted me posee. En síntesis, es su propio deseo el que me da poder. De este lado de su deseo sy o todo para usted, del otro lado un vago sueño. Esos son los términos de nuestra alianza" (Monti 1981, S. 116f.).

In diesen Worten scheint die hegelianische Dialektik von Herr und Knecht auf. Der Mächtige ist nur mächtig, weil der andere die Beherrschung erträgt, vielleicht sogar fordert. Die politische Botschaft des Stücks ist deshalb in einem Aufruf zur inneren Befreiung zu sehen, die die Voraussetzung für die politische Freiheit bildet.

Die Handlung von *"El vuelo del tigre"* spielt in Hualacato, "einem Dorf verloren zwischen dem Gebirge, dem Meer und den Leiden" (Moyano 1984, S. 13). Der alte Aballay hat in den vergangenen vierzig Jahren viele Besatzer kommen sehen, "zu Pferd, in Lastwagen, immer nachts" (Moyano 1984, S. 14). Dieses Mal kamen sie auf Tigern und konfiszierten alles, so daß "den Bewohnern des Dorfs in ihren Häusern nur zwei Plätze blieben, einer für den Hunger und der andere für die Kälte" (Moyano 1984, S. 14). Die Besatzer änderten alles und verboten alles. Sie waren Schlagzeuger und kontrollierten alle Geräusche des Dorfs:

"Todo prohibido en Hualacato, pero la gente afina sus instrumentos en otro tono para no perder la alegría. Y a medida que se va prohibiendo cualquier tono ellos suben o bajan sus cuerdas, ya se sabe que la música es infinita. Con esto consiguen vivir en un mundo por lo menos paralelo con la realidad, y para no perder el rumbo se refugian en sus antiguas supersticiones" (Moyano 1984, S. 14).

Eines Tages schließen sich die Dorfbewohner zusammen und beginnen einen Streik: Sie reden nicht und spielen kein Instrument. "Spielen! Spielen!" schreien die Schlagzeuger und suchen in den Nächten nach den schweigenden Bewohnern. Im Haus der Aballay quartiert sich ein "Erlöser" ein, der alle Bewegungen der Familie kontrolliert und sie ermahnt, ihn ohne Widerstand zu akzeptieren, da er sonst zu Gewalt greifen müsse, und er fragt nach den Ursachen ihres Schweigens und ihrer Weigerung, Instrumente zu spielen. Die Befragung steigert sich bis zu einem schwindelerregenden und absurden Tempo:

*"Ud. bien sabe que yo no toqué — se defiende el Cholo, miembro de la familia, — esas son todas invenciones, yo no toqué, yo no tocaba. Así que no tocabas pero ibas a tocar. ¿Habías de tocar o ya habías tocado? ¿Hubiste de tocar o habiendo tocado ya tocabas? Porque entonces hubiste de tocar o habrías de tocar habiendo lo que hubo. ¿No es verdad? Yo, señor, no comprendo. Porque hubiste de tocar, porque todos hubieron, tengo fechas y lugares precisos. ¿Hubo de haber habido o había de haber habiendo habido? Entonces no hubiste pero hubieras habido, ¿nok? ¿Hubiste lo que hubo o habías de haber lo que ya había? No hube lo que había, yo no he. Ah, pero entonces había, hubo. ¿Por qué negaste entonces que había lo que hubo? [...]
No señor, yo no hube lo que haya habido, yo no sé nada del hubiese habido. Vamos, hubiste de haber habido lo que hubo si hubo de haber habido lo que había. ¿Hubieres habido lo que hubiere habido? ¿Haste hubido? ¿Huste? ¿Histe? ¿Habiste*

hubido? ¿Habreste hubido hayendo? No, yo no hi, yo no hu. Entonces también hubes lo que haya hayido, y esto pone las cosas peor, porque entonces quiere decir que hubriste, hubraste, hayaste, histe. Con que histe, ¿nok?, son bultos, cicatrices" (Moyano 1984, S. 26f.).

In dieser Passage wird sichtbar, daß *"El vuelo del tigre"* auch ein Roman über den Diskurs der Diktatur ist, über die Perversion der Wörter und der Bedeutungen, die sie transportieren.

Im Verlauf der Besatzung muß der "Erlöser" immer häufiger zu Gewalt und Mord greifen, um seine Macht zu erhalten. Gleichzeitig verliert er jedoch jeden Sinn für die Realität und verstrickt sich "in der Illusion eines Wahns" (Moyano 1984, S. 200). Schließlich siegen der Freiheitsinstinkt und die vitale Kraft der Katzen und Vögel, die selbst der "Erlöser" nicht zu zähmen vermag, und die Kraft der Imagination der Menschen. Am Ende ist sich der alte Aballay, der zugleich der Erzähler des Roman ist, nicht sicher, ob nicht alles nur ein Spiel der Phantasie war:

> *"Las fatigas de esto que los percusionistas llaman guerra han cansado un poco mi memoria, y las cosas se me mezclan; como a los leones entrampados, el monte se me empieza a convertir en telaraña. Y a lo mejor todo esto sean puras fantasías, cosas que piensa un preso estando sólo y nada más. Pero aún en ese caso erían útiles, inventar lo que no está para que sea, al menos mientras dure esta guerra de un sólo bando, este gran soliloquio de los percusionistas"* (Moyano 1984, S. 202).

In diesen Worten verdichtet sich die Allegorie auf die Militärdiktatur zu einer knappen Parabel. Zum Zeitpunkt ihrer Niederschrift — 1981 — enthalten sie die Hoffnung auf die Befreiung und zugleich die zweifelnde Frage, wann der Tag der Freiheit kommen würde.

Im Vergleich zur Allegorie von *"El vuelo del Tigre"* erscheint *"Cuarteles de invierno"* auf den ersten Blick als realistischer Roman. Die Handlung spielt in Colonia Vela, einer kleinen Stadt in der Provinz von Buenos Aires. Die erste Phase der Militärdiktatur ist vorbei, und dem Heer ist es gelungen, die Ordnung wiederherzustellen. Die Machthaber sind sich ihrer Sache so sicher, daß sie als Zeichen für den wiedergewonnenen Frieden ein Fest organisieren. Am Vorabend des Festes kommt in der Stadt ein ungleiches Paar an: der Tangosänger Andrés Galván und der Schwergewichtsboxer Rocha. Obwohl beide schon in die Jahre gekommen sind, haben sie die Militärs als Stars engagiert, den einen für das feinere Publikum, den anderen für das Volk.

Erst nach Ankunft der beiden erfahren die Militärs, daß Andrés Galván eine (für sie) zweifelhafte Vergangenheit hat. Sie lösen seinen Vertrag auf und empfehlen ihm dringend, sofort die Stadt zu verlassen. Galván folgt dieser Empfehlung jedoch nicht, da er merkt, daß Rocha nur als billiger Spielball für ihren Champion, einen Offizier, dienen soll. Galván sucht heimlich Rocha, um ihn vom Kampf abzuhalten, und wird dabei von dem jungen Mingo geführt, der in einer armseligen Hütte im Niemandsland eine Randexistenz führt. Als sie schließlich Rocha finden, weigert sich dieser, auf den Kampf zu verzichten, weil er in ihm seine letzte Chance sieht, sich für einen nationalen Titelkampf zu qualifizieren. Galván beschließt darauf, zu bleiben und Rocha am Ring zu assistieren.

Kurz darauf finden sie Mingo ermordet in seiner Hütte, der offensichtlich seine Hilfe mit dem Leben bezahlen mußte:

> "*El cuerpo estaba colgando de la gruesa rama que sostenía el techo. Lo habían ahorcado con un cinturón y tenía la lengua larga y azul volcada sobre la barba. Lo que se veía de la cara era de un blanco intenso y los ojos miraban hacia abajo, todavía asustados (Soriano 1983, S. 128).*

Als sie den Leichnam vom Seil lösen, entdecken sie Verbrennungen an den Beinen und dem Geschlecht, dessen Haare versengt sind (Soriano 1983, S. 128). Draußen gehen inzwischen die Vorbereitungen für das Fest weiter, von ferne tönen die Klänge einer Musikkapelle herüber, die Kirchenglocken läuten. Normalität und Horror liegen nebeneinander.

Der Boxkampf zwischen Rocha und Sepúlveda, dem Champion der Militärs, bildet den Höhepunkt des Romans. Zu Beginn dominiert Rocha, aber mit jeder Runde wird Sepúlveda stärker, der auch vor unerlaubten Mitteln nicht zurückschreckt. Am Ende wird Rocha regelrecht verprügelt, der sich dennoch lange auf den Beinen hält, bis er K.O. geschlagen wird und nicht mehr aufwacht. Während das Fest weitergeht, bringt Galván den bewußtlosen Boxer in das Krankenhaus, das sich als ein Alptraum erweist. Die Ärzte können Rocha jedoch nicht helfen, so daß Galván mit ihm in die Hauptstadt zurückkehrt.

Selbst in dieser knappen Zusammenfassung des Inhalts wird sichtbar, daß der Realismus nur die Oberfläche bildet. Darunter ist auch dieser Roman eine Allegorie, was im abschließenden Boxkampf offenkundig wird, vielleicht sogar zu sehr.

Die Analyse der vier Werke läßt erkennen, daß auch die im Exil geschriebenen und im Exil (oder in Buenos Aires nach dem Fall der Diktatur) publizierten Werke in ihrer Mehrheit Allegorien sind. Da in diesen Fällen die Verkleidung aus politischen Gründen nicht nötig war, bleibt als einzige Erklärung, daß die Autoren diese Form wählten, weil sie ihren ästhetischen Intentionen entsprach. Sie gingen sogar noch weiter und vermieden allzu durchsichtige Allegorisierungen. Der besprochene Boxkampf zwischen Rocha und Sepúlveda stellt in dieser Hinsicht einen Grenzfall dar.

Wie Moyano verlegen auch andere Autoren − unter ihnen Martini, Goloboff, Dal Masetto und Kociancich − die Handlung an mythische Orte[12]. In allen diesen Romanen und Theaterstücken wird die Diktatur aus der Perspektive der Beherrschten dargestellt. Es sind alltägliche Menschen, die unter der Diktatur leiden, keine Revolutionäre. Typische Beispiele sind die Romane *"De Dioses, hombrecitos y policías"* (1984), von Humberto Costantini, und *"El vuelo del tigre"*. Im ersteren stehen Händler, Angestellte und Hausfrauen im Mittelpunkt, in letzterem die Bewohner von Hualacato. Beide Romane zeichnen sich im übrigen durch ihre korrosive Ironie aus, die den meisten anderen Werken des Widerstands eher fremd ist.

Die Allegorisierung, die Wahl der Protagonisten und die Perspektive charakterisieren die argentinischen Diktatorialromane im Gegensatz zu anderen Romanen der Diktatur.

---

[12] Ich beziehe mich hier auf Juan Carlos Martini: La vida entera (1981), Gerardo Mario Goloboff: Criador de palomas (1984), Antonio Dal Masetto: Siempre es difícil volver a casa (1985) und Vlady Kociancich: Los últimos días de William Shakespeare (1984). In dem zuletzt genannten Roman ist der Schauplatz ein Theater.

Sie unterscheiden sich durch ihre literarische Form von den Werken, die im Gefolge der Theorie der engagierten Literatur Jean-Paul Sartres entstanden sind. Die Wahl der Protagonisten unterscheidet sie von den Romanen aus der Zeit vor der letzten Diktatur, wie an den Romanen *"Libro de Manuel"*, *"Abaddón"* und *"El beso de la mujer araña"* aufgezeigt wurde, in denen junge Revolutionäre im Mittelpunkt stehen. Sie unterscheidet sie aber auch von den großen Diktatorialromanen der 70er Jahre: *"El otoño del patriarca"* von Gabriel García Márquez, *"El recurso del método"* von Alejo Carpentier und *"Yo, el Supremo"* von Augusto Roa Bastos. In diesen Romanen steht der Diktator im Mittelpunkt, und die Maschinerie der Diktatur und der Macht wird aus der Perspektive seiner Person analysiert.

In allen Werken der argentinischen Diktatur spielt die Gewalt eine zentrale Rolle. Mempo Giardinelli hat in seinem Roman *"Qué solos se quedan los muertos"* (1985) als erster die explizite Reflexion über die Wurzeln der Gewalt in die Handlung miteinbezogen und dabei auch die Revolutionäre nicht ausgenommen. Während in den bisher besprochenen Werken die Diktatur im Mittelpunkt steht, erscheint sie in anderen als Hintergrund oder als eine Bedeutungsebene unter anderen. *"Nadie nada nunca"* (1982) von Juan José Saer kann Beatriz Sarlo zufolge als eine Allegorie der Gewalt gelesen werden (in Balderston 1987, S. 56). *"Luna caliente"* (1983) von Mempo Giardinelli suggeriert in einer erotischen Kriminalgeschichte, die in der Hitze des Chaco spielt, das erstickende Klima der Diktatur. Einen besonders schwierigen Sonderfall stellen die beiden historischen Romane dar, die Abel Posse in diesen Jahren veröffentlicht hat: *"Daimón"* (1976) und *"Los perros del paraíso"* (1983). Obwohl der Autor in Argentinien vielfach der Kollaboration verdächtigt wird, weisen beide deutliche Züge des Widerstands auf: Ersterer wird von einer entschiedenen Sympathie für alle Befreiungsbewegungen getragen, und letzterer ist in vielen Passagen eine beißende Satire auf den militärischen Faschismus und die christlich-abendländischen Werte, die den Militärs so teuer waren. Am Ende des Buches werden in der Figur des Obersten Roldán die putschsüchtigen Militärs persifliert.

VI. Das Exil

Die meisten Romane, die dem Widerstand zugeordnet werden können, sind im Exil geschrieben worden. Merkwürdigerweise wird diese existentielle Situation der Autoren nur ausnahmsweise in den Werken selbst reflektiert, wie z.B. in *"Libro de navíos y borrascas"* (1983) von Daniel Moyano. Die Reflexion über das Exil findet man anderswo: in den Interviews Julio Cortázars, den Essays Osvaldo Bayers, den Gedichten Juan Gelmans[13].

Die beiden zuletzt genannten Autoren publizierten den schmalen Band *"Exilios"*, dessen Intentionen sie im Vorwort mit den Worten erläutern:

> *"Dos argentinos en el exilio. Un poeta, Juan Gelman, y un 'cronista con opinión', como se autodefine Osvaldo Bayer. Dos paisajes, dos sensibilidades diferentes.*

---

[13] Zum argentinischen Exil im lateinamerikanischen Kontext s. Cymerman (1993); zu Cortázar s. Kohut (1985/86).

Dos reacciones disímiles. Distintos caminos ideológicos para una misma rebeldía y resistencia. Y una profunda amistad."

Osvaldo Bayer thematisiert seine Situation als Exilierter in Deutschland, dem Land seiner Vorfahren, indem er sich mit dessen faschistischer Vergangenheit auseinandersetzt. Sein Verhältnis zu Deutschland ist zwiespältig, was am besten in einer Kapitelüberschrift zum Ausdruck kommt: *"Residencia en la amada tierra enemiga"*. Die Texte Juan Gelmans sind philosophischer und poetischer zugleich, ohne daß sie deshalb die politische Dimension verlören. Gelman ist sich der Gefahr bewußt, die das Exil für den Schriftsteller bedeutet, denn "wer das Exil betrachtet, wird von ihm verschlungen" (Bayer/Gelman 1984, S. 37). Unter dem Titel *"Bajo la lluvia ajena" (notas al pie de una derrota)* hat er Prosatexte und Gedichte zum Thema Exil zusammengestellt. Manche sind nachdenklich, andere nostalgisch, wieder andere aggressiv[14]. Die verschiedenen Haltungen werden in dem folgenden Gedicht miteinander verwoben und zu einer Einheit verdichtet:

de los deberes del exilio:
no olvidar el exilio/
combatir a la lengua que combate el exilio/
no olvidar el exilio/o sea la tierra/
o sea la patria o lechita o pañuelo
donde vibrábamos/ donde niñábamos/
no olvidar las razones del exilio/
la dictadura militar/ los errores
que cometimos por vos/ contra vos/
tierra de la que somos y nos eras
a nuestras pies/ como alba tendida/
y vos/ corazoncito que mirás
cualquier mañana como olvido/
no te olvides de olvidar el olvido

Erst nach der Rückkehr wurde das Exil zu einem vielbesprochenen Thema, das auch mehrere Romane inspirierte, wie etwa den Minelli-Zyklus von Juan Martini oder *"La convaleciente"* (1987) von Pedro Orgambide. In diesem Roman erscheint das Exil als eine Krankheit und die Rückkehr in die unvertraut gewordene Heimat als eine langsame und schmerzhafte Konvaleszenz.

VII. Die dritte Phase

Um 1985 erschienen die letzten Werke, die unmittelbar mit der Diktatur verbunden waren. Zugleich verloren die Ereignisse der Diktatur die Aktualität und wurden zu einer allmählich immer ferneren Vergangenheit. Korrelierend dazu wurden die Werke, die jetzt zum Thema Diktatur geschrieben wurden, zu historischen Werken, vor allem

---

[14] Die Texte bilden einen Teil des zweiten Bandes der Interrupciones (1986), S. 5-44.

Romanen. *"La Novela de Perón"* (1985) von Tomás Eloy Martínez ist insofern ein Schlüsselwerk, das den Übergang bezeichnet. Die Oberflächenhandlung des Romans spielt am Tag der Rückkehr Peróns, dem 20. Juni 1973, aus dem spanischen Exil. In diese Handlung wird die Geschichte Peróns montiert. Der Roman spannt den Bogen von der Hoffnung vor allem der Jugend auf die Erneuerung Argentiniens bis zum Tod zahlreicher Jugendlicher unter den Kugeln von Polizei und Militär. Die Ereignisse dieses Tages waren entscheidend für die weitere Geschichte des Landes. Jugendorganisationen, die bis dahin Perón unterstützt hatten, entschlossen sich, den Kampf im Untergrund fortzusetzen. Auf der anderen Seite begann die Gewalt von oben, die zunächst vor allem von dem Berater Peróns, dem allseits gefürchteten López Rega, inszeniert wurde. Tomás Eloy Martínez rekonstruiert in seinem Roman die Vergangenheit und analysiert dabei die Mechanismen der Macht, die zur Diktatur führen sollten.

Anhand einiger weiterer Romane soll die veränderte Form der Auseinandersetzung mit der Diktatur aufgezeigt werden. José Pablo Feinman folgt in *"La astucia de la razón"* (1990) dem Schicksal einiger Studenten von den revolutionären 60er Jahren bis zum Ende des peronistischen Zwischenspiels und zeigt dabei auf, wie sich ihre von Hegel, Marx und Freud genährte Sicht der Welt mit der Realität stößt. In *"Historia argentina"* (1991) von Rodrigo Fresán (*1963) werden die tragischen Ereignisse der Diktatur zu einer postmodernen Farce.

Juan Martini kehrt im dritten Roman des bereits erwähnten Minelli-Zyklus, *"La construcción del héroe"* (1989), zur politischen Allegorie zurück. In diesem Roman kommt Minelli in eine von mittelalterlichen Mauern umgebene Stadt, die an einem großen Fluß liegt. Die Stadt ist eine Synthese europäischer Städte und des argentinischen Rosario, der Geburtsstadt des Autors, in der zahlreiche seiner Romane angesiedelt sind. Die Stadt wird von dem Diktator Hank Krasinski beherrscht, dessen Geliebte, Beba Obregón, ein Jahr zuvor gestorben ist. Minelli erhält von Krasinski den Auftrag, den mysteriösen Tod seiner Geliebten aufzuklären. Es fällt nicht schwer, in der fiktiven Beba Obregón die reale Eva Perón wiederzuerkennen. *"La construcción del héroe"* ist ein Diktatorialroman in Form eines Detektivromans der schwarzen Serie von Dashiell Hammett und Raymond Chandler, erzählt mit der Distanz, wie wir sie vom französischen *nouveau roman* her kennen.

In dem vor kurzem erschienenen Roman *"Rezarán por vos en Casablanca"* (1995) greift Pablo Lerman (*1948) auf das Mittel der historischen Rekonstruktion zurück. Der Erzähler versucht, das Schicksal eines "Verschwundenen" aufzuklären, dem er seinen Namen, Abel, gibt, "wegen der Existenz der Kaine" (Lerman 1995, S. 12). Das Motiv der Aufklärung eines mysteriösen Vorfalls verbindet auch dieses Werk mit dem Kriminalroman.

In zahlreichen Romanen der Jahre nach 1985 erscheint die Diktatur als Hintergrund der Handlung, so etwa in *"Glosa"* (1988) von Juan José Saer oder *"La ciudad ausente"* (1992) von Ricardo Piglia. Die Romane über den Malwinen-Krieg müssen zumindest erwähnt werden, da auch in ihnen das Problem der Diktatur aufscheint. Die Diktatur ist bis heute, mehr als zehn Jahre nach ihrem Ende, in der Literatur präsent. Die Erinnerung an sie ist ein kollektives Trauma, das in der Literatur aufgearbeitet wird.

Literaturverzeichnis

1. Zitierte Primärliteratur[15]

BAYER, Osvaldo/GELMAN, Juan, 1984: Exilio, Buenos Aires: Legasa.

GELMAN, Juan, 1988: Interrupciones, Buenos Aires: Libros de la Tierra Firme/Ediciones Ultimo Reino, 2 Bde.

LERMAN, Pablo, 1995: Rezarán por vos en Casablanca, Buenos Aires: Grupo Editor Latinoamericano

MONTI, Ricardo, 1981: Marathón. In: El teatro argentino. Cierre de un ciclo. Selección, prólogo y notas de Luis Ordaz, Buenos Aires, S. 57-122.

MOYANO, Daniel, 1984: El vuelo del tigre, Barcelona: Plaza & Janés (Biblioteca Letras de Exilio).

NUNCA MAS [Informe Sábato], 1983: Informe de la Comisión Nacional sobre la Desaparición de Personas, Barcelona: Seix Barral. Dt.: Nie wieder! Ein Bericht über Folter und Mord durch die Militärdiktatur in Argentinien. Hrsg. vom Hamburger Institut für Sozialforschung, Weinheim und Basel: Beltz

PIGLIA, Ricardo, 1980: Respiración artificial, Buenos Aires: Editorial Sudamericana.

SORIANO, Osvaldo, 1983: Cuarteles de invierno, Buenos Aires: Bruguera.

VARGAS LLOSA, Mario, 1983: Contra viento y marea (1962-1982), Barcelona: Seix Barral.

2. Sekundärliteratur[16]

ARAMCOBOA, Juana A. (Hrsg.), 1992: Teatro argentino durante el proceso (1976-1983), Montevideo (Estudios Hispánicos del Instituto Literario y Cultural Hispánico, 2).

AVELLANEDA, Andrés, 1983: El habla de la ideología. Modos de réplica literaria en la Argentina contemporánea, Buenos Aires: Editorial Sudamericana.

– – –, 1986: Censura, autoritarismo y cultura: Argentina 1960-1983, Buenos Aires: Centro Editor de América Latina (Biblioteca Política Argentina, 156 y 158), 2 Bde.

BALDERSTON, Daniel u.a., 1987: Ficción y política. La narrativa argentina durante el proceso militar, Buenos Aires: Alianza.

BROCATO, Carlos A., 1986: El exilio es el nuestro, Buenos Aires: Editorial Sudamericana.

LA CULTURA ARGENTINA. De la dictadura a la democracia, [1993], in: Cuadernos Hispanoamericanos, julio-septiembre, Nr. 517-519.

CYMERMANN, Claude, 1993: La literatura hispanoamericana y el exilio. In: Revista Iberoamericana 59, Nr. 164-165, 523-550.

FOSTER, David William, 1995: Violence in Argentine Literature. Cultural Responses to Tyranny, University of Missouri Press.

JARA, René/VIDAL, Hernán (Hrsg.), 1986: Ficción y política. La narrativa argentina durante el proceso militar, Buenos Aires: Alianza Editorial.

---

[15] Die Liste enthält nur Werke, aus denen ich zitiert habe. Sie ist deshalb in keiner Weise repräsentativ für die Literatur der Diktatur als solche.

[16] Diese Liste enthält nur Titel, die die Periode als Ganzes oder bestimmte Strömungen oder Tendenzen behandeln. Angesichts der Fülle kritischer Literatur habe ich Studien zu einzelnen Autoren oder Werken nur dann aufgenommen, wenn ich mich in irgendeiner Form unmittelbar auf sie beziehe.

KOHUT, Karl, 1985/86: El escritor latinoamericano en Francia. Reflexiones de Julio Cortázar en torno al exilio. In: W. B. Berg/R. Klöpfer (Hrsg.), La americanidad de Julio Cortázar. Cultura, política, literatura (Universität Mannheim). INTI, Nr. 22-23, 263-280.

– – –, 1990: Un universo cargado de violencia. Presentación, aproximación y documentación de la obra de Mempo Giardinelli. Frankfurt am Main: Vervuert (americana eystettensia, B 1).

– – –, 1990 [1991]: El teatro argentino en los años del proceso. In: Fernando de Toro (Hrsg.): Semiótica y Teatro Latinoamericano, Buenos Aires: Galerna/IITCTL, S. 211-226.

– – –, 1991: Palavra e poder: Reflexões em torno ao intelectual latino-americano. In: Karl Kohut (Hrsg.): Palavra e poder. Os Intelectuais na Sociedade Brasileira, Frankfurt a.M.: Vervuert (americana eystettensia, A 8), 9-26.

– – –, 1996: Literaturas del Río de la Plata hoy. De las utopías al desencanto, Frankfurt a.M.: Vervuert (americana eystettensia, A 15).

– – –/PAGNI, Andrea (Hrsg.), 1989, ²1993: Literatura argentina hoy. De la dictadura a la democracia, Frankfurt am Main: Vervuert (americana eystettensia, A 6).

LAMBERG, Robert F., 1986: Der städtische Terrorismus in Brasilien, Uruguay und Argentinien. In: K. Kohut (Hrsg.), Die Metropolen in Lateinamerika – Hoffnung und Bedrohung für den Menschen, Regensburg: Pustet, S. 333-352.

PERILLI, Carmen, 1994: Las ratas en la Torre de Babel. La novela argentina entre 1982 y 1992, Buenos Aires: Ediciones Letra Buena.

RAFFO, Julio C., 1985: Meditación del exilio, Buenos Aires: Editorial Nueva América.

REATI, Fernando, 1992: Nombrar lo innombrable. Violencia política y novela argentina: 1975-1985, Buenos Aires: Editorial Lagasa.

RÖHL-SCHULZE, Barbara, 1990: Einsamkeit, Entfremdung und Melancholie in der zeitgenössischen argentinischen Literatur, Köln: Böhlau.

SHAW, Donald L., 1988: Nueva narrativa hispanoamericana, Madrid: Cátedra.

SPILLER, Roland (Hrsg.), 1991: La novela argentina de los años 80, Frankfurt am Main: Vervuert (Lateinamerika-Studien, 29).

– – –, 1993: Zwischen Utopie und Aporie. Die erzählerische Ermittlung der Identität im argentinischen Roman der Gegenwart. Juan Martini, Tomás Eloy Martínez, Ricardo Piglia, Abel Posse und Rodolfo Rabanal, Frankfurt am Main: Vervuert.

– – – (Hrsg.), 1995: Culturas del Río de la Plata (1973-1995). Transgresión e intercambio, Frankfurt a.M.: Vervuert (Lateinamerika-Studien 36).

Detlef Nolte

Ein neuer Perón? Eine Bilanz der ersten Präsidentschaft von Carlos Menem (1989-1995)[1]

Die spanische Tageszeitung "El País" (16.5.1995, S. 4) hatte Carlos Menem nach seinem erneuten Wahlsieg im Mai 1995 bereits als den "neuen Perón" tituliert. Aus der Sicht des Jahres 1995 kann man behaupten, daß die erste Präsidentschaft von Carlos Menem ohne Zweifel einen Einschnitt in der neueren argentinischen Geschichte markiert. Sie ist durchaus vergleichbar mit der ersten Präsidentschaft von Juan Domingo Perón. Unter Menem wurde, ähnlich wie unter Perón, ein neues wirtschaftliches Entwicklungsmodell verankert, die politische Landkarte umgestaltet und das Verhältnis zwischen politischer Führung und gesellschaftlichen Machtgruppen neu bestimmt. Im Namen des Peronismus verfolgte Menem allerdings eine Politik, die vielen politischen Inhalten aus der ersten Präsidentschaft von Perón diametral entgegengesetzt war, in gewisser Weise trieb er der argentinischen Gesellschaft den Peronismus durch den Peronismus-Menemismus aus.

Dies zeigt sich etwa bei der Privatisierung von Staatsunternehmen. Dazu heißt es in einem Kommentar: "Die argentinischen Privatisierungen der 90er Jahre bilden das Spiegelbild der Verstaatlichungen der 40er Jahre. Damals sah die Mehrheit der Bevölkerung in den Verstaatlichungen ein Instrument zur Lösung der meisten Probleme der Wirtschaft und der öffentlichen Hand: der Haushaltslücken und der Zahlungsbilanz, fehlender Investitionen, der Korruption. Heute wiederholt sich diese Utopie mit den Privatisierungen, sogar mit den gleichen Argumenten und Wunschvorstellungen: Die Veräußerung der öffentlichen Unternehmen bedeutet ein Ende der Inflation, der Krise im Exportsektor, der Ineffizienz und fehlender Produktivität" (Gerchunoff/Cánovas 1994, S. 7).

Aufgrund der programmatischen Veränderungen während der Präsidentschaft von Carlos Menem ist es nicht weiter verwunderlich, wenn aus der Sicht des argentinischen Wirtschaftsestablishments "der Peronismus aufgehört hat, ein Problem zu sein", nachdem ihm Menem "einen Gnadenstoß als Ideologie" versetzt habe (Alsogaray 1995).

---

[1] Der vorliegende Artikel basiert auf den Ergebnissen zweier anderer Studien des Verfassers (1995a und 1996).

Menem selbst sieht die programmatischen Veränderungen eher gelassen und pragmatisch. Erst jüngst bezeichnete er sich in einem Interview mit der spanischen Presse einmal mehr als "Schüler von Perón, wenn auch selbstverständlich auf den neuesten Stand gebracht" (Página 12, 15.12.1995, S. 10). Es handelt sich um eine postmoderne Form des Peronismus – nach dem Motto, daß alle Kombinationen von Stilformen erlaubt sind und die Form mehr als der Inhalt zählt –, bei der die für Argentinien neuartige Architektur des Wirtschaftsliberalismus mit traditionellen Stilelementen der peronistischen Bewegung verziert und gleichzeitig auf Teile des wirtschaftspolitischen Fundaments der vorperonistischen Ära zurückgegriffen wurde.

Ebenso wie die Frage nach den Gemeinsamkeiten von Peronismus und Menemismus, auf die später eingegangen wird, gibt die Person Menems in- und ausländischen Beobachtern weiterhin Rätsel auf. In einem Kommentar der "Süddeutschen Zeitung" (16.5.1995, S. 4) zum Wahlsieg Menems im Mai 1995 hieß es dementsprechend: "Als der ehemalige Gouverneur der Provinz La Rioja 1989 die zweiten Wahlen nach dem Ende der Diktatur gewann, traute dem Mann mit dem überdimensionierten Backenbart, dessen Aussehen eher zum Spott einlud, eigentlich niemand so recht zu, daß er beginnen würde, Argentinien gründlich umzukrempeln." Die "Financial Times" (12.5.1995) hatte den argentinischen Präsidenten vor den Wahlen als "Populisten mit Zylinder" charakterisiert, der Poncho und Zylinder kombiniere, um die Widersprüchlichkeit der Person und ihrer Politik auszudrücken. So setzte Menem einerseits eine tiefgreifende wirtschaftliche Modernisierung oder gar eine "neoliberale Revolution" (Acuña 1994) in Gang, andererseits implementierte er diese Reformpolitik teilweise mit einem traditionalistischen Politikstil, bei dem persönliche Loyalitätsbeziehungen wichtiger waren als formale politische Strukturen (Parteien, Verbände etc.). Im Umfeld des Präsidenten kam es überdies zu Günstlingswirtschaft und Korruption.

I. Ein Volk von Peronisten? Gründe für die Wiederwahl Menems

Sind die Argentinier "ein Volk von Peronisten", wie es der Titel eines Kommentars in der "Süddeutschen Zeitung" (16.5.1995, S. 4) anläßlich der Präsidentschafts- und Parlamentswahlen in Argentinien vom 14. Mai suggerierte? Ohne Zweifel brachten die Wahlen einen triumphalen Erfolg von Carlos Menem, der mit 49,9% der Wählerstimmen bereits im ersten Wahlgang wiedergewählt wurde. Seine beiden Hauptkonkurrenten, José Octavio Bordón vom Mitte-Links-Bündnis FREPASO (*Frente para un País Solidario* = Front für ein solidarisches Land) und Horacio Massaccesi von der Radikalen Partei, endeten mit 29,3% und 17% deutlich abgeschlagen. Präsident Menem profitierte bei den Wahlen davon, daß die Peronisten über eine stabile Wählerbasis verfügten. Seit 1987 erreichten sie bei allen im Abstand von zwei Jahren abgehaltenen (Teil)-Wahlen zum Abgeordnetenhaus[2] zwischen 41% und 45% der Stimmen. Acht von zehn Wählern Menems im Mai 1995 hatten bereits bei den Wahlen zur Verfassunggebenden Versammlung (April 1994) für die Peronisten gestimmt (Clarín 21.5.1995, S. 2-3). Umfragen

---

[2] In Argentinien wird das Abgeordnetenhaus alle zwei Jahre zur Hälfte neugewählt. Die Amtszeit der Abgeordneten beträgt vier Jahre.

und Projektionen ergaben schon Monate vor der Wahl einen stabilen Sockel von 40 bis 45% der Stimmen für die Regierung (vgl. die Umfragedaten in La Nación, Internationale Ausgabe, 13.3.1995, S. 5).

Die Vormachtstellung der Peronisten manifestiert sich auch darin, daß der Präsidentschaftskandidat des FREPASO, José Octavio Bordón, einst Gouverneur der Provinz Mendoza und später Senator für die Peronistische Partei gewesen war und sich erst im September 1994 von der Partei getrennt hatte. Der Kandidat des FREPASO für das Amt des Vize-Präsidenten, Carlos "Chacho" Alvarez, war zu Beginn der ersten Präsidentschaft von Menem noch Mitglied der peronistischen Parlamentsfraktion gewesen. Rund 80% der Wähler stimmten demnach für Kandidaten, die dem peronistischen Lager angehören oder angehört haben. Und der Präsidentschaftskandidat der Radikalen Partei, Horacio Massaccesi, hatte sich bei den parteiinternen Wahlen um die Nominierung zum Präsidentschaftskandidaten als der "Menem" der Radikalen Partei zu vermarkten versucht.

Argentinien scheint die lange Zeit populäre These zu widerlegen, daß tiefgreifende wirtschaftliche Transformationspolitiken nur oder mit größeren Erfolgsaussichten unter autoritären Rahmenbedingungen ("der chilenische Weg zum Neoliberalismus") durchgesetzt werden können. In Argentinien wurden diese neoliberalen Reformen von einer demokratisch legitimierten Regierung durchgeführt, die sich zudem − aufgrund des nach der argentinischen Verfassung vorgegebenen Wahlzyklus − alle zwei Jahre bei den Parlamentsteilwahlen dem Wählervotum stellen mußte. Nach sechs Jahren wurde Präsident Menem mit einem höheren Stimmenanteil wiedergewählt als bei seiner ersten Wahl, obgleich auch in Argentinien die neoliberale Transformation mit sozialen Kosten verbunden war.

So war in den vergangenen Jahren ein deutlicher Anstieg der Arbeitslosigkeit zu verzeichnen[3], der allerdings bis zum Wahltag noch nicht voll im öffentlichen Bewußtsein zum Tragen kam: Nach einem Jahresdurchschnitt von 6,3% im Zeitraum 1981-90 stieg die Arbeitslosigkeit von 6,0% (1991) auf 7,0% (1992), 9,3% (1993), 12,2% (1994) und 18,4% (Mai 1995), um dann leicht auf 16,4% (Oktober 1995) zurückzugehen.

"Die Wiederwahl Menems ist der Preis, den die argentinische Bevölkerung für die wirtschaftliche Stabilisierung bezahlte", lautete kurz und bündig der Kommentar des französischen Soziologen Alain Touraine zum Wahlausgang (Página 12, 21.5.1995, S. 8)[4]. In einer Meinungsumfrage im Großraum Buenos Aires am Wahltag (CEOP) erklärte

---

[3] Die Arbeitslosigkeit ist allerdings nicht allein eine Folge der wirtschaftlichen Stabilisierungs- und Umstrukturierungspolitiken sowie des konjunkturellen Einbruchs von 1995, sondern hat weiter zurückreichende Ursachen, die im Zusammenhang mit der wirtschaftlichen Stagnation vergangener Jahre und Veränderungen langfristiger Natur auf dem Arbeitsmarkt stehen: "92% des Zuwachses an Arbeitsplätzen, der während der 80er Jahre registriert wurde, verteilten sich in unterschiedlichem Umfang auf Arbeitnehmer in Kleinstunternehmen, Hausangestellte, kleine Selbständige sowie Kleinstunternehmer und ihre Familienangehörigen. Auf die Arbeitnehmer im öffentlichen Dienst entfielen 7% des Zuwachses an Arbeitsplätzen, und nach großzügigen Schätzungen kann man 1% der Zunahme den Arbeitnehmern in großen Unternehmen (mehr als 5 Beschäftigte) zuschreiben" (Palomino/Schvarzer 1995, S.12). Es scheint, daß freigesetzte Arbeitskräfte während der 80er Jahre und auch noch zu Beginn der 90er Jahre zunächst in den informellen Sektor abwanderten. Mittlerweile wurde dort ein gewisser Sättigungsgrad erreicht, der neben anderen Faktoren zum Anstieg der offenen Arbeitslosigkeit beitrug.

[4] Der entscheidende Faktor bei allen Wahlen nach 1983 war die wirtschaftliche Situation und insbesondere die Inflationsrate. Nimmt man eine statistische Analyse im Hinblick auf die Inflationsentwicklung und die Popularität der Regierungen (in Meinungsumfragen) vor, "dann ergibt sich ... eine sehr hohe Korrelation: Es zeigt sich eine sichtbare Tendenz zum Anstieg der Popularität der Regierung, wenn die Inflation zurückgeht

rd. die Hälfte der Wähler von Menem, für den peronistischen Kandidaten gestimmt zu haben, weil er eine Fortsetzung der Wirtschaftspolitik garantiere (Clarín 21.5.1995, S. 2).

Das argentinische Wahlergebnis liegt damit voll im lateinamerikanischen Trend. Votierten die Wähler noch Ende der 80er/Anfang der 90er Jahre regelmäßig gegen die Partei(en) der Amtsinhaber (vgl. Nolte 1991), so haben die jüngsten Wahlen gezeigt, daß die Wähler in der Mehrzahl der lateinamerikanischen Länder auf wirtschaftliche Stabilität setzen (vgl. Bendel/Nolte 1995). Erfolge bei der Stabilisierungspolitik – hierbei kommt der Bekämpfung der Inflation zentrale Bedeutung zu – werden vom Wähler belohnt, auch wenn sie mit beachtlichen sozialen Kosten verbunden sind (oder die Amtsinhaber autoritäre Tendenzen aufweisen). Dies gilt für die Wahlen in Peru, bei denen Alberto Fujimori im April 1995 mit 64% der Stimmen bestätigt wurde, und die Wahlen in Brasilien, bei denen Fernando Henrique Cardoso bereits im ersten Wahlgang mit 54% (Oktober 1994) siegte.

Mit der wirtschaftlichen Stabilisierung hat Präsident Menem einen wichtigen Beitrag zur Konsolidierung der Demokratie geleistet (siehe zur Wirtschaftspolitik ausführlicher die Beiträge von Messner und von Haldenwang in diesem Band). Ein wirtschaftspolitisches Scheitern auch der zweiten demokratischen Regierung nach dem Ende der Militärherrschaft hätte sicherlich destabilisierend auf die politische Ordnung gewirkt.

Was die wirtschaftliche Entwicklung betrifft, konnte die Regierung Menem zumindest bis Ende 1994 in Teilbereichen in der Tat mit einer beeindruckenden Bilanz aufwarten. Eine Weltbankstudie (World Bank 1993) trägt deshalb auch den plakativen Titel "Argentinien – Vom Bankrott zum Wachstum". Nachdem das BIP während der 80er Jahre (1981-1990) kumulativ um 8,7% zurückgegangen war, wuchs die Wirtschaft nach Angaben der argentinischen Zentralbank zwischen 1991 und 1994 um 34,4% (bzw. im Jahresdurchschnitt um fast 8%) – 1991: 8,9%, 1992: 8,7%, 1993: 6,0%, 1994: 7,1% (Página 12, 1.4.1995, S. 3). 1995 war dann allerdings ein wirtschaftlicher Einbruch (-4,4%) zu verzeichnen (CEPAL 1995, S. 49), der jedoch für die Wahlen im Mai noch keine Relevanz hatte.

Noch beachtlicher fällt die Bilanz an der Inflationsfront aus. Nach einer Hyperinflation von fast 5.000% (4.923%) zum Jahresende 1989 (bei einem Defizit des öffentlichen Sektors in Höhe von -10,5% des BIP; World Bank 1993: S. 7) konnte der Preisanstieg bis 1992 unter 20% und 1993 unter 10% (jeweils Jahresende) gedrückt werden. Mit einer Preissteigerungsrate von 3,9% zum Jahresende schloß das Jahr 1994 mit der niedrigsten Inflationsrate seit 41 Jahren ab, 1995 lag sie mit 1,6% noch einmal darunter, und Argentinien erreichte in puncto Preisstabilität weltweit den fünften Platz.

Ein weiterer Grund für den deutlichen Wahlsieg des peronistischen Kandidaten, der mit der Wirtschaftsentwicklung eng zusammenhängt, war das Fehlen einer überzeugenden Alternative. Nachdem es schon vorher Phasen rascher Preissteigerungen gegeben hatte, endete die Präsidentschaft von Raúl Alfonsín 1989 mit einer Hyperinflation und sozialen Unruhen, die zur vorzeitigen Amtsübergabe nach den Wahlen vom Mai 1989 zwangen. Bei diesen Wahlen stimmten 47,4% der Wähler für den peronistischen Kandidaten Menem und 32,5% für den Radikalen Eduardo Angeloz (Alsogaray-UCeDé 6,6%). Statt, wie

---

... keine andere Variable zeigt für sich allein eine stärkere Beziehung zur Popularität der Regierung" (Mora y Araujo 1991, S. 46).

nach der Verfassung vorgeschrieben, am 10. Dezember übernahm der designierte Präsident Menem bereits Anfang Juli 1989 die Amtsgeschäfte. Das wirtschaftspolitische Debakel haftet der Radikalen Partei auch heute noch an. Zudem war es der wichtigsten Oppositionspartei nicht gelungen, im Verlauf der ersten Präsidentschaft von Menem überzeugende Alternativen zu erarbeiten. Kurz vor den Wahlen war zudem die Regierung der Provinz Rio Negro, deren Gouverneur Massaccesi war, in finanzielle Schwierigkeiten geraten und mußte die Zentralregierung um Unterstützungszahlungen bitten. Die andere Oppositionsgruppierung, der FREPASO, ist noch relativ neu und ihre programmatische Ausrichtung heterogen. Die Annäherung an das Wirtschaftsmodell der Regierung ist noch jüngeren Datums. Vor diesem Hintergrund haben die Argentinier "eine Option sicherer Opfer, einer anderen wundersamer hypothetischer Erleichterungen" (Tertsch 1995) vorgezogen.

II. Argentinien im Umbruch: Die erste Präsidentschaft von Carlos Menem

Auch wenn die Programmatik der Peronistischen Partei in der Vergangenheit wenig präzise und auslegungsfähig war, so gehörten doch ein wirtschaftlicher Nationalismus mit Schutzzöllen und Vorbehalten gegenüber dem Auslandskapital, ein hoher Staatsanteil an der Wirtschaft und ein korporativistisches System der Interessenvermittlung, das staatliche Kontrollen mit einer progressiven Arbeits- und Sozialpolitik kombinierte, genauso wie ein latenter Antiamerikanismus und eine Betonung der Eigenständigkeit in der Außenpolitik zu den Kernbestandteilen der ideologischen Melange. Unter Menem wurde ein radikaler Kurswechsel vollzogen.

Es ist sicherlich richtig, daß die Wirtschaftsreformen in Argentinien nur von der Peronistischen Partei angegangen werden konnten, die über eine starke Verankerung in der Unterschicht und Kontrollkapazität im Gewerkschaftssektor verfügt. Bemerkenswert ist gleichwohl, wie es Menem trotz des radikalen Kurswechsels gelang, die traditionelle Wählerbasis der Peronistischen Partei in der Unterschicht und vor allem in der organisierten Arbeiterschaft zu konservieren und gleichzeitig bei Wahlen Teile der bürgerlichen Oberschicht[5] an sich zu binden, die traditionell eher antiperonistisch eingestellt waren. Menem sprach somit, wie es in einem Kommentar (Vial 1995, S. 24) heißt, gleichzeitig die Stimmungslage und die Gefühle der Unterschicht, als auch die Geldbeutel der Oberschicht an.

Insofern repräsentiert der "Menemismus" eine breitere Wählerkoalition als der traditionelle Peronismus, der sich überwiegend auf die Unterschicht und schmale Mittelschichtsegmente stützte[6]. Nach Schätzungen des Soziologen Torcuato S. di Tella

---

[5] Die Annäherung zwischen Menem und der Wirtschaftselite begann Anfang 1989, als mit Hilfe einer innergewerkschaftlichen Gruppierung erste Kontakte zu Großunternehmern hergestellt wurden, um den Wahlkampf zu finanzieren (vgl. McGuire 1995, S. 235).

[6] Allerdings hatte sich die soziale Wählerbasis bei der Rückkehr Peróns aus dem Exil 1973 erstmals verbreitert. In der damaligen politischen Konstellation stimmten auch große Sektoren der Mittelschichten und einzelne Gruppen der Oberschicht für Perón, der als nationaler Friedensstifter angesehen wurde (vgl. Waldmann 1992,

(1995) ist von einem Wählerpotential von rund 20% für Rechtsparteien in Argentinien auszugehen. Davon hätte 1995 bei der Präsidentenwahl rd. die Hälfte für die Peronisten gestimmt, deren genuiner Stimmenanteil bei rd. 40% läge. Trotz eines gewissen Rückhaltes der Peronisten in den Mittelschichten ist dies eine Wählerschicht, die eher für die Oppositionsparteien votiert.

In einer Zeitperiode, in der in anderen Länder, wie z.B. in Peru, Traditionsparteien in der Bedeutungslosigkeit zu versinken drohen, ist der Kurswechsel der Peronisten[7] ein Beweis für die Adaptationsfähigkeit politischer Parteien an veränderte sozioökonomische Rahmenbedingungen. Vor diesem Hintergrund könnte man die These aufstellen, daß einige der traditionellen Eigenarten oder spezifischen Schwächen der lateinamerikanischen Parteien, die in der wissenschaftlichen Literatur regelmäßig aufgelistet werden, diesen − in Anlehnung an das berühmte *"blessing in disguise"* von Albert O. Hirschman − möglicherweise eine programmatische Anpassung an ein verändertes sozioökonomisches Umfeld und politische Innovationen erleichtern (siehe ausführlicher hierzu Nolte 1994). In einer Periode, in der tradierte politische und wirtschaftliche Konzeptionen an Wert verlieren und in der sich der soziale Unterbau der Politik verändert, erleichtern der Mangel einer klaren Programmatik, die soziale Heterogenität der Anhängerschaft, die Konzentrierung der Entscheidungsmacht in den Führungsstäben der Parteien und die Bedeutung von Führungspersönlichkeit, die zuweilen über Charisma verfügen, einen Kurswechsel der Parteien, ohne daß es zu größeren organisatorischen Brüchen oder Abspaltungen kommt.

In diesem Zusammenhang sind die Ausführungen sehr interessant, die der Gouverneur der Provinz Buenos Aires und mögliche zukünftige Präsidentschaftskandidat der Peronistischen Partei, Eduardo Duhalde, Mitte 1995 in einem Interview machte (Página 12, 29.7.1995, S. 3). Auf die Frage nach den politischen Herausforderungen, die in der Zukunft anstehen, und den tradierten Konzepten des Peronismus führte er aus: "... wir können keines der Instrumente aus den fünfziger Jahren benutzen. Es gibt nichts, was sich seitdem nicht verändert hätte. Wir haben die großen zeitgenössischen Bewegungen zum Peronismus in der Welt verschwinden sehen. Unsere Überlebensfähigkeit gründete auf der Fähigkeit, die Instrumente auszutauschen. Es gab niemals eine justizialistische Wirtschaftsideologie. Deswegen hat man uns sehr kritisiert. Aber es war unsere Tugend gewesen."

1. Die wirtschaftspolitische *"reconversión"* des Peronismus

Bevor kurz auf die wirtschaftlichen Transformationen während der Regierung Menem eingegangen wird, ist es notwendigkeit, einige Anmerkungen im Hinblick auf die Unterschiede zur Präsidentschaft von Raúl Alfonsín vorauszuschicken. Möglicherweise wäre der Unterschied zwischen einem Präsidenten Menem 1983 und der Politik der Regierung Alfonsín nicht allzu groß ausgefallen. Das gleiche läßt sich hinsichtlich der Politik eines Präsidenten Alfonsín im Jahre 1989 behaupten. Vermutlich hätte es Alfonsín

---

S. 19).

[7] Zur Entwicklung der politischen Parteien siehe ausführlicher den Beitrag von Carreras in diesem Band sowie Nolte (1996).

an der politischen Flexibilität von Menem und seiner Fähigkeit ermangelt, sich schnell an neue politische und ökonomische Gegebenheiten anzupassen. Aber es sei daran erinnert, daß sich bereits während der Präsidentschaft von Alfonsín Politiker der Radikalen Partei mit ausgesprochen liberalen Positionen (in wirtschaftlichen Fragen) profilierten und es immer noch peronistische Politiker mit etatistischen Nostalgien gibt. Die Unterschiede im wirtschaftspolitischen Ansatz zwischen Menem und seinem radikalen Kontrahenten im Wahlkampf von 1989, Eduardo Angeloz, waren nie sehr tiefgreifend. Zudem hatten die Peronisten und insbesondere ihr Gewerkschaftsflügel viele wirtschaftliche Reformen während der Präsidentschaft von Alfonsín blockiert. Auch läßt sich nicht behaupten, daß Menem in seiner Funktion als Gouverneur der Provinz von La Rioja ein Beispiel von wirtschaftlicher Innovationsfähigkeit oder gar von Haushaltsdisziplin gewesen wäre.

Der Weg zur wirtschaftlichen Erneuerung war nicht einfach, und der Kurswechsel kam für viele Beobachter überraschend. Vor seiner Wahl hatte Menem im Ausland eher Befürchtungen hinsichtlich einer unverantwortlichen populistischen Politik erweckt. Die konsekutive Ernennung zweier Topmanager des argentinischen multinationalen Unternehmens Bunge & Born als Wirtschaftsminister zeigte aber schnell den neuen Kurs an. Die Wirtschaft sollte stabilisiert und liberalisiert werden, die Reduzierung des Staatseinflusses und eine Außenöffnung zur besseren Integration in die Weltwirtschaft waren Schlüsselelemente. Unter dem Wirtschaftsminister Domingo Cavallo, der sein Amt im Januar 1991 antrat, wurden die neoliberalen Reformen, die bereits 1989 eingeleitet worden waren, vorangetrieben und vertieft. Dazu gehörten: die Aufhebung aller Preisindexierungsklauseln bei Verträgen; die Privatisierung von Staatsunternehmen, wie der Fluglinie "Aerolineas Argentinas", der staatlichen Telefongesellschaft (ENTel), des Erdölunternehmens YPF, Elektrizitätswerken, Gaswerken, Stahlwerken, Wasserwerken, Straßenabschnitten und Eisenbahnlinien (in Konzession); eine Reduzierung der Auslandsschulden über die Privatisierung von Staatsunternehmen und ein Umschuldungsabkommen im Rahmen des Brady-Plans; eine Abschaffung der Ausfuhrzölle und eine deutliche Senkung der Einfuhrzölle, um die argentinischen Unternehmen wettbewerbsfähig zu machen und den Preisanstieg zu kontrollieren; die Reduzierung der Zahl der Staatsbediensteten (um mehr als 50% bei der Zentralregierung zwischen 1990 und 1992; World Bank 1993, S. 14); eine Erhöhung des Steueraufkommens durch eine Vereinfachung des Steuersystems und größere Kontrollen; eine Teilprivatisierung der Rentenversicherung, um das staatliche Defizit bei den Sozialausgaben zu reduzieren. Daneben wurde versucht, die Lohnkosten zu senken: Zum einen wurden Arbeitsschutzgesetze aufgehoben oder abgemildert, zum anderen die Verhandlungsmacht der Arbeitnehmer durch die Schwächung der Gewerkschaften verringert.

Ohne auf weitere Details der Wirtschaftspolitik einzugehen, kann man festhalten, daß in Argentinien heute ein breiter Grundkonsens vorherrscht, Wirtschaftsminister Cavallo habe eine erfolgreiche Stabilisierungspolitik durchgeführt. Es besteht aber kein Konsens darüber, ob mit der erfolgreichen Bewältigung der Wirtschaftskrise zu Beginn der 90er Jahre bereits die Grundlagen für ein dauerhaftes Wachstum geschaffen wurden. Aus einer kritischen Perspektive wird das Fehlen einer strategischen Ausrichtung der Wirtschaftspolitik mit Blick auf die Zukunft beklagt — *"más allá de la estabilidad"* (Bustos 1995). Zugleich wird bezweifelt, ob das augenblickliche Wirtschaftsmodell ein Wachstum mit Verteilungsgerechtigkeit garantieren kann.

Nach Aussagen von Alain Touraine (Interview mit Página 12, 21.5.1995, S. 8-9) führte Menem das notwendige "liberale Reinemachen" durch, indem er einen Prozeß der Außenöffnung und der Freisetzung der Wirtschaft von politischen, sozialen, klientelistischen und parteipolitischen Kontrollen einleitete, die sie blockierten und Ursache für die chronische Inflation waren. Die Herausforderung für die Zukunft lautet, das wirtschaftliche Wachstum mit mehr Verteilungsgerechtigkeit[8] zu verbinden. Nach dem "liberalen Reinemachen", das die Voraussetzung für den wirtschaftlichen Aufschwung schuf, gilt es nun, eine aktive Sozialpolitik zu betreiben und den Staat zu stärken, damit dieser die Rahmenbedingungen für ein dauerhaftes wirtschaftliches Wachstum (z.B. über Industrie-, Technologie-, Bildungs- und Wissenschaftspolitiken) verbessern kann (hierzu ausführlicher Messner im vorliegenden Band).

2. Die Gewerkschaften: vom Rückgrat zum Appendix der peronistischen Regierung?

Die Entwicklung der argentinischen Gewerkschaftsbewegung spiegelt den tiefgreifenden Umbruch in Wirtschaft und Politik der vergangenen Jahre wider. Es veränderten sich das politische Umfeld, das wirtschaftliche Ordnungsmodell und die Sozialstruktur. Die Konsolidierung der Demokratie und des Parteiensystems verringerten das *politische* Gewicht der Gewerkschaften, die in anderen Perioden die Peronistische Partei "ersetzten", als diese verboten war, und die immer dann größeren politischen Einfluß ausübten, wenn der politische Flügel der peronistischen Bewegung geschwächt und/oder durch interne Konflikte gelähmt war, wie beispielsweise während der Präsidentschaft von Raúl Alfonsín (Palomino 1995, S. 216-218). Die politische Repräsentation der Gewerkschaftsbewegung reduzierte sich in zehn Jahren von 35 (1983) auf fünf (1995) Abgeordnete im Nationalkongreß.

Der Kurswechsel in der Wirtschaftspolitik veränderte zugleich die Rolle des Staates in den Arbeitsbeziehungen: Er verzichtet auf eine aktive Beteiligung, weil es keine Vergünstigungen mehr zu verteilen gibt. Jetzt entscheidet die Marktmacht der Gewerkschaften (und die Wettbewerbsposition der Unternehmen) über ihre Verhandlungsstärke. Die Hegemonie, die Präsident Menem in der Peronistischen Partei ausübt, und sein starker Rückhalt im Kongreß haben die Bedeutung der Gewerkschaften als Unterstützungsfaktor der Regierung verringert. Die wirtschaftlichen Veränderungen haben ihr Störpotential unterminiert. Zudem hat Präsident Menem auf eine Strategie des "teile und herrsche"

---

[8] Dabei gilt es auch, das Thema der Steuergerechtigkeit anzugehen. Mit einer Steuerquote von 27,6% des BIP hat Argentinien eine den Industrieländern, wie der Schweiz oder den USA, vergleichbares Niveau erreicht (Serrichio 1995, S. 2). Der große Unterschied zu den Industrieländern besteht darin, daß fast die Hälfte der Steuereinnahmen (48,7%) Konsumsteuern sind, eine Steuer mit tendenziell regressiven Auswirkungen. Nur 13,1% sind Einkommens- und 1,3% Vermögenssteuern. Das Thema wurde auch von der Weltbank kommentiert, die in einem Bericht aus dem Jahr 1993 schreibt: "Argentinien stützt sich sehr viel weniger auf direkte Steuern als andere Länder. Die Einnahmen aus direkten Steuern gingen von 1,9% des BIP im Jahr 1987 auf 0,8% des BIP im Jahr 1991 zurück. In Ländern mit einem vergleichbaren Pro-Kopf-Einkommen lag das durchschnittliche Verhältnis zwischen Einkommenssteuer und BIP bei 8,1% ... Der Rückgang des Anteils der direkten Steuern am gesamten Steueraufkommen hat die Progression des Steuersystems im Hinblick auf die Einkommen negativ beeinflußt" (World Bank 1991, S. 44-45). Das Steuersystem erklärt, warum die Nettoeinkommen argentinischer Manager in der Regel höher sind als die der Manager in vergleichbaren Funktionen in den führenden Industrieländern (Daten in Página 12, 12.2.1995, S. 2/3).

zurückgegriffen, indem er die internen Konflikte im Gewerkschaftsdachverband CGT ausnutzte – zwischen Oktober 1989 und März 1992 gab es zwei CGTs – und eine Strategie der Kooptierung umsetzte. Trotz der negativen Auswirkungen der "Flexibilisierungspolitiken" im Hinblick auf die Arbeitsgesetzgebung mußten die Gewerkschaftsmitglieder diese Veränderungen mit geringem Widerstand ihrer Funktionäre hinnehmen. Zur Schwächung der Gewerkschaften hat auch ihre ausgesprochen negative Wahrnehmung in der öffentlichen Meinung beigetragen[9]. Im Vergleich mit den 13 Generalstreiks, welche die CGT gegen die Regierung von Alfonsín ausrief, gab es nur einen während der ersten Präsidentschaft von Menem.

Auseinandersetzungen hinsichtlich der adäquaten Strategie zur Anpassung an das veränderte ökonomische Umfeld und interne Machtkämpfe führten zu einer erneuten Spaltung der Gewerkschaftsbewegung. Nach ihrer Wiedervereinigung im Jahr 1992 hat die CGT, die immer noch der einzig rechtlich anerkannte Dachverband ist, ein devotes Verhalten gegenüber der Regierung an den Tag gelegt und versucht, sich auf diese Weise an das neue soziopolitische Umfeld anzupassen. Ein anderer Sektor – der *Movimiento de los Trabajadores Argentinos* (MTA) –, der traditionelle Positionen des Peronismus repräsentiert und weiterhin Teil der CGT ist, hat diese Anpassungsstrategie der Gewerkschaftsführung in Frage gestellt. Ein dritter Gewerkschaftssektor steht in Opposition zum neuen wirtschaftspolitischen Kurs und zur peronistischen Regierung. Dieser Sektor gründete 1992 den *Congreso de Trabajadores Argentinos* (CTA), der im Gegensatz zur CGT (die sich aus Branchengewerkschaften zusammensetzt), Einzelmitglieder aufnimmt. Der CTA verfügt unter den Gewerkschaften im öffentlichen Dienst (z.B. unter den Lehrern) und in den öffentlichen Dienstleistungsunternehmen über Rückhalt. Den neuen Dachverband kennzeichnet ein wesentlich konfrontativerer Stil (*"sindicalismo combativo"*) als die CGT. So hat der CTA seine Anhänger mehrfach gegen die Regierungspolitik mobilisiert (Demonstrationen, Arbeitsniederlegungen etc.). Der Widerhall dieser Aktionen blieb begrenzt und konnte die Regierung nicht ernsthaft in Schwierigkeiten bringen.

Die organisatorische Entwicklung der Gewerkschaften verlief in den vergangenen Jahren sehr unterschiedlich[10]: In den von der wirtschaftspolitischen Umorientierung negativ betroffenen Wirtschaftsbranchen (z.B. in vielen Industriesparten) verloren die Gewerkschaften an Bedeutung und Einfluß, in anderen Branchen, die einen gewissen Aufschwung erlebten (z.B. im Baugewerbe), gibt es Gewerkschaften, deren Mitgliederzahl zunahm, und schließlich gibt es einen Gewerkschaftssektor mit ganz besonderen Zügen, die *"sindicatos de negocios"*: die Gewerkschaften werden zu Dienstleistungsunternehmen für ihre Mitglieder und das Publikum im allgemeinen (Palomino 1995, S. 227). Einige dieser Gewerkschaften beteiligten sich am Privatisierungsprozeß – über den Kauf von Aktien oder die Verwaltung der Belegschaftsaktien (im Rahmen des "Programms zur Beteiligung am Unternehmenskapital"). Es gibt außerdem Gewerkschaften, die sich am

---

[9] Nach Gallup-Umfragen ging die bereits geringe Glaubwürdigkeit der Gewerkschaften bei gerade 30% der Befragten im Jahr 1984 bis 1995 weiter bis auf 10% zurück (Latin American Weekly Report WR-96-03, S. 34).

[10] 1991 hatten die argentinischen Gewerkschaften zwischen 3 Mio. (Schätzwert) und 4 Mio. (Angaben des Arbeitsministeriums) Mitglieder (= 24,4% der erwerbstätigen Bevölkerung (ILO 1994, S. 14). Zur Zeit gibt es rd. 1400 anerkannte und registrierte Gewerkschaften, von denen ca. 25 mehr als 50.000 Mitglieder aufweisen, der Rest verfügt über deutlich weniger (Palomino 1995, S. 220-221).

neuen Sozialversicherungssystem (das jetzt teilweise privatisiert ist) beteiligten. In einigen Fällen mußten die Gewerkschaften, die unternehmerisch tätig wurden (indem sie in unterschiedlichen Sparten investierten), mit anderen Gewerkschaften Tarifverhandlungen führen, die die Beschäftigten der betreffenden Unternehmen repräsentierten.

In einer interessanten Studie (Murillo 1995) wird das Verhalten der Hauptströmung in der CGT als eine erfolgreiche Anpassungsstrategie gegenüber der peronistischen Regierung interpretiert. Demzufolge boten die Gewerkschaftsführer ihre Unterstützung und Zustimmung im Hinblick auf die Reformen in Wirtschaft und Arbeitsbeziehungen an, um auf diese Weise das Überleben der Organisation sicherzustellen. Dazu wurden das Profil und die Ziele der gewerkschaftlichen Strukturen verändert. Die erfolgreiche Anpassung weiter Sektoren der Gewerkschaftsbewegung wurde durch zwei historische Legate erleichtert:

— "Die sektorale Tradition der argentinischen Gewerkschaftsbewegung nach Branchen, die sich gegenüber dem allgemeinen Vertretungsanspruch des Dachverbandes CGT durchsetzt" (Murillo 1995, S. 1). Diese Tradition ermöglichte unterschiedliche Anpassungsstrategien je nach Wirtschaftsbranche.
— "Ihre Erfahrung bei der Erbringung von Dienstleistungen sozialer Art und im Gesundheitsbereich (über die Sozialwerke; D.N.) an ihre Mitglieder, die zur Herausbildung großer Strukturen führte sowie ein Vermächtnis an Kenntnissen zur Führung derartiger Einrichtungen schuf" (Murillo 1995, S. 10).

Anders ausgedrückt, die beiden Säulen der argentinischen Gewerkschaftsbewegung — die Akteur bei den Tarifverhandlungen und Anbieter sozialer Dienstleistungen war — erleichterten es ihr, Einbußen in einem Bereich (dem der Arbeitsbeziehungen) hinzunehmen, um Positionen im anderen Bereich zu konsolidieren und auf diese Weise eine Überlebensgrundlage für die Gewerkschaftsbürokratie sicherzustellen. Diese Strategie bildete den Hintergrund für die wiederkehrenden Diskussionen zwischen Regierung und Gewerkschaften über die Sozialwerke. Bei diesem Thema hat sich die Regierung bewußt ambivalent verhalten und auf diese Weise die Gewerkschaften unter Druck gesetzt, damit diese ihre Positionen im Bereich der Arbeitsbeziehungen flexibilisieren, und zugleich deren Hoffnung genährt, sie könnten ihren Einfluß in anderen Bereichen (Gewerkschaftsunternehmen, Sozialwerke etc.) konservieren, die zur Finanzierung ihrer Verwaltungsstrukturen und zur Gewährung selektiver Anreize an die Mitglieder notwendig sind.

Die Aussichten für eine offensivere Verteidigung gewerkschaftlicher Positionen im Bereich der Arbeitsbeziehungen sind begrenzt. Langfristige Veränderungen in der Beschäftigungsstruktur beeinflußten die Verhandlungsmacht der Gewerkschaften negativ und veränderten die soziale Zusammensetzung der argentinischen Gewerkschaftsbewegung. So sind die Verringerung der relativen Bedeutung der Arbeitnehmer auf dem Arbeitsmarkt (von 1980: 72% auf 1991: 65% der erwerbstätigen Bevölkerung) und der geringere Anteil der Arbeitnehmer, die in größeren Unternehmen arbeiten, zu erwähnen. Zwischen 1980 und 1991 nahm der Anteil der Arbeitnehmer in Unternehmen mit mehr als 5 Beschäftigten — eine sehr niedrige Schwelle — an der erwerbstätigen Bevölkerung von 31% auf 26% ab (siehe Palomino/Schvarzer 1995). Einer von vier Arbeitnehmern arbeitete darüber hinaus in prekären Arbeitsverhältnissen, d.h. ohne Sozialversicherung etc. (Torrado 1995, S. 82). Zugleich muß auf den Anstieg (+ 7%) der Beschäftigtenzahl im öffentlichen

Sektor – 31% der Arbeitnehmer und 18% der Erwerbstätigen im Jahr 1991 – während der 80er Jahre hingewiesen werden, einem Sektor, in dem ein gewerkschaftliches Organisierungspotential besteht und der während der 90er Jahre ein größeres Konfliktpotential aufwies als traditionelle Kernsektoren (z.B. in der Metallindustrie) der argentinischen Gewerkschaftsbewegung. Diese waren besonders stark von den beschriebenen strukturellen Veränderungen und dem explosiven Anstieg der Arbeitslosigkeit in den Jahren 1994/95 betroffen. Aber auch die öffentliche Verwaltung wurde von der Sparpolitik der nationalen und provinzialen Regierungen geschüttelt (Entlassungen, Lohnabsenkungen etc.). Deshalb waren die Aktionen der Gewerkschaften in diesem Sektor in der Regel defensiv – mit begrenztem Erfolg.

Als generelle Tendenz läßt sich festhalten: das nationale und zentralisierte System von Tarifverhandlungen mit Abkommen zwischen nationalen Branchengewerkschaften, der Regierung und Unternehmerverbänden[11] hat sich überlebt. Statt dessen haben die Verhandlungen und Übereinkommen zwischen Unternehmern und Arbeitnehmern auf Unternehmensebene an Zahl und Bedeutung zugenommen. Im Ergebnis gibt es heute eine Vielzahl von partikularen Subsystemen der Arbeitsbeziehungen[12], die ihrerseits die beträchtlichen Unterschiede zwischen Unternehmen und Sparten widerspiegeln und deren Grundmerkmale letztlich davon abhängen, inwieweit die Gewerkschaften aktiv an ihrer Ausgestaltung mitwirken konnten (Palomino/Señen 1994).

3. Der *"realismo periférico"* – ein neuer Ansatz in der argentinischen Außenpolitik

Wie in der Wirtschaftspolitik nahm die argentinische Regierung während der ersten Präsidentschaft von Carlos Menem auch in der Außenpolitik einen Kurswechsel vor. Zwischen beiden Politikbereichen besteht eine enge Verbindung. Sowohl der erste Außenminister und heutige Wirtschaftsminister, Domingo Cavallo, als auch sein Nachfolger Guido di Tella sind Ökonomen. Diese Tatsache (wie auch die Ernennung beider Fachleute) erklärt bereits einen Teil der Vorherrschaft wirtschaftlicher Gesichtspunkte in der Außenpolitik. Die Außenpolitik dient heute der Wirtschaftspolitik. Mit dieser Umorientierung seiner Außenpolitik steht Argentinien allerdings nicht allein. Auch in der Außenpolitik der USA – insbesondere im Verhältnis zu Lateinamerika (siehe Nolte 1995) – kommt der wirtschaftlichen Komponente heutzutage größere Bedeutung zu. Das gleiche gilt für die Länder der EU, einschließlich der Bundesrepublik Deutschland (siehe Krumwiede/Nolte 1994).

Wie in der Wirtschaftspolitik bildete auch in der Außenpolitik die Erfahrung der Hyperinflation der Jahre 1989/90 den Schlüsselfaktor für den Kurswechsel, weil die außenpolitischen Optionen für die Regierung eingeschränkt wurden. Die Dominanz wirtschaftlicher Interessen verkleinert die argentinische "Weltkarte" (Russell 1994, S. 13-16):

---

[11] Zur Entwicklung und Politik der argentinischen Unternehmerverbände siehe den Beitrag von Birle im vorliegenden Buch.

[12] Es gibt eine immer mehr zunehmende Ausdifferenzierung der Arbeitsbeziehungen auf Unternehmensebene und zwischen den Unternehmen. Nach mehreren Arbeitsrechtsreformen gab es im Mai 1995 insgesamt 20 verschiedene Arten von rechtlichen Beschäftigungsverhältnissen (siehe Capón Filas/Capón Filas 1995, S. 117).

Die Außenpolitik konzentriert sich auf wenige Weltregionen, denen wirtschaftliche Bedeutung zukommt, wie die Vereinigten Staaten, die Staaten des "erweiterten" MERCOSUR (einschließlich Chiles und Boliviens), die Europäische Union, Japan, die Industriestaaten Südostasiens und in der Zukunft China.

Die konzeptionellen Grundlagen der neuen Außenpolitik Argentiniens lassen sich in den folgenden Prämissen zusammenfassen, die Bestandteil dessen sind, was einer der Theoretiker dieser Politik als *"realismo periférico"* oder als "Realismus der schwachen Staaten" bezeichnet hatte (Escudé 1995):

"1. In einer liberalen Demokratie ... muß die Hauptfunktion der Außenpolitik darin bestehen, dem einzelnen Bürger zu dienen, und dies wird in der Hauptsache dadurch erreicht, daß wirtschaftliches Wachstum ermöglicht wird;
2. deshalb stellt die wirtschaftliche Entwicklung die eigentliche Definition des 'nationalen' Interesses dar, insbesondere im Fall eines Entwicklungslandes, das, wie Argentinien, mit keiner glaubhaften äußeren Bedrohung konfrontiert wird; und
3. die Vereinigten Staaten bilden die wichtigste einzelne externe Begrenzung der Außenpolitik der Staaten der lateinamerikanischen Region, und folglich liegt es im besten Interesse eines Landes wie Argentinien, gute Beziehungen mit dieser Großmacht zu pflegen, immer vorausgesetzt, daß diese guten Beziehungen nicht auf Kosten der **materiellen** Interessen Argentiniens gehen" (Escudé/Fontana 1995, S. 5)

Der neue Ansatz in der Außenpolitik versucht, Schaden zu begrenzen und die Kosten politischer Konfrontationen zu vermeiden, die in keiner Beziehung zu den materiellen Interessen des Landes stehen und in der Regel von den Bürgern im allgemeinen und weniger von den politischen Eliten, die sich in ihrer Politik irrten, zu tragen sind (deshalb definiert sich dieser Ansatz auch als "bürgerzentriert"). Aus dieser Perspektive rechtfertigen sich Konflikte mit Großmächten wie den Vereinigten Staaten – nach einer Kosten-Nutzen-Kalkulation – nur, wenn es sich um bedeutende Themen handelt, denen Einfluß auf die Entwicklung und das Wirtschaftswachstum des Landes zukommt (vgl. Escudé 1995, S. 232).

Während der ersten Präsidentschaft von Menem wurde ein deutlich erkennbarer Kurswechsel im Vergleich mit der Außenpolitik der Vorgängerregierung vorgenommen, die aus der Sicht der neuen Herren im Außenministerium häufig zu "idealistisch" und "konfrontativ" gewesen war, und für Argentinien Kosten ohne Nutzwert (Malvinen, Condor II, Bewegung der Blockfreien etc.) nach sich gezogen hatte. Möglicherweise hätte auch eine radikale Regierung unter den Bedingungen der Jahre 1989/90 ihr außenpolitisches Profil verändert, wahrscheinlich aber weniger radikal als die Regierung Menem. Richtig ist, daß die Unterschiede, die man zwischen der Außenpolitik der Regierungen Alfonsín und Menem feststellen kann, in engem Zusammenhang zu den Veränderungen im internationalen Umfeld und in der Innenpolitik stehen, die die Handlungsoptionen beider Regierungen einschränkten (Russell 1994, S. 22-26). Es sei daran erinnert, daß die Ausführungen von Menem im Wahlkampf zu außenpolitischen Themen unklar und widersprüchlich waren und keine Hinweise auf die zukünftige Politik enthielten (siehe Vacs 1995, S. 308-309).

Während der ersten Präsidentschaft von Carlos Menem richtete Argentinien seine Außenpolitik explizit an den USA aus und nahm eindeutig prowestliche Positionen ein (nach dem Selbstverständnis der Regierung ist Argentinien Teil der "Ersten Welt"), einschließlich einer Normalisierung der Beziehungen zu Großbritannien. So veränderte Argentinien sein Abstimmungsverhalten in internationalen Organisationen (wie den Vereinten Nationen oder der OAS), trat im September 1991 aus der Blockfreienbewegung aus, nahm an friedenstiftenden Missionen im Rahmen der VN (Kroatien, Zypern, Haiti etc.) teil[13] und entsandte als symbolischen Beitrag zwei Kriegsschiffe in den Persischen Golf, um an den Aktionen der USA und ihrer Verbündeten (unter dem Mandat der VN) gegen den Irak teilzunehmen. Zugleich beendete Präsident Menem – vor dem Hintergrund der Nichtverbreitungspolitik der USA von Atomwaffen und ballistischen Trägerraketen – das Projekt einer Mittelstreckenrakete (Condor II), ratifizierte den Vertrag von Tlatelolco und unterzeichnete ein Abkommen mit Brasilien, das eine wechselseitige Kontrolle der Atomenergieprogramme (unter Aufsicht der Internationalen Atomenergiebehörde) vorsieht.

Am meisten Kontinuität mit der Außenpolitik von Alfonsín gab es hinsichtlich der politischen und wirtschaftlichen Annäherung an Chile und im Hinblick auf die wirtschaftliche Integration mit Brasilien im Rahmen des MERCOSUR.

Unbeschadet vieler Kontroversen in den vergangenen Jahren wurden Fortschritte in Richtung auf einen außenpolitischen Grundkonsens gemacht (Russell 1994, S. 22-26). Auf mittlere Sicht scheint ein erneuter Kurswechsel in der argentinischen Außenpolitik eher unwahrscheinlich.

4. Was bleibt vom Peronismus?

Ausgehend von den beschriebenen Umbrüchen in der Wirtschafts- und der Außenpolitik sowie dem Bedeutungsverlust der Gewerkschaften als ehemaligem "Rückgrat" der peronistischen Bewegung stellt sich die Frage: Was bleibt vom peronistischen Erbe in der Regierung von Carlos Menem? Bevor eine Antwort gegeben wird, gilt es festzuhalten, daß es bei einer derart facettenreichen politischen Bewegung wie der peronistischen, die eine lange und widersprüchliche Geschichte aufweist, immer möglich ist, Elemente herauszufiltern, um Kontinuitätslinien zu konstruieren.

Der Kommentar von Floria (1995, S. 183) ist äußerst zutreffend, wenn er schreibt: "Es gab nicht einen Peronismus, sondern mehrere. Es gibt keinen Peronismus, sondern mehrere. Die erste Diskontinuität entspringt der Tatsache, daß Perón er und sein Umfeld waren. Und es gibt weder ihn noch das nationale und internationale Umfeld der 40er und 50er Jahre." Die gleichen Überlegungen lassen sich auf Menem beziehen, der die peronistische Programmatik – falls es überhaupt noch eine gab – an das Umfeld der Jahre 1989/90 anpaßte, aber zugleich den Zeitläuften seinen persönlichen Stempel aufdrückte. Die Mehrheit der Beobachter, die eine Kontinuität zwischen Perón und Menem wahrnehmen, beziehen sich mehr auf den politischen Handlungsstil als auf die Inhalte. Die Kontinuität im politischen Stil und einiger Aspekte der peronistischen Liturgie (ihres Sinnes entleert) waren wichtig, um die Identifikation der Wähler mit der Partei zu konservieren (Portantiero 1995, S. 106-107; Sidicaro 1995, S. 129-130). Falls außerdem

---

[13] Mitte 1995 hatte Argentinien rd. 1.600 Militärs und 104 Gendarmen zu friedenstiftenden Aktionen der VN abgestellt. Nach einer anderen Berechnung stellte Argentinien im September 1994 rd. 60% der lateinamerikanischen Teilnehmer an multilateralen Friedensmissionen (Escudé/Fontana 1995, S. 9/38, Anm. 9).

– wie vielfach behauptet – der Pragmatismus eines der charakteristischen Elemente des Peronismus darstellt, dann ist wenig programmatische Kontinuität zu erwarten. Schon Mitte der 50er Jahre hatte Perón seine Wirtschaftspolitik modifiziert und eine Annäherung an die Vereinigten Staaten gesucht. Auch die zweite peronistische Regierung (1973-1976) wies im Vergleich mit der peronistischen Politik der 40er Jahre unterschiedliche Züge auf.

Die vielleicht beste Charakterisierung der spezifischen Züge des Menemismus und der Kontinuitätslinien mit dem traditionellen Peronismus bieten Carlos Floria und Juan Carlos Portantiero, wenn sie schreiben:

– "der Menemismus ist eine Fortsetzung der starken Tradition, die aus meiner Sicht Perón und der Peronismus als eine Form des Konservatismus mit Rückhalt in den Unterschichten (*conservadorismo popular*) ausdrückten. Er hält eine pragmatische Art der Führung aufrecht, mit einem Sinn für sich bietende Gelegenheiten bis zum Extrem des Opportunismus, mit einer machiavellistischen Sichtweise der Macht. Er konserviert die 'inkorporierende' Fähigkeit des traditionellen Peronismus und seine Tendenz, sich in eine 'dominierende' Partei mit hegemonialen Neigungen zu verwandeln" (Floria 1995, S. 184).

– "der konservative Populismus von Menem ist nichts anderes als eine Fortsetzung des klassischen Peronismus, was sein Verhältnis zu den politischen Institutionen und sein pragmatisches Vermächtnis, Politik zu betreiben, betrifft. Er ist verwachsen mit dezisionistischen Formen der Machtausübung und feindlich gegenüber dem demokratisch republikanischen Stil" (Portantiero 1995, S. 107).

III. Politische Institutionen und Regierungsstil

Jegliche Analyse der politischen Institutionen in Argentinien und ihrer Funktionsweise in der ersten Hälfte der 90er Jahre muß drei Aspekte berücksichtigen: die institutionelle Ordnung, den politischen Stil von Menem und die wirtschaftliche Krise der Jahre 1989/1990.

Zu Beginn der 90er Jahre hatte Nino (1992a, S. 504/523) das politische System Argentiniens als ein "hyperpräsidentialistisches System" oder als "absolut hypertrophierten Präsidentialismus" bezeichnet. Als Indikatoren führte er an:

– "die absolute Ermessensfreiheit des Präsidenten .... die Mitglieder des Kabinetts und die übrigen Angehörigen der Regierung und der Verwaltung im allgemeinen zu ernennen";
– "die Kompetenzen des Präsidenten beim Ausnahmezustand";
– "die Kompetenzen ... bei Interventionen der Provinzen";
– "die äußerst weitreichenden Regulierungskompetenzen ... , wodurch die Grenze zwischen Ausführungsdekret und der Delegierung von gesetzgeberischen Kompetenzen immer mehr verschwimmen";
– "die Notverordnungen" (Nino 1992a, S. 524-528).

Während der Präsidentschaft von Carlos Menem hat sich die Machtkonzentration im Amt des Präsidenten — die allerdings auch unter seinem Vorgänger Alfonsín sehr ausgeprägt war — noch verstärkt, unbeschadet der Verfassungsreform von 1994, die den Präsidentialismus abmildern sollte (vgl. Alfonsín 1994; Sabsay/Onaindia 1994)[14].

Nach einer kürzlich veröffentlichten vergleichenden Analyse zum Demokratisierungsprozeß im Cono Sur und in Brasilien war seit 1990 ein gewisser Qualitätsverlust der Demokratie in Argentinien zu verzeichnen, weil Präsident Menem "häufig die Mechanismen der Verantwortlichkeit unterminiert hat. Institutionen, die nach der Verfassung der Gewaltenteilung und -kontrolle dienen sollten, haben sich statt dessen zu unterwürfigen Ablegern der persönlichen Macht des Präsidenten entwickelt. Die Presse- und die Redefreiheit wurden nicht immer voll respektiert oder geschützt" (Mainwaring 1995, S. 118). Aus diesem Grund wurde Argentinien in den Jahresberichten von Freedom House in den vergangenen Jahren schlechter als Uruguay und Chile (aber besser als Brasilien) klassifiziert (siehe die Synopse in Mainwaring 1995, S. 152).

Auch andere Beobachter der argentinischen Entwicklung nehmen in den vergangenen Jahren im politischen Bereich mehr Rück- als Fortschritte wahr (siehe O'Donnell 1995, S. 165): Auf der einen Seite ist eine Tendenz zur Konzentration von Entscheidungsmacht in der Exekutive (im Sinne einer "delegativen Demokratie"; O'Donnell 1992) zu verzeichnen, auf der anderen Seite gibt es viele "graue Zonen"[15] oder eine *"ciudadanía de baja intensidad"* nach der Terminologie von O'Donnell, in denen "man die partizipativen und demokratischen Rechte eines pluralistischen Systems (Polyarchie) respektiert, aber die liberale Komponente der Demokratie verletzt" (O'Donnell 1993, S. 173).

So hatte die Regierung Menem von Anfang an die erklärte Intention, politisch die Ausrichtung der Justiz zu kontrollieren und einen hörigen Justizapparat zu etablieren (siehe die entsprechenden Erklärungen von Regierungsvertretern, zitiert in Smulovitz 1995a, S. 99). Im April 1990 verabschiedete der Kongreß eine Gesetzesinitiative der Regierung, mit der die Zahl der Richter am Obersten Gerichtshof von fünf auf neun erhöht wurde. Nachfolgend wurden regierungsnahe Richter ernannt. Schon im August 1989 hatte auf Druck der Regierung der Bundesanwalt (*procurador de la nación*) zurücktreten müssen. Durch präsidentielle Dekrete abgesetzt wurden die Mitglieder des Rechnungshofs (*tribunal de cuentas de la nación*) und der Generalstaatsanwalt für Verwaltungsvergehen (*fiscal nacional de investigaciones administrativas*). Andere Richter, die für die Regierung "sensible" Prozesse leiteten, wurden "befördert" (Nino 1992a, S. 717; Smulovitz 1995a, S. 96). Zuletzt setzte die Regierung im Dezember 1995 unter Mißachtung der Geschäftsordnung des Senats und wenige Tage vor dessen (Teil-)Erneuerung einen Kandidaten zur Besetzung einer Vakanz am Obersten Gerichtshof durch, dessen Hauptqualifikation die Freundschaft mit Präsident Menem war. Die Haltung der Regierung zu einer unabhängigen Justiz läßt sich gut an einer Stellungnahme von Präsident Menem zur umstrittenen Ernennungspraxis für die Richter zum Obersten Gerichtshof ablesen: "Es gibt keinen Obersten Gerichtshof in der Welt, dessen Mitglieder

---

[14] Zu Vorgeschichte und Inhalt der Verfassungsreform von 1994 siehe den Beitrag von Jackisch im vorliegenden Band sowie ausführlicher Alfonsín (1994), De Riz (1994b; 1995), Sabsay/Onaindia (1994), Ferreira/Goretti (1995a), Lhoest (1995); Molinelli (1995), Nolte (1996).

[15] O'Donnell (1993) spricht von *"zonas marones"* (braunen Zonen), an anderer Stelle (O'Donnell 1995) aber auch von "grauen Systemen" (*sistemas grises*).

nicht mit der politischen Macht befreundet wären. Falls sie mir ein Beispiel nennen, wäre ich ein bißchen überzeugt" (zitiert in: Página 12, 9.12.1995, S. 10).

In der Presse wurde immer wieder über Bestrebungen innerhalb der Regierung berichtet, auf laufende Verfahren Einfluß zu nehmen. Insgesamt hat sich die Judikative in ihrer Mehrheit als regierungshörig erwiesen. Dies gilt in besonderer Weise für den Obersten Gerichtshof. Nur selten wurden die extensiven Verfassungsauslegungen der Exekutive in Frage gestellt. Keiner der großen Korruptionsprozesse gegen Regierungsbedienstete führte zu Verurteilungen. Die genannten Faktoren erklären das geringe Prestige, das die Justiz nach Meinungsumfragen genießt[16].

Konfliktiv gestalteten sich auch die Beziehungen zur Presse. Es gab mehrfach Bestrebungen der Regierung, gegen kritische Blätter vorzugehen. Immer wieder wurde ein Pressegesetz angekündigt, das im Falle von Verleumdungen oder falschen Beschuldigungen prohibitive Entschädigungszahlungen und im Vergleich mit anderen Straftatbeständen unverhältnismäßig hohe Strafen androhte. Vereinzelt kam es im Umfeld der Peronistischen Partei auch zu Übergriffen und Tätlichkeiten gegen Journalisten.

Dies war darauf zurückführen, daß sich die argentinische Presse – hervorzuheben sind die beiden Tageszeitungen "Clarín" und "Página 12" – während der Amtszeit von Präsident Menem als "vierte Gewalt" etabliert hat, die mit ihrer kritischen Berichterstattung Schwächen in der Justiz und in der Opposition zu kompensieren trachtete und von Präsident Menem und seiner Anhängerschaft als Hemmschuh bei den Bemühungen um eine Wiederwahl betrachtet wurde.

Auch im Verhältnis zur Legislative versuchte Präsident Menem, seinen Einfluß und seine Kompetenzen zu erweitern. Dies gilt in besonderer Weise für die wirtschaftlichen Reformen, zu deren Umsetzung Menem während seiner Amtszeit verstärkt auf präsidentielle Dekrete statt Gesetze zurückgriff. Dabei konnte er sich einerseits auf seine Stellung als oberster Verwaltungschef (Rationalisierungsmaßnahmen im öffentlichen Sektor) oder seine Kompetenz berufen, Durchführungsbestimmungen zu Gesetzen zu erlassen. Andererseits hatte ihm der Kongreß über Ermächtigungsgesetze zeitlich und inhaltlich begrenzt das Recht eingeräumt, Dekrete mit Gesetzeskraft zu erlassen. So wurden im August und im September 1989 mit dem "Staatsreformgesetz" und dem "Gesetz über den wirtschaftlichen Notstand" der Handlungsspielraum der Exekutive in der Wirtschaftspolitik, bei den öffentlichen Ausgaben und hinsichtlich der Privatisierung von Staatsunternehmen erweitert. Auf dieser Grundlage konnten geltende Gesetze modifiziert werden, ohne daß der Kongreß im Einzelfall diesen Veränderungen zustimmen mußte. Nach dem wirtschaftlichen Einbruch 1995, als das BIP nach den vorläufigen Zahlen um -4,4% zurückging, suchte die Regierung zum Jahresende erneut um die Delegierung gesetzgeberischer Kompetenzen durch das Parlament nach.

---

[16] Dies ist eine durchgehende Tendenz in allen Meinungsumfragen. Ende 1995 äußerten sogar 70% (1993: 63%; 1994: 59%) der Befragten in einer Umfrage (Demoskopia) – zu der leider keine technischen Daten vorliegen – Zweifel daran, daß Argentinien ein Rechtsstaat sei (bejahend 12,2%; w.n. 17,3%) (Clarín 5.1.1996, S. 10). Umfragen von Gallup zeigen, daß der Anteil der Befragten, die Vertrauen in die Justiz haben, zwischen 1984 und 1995 von 57% auf 27% der Befragten zurückgegangen ist (Latin American Weekly Report WR-96-03, S. 34).

Neben diesen delegierten Gesetzgebungskompetenzen griff der Präsident in großem Ausmaß auf "Notverordnungen" (*decretos de necesidad y urgencia*) zurück[17]. Zwischen Juli 1989 und Dezember 1993 hat Präsident Menem 308 derartige Verordnungen erlassen. Zum Vergleich: Von 1853 bis 1983 hatten die verfassungsmäßigen Regierungen weniger als 20 erlassen, Raúl Alfonsín (1983-1989) hatte nur zehn derartige "Notverordnungen" verabschiedet. Nur die Hälfte der "Notverordnungen" wurden von Präsident Menem als solche deklariert und selbst von diesen wurde nur ein Teil – wie nach dem Gesetz vorgeschrieben – offiziell dem Kongreß übermittelt. Von den 308 "Notverordnungen" wurden gerade 28 (= 9%) vom Kongreß per Gesetz ratifiziert. Drei (1%) wurden vom Kongreß als Ganzes oder in Teilen aufgehoben, in zwei dieser Fälle legte der Präsident daraufhin sein Veto gegen die Entscheidung des Kongresses ein (Ferreira/ Goretti 1994)[18]. Die Sequenz "Notstandsverordnung/Aufhebung durch den Kongreß/Veto des Präsidenten" belegt die Machtkonzentration in der Exekutive[19]. Zugleich scheint die zurückhaltende Reaktion des Kongresses auf die "Notverordnungen" den generellen Kommentar von Sartori (1994, S. 164) für den argentinischen Fall zu bestätigen: "Der Dekretismus ist ... eine dysfunktionale Antwort auf (oder von) Systeme(n), die nicht funktionieren."

In gewisser Weise war die Zentralisierung politischer Entscheidungskompetenzen die Voraussetzung für die wirtschaftlichen Reformen. Damit lag Menem allerdings im lateinamerikanischen Trend. Nachdem in einer Studie die wirtschaftlichen Reformpolitiken in acht lateinamerikanischen Ländern verglichen wurden, kommt der Verfasser (Philip 1993, S. 568) zu dem provozierenden Ergebnis: "Wenn man die acht Länder betrachtet, gibt es eine einfache und wirkungsvolle Korrelation zwischen der präsidentiellen Dominanz im politischen System und einer wirkungsvollen neoliberalen Politik."

In Argentinien entsprach die Konzentration von Entscheidungsmacht im Präsidentenamt in der schwierigen wirtschaftlichen und politischen Konstellation der Jahre 1989-91 der politischen Notwendigkeit, die Handlungsfähigkeit der Regierung zu beweisen, um die

---

[17] "Bei den '*decretos de necesidad y urgencia*' handelt es sich um von der Exekutive verabschiedete Normen, aufgrund derer Maßnahmen ergriffen werden, die normalerweise ein vom Kongreß verabschiedetes Gesetz voraussetzen" (Ferreira/Goretti 1994, S. 2).

[18] Nach den Ergebnissen einer Studie (Mustapic/Ferretti 1995) hat Präsident Menem gegen 109 oder 13% der 835 Gesetze, die während seiner ersten Präsidentschaft vom Kongreß verabschiedet worden waren, sein Veto eingelegt (Alfonsín 49/8%). Von diesen Vetos waren 61 (56%) Teilvetos (Alfonsín 12/25%), d.h. der Präsident lehnte nur einen Teil einer Gesetzesvorlage ab und setzte den Rest in Kraft. Das Teilveto (oder *line-item veto* in den USA) ist ein äußerst wirkungsvolles Instrument, da es dem Präsidenten durch die Modifikation bereits vom Parlament verabschiedeter Gesetze einen weitreichenden Gestaltungsspielraum einräumt (vgl. auch Sartori 1994, S. 162). Eine genaue Analyse der Vetos (Gesetzesinhalte, Begründung der Vetos, Initiatoren der Gesetze etc.) während der ersten Präsidentschaft von Menem zeigt, daß die Vetos dazu benutzt wurden, die Kontroll- und Gesetzgebungskompetenzen des Kongresses einzuschränken (siehe Mustapic/Ferretti 1995).

[19] In der Verfassungsreform von 1994 wurden die Kompetenzen des Präsidenten, "Notverordnungen" zu erlassen, und die temporäre Delegation von Gesetzgebungskompetenzen durch das Parlament formalisiert und *ex post* verfassungsrechtlich abgesichert (Art. 76 und 99). Verfassungsexperten (vgl. Sabsay/Onaindia 1994) bezweifeln, ob auf diesem Wege eine Eindämmung des präsidentiellen "Dekretismus" erreicht werden kann. Außerdem müssen die neuen Verfassungsvorschriften über Ausführungsgesetze – die ihrerseits Raum für unterschiedliche Auslegungen geben – in die Praxis umgesetzt werden (vgl. Ferreira/Goretti 1995, S. 86). Ausgehend von der vorherigen Praxis – ohne verfassungsmäßige Grundlage – bei der Anwendung von Notverordnungen und den Auslegungsmöglichkeiten der Verfassung scheint Skepsis im Hinblick auf die tatsächlichen Auswirkungen der Formalisierung und verfassungsrechtlichen Einschränkung der Notverordnungspraxis angebracht (vgl. Molinelli 1995, S. 12-13), zumal der Oberste Gerichtshof, als mögliches Kontrollorgan, in den vergangenen Jahren gezielt unter parteipolitischen Gesichtspunkten umbesetzt wurde.

Legitimation des politischen Systems zu erhöhen (Palermo 1995, S. 108-109). Danach hat sich diese Entscheidungsstruktur, die für eine Ausnahmesituation gerechtfertigt sein mag, aber verfestigt und verselbständigt. Zudem ging der "Dekretismus" — definiert als "exzessiver Gebrauch, in Wirklichkeit Mißbrauch, der Gesetzgebung durch Dekret" (Sartori 1994, S. 171, Anm. 4) — der Regierung Menem weit über die Implementierung neoliberaler Politiken hinaus. Über "Notverordnungen" wurden auch politisch marginale Angelegenheiten geregelt. Es handelt sich um einen Regierungsstil - "eine Politik des *fait accompli*" (Ferreira/Goretti 1994, S. 6) —, der die Gewaltenteilung mißachtete und politische Kontrollen weitgehend ausschaltete.

IV. Eine konsolidierte Demokratie?

Kann das politische System Argentiniens nach 12 Jahren Demokratie als konsolidiert angesehen werden? Um diese Frage zu beantworten, gilt es, zwischen der Funktionsweise der demokratischen Institutionen — hier gibt es, wie aufgezeigt wurde, immer noch bzw. erneut Defizite zu beklagen — und der Verwurzelung der Demokratie in der politischen Kultur zu unterscheiden. Als vorläufiges Resümee kann man vorausschicken, daß nicht mehr das Überleben der demokratischen Ordnung in Frage steht, die Diskussion zielt heute vielmehr auf die Qualität der Demokratie.

Die Ergebnisse von Meinungsumfragen offenbaren eine tiefe Verwurzelung demokratischer Werte in der argentinischen Gesellschaft (siehe für die 80er Jahre: Catterberg 1991). Nach einer Umfrage in acht lateinamerikanischen Ländern (*Corporación Latinobarómetro*) vom Mai 1995 zeigten die Argentinier und Uruguayer ausgeprägtere demokratische Einstellungen als die Befragten in den übrigen sechs Ländern. Auf die Frage "Mit welcher Aussage stimmen sie mehr überein?" wählten die Vorgabe "Die Demokratie ist jeglicher anderen Regierungsform vorzuziehen" in:

Argentinien	76%
Brasilien	41%
Chile	52%
Mexiko	49%
Paraguay	52%
Peru	52%
Uruguay	80%
Venezuela	60%

Quelle: Latinobarómetro, zitiert in: Clarín 1.10.1995, S. 18

Im argentinischen Fall antworteten darüber hinaus:

Manchmal ist eine autoritäre Regierung vorzuziehen	11%
Es ist mir gleichgültig, ob sie demokratisch ist oder nicht	6%
w.n/k.A.	7%

Nach einer anderen vergleichenden Umfrage (NDI/Römer 1995, S. 2) zeigten sich 67% der Befragten in Argentinien (in Chile waren es 74%; in El Salvador 61%, in Mexiko 50%, in Kolumbien 37% und in Peru 38%) mit der Demokratie zufrieden — unbeschadet der Kritik an den Leistungen der Mehrheit der politischen Institutionen[20] und Akteure[21].

In den 60er und 70er Jahren wurde die Demokratie in Lateinamerika von Konflikten über die angestrebte sozioökonomische Ordnung erschüttert, die oftmals zum Zusammenbruch demokratischer Systeme beitrugen. Was das sozioökonomische Ordnungsmodell betrifft, so war die argentinische Gesellschaft — nach Meinungsumfragen (Catterberg 1991) — in den 80er Jahren durch starke Erwartungen sozialer Mobilität geprägt, die gleichzeitig eine Legitimierung der bestehenden Ordnung implizierten. Nach anderen Umfrageergebnissen kam es im Verlauf der 80er Jahre zu mehreren grundlegenden Veränderungen in den soziokulturellen Einstellungen der Argentinier: 1990 zeigten mehr als 70% der Befragten in Meinungsumfragen eine positive Einstellung gegenüber der Privatinitiative (statt des Staates), eine höhere Bewertung der Produktion als der Umverteilung und eine Präferenz für eine weniger korporativistische Demokratie (Mora y Araujo 1991, S. 74).

Im Wahlkampf von 1995 blieb das Spektrum der wirtschaftspolitischen Optionen eher begrenzt (sieht man von kleinen Parteien auf der Rechten oder der Linken des Parteienspektrums ab). Es zeichnet sich eine Art Grundkonsens über die neue Ausrichtung der Wirtschaftspolitik ab. Die Opposition äußert keine Generalkritik mehr, sondern partielle Alternativvorschläge. Während des Wahlkampfes unterschieden sich, was die Hauptthemen "Stabilität" und "Arbeitslosigkeit" betrifft, die Versprechungen der drei wichtigsten Präsidentschaftskandidaten nur wenig.

V. Exkurs: Das argentinische Militär — vom Machtfaktor zum Sozialfall?

Zentral für jede Bewertung der Konsolidierung der argentinischen Demokratie ist die Rolle des Militärs. Noch 1987, als sich die letzte große Militärrebellion gegen die Regierung Alfonsín ereignete, hätten wenige Beobachter vorauszusagen gewagt, daß nur acht Jahre später die Frage der politischen Rolle des Militärs, eine der zentralen Fragen seit 1930, von der politischen Tagesordnung verschwunden sein bzw. ihren Inhalt radikal verändert haben würde. Zu Beginn der zweiten Präsidentschaft von Carlos Menem

---

[20] So ging nach Gallup-Umfragen beispielsweise das Vertrauen in den Kongreß deutlich zurück: Äußerten 1984 noch 72% der Befragten Vertrauen in die Arbeit des Kongresses, so waren es 1995 nur noch 15% (Latin American Weekly Report WR-96-03, S. 34).

[21] Die Ergebnisse von Meinungsumfragen aus Argentinien zeigen zugleich, daß "in Übereinstimmung mit der positiven Bewertung der Demokratie, sich die Enttäuschung und Entfremdung im Hinblick auf die Politik auch nicht in der Unterstützung von autoritären Lösungen niederschlägt. In Argentinien bevorzugt die öffentliche Meinung in ihrer Mehrheit die Freiheit gegenüber der Ordnung (61%) als die beste Form sicherzustellen, daß die Wirtschaft wächst und das Land besser funktioniert. Sie glaubt nicht, daß die Demokratie Chaos erzeugt, ist nicht von der größeren Effizienz von Militärregierungen im Vergleich mit Zivilregierungen überzeugt (70%) und hält es auch für richtig, daß — in einer Situation politischer Anarchie — der Kongreß eine Lösung herbeiführen und die Kontrolle übernehmen soll (51%)" (NDI/Römer 1995, S. 3).

war das Risiko einer militärischen Intervention kein Thema mehr, und die argentinische Demokratie hat viele Nachbarländer hinter sich gelassen, was die Integration des Militärs in ein demokratisches System betrifft. Argentinien teilt damit einen weltweiten Trend – wie er vom bekannten Militärspezialisten Samuel Huntington (1995) postuliert wurde –, daß die neuen Demokratien im Bereich der zivil-militärischen Beziehungen häufig größere Fortschritte erreichten als in anderen Bereichen. Neben anderen bietet Huntington (1995, S. 13) die folgende Erklärung an, der auch für den argentinischen Fall Gültigkeit zukommt: "Im Gegensatz zu wirtschaftlichen Reformen belasten die zivil-militärischen Reformen die Gesellschaft mit wenig Kosten, sie schaffen vielmehr breitgestreute Vorteile: eine Verringerung des Militärdienstes, Kürzungen bei den Rüstungsausgaben, eine Eindämmung von militärischen Menschenrechtsverletzungen und den Transfer von Unternehmen, die vom Militär geführt wurden, in private Hände. Diese Maßnahmen sind augenscheinlich populär und rufen in Gruppen außerhalb des Militärs kaum oder nur geringen Widerstand hervor."

Trotz der Fortschritte in den zivil-militärischen Beziehungen in Argentinien war der Weg dorthin schwierig, von Widersprüchen gekennzeichnet, und es gab auch Rückschläge. Ausgangspunkt für den tiefgreifenden Wandel in den zivil-militärischen Beziehungen war die militärische (durch die erniedrigende Niederlage im Malvinen-Krieg), wirtschaftliche (durch das wirtschaftliche Desaster) und moralische (durch den schmutzigen Krieg) Diskreditierung des Militärregimes, das 1983 die Macht abgeben mußte. Im Gegensatz zu ihren Waffenbrüdern in den Nachbarländern konnten die argentinischen Militärs den Übergangsprozeß nicht strukturieren und der ersten Zivilregierung Bedingungen stellen. Deshalb war es möglich – und auch eine Notwendigkeit für die argentinische Gesellschaft –, die Militärjuntas vor Gericht zu stellen. Die nachfolgende Entwicklung der zivil-militärischen Beziehungen war häufig widersprüchlich, und man muß die unmittelbaren Ergebnisse von den langfristigen Auswirkungen unterscheiden. Der militärische Widerstand (einschließlich dreier Rebellionen gegen die Regierung Alfonsín) zwang die Regierung, bei der juristischen Aufarbeitung der Menschenrechtsverletzungen während des Militärregimes nachzugeben. Die Rückschläge der Regierung Alfonsín wurden als destabilisierend für die Demokratie interpretiert. Aber gleichzeitig säten die Gerichtsverfahren und die Rebellionen Zwietracht in den Streitkräften (z.B. zwischen den Generälen und nachgeordneten Offizieren) als Grundlage für die Fortschritte in den zivil-militärischen Beziehungen während der Präsidentschaft von Carlos Menem. Zugleich hatten die Prozesse wegen der Menschenrechtsverletzungen und die Militärrebellionen unter Alfonsín in der Gesellschaft die Antikörper gegen den Bazillus militärischer Interventionen vermehrt.

Man muß die Militärpolitik von Menem vor allem auf der Basis ihres Beitrags zur Konsolidierung der Demokratie und weniger unter gesinnungsethischen Gesichtspunkten (im Sinne von Max Weber) beurteilen. Würde man nur ethische Kriterien anlegen, so könnte man die Begnadigungen der Teilnehmer an den Militärrebellionen gegen Alfonsín und der einsitzenden Juntageneräle und anderer mit Menschenrechtsverletzungen belasteter Militärs durch Präsident Menem kritisieren. Aber auf diese Weise erweiterte Menem seinen Handlungsspielraum, um entschiedener gegen zukünftige Rebellionen vorgehen zu können und in anderen für die zivil-militärischen Beziehungen wichtigen Bereichen den Einfluß der Streitkräfte zu reduzieren. Das Hauptmotiv war möglicherweise das Anliegen, seine persönliche Macht gegenüber Akteuren mit Störpotential zu konsolidieren

— allerdings mit für die Demokratie positiven Nebeneffekten. Zugleich schwächten die neoliberalen Wirtschaftsreformen die materielle Machtbasis der Militärs.

Nach der Interpretation argentinischer Autoren "entschied sich Menem für einen Tausch: seine Bereitschaft, alle wegen Menschenrechtsverletzungen wie auch wegen der Meutereien Verurteilten oder Angeklagten zu begnadigen, im Ausgleich für die Verpflichtung militärischer Unterordnung unter die zivile Gewalt" (Acuña/Smulovitz 1995, S. 190). Zynischer formulieren es Escudé/Fontana (1995, S. 18): "Der Regierung Menem gelang es, sie (die Militärs) aufgrund einer pragmatischen Mischung von symbolischen Zugeständnissen und dem Entzug materieller Güter von der politischen Bühne zu verdrängen, wobei (um es in einfacheren Worten auszudrücken) im Ausgleich für die präsidentielle Begnadigung für die von ihnen begangenen Menschenrechtsverletzungen einige Offiziere auf ein Armutsniveau abgesenkt wurden, das sie dazu zwingt, in ihrer Freizeit als Taxifahrer zu arbeiten."

In der Mehrzahl der anderen lateinamerikanischen Staaten wäre es immer noch undenkbar, daß der Oberkommandierende des Heeres in einer öffentlichen Ansprache vor Fernsehkameras die gleichen Erklärungen abgäbe wie der Stabschef des argentinischen Heeres, General Martín Balza:

"Niemand ist verpflichtet, einen unmoralischen Befehl oder einen Befehl, der von den Gesetzen oder den militärischen Dienstvorschriften abweicht, zu befolgen. Wer es trotzdem tut, begeht eine rechtliche Verfehlung, die entsprechend ihrer Schwere bestraft wird. Ohne Euphemismus erkläre ich mit aller Deutlichkeit:

— Es begeht eine Straftat, wer die Verfassung verletzt.
— Es begeht eine Straftat, wer unmoralische Befehle erteilt.
— Es begeht eine Straftat, wer unmoralische Befehle befolgt.
— Es begeht eine Straftat, wer zur Erreichung eines bestimmten Zieles, das er für gerechtfertigt hält, ungerechtfertigte, unmoralische Mittel anwendet."

In einem Gespräch mit dem uruguayischen Senator Rafael Michelini, dessen Vater 1976 in Argentinien ermordet worden war, hatte General Balza die Tötungsmethode der argentinischen Militärs, betäubte Gefangene über dem offenen Meer aus Flugzeugen zu stürzen, mit den Gaskammern der Nazis verglichen (Página 12, 28.10.1995, S. 10). In gewisser Weise kommt General Balza für die zivil-militärischen Beziehungen ähnliche Bedeutung für den Erfolg der Regierung Menem zu wie Domingo Cavallo für die Wirtschaftspolitik: Während letzterer die Wirtschaft "bändigte", "disziplinierte" der General das Heer (vgl. Morales 1996).

Dessen ungeachtet fallen immer noch Schatten der Vergangenheit auf die zivilmilitärischen Beziehungen. Im März 1995 veröffentlichte die Tageszeitung "Página 12" Auszüge aus einem Interview mit dem ehemaligen Korvettenkapitän Adolfo Francisco Scilingo, in dem er detailliert Repressionspraktiken während der Militärherrschaft beschrieb, die mit dem Schicksal der "Verschwundenen" in Zusammenhang stehen. Das Interview war für einige Wochen Referenzpunkt für eine Diskussion der Vergangenheit, die breite Sektoren der öffentlichen Meinung und wichtige politische und soziale Akteure einbezog. Nach der bereits erwähnten öffentlichen Erklärung von General Balza, in der er sich vom Militärputsch und den Repressionsmethoden distanzierte, sowie ähnlichen Erklärungen der Kommandeure der anderen Teilstreitkräfte, verlor das Thema an Interesse und es scheint wenig wahrscheinlich, daß sich die öffentliche Diskussion noch einmal ähnlich wiederbeleben läßt (nicht einmal mit neuen Geständnissen). Das Thema der Menschenrechtsverletzungen bleibt allerdings für die Opfer der Repression oder ihre Angehörigen (im Falle der Verschwundenen) aktuell. Möglicherweise ermangelt es immer noch ausreichender politischer Sensibilität auf seiten der Regierung für die Problematik, wie man mit Vergangenheit umgehen soll (vgl. Bayer 1995).

Soweit es in Argentinien noch ein "Militärproblem" gibt, so hat sich dessen Inhalt verändert. Unabhängig von der Tatsache, daß die Klage über mangelnde finanzielle Mittel den Militärs in der ganzen Welt gemeinsam ist, kann im argentinischen Fall doch konstatiert werden, daß die Militärausgaben drastisch reduziert wurden: von 3,6% des BIP (1983) auf 1,8% (1995) bzw. auf ein Drittel des Niveaus von 1986 (Morales 1995). Trotz einer umfassenden Truppenreduzierung, die im Vergleich mit den Nachbarländern einer einseitigen Abrüstung gleichkommt, werden immer noch 85% des Budgets des Heeres für Personalausgaben aufgewendet und nur 15% für operative Maßnahmen – Mitte der 80er Jahre (1985-1988) hatte das Verhältnis 60% : 40% gelautet (Quelle: Angaben des Verteidigungsministeriums). So mußten zwangsweise Einsparungen in den Ausbildungsprogrammen und bei der Wartung und Neuanschaffung von Waffensystemen vorgenommen werden. Der Sold ist weiterhin sehr niedrig, viele Offiziere gehen Nebenbeschäftigungen nach, oder – wie in der Luftwaffe – wandern auf lukrativere Posten in der Privatwirtschaft ab.

VI. Die argentinische Demokratie der 90er Jahre in historischer Perspektive

Bei einer Bestandsaufnahme der argentinischen Demokratie Mitte der 90er Jahre kommt man nicht umhin, die beachtlichen Veränderungen und Fortschritte festzuhalten. Argentinien kann seit 1930 als Prototyp einer "blockierten Demokratie" angesehen werden. Das Land blieb, was die Entwicklung seiner politischen Institutionen im Sinne einer pluralistischen Demokratie betrifft, über Jahrzehnte hinter seinem sozioökonomischen Entwicklungsniveau zurück. Unter Menem und seinem Amtsvorgänger Alfonsín wurden einige der "Blockadesyndrome" überwunden und auf diese Weise die Aussichten für eine dauerhafte Konsolidierung der Demokratie verbessert:

– Das argentinische Militär, das die Entwicklung des Landes seit 1930 entscheidend geprägt und immer wieder in den politischen Prozeß interveniert hatte, verlor an Einfluß, und ist zur Zeit kein Machtfaktor in der argentinischen Politik. Insofern ist es nicht verwunderlich, daß in der bereits erwähnten Umfrage von Latinobarómetro gerade 14% der Argentinier der Meinung sind, daß die Militärs viel Macht besitzen und sich damit in ihrem Meinungsprofil deutlich von anderen lateinamerikanischen Ländern unterscheiden (Mexiko 34%, Peru 50%, Venezuela 46%, Chile 47%, Uruguay 22%, Brasilien 31%, Paraguay 61%) (Página 12, 9.11.1995, S. 10).

– Unter Menem hat sich die Handlungsautonomie der Politik gegenüber den gesellschaftlichen Akteuren vergrößert. Dies gilt nicht nur gegenüber dem Militär, sondern auch gegenüber Unternehmerverbänden und Gewerkschaften. Damit wurde ein weiterer Schritt zur Überwindung des traditionellen "Prätorianismus" in der argentinischen Politik getan, zu dessen Merkmalen es gehörte, daß gesellschaftliche Machtgruppen und politische Akteure ihre Interessen an den politischen Vermittlungsstrukturen vorbei durch direkten Druck auf die Regierung durchzusetzen versuchten.

— Es gibt Anzeichen dafür, daß die Parteipolitik in großen Teilen der Bevölkerung und von den Hauptprotagonisten nicht mehr als Widerstreit antagonistischer Lager mit säkularem Erlösungsanspruch wahrgenommen wird, mit dem Drang, bei einem Regierungswechsel die Politik der Vorgänger umkehren zu wollen. Parteipolitik beschränkt sich heute mehr und mehr auf den Wettbewerb um politische Machtpositionen im Rahmen eines begrenzten Spektrums inhaltlicher Optionen.

— Während unter Perón die Integration der organisierten Arbeiterschaft in das politische System und in das damals praktizierte wirtschaftspolitische Ordnungsmodell der Importsubstituierung gelang, vollzog sich unter Menem eine Resozialisation der peronistischen Basis im Gewerkschaftsbereich in das neue Wirtschaftsmodell der Weltmarktöffnung bei gleichzeitiger Reduzierung des Staatseinflusses.

— Unter Menem wurde ein weiterer Schritt getan, den Antagonismus zwischen der peronistischen Bewegung und großen Sektoren der argentinischen Wirtschaftselite zu überwinden. Die argentinische Oberschicht, traditionell gegenüber Militärinterventionen offen, sieht heute größere Möglichkeiten, ihre Interessen unter demokratischen Rahmenbedingungen zu artikulieren und durchzusetzen. Das fehlende politische Gewicht der Wirtschaftselite im demokratischen Kräftespiel galt vormals als ein Destabilisierungsfaktor für die argentinische Demokratie. Die Rechte verfügte nur über eine sehr schwache Wählerbasis. Dies war aus der Sicht von Di Tella (1972, S. 323) die "Achillesferse" demokratischer Systeme in Argentinien und führte dazu, daß die Militärs zeitweilig das Fehlen einer starken und modernen Mitte-Rechts-Partei kompensierten (Mora y Araujo 1982, S. 225). Vor diesem historischen Hintergrund läßt sich verkürzt die These aufstellen, daß es Menem gelang, durch die ideologisch-programmatische Neuverortung der Peronistischen Partei traditionelle Konflikt- und Trennungslinien der argentinischen Politik zu verschieben.

Trotz der beachtlichen Fortschritte im Prozeß der Verankerung und Verfestigung demokratischer Strukturen in Argentinien bleiben, wie aufgezeigt wurde, Probleme, die insbesondere mit der Einstellung zur Macht und der Form der Machtausübung der augenblicklichen Regierungspartei zusammenhängen. Insofern kann man dem Urteil des Historikers und aktuellen Botschafters Argentiniens vor der UNESCO, Carlos Floria (1995, S. 185), zustimmen, wenn er als zentrale Herausforderung für die Zukunft herausstellt, daß die Argentinier ihre "traditionelle nationale Unbeständigkeit" hinter sich lassen müssen. "Konsistenz erfordert die Aussöhnung zwischen der Republik und der Demokratie sowie die gleichzeitige Respektierung der politischen, der wirtschaftlichen und der moralischen Grundordnung. Das Streben nach dieser Konsistenz ist ... die vordringliche Aufgabe."

Literaturverzeichnis:

ACUÑA, Carlos, 1994: Politics and Economics in Argentina in the Nineties, in: William C. Smith et al. (Hrsg.), Democracy, Markets and Structural Reform in Latin America: Argentina, Bolivia, Brazil, Chile and Mexico, New Brunswick u. London, S. 31-74.

– – – (Hrsg.), 1995: La nueva matriz política argentina, Buenos Aires.

– – –/SMULOVITZ, Catalina, 1995: Militares en la transición argentina: Del Gobierno a la subordinación constitucional, in: Acuña (1995, S. 153-202).

ALFONSIN, Raúl, 1994: La Reforma Constitucional de 1994, Buenos Aires.

ALSOGARAY, Alvaro, 1995: El peronismo ya no es un problema, in: Clarín 3.11.1995, S. 19.

BAYER, Osvaldo, 1995: De Dachau a la ESMA, in: Página 12, 1.7.1995, S. 32.

BELIZ, Gustavo (Hrsg.), 1995: Política Social: La cuenta pendiente. Claves para enfrentar la pobreza en la Argentina, Buenos Aires.

BENDEL, Petra/NOLTE, Detlef, 1995: Lateinamerikas Wähler setzen auf Stabilität, in: Lateinamerika. Analysen-Daten-Dokumentation 12, 28, S. 3-8.

BIRLE, Peter, 1995: Argentinien: Unternehmer, Staat und Demokratie, Frankfurt/M.

BORON, Atilio et al., 1995: Peronismo y Menemismo. Avatares del populismo en la Argentina, Buenos Aires.

BUSTOS, Pablo (Hrsg.), 1995: Más allá de la estabilidad. Argentina en la época de la globalización y la regionalización, Buenos Aires.

CAPON FILAS, Rodolfo/CAPON FILAS, Juan Pablo, 1995: Régimen de la pequeña y mediana empresa, La Plata.

CATTERBERG, Edgardo, 1991: Argentina Confronts Politics. Political Culture and Public Opinion in the Argentine Transition to Democracy, Boulder/Col.

CEPAL, 1995: Balance preliminar de la economía de América Latina y el Caribe 1995 (Notas sobre la economía y el desarrollo Nr. 585/586), Santiago de Chile.

DE RIZ, Liliana, 1994a: Argentina. El enigma democrático, in: Nueva Sociedad 129, S. 6-12.

– – –, 1994b: Los dos grandes partidos son de notable fragilidad. Interview mit Liliana De Riz, in: Clarín 11.12.1994, S. 20-21.

– – –, 1994c: Radicales y peronistas: El Congreso Nacional entre 1983 y 1989, Buenos Aires.

– – –, 1995a: Argentine Democracy: Towards a new dynamic of partisan competition? Manuskript, erscheint in: Latin American Democratic Governance, Johns Hopkins University Press.

– – –, 1995b: Le chemin incertain de la democratie argentine, Manuskript, erscheint in: Problèmes de L'Amérique Latine.

DI TELLA, Torcuato S., 1972: La búsqueda de la fórmula política argentina, in: Desarrollo Económico 11, 42-44, S. 317-325.

– – –, 1995: ¿Qué clase de alianza es ésta?, in: Clarín 24.5.1995, S. 17.

ESCUDÉ, Carlos, 1995: El realismo de los Estados débiles, Buenos Aires.

– – –/FONTANA, Andrés, 1995: Divergencias estratégicas en el Cono Sur: Las políticas de seguridad de la Argentina frente a las de Brasil y Chile (Universidad Torcuato Di Tella. Documentos de Trabajo Nr. 20), Buenos Aires.

FERREIRA, Delia/GORETTI, Matteo, 1993: Dinero y política. El debate sobre el financiamiento de los partidos políticos (ceppa colección papeles de trabajo Nr. 6), Buenos Aires.

– – –, 1994: Gobierno por decreto en Argentina (1989-1993), in: El Derecho 32, No. 8525, 1-8.

– – –, 1995a: La reforma constitucional argentina: ¿un presidente menos poderoso?, in: Contribuciones 12, 1, S. 69-90.

– – –, 1995b: Gobernar la emergencia. Uso y abuso de los decretos de necesidad y urgencia (1989-1993), in: AgorA 2, 3, S. 75-94.

FLORIA, Carlos, 1995: La tentación de la hegemonía, en: AgorA 1, 2, S. 183-185.

GERCHUNOFF, Pablo/CANOVAS, Guillermo, 1994: Las privatizaciones en la Argentina: Impactos micro y macroeconómicos (CEPAL-Serie de Reformas de Política Pública 21), Santiago de Chile.

GORETTI, Matteo/MUSTAPIC, Ana M., 1993: El Congreso de la transición democrática (1983-1989) (Serie Documentos de Trabajo 121/Instituto Torcuato Di Tella), Buenos Aires.

HALDENWANG, Christian von, 1994: Dezentralisierung und Anpassung in Lateinamerika. Argentinien und Kolumbien, Münster.

HALPERIN DONGHI, Tulio, 1994: La larga agonía de la Argentina peronista, Buenos Aires.

HUNTINGTON, Samuel P., 1995: Reforming Civil-Military Relations, in: Journal of Democracy 6, 4, S. 9-17.

ILO, 1994: 1994 Labour Review. Latin American and the Caribbean, Genf.

KRUMWIEDE, Heinrich-W./NOLTE, Detlef, 1994: Perspektiven einer Lateinamerikapolitik Deutschlands als Handelsstaat und Zivilmacht, in: Albrecht von Gleich et al. (Hrsg.), Lateinamerika Jahrbuch 1994, Frankfurt/M., 9-44.

LHOEST, Brigitte F.P., 1995: Constitutional Reform in Argentina, in: Verfassung und Recht in Übersee 28, 2, S. 155-165.

MAINWARING, Scott, 1995: Democracy in Brazil and the Southern Cone: Achievements and Problems, in: Journal of Interamerican Studies and World Affairs 37, 1, S. 113-180.

– – –/SCULLY, Timothy (Hrsg.), 1995: Building Democratic Institutions. Party Systems in Latin America, Stanford.

McGUIRE, James W., 1995: Political Parties and Democracy in Argentina, in: Mainwaring/Scully (1995, S. 200-246).

MINUJIN, Alberto/KESSLER, Gabriel, 1995: La nueva pobreza en la Argentina, Buenos Aires.

MOLINELLI, N. Guillermo, 1995: President-Congress Relations in Argentina, 1983-95. Paper prepared for delivery at the 1995 meeting of the Latin American Studies Association, Washington D.C., september 28-30, 1995

MORA Y ARAUJO, Manuel, 1982: El ciclo político argentino, in: Desarrollo Económico 22, 86, S. 203-230.

– – –, 1991: Ensayo y error. La nueva clase política que exige el ciudadano argentino, Buenos Aires.

– – –, 1995: De Perón a Menem. Una historia del peronismo, in: Borón et al. (1995, S. 47-66).

MORALES SOLA, Joaquín, 1995: Defensa moderna y el presupuesto militar, in: La Nación 3.10.1995, S. 7.

– – –, 1996: No hay Beliz ni Ortega sin Cavallo, in: La Nación. Internationale Ausgabe, 16.-22.1.1996, S. 3.

MURILLO, M. Victoria, 1995: Los sindicatos frente a la reforma del Estado en Argentina y Mexico, Trabajo presentado en el XIX Congreso de la LASA, Washington D.C., 28-30 de septiembre de 1995.

MUSTAPIC, Ana María/FERRETTI, Natalia, 1995: El veto presidencial bajo Alfonsín y Menem, paper para ser presentado en el Congreso de la LASA, Washington D.C., septiembre 28-30, 1995.

NDI (National Democratic Institute for International Affairs)/RÖMER, Graciela y Asoc., 1995: Actitudes hacia los partidos políticos en América Latina, Washington D.C.

NINO, Carlos Santiago, 1992a: Fundamentos de Derecho Constitucional. Análisis filosófico, jurídico y politológico de la práctica constitucional, Buenos Aires.

– – –, 1992b: Un país al margen de la ley, Buenos Aires.

NOLTE, Detlef, 1991: Wahlen in Lateinamerika zu Beginn der 90er Jahre: Trends und Perspektiven, in: Lateinamerika. Analysen-Daten-Dokumentation 8, 18/19, S. 3-13.

– – –, 1994: Parteien und Wahlen in Zeiten wirtschaftlicher Umstrukturierungspolitiken, in: Lateinamerika. Analysen-Daten-Dokumentation 11, 25/26, S. 3-17.

– – –, 1995a: Ein Volk von Menemisten?. Argentinien nach den Parlaments- und Präsidentschaftswahlen vom Mai 1995, in: Lateinamerika. Analysen-Daten-Dokumentation 12, 28, S. 9-24.

– – –, 1995b: Kontinent der Zukunft? Geoökonomische Interessen der USA und Europas in Lateinamerika, in: Blätter für deutsche und internationale Politik 6/95, S. 728-737.

– – –, 1996: De la 'larga agonía de la Argentina peronista' a la 'reconversión menemista'. Transformaciones del sistema político argentino durante la primera presidencia de Carlos Menem, erscheint in: Wilhelm Hoffmeister (Hrsg.), Transformaciones políticas en América Latina, Buenos Aires.

O'DONNELL, Guillermo, 1992: Delegative Democracy? (Kellogg Institute. Working Paper 172), University of Notre Dame/Ind.

– – –, 1993: Acerca del estado, la democratización y algunos problemas conceptuales. Una perspectiva latinoamericana con referencias a paises poscomunistas, in: Desarrollo Económico 130, S. 163-184.

– – –, 1995: Democracias y exclusión, in: AgorA 1, 2, S. 165-172.

PALERMO, Vicente, 1995: Reformas estructurales y régimen político, in: AgorA 2, 3, S. 95-114.

PALOMINO, Hectór, 1995: Quiebras y rupturas de la acción sindical: un panorama desde el presente sobre la evolución del movimiento sindical en Argentina, in: Acuña (1995, S. 203-230).

– – –/SCHVARZER, Jorge, 1995: Entre la informalidad y el desempleo. Una perspectiva de largo plazo sobre el mercado de trabajo en la Argentina, Manuskript erscheint in: Oikos.

– – –, SENEN GONZALEZ, Cecilia, 1994: Emergencia de subsistemas de relaciones laborales en las empresas: sus impactos socio-culturales, trabajo presentado al segundo Congreso Nacional de Estudios del Trabajo, Buenos Aires 23 a 26 de agosto de 1994.

PHILIP, George, 1993: The New Economic Liberalism And Democracy in Latin America: Friends or Enemies?, in: Third World Quarterly, 14, S. 555-571.

PORTANTIERO, Juan Carlos, 1995: Menemismo y peronismo: continuidad y ruptura, in: Borón et al. (1995, S. 101-118).

RUSSELL, Roberto, 1994: Los ejes estructurantes de la política exterior argentina, in: América Latina/Internacional 1, 2, S. 5-26.

SABSAY, Daniel A./ONAINDIA, José M., 1994: La Constitución de los Argentinos. Análisis y comentario de su texto luego de la reforma de 1994, Buenos Aires.

SARTORI, Giovanni, 1994: Comparative Constitutional Engineering, Houndmills/London.

SCHEETZ, Thomas, 1995: La necesaria reforma militar argentina, in: Nueva Sociedad 138, S. 132-141.

SERRICHIO, Sergio, 1995: Qué sobrevive del 'efecto Tachi', in: Clarín Económico 6.8.1995, S. 2-4.

SIDICARO, Ricardo, 1995: Poder político, liberalismo económico y sectores populares, in: Borón (1995, S. 119-156).

SMULOVITZ, Catalina, 1995a: El Poder Judicial en la Nueva Democracia, in: AgorA 1, 2, S. 85-106.

– – –, 1995b: Constitución y poder judicial en la nueva democracia argentina. La experiencia de las instituciones, in: Acuña (1995, S. 71-114).

TERTSCH, Hermann, 1995: Menem y la memoria, in: El País 23.5.1995, S. 6.

TORRADO, Susana, 1995: Notas sobre la estructura social argentina al comenzar los años noventa, in: Béliz (1995, S. 65-102).

TORRE, Juan Carlos, 1994: América Latina, el Gobierno de la Democracia en Tiempos Difíciles (Instituto Torcuato Di Tella Serie Documentos de Trabajo 122), Buenos Aires.

– – –, 1995a: Los efectos políticos del pánico, in: Clarín 2.2.1995, S. 20.

– – –, 1995b: De la utopía democrática a la democracia argentina, in: AgorA. Cuadernos de Estudios Políticos 1, 2, S. 177-182.

TOURAINE, Alain, 1995: "Terminó la limpieza liberal", Interview in: Página 12, 21.5.1995, S. 8-9.

VACS, Aldo C., 1995: Vuelta a los orígenes: democracia liberal, liberalismo económico y la redefinición de la política exterior argentina, in: Acuña (1995, S. 285-330).

VERBITSKY, Horacio, 1995: El vuelo, Buenos Aires.

VIAL, Alejandro, 1995: Meditaciones políticas y socio-económicas. Elecciones nacionales argentinas, in: Acción, Asunción, Nr. 154 (junio), S. 22-25.

WALDMANN, Peter, 1992: The Peronism of Perón and Menem: from Justicialism to Liberalism?, in: Colin M. Lewis/Nissa Torrents (Hrsg.), Argentina in the Crisis Years (1983-1990). From Alfonsín to Menem, London, S. 90-101.

WORLD BANK, 1993: Argentina. From Insolvency to Growth, Washington D.C.

WYNIA, Garry W., 1995: Argentina's New Democracy: Presidential Power and Legislative Limits, in: David Close (Hrsg.), Legislatures and the New Democracies in Latin America, Boulder u. London, S. 71-88.

Carlota Jackisch

Die Verfassungsreform von 1994 und die Wahlen vom 14. Mai 1995

I. Die Verfassungsreform von 1994

Der Übergang zur Demokratie in den Ländern Lateinamerikas hat das Interesse an institutionellen Themen neu aufleben lassen. In vielen Fällen bedingte der Übergang auch einen Neuaufbau oder eine Überprüfung der staatlichen Institutionen. Schwerpunkt der Debatte war dabei die Frage nach dem geeigneten Regierungssystem zur Sicherung der Stabilität und Konsolidierung der wiedergewonnenen Demokratie. Das Regierungssystem ist allerdings nur ein Aspekt, der bei der Analyse der politischen Institutionen und ihrer Funktionsweise zu berücksichtigen ist. So zeichnen sich auch die parlamentarischen Demokratien trotz mancher Gemeinsamkeiten durch große Unterschiede aus. Nur zur Illustrierung seien hier die britische parlamentarische Demokratie und das italienische System genannt.

Im Unterschied zu anderen Ländern ist im Fall Argentiniens dem Übergang zur Demokratie 1983 keine institutionelle Debatte vorangegangen. Man begnügte sich damit, die Verfassung von 1853 wieder in Kraft zu setzen, ebenso wie das überlieferte Wahlsystem, wenn auch mit einigen Veränderungen, und das Parteiengesetz in seiner Fassung vor dem Staatsstreich von 1976.

Nach der Machtübernahme durch die demokratische Regierung begann eine wenn auch zurückhaltend geführte Debatte, die jedoch nie auf eine breite Resonanz in der Öffentlichkeit stieß. Das Regierungssystem gehörte zu den besonders strittigen Punkten, auch im vom damaligen Präsidenten Alfonsín geschaffenen *Consejo para la Consolidación de la Democracia*. Die Defizite des argentinischen Präsidialsystems veranlaßten die *Unión Civica Radical* (UCR) damals, ein Mischsystem vorzuschlagen, in das Elemente einer parlamentarischen Demokratie aufgenommen werden sollten. Die Debatte über die Verfassungsreform dominierte die politische institutionelle Diskussion der vergangenen zehn Jahre und führte schließlich zu den Reformen von 1994.

Im Zusammenhang mit dieser Thematik soll in diesem Beitrag u.a. untersucht werden, ob das von dem *Consejo para la Consolidación de la Democracia* angestrebte Ziel einer verfassungsmäßigen Verankerung von Elementen einer parlamentarischen Demokratie gelungen ist und ob die Verfassungsreform allgemein die Erwartungen ihrer Initiatoren — Raúl Alfonsín und Carlos Saúl Menem — erfüllt hat.

Die Arbeit des *Consejo para la Consolidación de la Democracia* diente im wesentlichen dazu, einen institutionellen Ausweg aus den sich in der argentinischen Geschichte häufig wiederholenden politischen Krisen zu finden. In einem Zwischenbericht der Kommission heißt es bezogen auf die damals gültige Verfassung "(...sie weist) einige Funktionsdefizite auf, die einer erfolgreichen Überwindung von Spannungs- und Krisenmomenten nicht förderlich sind..." (Consejo para la Consolidación 1986, S. 24).

Den größten Vorteil eines abgeschwächten Präsidialsystems sah man in seiner größeren Flexibilität, Spannungs- und Krisenmomenten zu begegnen. Verschiedentlich wies man auf die Notwendigkeit hin, über eine Institution zu verfügen, die in Krisenmomenten eine Ventilfunktion übernehmen kann. Dabei wurde in erster Linie an einen Premierminister gedacht. In Spannungs- oder Krisenmomenten sollten so die Regierung und der Präsident selbst aus der Schußlinie gehalten werden.

Als während der Amtszeit von Präsident Menem die Frage einer Verfassungsreform erneut aufgeworfen wurde, ging es nicht mehr in erster Linie darum, institutionelle Auswege aus Krisensituationen zu suchen. Politische Beobachter aller parteipolitischen Richtungen sind sich darüber einig, daß die Hauptmotivation in der Ermöglichung der Wiederwahl des Präsidenten lag. Allerdings ging es auch um die Modernisierung des Staates und die verfassungsmäßige Verankerung der ab 1989 eingeleiteten Reformen. So wurden im Verfassungstext eine Reihe von Mechanismen festgeschrieben, die zu einer effizienteren und dynamischeren Regierungsführung beitragen sollen. Viele dieser Instrumente waren bereits Teil der politischen Alltagspraxis geworden, darunter die Delegierung gesetzgeberischer Kompetenzen durch den Kongreß an den Präsidenten, Notverordnungen und partielle Vetos (Ferreira Rubio/ Goretti 1994, S. 76).

Tatsache ist, daß in den ursprünglichen Plänen des *Partido Justicialista* eine Abänderung des Präsidialsystems durch die Verankerung eines Premierministers oder Kabinettschefs, die aus parlamentarischen Demokratien übernommen wurden, nicht vorgesehen war. Die Einführung des Kabinettschefs, um die Machtkonzentration in der Exekutive abzuschwächen oder zu verringern, machte die UCR zur Bedingung für eine aktive Unterstützung der Reform, welche in der am 14. November 1993 unterzeichneten Vereinbarung ihren Niederschlag fand und unter dem Namen *"Pacto de Olivos"* bekannt wurde. Allerdings war die Figur des Kabinettschefs, die schließlich in die Verfassung aufgenommen wurde, Gegenstand langwieriger Debatten, da Präsident Menem jeden Vorschlag zu einer institutionellen Reform verwarf, der in der Praxis zu einer Beschneidung der Präsidialmacht hätte führen können.

Das Gesetz (Nr. 24.309), das entsprechend der Vereinbarungen des *"Pacto de Olivos"* verabschiedet wurde und die Notwendigkeit einer Verfassungsreform feststellte, legte zwei Kategorien hinsichtlich der zu reformierenden Verfassungsartikel fest: Themen, die zur Beratung freigestellt wurden, und die Themen, die unter dem Titel *Núcleo de Coincidencias Básicas* zusammengefaßt wurden. Diese Kernvereinbarung umfaßte 13 Punkte und sah eine Reihe von Reformen vor, die nach Art. 5 des Reformgesetzes als Paket zu verabschieden waren, da die Ablehnung einzelner Punkte automatisch auch die Ablehnung des gesamten Pakets bedeutet hätte. Die Verfassunggebende Versammlung war also gezwungen, entweder "dafür" oder "dagegen" zu stimmen, ohne das Paket aufschnüren zu können. Damit waren der Diskussionsspielraum und die Kompetenzen der Versammlung stark eingeschränkt.

Zu kritisieren ist nicht die im *"Pacto de Olivos"* getroffene Vereinbarung über die Verfassungsreform, die zweifellos einen größeren Konsens ermöglichte als der einseitig gefällte Entschluß der Regierungspartei, die Reform durchzusetzen. Allerdings erscheint es nicht angemessen, im Verfassungsänderungsgesetz Vorgaben festzulegen, die nur eine zwischenparteiliche Vereinbarung wiedergeben. Diese Absprache hätte die Verfassunggebende Versammlung nicht binden dürfen.

Der Kern der Vereinbarung enthielt die Reformen, über die zwischen den beiden großen Parteien Konsens herrschte, wie z.B. die Reduzierung der Amtszeit des Präsidenten, die Wiederwahl des Präsidenten und die Abschwächung des Präsidialsystems über die Einführung des Kabinettschefs.

Wie bereits ausgeführt, gehen die Vorstellungen zur Einführung eines Kabinettschefs in der Verfassung auf politische Überlegungen zurück, die in einer parlamentarischen Demokratie bessere Chancen sehen, künftige politische Krisen zu bewältigen. Nach deren Befürwortern sollte die Waage der Gewalten sich zu Gunsten des Kongresses neigen, und zwar auf der Grundlage eines Systems, das die Regierungs- und Verwaltungsaufgaben einem Premierminister zuweist und das Amt des Staatsoberhauptes dem Präsidenten vorbehält. In dem durch die Verfassungsreform eingeführten System ist das nicht geschehen, und das Präsidialsystem wurde nur minimal abgeschwächt.

Untersucht man den Aufbau der Exekutive nach der Verfassungsreform, so stellt man fest, daß ihr unipersonaler Charakter (Art. 87) beibehalten und durch Formulierungen, die eine hierarchische Beziehung zwischen dem Präsidenten und dem an die Weisungen des Präsidenten gebundenen Kabinettschef andeuten (Art. 99, Abs. 10, Art. 100, Abs. 4) noch verstärkt wurde. Zu den impliziten Befugnissen des Präsidenten gehört darüber hinaus die Möglichkeit, die Aufgaben des Kabinettschefs selbst zu übernehmen, sofern sie diesem nicht ausschließlich vorbehalten sind.

Zu den weiteren Hauptreformen in der Verfassung von 1994 gehören die Reduzierung der Amtszeit des Präsidenten und der Wahlmodus. Die Verfassung begrenzt die Amtszeit auf 4 Jahre mit der Möglichkeit einer einmaligen unmittelbaren Wiederwahl (Art. 90 und 91). Darüber hinaus wird der Präsident jetzt direkt gewählt statt über Wahlmänner und die Möglichkeit eines zweiten Wahlganges (Stichwahl) eingeführt (Art. 94 und 98).

Die in der Verfassung von 1853 vorgesehene Amtszeit von 6 Jahren wurde als zu lang empfunden, weil sie bei veränderten politischen Mehrheitsverhältnissen (im Parlament) keinen institutionellen Ausweg aus einer Regierungskrise ermöglichte. Bekanntlich wird alle zwei Jahre das Abgeordnetenhaus zur Hälfte neu gewählt. Im vierten Präsidentschaftsjahr verloren die Regierungsparteien in der Vergangenheit häufig an Rückhalt im Parlament. Die Präsidenten mußten gleichwohl zwei weitere Jahre im Amt bleiben. Dies war auch ein auslösender Moment für die Regierungskrise, in die der damalige Präsident Alfonsín stürzte, nachdem bei den Parlamentswahlen von 1987 die Regierungspartei nur 37,5% der Stimmen gegen 41,5% des *Partido Justicialista* auf sich vereinigen konnte.

Das durch die Verfassungsreform von 1994 eingeführte Wahlverfahren soll die Legitimitätsbasis der Exekutive erweitern. Allein, daß sich der Präsident bei seiner Wahl auf die Unterstützung einer bedeutenden Mehrheit in der Bevölkerung berufen kann, sichert ihm aber weder zu Beginn noch während seiner Amtszeit die für das Regieren erforderliche politische Unterstützung, d.h. eine parlamentarische Mehrheit wird dadurch nicht garantiert. Mehrere Faktoren tragen dazu bei: Zunächst gibt es in Argentinien keine "Regierungsperiode" in dem Sinne, daß die Mandatsdauer der Exekutive und der Legislative übereinstimmen. Während der vierjährigen Amtszeit des Präsidenten kommt es zu einer teilweisen Erneuerung der Abgeordnetenkammer (der Hälfte der Sitze alle zwei Jahre, Art. 50) und des Senats (ein Drittel der Sitze alle zwei Jahre, Art. 56). Die Erneuerung des Parlaments, die mit der Präsidentenwahl zusammenfällt, erfolgt zudem nicht nach dem gleichen Wahlsystem. Die Wahl der Abgeordneten geschieht in nur einem Wahlgang und mit "einfacher Stimmenmehrheit" (Art. 45), auch wenn nach dem geltenden Wahlrecht ein Verhältniswahlsystem nach d'Hondt zur Anwendung kommt. Ab dem Jahr 2001 erfolgt die Wahl der Senatoren nach einem System, das zwei der drei Senatoren in einem Wahlkreis der Partei mit den meisten Stimmen zuweist und einen der Senatorensitze der zweitstärksten Partei (Art. 54). Noch komplexer wird die Konstellation, wenn man berücksichtigt, daß auf nationaler Ebene Stimmensplitting zulässig ist, der Bürger also eine Partei bei der Präsidentenwahl und eine andere bei den Parlamentswahlen (Abgeordnetenhaus und Senat) wählen kann.

Auch der im Wahlrecht vorgesehene zweite Wahlgang erfüllt das von seinen geistigen Vätern verfolgte Ziel einer Stärkung der Legitimität des Präsidenten nicht. Wäre bei den letzten Wahlen der Sieger aus einem zweiten Wahlgang (oder "Ballotage") hervorgegangen, so hätte er notwendigerweise über 50% der gültig abgegebenen Stimmen auf sich vereinigen müssen. Unter normalen Umständen bedeutet das eine verstärkte Legitimität. Die Verfassung sieht jedoch zwei Konstellationen vor, in denen der für einen Wahlsieg erforderliche Stimmenanteil unter der absoluten Mehrheit liegt. Dies ist einmal der Fall, wenn ein Präsidentschaftskandidat "mehr als 45 Prozent der gültig abgegebenen Stimmen" erhält, wobei es unerheblich ist, wie viele Stimmen der zweitstärkste Wahlvorschlag auf sich vereinigen kann. Zum anderen wird der Präsidentschaftskandidat zum Wahlsieger erklärt, der "mindestens 40 Prozent der gültig abgegebenen Stimmen auf sich vereinigt", sofern "die Differenz zum zweitstärksten Kandidaten mehr als 10 Prozentpunkte beträgt".

II. Die Wahlen vom Mai 1995

Präsident Menem konnte die Wahlen eindeutig für sich entscheiden. Eine vom *Centro de Estudios Unión para la Nueva Mayoría* (1995a) durchgeführte Untersuchung über die Stimmenabgabe in den Wahlbezirken der Bundeshauptstadt kommt zu dem Schluß, daß Menem von den einkommensstarken und den unteren Schichten der Bevölkerung gewählt wurde. Dagegen hätte sich die Mittelschicht in der Bundeshauptstadt für den Präsidentschaftskandidaten Bordón ausgesprochen. Der Untersuchung zufolge errang Menem in den Wahlbezirken der höheren Einkommensschichten (Socorro und Pilar) 51,5% der Stimmen; Bordón konnte 37% auf sich vereinigen und der UCR-Kandidat Massaccesi 8,3%. In den Wahlbezirken, in denen die Mittelschichten überwiegen (Flores und San Carlos Norte), konnte Bordón 50,2% auf sich vereinen; für Menem stimmten 35,7% und für Massaccesi nur 11%. In den Wahlbezirken der unteren Einkommensschichten (Villa Lugano und Cristo Obrero) konnte Menem mit 47,8% der Stimmen das gleiche

Ergebnis wie in den Wahlbezirken der gehobenen Einkommensschichten wiederholen. Bordón errang mit 37,3% den gleichen Prozentsatz, den er bei den gehobenen Einkommensschichten erzielte. Auf Massaccesi entfielen dagegen nur 10,7%.

Mit 27 Abgeordneten ist der FREPASO ab dem 10. Dezember die drittstärkste Kraft im Parlament. Angesichts interner Spaltungen handelt es sich jedoch um keine einheitliche Fraktion. Die Zukunft wird zeigen, ob der FREPASO sich als politische Partei etablieren und trotz der unterschiedlichen internen Strömungen (Christdemokraten, Sozialisten, PAIS (Bordón) und *Frente Grande* oder *"Chachismo"*) als eine einzige Fraktion auftreten kann. Die UCR verfügt jetzt nur noch über 69 Abgeordnete gegenüber 83 im alten Parlament. Ihre Präsenz wird nun nicht mehr bestimmend für das Funktionieren des Parlaments sein (Quorum). Der *Partido Justicialista* stellt im neuen Abgeordnetenhaus 132 Abgeordnete. Das sind zwei mehr als zur Beschlußfähigkeit der Abgeordnetenkammer erforderlich sind. Es handelt sich um eine äußerst heterogene Fraktion (83 Abgeordnete gehören dem Flügel um Menem an, 31 sind Vertreter des um den Gouverneur der Provinz Buenos Aires, Eduardo Duhalde, gruppierten Flügels, 9 sind Vertreter der Gewerkschaften, 5 sind Anhänger des Wirtschaftsministers Cavallo und 4 gehören dem sogenannten *"sistema Porteño"* an). Diese Zusammensetzung führt dazu, daß die Regierungspartei zwar die Mehrheit in der Abgeordnetenkammer stellt, viele Beobachter bezweifeln aber, ob es Menem gelingen wird, das Parlament an der Leine zu führen.

Im Zusammenhang mit der Analyse des Wahlergebnisses ergeben sich im wesentlichen zwei Fragen:
1. ob die für die Wahlformel Bordón-Alvarez abgegebenen Stimmen ausreichen, damit diese politische Gruppierung eine landesweite Oppositionspartei begründen kann;
2. ob die UCR — der große Verlierer der Wahl vom 14. Mai — sich von der Schlappe erholen und wieder eine Regierungsalternative bilden oder wenigstens wieder zur stärksten Oppositionskraft werden kann.

Der hohe Anteil der Wähler, die ihre Stimmen splitteten (*corte de boletas*), ist ein Indiz dafür, daß die Parteien Kandidaten aufgestellt haben, die ihr Wählerpotential nicht ausschöpfen konnten. Menem erhielt 6,8 Prozentpunkte mehr Stimmen als die vom *Partido Justicialista* aufgestellte Liste bei den Parlamentswahlen. Bordón erzielte sogar 8,3% mehr als die von seiner Partei aufgestellte Kandidatenliste bei den Parlamentswahlen. Massaccesi dagegen erhielt 4,8% weniger als die Liste seiner Partei.

Die Wahlen vom 14. Mai 1995 weisen historisch den höchsten Anteil von Stimmensplitting auf. Über 20% der Wähler, die einen gültigen Stimmzettel abgaben, haben bei den Parlamentswahlen nicht die Partei gewählt, die den Präsidentschaftskandidaten ihrer Wahl aufgestellt hat. Rechnet man die getrennte Stimmabgabe auf der Gouverneurs- und Gemeindeebene hinzu, so hat rund ein Drittel der Wählerschaft von der Möglichkeit einer differenzierten Stimmabgabe Gebrauch gemacht.

Es stellt sich die Frage, ob die wichtigsten politischen Parteien es sich leisten können, daß ein wesentlicher Prozentsatz der Wählerschaft ihre Kandidatenlisten ablehnt. Vielfach vertreten Beobachter die Auffassung, daß das praktizierte "Stimmensplitting" ein schädliches Ausmaß erreicht habe (Lascano 1995).

Die argentinische politische Landschaft zeigt, daß Menem eine Position (Stabilität und wirtschaftliche Modernisierung als ein Alles-oder-Nichts-Spiel) verkörpert, die über den *Partido Justicialisto* hinaus Wähler anspricht. Auf der anderen Seite haben die Wahlen auch verdeutlicht, daß Bordóns Gegenvorschlag nicht einmal eine minimale Parteistruktur brauchte, um ein respektables Ergebnis zu erreichen. Deutlich ist ebenfalls geworden, daß die hundertjährige Parteistruktur der UCR angesichts einer fehlenden eindeutigen Wahlaussage erstarrt ist und sich nur noch auf lokaler Ebene durchsetzen konnte, wo bürgernahe Kandidaten klar identifizierbar waren.

Diese Schlußfolgerungen werfen wiederum die Fragen auf, ob lokale politische Parteien weiterhin gleichzeitig auch "nationale Aussagen" machen und Kandidaten für alle Repräsentativorgane aufstellen sollen und überdies, ob es sich für Bordón und den FREPASO überhaupt auszahlen würde, einen Parteiapparat aufzubauen, wenn letztendlich ihr multisektorales und heterogenes Auftreten eine Aussage ermöglichte, die ausreichte, um der UCR Wähler abzunehmen und ca. 45% der Stimmen der Mittelschicht auf sich zu vereinigen (Lascano 1995, S. 11). Schließlich gilt es auch der Frage nachzugehen, ob die UCR in der Lage ist, sich zu regenerieren, um erneut eine Regierungsalternative darzustellen.

Eines der wichtigsten Merkmale der letzten Wahl, die Zunahme des Stimmensplittings, kann als ein Anzeichen dafür bewertet werden, daß die eingefahrenen Spielregeln und Gebräuche bei der Kandidatenaufstellung infragegestellt werden. Zugleich haben sich bei diesen Wahlen auch die "weiß", also leer abgegebenen Wahlzettel verdoppelt. 1989 waren es nur 1,2%; 1995 stieg ihr Anteil bereits auf 2,45%. Zwar ist das kein sehr hoher Anteil, doch sind diese "Stimmen" immer ein Hinweis auf die Unzufriedenheit in der Bevölkerung mit den ihr gebotenen Wahlalternativen. In gewisser Weise drückt sich darin die Enttäuschung über das politische System und die von ihm vorgebrachten Wahlvorschläge aus.

Ein weiterer in die gleiche Richtung deutender Indikator ist die Wahlbeteiligung, die bei den letzten Wahlen die niedrigste seit 1937 war. Nach Einleitung des Demokratisierungsprozesses 1983 lag die Wahlbeteiligung bei den noch im gleichen Jahr abgehaltenen Wahlen, aus denen Alfonsín als Sieger hervorging, bei 85,61%; 1989 wurde Menem mit einer Wahlbeteiligung von 84,6% gewählt, seine Wiederwahl erfolgte mit einer Wahlbeteiligung von 80,36%. Beinahe 20% der Wählerschaft blieb also den Urnen fern (Centro de Estudios 1995b). Würde man bei der Berechnung des Wahlergebnisses auch die weiß abgegebenen Stimmzettel, die ungültigen Stimmen und die Stimmenthaltungen einbeziehen, so hätten die Stimmanteile (bezogen auf die Wahlberechtigten) wie folgt ausgesehen: Menem 38,87%, Bordón 23,01% und Massacesi 13,33% (Villalobos 1995). Dennoch ist die Wahlbeteiligung immer noch hoch, verglichen mit den Vereinigten Staaten, Kanada und anderen Demokratien, wo sie oftmals unter 50% liegt. Allerdings darf auch nicht vergessen werden, daß in Argentinien Wahlpflicht besteht, so daß das Fernbleiben ein Zeichen von Anomalien im politischen Bereich ist.

Wie bereits angedeutet, sieht sich der FREPASO vor das Problem gestellt, wie eine Parteistruktur aufgebaut werden kann, die dem Vertrauen, das Bordón bei knapp 30% der Bevölkerung fand, eine solide Basis verleiht. Anders gelagert ist der Fall der rechtsgerichteten Kräfte in Argentinien. Daß marktwirtschaftliche Elemente bzw. Elemente einer sozialverantwortlichen Marktwirtschaft, wie Menem sein Wirtschaftsmodell vorzugsweise definiert, gerade durch eine peronistische Regierung umgesetzt wurden, hat eine erneute Krise bei den Mitte-Rechts-Kräften auf nationaler und regionaler Ebene heraufbeschworen. Diese politischen Kräfte stehen heute vor der Entscheidung, ihre Allianz mit den Anhängern Menems zu vertiefen oder sich als Interessenverwalter eines marktwirtschaftlichen Ordnungsmodells zu profilieren und bei jeder einzelnen

Regierungsmaßnahme deren größere oder geringere Distanz zu einer "wahren" liberalen Politik zu betonen bzw. Unregelmäßigkeiten anzuprangern, mit denen die Regierung ihre Maßnahmen umsetzt. Schwierigkeiten ergeben sich vor allem beim Aufbau einer landesweiten liberalen Alternative und nicht so sehr auf regionaler oder kommunaler Ebene. Dort können liberale Parteien ihre Übereinstimmung mit der eingeschlagenen Wirtschaftspolitik unter Berufung auf ihre eigenen Grundsätze begründen und taktisch Bündnisse mit dem Menemismus eingehen.

Für die UCeDé, die ehemals größte Partei des liberalen Parteienspektrums, bietet sich als möglicher Weg ein dauerhaftes Bündnis mit dem *Partido Justicialista* an, sollte dieser den eingeschlagenen Wirtschaftskurs beibehalten. Ein parteipolitischer Sprecher der UCeDé (Jorge Pereyra in: El Cronista Comercial, 20. Juni 1995) sprach sich dafür aus, "das Beispiel der FDP in Deutschland nachzuahmen", die nach seinen Worten "sich historisch sowohl mit den Christdemokraten als auch mit den Sozialdemokraten verbündet". Für den Vorsitzenden der liberalen Partei der Provinz Corrientes, den *Pacto Autonomista Liberal* (PAL), José Antonio Feris, "müssen sich die liberalen Parteien diesem Modell widersetzen, das allein darauf ausgerichtet ist, daß die Kasse stimmt, dabei aber die Menschen außer acht läßt." Der *Partido Demócrata de Mendoza* dagegen geht zwar mit einigen der vom *Partido Justicialista* eingeleiteten Maßnahmen konform, hält es aber für erforderlich, eine Alternative der Mitte zu bieten und ein eigenes Profil zu entwickeln.

Die Parteien des liberalen Mitte-Rechts-Spektrums stehen in der neuen politischen Konstellation vor einem Überlebensproblem. Ihr Fortbestehen hängt in hohem Maße von der künftigen Entwicklung des *Partido Justicialista* ab. Nach Auffassung von Jorge Pereyra ist es deshalb "wichtig, die Strukturen der liberalen Parteien, wenn auch über unterschiedliche Bündnisse, aufrechtzuerhalten, um die liberalen Fahnen wieder aufzugreifen, sollte der *Partido Justicialista* vom derzeitigen Kurs abweichen."

III. Ausblick

1. Der *Partido Justicialista* hat im Senat bis 1998 und aller Voraussicht nach auch bis zum Jahr 2001 eine bequeme absolute Mehrheit.
2. Menem verfügt im Zeitraum 1995-1997 über eine absolute Mehrheit in der Abgeordnetenkammer, die er während seiner ersten Amtszeit nicht besaß.
3. Die Mehrzahl der Gouverneure gehört seiner Partei an, und in allen Provinzen, in denen die UCR in den Gouverneurswahlen siegte, lag er bei den Präsidentschaftswahlen in Front.
4. Die Opposition befindet sich in einer komplexen Situation und es dürfte ihr kurzfristig nicht leicht fallen, der Vormachtstellung der Regierungspartei Paroli zu bieten.
    a) Der FREPASO errang zwar das zweitbeste Ergebnis bei den Präsidentschaftswahlen, ist aber nur die drittstärkste Fraktion in der Abgeordnetenkammer und die viertstärkste im Senat. Er stellt keinen einzigen Gouverneur.
    b) Die UCR konnte sich bei den Präsidentschaftswahlen nur als dritte Kraft plazieren, ist aber die zweitstärkste Partei im Kongreß (Abgeordnetenhaus und Senat) und nach der Anzahl der Gouverneure.

5. Schließlich kann Menem auf eine Unternehmerschaft zählen, die ein enger Verbündeter seiner Politik ist, auf Streitkräfte, die zumindest in Südamerika der politischen Führung am stärksten untergeordnet sind, auf äußerst verhandlungs- und kompromißwillige Gewerkschaften und auf ein gutes Verhältnis zu den Würdenträgern der katholischen Kirche.

Literaturverzeichnis:

CENTRO DE ESTUDIOS UNION PARA LA NUEVA MAYORIA, 1995a: El voto por Menem predominó en los sectores altos y bajos de la capital, in: La Avispa, 2.8 (mayo).

– – –, 1995b: La concurrencia a votar en la elección presidencial del 14 de mayo fue la más baja desde el año 1937, Buenos Aires.

CONSEJO PARA LA CONSOLIDACION DE LA DEMOCRACIA, 1986: Reforma Constitucional. Dictamen Preliminar para la Consolidación de la Democracia, Buenos Aires.

FERREIRA RUBIO, D./GORETTI, M., 1994: La reforma constitucional argentina: ¿Un presidente menos poderoso?, in: Contribuciones 12.1, S. 69-90.

LASCANO, Fernando, 1995: Partidos con saldo amargo, in: La Avispa, 2.8 (mayo).

VILLALOBOS, Vera E., 1995: Lecciones de las elecciones, in: La Nación, 9 de junio de 1995.

Liliana de Riz

Menem — zweiter Akt. Die Wiederwahl*

I. Die Präsidentschaftswahl

Präsident Menem wurde im Mai 1995 mit fast 50% der Stimmen für eine zweite Amtszeit wiedergewählt (vgl. **Schaubild 4**)[1]. Daraus läßt sich zunächst eine einfache — und nicht auf Argentinien beschränkte — Schlußfolgerung ziehen: Erfolgreiche Wirtschaftsreformen zahlen sich in politischer Hinsicht aus. Auch in Brasilien wurde Fernando Henrique Cardoso nach seinem erfolgreichen Wirken als Wirtschaftsminister und als Verantwortlicher des Stabilisierungsplans im ersten Wahlgang zum Präsidenten gewählt. Der peruanische Präsident Fujimori machte die Wirtschaftspolitik zum wichtigsten Wahlkampfthema und wurde ebenfalls im ersten Wahlgang mit 62% der Stimmen im Amt bestätigt.

Trotz der sozialen Kosten der Anpassungspolitik gelang es Präsident Menem, seine peronistische Wählerbasis während der gesamten Amtszeit zu behalten. Der Anteil der peronistischen Wählerschaft lag im letzten Jahrzehnt immer zwischen 36 und 38%. Die Gesamtstimmenzahl Menems verringerte oder vergrößerte sich, je nachdem, wie viele Stimmen nichtperonistischer Wechselwähler er für sich gewinnen konnte. Daraus ergibt sich eine klare Schlußfolgerung: Trotz einer Politik, die sich grundlegend von den peronistischen Traditionen unterscheidet und trotz der von Menem eingegangenen neuen Allianzen betrachten die Peronisten Menem nach wie vor als einen der ihren. Menem scheint inzwischen zur Inkarnation jener Kombination aus Treue und Pragmatismus, Charisma und Effizienz geworden zu sein, die von Anfang an ein zentrales Merkmal des Peronismus war.

Die wichtigste politische Tatsache des gegenwärtigen Argentinien ist, daß der Peronismus aus sechs aufeinanderfolgenden nationalen Wahlen siegreich hervorging: 1987,

---

*   Übersetzung aus dem Spanischen von Peter Birle.

[1]   Berücksichtigt wurden bei dieser Wahl nur die sogenannten "positiven" Stimmen und nicht, wie bei früheren Wahlen, die gültigen Stimmen, die auch die Stimmenthaltungen (*votos en blanco*) und die annullierten Stimmen beinhalten. Die Stimmenthaltungen machten bei dieser Wahl 3,21% aus, die annullierten Stimmen 0,71%. Nimmt man als Ausgangsbasis die gleiche wie bei früheren Wahlen, so gelangt man zu folgenden Stimmenanteilen: Menem ca. 48%, Bordón 28%, Massaccesi 16,4%. Auch auf dieser Berechnungsgrundlage liegt der Stimmenanteil Menems um zwei Prozentpunkte höher als 1989 (46%).

1989, 1991, 1993, 1994 und 1995[2]. Erstmals seit Perón im Jahre 1951 wurde mit Menem ein Präsident für eine zweite Amtszeit wiedergewählt. Das aus den Wahlen von 1983 hervorgegangene Zweiparteiensystem wurde, dies läßt sich als neue Entwicklung aus den Ergebnissen der Präsidentschaftswahlen von 1995 ablesen, durch ein Dreiparteiensystem abgelöst, in dem die Oppositionsparteien nicht in der Lage sind, eine Koalition zu bilden, um so eine tragfähige Alternative zur weiterhin dominierenden politischen Kraft, dem PJ (*Partido Justicialista*), anzubieten. Bereits bei den Wahlen zur Verfassunggebenden Versammlung von 1994 hatte sich ein System mit drei großen und einigen kleineren Parteien abgezeichnet. Der *Frente Grande*, eine Mitte-Links-Koalition, die ehemalige Wähler der Peronisten, der Radikalen und der Linken vereinte, erzielte mit "Chacho" Alvarez an der Spitze 13,6% der Stimmen und wurde damit zur drittstärksten politischen Kraft auf nationaler Ebene.

1995 errang die zweitstärkste politische Kraft, FREPASO (*Frente País Solidario*), eine von dem abtrünnigen Peronisten und Senator für die Provinz Mendoza, Octavio Bordón, initiierte Allianz aus *Frente Grande, Unidad Socialista, Democracia Cristiana* und *País* 29,4% der Stimmen. Bordón hatte sich bei den im Februar 1995 durchgeführten Vorwahlen zur Nominierung des Präsidentschaftskandidaten von FREPASO gegen Carlos "Chacho" Alvarez durchsetzen können. Die UCR trat zu den Präsidentschaftswahlen von 1995 mit Horacio Massaccesi, dem Gouverneur der Provinz Rio Negro, an. Nachdem sie seit 1987 zweitstärkste politische Kraft war, wurde sie bei diesen Wahlen mit 17% der Stimmen auf den dritten Platz verdrängt[3]. Mit einem Abstand von 20 Prozentpunkten gegenüber dem FREPASO ging der PJ als eindeutig dominierende Partei aus den Wahlen hervor. 1983 hatte der Abstand zwischen dem Wahlsieger (*Unión Cívica Radical*; UCR) und dem zweitplazierten (PJ) 11% betragen, 1989 waren es 10% zugunsten des Peronismus gewesen. 1995 wiederholte sich das Schema der Präsidentschaftswahlen vom März 1973, bei denen der PJ 50% gegenüber einer in drei Sektoren zersplitterten Opposition erzielt hatte (die UCR erhielt damals 23%, die rechte Mitte 16% und die Linke 7%).

Mit 48% der gültigen Stimmen (bzw. fast 50% der positiven Stimmen) blieb Menem bei weitem hinter den 62% zurück, die Perón bei den Wahlen von 1951 erzielte. Auch Alfonsín war 1983 auf ein etwas besseres Ergebnis gekommen (50% der positiven Stimmen, 52% der gültigen Stimmen). Die Wahlbeteiligung betrug 1995 weniger als 81%, während es 1983 und 1989 über 85% gewesen waren. Berücksichtigt man die Nichtwähler sowie die Stimmenthaltungen und die annullierten Stimmen, so wurde das siegreiche Kandidatengespann nur von knapp 40% der Wahlberechtigten gewählt.

---

[2] Bei den Wahlen zur Verfassunggebenden Versammlung im April 1994 erzielte der PJ 37,7% der Stimmen und büßte damit elf Prozentpunkte gegenüber den Wahlen zum Abgeordnetenhaus im Jahr 1993 ein.

[3] Massaccesi konnte sich als Kandidat des Alfonsín-Flügels innerhalb der UCR durchsetzen. Dieser Teil der Partei neigt am stärksten zu einer Verhandlungsposition gegenüber Menem. Berücksichtigt man außerdem die Tatsache, daß sich nur 30% der Parteimitglieder an den Vorwahlen beteiligten, die ihn als Präsidentschaftskandidaten bestätigten, so kann davon ausgegangen werden, daß die Stimmenverluste der UCR an den *Frente Grande* auf eine seit längerem schwelende, tiefgreifende Identitäts- und Führungskrise zurückzuführen sind, die sich seit der Unterzeichnung des *Pacto de Olivos* (die grundsätzliche Übereinkunft über die zu reformierenden Bereiche der Verfassung) weiter verschärft hat. Der personalistisch geführte Wahlkampf des UCR-Kandidaten und die ablehnende Haltung gegenüber Wahlbündnissen in den Provinzen führte zu Stimmenverlusten bei den Wahlen zum Abgeordnetenhaus.

Kann es sein, daß sich der PJ, im Unterschied zu einem de facto existierenden Einparteiensystem unter Perón, als dominierende Partei eines kompetitiven Systems halten wird? Die Zusammensetzung des Kongresses und die aus diesen Wahlen hervorgegangenen Provinzregierungen lassen jedenfalls Zweifel aufkommen, ob es auch in Zukunft noch eine funktionierende politische Opposition in Argentinien geben wird.

Durch die Präsidentschaftswahlen von 1983 und 1989 gelangten jeweils die beiden wichtigsten Parteien des modernen Argentiniens an die Macht. Dies bedeutete jedoch nicht die Konsolidierung eines Zweiparteiensystems. Der Stimmenanteil der UCR fiel hinter ihren traditionellen Anteil zurück, er betrug 1995 etwa 13 Prozentpunkte weniger als bei den Wahlen zum Abgeordnetenhaus von 1991 und 1993, bei denen sie jeweils rund 30% erhalten hatte. Viele frühere UCR-Wähler entschieden sich diesmal für den FREPASO (schätzungsweise 27% derjenigen, die 1994 UCR gewählt hatten, wählten 1995 FREPASO, etwa 4% den PJ). Trotzdem bleibt die UCR die wichtigste oppositionelle Kraft innerhalb des Kongresses. Sie regiert außerdem in fünf Provinzen (Córdoba, Río Negro, Chubut, Catamarca, Misiones; in der letztgenannten Provinz sah sich die UCR allerdings mit dem Vorwurf der Wahlfälschung konfrontiert).

Ein zweiter Wahlgang, wie er in der 1994 reformierten Verfassung vorgesehen ist, war bei den Präsidentschaftswahlen von 1995 nicht notwendig[4]. Damit bestätigte sich, daß ein zweiter Wahlgang unwahrscheinlich ist, wenn die Oppositionskräfte getrennt mit eigenen Kandidaten und Programmen antreten. Zwei Ursachen führten dazu, daß die Opposition die durch die neue Wahlgesetzgebung eröffneten Möglichkeiten zur Stimmenmaximierung nicht nutzen konnte: zum einen die Heterogenität des FREPASO, einer wenige Monate vor den Wahlen geformten politischen Bewegung, die nicht über konsolidierte Organisationsstrukturen und nur über einen geringen Rückhalt in den Provinzen verfügt; zum anderen die Führungskrise der inzwischen mehr als 100 Jahre alten UCR. Aufgrund dieser Situation gab es kaum Anreize für eine Koalitionsstrategie wie etwa in Chile. Die große Ressourcenasymmetrie zwischen Regierung und Opposition, die auf die Kontrolle der Staatsmacht und die erfolgreiche Inflationsbekämpfungspolitik zurückzuführen ist, verhinderte einen zweiten Wahlgang.

Ein Blick auf die vorläufigen Wahlergebnisse (vgl. **Schaubild 6**) zeigt, daß die Liste Menem-Ruckauf sich im gesamten Land mit Ausnahme des Hauptstadtdistrikts (*Capital Federal*) durchsetzen konnte. In der *Capital Federal* erzielte die Liste Bordón-Alvarez mit 44% die meisten Stimmen, knapp 3% mehr als der PJ, während die UCR hier nur auf 11% kam. Lediglich in der Provinz San Juan lag der Stimmenanteil der UCR mit 10% noch niedriger, und dies, obwohl die Hauptstadt Buenos Aires traditionell eine

---

[4] Die Einführung einer Stichwahl erschien als eines der Gegengewichte zur Wiederwahl des Präsidenten, die im *Pacto de Olivos* zwischen Präsident Menem und Ex-Präsident Alfonsín ausgehandelt worden war. Zunächst war vorgesehen, daß ein zweiter Wahlgang notwendig würde, wenn keiner der Kandidaten im ersten Wahlgang die absolute Mehrheit erzielen sollte. Letztendlich einigte man sich jedoch auf folgendes Verfahren: Ein zweiter Wahlgang findet nur dann statt, falls keiner der Kandidaten im ersten Wahlgang 45% der positiven Stimmen oder nicht weniger als 40% der Stimmen erzielt, und wenn der Abstand zur zweitstärksten Kraft weniger als 10% beträgt. Eine entsprechende 40%-Regelung für einen zweiten Wahlgang gibt es seit 1936 in Costa Rica, wo ein klares Zweiparteiensystem besteht. Die Klausel, daß der Abstand zwischen Erst- und Zweitplaziertem mehr als 10% betragen muß, ist eine Neuheit, für die es keine Vorläufer gibt. Diese Regelung soll verhindern, daß ein Kandidat mit 40% der Stimmen zum Präsidenten gewählt wird, wenn der Zweitplazierte diesem Stimmenanteil nahe kommt. In einem solchen Fall könnte sonst die Legitimität des präsidentiellen Mandats in Frage gestellt werden.

Hochburg der Radikalen war. Mit zwei Ausnahmen — den Parlamentswahlen von 1993, bei denen der PJ in 20 von 28 Wahlkreisen siegte und mit 32,5% eine relative Mehrheit gegenüber der UCR (29,9%) erzielte, und den Wahlen zur Verfassunggebenden Versammlung von 1994, bei denen der *Frente Grande* mit 37,7% siegte — war die UCR in der Hauptstadt immer stärkste Partei gewesen. Trotzdem zeigt sich die bleibende Stärke der UCR auf Provinzebene (vgl. **Schaubild 8**) sowie im lokalen Bereich. Dort dominieren nach wie vor die beiden traditionellen Parteien.

In der Provinz Santiago del Estero, die 1994 durch soziale Unruhen erschüttert wurde, erhielt Menem 65% der Stimmen - 35 Prozentpunkte mehr als die UCR. In La Rioja, der Heimatprovinz des Präsidenten, entfielen auf den PJ sogar 76%. In der Provinz Tierra del Fuego, die kurz vor den Wahlen im Zentrum sozialer Konflikte stand, erhielt Menem 61%. Da aufgrund der Verfassungsreform bei diesen Wahlen erstmals eine Direktwahl des Präsidenten stattfand, kam den großen Distrikten eine hohe strategische Bedeutung zu. In der Provinz Buenos Aires, auf die ca. 33% der Wähler entfallen, erreichte Menem 52% der positiven Stimmen; in Córdoba siegte der PJ mit 48% erstmals seit 1983, in Santa Fé erhielt er 47%.

Eine weiteres Merkmal dieser Präsidentschaftswahlen war der Bedeutungsverlust der kleinen nationalen und Provinzparteien. Noch 1989 erzielte Alvaro Alsogaray als Kandidat der UCeDé (*Unión del Centro Democrático*) 10% der Stimmen, 1995 unterstützte er die Kandidatur Menems. Die Ergebnisse der Wahlen von 1995 bestätigen die bereits 1993 registrierten Trends: Der Menemismus ist zu einer konservativen Bewegung geworden, die aber bei den sozial Schwachen über eine solide Unterstützerbasis verfügt. Eine ähnliche Koalition brachte Perón 1946 an die Macht[5]. Während die kleineren Parteien bei den Wahlen des Jahres 1989 insgesamt noch 15% erzielt hatten, spielten sie 1995 praktisch keine Rolle mehr. MODIN (*Movimiento por la Dignidad y la Independencia*) kam nicht einmal auf 2%, ebenso wie die wiedervereinigte Linke (vgl. **Schaubild 5**). Hatte die Linke 1989 noch 5% erhalten, so entfielen 1995 viele dieser Stimmen auf den FREPASO[6]. Diejenigen Parteien, die aufgrund ihres Stimmenanteils in den Provinzen eine wichtige politische Rolle spielen konnten — sei es als Regierungspartei oder aufgrund ihrer Fraktionsstärke in den Provinzparlamenten — gehören größtenteils dem konservativen politischen Spektrum an. 1983 gab es fünf solche Parteien, 1993 waren es 13. Ihnen kommt vor allem bei Präsidentschaftswahlen eine strategische Bedeutung zu, da sie Wahlempfehlungen für die Kandidaten der großen Parteien aussprechen können.

---

[5] Die Wähler des PJ gehören zu einem großen Teil den Extremen der gesellschaftlichen Pyramide an. Viele stammen entweder aus der oberen Mittelschicht und der Oberschicht oder aus der unteren Mittelschicht und der Unterschicht. FREPASO dagegen konkurrierte mit der UCR um die Stimmen der Mittelschicht.

[6] 1995 traten folgende linke Parteien und Wahlbündnisse an: *Movimiento Socialista de los Trabajadores* (Zamora), *Alianza Sur* (Solanas), *Partido Obrero* (Altamira), *Partido Humanista* (Mendez), *Partido Socialista Auténtico* (Mazzitelli), *Frente de la Resistencia* (Tumini), *Alianza Movimientos al Socialismo* (MAS), *Partido de los Trabajadores por el Socialismo* (PTS) (Christiansen) und *Movimiento Democrático y Antiimperialista* (MODEPA) (Santucho). Insgesamt entfielen auf diese Parteien und Bündnisse 2% der Stimmen, allein kam keine(s) auf 1%. Für die Rechte kandidierten: *Frente para la Coincidencia Patriótica* (FRECOPA) (Paz ersetzte den zurückgetretenen General Onganía als Präsidentschaftskandidat), *Fuerza Republicana* (die auf Provinzebene aktive Partei des früheren Generals Bussi) (de Zavalía) und MODIN. MODIN erhielt 1,77% der Stimmen, auf die übrigen Rechtsparteien entfielen 0,28%.

Auf Menem, Bordón und Massaccesi entfielen insgesamt 94% der "positiven" Stimmen. Die Stimmenthaltungen und ungültigen Stimmen machten 4% aus, gegenüber jeweils 3% bei den Präsidentschaftswahlen von 1983 und 1989.

II. Die Parlamentswahlen

Schaubild 1:

Ergebnis der Parlamentswahlen 1989-1995 (in %)

	1989	191	1993	1995
PJ	44,68	40,40	43,40	43,00
UCR	28,29	29,10	30,20	21,77
FREPASO				21,23

Bei den Parlamentswahlen erhielt der PJ 43% der "positiven" Stimmen. Dies entsprach in etwa ihrem Ergebnis von 1993, war mehr als 1991 (40,4%) und etwas weniger als 1989 (44,68% der gültigen Stimmen) (vgl. **Schaubild 1**). Der FREPASO wurde Ende 1994 nach dem Bündnis von Senator Bordón mit dem *Frente Grande* gegründet. Bei den Wahlen von 1993 entfielen auf den *Frente Grande* 3,6%, die Linke kam damals insgesamt auf 4,7%. Die UCR hatte ihr bislang schlechtestes Ergebnis bei den Parlamentswahlen von 1991 erzielt. Damals erhielt sie nur noch 60% derjenigen Stimmen, die 1983 auf sie entfallen waren. 1993 stieg ihr Anteil wieder etwas an, er betrug 64% des Ergebnisses von 1983. Der PJ hatte seinen Stimmenanteil bis 1989, als er 16% mehr als 1983 erhielt, kontinuierlich vergrößert. 1991 sank sein Anteil um 4%, 1993 erhöhte er sich wieder um 10%. Der Anteil der übrigen Parteien verringerte sich von 27% (1993) auf 14% (1995). Dies entsprach etwa ihrem Anteil von 1983 (13%). 1991 hatten die von dritten Kräften erzielten "positiven" Stimmen 30% betragen. MODIN, der 1993 6% der Stimmen erhalten und die UCeDé mit sieben Abgeordneten überflügelt hatte, kam 1995 nur noch auf 1,66%. Dies führte zum Verlust von vier Mandaten. Die Anzahl der UCeDé-Mandate reduzierte sich von neun (1991) auf vier (1993). Nach den Parlamentswahlen von 1995, bei denen die UCeDé auf 3% kam, verbleiben der Partei nur noch zwei Mandate.

Der PJ erhielt bei den Parlamentswahlen 7% weniger Stimmen als bei den Präsidentschaftswahlen. Dagegen entfielen auf die Liste der UCR für die Parlamentswahlen 5% mehr Stimmen als auf den Präsidentschaftskandidaten der Partei. Beim FREPASO ergab sich ein ähnliches Bild wie beim PJ: Ihr Präsidentschaftskandidat erhielt 8% mehr als die Parteiliste bei den Parlamentswahlen. Diese Ergebnisse verdeutlichen die Führungsschwäche der UCR, die sich nur bei den Parlamentswahlen einen etwas größeren Stimmenanteil sichern konnte. Eine umgekehrte Situation ergab sich beim FREPASO:

Hier war insbesondere das Kandidatengespann für die Präsidentschaftswahlen für die Wählerinnen und Wähler attraktiv. Die unterschiedlichen Ergebnisse der Regierungspartei kommen dadurch zustande, daß einige ihrer Bündnispartner aus dem Mitte-Rechts-Lager, beispielsweise die UCeDé, bei den Präsidentschaftswahlen zur Wahl Menems aufriefen. Die aufgezeigten Unterschiede sind ein Ergebnis des Stimmensplittings. In der *Capital Federal* erhielt der Präsidentschaftskandidat des PJ 41,5%, während die Abgeordnetenliste der Partei nur auf 23,03%, also 18% weniger, kam. Das Gespann Bordón-Alvarez erhielt 10% mehr als die Abgeordnetenliste des FREPASO. Die UCR dagegen erhielt bei den Parlamentswahlen doppelt so viele Stimmen wie bei den Präsidentschaftswahlen. Im ganzen Land betraf das Phänomen des Stimmensplittings zwischen Präsidentschafts- und Parlamentswahlen etwa 20% der gültigen Stimmen. Berücksichtigt man außerdem das Stimmensplitting zwischen Präsidentschafts- und Gouverneurswahlen sowie zwischen Gouverneurs- und Kommunalwahlen, so dürften etwa 30% der Wähler von dieser Möglichkeit Gebrauch gemacht haben.

Eine Wahlanalyse nach Distrikten zeigt, daß die Abgeordnetenliste des PJ sich in 21 von 24 Distrikten durchsetzen konnte. 1993 war dies nur in 18 Distrikten der Fall gewesen. Vergleicht man die Anzahl der Distrikte, in denen die einzelnen Parteien seit 1983 als Sieger aus den Parlamentswahlen hervorgingen, so ergibt sich folgendes Schaubild:

Schaubild 2:

Anzahl der Distrikte, in denen die Parteien bei den Parlamentswahlen 1983-1995 siegten

Partei	1983	1985	1987	1989	1991	1993	1995*
PJ	9 (39%)	3 (13%)	19 (79%)	19 (79%)	15 (62%)	18 (75%)	21 (88%)
UCR	14 (61%)	20 (87%)	3 (13%)	3 (21%)	4 (17%)	4 (17%)	--
Provinz-parteien	1 (4%)	1 (4%)	2 (9%)	1 (4%)	5 (20%)	2 (4%)	2 (4%)
FREPASO							1 (4%)

* Die Daten für 1995 wurden auf der Grundlage der vorläufigen amtlichen Endergebnisse der Wahlen berechnet.
Quelle: Centro de Estudios para la Nueva Mayoría, in: Rosendo Fraga, Argentina en las urnas, 1916-1989, Buenos Aires 1989, S. 25.

Der PJ siegte bei allen Parlamentswahlen in den Provinzen Formosa und La Rioja, dem PAL (*Pacto Autonomista Liberal*) gelang dies in Corrientes. Der PAL erhielt in

Corrientes 41% der Stimmen, 9% mehr als der PJ[7]. Die UCR siegte mit Ausnahme der Jahre 1989 und 1995 in Córdoba. 1995 konnte sich dort der PJ mit einem Vorsprung von 5% gegenüber der UCR durchsetzen. In den Provinzen La Pampa, Jujuy, Santa Cruz und Tucumán gewann der PJ alle Wahlen außer denen des Jahres 1985, als die UCR dort vorne lag. Die UCR ihrerseits verfügte bis 1991 in der *Capital Federal* über eine Hochburg. 1993 siegte dort der PJ. 1995 lag der FREPASO mit 35% der Stimmen 12% vor dem PJ. In der Provinz Río Negro siegte die UCR bei 5 Wahlen, der PJ konnte sich lediglich 1989 und 1995 durchsetzen.

In Buenos Aires, Entre Ríos, Mendoza, Santa Fé, San Luis und San Juan gewann die UCR 1983 und 1985, seit 1987 siegte dort der PJ. In Tierra del Fuego setzte sich der PJ 1985, 1989, 1991 und 1993 durch. In der Provinz Chaco erlitt der PJ 1985 eine Niederlage gegen die UCR und 1991 gegen *Acción Chaqueña*, eine von dem pensionierten Oberst Ruiz Palacios gegründete Partei. 1995 konnte sich der PJ mit 42% durchsetzen, *Acción Chaqueña* erhielt mit 16% nur noch halb so viele Stimmen wie 1993. Der in dieser Provinz seit 1993 positive Trend der UCR setzte sich auch 1995 fort, die Radikalen kamen diesmal auf 32%. Die UCR unterlag in Catamarca, wo sie 1983, 1985, 1991 und 1993 gewonnen hatte. Der PJ erhielt hier 50% der Stimmen. Der PJ siegte 1995 auch in Chubut. In Salta konnte er sich knapp gegen den PR (*Partido Renovador*) durchsetzen, der 1989 in einem Wahlbündnis mit der UCR triumphiert hatte. In Neuquén gewann die Provinzpartei *Movimiento Popular Neuquino* mit 34% der Stimmen.

Untersucht man die Machtverteilung, die sich aus diesen Wahlen ergibt, so sticht das Ungleichgewicht zwischen Regierung und Opposition ins Auge. Entsprechend den vorläufigen amtlichen Endergebnissen wird der PJ, der in der Wahlperiode 1993-1995 über 125 Mandate verfügte, in Zukunft 132 Abgeordnete stellen. Damit verfügt er aus eigener Kraft über eine absolute Mehrheit. Die UCR büßte dagegen 12 Mandate ein und stellt in Zukunft nur noch 71 Abgeordnete. FREPASO gewann 14 Mandate hinzu und ist im neuen Kongreß mit 28 Abgeordneten vertreten. Auf die Provinzparteien entfallen statt bislang 24 nur noch 20 Parlamentarier. MODIN stellt vier, die UCeDé zwei Abgeordnete.

Schaubild 3: Zusammensetzung des Abgeordnetenhauses 1983-1995						
	1983-85	1985-87	1987-89	1989-91	1991-93	1993-95
UCR	129	129	113	90	84	84
PJ	111	101	103	120	116	125
Andere	14	24	38	33	50	48
Total	254	254	254	254	254	254

---

[7] Im neuen Kongreß wird der *Pacto Autonomista Liberal* die viertstärkste Kraft sein. Zwar ist der Abstand zu Peronisten, Radikalen und FREPASO beträchtlich, aber die Provinzpartei stellt nach wie vor zwei Senatoren und vier Abgeordnete.

Zusammensetzung des Senats 1983-1996			
	1983-1986	1986-1989	1989-1996
UCR	18	18	14
PJ	21	21	25
Sonstige	7	7	6
Total	46	46	46

Der PJ stellt 25 Senatoren, die UCR 14 und die übrigen Parteien sechs. Der Radikalismus konnte seine Führungsrolle in einigen großen und kleinen Provinzen verteidigen. Da den Minderheitsfraktionen in den Provinzparlamenten aufgrund der reformierten Verfassung die Wahl eines zusätzlichen dritten Senators zusteht, wird sich die Repräsentation der UCR im Senat in den kommenden drei Jahren erhöhen.

III. Die Gouverneurswahlen

Eine Analyse der vorläufigen Ergebnisse der in 14 Provinzen durchgeführten Gouverneurswahlen zeigt, daß die jeweiligen Kandidaten des PJ und der UCR im allgemeinen mehr Stimmen erhielten als die Präsidentschaftskandidaten dieser Parteien. Dies belegt die Bedeutung der lokalen Politik für die Stimmabgabe[8]. Nur in zwei Provinzen entfielen auf den Präsidentschaftskandidaten des PJ mehr Stimmen als auf den Gouverneurskandidaten der Partei. Der FREPASO konnte sich bei keiner Gouverneurswahl durchsetzen.

Die Differenzen schwanken im Falle der UCR zwischen fast 33% zugunsten des Gouverneurskandidaten in der Provinz Chubut und 8% in Rio Negro. Im Falle des PJ schwanken die Stimmanteile zwischen 29% zugunsten des Gouverneurskandidaten in San Luis und 2% in Entre Ríos. In den übrigen sieben Provinzen, die der PJ gewann, ergab sich folgendes Bild: In der Provinz Buenos Aires erhielt Duhalde 5% mehr als der Präsidentschaftskandidat; in La Rioja erzielte Maza 6% mehr als Menem; in Santiago del Estero betrug die Differenz 2% zugunsten von Juarez, und in Santa Cruz übertraf Kirchner Menem um 8%. In den Provinzen San Juan und Mendoza erhielt Menem mehr Stimmen als die Gouverneurskandidaten: in San Juan waren es 13% mehr, in Mendoza 9%[9].

---

[8] Besonders deutlich tritt dieses Phänomen bei den Bürgermeisterwahlen zutage. Zu betonen ist, daß Menem in der letzten Wahlkampfwoche lokalen Themen bei seinen Reden einen hervorgehobenen Platz einräumte. Sein gesamter Wahlkampf konzentrierte sich in dieser Phase auf die lokale Ebene: Er weihte Schulen und Krankenhäuser ein, war bei der Übergabe gepflasterter Straßen zugegen etc. Dies zeigt seine Sensibilität für das Gewicht solcher Fragen für die Wahlentscheidungen der Bürgerinnen und Bürger.

[9] In Mendoza trat der Gouverneurskandidat der UCR auch als Kandidat des FREPASO an. Der Sieg bei den Gouverneurswahlen in Catamarca ging auf das Konto eines impliziten Wahlbündnisses zwischen dem Kandidaten der UCR und FREPASO. In Mendoza führte die explizite Allianz zwischen dem Kandidaten

Die UCR konnte sich in drei Provinzen mit ihren Gouverneurskandidaten behaupten, außerdem gewann sie in Catamarca. In Córdoba setzte sich ihr Kandidat mit 47,2% durch, das waren 18% mehr, als die Partei dort bei den Präsidentschaftswahlen erhielt und 10% mehr als bei den Parlamentswahlen. In Chubut erzielte der Radikalismus bei den Gouverneurswahlen 57,9%, 33% mehr als bei den Präsidentschaftswahlen und 19% mehr als bei den Parlamentswahlen. In Catamarca, wo eine implizite Allianz zwischen dem *Frente Cívico y Social* (ein Wahlbündnis zwischen der UCR und lokalen politischen Kräften) und FREPASO bestand, erzielte der Gouverneurskandidat 54%, d.h. 24% mehr als der UCR-Präsidentschaftskandidat und 21% mehr als die Abgeordnetenliste der Partei. In Río Negro erhielt der Gouverneurskandidat der UCR 45%, 8% mehr als der Präsidentschaftskandidat und 2% mehr als die Abgeordnetenliste (vgl. **Schaubild 6 und 8 im Anhang**). In Misiones lag nach der ersten Auszählung der Gouverneurskandidat der UCR mit 48,4% der Stimmen vor dem des PJ mit 46,5%. Eine von der Opposition geforderte Neuauszählung erbrachte jedoch ein anderes Ergebnis: Der Kandidat des PJ siegte mit einem Vorsprung von ca 10.000 Stimmen.

IV. Vorläufige Bilanz

Die Wahlen vom 14. Mai 1995, bei denen Menem sich mit 48% der Stimmen eine zweite Amtszeit als Staatspräsident sichern konnte, brachten grundlegende Modifikationen der politischen Landkarte Argentiniens mit sich. Besonders hervorzuheben sind das Ende des Zweiparteiensystems, in dessen Rahmen trotz einer seit 1983 wachsenden Dekonzentration der Wählerstimmen bislang der Peronismus und der Radikalismus die beiden wichtigsten politischen Kräfte des Landes gewesen waren; das Auftauchen einer neuen politischen Kraft, deren Kandidat die UCR bei den Präsidentschaftswahlen auf den dritten Platz verdrängte (Bordón erhielt 12% mehr als Massaccesi und 20% weniger als Menem), ein Kräfteverhältnis zwischen den drei Parteien, das den PJ zur eindeutig dominierenden Kraft im politischen Wettbewerb macht, und der fast vollständige Bedeutungsverlust der kleinen Parteien.

Die Wahlen führten zu einer geänderten Zusammensetzung des Abgeordnetenhauses. Die zusätzlichen Mandate für FREPASO und PJ und die Mandatsverluste der UCR sowie der kleinen Parteien bedeuten im Ergebnis eine Schwächung der Opposition, zumal die Regierungspartei jetzt über ein eigenes Quorum verfügt. Die UCR ist nach wie vor die wichtigste Kraft der parlamentarischen Opposition, allerdings mit reduziertem Gewicht. FREPASO verfügt nicht über genügend Mandate, um selbständig großen Einfluß ausüben zu können. Hält man sich vor Augen, daß die Rolle des Kongresses innerhalb des politischen Systems durch die Verfassungsreform eigentlich gestärkt werden sollte, so verspricht das gegenwärtige Kräfteverhältnis innerhalb des Parlaments keine allzu großen Fortschritte in dieser Richtung. FREPASO als neue politische Bewegung konnte zwar auf Bundesebene die Gunst vieler Wähler für sich gewinnen, auf regionaler und kommunaler Ebene verfügt sie jedoch nicht über eine solide Basis. Demgegenüber mußte

---

und FREPASO zu einer Niederlage an den Urnen.

die UCR zwar starke Rückschläge hinnehmen, sie bleibt jedoch aufgrund ihrer Organisationsstärke im ganzen Land eine nicht zu vernachlässigende Größe.

Das Stimmensplitting erreichte bei diesen Wahlen ein besonderes Gewicht, vor allem, wenn man berücksichtigt, daß traditionell nie mehr als 5-7% der Wähler von dieser Möglichkeit Gebrauch machten. Ursache dieses Verhaltens war zum einen die Führungsschwäche der UCR, weshalb der Präsidentschaftskandidat der Partei nur wenige Stimmen erhielt, zum anderen die große Bedeutung der lokalen Politik. Gerade in diesem Bereich fehlt dem FREPASO jene Verwurzelung, über die Peronismus und Radikalismus verfügen. Während Wahlbündnisse mit lokalen politischen Kräften in der Strategie des PJ eine zentrale Rolle spielten, tat sich die UCR aufgrund ihrer personalistischen Wahlkampagne schwer damit, Allianzen einzugehen. Ein entsprechender Versuch mit dem FREPASO scheiterte in Mendoza.

Es ist noch zu früh, um sich über die Zukunft der Provinzparteien, die auf nationaler Ebene traditionell der Logik des Zweiparteiensystems untergeordnet waren, zu äußern: Die 1995 noch ausstehenden Gouverneurswahlen in acht Provinzen werden mehr Aufschluß darüber geben, ob ihr Niedergang sich fortsetzt.

Ein Blick auf die seit 1983 zu beobachtenden Transformationsprozesse innerhalb des gesamten politischen Spektrums zeigt, daß das Parteiensystem sich weiterhin in einem Konfigurationsprozeß befindet: Wie wird die UCR bei den kommenden Gouverneurswahlen und bei den Bürgermeisterwahlen im Hauptstadtdistrikt (*Capital Federal*) abschneiden? Wie wird die Zukunft der fragilen Koalition, die der FREPASO darstellt, aussehen? Der sich seit 1987 deutlich abzeichnende Prozeß der Wählerwanderungen bleibt offen. Die Krise der UCR wirft die Frage auf, welche Rolle die Opposition überhaupt in der jetzt beginnenden Legislaturperiode spielen kann. Vielleicht wird die wichtigste Opposition gegenüber der Regierung aus den Reihen des PJ selbst kommen. Dies könnte der Fall sein, wenn der schon ausgebrochene Konflikt über die Frage, wer bei den nächsten Wahlen als Präsidentschaftskandidat des PJ antritt, sich in die staatlichen Institutionen verlagert.

Anhang

Schaubild 4:

Ergebnis der Präsidentschaftswahlen von 1995

Kandidaten für Präsidentschaft und Vizepräsidentschaft	Stimmen (absolut)	%
Menem-Ruckauf	8.123.190	47,7
Bordón-Alvarez	4.805.899	28,2
Massaccesi-Hernández	2.786.219	16,4
Sonstige	637.461	3,6
positive Stimmen	16.352.669	
votos blancos	526.121	4,1
votos nulos	116.298	
votos impugnados	23.894	
Total	17.018.982	100,0

Schaubild 5:

Ergebnis der Präsidentschaftswahlen 1983, 1989 und 1995 (in %)

Parteien	1983	1989	1995
Radikale (UCR)(1)	50	36	16
Peronisten (2)	39	46	48
Mitte-Rechts (3)	4	10	---
Linke (4)	4	5	2
Rechte (5)	---	---	2
FREPASO (6)	---	---	28
en blanco y nulos	3	3	4

(1) Radikale – 1989 UCR und Confederación Federalista Independiente CFI.
(2) Peronisten – 1983 PJ; 1989 FREJUPO (Frente Justicialista de Unión Popular; 1995 PJ.
(3) Mitte-Rechts – 1983 Unión de Centro Democrático, Alianza Federal, Alianza Socialista Democrática Progresista; 1989 Alianza de Centro (UCeDé, Demócrata Progresista, Demócrata, Pacto Autonomista Liberal), Fuerza Republicana, Bloquista, Movimiento Popular Neuquino, andere Provinzparteien.
(4) Linke – 1983 Partido Intransigente, Frente de Izquierda Popular, Partido Obrero, Movimiento al Socialismo, Partido Demócrata Cristiano, Movimiento de Integración y Desarrollo, Partido Socialista; 1989 Alianza Izquierda Unida, Socialistas, andere.
(5) Rechte – MODIN, Fuerza Republicana (mit 0,38%); 1989 bildeten FR und MODIN der Frente para la Coincidencia Patriótica (FRECOPA).
(6) Alianza del Frente Grande (Unidad Socialista, Democracia Cristiana und Anhänger von Alvarez) mit der Partei País von Bordón.

Schaubild 6:
Ergebnis der Präsidentschaftswahlen 1995 nach Wahldistrikten (in %)

Distrikt	Menem-Ruckauf	Bordón-Alvarez	Massaccesi-Hernández
Buenos Aires	51,84	29,71	13,90
Capital Federal	41,53	44,19	10,67
Catamarca	53,30	15,40	30,14
Córdoba	48,20	20,72	28,87
Corrientes	46,08	33,85	16,10
Chaco	56,82	18,3	22,89
Chubut	57,07	15,25	25,59
Entre Ríos	45,99	24,85	26,60
Formosa	49,37	16,66	31,40
Jujuy	46,85	22,76	21,49
La Pampa	50,63	23,87	22,87
La Rioja	75,82	6,26	16,79
Mendoza	51,94	33,66	12,12
Misiones	50,85	9,03	37,90
Neuquén	53,80	25,46	16,18
Río Negro	44,00	16,03	37,32
Salta	55,50	24,77	16,69
San Juan	59,23	30,27	9,66
San Luis	52,21	25,35	20,19
Santa Cruz	58,00	22,71	17,30
Santiago del Estero	63,90	10,02	25,05
Santa Fe	46,82	37,38	12,76
Tierra del Fuego	61,14	22,42	13,28
Tucumán	45,47	29,11	12,36

Schaubild 7:

Ergebnis der Parlamentswahlen 1995 nach Wahldistrikten (in %)

Distrikt	PJ	UCR	FREPASO
Buenos Aires	52,0	18,0	23,9
Capital Federal	23,0	20,3	34,7
Catamarca	49,9	33,2*	13,9
Córdoba	42,4	37,4	12,3
Corrientes	32,0	14,1	5,9
Chaco	41,2	31,8	7,0
Chubut	42,4	38,7	8,4
Entre Ríos	47,7	36,5	13,0
Formosa	49,4	34,3	13,2
Jujuy	25,9	24,5	13,9
La Pampa	50,6	24,9	6,5
La Rioja	76,0	18,1	1,9
Mendoza	44,9	16,7	19,5
Misiones	49,5	40,0	8,1
Neuquén	27,4	11,9	22,3
Río Negro	44,0	43,1	11,6
Salta	34,5	13,4	9,9
San Juan	47,1	10,1	3,2
San Luis	19,1	18,9	0,0
Santa Cruz	58,9	23,8	14,4
Santiago del Estero	45,0	22,7	5,2
Santa Fe	34,5	16,5	27,7
Tierra del Fuego	45,9	22,3	6,0
Tucumán	34,2	15,8	19,3

* Frente Cívico Social

Schaubild 8:

Ergebnis der Gouverneurswahlen vom 14.5.1995 (in %)

Provinz	PJ	UCR	FREPASO	Diff. PJ/UCR
Buenos Aires	56,7	17,3	21,0	+35,7
Catamarca	42,7	54,0	0,0	−11,3
Córdoba	40,0	47,2	5,1	−7,2
Chubut	32,4	57,9	2,6	−25,5
Entre Ríos	48,9	43,9	5,2	+5,0
La Pampa	54,2	22,3	4,7	+31,9
La Rioja	82,4	15,7	1,3	+66,7
Mendoza	43,1	20,5	16,5	+22,6
Misiones	47,7	45,0	2,9	+2,7
Río Negro	44,5	44,9	9,3	−0,9
San Juan*	47,4	22,8	0,0	+24,6
San Luis	71,5	16,5	11,0	+55,0
Santa Cruz**	66,5	0,0	0,0	+66,5
Santiago del Estero	66,5	17,8	1,6	+48,7

* Alianza Cívica: Justicia Social, Cruzada, Frente Grande, UCR.
** Encuentro Santa Cruz erhielt 32,2%.

Dirk Messner

Wirtschaftsstrategie im Umbruch.
Anmerkungen zu den ökonomischen und politischen Determinanten von Wettbewerbsfähigkeit

I. Einleitung

Bis Ende 1994 ging in der internationalen Finanzwelt die Rede vom "argentinischen Wunder" um, und Präsident Menem versicherte bei vielen Anlässen der eigenen Bevölkerung und ausländischen Beobachtern, Argentinien werde bis Ende des Jahrzehnts zu den wichtigen Industrienationen aufgeschlossen haben. Die positive Perzeption der Entwicklung der argentinischen Wirtschaft basierte auf folgenden Indikatoren: Der Regierung Menem ist es gelungen, die chronische Inflation, die in den 80er Jahren durchschnittlich über 400% betrug und Ende 1990/Anfang 1991 in die Hyperinflation von mehreren tausend Prozent mündete, auf etwa 4% p.a. zu drosseln. Zwischen 1991 und 1994 wuchs die Wirtschaft jährlich um etwa 7%, nachdem die Entwicklung des BSP in den 80er Jahren durch Stagnation und Schrumpfungsprozesse gekennzeichnet war; die Kapitalflucht, die sich nach Schätzungen der argentinischen Zentralbank sowie der Weltbank in der vergangenen Dekade auf etwa 50 Mrd. US$ kumulierte, verwandelte sich in einen Kapitalstrom in Richtung Argentinien. Etwa 30 Mrd. US$ ausländisches Kapital flossen zwischen 1991 und 1994 in das südamerikanische Land. Diese Daten suggerierten vielen Beobachtern, daß in Argentinien das Kunststück gelungen sei, eine offensichtlich erfolgreiche Stabilisierungspolitik mit einer Wachstumsstrategie zu verbinden. Vor diesem Hintergrund entschied sich die argentinische Regierung im September 1994, die beiden letzten Tranchen eines 1992 eingeräumten IWF-Kredites – mit einem Volumen von 410 Mio. US$ – nicht in Anspruch zu nehmen. Begründung: Angesichts der erfolgreichen Wirtschaftspolitik sei man nicht mehr auf die Unterstützung des IWF angewiesen.

Doch seit der Mexiko-Krise Anfang 1995 gerät auch Argentinien in schwierigeres Fahrwasser: Kapitalflucht setzt ein und der IWF ist gezwungen, etwa 7 Mrd. US$ in das argentinische Bankensystem hineinzupumpen, um einen Finanzkollaps zu verhindern. Rezessive Tendenzen setzten sich durch: Die Binnennachfrage stagniert, die Investitionsdynamik verlangsamt sich, und im ersten Halbjahr 1995 steigt die offizielle Arbeitslosenquote auf über 18%. Diese Krisenerscheinungen dürfen nicht nur als kurzfristig-konjunkturelles Phänomen und Folge der Verunsicherung von internationalen Anlegern nach der Mexiko-Krise interpretiert werden. Vielmehr droht die von der

Regierung Menem eingeleitete Stabilisierungspolitik nun selbst zur Destabilisierung der Ökonomie beizutragen. Eine Weiterentwicklung der Wirtschaftspolitik ist notwendig, um die strukturellen Krisenursachen in der argentinischen Ökonomie zu überwinden.

II. Das Konvertibilitätsgesetz und die Konturen der Wirtschaftspolitik seit 1991: Stabilisierung, Liberalisierung, Privatisierung und Deregulierung

Ende März 1991 wird im argentinischen Parlament das Konvertibilitätsgesetz verabschiedet, das primär darauf ausgerichtet ist, die Hyperinflation, die das politische System und die argentinische Volkswirtschaft nachhaltig destabilisierte, zu stoppen (vgl. Mármora 1992; Broda 1993; Schvarzer 1994; IRELA 1995, S. 12 ff.). Das Programm basiert auf drei Kernelementen: Erstens wird der argentinische Peso fest im Verhältnis 1:1 an den US-Dollar gebunden; eine Modifizierung des Wechselkurses ist nur durch Gesetzesänderung möglich. Die Regierung garantiert die volle Konvertibilität des Peso in den US-Dollar. Zweitens ist die Zentralbank verpflichtet, die monetäre Basis (Bargeldumlauf, Kassenbestände der Geschäftsbanken und Einlagen der Geschäftsbanken bei der Zentralbank in Landeswährung) durch Devisenreserven und Goldbestände (im Verhältnis ein Peso pro US-Dollar) zu decken, so daß die früher übliche, beliebig hohe Geldschöpfung zur Finanzierung von staatlichen Haushaltsdefiziten unmöglich wird. Die Zentralbank darf Emissionen nur dann tätigen, wenn dies mit einer äquivalenten Zunahme ihrer Reserven verbunden ist. Zugleich werden alle Kapitalverkehrskontrollen abgeschafft. Drittens wird die Indexierung von Löhnen gesetzlich untersagt, die in der Vergangenheit zu einer Verstetigung der Inflation beigetragen hatte. Die Lohnentwicklung soll sich künftig an der Produktivitätsentwicklung orientieren. Dieses Stabilitätspaket wird ergänzt durch wichtige Strukturreformen:
- Die breit angelegte Privatisierung von Staatsunternehmen soll zur Effizienzsteigerung der Unternehmen beitragen und stellt eine wichtige Finanzierungsquelle für die Sanierung der Staatsfinanzen dar. Zwischen 1991 und 1994 wurden Staatsbetriebe im Wert von 24 Mrd. US$ verkauft[1].

---

[1] Azpiazu, Bang und Nochteff (Azpiazu/Nochteff 1994, S. 157 ff.; Azpiazu/Bang/ Nochteff 1994) arbeiten detailliert die Schwächen des Privatisierungsprozesses heraus, worauf hier nicht näher eingegangen werden kann. Die beiden Autoren zeigen, daß aufgrund mangelhafter ordnungspolitischer Vorgaben (z.B. Monopolgesetzgebung) und der fehlenden Berücksichtigung industriepolitischer sowie gesamtwirtschaftlicher Effekte der Privatisierung in vielen Fällen aus staatlichen Monopolen private Mono- oder Oligopole wurden. Auch ein beachtlicher Teil der Direktinvestitionen ist im Kontext der Privatisierung nicht etwa in exportorientierte Segmente geflossen, sondern in Dienstleistungsbereiche, in denen auch nach der Privatisierung kaum Wettbewerb herrscht, so daß die Preise von den Unternehmen festgesetzt werden können und daher in vielen Fällen weit über den international üblichen Preisniveaus liegen. Azpiazu/Nochteff (1994) weisen diesen Sachverhalt unter anderem für die Bereiche Telekommunikation, Gas sowie Straßen- und Verkehrssystemenach. Die überhöhten Preise für diese und andere Dienstleistungen gehen in die Kosten der exportorientierten Unternehmen ein und schwächen deren Wettbewerbsfähigkeit. Die Privatisierung führt also nicht generell zu der anvisierten und angenommen Effizienzsteigerung (vgl. z.B. World Bank 1993b), perpetuiert vielmehr in vielen Fällen Marktverzerrungen. Die Monopolstellung des Staates wird in einigen Bereichen also nicht etwa durch Marktmechanismen aufgebrochen, sondern auf private Akteure übertragen.

- Die Importzölle werden von durchschnittlich etwa 50% auf einheitliche 10% gesenkt und die nicht-tarifären Handelshemmnisse weitgehend abgebaut.
- Der Regierung gelingt 1993 eine Refinanzierung der Außenverschuldung im Rahmen des Brady-Plans. Durch die Umschuldung kurz- und mittelfristiger in langfristige Kredite, die Vereinbarung tilgungsfreier Phasen und eine Senkung der Zinsen auf LIBOR-Niveau können die jährlichen Zins- und Tilgungsbelastungen für den Staatshaushalt erheblich reduziert werden (World Bank 1994, S. 19)[2].
- Eine Erhöhung der Mehrwertsteuer sowie verschärfte Steuerkontrollen verbessern die Einkommensseite des Staates; eine umfassende Steuerreform ist in Vorbereitung (Gerchunoff/Machinea 1995, S. 87 ff.)[3].
- Die Arbeitsgesetzgebung wird flexibilisiert. Tarifverhandlungen finden nicht mehr auf Branchenebene, sondern mit einzelnen Betriebsgewerkschaften statt.

Die Reformanstrengungen werden zudem durch die Stabilisierung und Reaktivierung der Ökonomien der Nachbarländer (insbesondere der MERCOSUR-Region) sowie relativ niedrige Zinsen auf den internationalen Finanzmärkten begünstigt.

Tabelle 1:

Entwicklung der Realeinkommen nach Einkommensgruppen
(Realeinkommen 1980 = 100)

	ärmsten 20%	zweiten 20%	mittleren 20%	vierten 20%	oberen 20%	Total
1980	100	100	100	100	100	100
1986	89	94	89	95	86	91
1989	25	37	40	48	60	49
1991	41	53	58	62	68	61
1993	58	62	66	75	73	70

Quelle: The Economist, 26.Nov. 1994.

III. Makroökonomische Entwicklung im Kontext der Stabilisierung

Bis Ende 1994 lassen sich die folgenden beachtlichen Entwicklungen beobachten:

- Das Wirtschaftswachstum steigt seit 1991 um etwa 7% p.a; die industrielle Produktion expandiert mit einer vergleichbaren Dynamik. Seit 1991 ist die argentinische Ökono-

---

[2] Nach Schätzungen der argentinischen Zentralbank sinkt die Schuldendienstquote (Zins- und Tilgung/Exporte) infolge dieser Vereinbarungen von etwa 37% (1993) auf gut 20% (1994/95).

[3] Verläßliche Daten zur Entwicklung der Steuereinnahmen der jüngsten Vergangenheit liegen nicht vor. Die Steuerquote (Steueraufkommen/BSP) lag Anfang der 90er Jahre bei etwa 12% und ist bis Mitte der 90er Jahre auf etwa 15-18% gestiegen. Damit liegt sie etwa auf dem Niveau von Ländern wie Brasilien, Chile und Mexiko und beträgt etwa die Hälfte der in Industrieländern üblichen Steuerquoten. Zu dem Problem des in Lateinamerika generell niedrigen Steueraufkommens vgl. Boeckh (1995).

mie damit um über 30% gewachsen und gehört zur Spitzengruppe der Wachstumsökonomien der Weltwirtschaft, die in der ersten Hälfte der 90er Jahre von China und Thailand angeführt wird. Insbesondere erhöht sich die Binnennachfrage nach Konsumgütern, da erstens infolge der drastisch sinkenden Inflationsrate die "Inflationssteuer" verschwindet, die insbesondere die Bezieher niedriger Einkommen betraf, die sich nicht durch die Flucht in Sachwerte oder Hartwährungen gegen die Inflation wehren konnten.[4] Zweitens steigen die Reallöhne in der Industrie zwischen 1991 und 1994 um gut 30% (Kosacoff 1995b, S. 5).
- Die Inflation sinkt ab 1991 auf Werte unter 10%; 1994 liegt sie bei 3,9% (1995: 1,6%). Die psychologischen Wirkungen dieser Entwicklung können nicht hoch genug eingeschätzt werden. Nach jahrzehntelanger Hochinflation und der Hyperinflation Ende der 80er Jahre mit all den damit verbundenen Unsicherheiten für die Bürger als Wirtschaftsakteure und private Konsumenten sowie allein acht gescheiterten Stabilisierungsprogrammen zwischen Juli 1989 und März 1991 (unter Präsident Menem) zeigen argentinische Meinungsumfragen seit 1991, daß makroökonomische Stabilität und niedrige Inflation zu den wichtigsten politischen Prioritäten der Argentinier zählen.

Tabelle 2:

Ausgewählte Wirtschaftsdaten (Wachstum in %)

	1970-1980	1980-1982	1980-1985	1985-1990	1989	1990	1991	1992	1993	1994	1995
BIP	2,8	-4,5	-2,1	0,3	-6,2	-0,1	8,9	8,7	6,0	6,5	-4,4
Ind. Entw.	1,6	-7,4	-3,2	0,4	-7,1	2,0	11,9	7,3	4,5	5,8	---
Inflat.	118,5	132,7	322,6	583,8	---	2314,0	171,7	24,9	10,6	4,0	1,6

Quelle: Statistical Yearbook for Latin America and the Caribbean 1994, Zentralbank.

- Die Steuereinnahmen des Staates verdoppeln sich als Ergebnis der wirtschaftlichen Erholung, aber auch der Anhebung der Mehrwertsteuer und verbesserten Kontrollmaßnahmen.
- Die Regierung beweist Haushaltsdisziplin und erwirtschaftet zwischen 1991 und 1994 Überschüsse, aus denen die Zinsen für interne und externe Verschuldung finanziert werden können. In den 80er Jahren lag das durchschnittliche Haushaltsdefizit bei etwa 9% des BSP. Die Erfolge in der Haushaltspolitik speisen sich aus drei Quellen:

---

[4] Tabelle 5 im Anhang zeigt, daß sich die Realeinkünfte der unteren 40% der Einkommenspyramide im Vergleich zu den 80er Jahren und insbesondere seit 1989, also während der Regierungszeit Menems – wenn auch von einem sehr niedrigen Niveau aus – relativ günstig entwickelt haben. Obwohl das Realeinkommen von 1980 noch längst nicht erreicht ist, erklärt diese positive Dynamik – im Vergleich zu dem besonders eklatanten Einkommensverfall der ärmeren Bevölkerungsschichten in den 80er Jahren – die Popularität der Menem-Regierung in der breiten Masse der Bevölkerung.

den Einnahmen aus der Privatisierung (die nur temporärer Natur sein können), den gestiegenen Steuereinnahmen und Einsparungen infolge der Reduzierung der Beschäftigtenzahlen im öffentlichen Sektor[5].
- Die Investitionsquote, die 1990 bei etwa 13% gelegen hatte, erreicht 1993 und 1994 immerhin ein Niveau um die 19%.
- Beachtliche externe Kapitalzuflüsse sind zu beobachten. 1991 fließen etwa 3,2 Mrd. US$ in die argentinische Volkswirtschaft, 1992 11 Mrd. US$, 1993 10,7 Mrd. US$ und 1994 etwa 8 Mrd. US$ (Schätzungen der argentinischen Zentralbank). Neben China und Mexiko ist Argentinien damit der wichtigste Anziehungspunkt für Kapitalzuflüsse in den "Entwicklungsländern". Die Zuflüsse basieren vor allem auf den massiven Privatisierungen, an denen sich ausländische Unternehmen beteiligen, sowie eher kurzfristigen, spekulativen Kapitalanlagen (Portfolioinvestitionen in zweistelliger Milliardenhöhe), die einerseits die relative makroökonomische Stabilität reflektieren und andererseits Folge des im Vergleich zu den internationalen Finanzmärkten hohen Zinsniveaus in Argentinien sind.

Alles in allem kann festgestellt werden, daß die Stabilisierungspolitik in den ersten drei bis vier Jahren nach dem Cavallo-Plan bemerkenswerte Resultate erzielte; ein erstaunlicher Erfolg, den im Frühjahr 1991, dem Zeitpunkt der Implementierung des Konvertibilitätsprogramms, nur wenige Beobachter für möglich hielten. Nicht unterschätzt werden dürfen zudem die Verhaltens- und Orientierungsveränderungen insbesondere der Unternehmer. Letztere waren jahrzehntelang gewohnt, zur Durchsetzung ihrer Interessen und zum Schutz vor lästiger Importkonkurrenz vom Staat die Manipulation von Nominalwerten (Preisen, Löhnen, Wechselkursen, Zöllen) zu fordern. Das Festhalten an dem festen Wechselkurs und die konsequente liberale Außenhandelspolitik haben die Unternehmen nun gezwungen, aktiv ihre unternehmensinternen Angebotsbedingungen durch Strategien zur Steigerung der Produktivität und den Aufbau von Wettbewerbsvorteilen zu verbessern (Mármora 1992).

Dennoch kann es — anders als von der Regierung Menem[6] und auch der Weltbank (World Bank 1994, S. 20f.) suggeriert — kein schlichtes "weiter so" in der Wirtschaftspolitik geben. Das Stabilisierungsprogramm kann nur der Anfang und nicht das Ende des wirtschaftspolitischen Kurswechsels nach dem endgültigen Bruch mit der Strategie der etatistischen und einseitig binnenmarktorientierten Importsubstitution darstellen. Nach dem Stabilitätspaket bedarf es nun eines Modernisierungsprojektes und damit einer qualitativen Weiterentwicklung der Wirtschaftspolitik, um die Stellung der argentinischen Ökonomie in der Weltwirtschaft nachhaltig zu verbessern, den nationalen Wirtschaftsstandort zu optimieren und die internationale Wettbewerbsfähigkeit der Unternehmen zu steigern.

---

[5] Zwischen November 1990 und Ende 1993 wurde die Zahl der öffentlichen Angestellten auf der bundesstaatlichen Ebene von 671.000 auf 284.000 reduziert. Dabei kam es zu 103.000 Entlassungen. 284.000 ehemalige Lehrer und Angestellte aus dem Gesundheitswesen des Nationalstaates wurden auf die Provinzen verteilt (World Bank 1994, S. 18).

[6] Vgl. z.B. die Ausführungen des argentinischen Ökonomen Juan Alemann, der der argentinischen Regierung nahesteht (in: Birle/Werz 1995).

Daß die argentinische Wirtschaft noch auf sehr fragilen Beinen steht und die bisherige Wirtschaftspolitik nur zu einer prekären Stabilisierung führte, verdeutlicht der Hinweis auf drei Kernprobleme, die Ende 1995 offensichtlich waren:

Erstens liegen die argentinischen Inflationsraten seit der Einführung des Konvertibilitätsplanes stets über den internationalen und insbesondere den US-amerikanischen Preissteigerungsraten. Das Festhalten an der Parität zwischen Peso und Dollar impliziert daher eine kontinuierliche Aufwertung der argentinischen Währung. Die faktische Überbewertung wird Ende 1994 auf etwa 30-40% geschätzt[7]. Dieser Trend wirkt sich zwar - durch die Verbilligung der Importe — positiv auf die Inflationsrate aus, jedoch negativ auf die Entwicklung des produktiven Sektors. Billige Importe bedrohen in der nun relativ offenen argentinischen Volkswirtschaft die Produktion nationaler Unternehmen, und die Erfolgschancen der (potentiellen) Exporteure verringern sich. Damit gerät zunehmend die stabilitätsorientierte Wechselkurspolitik mit der Notwendigkeit in Konflikt, eine Wachstums- und Modernisierungspolitik zur Stärkung der Wettbewerbsfähigkeit der Unternehmen zu formulieren. Diese Problematik wird in dem folgenden Punkt reflektiert.

Zweitens sind die Exporte seit 1990 zwar leicht angestiegen (von etwa 14 Mrd. US$ in den Jahren 1990-1992 auf immerhin 15,7 Mrd. und dann knapp 17 Mrd. US$ 1993 bzw. 1994), die Importe haben sich jedoch im gleichen Zeitraum vervierfacht, und zwar von 6,4 Mrd. US$ (1990) auf 23,5 Mrd. US$ (1994). Damit verwandelte sich ein Handelsbilanzüberschuß von über 8 Mrd. US$ im Jahr 1990 in ein Handelsbilanzdefizit von gut 6 Mrd. US$ im Jahr 1994. Das Leistungsbilanzdefizit beläuft sich gar auf 10 Mrd. US$ (1994). Das kontinuierlich steigende Handelsbilanzdefizit verweist auf drei Problemfelder: Erstens hat der wirtschaftspolitische Kurswechsel seit 1991 die Exportfähigkeit der Unternehmen bisher nur unzureichend gestärkt; die skizzierte Verbesserung der makroökonomischen Stabilitätsdaten sagt noch nichts über qualitative Veränderungen auf der Mikroebene der Unternehmen aus (worauf noch zurückzukommen sein wird); zweitens bleibt das argentinische Wachstumsmodell auf permanente externe Kapitalzuflüsse angewiesen, um die steigenden Leistungs- und Handelsbilanzdefizite auszugleichen; drittens wird durch das sich verschärfende Handelsbilanzproblem auch sukzessive die Stabilitätspolitik unterminiert, da die Parität zwischen Peso und Dollar durch gesetzlich fixierte entsprechende Devisenreserven abgesichert ist. Zu Beginn des Cavallo-Plans waren der Handelsbilanzüberschuß sowie die hohen Deviseneinnahmen aus der Privatisierung Garanten für solide Devisenreserven der Zentralbank. Mitte der 90er Jahre sind diese Stabilitätsanker des Konvertibilitätsplanes erodiert.

---

[7] In die (methodisch schwierige) Bestimmung eines "gleichgewichtigen Wechselkurses" und Aussagen über das Niveau der Überbewertung gehen natürlich noch andere Faktoren ein als die Entwicklung der nationalen sowie der US-Inflationsrate. Gegenüber Handelspartnern, die nicht aus dem Dollar-Raum kommen, hat sich die Schwäche des Dollars positiv auf die Exportmöglichkeiten Argentiniens ausgewirkt. Bedeutend ist zudem, inwieweit die Differenz zwischen der nationalen und der US-Inflationsrate durch Produktivitätssteigerungen der argentinischen Unternehmen und Kostensenkungen für nichthandelbare Konsumgüter kompensiert werden können. Doch auch von dieser Seite verschlechtert sich die Wettbewerbs- und Kostenposition der argentinischen Unternehmen. Einerseits stiegen generell die Kosten für Dienstleistungen, da Subventionen im Bereich Telekommunikation, Transport und Energie entfielen. Andererseits stieg zwar die Arbeitsproduktivität in der Industrie zwischen 1990 und 1993 um durchschnittlich (kumulierte) 40%, die Arbeitskosten jedoch (gemessen in US$) um 83%, so daß sich die Lohnstückkosten um gut 30% erhöhten (Kosacoff 1995b, S. 5).

Tabelle 3:

Ausgewählte Daten der Zahlungsbilanz (in Mio. US$)

	1970	1980	1982	1985	1987	1988	1989	1990	1991	1992	1993	1994	1995*
Exp. (US $)	2104	9893	9185	10039	8140	11143	11759	14796	14357	14676	15724	17218	10693
Imp. (US $)	1986	13081	6514	5285	7629	7306	6254	6437	11146	18242	20485	23134	9711
Hand.-bilanz	274	-1373	2764	4878	1017	4242	5709	8628	4419	-1450	-2455	-5916	982
Leist.-bilanz	-160	-4774	-2353	-952	-4235	-1572	-1305	4552	-672	-6664	-7479	(-)	(-)
Direkt-invest.	11	788	257	919	-19	1147	1028	1836	2439	4179	6239	(-)	(-)
Port-folio-invest.	84	154	1888	-507	-96	-656	2618	-1309	483	-417	18697	(-)	(-)

Quelle: Statistical Yearbook for Latin America and the Caribbean 1994.
* Daten für Januar bis Juni 1995, CEPAL.

Drittens stieg zwar in den vergangenen Jahren die Investitionsquote (von unter 15% in der zweiten Hälfte der 80er Jahre auf nun etwa 19%), die nationale Sparrate sank jedoch zwischen 1990 und 1993 von 18,4% auf 16,9%. Die Investitionsdynamik bleibt entsprechend von kompensatorischen externen Kapitalzuflüssen abhängig.

Tabelle 4:

Spar- und Investitionsquote (in % des BIP)

	1970	1980	1982	1985	1989	1990	1991	1992	1993	1994
Spar-quote	23,9	21,2	18,3	16,0	15,6	18,4	16,4	15,9	16,9	13,5
Invest.-Quote	23,8	25,1	19,2	15,3	14,8	13,3	15,3	18,5	19,8	19,1

Quelle: Statistical Yearbook for Latin America and the Caribbean 1994, Zentralbank.

Die Kapitalimporte werden somit zu einer kritischen Größe, sowohl für die Investitionsdynamik, als auch für die Stabilitätspolitik. In der ersten Phase nach dem Konvertibilitätsplan wurden die Kapitalzuflüsse — nach der Dekade der Kapitalflucht — zu Recht als Zeichen einer einsetzenden Stabilisierung der argentinischen Ökonomie interpretiert. Noch so hohe Zinsen konnten in den 80er Jahren, der Phase der Hyperinflation, keine ausländischen Anleger dazu bewegen, Kapital nach Argentinien zu transferieren. Die Argumentation von Cavallo und seinen Beratern war, daß mit steigenden Zuflüssen die internen Zinsen sinken würden, was die Investitionsdynamik stärken könne, eine zunächst plausibel klingende Argumentation. Die Prognose hat sich jedoch nicht bewahrheitet. Das Stabilisierungspaket aus festem (und überbewertetem) Wechselkurs, hohen Zinsen, Privatisierung und radikaler Außenöffnung führt, wie das Handelsbilanzdefizit und die sinkende Sparquote zeigen, zu einem stetig steigenden externen Kapitalbedarf, damit zu zunehmender Unsicherheit für Kapitalanleger und infolgedessen zu steigenden Zinsen.

Der induzierte – zu einem beträchtlichen Teil spekulative – Kapitalimport, der in Kombination mit der Überbewertung und dem liberalen Außenhandelsregime einen dynamischen Importboom und eine erneute Verschuldungsrunde begünstigte, wurde zu Unrecht als dauerhafter Vertrauensbeweis der internationalen Kapitalanleger in den argentinischen Wirtschafts- und Produktionsstandort sowie die grundsätzliche Solidität des argentinischen Finanzmarktes[8] interpretiert (Heymann 1994). Geldkapital ist Mitte der 90er Jahre hochgradig mobil und Kapitalanleger sind daher in der Lage, kurzfristig weltweit Zinsdifferentiale und Wechselkursbewegungen auszunutzen. Ein großer Teil der Kapitalimporte war Ausdruck kurzfristig günstiger Verwertungsmöglichkeiten für Geldkapital auf dem argentinischen Finanzmarkt (hohe Zinsen, gesetzlich fixierter Wechselkurs).

Ab Ende 1994 destabilisiert sich die Stabilisierungspolitik selbst. Die Deviseneinnahmen aus der Privatisierung versiegen, nachdem nahezu alle Staatsunternehmen veräußert sind, und den Kapitalanlegern müssen, angesichts explodierender Importe, nur langsam ansteigender Exporte und steigendem externen Kapitalbedarf sowie zunehmender Unsicherheit hinsichtlich möglicher Modifizierungen der Stabilitäts- und insbesondere der Wechselkurspolitik, immer höhere Zinsen geboten werden, um Kapitalexporte zu vermeiden. Die steigenden Zinsen unterminieren die Investitionsdynamik und die Wettbewerbsfähigkeit der argentinischen Unternehmen; jeder Versuch, durch sinkende Zinsen die Konjunktur zu stabilisieren, würde ohne Zweifel einen massiven Kapitalabfluß und in dessen Folge ebenfalls Investitionseinbrüche und eine Infragestellung der Parität zwischen Dollar und Peso zur Folge haben.

Die argentinische Wirtschaftspolitik steckt in einem schwierigen Dilemma, das nur hätte vermieden werden können, wenn in den vergangenen Jahren eine massive Steigerung der Exporte gelungen wäre.

Dieses Spannungsfeld bricht in Argentinien nach der Mexiko-Krise auf. Der "Tequila-Effekt" ist demnach nicht die Ursache, sondern nur der Auslöser und Verstärker "hausgemachter" argentinischer Krisenphänomene. Zwischen Januar und April 1995 werden 8,7 Mrd. US$ aus Argentinien transferiert. Die Einlagen im Bankensystem sinken zwischen Dezember 1994 und Mai 1995 von 46 Mrd. US$ auf 37, 5 Mrd. US$; sie steigen bis Ende Juni 1995 erneut auf 40 Mrd. US$. Die Devisenreserven der argentinischen Zentralbank sinken zwischen Dezember 1994 und Mai 1995 um 6 Mrd. US-Dollar auf 11 Mrd. US$[9]. Aufgrund des Konvertibilitätsgesetzes verringert sich damit auch die

---

[8] Der argentinische Finanzmarkt weist eine Reihe von strukturellen Problemen (z.B. aufgeblähte Verwaltungsapparate und schwache Eigenkapitalausstattung der Banken; wenig funktionsfähige Bankenaufsicht) auf, die in der ersten Phase des Cavallo-Planes nicht angegangen wurden. Die Zentralbank schätzte 1994, daß 24% der 58 Mrd. US$ ausstehender Kredite des argentinischen Kreditsystems nicht zurückzahlbar waren. Die Banken nahmen aber keine entsprechenden Wertberichtigungen vor (Karnofski 1995).

[9] Trotz der unverkennbaren Parallelen zwischen der Krise in Argentinien und der Mexiko-Krise zeigen folgende Daten (von Ende 1994), daß die Situation in Argentinien noch keine mexikanischen Ausmaße angenommen hat: Das Verhältnis zwischen den Devisenreserven und der Außenverschuldung beträgt in Argentinien 18%,

nationale Geldbasis. Die Kapitalflucht mündet in explodierende Zinsen auf dem argentinischen Finanzmarkt. Die Zinssätze für Kredite mit einer Laufzeit von 6 Monaten an Großunternehmen (für kleine und mittlere Unternehmen ist es kaum möglich, überhaupt Kapital aufzunehmen) verdreifachen sich zwischen November 1994 bis April 1995 von 8% auf 24%. Die massiven Liquiditätsprobleme innerhalb des argentinischen Finanzsystems führen zu einer Pleitewelle im Bankensystem: Die Zahl der am Markt operierenden Banken sinkt von 205 (1994) auf etwa 150 (Mitte 1995).

Der IWF stellt der argentinischen Regierung in dieser bedrohlichen Situation des ersten Quartals 1995 einen 7 Mrd. Dollar-Kredit zur Verfügung, um das argentinische Finanzsystem zu stabilisieren, die drohende Zahlungsunfähigkeit weiterer Banken abzuwenden und einen Domino-Effekt in Lateinamerika – infolge der Mexiko-Krise – zu verhindern[10]. Die Regierung stützt mit etwa 3 Mrd. US$ ausländischen Krediten, die der argentinische Steuerzahler zurückzahlen muß, vom Konkurs bedrohte und z.T. marode Banken (Karnofsky 1995)[11]. Die Nettoauslandsverschuldung Argentiniens steigt allein im ersten Halbjahr 1995 um 2,5 Mrd. US$. Kommt es nicht zu erneuten Umschuldungsmaßnahmen, wird Argentinien 1996 Schuldendienstzahlungen (Zinsen plus Tilgung) in Höhe von 9,4 Mrd. US$ leisten müssen. Von 1997 bis 1999 werden die Schuldendienstzahlungen 11 Mrd. US$ betragen. Das südamerikanische Land droht demnach in eine erneute Schuldenspirale hineinzugeraten.

Die ökonomischen Turbulenzen beschränken sich nicht nur auf den Finanzmarkt. Auch in der Industrie sind rezessive Tendenzen sichtbar. So ging die industrielle Produktion 1995 um 5% zurück. Das Bruttoinlandsprodukt schrumpfte nach ersten Schätzungen um 4,4%. Zwar sanken die Zinsen ab Mitte 1995 wieder; sie liegen jedoch noch immer weit über den internationalen Zinsniveaus. Zudem sind die sinkenden Zinsen weniger ein Indikator für eine Stabilisierung des Finanzsektors als vielmehr eine Konsequenz sinkender Investitionen und geringer Kreditnachfrage infolge unsicherer Zukunftserwartungen.

Sinkende Investitionen und das erwartete Nullwachstum des Sozialproduktes verschärfen die Situation auf dem Arbeitsmarkt: Die offizielle Arbeitslosenquote steigt von 9,4% im Mai 1994, auf 12,2% im Oktober 1994 und liegt im Mai 1995 bei 18,4%. Eine solch hohe und in der jüngeren Geschichte Argentiniens nie erreichte Arbeitslosigkeit ist nicht nur eine ökonomische Kennziffer; sie bedroht die politische Stabilität und den Fortgang des Strukturanpassungsprozesses. Mitte 1995 gerät der bis dahin unangefochtene Anti-Inflationsminister Cavallo erstmals massiv in die öffentliche Kritik.

Einziger Lichtblick in diesem rezessiven Panorama ist die Entwicklung der Exporte. Das hohe Handelsbilanzdefizit wird sich 1995 stark verringern, einige Analysten gehen gar von einem leichten Überschuß aus. Die bis Oktober 1995 vorliegenden Schätzungen

---

in Mexiko 5%; die argentinischen Devisenreserven reichen aus, um die Importe von 8 Monaten zu finanzieren, die mexikanischen Devisenreserven decken nur die Importe eines Monats.

[10] Der IWF knüpft diesen Kredit an die Bedingung, daß die argentinische Regierung 1995 einen Haushaltsbilanzüberschuß von 2 Mrd. US$ erwirtschaftet. Dieses Ziel muß in der zweiten Hälfte des Jahres wegen sinkender Steuereinnahmen infolge der einsetzenden Rezession aufgegeben werden.

[11] Nach Schätzungen von Experten können nur etwa 50 Banken als gesichert und dauerhaft wettbewerbsfähig gelten (Karnofski 1995).

gehen von einem Anstieg der Exporteinnahmen um etwa 25% aus. Für diesen positiven Trend lassen sich vier wesentliche Ursachen benennen:
- Die argentinische Ernte fällt 1995 aufgrund günstiger klimatischer Bedingungen in nahezu allen Agrarsektoren außerordentlich positiv aus.
- Die Preise für wichtige argentinische Exportprodukte steigen seit 1995 und liegen auf einem Niveau, das sich mittelfristig sicher nicht stabilisieren wird. Dies gilt z.B. für Rindfleisch, Ölsaaten, Weizen und Wolle.
- Die Abwertung des Dollar – und damit auch des an diesen angebundenen Peso – gegenüber den anderen wichtigen Leitwährungen in der Weltwirtschaft verbessert die Exportchancen argentinischer Anbieter im Nicht-Dollarraum.
- Die Exporte nach Brasilien werden 1995 um etwa 30% auf 4,5 Mrd. US$ ansteigen (etwa 25% der Gesamtexporte). Dies ist erstens eine Folge der Aufwertung der brasilianischen Währung gegenüber dem Dollar und dem argentinischen Peso, zweitens Ergebnis des relativ hohen Wachstums in der großen Nachbarökonomie und drittens eine Konsequenz steigender Zölle bzw. der Einrichtung von Quoten durch die brasilianische Regierung gegenüber Importen aus Nicht-MERCOSUR-Ländern in Produktbereichen, in denen Argentinien als Anbieter auftritt und somit Wettbewerbsvorteile in Form von *windfall profits* erhält. Etwa 40% des argentinischen Exportwachstums von 1995 läßt sich auf die steigenden Ausfuhren nach Brasilien zurückführen.

Angesichts dieser Sonderfaktoren und günstigen externen Entwicklungen muß also resümierend festgehalten werden, daß die erfreuliche Exportentwicklung noch keine Rückschlüsse auf eine nachhaltige Verbesserung dauerhafter Wettbewerbsfähigkeit der argentinischen Wirtschaft zuläßt. Die Handelsbilanzsituation wird neben dem Exportboom durch stagnierende Importe entschärft, die jedoch als Auswirkung der rezessiven Tendenzen und sinkender Kapitalgüterimporte interpretiert werden müssen.

Wie lange die rezessive Phase in Argentinien anhält und wie sich die Exporte weiterentwickeln, kann nicht verläßlich prognostiziert werden. Eindeutig ist jedoch, daß der Übergang von der Stabilisierungs- zur Modernisierungsphase nicht linear und krisenfrei verlaufen wird. Die Regierung Menem reagiert bisher unzureichend auf die Zuspitzung der Krise und hat kein Konzept für eine systematische Entwicklung des Wirtschaftsstandortes. Vermutlich war es richtig, daß der Konvertibilitätsplan nicht während der akuten Mexiko-Krise aufgegeben wurde, da in dieser Phase spekulative Transaktionen und eine massive Abwertungsspirale wahrscheinlich gewesen wären. Das starre Festhalten an der festen Währungsparität und damit an der sich fortsetzenden Perpetuierung der Überbewertung des argentinischen Peso unterminiert jedoch weiterhin die Revitalisierungs- und Modernisierungschancen für den produktiven Sektor und wirkt sich daher ebenfalls destabilisierend aus[12]. In der Weltwirtschaft gibt es kein Beispiel für einen erfolgreichen

---

[12] Erschwert wird eine Veränderung der Währungsparität auch deshalb, weil sich in den vergangenen Jahren ein großer Teil der Bevölkerung in Dollars verschuldet hat, um dauerhafte Konsumgüter zu erwerben. Eine Abwertung des Peso könnte daher eine Verschuldungskrise der privaten Konsumenten auslösen. Eine Veränderung der Währungsparitäten ist auch schon aus diesem Grund unpopulär. Gespräche des Autors in Argentinien im Juli 1995 ergaben zudem, daß die Inflationsfurcht und damit die Inflationserwartung der Wirtschaftsakteure weiterhin groß ist. Infolgedessen bestünde als Reaktion auf eine Abwertung die Gefahr einer massiven Kapitalflucht und damit eines erneuten *"ciclo argentino"*. Eine Abwertung ist daher kurzfristig wohl nicht als politisch gesteuerte Maßnahme zu erwarten, sondern eher in Form einer Marktbereinigung,

Prozeß der Weltmarktintegration auf der Grundlage eines dauerhaft überbewerteten Wechselkurses.

Einen Ausweg aus diesem Dilemma, daß ad hoc nicht zu lösen ist, kann nur die Entwicklung eines mittel- und langfristig orientierten wirtschaftspolitischen Konzeptes weisen, das über reine Stabilisierungsmaßnahmen hinaus weist und Wachstums- sowie Modernisierungsimpulse fördert. Nur durch eine Überwindung des *cortoplazismo* können Unsicherheiten abgebaut und Entwicklungskorridore aufgezeigt werden, an denen sich private und staatliche Akteure ausrichten können.

IV. Entwicklung der Industrie- und Exportstruktur: Reaktionen auf der Mikroebene

Der wirtschaftspolitische Kurswechsel in Argentinien sollte neben der Inflationsbekämpfung insbesondere darauf ausgerichtet sein, die Wettbewerbsfähigkeit der Unternehmen zu stärken. Die Eingliederung einer kleinen Volkswirtschaft in die Weltwirtschaft erfordert die Entwicklung eines neuen Spezialisierungsprofils, nachdem im Rahmen der Importsubstitution der Versuch im Vordergrund gestanden hatte, eine möglichst komplette Industriestruktur aufzubauen. "Wettbewerbsfähigkeit", ein Terminus, der bis Ende der 80er Jahre in Lateinamerika kaum eine Rolle spielte, ist nun zu einem Modebegriff geworden und wird häufig verkürzt mit Exportfähigkeit gleichgesetzt. Doch steigende Exporte reflektieren nicht *a priori* eine solide Grundlage für dauerhafte Wettbewerbsfähigkeit. Exporte können auf hohen Subventionen basieren oder auf Niedriglöhnen und natürlichen Kostenvorteilen im Agrar- und Ressourcenbereich. Eine solche Exportfähigkeit stellt jedoch ein schwaches Fundament für dauerhafte Wettbewerbsfähigkeit und dynamische wirtschaftliche Entwicklung dar.

Ebenso wesentlich wie die Exportdynamik ist die Fähigkeit der binnenmarktorientierten Unternehmen, gegen die Importkonkurrenz bestehen zu können, sowie die Entwicklung eines Wirtschaftsstandortes, der den Aufbau nationaler Wettbewerbsvorteile und leistungsfähiger Angebotsbedingungen im Unternehmensumfeld erlaubt. Die Orientierung auf Wettbewerbsfähigkeit impliziert daher die Stärkung der Exportfähigkeit, die Steigerung der Produktivität von Unternehmen und Unternehmensnetzwerken, die Stabilisierung und Dynamisierung der Binnennachfrage auf der Grundlage der Schaffung von Beschäftigung und steigender Löhne sowie das Vordringen in wertschöpfungsintensivere Segmente auf der Basis zunehmender technologischer Kompetenz der Wirtschaftsakteure.

Daß dieses Zielsystem nicht ad hoc, sondern nur mittel- und langfristig angesteuert werden kann, leuchtet unmittelbar ein. Umso wichtiger ist es, möglichst frühzeitig die Weichen in Richtung dauerhafte Wettbewerbsfähigkeit zu stellen. Im folgenden sollen die Auswirkungen und Reaktionen der neuen makroökonomischen Rahmenbedingungen auf den produktiven Sektor Argentiniens skizziert werden. Zum einen werden zwei Gruppen von Unternehmen mit unterschiedlichen Anpassungsstrategien unterschieden

---

für den Fall, daß sich die Währungsparität nicht mehr verteidigen läßt.

und zum anderen die aktuellen Spezialisierungstendenzen in der argentinischen Industrie nachgezeichnet[13].

1. Anpassungsstrategien in der argentinischen Industrie

Die argentinische Industrie hat seit Anfang der 70er Jahre ihre Rolle als Wachstumsmotor eingebüßt. Seitdem befand sie sich in einer Dauerstagnationsphase (Katz/Kosacoff 1989; Kosacoff 1995c). Der wirtschaftspolitische Kurswechsel Anfang der 90er Jahre hat industrielle Wachstumsprozesse ausgelöst und weitreichende Restrukturierungsprozesse in der Industrie eingeleitet. Zwischen 1990 und 1994 wuchs die Industrieproduktion um 34%, nachdem sie zwischen 1986 und 1990 um 14% gesunken war. Vergleicht man das Produktionsniveau von 1994 mit dem von 1987, stellt man fest, daß dieses um kumulierte 14% angestiegen ist; diese Entwicklung entspricht einer jährlichen Wachstumsrate in dem genannten Zeitraum von 1,9% (Kosacoff 1995b, S. 3). Das relativ hohe Wachstum seit Anfang der 90er Jahre darf also nicht überbewertet werden. Es reflektiert vor allem eine Wiederauslastung bereits existierender Kapazitäten nach einer tiefen Krise.

Dennoch verbergen sich hinter den Wachstumsziffern wichtige qualitative Veränderungen innerhalb der argentinischen Industrie: Immerhin ist die Arbeitsproduktivität im verarbeitenden Gewerbe zwischen 1990 und 1994 um etwa 40% angestiegen. Dieser Wert indiziert jedoch keinen einheitlichen Erholungsprozeß der Industrie, sondern eine äußerst disparate Entwicklung (Bisang 1994). Kosacoff unterscheidet zwei Unternehmensgruppen, in denen divergierende Anpassungsstrategien umgesetzt wurden: Unternehmen, die durch "offensive Anpassungsstrategien" charakterisiert sind und andere, in denen "passive Anpassungsmaßnahmen" dominieren.

Die "offensiven Restrukturierungsmaßnahmen" sind charakterisiert durch radikale Veränderungen in der Organisation des Produktionsprozesses, massive Investitionen in neue Anlagen und Technologien, hohe Produktivitätssteigerung und eine Verbesserung der Stellung auf den internationalen Märkten. Neben einigen Ausnahmefällen konzentrieren sich diese erfolgreichen Unternehmen auf drei Industriesegmente und zwar auf

— Unternehmen, in denen auf (oder nahe) dem internationalen Effizienz- und Technologieniveau kapitalintensive Zwischenprodukte gefertigt werden; hierbei handelt es sich um Eisenhütten- und Stahlerzeugnisse, petrochemische Unternehmen, Aluminiumproduzenten, Zementhersteller und Ölraffinerien;
— einige Bereiche der Nahrungsmittelindustrie (Fleisch, Fisch, Früchte), wobei insbesondere die Entwicklung der Speiseölexporte ins Auge fallen, die zwischen 1975 und Anfang der 90er Jahre von etwa 200 Mio. US$ auf über 2,4 Mrd. US$ gestiegen sind und damit nahezu 50% der agrarindustriellen Exporte ausmachen (Fleischverarbeitung: etwa 15%); wichtig ist die Beobachtung, daß gerade in diesem Segment neue Unternehmen entstehen;

---

[13] Die folgenden Ausführungen basieren auf der aktuellsten und umfassendsten Analyse der Entwicklungsdynamik in der argentinischen Industrie in den 90er Jahren, die von einem Forschungsteam unter der Leitung von Bernado Kosacoff (CEPAL, Buenos Aires) erarbeitet wurde (vgl. dazu Kosacoff 1993; 1995a).

– den Automobilsektor, der sich in Richtung Produktion und Export von Autoteilen spezialisiert.

Die Wachstumsdynamik und die Produktivitätssteigerungen in der Automobilbranche sind spektakulär (Maceira 1995). 1990 wurden etwa 100.000 Autos produziert, 1994 über 400.000. Die Beschäftigungseffekte sind zwar positiv, jedoch gering (Beschäftigungszuwachs 10%), da zugleich die Produktivität enorm gesteigert werden konnte. Typisch ist der Fall von Ciadea, einem Unternehmen, das auf Lizenzbasis Renault-Wagen herstellt. Ciadea produzierte in ihrer Fabrik in Córdoba Ende der 80er Jahre 80 Autos pro Tag. Mit der gleichen Beschäftigtenzahl werden heute 650 Einheiten pro Tag gefertigt. Ciadea geht seit Ende 1994 daran, die Modernisierung seiner 200 Zulieferer voranzutreiben. Nur sieben der Zuliefererunternehmen waren auf Anhieb in der Lage, die neuen Qualitätsanforderungen zu erfüllen, die sich an den ISO 9000-Normen orientieren.

Neben den genannten Spezialisierungspolen können einige (wenige) dynamische Klein- und mittleren Industrieunternehmen (mit bis zu 100 Beschäftigten) identifiziert werden, die erfolgreich in unterschiedlichsten wertschöpfungsintensiven Marktnischen (z.B. Feinchemie, Maschinenbau, Design für den Bootsbau) agieren. Die Zahl dieser Unternehmen beläuft sich allerdings auf einige 100 und liegt sicher unter 1.000. Eine Cluster- bzw. Netzwerkbildung zwischen den Unternehmen, also die Herausbildung von *"collective efficiency"*, zeichnet sich nicht ab. Zudem ist der Beitrag dieser dynamischen, aber isoliert agierenden kleinen und mittleren Industrieunternehmen zum BSP sehr gering. Die Zahl aller Klein- und mittleren Industrieunternehmen beträgt etwa 65.000.

Die Restrukturierungstrends in den skizzierten Industriebereichen verweisen auf zukünftige dynamische Pole in der argentinischen Ökonomie. Die Investitions- und Modernisierungsdynamik in diesen Segmenten reicht jedoch nicht aus, um breitenwirksame Effekte auszulösen, die es erlaubten, von einer Konsolidierung der Industrie zu sprechen. In diesen dynamischen Industriepolen werden, nach Schätzungen von Kosacoff, von einer Minderheit der Unternehmen (etwa 15%) um die 40% der industriellen Wertschöpfung der argentinischen Industrie erwirtschaftet.

Der Großteil der Unternehmen ist nur dazu in der Lage, "defensive Anpassungsstrategien" umzusetzen. Auch hier lassen sich auf der Unternehmensebene inkrementelle, punktuelle Modernisierungsanstrengungen und Produktivitätserhöhungen beobachten, dennoch konnten bisher die Kernprobleme aus der Phase der Importsubstitution nicht überwunden werden. Die Unternehmen sind in der Regel durch eine hohe Fertigungstiefe, kaum existierende Zuliefererstrukturen und eine breite Angebotspalette charakterisiert. Die in diesen Unternehmen erreichten Produktivitätserhöhungen sind im Vergleich zur Entwicklungsdynamik dieser Unternehmen in den 60er und 70er Jahren beachtlich, reichen jedoch bei weitem nicht aus, um Anschluß an die internationalen Produktivitäts- und Qualitätsstandards zu gewährleisten. Ein nicht unwesentlicher Teil dieser Industriebranchen wird in den kommenden Jahren verschwinden.

Die Restrukturierungsprozesse auf Unternehmensebene sind also auch vier Jahre nach dem wirtschaftspolitischen Umbruch bei weitem noch nicht abgeschlossen. Der Umbau von der ehemals hochintegrierten, "kompletten" Industriestruktur zu einem tragfähigen Spezialisierungsmuster hält an. Die bisherige Dynamik verweist darauf, daß nur eine Minderheit der Unternehmen zu aktiven Restrukturierungsprozessen in der Lage ist; ein weiterer Bereinigungsprozeß steht noch bevor. Dieser ist insofern notwendig, als es unmöglich ist, die hochintegrierte Industriestruktur aus der Zeit der Importsubstitution wettbewerbsfähig umzubauen. Die notwendigen Spezialisierungsprozesse implizieren (selbst für den Fall eines erfolgreichen Prozesses des Aufbaus nationaler Wettbewerbsvorteile) zunächst Deindustrialisierung. Die Frage ist, ob genügend neue Industriebereiche entstehen, die zukünftiges Wachstum und steigende Beschäftigung erlauben. Dafür gibt es bisher in Argentinien keine vielversprechenden Hinweise.

2. Die neuen Spezialisierungsmuster in der Industrie und im Export: Argentinien geht den ressourcenbasierten "chilenischen Weg"

Ziel der Importsubstitutionsstrategie war der Aufbau möglichst technologie- und wertschöpfungsintensiver Industriesektoren hinter hohen Zollmauern. Deren Entwicklung wurde im wesentlichen über Agrar- und Ressourcenexporte finanziert. Tatsächlich verfügte Argentinien seit Mitte der 70er Jahre über eine außerordentlich diversifizierte Industriestruktur, bis hin zu einer nationalen Kapitalgüterindustrie. Die Hoffnung vieler argentinischer Ökonomen basierte darauf, nach einer Reorganisation der makroökonomischen Rahmenbedingungen und der Beseitigung von exporthinderlichen Strukturen, die während der Phase der Importsubstitution kumulierte, technologische Kompetenz mobilisieren und in eine dynamische, weltmarktorientierte Industrialisierung überführen zu können. Hinter den hohen Wachstumsraten in der Industrie seit 1991 verbirgt sich jedoch keineswegs eine allgemeine Erholung der Industrie. Vielmehr verlieren im Trend gerade die technologieintensiven Branchen, wie die Kapitalgüterindustrie, rapide an Bedeutung, während wertschöpfungsschwache und ressourcennahe Industriezweige boomen.

Die Hoffnung, sich auf der Grundlage der jahrzehntelangen Industrialisierungserfahrungen im Rahmen der Importsubstitution – anders als z.B. das Nachbarland Chile (Messner 1992; 1993a; Scholz 1994) – nicht als Ressourcen- sondern als Industriegüterexporteur in die Weltwirtschaft integrieren zu können, wurden enttäuscht.

Mitte der 90er Jahre zeichnet sich im Export folgendes Spezialisierungsprofil ab, das deutlich zeigt, wie es um die internationale Wettbewerbsfähigkeit des argentinischen Wirtschaftsstandortes und die zukünftige Stellung der Ökonomie im weltwirtschaftlichen Kontext bestellt ist:

– Die Exporte bestehen (nach Dekaden industrieller Importsubstitution) noch immer zu 70% aus Rohstoffen und Agarprodukten, also Primärgütern.
– Von den Industriegüterexporten entfallen beinahe 70% auf ressourcennahe Produkte mit geringer Wertschöpfung (Öl, Gas, Nahrungsmittel). Die Wachstumsraten sind gerade in diesen Segmenten besonders hoch. Die "nicht-traditionellen" argentinischen Exportgüter sind in diesem Bereich angesiedelt (wie Speiseöl, Fisch, Obst und Gemüse).
– 20% der Industriegüterexporte entfallen auf industrielle Basisprodukte, wie Stahl, Zellulose und Papier, sowie einige petrochemische Güter. In diesen Industriesektoren sind im Verlauf der 80er Jahre international wettbewerbsfähige Unternehmen entstanden. Diese Segmente zeichnen sich durch wenig komplexe, ausgereifte Produktionstechnologien aus und sind – was für eine verschuldete Ökonomie, in der

Kapital ein knappes Gut ist, paradox erscheint − außerordentlich kapitalintensiv (Chudnovsky/López 1994).
- Weniger als 10% der Industriegüterexporte entfallen auf Produkte, die man als technologieintensiv bezeichnen könnte. Hier sind zweierlei Beobachtungen wichtig: Einerseits werden diese komplexeren Exportprodukte im wesentlichen innerhalb des MERCOSUR, also unter Präferenzbedingungen gehandelt (dies gilt z.b. für einige Autoteile); andererseits bilden sich in diesem Segment keine Industriekomplexe heraus (wie im Fall der Nahrungsmittelindustrie), sondern es handelt sich im wesentlichen um einzelne, besonders innovative Unternehmen, von denen − zumindest bisher − wenige Ausstrahlungseffekte ausgehen.
- Zwar ist der Grad der Außenöffnung der argentinischen Industrie (gemessen an der Summe der Exporte und Importe im Verhältnis zur Industrieproduktion) von 1987 bis 1994 von 20,1% auf 25% gestiegen, der Exportkoeffizient der argentinischen Industrie ist jedoch zwischen 1990 und 1994 sogar gesunken! Der höhere Grad der Außenöffnung geht also nicht auf eine verbesserte Positionierung der argentinischen Industrie im Welthandel, sondern auf die gestiegenen Importe zurück: 1987 trugen die Einfuhren nur etwa 50% zur Außenöffnungsquote bei, 1994 über 65% (Kosacoff 1995b, S. 6f.).
- Insgesamt ist die Exportquote der argentinischen Wirtschaft mit etwa 7% (1994) weiterhin sehr niedrig (zum Vergleich: Chile 35%).

Tabelle 5:

Außenhandelsstruktur (Angaben in %)

	1970	1980	1982	1985	1989	1990	1991	1992	1993
Anteil Primärgüterex.	86,1	76,9	75,8	79,2	64,9	70,9	71,8	73,7	68,1
Anteil Ind.-güterex.	13,9	23,1	24,2	20,8	35,1	29,1	28,2	26,3	31,9
intrareg. Exporte	21,0	23,6	20,3	18,6	25,8	26,0	29,2	32,9	41,4
intrareg. Exporte	20.9	19,0	29,0	32,0	28,8	26,6	28,1	31,2	31,9

Quelle: Statistical Yearbook for Latin America and the Caribbean 1994.

Dieses Exportprofil verdeutlicht, daß die argentinische Industrie bisher nicht in der Lage ist, dynamische, technologiebasierte Wettbewerbsvorteile aufzubauen. Nach jahrzehntelanger Industrialisierung und dem Versuch der "nachholenden Industrialisierung" jenseits des Referenzrahmens Weltmarkt, befindet sich Argentinien Mitte der 90er Jahre auf dem Stand eines agrar- und ressourcenbasierten Entwicklungsmodells, das sich um eine Exportsteigerung von niedrigem Niveau aus bemüht (Bisang/Kosacoff 1995). Das neue Spezialisierungsmuster gruppiert sich um drei Achsen: ressourcennahe Produkte, technologisch ausgereifte Produktionszweige mit niedriger und mittlerer Wertschöpfung sowie kapital- und energieintensive Segmente.

Hinsichtlich der Auswirkungen des neuen Spezialisierungsmusters auf die Beschäftigung läßt sich folgendes festhalten:

- Die Löhne verlieren als Determinanten der Wettbewerbsfähigkeit an Bedeutung. Entscheidend für die Exportdynamik sind vielmehr die Entwicklung der Rohstoff- und Agrargüterpreise sowie die Kosten für Kapital (Zinsniveau).
- Von den kapital- bzw. ressourcennahen Exportsektoren gehen nur geringe Impulse für das Beschäftigungsniveau aus.
- Die Spezialisierungstendenzen deuten bisher nicht darauf hin, daß *der* Produktionsfaktor zu einer wichtigen Säule der Wettbewerbsfähigkeit werden könnte, auf den Argentinien immer besonders stolz war: die − vor allem im lateinamerikanischen Vergleich − gut qualifizierten Arbeitskräfte.

Sollte sich das abzeichnende Spezialisierungsmuster konsolidieren, so ist davon auszugehen, daß sich selbst bei relativ hohem Exportwachstum die strukturelle Arbeitslosigkeit des Landes verfestigt. Im Oktober 1995 beträgt die offizielle Arbeitslosenquote 16,4% (Mai 1995: 18,4%); der Anteil der Unterbeschäftigten liegt bei 12,6% (Mai 1995: 11,3%).

Trotz dieser ernüchternden Zahlen und Trends ist es schwierig, eine klare Prognose für die Entwicklung der argentinischen Wirtschaft abzugeben. Eine Patchwork-Modernisierung ist zu beobachten, die sich noch nicht zu einem genauen Bild verdichtet. Was konstatiert werden kann, ist, daß Argentinien, ähnlich wie Chile seit den 80er Jahren, den Einstieg in das neue weltmarktorientierte Wachstumsmodell als Ressourcen- und Agrarökonomie beginnt. Zur Patchwork-Modernisierung gehört, daß die Importe an Investitionsgütern (wenn auch von einem niedrigen Niveau aus) seit 1992 stark gestiegen sind, und zwar um 116% (1992), 33% (1993) und etwa 60% (1994). 1994 wurden Investitionsgüter im Wert von 6 Mrd US$ eingeführt. Die Früchte dieser Investitionen werden sich erst in den kommenden Jahren zeigen. Wie hoch der jeweilige Anteil der Investitionen ist, die im Rahmen der Privatisierung in oligopolistische, wettbewerbsfreie Segmente bzw. aktive oder passive Modernisierungsprozesse in der Industrie fließen, und ob sich die Investitionen in einigen Feldern konzentrieren und zur Herausbildung dynamischer Unternehmenscluster beitragen oder in einem diffusen Industrieprofil münden, ist aufgrund fehlender empirischer Studien nicht festzustellen. Zudem darf nicht vergessen werden, daß es in Argentinien in den 80er Jahren − also der Phase radikaler organisatorisch-technologischer Veränderungen in den dynamischen Ökonomien der Weltwirtschaft − kaum Erweiterungs- oder Modernisierungsinvestitionen gab, der Modernisierungsdruck und -nachholbedarf also sehr hoch ist. Die bisher realisierte Investitionsquote von unter 20% wird sicher nicht ausreichen, um die notwendigen Aufholprozesse umzusetzen; auch die geringen Aufwendungen von nur etwa 0,3% des BSP für Forschung und Entwicklung (zum Vergleich: Südkorea etwa 3%) stimmen nicht gerade optimistisch.

Wichtig ist der Trend, daß sich in den letzten Jahren einige Großunternehmen herausgebildet haben, die Betriebsgrößen erreichen, die in der Weltwirtschaft üblich sind. Im Schnitt betrugen die Betriebsgrößen (gemessen am Umsatz) in den 80er Jahren in Argentinien nur etwa ein Zehntel der international üblichen Niveaus. Entscheidend wird sein, ob es den Großunternehmen gelingt, sich intern zu reorganisieren sowie Angebotsstärken und leistungsfähige Zuliefererstrukturen aufzubauen (Finkman/Montenegro 1995). Der Aufbau leistungsfähiger Zuliefererstrukturen wird durch die Schwäche der argentinischen Klein- und Mittelindustrie, die kaum über einen Zugang zu den Finanzmärkten verfügt und daher noch keine interessante Investitionsdynamik entfalten konnte, erschwert.

Interessant ist ein Trend zu ökonomischer Dezentralisierung, der von den dynamischen ressourcennahen Wirtschaftszweigen ausgeht. Während in der Phase der Importsubstitution die Industrie im wesentlichen um Buenos Aires herum entstand, entwickeln sich nun exportorientierte Pole in den Agrarregionen des Landes (z.B. Mendoza: Wein, Nahrungsmittel; Misiones: Holzverarbeitung, Papier u.a.). Diese Entwicklung könnte zukünftig breitenwirksamere Wachstumsprozesse als in der Vergangenheit ermöglichen. Zugleich erwächst hieraus jedoch auch die Notwendigkeit, die Infrastruktur dieser bisher im Vergleich zu Buenos Aires und seinem Umland nur wenig erschlossenen Regionen zu verbessern sowie die politische Struktur des Landes zu dezentralisieren. Die Neuordnung zwischen dem Nationalstaat und den Regionen stellt eine der großen Herausforderungen dar.

Bedeutend für die Zukunft der argentinischen Wirtschaft ist, wie sich der MERCOSUR entwickelt. Insgesamt ist festzustellen, daß sich der Handel Argentiniens mit der Region sehr dynamisch entfaltet (Chudnovsky/Porta 1995). Der Anteil der intraregionalen Exporte (in den MERCOSUR-Raum) an den Gesamtexporten ist zwischen 1990 und 1993 von etwa 25% auf über 40% gestiegen. 1995 gehen 25% der Exporte nach Brasilien. Das Nachbarland ist damit zum wichtigsten Handelspartner geworden.

Bedeutend ist folgende Beobachtung: Zwischen 1990 und 1994 sind 90% der Zuwächse der argentinischen Industrieexporte auf Ausfuhren in den MERCOSUR (und überwiegend nach Brasilien) zurückzuführen. Eine ernsthafte Chance, in wertschöpfungsintensivere Exportbereiche hineinzuwachsen, gibt es demnach in einer ersten Phase nur im Rahmen des regionalen Marktes, der Marktdimensionen eröffnet, die für die in Argentinien agierenden Unternehmen interessant sein könnten. Zudem stellt die enge Kooperation innerhalb des MERCOSUR eine Chance dar, den subregionalen Wirtschaftsstandort durch gemeinsame Standortpolitiken zu stärken und innerhalb der Weltwirtschaft zu verankern (Eßer 1994a).

Als Faustregel kann gelten: Wächst Brasilien, werden sich die Energie- und Nahrungsmittelexporte Argentiniens gut entwickeln und sich Chancen für Industriegüterexporte eröffnen; gerät Brasilien im Prozeß der Liberalisierung und Außenöffnung in eine ernsthafte Anpassungskrise, verlängert sich auch in Argentinien der mühsame Weg aus der Krise.

Wie schwierig in einer solchen Umbruchphase Prognosen sind, lehrt der chilenische Fall. Nach der tiefen Krise in Chile Anfang der 80er Jahre mit zweistelligen Einbrüchen des BIP und dem Kollaps des Finanzsektors, war die Regierung gezwungen, den Kurs der Überbewertung zur Inflationsbekämpfung aufzugeben und die nationale Währung stark abzuwerten. Viele Beobachter fürchteten damals eine erneute Inflationsspirale und massive Kapitalflucht. Statt dessen setzte der bis heute andauernde Aufschwung ein; die in der Phase davor eingeleiteten mikroökonomischen Anpassungsprozesse hatten zur Herausbildung einer tragfähigen produktiven Basis beigetragen, die nach der Abwertung mobilisiert werden konnte (Meller 1992). Ob die derzeitigen Restrukturierungsanstrengungen in Argentinien auf der Unternehmensebene und die zaghaften institutionellen Reformen ausreichen, um eine ähnliche Entwicklungsdynamik nach dem Ende der Überbewertung erwarten zu dürfen oder die unvermeidliche Abwertung in einer Inflationsspirale, explodierenden Zinsen und einer tiefen Rezession mündet, kann heute niemand mit Gewißheit sagen (vgl. dazu Azpiazu/Nochteff 1994).

V. Perspektiven und zukünftige Anforderungen an die Wirtschaftspolitik

Was mit hoher Gewißheit behauptet werden kann, ist, daß die Wirtschaftspolitik ausdifferenziert werden muß, um neben der Stabilisierung zum Aufbau von nationalen Wettbewerbsvorteilen beizutragen. Einmal geht es um die sukzessive Korrektur und Weiterentwicklung der makroökonomischen Rahmenbedingungen: Eine Abwertung ist notwendig, die mittelfristige Konsolidierung des Staatshaushaltes ist wesentlich, Maßnahmen zur Reduzierung kurzfristiger und spekulativer Kapitalzuflüsse (wie in Chile durch eine Steuer auf kurzfristige Kapitalanlagen praktiziert) sinnvoll, eine Begrenzung der Außenverschuldung wichtig und eine selektive und auf die Transformation des produktiven Sektors hin konzipierte Handelspolitik möglich. Die Anpassungsfähigkeit vieler argentinischer kleiner und mittlerer Industrieunternehmen ist aufgrund des radikalen Abbaus des Außenschutzes überfordert worden. Nach jahrzehntelanger Unterforderung der Unternehmen infolge des überzogenen Protektionismus wurden die Unternehmen nun z.T. überfordert. Restrukturierungsmaßnahmen auf Unternehmensebene benötigen Zeit und der Aufbau neuer Wettbewerbsvorteile kann durch zeitlich begrenzten Zollschutz, also eine pragmatische Handelspolitik, unterstützt werden, wie die Erfahrungen in den neuen ostasiatischen Industrieländern unter Beweis stellen[14].

Neben den Korrekturen auf der Makroebene geht es um die Entwicklung einer Strategie zur Modernisierung des Industriestandortes, um das Unternehmensumfeld systematisch zu verbessern. Auf diesem wirtschaftspolitisch entscheidenden Feld, zwischen der Mikro- und der Makroebene, die wir als Mesoebene bezeichnen (Eßer et al. 1994; Hurtienne/Messner 1994), haben die notwendigen Reformen in Argentinien kaum begonnen. Auch die Weltbank vernachlässigt diese wichtige Dimension der Wirtschaftspolitik in ihren Konzepten zur industriellen Restrukturierung in Argentinien (World Bank 1992).

1. Politiken zur Stärkung des Wirtschaftsstandortes — der Mesoraum

Im Rahmen der Strukturanpassung der 80er Jahre galten makroökonomische Reformen und über diese ermöglichte und erzwungene Modernisierungen auf der Unternehmensebene als Schlüssel zur Stärkung der Wettbewerbsfähigkeit. Dieser wirtschaftspolitischen Grundannahme ist auch die argentinische Regierung verpflichtet. Diese Sichtweise ver-

---

[14] Dies gilt nicht nur für Argentinien, sondern für Lateinamerika insgesamt. Bis Mitte der 80er Jahre wiesen die Länder der Region den höchsten Zollschutz aller Weltregionen auf: Mittelamerika 88%, Südamerika 51%, Karibik 17%, dagegen Westasien 17%, das übrige Asien 25%. 1992 lag der Zollschutz fast aller lateinamerikanischer Länder weitaus niedriger als derjenige der meisten Industrie- und Entwicklungsländer (Eßer 1994b).

nachlässigt die Bedeutung des Aus- und Aufbaus von Wirtschaftsräumen und der ständigen Optimierung des Unternehmensumfeldes. Entgegen der neoklassischen Allokations- und Außenhandelstheorie, die mit Verweis auf gut funktionierende internationale Technologiemärkte und die Optimalität dezentral getroffener unternehmerischer Entscheidungen aktive, antizipatorische Technologie- und Industriepolitiken ablehnt, haben sich in den 80er Jahren diejenigen Industrieländer und NICs am dynamischsten entwickelt und ihre Position in der weltwirtschaftlichen Hierarchie verbessert, welche eine gezielte Optimierung der zwischen makroökonomischen Bedingungen und der Mikroebene angesiedelten Mesodimension ansteuerten (Amsden 1989; Fitzgerald 1995; Hillebrand 1991; Mármora/Messner 1992; Wade 1990).

Der Markt allein sorgt nicht für optimale Standortgestaltung. Zugleich erweist sich der von der strukturalistischen Schule geforderte "Entwicklungsstaat" angesichts der Komplexität industrieller Produktion und Organisation als überfordert, wenn es um die Herausbildung einer leistungsfähigen Industriestruktur geht. Gesellschaftliche Organisationsmuster neuen Typs und komplexere Steuerungsmuster zeichnen sich in Ländern ab, die eine erfolgreiche Standortpolitik betreiben. Der innovative Verbund von Banken, Unternehmen und öffentlichen wie privaten intermediären Institutionen erlaubt eine langfristig orientierte Strukturgestaltung im mesopolitischen Bereich. Insbesondere der japanische Erfolg demonstriert, daß kreative Organisationsformen in dieser *"third arena of allocation"* (Teubner 1992) – *"between markets and hierarchies"* – entscheidend zum Aufbau nationaler Wettbewerbsvorteile beitragen.

Wie zentral dieses wirtschaftspolitisch vernachlässigte Feld für die Entwicklung dauerhafter Wettbewerbsfähigkeit ist, zeigt sich auch daran, daß es im Rahmen der Strukturanpassungsprogramme in einer Reihe von Entwicklungsländern (z.B. in Bolivien) durchaus gelang, die wirtschaftspolitischen Rahmenbedingungen zu stabilisieren, jedoch die erwartete Reaktivierung der Ökonomien nicht eintrat (Eßer et al. 1993). Grund hierfür ist, daß die Produktionsstandorte nicht entwickelt sind und zuweilen wichtige Standortfaktoren im Rahmen der auf Stabilisierung und Haushaltskonsolidierung fixierten Anpassungsmaßnahmen weiter geschwächt wurden (z.B. Bildung, Forschung und Entwicklung / FuE). Dies zeigen z.B. auch die Erfahrungen im Fall Chile, einem Land, das oft als lateinamerikanischer Modellfall beschrieben wird. In Chile ist es auf der Grundlage eines auf Stabilität, Wettbewerb und Außenorientierung ausgerichteten, soliden makroökonomischen Managements seit Mitte der 80er Jahre gelungen, einen beachtlichen Wachstumsprozeß einzuleiten. Gezielte Standortpolitiken werden bisher kaum umgesetzt. Die chilenische Erfolgsgeschichte weist infolgedessen eine gewichtige Schwäche auf. Die Wirtschaftsdynamik basiert nahezu ausschließlich auf der Herstellung und dem Export ressourcennaher Produkte (Mineralien; Nahrungsmittel, wie Obst, Fisch, Gemüse, Wein; Holzprodukte). In diesen Segmenten gehört Chile heute durchaus zu den Top-Performern in der Weltwirtschaft; eine technologie- und produktivitätsgestützte, wertschöpfungsintensive Industrialisierung gelang jedoch bisher nicht (Castillo et al. 1994). Chile droht, trotz oder gar wegen des hohen, aber eben rein extensiven Wachstums in einer "Erfolgsfalle" zu landen; die hohen Wachstumsraten der letzten Dekade täuschen darüber hinweg, daß der Exporterfolg auf einer äußerst fragilen Basis ruht.

Ökonomisches Wachstum hängt demnach nicht nur von stabilitätsorientierten Wirtschaftspolitiken und funktionsfähigen Märkten ab (Strukturierung des Makroraumes), sondern auch von der Entwicklung des Mesoraumes durch aktive Standortpolitiken (Strukturierung des Mesoraumes). Dies gilt insbesondere für strukturschwache Entwicklungsländer. Dynamische Wirtschaftsräume sind gekennzeichnet durch allgemeine innovationsfördernde Rahmenbedingungen (z.b. Grundbildung, Universitätssystem, Exportinformationssysteme) sowie *cluster*- bzw. sektorspezifische Institutionen, die zur Herausbildung *cluster*-spezifischer Wettbewerbsvorteile beitragen (z.B. Branchen-Technologieinstitute, spezialisierte Aus- und Fortbildungseinrichtungen, Informationssysteme, Verbundinstitutionen zwischen Unternehmen und Technologieorganisationen).

Die Bedeutung der Mesodimension hat durch die technologisch-organisatorischen Umbrüche und durch die Überwindung des traditionellen, fordistischen Produktionsparadigmas im Verlauf der letzten Dekade weiter an Bedeutung gewonnen. Innovation hat einen zunehmend interaktiven Charakter, der auf markt- und nicht-marktmäßig organisierten Austauschprozessen basiert. Kumulative Lerneffekte und Innovationen, auf denen systemische Wettbewerbsfähigkeit basiert, entwickeln sich durch enge Vernetzung auf der Mikroebene sowie formelle und informelle Kooperationsbeziehungen zwischen Unternehmen und *cluster*-nahen Institutionenlandschaften, in denen sie agieren (Hillebrand/Messner/Meyer-Stamer 1994).

Innovation und der Aufbau technologischer Kompetenz erhalten unter diesen Bedingungen einen kollektiven Charakter, da durch Prozesse des interaktiven Lernens und des Informationsaustausches auf reziproker wie marktförmiger Basis die Know-how-Produktion eines Unternehmens auch von der seiner Rivalen, Zulieferer sowie einer innovationsförderlichen institutionellen Struktur abhängt. Technologische Kompetenz als Grundlage der Wettbewerbsfähigkeit von Ökonomien basiert auf schwer transferierbaren, oft nicht kodifizierten Wissensbeständen und kumulativen Lernprozessen, die im Zusammenspiel von Unternehmen und Institutionen entstehen. Auf diese Weise bilden sich länderspezifische Wettbewerbsmuster und -vorteile heraus. Wettbewerbsfähigkeit hat in diesem Sinne einen systemischen Charakter (Best 1990; Eßer et al. 1994; Porter 1990).

In der Weltwirtschaft stehen sich entsprechend nicht mehr dezentral agierende, isolierte Unternehmen als Konkurrenten gegenüber, sondern *industrial clusters*, in Netzwerken organisierte Unternehmensgruppen, für deren Entwicklungsdynamik die Leistungsfähigkeit der jeweiligen Industriestandorte, also die Existenz von Universitäten, Ausbildungsinstitutionen, FuE-Einrichtungen, Technologieinformationssystemen, privaten Branchenorganisationen u.v.m., wesentlich ist. Länder, die im mesopolitischen Bereich auf die Entwicklung einer strategischen Perspektive als Richtschnur für unternehmerisches und staatliches Handeln verzichten und primär auf spontane ad-hoc-Reaktionen und Versuchs-Irrtums-Prozesse setzen, unterschätzen insbesondere
— die Bedeutung der zeitgerechten und gezielten Entwicklung der physischen und vor allem der immateriellen Infrastruktur für die internationale Wettbewerbsfähigkeit von Unternehmen;
— die Länge des Zeitraumes, den die Entwicklung von Humankapital und der technologischen Infrastruktur, also der zentralen Determinanten internationaler Wettbewerbsfähigkeit, erfordert;
— die negativen Einflüsse von Unsicherheit und Risiko auf offensive Unternehmensstrategien.

In Argentinien dominiert nach jahrzehntelangem Etatismus nun ein wirtschaftsliberaler Dogmatismus, der bisher die Entwicklung aktiver Standortpolitiken blockiert hat.

2. Standortpolitik — Neue Anforderungen an Staat, Unternehmen und Gesellschaft

In dem Maße, wie Unternehmen komplexere Produkte produzieren, wachsen die Anforderungen an das kommunale, regionale und nationale Umfeld. Wird der Wirtschaftsstandort nicht systematisch entwickelt — wie derzeit in Argentinien —, ist eine stärker wertschöpfungsorientierte Produktion im Kontext der Weltmarktintegration wenig wahrscheinlich. Sowohl die Vorstellung, allein der Staat könne als Steuerungszentrum der Gesellschaft technologische und ökonomische Prozesse gezielt lenken, als auch das Dogma, der Staat müsse sich gegenüber Marktprozessen ausschließlich in eine subsidiäre Rolle fügen, sind realitätsfern. Die Erfolgsfälle in der Weltwirtschaft zeigen, daß ein weites Handlungsfeld für erfolgreiche Politiken zur Stärkung der Wettbewerbsfähigkeit von Industriestandorten zwischen den Extremen eines dirigistischen Interventionismus und einem auf das Setzen von Rahmenbedingungen beschränkten *Laisser-faire* existiert. Ähnlich wie in der industriellen Produktion, zeichnen sich auch im gesellschaftlich-politischen Bereich neue Organisations- und Steuerungsformen ab (Messner 1995).

In vielen Fällen ergeben sich wettbewerbsbezogene Angebotsbedingungen durch Deregulierung, Privatisierung von Staatsunternehmen und externe finanzielle Unterstützung. Wesentlich ist zudem der Aufbau einer exportbezogenen physischen Infrastruktur (z.B. von Transport- und Kommunikationssystemen). Weitaus schwieriger sind jedoch die Reform und wettbewerbsorientierte Entwicklung der Institutionen im Bereich der Bildungs-, Forschungs-, Technologie- und der übrigen die Industrie unterstützenden Standortpolitiken, die auf die Strukturierung des Mesoraumes gerichtet sind (Meyer-Kramer/Kuntze 1992; Meyer-Stamer 1995). Das Problem besteht nicht so sehr auf der Ebene möglicher Instrumente (vgl. die **Übersicht**), sondern vielmehr hinsichtlich der Fragen, wie diese kombiniert werden und wie auf der Grundlage welcher Entscheidungsfindungsprozesse überhaupt noch Standortpolitiken entwickelt und umgesetzt werden können, die der Komplexität industrieller Produktion gerecht werden. Die Strukturierung des Mesoraumes ist also zu allererst ein Organisations- und Steuerungsproblem. Es geht um die Entwicklung eines leistungsfähigen Institutionengefüges (*hardware*) sowie insbesondere einer engen Interaktionsfähigkeit der privaten und öffentlichen Akteure in einem *cluster* (*software*).

Die neuen standortpolitischen Strategien unterscheiden sich fundamental von den *topdown*-Ansätzen traditioneller Industriepolitik, Industrieplanung oder Investitionslenkung. Letztere sind heute untauglich, da im Bereich der Standortpolitik und der Entwicklung von Mesopolitiken die Handlungspotentiale, das notwendige Know-how zur Formulierung langfristig orientierter Politiken und die Implementationskapazitäten auf eine Vielzahl von staatlichen, privaten und intermediären Trägerschaften verteilt sind (Unternehmen, Verbände, Wissenschaft, staatliche und private intermediäre Institutionen, Gewerkschaften). Ließen sich in der Phase des Fordismus und hochstandardisierter Produktionsmuster noch vertikal integrierte Großunternehmen auf der Grundlage zentralistischer, staatlicher Industrieplanung (in der UdSSR, Indien oder auch Argentinien und Brasilien) erfolgreich aufbauen, so werden heute eindimensionale, zentralistische Regulationsmuster scheitern, wenn es um die Entwicklung und Unterstützung komplexer Unternehmensnetzwerke und spezialisierter Institutionenlandschaften geht. Weiche Steuerungsmedien wie Informationsfluß, Interessensintegration und prozedurale Festlegung gewinnen aufgrund dieser veränderten Strukturbedingungen an Bedeutung. Sie haben zwei Funktionen: einerseits ist staatliche Mesopolitik auf die Know-how-Ressourcen von Unternehmen, Wissenschaft und anderen strategischen Akteuren angewiesen. Andererseits korrespondieren diese neuen Steuerungsmedien mit dem interaktiven Charakter von Innovation und dem systemischen Charakter von Wettbewerbsfähigkeit, da gesellschaftliche Organisationsmuster, die raschen Informationsfluß, offene Informationskanäle, vernetzte Strukturen und Kommunikation erleichtern, selbst zu Wettbewerbsfaktoren werden. Deutlich werden der spezifische, prozedurale Charakter der Mesopolitiken und daß die Strukturbildung im Mesoraum (im Gegensatz zu makroökonomischen Wirtschaftspolitiken) nicht nur durch *public policy* vorangetrieben wird, sondern auch Unternehmen, intermediäre Institutionen und Verbände (als Einzelorganisationen oder im Verbund) Beiträge zur Ausgestaltung des Standortes leisten können und müssen (z.B. durch Ausbildungsangebote, Aufbau von Informationssystemen, Beschleunigung des Informationsflusses).

Übersicht: Instrumente staatlicher Standortpolitik in Deutschland

1. **Institutionelle Förderung** Großforschungseinrichtungen Fraunhofer-Gesellschaft Max-Planck-Gesellschaft Technologietransferstellen Hochschulen MNPQ Andere Einrichtungen	3. **Übrige Infrastruktur sowie Technologietransfer über** Information und Beratung Demonstrationszentren Kooperation, Netzwerke, Menschen Technologiezentren 4. **Öffentliche Nachfrage**
2. **Finanzielle Anreize** Indirekte Förderung Indirekt-spezifische Förderung FuE-Projekte/-Verbünde Risikokapital	5. **Zusammenwirken der strategischen Akteure** Targeting, Langfristvisionen Technikfolgen-Abschätzung Technologiebeiräte Awareness
	6. **Aus- und Fortbildung**

Quelle: Meyer-Krahmer/Kuntze (1992, S. 103).

Die Strukturierung des Mesoraumes ist eine Daueraufgabe des öffentlichen und privaten Sektors zur *capability creation*; die Mesopolitik muß als Querschnittaufgabe von öffentlichen und privaten Akteuren verstanden werden, die auf die kontinuierliche Verbesserung des Wirtschaftsstandortes abzielt. Zudem ist ein gut strukturierter Mesoraum nicht nur zur Erhöhung und Sicherung der internationalen Wettbewerbsfähigkeit der Wirtschaft wichtig, sondern auch Grundlage der wirkungsvollen Umsetzung flankierender Sozial- und Umweltpolitiken.

Zusammenfassend muß festgehalten werden, daß der Aufbau von Wettbewerbsvorteilen im Mesoraum in erfolgreichen Ländern auf Aktivitäten einer Vielzahl von Akteuren basiert, die Steuerungsressourcen (z.b. steuerungsrelevantes Wissen) oft breit gestreut sind und sich neue Steuerungsinstrumente (z.b. "weiche Steuerung") sowie unterschiedliche Organisationsmuster zwischen staatlichen und privaten Akteursgruppen herausgebildet haben. Die Analyse des Mesoraumes zeigt, daß der Aufbau von Wettbewerbsfähigkeit eine umfassende gesellschaftliche Herausforderung darstellt.

Bisher dominierten in der argentinischen Diskussion die Schlagworte Privatisierung, Deregulierung, Abbau des Staatsinterventionismus. Diese Debatte hat in einer über Jahrzehnte überregulierten Gesellschaft ohne Zweifel ihre Berechtigung. Die skizzierten Überlegungen zur Standortpolitik unterstreichen jedoch, daß der wirtschaftliche Umbruch in Argentinien gerade begonnen hat und grundlegende Modernisierungen der Infrastruktur (wie Transportsysteme, Kommunikation, Informationssysteme) und vor allem institutionelle Reformen (z.B. des Bildungssektors, der Berufsbildung, der Forschungseinrichtungen, Neuordnung des Verhältnisses von Nationalstaat und den Regionen) notwendig sind, um dauerhaft in der Weltwirtschaft bestehen zu können (Messner 1993).

Diese zweite Phase der Strukturanpassung ist einerseits eine finanzielle Herausforderung, da Strukturreformen und der Auf- und Umbau von Institutionen in aller Regel kostspielig sind. Wie wichtig eine auf die Stärkung der Wettbewerbsfähigkeit gerichtete Ausgabenpolitik des Staates ist, wird deutlich, wenn man z.B. zur Kenntnis nimmt, daß in Argentinien nur etwa 0,5% des BSP in Forschung und Entwicklung investiert werden (in Deutschland 2,6%; Südkorea 3%). Doch entscheidender ist, daß der Erfolg der zweiten Phase des Umbaus der Wirtschaft auf leistungsfähige institutionelle Strukturen im privaten und öffentlichen Sektor sowie kooperationsfähige und auf gemeinsame Problemlösung orientierte Akteure angewiesen ist. Die Wettbewerbsdynamik und Konkurrenzlogik des Marktes müssen mit der Kooperations- und Koordinationsfähigkeit der Wirtschaftsakteure in Politiknetzwerken, die zur Stärkung des Wirtschaftsstandortes beitragen, in Bezug gesetzt werden (Buarque 1993, S. 121 ff.; Messner 1995; Seigert/Pridatt 1995). Genau diese Erfolgsbedingungen können in Argentinien jedoch nicht unmittelbar vorausgesetzt werden. Hierauf verweist Kosacoff (1994, S. 24): "*La economía ha cambiado, y la sociedad ha cambiado, mientras que las instituciones mantienen los objectivos del pasado, se han deteriorado profundamente y no están adaptadas ni para fortalecer los mecanismos de competencia del mercado ni para impulsar áreas estratégicas para el desarrollo industrial.*" Diese institutionelle Schwäche bezieht sich nicht nur auf den öffentlichen Sektor. Die Organisationen des privaten Sektors (wie Unternehmerverbände, Branchen-Institutionen) sind bisher kaum darauf ausgerichtet, ihren eigenen Mitgliedern Dienstleistungen anzubieten, um deren Wettbewerbskraft zu stärken (z.B. im Bereich Berufsausbildung, Fortbildung usw.) oder in Zusammenarbeit mit staatlichen Einrichtungen Beiträge zur Verbesserung des Standortes zu leisten. Die Unternehmerverbände sind vielmehr einseitig lobbyorientiert und sehen ihre Rolle im wesentlichen darin, Druck auf den staatlichen Sektor auszuüben, um jeweilige Partikularinteressen und Subventionen durchzusetzen. Erste Ansätze für den Rückfall in klassisch-klientelistische Politikmuster in der Wirtschaftspolitik gibt es. Während aktive und langfristig orientierte Standortpolitiken auf sich warten lassen, werden in einigen Sektoren, die über etablierte Kontakte zum Staatsapparat verfügen, wie in alten Zeiten und als passives Abwehrinstrument, Zollvorteile und Importquoten gewährt. Ein produktives Verhältnis zwischen Wettbewerb und Formen gemeinsamer Problemlösung muß sich in Argentinien erst herausbilden (Sidicaro 1994).

Wie gezeigt, ist Standortpolitik zur Stärkung nationaler Wettbewerbsvorteile ein schwieriges Projekt. Sie hat nichts gemeinsam mit der schlichten Industriepolitik aus der Phase der Importsubstitution, in der es um hohe Zollschranken und Subventionen ging. Die Entwicklung einer Standortpolitik zur Herausbildung systemischer Wettbewerbsfähigkeit, die auf dynamischen und schwer kopierbaren Wettbewerbsvorteilen auf der Mikro-, Makro- und Mesoebene aufbaut, muß einhergehen mit einer fundamentalen Restrukturierung der Institutionenlandschaft und Lernprozessen der relevanten privaten und öffentlichen Akteure. Ein solcher Prozeß braucht Zeit und sollte gerade deshalb so schnell wie möglich eingeleitet werden.

Die Umsetzung von Mesopolitiken kann jedoch neben der Schwäche von Institutionen und Akteuren an weiteren Fallstricken scheitern. In erfolgreichen Ökonomien hat sich das enge Zusammenwirken der strategisch relevanten Akteure in Netzwerken als Produktivkraft erwiesen. Viele Probleme auf der Mesoebene sind wegen der breiten Streuung der steuerungsrelevanten Ressourcen nur noch in Netzwerk- und Verbundsystemen lösbar. Der Versuch, diese erfolgversprechenden Organisationskonzepte anderer Gesellschaften zu übertragen, kann jedoch scheitern,
- weil die beteiligten Akteure reine Lobby-Orientierungen verfolgen und keine gemeinsame Problemlösungsorientierung zu entwickeln in der Lage sind;
- weil es keine historischen Erfahrungen mit Verfahren der kollektiven Kompromiß- und Konfliktbearbeitung gibt und Netzwerkstrukturen deshalb leicht in *endless disagreement* münden können oder
- weil ein fehlender oder schwacher Rechtsstaat die Herausbildung von "generalisiertem Vertrauen" zwischen den Akteuren als einer wichtigen Bedingung zur Herausbildung von Netzwerksteuerung behindert (Messner 1994).

Hiermit sind Dimensionen des politischen Systems und der politischen Kultur angesprochen, über die auch in Argentinien, jedoch in der Regel ohne Bezug zur wirtschaftspolitischen Auseinandersetzung, breit diskutiert wird. Weil ökonomische Entwicklung kein asozialer Prozeß ist, sondern eingebunden bleibt in historisch geprägte gesellschaftliche und kulturelle Strukturen (Eßer 1987), kann Entwicklung kein rein technokratisches Projekt sein — weshalb viele "0-8-15 - Strukturanpassungsprogramme" von IWF und Weltbank zum Scheitern verurteilt sind (Smith 1993). Zwar gibt es durchaus zentrale Variablen wirtschaftlichen Wandels, die relativ rasch und mit wichtigen Wirkungen zu verändern sind: z.B. Zölle, Steuerrechte, Verkehrsinfrastruktur. Andere bedeutende Variablen lassen sich jedoch nur sehr langsam und nicht einfach durch politische Entscheidungen verändern: z.B. kulturelle Verhaltensmuster, Strukturen des politischen Systems, die Arbeits- und Technikkultur eines Landes (zu Argentinien siehe: Halperín Donghi 1994). Gerade weil es diese "langsamen Variablen" gibt, sind mittel- und langfristige Orientierungen, Leitbilder und Visionen für Gesellschaften bedeutend, um zielgerichtete Lern- und Suchprozesse initiieren zu können und soziale Kräfte zu bündeln[15]. In den 80er Jahren, der Dekade der Hegemonie neoliberaler Ökonomie und Strukturanpassung, sind diese einfachen Wahrheiten, die allerdings das Nachdenken über Entwicklung erheblich verkomplizieren, saldenmechanischer Ökonomik zum Opfer gefallen.

Wie, ob und in welchem Zeitraum Argentinien in der Lage sein wird, die skizzierten Problembündel beim Aufbau von nationalen Wettbewerbsvorteilen zu meistern, bleibt abzuwarten. Viel wäre schon erreicht, wenn die Komplexität des ökonomischen Umbruchs Gegenstand der wirtschaftspolitischen Debatte würde. Nach der Mexiko-Krise von Anfang 1995, die ja auch ein Scheitern der rein makroökonomisch orientierten Strategie der Entwicklung von Wettbewerbsfähigkeit indiziert, gibt es zumindest Ansätze in diese Richtung.

Anmerkung:

Für wichtige Informationen und Einschätzungen zur aktuellen wirtschaftlichen Entwicklung Argentiniens dankt der Autor Bernardo Kosacoff und Daniel Heymann von der CEPAL, Buenos Aires, sowie Hugo Nochteff von FLACSO, Buenos Aires.

Literaturverzeichnis

AMSDEN, Alice, 1989: Asia's next Giant: South Korea and Late Industrialization, New York.

AZPIAZU, Daniel/BANG, Joon Hee/NOCHTEFF, Hugo, 1995: Cambios en los precios relativos en un marco de estabilidad, La privatización de los servicios públicos y la economía de la Provincia de Buenos Aires, unveröffentlichtes Manuskript, FLACSO, Buenos Aires.

AZPIAZU, Daniel/NOCHTEFF, Hugo, 1994: El desarrollo ausente – Restricciones al desarrollo, neo-conservadorismo y élite económica en la Argentina, Buenos Aires.

BECCARIA, Luis/LOPEZ, Néstor, 1995: Reconversión productiva y empleo en Argentina, in: Bustos (1995, S. 191-216).

BEST, Michael, 1990: The New Competition, Cambridge.

BIRLE, Peter/WERZ, Nikolaus, 1995: Argentinien nach den Wahlen, Rostocker Information zu Politik und Verwaltung, Heft 3, Universität Rostock.

BISANG, Roberto, 1994: Perfil techno-productivo de los grupos económicos en la industria argentina, CEPAL, Publikationsreihe CAN/93/S41, Santiago.

– – –/KOSACOFF, Bernardo, 1995: Tres etapas en la búsqueda de una especialización sustentable – Exportaciones industriales argentinas (1974-1993), (CEPAL, Documento de Trabajo Nr. 59), Buenos Aires.

BOECKH, Andreas, 1995: Deuda externa y política tributaria en América Latina: Un ejercicio en cinco pasos, unveröffentlichtes Manuskript, Tübingen.

---

[15] Für den Fall Brasiliens weist auch Fernando Enrique Cardoso (1995, S. 16 ff.) – Soziologe und Staatspräsident – auf diesen Sachverhalt hin.

BRODA, Martín A., 1993: El plan en su hora decisiva: qué debe hacerse y qué no, in: El Economista (Buenos Aires), 13. August 1993.

BUARQUE, Cristovam, 1993: The End of Economics?, London.

BUSTOS, Pablo (Hrsg.), 1995: Más allá de la estabilidad, Buenos Aires.

CARDOSO, Fernando Enrique, 1995: Brasilien: Land der Zukunft?, in: Sevilla, Rafael/Ribeiro, Darcy (Hrsg.), Brasilien − Land der Zukunft, Unkel/Rhein.

CASTILLO, Mario/DINI, Marco/MAGGI, Claudio, 1994: Reorganización industrial y estrategias competitivas en Chile (CEPAL. Publikationsreihe CAN/93/S41), Santiago.

CHUDNOVSKY, Daniel/LOPEZ, Andrés, 1994: Del capitalismo asistido al capitalismo incierto − El caso de la industria petroquímica argentina (CEPAL. Publikationsreihe CAN/93/S41), Santiago de Chile.

− − −/PORTA, Fernando, 1995: Antes y después de la Unión Aduanera del MERCOSUR − Prioridades de la política, in: Bustos (1995, S. 287-328).

EßER, Klaus, 1987: Europäische Einflüsse auf Lateinamerika und Formen der wirtschaftlichen Entwicklung, in: Institut für Auslandsbeziehungen (Hrsg.), Wirtschaft, Kultur und Entwicklung, Stuttgart.

− − −, 1994a: Lateinamerika − Wettbewerbsorientierung und Integrationsdynamik, Deutsches Institut für Entwicklungspolitik, Berlin.

− − −, 1994b: Wirtschaftspolitische Neuorientierung in Lateinamerika, in: BMZ, Materialien, Nr. 89, Lateinamerika und Europa in den 90er Jahren, Bonn.

− − −/HILLEBRAND, Wolfgang/MESSNER, Dirk/MEYER-STAMER, Jörg, 1993: International Competitiveness in Latin America and East Asia, London.

− − −, 1994: Systemische Wettbewerbsfähigkeit − Internationale Wettbewerbsfähigkeit der Unternehmen und Anforderungen an die Politik, Deutsches Institut für Entwicklungspolitik, Berlin.

FINKMAN, Javier/MONTENEGRO, Maximiliano, 1995: Vientos de cambio − Los nuevos temas centrales sobre las empresas transnacionales (CEPAL. Documentos de Trabajo Nr. 63), Buenos Aires.

GERCHUNOFF, Pablo/MACHINEA, José Luis, 1995: Un ensayo sobre la política económica después de la estabilización, in: Bustos (1955, S. 39-92).

HALPERIN DONGHI, Tulio, 1994: La larga agonía de la Argentina peronista, Buenos Aires.

HEYMANN, Daniel, 1994: Sobre la interpretación de la cuenta corriente, in: Economía Mexicana, Nr. 1.

HILLEBRAND, Wolfgang, 1991: Industrielle und technologische Anschlußstrategien in teilindustrialisierten Ländern − Fallstudie Republik Korea, Berlin.

− − −/MESSNER, Dirk/MEYER-STAMER, Jörg, 1994: Strengthening Technological Capability in Developing Countries, Deutsches Institut für Entwicklungspolitik, Berlin.

HURTIENNE, Thomas/MESSNER, Dirk, 1994: Neue Konzepte von Wettbewerbsfähigkeit, in: Töpper/Müller-Plantenberg, Transformationen im südlichen Lateinamerika, Frankfurt/M., S. 19-51.

− − −/MARMORA, Leopoldo/MESSNER, Dirk/MÜLLER-PLANTENBERG, Urs/TÖPPER, Barbara, 1994: Cambio de rumbo en el Cono Sur − Crisis y oportunidades, Caracas.

IRELA, 1995: Argentina en los 90: Avances y perspectivas durante el gobierno de Menem (Dossier 54/95), Madrid.

KARNOFSKY, Eva, 1995: Banken in Argentinien: Auf dem Weg zur Stabilität, in: Süddeutsche Zeitung, Beilage: Banking International, 4. Juli 1995, S. 33.

KOSACOFF, Bernado, 1995: El desafío de la competitividad − La industria argentina en transformación, Buenos Aires.

– – –, 1994: Experiencia de una investigación: Cuales son los variables centrales para analizar la competitividad en el Río de la Plata (Documento de Trabajo, Nr. 1), Centro de Informaciones y Estudios del Uruguay, Montevideo.

– – –, 1995a: La industria argentina, un proceso de reestructuración desarticulada, in: Bustos (1995, S. 93-128).

– – –, 1995b: Argentina: El desafío industrial, unveröffentlichtes Manuskript (CEPAL), Buenos Aires.

– – –, 1995c: Argentine Industry: Looking for a New Strategy after Import-Substitution (Working Paper Nr. 53 CEPAL), Buenos Aires.

KATZ, Jorge/KOSACOFF, Bernado, 1989: El proceso de industrialización en la Argentina: evolución, retroceso y prospectiva (CEPAL), Buenos Aires.

MACEIRA, Daniel A., 1995: Reconversión industrial y cambio estratégico en el bloque automotriz argentino – 1980-1993, (CEPAL. Publikationsreihe CAN/93/S41), Santiago.

MARMORA, Leopoldo, 1992: Argentinien – Vom Plan Cavallo zum *"emerging market"*?, in: Vierteljahresberichte Nr. 128.

– – –/MESSNER, Dirk, 1992: Jenseits von Etatismus und Neoliberalismus – Zur aktuellen Steuerungsdiskussion am Beispiel Argentinien und Südkorea, Hamburg.

MELLER, Patricio, 1992: La apertura comercial chilena, in: Colección Estudios CIEPLAN, Nr. 35, (Santiago de Chile), S. 9-54.

MESSNER, Dirk et al., 1992: Hacia la competitividad en Chile – El caso de la industria de la madera, Deutsches Institut für Entwicklungspolitik, Berlin.

– – –, 1993a: Búsqueda de competitividad en la industria chilena, in: Revista de la CEPAL, Nr. 49 (Santiago de Chile), S. 115-136).

– – –, 1993b: Stärkung technologischer Kompetenz in Argentinien (Deutsches Institut für Entwicklungspolitik), Berlin.

– – –, 1994: Die Fallstricke der Netzwerksteuerung, in: PROKLA – Zeitschrift für kritische Sozialwissenschaft (Berlin), Nr. 97, S. 63-98.

– – –, 1995: Die Netzwerkgesellschaft – Wirtschaftliche Entwicklung und internationale Wettbewerbsfähigkeit als Probleme gesellschaftlicher Steuerung, Hamburg.

MEYER-KRAHMER, Frieder/KUNTZE, Uwe, 1992: Bestandsaufnahme der Forschungs- und Technologiepolitik, in: Grimmer, K. et al. (Hrsg.), Politische Techniksteuerung, Opladen.

MEYER-STAMER, Jörg, 1995: Technologie und Innovation – Neue Anforderungen an die Politik, Berlin: DIE.

NOCHTEFF, Hugo, 1993: Constraints on the Transition to a Dynamic Economic System in Latin America – The Argentine Case (Serie de Documentos e Informes de Investigación/FLACSO), Buenos Aires.

PORTER, Michael, 1990: The Competitive Advantage of Nations, New York.

SCHOLZ, Imme et al., 1994: Ecological Product Requirements and Competitiveness. New Challenges to Chilean Exports, Berlin: DIE.

SCHVARZER, Jorge, 1994: La reforma económica en la Argentina: qué fuerzas sociales y para qué objectivos, in: Revista de Economía Política, São Paulo, Nr. 4.

– – –/SIDICARO, Ricardo/TÖPPER, Barbara, 1994: Argentinien, in: Müller-Plantenberg, Urs/Töpper, Barbara (Hrsg.), Transformationen im südlichen Lateinamerika, Frankfurt/a.M., S. 102-147).

SEIFERT, Eberhard K./PRIDATT, Birger P., 1995: Neuorientierungen in der ökonomischen Theorie, Marburg.

SIDICARO, Ricardo, 1994: Argentina 1989-1993, La liberalización y sus consecuencias, in: Hurtienne, Thomas et al. (Hrsg.), Cambio de rumbo en el Cono Sur, Caracas, S. 129-149.

SMITH, William C., 1993: Neoliberale Restrukturierung und die neuen Demokratien Lateinamerikas, in: PROKLA — Zeitschrift für kritische Sozialwissenschaft (Berlin) Nr. 90.

TEUBNER, Gerd, 1992: Die vielköpfige Hydra — Netzwerke als kollektive Akteure höherer Ordnung, in: Krohn, Wolfgang/Küppers, G. (Hrsg.), Emergenz: Die Entstehung von Ordnung, Organisation und Bedeutung, Frankfurt.

WADE, Robert, 1990: Governing the Market — Economic Theory and the Role of Government in East Asian Industrialization, Princeton.

WALDMANN, Peter, 1995: Argentinien, in: Nohlen, Dieter/Nuscheler, Franz (Hrsg.), Handbuch Dritte Welt, Band 2 (3. Aufl.), Bonn, S. 146-180.

WORLD BANK, 1992: Fundamental Issues and Policy Approaches in Industrial Restructuring, Washington D.C.

— — —, 1993a: Argentina: From Insolvency to Growth, Washington/D.C.

— — —, 1993b: Argentina's Privatization Program: Experience, Issues, and Lessons, Washington/D.C.

— — —, 1994: Trends in Developing Economies, Washington/D.C.

Christian von Haldenwang

Der Anpassungsprozeß und das Problem der Legitimierung*

I. Einleitung

Bis zum Ausbruch der mexikanischen Finanzkrise im Dezember 1994 galt Argentinien als paradigmatischer Fall einer radikalen und ob dieser Radikalität auch erfolgreichen Anpassung. Der sog. 'Tequila-Effekt' (Abfluß von externem Kapital, Versiegen der internationalen Finanzströme mit den begleitenden Zinssteigerungen, allgemeine Vertrauenskrise) bedroht mittlerweile zwar auch die Stabilität und Dynamik der argentinischen Entwicklung, nicht jedoch das Anpassungsmodell selbst: Bei den Präsidentschaftswahlen vom Mai 1995 wurde der Peronist Carlos Menem mit 49,9 Prozent der Stimmen bereits im ersten Wahlgang wiedergewählt. Die Oppositionsparteien, v.a. das gemäßigt linke Wahlbündnis *Frente para un País Solidario* (FREPASO) und die *Unión Cívica Radical* (UCR), blieben mit 29,1 bzw. 16,9 Prozent hinter den Erwartungen zurück. Dies ist um so bemerkenswerter, als die hohen sozialen Kosten des argentinischen Anpassungsprozesses bereits vor den Wahlen offen zutage traten: Die Arbeitslosenquote betrug bereits im Oktober 1994 nach offiziellen Angaben 12,2 Prozent, weitere 10,4 Prozent der Erwerbsbevölkerung waren unterbeschäftigt. Diese Zahlen, Höchstwerte in der jüngeren Geschichte des Landes, sind in den folgenden Monaten noch kräftig angestiegen und lagen Mitte 1995 bei 18,6 bzw. 11,1 Prozent. Es ist zu befürchten, daß die Arbeitslosigkeit auch bei der Schwelle von 20 Prozent nicht Halt machen wird[1], denn Argentinien ist in eine Rezession geraten, die wohl auch durch die jüngsten Exportsteigerungen nicht ausgeglichen werden kann.

Die soziale Entwicklung wird noch dadurch verschärft, daß nun auch die Provinzen zu verstärkten Anpassungsbemühungen gezwungen werden. In der Vergangenheit war es normal, Defizite der Provinzregierung über die jeweils eigene Bank zu finanzieren und auf diesem Wege u.a. auch eine relativ aufgeblähte öffentliche Verwaltung zu

---

* Der vorliegende Artikel entstand im Rahmen eines von der Volkswagen-Stiftung geförderten Forschungsprojektes zur Legitimierung von Anpassungsprozessen in Lateinamerika.

[1] Im Oktober 1995 ging die Arbeitslosenquote zwar leicht zurück. Dies war aber vor allem darauf zurückzuführen, daß sich die Zahl der Arbeitsuchenden verringerte.

unterhalten. Mit der von Menem durchgesetzten Privatisierung der Provinzbanken dürfte dies wohl kaum mehr möglich sein. In vielen Provinzen ist der öffentliche Sektor indessen der einzige bedeutende Arbeitgeber, und die Einsparungen werden dort ohne Zweifel zu ernsthaften sozialen Verwerfungen führen. Es ist daher nicht ausgeschlossen, daß die heute schon zu beobachtenden sozialen Unruhen und Proteste in den Provinzen zukünftig noch an Radikalität gewinnen werden.

Angesichts dieser Problemkonstellation − hohe politische Konfliktivität auf der Provinzebene, zunehmende soziale Kosten der Anpassung, mittelfristig eher düstere Entwicklungsperspektiven − liegt die Frage auf der Hand, ob der argentinische Anpassungsprozeß nicht auch auf legitimatorische Schwierigkeiten trifft. Die z.T. radikalen Reformen der letzten Jahre wurden bekanntlich von einer stabilen, bei Wahlen immer wieder dokumentierten gesellschaftlichen Zustimmung getragen. Worauf beruhte diese Zustimmung? Welche Mechanismen der Legitimierung wurden angewandt? Sind diese Mechanismen auch in der Krise des 'Modells Argentinien' geeignet, die politische Stabilität und 'Regierbarkeit' des Landes zu gewährleisten? Diese Fragen führen über eine Wahlanalyse hinaus und eröffnen den Blick auf die strukturellen Bedingungen des politischen Wandels in Argentinien. Sie sollen im folgenden erörtert werden. Hierfür werden zunächst der argentinische Anpassungsweg und die aktuelle Krisensituation skizziert. Nach einer Klärung des Legitimitätsbegriffs sollen dann die Regime der Legitimierung nach 1983 und besonders unter der Präsidentschaft von Menem dargestellt werden. Auf der Basis dieser Diskussion soll versucht werden, die politischen Perspektiven der zweiten Amtszeit von Carlos Menem auszuloten.

II. Der argentinische Anpassungsprozeß

Auch wenn der aktuellen Regierung Menem im allgemeinen die Urheberschaft des 'Modells Argentinien' zugeschrieben wird, setzte der staatliche Anpassungsprozeß weit früher ein, nämlich bereits mit der Militärregierung von 1976 bis 1983[2]. Die Politik der Militärs führte zu einer radikalen Veränderung der gesellschaftlichen Kräfteverhältnisse: Das historische, unter peronistischer Herrschaft geschaffene Bündnis aus Gewerkschaften und binnenmarktorientierter Industrie wurde zerschlagen. An seine Stelle trat als neue dominierende Kraft eine kleine Gruppe mächtiger und hoch diversifizierter Unternehmenskonzerne mit enger Anbindung an das Finanzkapital und einer extrem rentenorientierten Expansionsstrategie. Erkauft wird dieser Wandel mit einer ausgesprochen krisenhaften Wirtschaftsentwicklung, gekennzeichnet durch hohe staatliche Defizite, Desinvestition, Hyperinflationsschübe und externe Verschuldung. Vor allem aber begab sich der argentinische Staat ab Anfang der 80er Jahre eines wesentlichen Teils seiner makroökonomischen Regulierungskapazitäten zugunsten der internationalen Gläubigerbanken und der argentinischen Unternehmensgruppen, die fortan in der Lage waren, jede Anpassungspolitik wirksam zu torpedieren.

Angesichts dieser Situation sah sich die Regierung Alfonsín nach dem Regimewechsel von 1983 außerstande, eine rasche wirtschaftliche Reaktivierung mit Hilfe traditioneller

---

[2] Der argentinische Anpassungsprozeß seit 1976 wurde bereits an anderer Stelle ausführlich dargestellt, vgl. Haldenwang (1994, S. 37-179).

('keynesianistischer') staatlicher Interventionsmechanismen herbeizuführen. Statt dessen rekurrierte sie in den folgenden Jahren zunehmend auf neoliberale Anpassungsstrategien, in enger Kooperation mit den internationalen Finanzorganisationen. Es gelang Alfonsín jedoch weder, die Wirtschaft dauerhaft zu stabilisieren, noch berührte seine Politik in irgendeiner Weise die in der Diktatur erworbenen Positionen der großen Unternehmensgruppen. Diese konnten sich, im Gegenteil, konsolidieren und kamen trotz der durchweg angespannten fiskalischen Lage in den Genuß umfangreicher staatlicher Transfers in Form von Renten. Infolge dieser Entwicklung verlor die Regierung Alfonsín schließlich jede anpassungspolitische Glaubwürdigkeit und war gezwungen, die Präsidentschaft 1989 etwa ein halbes Jahr früher als vorgesehen und in einer wirtschaftlich völlig desolaten Situation an den Peronisten Menem zu übergeben.

Unter Menem erhielt der argentinische Anpassungsprozeß eine neue Dynamik und auch eine erheblich höhere Kohärenz. Die bereits unter Alfonsín mehr oder weniger zaghaft begonnenen Programme der Privatisierung von Staatsbetrieben, Deregulierung der Märkte und Liberalisierung des Außenhandels wurden erheblich radikalisiert und bildeten ab 1989 den Kern der staatlichen Anpassungspolitik. Mit dem 'Konvertibilitätsplan' vom März 1991 gelang es Menem und seinem Wirtschaftsminister Cavallo, die argentinische Wirtschaft dauerhaft zu stabilisieren und die Inflation in den kommenden Jahren auf einstellige Werte herunterzudrücken. Im Zentrum des Planes stand die gesetzliche Anbindung der argentinischen Währung an den US-Dollar im Verhältnis eins zu eins, abgesichert durch Devisenreserven der Zentralbank. 1992 erreichte Argentinien die Umschuldung seiner externen Verpflichtungen im Rahmen des Brady-Plans, Erfolg einer Politik, die dem Schuldendienst oberste Priorität einräumte. Infolge der Reformen trat das Land 1991 in eine dynamische Wachstumsphase ein, die bis Ende 1994 anhielt und eine jährliche reale Steigerungsrate des BIP um durchschnittlich 7,7 Prozent mit sich brachte. Der interne Verbrauch stieg (1991/92 um durchschnittlich zwölf Prozent pro Jahr), getragen u.a. durch Kaufkraftgewinne der Löhne und Gehälter, die Möglichkeit von Ratenkäufen und die Verfügbarkeit von Verbraucherkrediten. Ab 1991 verzeichneten auch die Investitionen kräftige Steigerungsraten, erreichten aber erst 1994 den Durchschnitt der Jahre 1982 bis 1985 (ca. 20 Prozent des BIP)[3].

Eine zentrale Voraussetzung des Konvertibilitätsplans wie auch der Übereinkünfte mit den internationalen Finanzorganisationen und Gläubigerbanken war die Erzielung von Überschüssen im Haushalt und in der Zahlungsbilanz. Ermöglicht wurden diese v.a. durch den Privatisierungsprozeß, der dem staatlichen Haushalt neue Ressourcen zuführte, die öffentliche Verschuldung verringerte und teilweise ausländisches Investitionskapital anzog. Weitere Attraktionspunkte für das externe Kapital waren die Börse und die Emission von öffentlichen Schuldtiteln. Beide erwiesen sich im Zuge der Mexiko-Krise jedoch als ausgesprochen sensibel. Hinzu kamen eine Reform der Steuereintreibung sowie eine Kette von Austeritätspolitiken (Abbau der zentralstaatlichen Beschäftigung, Einsparungen bei den sozialstaatlichen Leistungen, Einschränkung der Leistungen der Pensionskassen etc.).

---

[3] Zu diesen Zahlen: Ministerio de Economía (1994a); El Cronista vom 8. 12. 1994.

1994 mußte die Regierung indessen zum ersten Mal seit 1989 ein Zahlungsbilanzdefizit von 0,3 Prozent des BIP verzeichnen[4], die laufende Zahlungsbilanz wies ein Loch von ca. 11 Mrd. US$ auf und auch die öffentlichen Haushalte waren erstmals seit 1991 wieder leicht defizitär (0,2 Prozent des BIP). Die Devisenreserven der Zentralbank, Garantie für die Konvertibilität des Pesos mit dem US-Dollar, verringerten sich zwischen dem 23. Dezember 1994 (dem Ausbruch der Mexiko-Krise) und dem 31. März 1995 um 5,6 Mrd. US$ (Ministerio de Economía 1995, S. 127). Im Zusammenhang mit der Finanzkrise bedeuteten diese an sich nicht dramatischen Zahlen eine schwere Hypothek für die argentinische Regierung, die in rascher Folge neue Anpassungsmaßnahmen ankündigte, darunter (1) die Erhöhung der Mehrwertsteuer von 18 auf 21 Prozent (auf ein Jahr begrenzt), (2) die Ausweitung der Vermögenssteuer[5], (3) Einkommenskürzungen im öffentlichen Dienst, (4) eine Kürzung der Exportsubventionen, die im November 1992 (wieder) eingeführt worden waren, um die steigende Überbewertung des Peso auszugleichen, und (5) ein Gesetz, mit dem das Einklagen ausstehender Rentenzahlungen verhindert oder zumindest verzögert werden soll. (6) In Abstimmung mit den Partnerländern des MERCOSUR (Brasilien, Uruguay, Paraguay) wurden die Zölle für eine Reihe von Importgütern angehoben (Ministerio de Economía 1995, S. 93f). Seit März 1995 wird zudem auf Konsumgüterimporte von außerhalb des MERCOSUR wieder eine 'statistische Abgabe' (*tasa estadística*) von drei Prozent erhoben. Das März-Paket wurde vom Kongreß innerhalb von zehn Tagen verabschiedet (Ministerio de Economía 1995, S. 111).

Wirtschaftsminister Cavallo gelang es damit, die drohende Finanzkrise abzuwenden und für 1995 den externen Kapitalzufluß sicherzustellen. Auch hat sich die Lage des Finanzsektors nach den Wahlen vom Mai entspannt (Ministerio de Economía 1995, S. 130). Es scheint jedoch fraglich, ob die Regierung ihre ehrgeizigen Projektionen für 1995, Basis der Übereinkunft mit dem IWF, auch tatsächlich realisieren kann. So ist schon jetzt abzusehen, daß sich die Steuereinkünfte trotz der Reformen weniger dynamisch entwickeln werden als geplant. Der interne Verbrauch schrumpft eher, als daß er (wie vorgesehen) wächst, Folge steigender Zinsen, höherer Steuern, teurerer Importe und wachsender Probleme bei der Finanzierung des Verbrauchs. Die Mehrwertsteuer, die bekanntlich den Konsum belastet, bringt 56 Prozent der zentralstaatlichen Steuereinkünfte (El Economista vom 24. 3. 1995). Bei sinkendem Verbrauch wächst damit auch die Finanzierungslücke, und der Spielraum für die Sanierung des Finanzsektors schrumpft. Rekurriert die Regierung in dieser Situation auf weitere Austeritätsmaßnahmen, werden sie die rezessiven Tendenzen in der Wirtschaft noch verschärfen.

Die sozialen Kosten der jüngsten Entwicklung sind v.a. für jene Gesellschaftssektoren hoch, die von den erwähnten konsumtiven Vorteilen der Stabilisierung ohnehin nur teil- und zeitweise profitieren konnten: Arbeitslose, Beschäftigte im informellen Sektor,

---

[4] Diese und die folgenden Daten sind vorläufige Berechnungen des Informationsdienstes Carta Económica, abgedruckt in *El Cronista* vom 8. 12. 1994.

[5] Die Vermögenssteuer erstreckt sich ab April 1995 auf alle Vermögen, nicht nur auf jene, die nicht in den Produktionsprozeß integriert sind (etwa Yachten, Wohnungen), also auch auf den Grundbesitz, den Besitz von Aktien und öffentlichen Schuldentiteln sowie die Vermögen von Aktiengesellschaften (*sociedades anónimas*). Steuerpflichtig sind Vermögen über 100.000 Pesos. Die Steuerquote wird von 1,0 auf 0,5 Prozent gesenkt (vgl. Clarín vom 17.3.1995).

Rentner[6]. Die Einkommensverteilung hat sich in den letzten Jahren zu Lasten der Unterschichten entwickelt[7]. Gleichzeitig haben sich die Bedingungen für die von Menem 1989 angekündigte 'produktive Revolution' eher verschlechtert. Ein großer Teil der privaten Investitionen floß in den vergangenen Jahren in den Privatisierungsprozeß, von dem in erster Linie die großen argentinischen Unternehmenskonzerne — häufig im Verbund mit den internationalen Gläubigerbanken — profitiert haben. In vielen Fällen hat dies zu einem Transfer 'nicht-innovativer und dauerhafter Monopole'[8] geführt, die sich der nationalen wie auch internationalen Konkurrenz auf unterschiedliche Weise entziehen, und auf diesem Wege die Realisierung von Renten ermöglichen. Zwar hat die Liberalisierung des Außenhandels in einigen Sektoren durchaus produktive Energien freigesetzt, es deutet jedoch wenig darauf hin, daß diese Sektoren in der nächsten Zeit Investitionen in jener Größenordnung anziehen könnten, die nötig wäre, um im Rahmen der beschriebenen Entwicklung den Export von verarbeiteten Gütern und die Absorption von Arbeitskräften in den Mittelpunkt des 'Modells Argentinien' zu rücken.

Bevor die Untersuchung sich nach dieser Skizze der ökonomischen Entwicklung nun den eingangs formulierten Fragen zur Legitimierungsproblematik zuwendet, soll zunächst in gebotener Kürze geklärt werden, was unter dem Begriff der 'Legitimität' sinnvollerweise verstanden werden kann[9].

III. Zum Legitimitätsbegriff

Die Legitimität einer politischen Ordnung beruht auf der (mittel- oder unmittelbaren) Anerkennung der gesellschaftlichen Funktionalität ihrer Regulierungsleistungen. Damit hat der Legitimitätsbegriff zwei Seiten: (1) Jede Herrschaft trachtet danach, "den Glauben an ihre 'Legitimität' zu erwecken und zu pflegen" (Weber 1976, S. 122), weil sie als Herrschaft auf die Stabilisierung und Verstetigung gesellschaftlicher Machtbeziehungen angelegt ist. Diesem **Legitimitätsanspruch** der Herrschaft stehen (2) gesellschaftliche **Legitimierungsforderungen** gegenüber. Sie bleiben in Zeiten politischer Normalität zum großen Teil latent, wohingegen sie in Krisen- oder Umbruchphasen artikuliert und oft auch radikalisiert werden. Zwei grundlegende Forderungen lassen sich identifizieren:

---

[6] So stellen Beccaria und López (1995) fest, daß die arbeitsmarktpolitischen Erfolge des Konvertibilitätsplans v.a. auf das erste Jahr (Mitte 1991 bis Mitte 1992) beschränkt waren. Danach fiel die Beschäftigung im industriellen Sektor und die Zahl der Vollbeschäftigten (einschließlich der freiwillig Teilzeitbeschäftigten). Diese Entwicklung wurde bis Mitte 1993 durch den Anstieg der Beschäftigten im informellen Sektor und die Zunahme der Unterbeschäftigung kompensiert. Ab diesem Zeitpunkt schrumpft die Beschäftigung in Argentinien (vgl. auch Ministerio de Economía 1994b, S. 50).

[7] Marshall (1995, S. 30-33) beobachtet, daß sich der Anteil der unteren 30 Prozent der Bevölkerung am Volkseinkommen im Großraum Buenos Aires von (1991) 9,5 auf (1994) 8,5 Prozent verringert. Die mittleren 60 Prozent der Bevölkerung können ihren Anteil im gleichen Zeitraum von 54,1 auf 55,8 Prozent erhöhen, während die obersten zehn Prozent 1991 36,3 und drei Jahre später 35,7 Prozent auf sich vereinen.

[8] *"Monopolios no innovadores ni transitorios"*, wie Nochteff es ausdrückt (vgl. Azpiazu/Nochteff 1994, S. 26 et passim); außerdem zum Privatisierungsprozeß: Schvarzer (1993; 1995); Basualdo (1994).

[9] Der folgende Abschnitt orientiert sich an einem Artikel zur Legitimierung von Anpassungsregimen, der in Kürze in der Zeitschrift für Politik veröffentlicht wird (Haldenwang 1996). Zum Legitimitätsbegriff vgl. außerdem Mirbach (1990); Heins (1990); Habermas (1992); Luhmann (1989); Beetham (1991).

1) **Effizienz und Effektivität** – Der Staat und die politischen Organisationen sollen 'funktionieren'. Der Bürger, zumal als Steuerzahler, erwartet Regulierungsleistungen und Garantien, die die eigene Lebensplanung ermöglichen sollen, und dies zu annehmbaren Kosten.
2) **Integration** – Staat und politische Organisationen sollen dem Einzelnen die soziale Reproduktion ermöglichen und den Zusammenhalt der Gesellschaft auf materieller wie auch symbolischer Ebene garantieren.

Zugespitzt läßt sich nun folgende Zuordnung vornehmen: Effizienz und Effektivität sind typische Forderungen der modernen Mittel- und Oberschichten. Integration wird hingegen vornehmlich von jenen Sektoren eingefordert, die von der gesellschaftlichen und ökonomischen Atomisierung betroffen sind (Unterschichten) bzw. bedroht werden (Verlierer im Anpassungsprozeß).

In Reaktion auf derartige Forderungen entwickelt das politische System verschiedene Legitimierungsstrategien. Sie richten sich entweder an alle Bürger oder an spezifische gesellschaftliche Gruppen. In diesem Sinne können zwei Regelkreise der Legitimierung unterschieden werden: Ein **vertikaler Regelkreis**, der die Hierarchie von Regulierenden und Regulierten als Verhältnis von 'Staat' und 'Bürger' reflektiert und ein **horizontaler Regelkreis** zwischen der politischen Führung und strategisch wichtigen Gesellschaftssektoren, der diese Hierarchie teilweise aufbricht und dem eine eher egalitäre, aber auch elitäre Logik politischer Beziehungen zugrunde liegt.

Allerdings kann nicht jede politische Entscheidung von jedem Akteur auf ihre gesellschaftliche Funktionalität hin abgeklopft werden. Zumal in Zeiten politischer Normalität stellt sich die Legitimitätsfrage für den Einzelnen in der Praxis oft gar nicht. Über die Institutionalisierung von Legitimierungsbeziehungen werden solche Rationalisierungen vom einzelnen Akteur auf politische Organisationen verlagert, oftmals auf der Basis eines formalisierten Verfahrens des Delegierens von Kompetenzen (z.B. durch Wahlen). Dadurch lassen sich die Kosten der Legitimierung einer politischen Ordnung senken. Der Idealtypus des demokratischen Staates, wie er etwa Habermas (1992) vorschwebt, legitimiert sich über das institutionalisierte Verfahren der Rechtsetzung[10]. Werden jedoch, etwa in Krisenzeiten, staatliche Regulierungsleistungen massiv in Frage gestellt, reagiert das politische System darauf i.d.R. mit situationsbezogenen (ad hoc)-Strategien, entweder in Form einer Revision der beanstandeten Politik oder über (materielle bzw. symbolische) Kompensationen.

Es bietet sich nun aus folgenden Gründen an, die politische Dynamik von Anpassungsprozessen mit Hilfe des Legitimitätsbegriffs zu analysieren: (1) Anpassungsprozesse vollziehen sich als Eingriffe in die institutionelle Ordnung des Staates bis hin zum Regime- bzw. Systemwechsel. Insoweit zentrale Institutionen des Staates von den Reformen betroffen sind, bringt dies i.d.R. erhöhte legitimatorische Anforderungen mit sich, die sich u.a. in politischen Krisen und Unruhen artikulieren. (2) Maßnahmen fiskalischer Austerität führen zum Wegfall sozioökonomischer Integrationsleistungen.

---

[10] Wie schon Max Weber (1976, S. 122-158) festgestellt hat, ist dies jedoch nicht die einzige Quelle von Legitimität. Habermas kann nicht schlüssig nachweisen, daß allein das Verfahren der Rechtsetzung die Legitimität einer politischen Ordnung begründet, weil er keinen gangbaren Weg zur Unterscheidung von 'echter' und 'scheinbarer' Legitimität an die Hand gibt. Ich verweise hier nochmals auf die ausführlichere Diskussion in Haldenwang (1996).

Zumindest in fortgeschrittenen Phasen des Anpassungsprozesses, wenn die makroökonomische Stabilisierung allgemein als abgeschlossen gilt, stellt sich damit auch die Verteilungsfrage neu, wodurch sich weitere Legitimierungsprobleme ergeben können. (3) Der anpassungspolitischen Praxis unterliegt eine neue Ideologie der Beziehungen von Staat und Gesellschaft. Während die 'Entwicklungsgesellschaft' der Vergangenheit dem Staat die Verantwortung für den materiellen Wohlstand der Gesellschaft und die Realisierung wirtschafts- und sozialpolitischer Zielsetzungen zuwies, befreit ihn die 'Anpassungsgesellschaft' von dieser 'Überforderung' im Sinne konservativer Krisentheorien. Staatliches Handeln soll nun darauf abzielen, die Rahmenbedingungen für funktionierende Märkte zu schaffen und zu erhalten, über welche sich die gesellschaftliche Ressourcenverteilung weitestmöglich zu vollziehen hat. Damit verbindet sich eine Kritik an Legitimierungsstrategien, die auf spezifischen staatlichen Leistungen beruhen (Klientelismus, Patrimonialismus). (4) Der typische Anpassungsdiskurs hebt denn auch sehr stark auf die Effizienz des Staates ab. Er richtet sich insofern vornehmlich an die modernen Sektoren der Bevölkerung. Die integrative Dimension der Legitimierung wird hingegen häufig auf die politische Beteiligung im Rahmen der demokratischen Institutionen reduziert. Die Trennung von materieller (weitgehend den Märkten überantworteter) und politischer Partizipation kann v.a. in der zweiten Phase des Anpassungsprozesses zur Herausbildung alternativer Diskurse führen (Stichwort: Populismus), die darauf abzielen, das entstandene Integrations- und Repräsentationsvakuum auszufüllen.

Nach diesem Ausflug in die Theorie wollen wir uns nun wieder dem Fall Argentinien zuwenden. Im folgenden Abschnitt soll zunächst geklärt werden, auf welche Legitimierungsprobleme die Regierung Alfonsín stieß, bevor dann die aktuelle Regierung Menem betrachtet wird.

IV. Woran scheiterte die Regierung Alfonsín?

Mit dem Regimewechsel von 1983 wandelten sich die Bedingungen für die Legitimierung des argentinischen Regimes grundlegend. Im Unterschied zu vorhergehenden Perioden verfassungsmäßiger Regierung, in denen das demokratische Regime für wichtige Teile der argentinischen Gesellschaft immer nur die 'zweitbeste Option' blieb, bestand (und besteht) nun ein stabiler Konsens mit Blick auf die demokratischen Institutionen. Alfonsín hatte seine Wahl nicht zuletzt dem Umstand zu verdanken, daß ihm die Transformation der argentinischen Gesellschaft im Rahmen der neuen Ordnung eher zugetraut wurde als seinem peronistischen Kontrahenten. Mit der Rückkehr zur 'demokratischen Normalität' verband sich in der Tat eine bedeutende Institutionalisierung von Legitimierungsmustern, die sich unter folgenden Punkten subsumieren läßt:

1. Wiederherstellung alter oder Einrichtung neuer **Partizipationskanäle**, insbesondere Wahlen und andere Formen der direkten Partizipation (Volksentscheide etc.); Verankerung von Parteien und Interessengruppen im politischen Entscheidungsprozeß.

2. Absicherung der **Transparenz** des politischen Willensbildungs- wie auch des Rechtsetzungsprozesses, v.a. durch Mechanismen der wechselseitigen Kontrolle der

politischen Gewalten sowie durch die (staatlich veranlaßte, gebilligte oder zumindest nicht behinderte) Herstellung von Öffentlichkeit.

3. Wiederherstellung des **Rechtsstaates**, im Hinblick einerseits auf das Verfahren der Rechtsetzung, andererseits auf die Rechtsprechung.

4. Symbolische **Integrationsangebote** im Rahmen des demokratischen Regimes, wie sie u.a. im erwähnten 'demokratischen Konsens' zum Ausdruck kommen.

Getragen vom historischen Wahlsieg der Radikalen (zum ersten Mal hatte die Peronistische Partei bei offenen und fairen Wahlen verloren) versuchte Alfonsín zunächst, die Legitimitätsbasis seiner Regierung auf eine dauerhafte Grundlage zu stellen und der UCR eine hegemoniale Position im argentinischen politischen System zu verschaffen. Der 'Alfonsinismus' sollte als 'dritte historische Bewegung' nach dem 'Yrigoyenismus'[11] und dem Peronismus ein neues Integrationsmodell verkörpern, das die traditionell radikalen Mittelschichten und den bislang mehrheitlich peronistischen *sector popular* (zumindest in Teilen) vereinen würde – ein von der wirtschaftspolitischen Ausrichtung her sozialdemokratisches, von der Organisationsstruktur populistisches Projekt. Wesentliche Politiken in diesem Zusammenhang waren (1) das Reaktivierungsprogramm von Wirtschaftsminister Grinspun, (2) die Reform der Gewerkschaften mit dem Ziel einer vom Peronismus unabhängigen Arbeiterbewegung, (3) die strafrechtliche Verfolgung der führenden Köpfe des vorangegangenen Militärregimes, (4) die Projektion des 'neuen', demokratischen Argentinien in die Außenpolitik (Blockfreienbewegung, Vermittlerrolle im Zentralamerika-Konflikt, Schuldenfrage) und (5) ein Politikstil, der über institutionalisierte Parteistrukturen hinweg die direkte Beziehung zwischen dem Präsidenten und der Bevölkerung suchte. (6) Gegenüber der politischen Opposition und der ökonomischen Elite (insbesondere den großen Unternehmensgruppen, die als zentrale politisch-ökonomische Akteure aus der Militärdiktatur hervorgegangen waren) pochte die Regierung Alfonsín zunächst auf ihre Autonomie.

Das hegemoniale Projekt scheiterte jedoch bereits nach kurzer Zeit: (1) Der Fehlschlag des Reaktivierungsprogrammes führte zu einem Kurswechsel der Regierung Alfonsín, die ab 1984 wieder verstärkt den Dialog mit den *Bretton-Woods*-Organisationen suchte und in der Folge zunehmend orthodoxere Anpassungsprogramme entwarf. (2) Das Gesetz zur Reform der Gewerkschaften wurde im März 1984 vom Senat abgelehnt. Der Widerstand gegen das Projekt vereinte zudem die vorher heftig zerstrittenen Gewerkschaftsfraktionen, die zur zentralen oppositionellen Kraft wurden. (3) Bei der Behandlung der Menschenrechtsfrage konnten die im Wahlkampf geweckten Erwartungen nicht erfüllt werden. Zwar kam es zur Verurteilung von führenden Vertretern der Diktatur. Insbesondere jedoch die Gesetze *Ley de Punto Final* ('Schlußpunkt') vom Dezember 1986 und *Ley de Obedencia Debida* ('Befehlsgehorsam') vom April 1987, die eine weitere strafrechtliche Verfolgung von Menschenrechtsverletzungen der Militärdiktatur praktisch unmöglich machten, wurden als Einknicken vor den Militärs gewertet. Mehrere, teilweise blutige militärische Rebellionen stellten Alfonsíns Autorität zudem immer wieder in

---

[11] Nach H. Yrigoyen, unter dessen Führung die UCR von 1916 bis 1930 an der Macht war.

Frage. (4) Auch in der Außenpolitik mußte die Regierung alsbald zurückstecken. Vor allem in Bezug auf die externe Verschuldung konnte sie ihre Positionen nicht durchsetzen. Ab 1984 wurden in der argentinischen Öffentlichkeit die Probleme des demokratischen Übergangs zunehmend durch die ökonomische Krise verdrängt. Groß angelegte Reforminitiativen der Regierung, wie die Verlegung der Hauptstadt nach Patagonien oder die Verfassungsreform, konnten unter diesen Umständen kaum legitimierende Wirkung entfalten. Mit dem Plan Austral vom Juni 1985 gelang es zwar, die makroökonomische Entwicklung vorübergehend zu stabilisieren. Ab März 1986 geriet die Inflation jedoch erneut außer Kontrolle. Die Regierung Alfonsín sah sich außerstande, die aufflammenden Verteilungskonflikte wirksam zu regulieren, geschweige denn, sie in einem breiten gesellschaftlichen Konsens zu überwinden. Hierbei spielten folgende Faktoren eine Rolle:

1. Da Alfonsín das Projekt einer Allianz mit Teilen der Arbeiterbewegung zu diesem Zeitpunkt noch nicht aufgegeben hatte, stand für ihn ein wirtschaftliches Schockprogramm zu Lasten des Lohnsektors nicht zur Debatte. Erst nach der Niederlage der UCR bei den Zwischenwahlen von 1987 lagen die Prioritäten klar bei der makroökonomischen Stabilisierung.

2. Mit dem wirtschaftspolitischen Kurswechsel von 1985 wurden zwar die Kontakte zur argentinischen Unternehmerschaft vertieft. Der Regierung gelang es jedoch nicht, die Spekulations- und *rent-seeking*-Orientierung des argentinischen Kapitals wirksam zu unterbinden, weil (a) die Instabilität der wirtschaftlichen Rahmenbedingungen derartige Verhaltensweisen begünstigte, (b) die Regierung keine Kompensationen anbot (wie später Menem u.a. mit den Privatisierungen) und (c) die fiskalische Krise eine unilaterale Veränderung der 'Spielregeln' unmöglich machte.

3. Versuche einer Konzertierung von Anpassungspolitiken stießen weder bei den Gewerkschaften noch bei den Unternehmern auf große Gegenliebe. Auch die oppositionelle Peronistische Partei, die Alfonsín angesichts der für ihn ungünstigen parlamentarischen Mehrheitsverhältnisse verstärkt einzubinden versuchte, war nur teilweise und punktuell zur Mitarbeit bereit. Mit dem peronistischen Flügel der *Renovadores* einigte sich Alfonsín Ende 1987 auf ein relativ umfangreiches Gesetzespaket und diskutierte auch die Verfassungsreform. Die interne Wahl von Menem zum Präsidentschaftskandidaten im Juli 1988 machte dieser Annäherung jedoch ein Ende.

4. Wesentlich für das anpassungspolitische Versagen der Regierung war daneben die Rolle der Provinzen, wo die UCR von Beginn an in der Minderheit war. Nach den Wahlen von 1987 kontrollierte sie nurmehr zwei (zuvor sieben) von 22 Provinzen. Anpassungspolitische Vorgaben der Zentralregierung wurden von den Provinzen regelmäßig unterlaufen. Über eine Ausweitung der öffentlichen Beschäftigung in Zeiten fiskalischer Austerität traten v.a. die ärmeren Provinzen als sozialpolitisches Korrektiv im Anpassungsprozeß auf. Eine wichtige Rolle spielten hierbei die Provinzbanken, über die provinzielle Haushaltsdefizite finanziert und letzten Endes auf die Zentralbank verlagert wurden.

Von Beginn seiner Amtszeit an befand sich Alfonsín also in einem legitimatorischen Dilemma: Auf der einen Seite sah er seine wichtigste Aufgabe in der erneuten politischen und sozioökonomischen Integration der argentinischen Gesellschaft, mit diesem Programm wurde er gewählt und dies war auch die Grundlage seiner Hegemoniebestrebungen. Auf der anderen Seite stellte sich rasch heraus, daß die materielle Integration nicht (oder jedenfalls nicht ohne Einschnitte und heftige Verteilungskonflikte) zu verwirklichen war. Angesichts der steigenden Bedeutung der Verteilungsfrage, geringen Handlungsspielräumen gegenüber strategisch wichtigen gesellschaftlichen Gruppen und dem Fehlen eines breiten anpassungspolitischen Konsenses rekurrierte die Regierung bei der Legitimierung ihrer Politik immer wieder auf kostenträchtige, konfliktive und letztlich destabilisierende ad-hoc-Strategien. Nach dem Scheitern des Plan Austral und der Wahlniederlage von 1987 tendierte die anpassungspolitische Glaubwürdigkeit Alfonsíns zunehmend gegen Null. Mit Blick auf die zentrale gesellschaftliche Problematik wurde seine Regierung insofern nicht mehr als geeignete Regulierungsinstanz anerkannt. Das reflektierte sich sowohl in den Wahlen ab 1987 als auch in der makroökonomischen Krise und führte zum erwähnten vorzeitigen Regierungswechsel im Juli 1989.

V. Worauf beruhte der Erfolg Menems?

Wie verhält sich diese Entwicklung nun zum Anpassungsprozeß der Jahre 1989 bis 1995? Zunächst ist festzuhalten, daß Carlos Menem auf der Basis eines politischen Diskurses zum Präsidenten gewählt wurde, der produktive ("*revolución productiva*") und redistributive ("*salariazo*") Maßnahmen in den Vordergrund stellte, im Unterschied zu dem offen neoliberal orientierten Programm seines radikalen Gegenkandidaten, Eduardo Angeloz[12]. Diese augenscheinliche Diskrepanz zwischen Programm und späterer Realität, verbunden mit den beschriebenen sozialen Kosten des Modells und der kritischen wirtschaftlichen Entwicklung bis April 1991, führte in den folgenden Monaten und Jahren zu bedeutenden Veränderungen im Hinblick auf die Legitimierung des Regimes:

1. Die tendenzielle Auflösung traditioneller Parteiloyalitäten, bereits unter Alfonsín zu beobachten, erhielt zunächst eine neue Dynamik. Teile der Mittelschichten wie auch des *sector popular* die Menems Erfolg 1989 möglich gemacht hatten[13], wandten sich von ihm ab, ohne indessen sofort eine neue 'politische Heimat' zu finden. Weder die UCR noch die zahlreichen Linksparteien Argentiniens konnten hiervon profitieren: Die UCR war wirtschaftspolitisch desavouiert und zudem nach den Niederlagen von 1987 und 1989 intern tief zerstritten. Die Linksparteien, generell mit geringem Rückhalt im *sector popular* standen zu diesem Zeitpunkt unter dem Eindruck des Zerfalls des realen Sozialismus und waren nicht in der Lage, ein alternatives politisches Projekt zu formulieren.

---

[12] Zwar stellt Godio (1991, S. 445-449) richtig fest, daß bereits im Vorfeld der Wahlen zu erkennen war, welchen Anpassungskurs Menem später verfolgen würde, die große Mehrheit der argentinischen Bevölkerung erwartete jedoch klar eine andere Politik.

[13] Bei der internen Auswahl des peronistischen Präsidentschaftskandidaten war Menems Erfolg in den Arbeitervorstädten von Buenos Aires ein entscheidender Faktor.

2. Aber nicht nur aus diesem Grund gelang es den Peronisten unter Menem, die Abwanderung von Wählern zu begrenzen. Sie erhielten überdies Stimmen aus dem Lager der liberalen 'rechten Mitte'[14], die durch das neoliberale Anpassungsprogramm der Regierung und die Vergabe von wichtigen Regierungsposten an Protagonisten der liberalen Rechten angezogen wurden. Die auf nationaler Ebene operierende UCeDé verlor in dem Maße an Bedeutung, wie ihre Forderungen von der peronistischen Regierung Menem (und unter Beteiligung ihres Führers Alvaro Alsogaray) umgesetzt wurden. Die rechten Provinzparteien konnten ihre Stimmenanteile teilweise halten, entwickelten sich auf nationaler Ebene indessen zu Satellitenparteien des *Partido Justicialista* (PJ).

3. Eine weitere legitimatorisch sehr wirksame Politik war die Bildung eines Fonds zugunsten des Gürtels der Arbeitervorstädte von Buenos Aires ab 1992. Dieser Fonds wurde mit zehn Prozent des Aufkommens aus der Gewinnsteuer (*impuesto a las ganancias*) ausgestattet (ca. 700 Mio. Pesos pro Jahr) und dem peronistischen Gouverneur der Provinz Buenos Aires, Eduardo Duhalde, zur Verfügung gestellt. Ein Teil der Gelder floß in Infrastrukturmaßnahmen, die dem Gouverneur alsbald das Image eines 'Machers' verschafften. Ein anderer, wohl nicht unerheblicher Teil der Ressourcen wurde direkt in den Aufbau und Erhalt des Klientelnetzes von Duhalde gesteckt. Die Kontrolle der Provinz Buenos Aires, die 37 Prozent der argentinischen Wählerschaft repräsentiert, war ein zentraler Faktor für die Wiederwahl Menems im Mai 1995.

4. Die Verlagerung der Parteiengefolgschaften wurde zudem durch die Erfolge der Regierung Menem bei der Stabilisierung der Wirtschaft ab April 1991 aufgefangen. Die Hyperinflationsphasen der Jahre 1988 bis 1990 hatten eine tiefe Traumatisierung der Bevölkerung zum Resultat, weswegen der makroökonomischen Stabilisierung allgemein höchste Priorität eingeräumt wurde. Die Implementierung des *Plan Cavallo* oder Konvertibilitätsplans wurde zunächst mit Mißtrauen (nach den Mißerfolgen der Vergangenheit), dann aber mit großem Enthusiasmus aufgenommen und verschaffte der Regierungspartei bei der Zwischenwahl von 1991 weitere Zugewinne. Der PJ konnte seine Position im Parlament ausbauen.

5. Eine wesentliche Ursache dieser Erfolge war die Bildung eines 'anpassungspolitischen Konsenses' vor dem Hintergrund der Stabilisierung. Teilweise in Reflektion der weltweiten Hegemonie des neoliberalen Modells, teilweise aufgrund der beschriebenen internen Entwicklung war die Regierung Menem fortan imstande, ihre Anpassungspolitik als einzig mögliche rationale Alternative zu präsentieren. Wirtschaftsminister Cavallo (als 'technischer Leiter') und Präsident Menem (als politischer Vermittler) des Modells wurden in der parteiinternen und politischen Auseinandersetzung wie auch vor der Öffentlichkeit zur unumstrittenen Personifizierung der wirtschaftlichen Stabilisierung. Andere Aspekte der Regierung Menem (Korruption, interne Machtkonflikte, Klientelismus usw.) traten demgegenüber zurück.

---

[14] Zur Entwicklung der Parteien der 'rechten Mitte' vgl. Fraga/Malacrida(1990) sowie Gallo/Thomsen (1992).

Im Verlauf der Jahre 1993 und 1994 änderte sich indessen die Situation: Nach einem kurzzeitigen Rückgang im Zuge der Stabilisierung stieg die Arbeitslosigkeit wie erwähnt erneut an, auch aufgrund von Einschnitten im öffentlichen Sektor. Die Angestellten im Erziehungs- und Gesundheitssektor mit starker Repräsentation in der Metropole Buenos Aires sahen sich vom Anpassungsprozeß besonders betroffen. Unruhen in einigen Provinzen machten deutlich, daß sich die soziale Lage auch an der Peripherie weiter zuspitzte. Hinzu kam ein gewisser 'Gewöhnungseffekt', der die Erfolge der Stabilisierung betraf und dazu führte, daß die 'byzantinischen' Aspekte der Regierung Menem (Korruption, Personalismus, Autoritarismus, Ämterpatronage) wieder mehr in den Vordergrund rückten. Bei den Zwischenwahlen von 1993, v.a. aber bei den Wahlen zur Verfassunggebenden Versammlung vom April 1994 konnte das linke Wahlbündnis *Frente Grande* im Großraum Buenos Aires und in den zentralen Provinzen hohe Zugewinne verbuchen. In der Hauptstadt wurde die Front 1994 sogar stärkste Partei mit ca. 38 Prozent der Stimmen. Im Gewerkschaftssektor konsolidierte sich zudem eine oppositionelle Position, die v.a. von den Gewerkschaften des öffentlichen Sektors und von einigen traditionell 'antimenemistischen' Industriegewerkschaften getragen wurde.

Die UCR, gefangen in internen Auseinandersetzungen und ohne ein klares politisches Projekt, war nicht imstande, auf die neuen Herausforderungen flexibel zu reagieren. Der 'Pakt von Olivos' zwischen Alfonsín und Menem vom November 1993 stellte den Versuch dar, der UCR (oder zumindest der Fraktion um Alfonsín) wieder die politische Initiative zu verschaffen[15]: Im Austausch für die Ermöglichung der Wiederwahl des Präsidenten (zentrale und einzige Forderung Menems) erhielt Alfonsín die Zusage zu einer teilweisen Modernisierung der Verfassung. Gleichwohl stellte sich der Pakt als kontraproduktiv heraus, weil er die internen Konflikte der Radikalen drastisch verschärfte (einschließlich einer Umgruppierung bestehender Allianzen) und die UCR vor der Öffentlichkeit als Juniorpartner der Regierung dastehen ließ.

Der hierdurch entstandene Freiraum wurde in zunehmendem Maße von dem *Frente Grande* besetzt. Im Wahlkampf 1995 bildete er zusammen mit einigen anderen Gruppierungen den *Frente para un País Solidario* (FREPASO). Dieser vereinigte große Teile der gemäßigten Linken mit oppositionellen Peronisten und Radikalen 'sozialdemokratischer' Prägung. Ende Februar 1995 wurde mit Octavio Bordón ein 'peronistischer Dissident' zum Präsidentschaftskandidaten des FREPASO gewählt. Bordón, ehemaliger Gouverneur der Provinz Mendoza mit dem Ruf eines guten Verwalters, galt als gemäßigt und sprach insofern auch Anhänger anderer Parteien (insbesondere der UCR) an, die nach einer auch international glaubwürdigen Alternative zu Menem Ausschau hielten. Sein interner Gegner und späterer Kandidat für die Vizepräsidentschaft, Carlos 'Chacho' Alvarez, charismatischer Führer des *Frente Grande*, wurde von der großen Mehrheit der organisierten Kräfte im FREPASO unterstützt. Seine Niederlage bei der Auswahl des Präsidentschaftskandidaten war darum eine Überraschung. Im Zusammenspiel beider Politiker sahen Beobachter indessen eine Chance, relativ breite

---

[15] In diesem Pakt einigten sich Alfonsín und Menem auf die Durchführung und die inhaltlichen Umrisse einer Verfassungsreform.

Bevölkerungsschichten anzusprechen und den in den Umfragen weit führenden Menem so u.U. in eine zweite Wahlrunde zu zwingen[16].

VI. Integration und Effizienz

Derartige Hoffnungen erwiesen sich, wie gezeigt wurde, als trügerisch. Es greift jedoch, auch dies wurde bereits deutlich, zu kurz, wollte man Menems Wahlerfolg lediglich auf die Ängste der argentinischen Wählerschaft vor einer erneuten wirtschaftlichen Destabilisierung zurückführen. Auch die Zukunftserwartungen der Wähler sind ja keine fixe Größe, sondern werden durch das Angebot des 'politischen Marktes' der Parteien und Diskurse mitgeformt. Im folgenden soll gezeigt werden, daß der peronistische Wahlsieg wesentlich (wenn auch nicht ausschließlich) auf einer Kombination unterschiedlicher Legitimierungsstrategien beruhte, mit denen Menem sowohl 'traditionellen' (**Integration**) als auch 'modernen' (**Effizienz**) Legitimierungsforderungen der argentinischen Gesellschaft entsprach.

Integrationsleistungen des politischen Regimes werden, wie oben dargestellt wurde, besonders von den Sektoren nachgefragt, die gesellschaftlich marginalisiert sind oder in die Marginalität abzugleiten drohen. Sie wurden vom 'Menemismus' wie folgt bedient:

1. Persönliches Charisma, Führungsqualitäten und ein 'populärer' Lebensstil von Politikern wie Menem oder Duhalde stellten wichtige Bezugspunkte zur politischen Sphäre her und knüpften daneben an alte peronistische Traditionen an. Der personalistische Politikstil wurde durch die Konzentration staatlicher Regulierungskompetenzen in der Exekutive noch zusätzlich verstärkt[17]. Die Regierung und insbesondere die Person Menem zogen damit zu Lasten der übrigen politischen Institutionen weitere Legitimierungsleistungen an sich. Diese Strategie richtete sich besonders an den 'strukturell armen' Teil der argentinischen Bevölkerung.[18] Die in die Armut gedrängten Verlierer im Anpassungsprozeß (öffentliche Angestellte, Lehrer, Rentner u.a.), die v.a. materielle Integrationsleistungen des Staates einklagten und dem Modell kritisch gegenüberstanden, waren hierdurch kaum zu erreichen, eher durch die in der letzten Phase des Wahlkampfes gemachten Arbeitsplatzversprechungen.

---

[16] Nach der neuen Verfassung wird der Präsident direkt gewählt, nicht mehr durch ein Gremium von Wahlmännern. Das erhöht das Gewicht der zentralen Provinzen, die zuvor unterrepräsentiert waren. Als direkt gewählt gilt ein Kandidat, wenn er im ersten Wahlgang die Mehrheit und mehr als 45 Prozent der Stimmen oder aber mehr als 40 Prozent mit einem Vorsprung von über zehn Prozent auf den zweitstärksten Kandidaten erhält. Im anderen Fall kommt es zur *Ballotage* zwischen den zwei stärksten Kandidaten, und die relative Mehrheit genügt.

[17] Ich verweise hier auf den Artikel von Nolte (1995), wo die problematischen Beziehungen der Regierung Menem zur Legislative (Regieren per Dekret) und zur Judikative (Ernennungspraxis, Interventionen der Exekutive in die Rechtsprechung) eingehend dargelegt sind.

[18] Arroyo (1995) wie auch García Delgado (1995) unterscheiden zwischen (1) strukturell Armen (25 Prozent nach García Delgado 1995, S. 7), (2) 'Pauperisierten' (25 Prozent), (3) 'Mittelschichten in Transition' (30 Prozent) und (4) oberen Mittel- und Oberschichten (15 Prozent). Unklar (abgesehen von den fehlenden 5 Prozent) bleibt, auf welche Indikatoren sich die quantitative Zuteilung bezieht. Das Modell ist wohl eher als heuristische Hilfe denn als präzises analytisches Instrument aufzufassen und wird hier auch so verstanden.

2. Ein legitimatorisches Meisterstück war die o.e. Gründung des *Fondo Conurbano* für die Arbeitervorstädte von Buenos Aires, der es ermöglichte, Verteilungsleistungen des Regimes sehr genau zu fokussieren. Hier konnten ganz spezifische Integrationsforderungen (Infrastruktur, Bildung, Grundbedürfnisbefriedigung) erfüllt und gleichzeitig klientelistische Loyalitätsbeziehungen aufgebaut bzw. gefestigt werden. Nicht zufällig wird heute von Provinzseite die Ausweitung des Fonds auf andere Metropolen (Rosario, Córdoba, Mendoza) gefordert.

3. Unter dem Eindruck äußerst prekärer Lebensumstände erhielt zudem gerade für die strukturell Armen 'Stabilität' einen hohen, über den unmittelbaren ökonomischen Nutzen hinausgehenden Stellenwert. Stabilisierung, unter legitimatorischen Gesichtspunkten betrachtet, hatte insofern klar eine integrative Dimension und entlastete die Regierung darüber hinaus von weitergehenden Forderungen nach materiellen Leistungen.

Die Forderung nach **Effizienz und Effektivität** wurde von der Regierung Menem natürlich in erster Linie durch ihre wirtschaftspolitische Kompetenz und ihre Erfolge im Anpassungsprozeß erfüllt. Diese wurden gerade auch im Verlauf der Krise von 1995 unter Beweis gestellt, so daß der **Tequila-Effekt** die Legitimität der Regierung als Regulierungsinstanz sogar noch erhöhte. Auf der legitimatorischen Sollseite standen indessen die mit der Administration Menem verknüpften 'byzantinischen' Elemente wie auch der Abbau rechtsstaatlicher Sicherheit (etwa bei den Renten) und demokratischer Kontrolle aufgrund des autokratischen Regierungsstils Menems. Warum wirkten sich diese an sich delegitimierenden Faktoren bei den Wahlen nicht stärker aus?

1. Die 'Mittelschichten in Transition' haben im Argentinien der letzten 20 Jahre eine Entwicklung durchgemacht, die García Delgado (1995, S. 9f) unter den Stichwörtern der 'Tertiärisierung', 'Informalisierung' und Destabilisierung von Arbeitsverhältnissen beschreibt. Die Sozialisierung dieser Sektoren erfolgt weitgehend über die Unternehmen – den Markt. Parteien, Gewerkschaften und andere Interessengruppen haben demgegenüber an Bedeutung verloren. Politik generell – und natürlich auch die Politik der Regierung Menem – wird als korrupt und unseriös empfunden. Auf der anderen Seite haben diese Sektoren die Wertmaßstäbe des neoliberalen Gesellschaftsmodells mehr als alle anderen verinnerlicht. Die Tendenz zur Formulierung oder Unterstützung alternativer politischer Projekte war im Wahlkampf entsprechend gering ausgebildet, auch wenn die Mittelschichten unter der krisenhaften Entwicklung der letzten Zeit besonders zu leiden hatten.

2. Das obere Fünftel der argentinischen Gesellschaft hatte zum Regierungsstil Menems ein gespaltenes Verhältnis. Klientelismus, Korruption, die Existenz von Seilschaften und die hohe Bedeutung informeller Beziehungen für die Entscheidungsfindung wurden durchaus als 'Ineffizienzen' wahrgenommen, wie z.B. die Kritik der rechtsliberalen UCeDé im Wahlkampf deutlich machte. Auf der anderen Seite haben nicht wenige Mitglieder der argentinischen Oberschicht von diesen Praktiken gerade auch im Anpassungsprozeß erheblich profitiert. Unabhängig davon fand das 'Modell Argentinien' in diesem Sektor wohl einhellige Unterstützung. Zwar meint Arroyo

(1995, S. 4), daß nicht wenige Mitglieder der Oberschicht einen Regierungswechsel befürwortet hätten, weil wechselnde Mehrheiten die Autonomie der Politik (zugunsten organisierter Partikularinteressen) einschränkten. Angesichts der krisenhaften Entwicklung im Vorfeld der Wahlen dürfte jedoch die Bereitschaft zu einem Wechsel eher abgenommen haben.

VII. Die Zukunft des 'Modells Argentinien'

Die beschriebenen Legitimierungsstrategien fanden vor dem Hintergrund einer stabilen, demokratisch institutionalisierten Legitimität des politischen Systems Argentiniens statt. Ein Indikator hierfür war die geringe Attraktivität von radikalen Parteien der Rechten wie der Linken bei den vergangenen Wahlen. Offensichtlich besteht in der argentinischen Gesellschaft ein breiter Konsens bezüglich der Funktionalität des demokratischen Regimes. Dieses hat darüber hinaus mit der Verfassungsreform von 1994 Innovationsfähigkeit bewiesen, deren legitimatorische Auswirkungen sich allerdings erst längerfristig aufzeigen lassen werden.

Ungeachtet dieser stabilen Legitimitätsbasis ging es bei den dargestellten Strategien keineswegs nur um wahltaktische Mehrheitsbeschaffung. Zur Debatte stand vielmehr die Akzeptanz eines Modells, das in den vergangenen Jahren die Beziehungen von Staat und Gesellschaft radikal verändert hat. Die Unruhen in den Provinzen, das Aufkommen des FREPASO, aber auch die im Wahlkampf allerseits erhobene Forderung nach staatlichen Arbeitsmarktpolitiken zeigen, daß dieses Modell weiter und ständig um seine Legitimierung ringen muß. Die Tatsache, daß keine der großen Parteien im Wahlkampf grundlegende Alternativen entwickelt hat, ändert daran nichts: Erstens lassen sich Programme und Diskurse selbst sehr rasch anpassen. Zweitens wird gerade durch die Irreversibilität des Anpassungsmodells die Gefahr erhöht, daß Legitimierungsprobleme irgendwann auf das gesamte politische System durchschlagen.

Die menemistische Koalition beruht bislang auf einer Reihe spezifischer Legitimierungsstrategien und auf der Entlastung von gesellschaftlichen Forderungen durch das Damoklesschwert einer erneuten wirtschaftlichen Destabilisierung. Nur die 'Mittelschichten in Transition' haben die Wertvorstellungen des Modells soweit verinnerlicht und eine solche Veränderung durchgemacht, daß sie für Alternativen nur schwer zu mobilisieren sein dürften. Die Unterstützung der anderen Gesellschaftssektoren hängt wesentlich davon ab, ob die materielle wie auch ideelle Integration (zumindest als glaubwürdige Zukunftsperspektive) gewährleistet werden kann und ob die Effizienzerwartungen weiterhin mit dem Rationalitätsanspruch des Modells verknüpft werden können. Was erstere anbelangt, ist davon auszugehen, daß sich die Verteilungsspielräume des Regimes mittelfristig eher verringern werden. Für ad-hoc-Strategien nach dem Muster des *Fondo Conurbano*, mit denen Legitimitätsdefizite flexibel abgefangen werden können, gibt es dann weniger Raum. Auch charismatische (personalistische) Legitimierungen laufen ständig Gefahr, sich abzunutzen, wenn sie nicht in institutionalisierte Beziehungen (Ämtercharisma, Klientelismus) überführt werden. Der autokratische Stil Menems birgt zudem ein gewisses Risiko der Abkoppelung von gesellschaftlichen Forderungen, wie sie (etwa von provinzieller Seite) im Parlament geäußert werden. Ob die neue Verfassung diesen Tendenzen tatsächlich entgegenwirkt, bleibt abzuwarten.

Das Integrationsproblem wird sicherlich die schwierigste Aufgabe der zweiten Amtszeit Präsident Menems sein. Mit Blick auf die Effizienzdimension kann er sich gerade in den aktuellen Krisenzeiten auf die zweifellos vorhandene wirtschaftspolitische Kompetenz seiner Regierung stützen. Längerfristig stellt sich aber auch hier die Aufgabe, wirtschaftlichen Sachverstand und technische Expertise verstärkt in die institutionelle Ordnung des Regimes einzubauen und damit u.a. auch durchaus noch vorhandene spekulative und rentenorientierte Verhaltensweisen des Kapitals in Argentinien auf Dauer in produktive Aktivitäten umzulenken. Daß diese Problematik zumindest von Teilen der politischen Führung erkannt wird, zeigt die Kritik an den 'mafiosen Strukturen' in der Regierung, die Wirtschaftsminister Cavallo im August 1995 unerwartet scharf (und verbunden mit Rücktrittsdrohungen) äußerte. Auch wenn hierbei sicherlich taktische Erwägungen eine Rolle gespielt haben (Cavallo plant bereits seine Präsidentschaftskandidatur für 1999), macht die Kritik doch deutlich, daß nach der tiefgreifenden Anpassung der letzten Jahre nun weiterführende Reformen und andersartige Legitimierungsstrategien von nöten sind, will das 'Modell Argentinien' seine Zukunftsfähigkeit unter Beweis stellen.

Literaturverzeichnis

ARROYO, Daniel, 1995: Dos explicaciones para entender un fenómeno ya no tan novedoso. In: Unidos (Buenos Aires), Nr. 2.

AZPIAZU, Daniel/NOCHTEFF, Hugo, 1994: El desarrollo ausente. Restricciones al desarrollo, neoconservadorismo y élite económica en la Argentina, Buenos Aires.

BASUALDO, Eduardo M., 1994: El impacto económico y social de las privatizaciones, in: Realidad Económica (Buenos Aires), Nr. 123.

BECCARIA, Luis/LOPEZ, Néstor, 1995: Reconversión productiva y empleo en Argentina. In: Pablo Bustos (Hrsg.): Más allá de la estabilidad. Argentina en la época de la globalización y la regionalización, Buenos Aires, S. 191-216.

BEETHAM, David, 1991: The Legitimation of Power, Basingstoke/London.

FRAGA, Rosendo/MALACRIDA, María Gabriela, 1990: El centro-derecha. De Alfonsín a Menem, Buenos Aires.

GALLO, Ezequiel/THOMSEN, Esteban F., 1992: Electoral Evolution and the Political Parties of the Right: Argentina, 1983-1989, in: Chalmers et. al. (Hrsg.): The Right and Democracy in Latin America, New York, S. 142-162.

GARCIA DELGADO, Douglas Daniel, 1995: Argentina: la coyuntura socio-política y la cuestión de la equidad, Buenos Aires (vervielfältigtes Manuskript).

GODIO, Julio, 1991: El movimiento obrero argentino (1955-1990). De la resistencia a la encrucijada menemista, Buenos Aires.

HABERMAS, Jürgen, 1992: Faktizität und Geltung. Beiträge zur Diskurstheorie des Rechts und des demokratischen Rechtsstaats, Frankfurt/M.

HALDENWANG, Christian von, 1994: Dezentralisierung und Anpassung in Lateinamerika: Argentinien und Kolumbien, Münster/Hamburg.

– – –, 1995: Erfolge und Mißerfolge dezentralisierender Anpassungsstrategien in Lateinamerika: Argentinien und Kolumbien, in: Politische Vierteljahresschrift, 36, 4, S. 681-705.

– – –, 1996: Die Legitimierung von Anpassungsregimen. Eine theoretische Annäherung, in: Zeitschrift für Politik, 43 (im Erscheinen).

HEINS, Volker, 1990: Strategien der Legitimation. Das Legitimationsparadigma in der politischen Theorie, Münster.

LUHMANN, Niklas, 1989^2: Legitimation durch Verfahren, Frankfurt/M.

MARSHALL, Adriana, 1995: Mercado de trabajo y distribución del ingreso: efectos de la política económica, 1991-1994, in: Realidad Económica, Nr. 129.

Ministerio de Economía, 1994a: Argentina en crecimiento, Buenos Aires.

– – –, 1994b: Informe económico. Segundo trimestre de 1994, Buenos Aires.

– – –, 1995: Economic Report. First Quarter 1995, Buenos Aires.

MIRBACH, Thomas, 1990: Überholte Legitimität? Oder: Auf dem Weg zu einem neuen Politikbegriff, Darmstadt.

NOLTE, Detlef, 1995: Ein Volk von Menemisten? Argentinien nach den Parlaments- und Präsidentschaftswahlen vom Mai 1995, in: Lateinamerika. Analysen-Daten-Dokumentation, 12, 28, S. 9-24.

SCHVARZER, Jorge, 1993: El proceso de privatizaciones en la Argentina. Implicaciones preliminares sobre sus efectos en la gobernabilidad del sistema, in: Realidad Económica, Nr. 120.

– – –, 1995: Grandes grupos económicos en la Argentina. Formas de propiedad y lógicas de expansión, in: Pablo Bustos (Hrsg.): Más allá de la estabilidad. Argentina en la época de la globalización y la regionalización, Buenos Aires, S. 129-158.

WEBER, Max, 1976^5: Wirtschaft und Gesellschaft. Grundriß der verstehenden Soziologie, Tübingen.

Hartmut Grewe

Staat und Gewerkschaften

I. Einleitung:
Zur Rolle der Gewerkschaften in Lateinamerika

Gewerkschaften sind nach den westlichen Wertvorstellungen unverzichtbare Elemente einer pluralistischen Demokratie. Ihnen kommt in ihrer Doppelrolle als Gegenmacht und Ordnungsfaktor in Wirtschaft, Gesellschaft und Staat eine zwischen dem Gemeinwesen und seinen Bürgern vermittelnde und dabei staatsentlastende Rolle zu. Ihre Bedeutung als intermediäre Organisationen gewinnen die Gewerkschaften in den westlichen Verfassungsstaaten aus der Tatsache, daß sie in der Regel relativ große Mitgliederzahlen aufweisen und für viele Menschen im Land die materiellen Existenzgrundlagen absichern helfen. Tarifverhandlungen werden autonom zwischen Vertretern der Arbeitgeber und Arbeitnehmer ausgehandelt ohne direkte Intervention des Staates. Tarifkonflikte werden bei diesem Rollenverständnis als Auseinandersetzung zwischen den Tarifparteien unterhalb der staatlich-politischen Ebene, bei Wahrung der beiderseits festgelegten Spielregeln, ausgetragen und einer friedlichen Lösung zugeführt. Aufgrund ihrer Bedeutung als Massenorganisationen, die über ein erhebliches Störpotential verfügen, können die Gewerkschaften in vielen westlichen Ländern wirtschafts- und sozialpolitische Fragen in erheblichem Maße beeinflussen. Nicht zuletzt wegen ihrer Durchsetzungskraft sind die Gewerkschaften anerkannte Interessenvertreter ihrer Mitglieder und auch vieler Arbeitnehmer, die außerhalb der Organisation stehen.

Von dieser Realität sind die lateinamerikanischen Gewerkschaften weit entfernt. Diese sind in der ersten Hälfte dieses Jahrhunderts von Einwanderern aus Süd- und Westeuropa in ihrer neuen Heimat in Lateinamerika nach europäischen Erfahrungen und Vorstellungen aufgebaut worden, teilweise unter schwierigen äußeren Bedingungen. Selten boten die häufig schwankenden politischen Rahmenbedingungen in diesen Ländern günstige gewerkschaftliche Entfaltungsmöglichkeiten, ganz zu schweigen von den oftmals widrigen ökonomischen und sozialen Verhältnissen. In den Staaten der Cono-Sur-Region herrschten in den siebziger und achtziger Jahren Militärdiktaturen, die gewerkschaftliche Aktivitäten meist unterdrückten oder manipulierten. Mit ihrer Abdankung und dem sich anschließenden Regimewechsel, der erst vor wenigen Jahren nach freien demokratischen Wahlen begann, treffen die Gewerkschaftsverbände in dieser Region heute politische Bedingungen an, die es ihnen ermöglichen, ihre Existenzgrundlagen und Zielvorstellungen neu zu definieren. Von Interesse ist, ob die Gewerkschaften und ihre Führer nach Jahrzehnten der Unterdrückung und Verfolgung organisatorisch und politisch dort wieder angeknüpft haben, wo sie damals ihre Aktivitäten offiziell einstellen mußten, oder ob sie die Chance eines organisatorischen und politischen Neuaufbaus genutzt haben. In den einzelnen Ländern wurde also die Frage nach Kontinuität und Wandel von Gewerkschaftsstrukturen und -aktivitäten gestellt und oft unterschiedlich beantwortet.

Trotz beträchtlicher landesspezifischer Unterschiede gibt es erwähnenswerte Gemeinsamkeiten lateinamerikanischer Gewerkschaften:

1. Sie sind in der Regel schwach, was ihre organisatorische Verankerung in der Arbeitnehmerschaft und ihre Durchsetzungsfähigkeit gegenüber Unternehmern und Staat anbelangt.
2. Sie tendieren zur Außenabhängigkeit gegenüber politischen Parteien und dem Staat, insbesondere was die Finanzierung ihrer Arbeit und den Rechtsrahmen ihrer Tätigkeit betrifft.
3. Sie neigen zu innerer Fragmentierung aufgrund personalistischen Machtstrebens der Führungsschicht und ideologischer Konkurrenz untereinander.
4. Die innergewerkschaftliche Demokratie läßt zu wünschen übrig, weil zwischen Funktionären und Mitgliedern kein legitimiertes Verhältnis besteht.
5. Die Gefahr einer Instrumentalisierung der Gewerkschaften durch politische Parteien oder die Regierung im Rahmen eines korporativen Machtsystems besteht, weil Gewerkschaftsführer unter diesen strukturellen Bedingungen entweder vom Staat vereinnahmt oder politisch verfolgt werden können (vgl. Bernecker 1982; Ramalho 1985b; Waldmann 1983).

Politisierung und Staatsfixierung prägen die gewerkschaftliche Orientierung bis zum heutigen Tag. Die lateinamerikanischen Gewerkschaften sind in der Regel stark politisiert, weil sie tarifpolitisch ohnmächtig sind. Löhne und Arbeitsbedingungen werden meist nicht frei von staatlichen Vorgaben (wie gesetzlichen Mindestlöhnen) ausgehandelt, wobei de facto die staatlich festgesetzten Mindestrichtlinien oftmals noch unterboten werden. Der Staat ist somit der Hauptadressat gewerkschaftlicher wie unternehmerischer Forderungen und wird damit zwangsläufig zur Zielscheibe der Kritik.

Erschwerend sind für Arbeitnehmer und Gewerkschaften die widrigen Arbeitsmarktbedingungen mit hoher offener und verdeckter Arbeitslosigkeit sowie sinkenden Realeinkommen. Die Gewerkschaften stehen größtenteils ohnmächtig den Lohndiktaten der Arbeitgeber bzw. der Praxis staatlich festgesetzter Mindestlöhne gegenüber, oftmals unter Bedingungen einer Hyperinflation und sich drastisch verschlechternder Existenzbedingungen der Arbeitnehmer und ihrer Familien. So bleibt den Gewerkschaften in der Regel nur der sich periodisch in generalstreikähnlichen Protesten entladende Druck der Straße auf die Regierungen und die Parteien, um auf diesem Wege eine Abhilfe zu erzwingen und ihre spezifischen Forderungen durchzusetzen. Ohne eine rechtlich garantierte Tarifautonomie und eine stärkere gewerkschaftliche Verhandlungsposition in den Betrieben verheißen Tarifverhandlungen keine Änderung der asymmetrischen Machtverhältnisse zwischen Arbeitgebern und Arbeitnehmern. Auch eine Entlastung der Regierungen vom immer wiederkehrenden, gewerkschaftlich organisierten oder auch spontan entstehenden Druck der Straße ist ohne eine solche Entwicklung nicht zu erwarten. Deswegen bleibt die politische Konfrontation zwischen Staat und Gewerkschaften in vielen lateinamerikanischen Ländern nach wie vor auf der Tagesordnung.

Anders ausgedrückt, die Gewerkschaften kompensierten ihre tarifpolitische Schwäche mit einem von den verbündeten Parteien unterstützten politischen Aktionismus, der sich häufig als ein Störfaktor bei der wirtschaftlichen, gesellschaftlichen und politischen Entwicklung dieser Länder erwiesen hat. Ob sich die Gewerkschaften von dieser notorischen Rolle als "politischer Störfaktor" lösen können, zu einer echten Stütze der Demokratieentwicklung in diesen Staaten werden und notwendige Wirtschaftsreformen mittragen, hängt nicht zuletzt von einer gewissen Entpolitisierung der nationalen Gewerkschaftsbewegung ab. Sie war als Widerstandsbewegung oftmals maßgeblich am Sturz der Militärregierungen beteiligt; doch der nachfolgende Schritt fiel weit schwerer, nämlich durch eine aktive Unterstützung notwendiger Strukturreformen in Wirtschaft und Staat den Prozeß der "Redemokratisierung" und "ökonomischen Liberalisierung" verantwortlich mitzugestalten. Nicht immer entwickelte sich das dazu auf beiden Seiten erforderliche neue Rollenverständnis in Richtung Rechts- und Sozialstaatlichkeit sowie Tarifautonomie und gewerkschaftlicher Eigenständigkeit. Eine notwendige Stärkung der Gewerkschaften als autonome Interessenverbände der Arbeitnehmer gegenüber Unternehmern und Staat könnte unter einer verantwortlichen Führung für eine gewisse politische Entkrampfung sorgen und einen positiven Anstoß für eine erfolgversprechende Wirtschafts- und Gesellschaftsentwicklung unter demokratischen Vorzeichen geben. Fraglich ist nur, ob die Gewerkschaften sich unter den gegebenen Voraussetzungen überhaupt in diese Richtung entwickeln können. Unbestritten ist aber die Tatsache, daß der Grad der organisatorischen, teilweise politisch motivierten Zersplitterung der Gewerkschaftsbewegung der Hauptgrund für eine in der Regel wenig verantwortungsbewußte Rolle in Staat, Wirtschaft und Politik war.

Es gibt aber Anzeichen dafür, daß sich vor dem Hintergrund der Entwertung sozialrevolutionärer Entwicklungsmodelle eine größere Bereitschaft bei den Sozialpartnern zeigt, die Krise mit systemadäquaten Mitteln zu bewältigen. Die ordnungspolitischen Vorstellungen der Gewerkschaftselite, wie der "politischen Klasse" insgesamt, sind insofern von Bedeutung, als sie die Abkehr von übertriebenen staatsfixierten Wirtschaftsmodellen und die Bereitschaft zur Einführung einer sozialen Marktwirtschaft signalisieren könnten. Die unter der internationalen Schuldenlast vom IWF und anderen Gläubigern erzwungenen wirtschafts- und sozialpolitischen Korrekturen in diesen Ländern gehen jedenfalls in die Richtung auf reduziertes staatliches Engagement und vermehrte Privatinitiative. Fraglich ist allerdings, ob sich eine traditionell vom kollektiven Engagement geprägte Organisationsform wie die Gewerkschaft diesem neuen Bewußtsein öffnet und sich der veränderten politischen Landschaft in den Mercosur-Ländern anzupassen versteht.

Korporatismus, Populismus und Autoritarismus sind die durchgängigen Themen der traditionellen politischen Kultur dieser Länder. Diese Strukturelemente sind noch nicht überall durch moderne politische Strukturen und demokratische Praktiken (wie Pluralismus und ein repräsentatives Parteien- und Verbändesystem) ersetzt worden. Neben Chile, wo der nationale Gewerkschaftsverband CUT zusammen mit den Unternehmerverbänden und der Regierung eine bemerkenswert verantwortliche Rolle im Liberalisierungs- und Demokratisierungsprozeß gespielt hat, ist der gegenwärtig zu beobachtende Umbruch im Gewerkschaftssystem am weitesten in Argentinien gediehen. Dort wurde der peronistische Gewerkschaftsstaat systematisch zerschlagen, was den vormals dominierenden Einfluß der Gewerkschaftsbewegung auf Wirtschaft, Gesellschaft und Politik des Landes demontierte. Es gibt in Reaktion auf die staatliche Reformpolitik gewisse (wenn auch meist vergebliche) gewerkschaftliche Abwehrreaktionen, allerdings sind auch einige Ansätze eines veränderten Rollenbewußtseins und -verhaltens zu beobachten.

II. Die argentinische Gewerkschaftsbewegung im Umbruch: Zerfall oder Neuaufbau?

Die argentinische war eine der traditionsreichsten und stärksten Gewerkschaftsbewegungen in Lateinamerika, insbesondere, nachdem sie von Perón in den vierziger Jahren zu einer "Staatsgewerkschaft" aufgebaut worden war. Doch darin lag auch ihr historisches Versagen bzw. ihre strukturelle Schwäche. Sie blieb seitdem abhängig von staatlicher Förderung und Bevormundung (gewissermaßen die zwei Seiten einer Medaille), und mit Peróns Niederlage und erzwungenem Exil in Spanien begann auch der Niedergang der peronistischen Gewerkschaftsbewegung. Eine autonome Kraft stellte sie eigentlich nie dar, allenfalls in der Opposition gegenüber dem Militärregime bewies sie eine gewisse politische Stärke, wenngleich es auch da zu Anbiederungsversuchen kam, die Teile der Gewerkschaftselite in der Öffentlichkeit diskreditierte. Außerdem war sie weitgehend durch Geld und Macht korrumpiert worden, denn der leichte Zugang zu staatlich garantierten Mitgliederbeiträgen und gesetzlich vorgeschriebenen Sozialabgaben hatte sie gefügig und selbstgefällig gemacht. Die argentinischen Gewerkschaften haben sich seitdem nie als echte Interessenvertreter ihrer Mitglieder gegenüber den Unternehmern und/oder dem Staat verstanden, sondern eher als "Speerspitze" des Peronismus.

Die argentinische Gewerkschaftsbewegung hat in ihrer Entstehungsphase viele der Traditionen der europäischen Einwanderer aufgenommen und weiterentwickelt: Anarchismus, Anarchosyndikalismus, Sozialismus und Kommunismus waren wichtige Triebfedern der Entwicklung. Die anfänglich starke Gewerkschaftsbewegung wurde durch das Scheitern der anarchistischen Utopie und durch viele interne Querelen und wiederholte politisch-motivierte Spaltungen geschwächt, später auch brutal vom Militär unterdrückt. So konnten sie den staatlichen Bevormundungsversuchen nicht lange widerstehen und verhältnismäßig leicht eingebunden werden in ein vom peronistischen Staat organisiertes und kontrolliertes korporatistisches System. Je nachdem, welche Statistik verwendet wird, waren in der Blütezeit der peronistischen Gewerkschaften 50-70% aller Arbeitnehmer gewerkschaftlich organisiert. Sie waren gewissermaßen Pflichtmitglieder, deren Beiträge automatisch vom Lohn abgezogen und deren gesetzlich festgelegte Sozialabgaben vom Staat einbehalten und den Gewerkschaften übertragen wurden. Erst Perón entdeckte ihren Nutzen für sich und sein korporatistisches Herrschaftssystem. Durch ein Bündnis mit der Arbeiterschaft wollte er die nationale Kontrolle über die Wirtschaft erringen, um eine industrielle Entwicklung mit sozialem Fortschritt zu paaren. Die Gewerkschaften sollten eine Kontrollfunktion über die Arbeiterschaft ausüben und für eine gerechte Verteilung des Wohlstands sorgen. Auch die Arbeitsbeziehungen änderten sich grundlegend durch die schnelle Institutionalisierung der Arbeiterbewegung und den rapiden Ausbau der Mitgliedschaft.

Heute müssen sie die einstigen Errungenschaften mühsam verteidigen: eine moderne Arbeitsgesetzgebung ebenso wie ein umfassendes Sozialversicherungssystem. Die stetige Verbesserung der Arbeits- und Lebensbedingungen der Arbeitnehmer, wie sie seit den fünfziger Jahren üblich war, kann schon lange nicht mehr garantiert werden. Die argentinischen Gewerkschaften befinden sich überall in der Defensive, insbesondere beim massiven Abbau von Arbeitsplätzen in den Staatsunternehmen, die teils an inländische, teils an ausländische Investoren verkauft wurden und die nun Schluß machen mit der traditionellen staatlichen Arbeitskräftebevorratung. Die Ironie des Schicksals ist, daß jetzt ein Peronist (nämlich Staatspräsident Menem) zusammen mit seinem Wirtschaftsminister Cavallo eine ultraliberale Wirtschaftsreform gegen den Widerstand der Gewerkschaften durchsetzt, was dem Militärregime noch 1976-80 mißglückt und auch Präsident Alfonsín nach der demokratischen Wende von 1983 nicht gelungen war. Angesichts eines fortschreitenden Mitglieder- und Einflußverlustes der Gewerkschaften schlugen sowohl Anpassungs- wie Gegenmachtstrategien fehl. Die politische Niederlage machte die Notwendigkeit einer gründlichen Erneuerung der von Korruption und Korporatismus durchsetzten Gewerkschaften deutlich.

1. Die aktuelle Entwicklung in historischer Perspektive

Expansion und Stagnation haben Argentiniens Geschichte während der letzten hundert Jahre geprägt. Die Bevölkerung und die Wirtschaft des Landes wuchsen anfangs in rasantem Tempo. Argentinien gehörte fast ein halbes Jahrhundert (von 1890 bis 1940) zu den führenden Wirtschaftsnationen. Nationaler Wohlstand und Lebensstandard der Bevölkerung konnten sich durchaus sehen lassen im Vergleich mit den Ländern der sogenannten "Ersten Welt". Dorthin will Menem sein Land mit aller Macht zurückführen nach einem halben Jahrhundert, das von wirtschaftlichen Krisen und politischen Umbrüchen gekennzeichnet war.

Die argentinische Gewerkschaftsbewegung ist ein Spiegelbild der nationalen Entwicklung. Nach einer vor allem von europäischen Einwanderern bestimmten, erfolgreichen Gründungs- und Konsolidierungsphase ist sie stark vom Peronismus geprägt worden, der eine Mischung aus Populismus und Korporatismus darstellte. Populismus, weil das nationale Schicksal — auch das Wohlergehen der Gewerkschaften — letztlich mit dem politischen Überleben einer einzigen Person, von Perón, und dessen Mythos verknüpft war; Korporatismus, weil die Gewerkschaftsbewegung zwar in das politische System eingebunden und mit Sonderrechten ausgestattet wurde, letztlich aber vom Staat und der verbündeten Partei für deren politische Zwecke instrumentalisiert worden ist. Der Peronismus blieb ein halbes Jahrhundert lang eine ernstzunehmende politische Kraft in Argentinien.

Perón schaffte es, innerhalb eines Jahrzehnts das wirtschaftliche und politische System Argentiniens nach seinen Vorstellungen total umzukrempeln. Die Gewerkschaften wurden dabei zu einem wichtigen Stützpfeiler seines Regimes. Zu diesem Zweck betrieb er die "Vergewerkschaftung" des Landes und stattete die Gewerkschaftszentrale mit großen Machtbefugnissen aus. Durch ein attraktives Angebot von Sozialleistungen und rechtlichen

Privilegien wurden die Arbeiter und ihre Gewerkschaften vom Staat vereinnahmt; dafür wurde die Gewerkschaftsbürokratie verpflichtet, ihre Mitgliederbasis im Sinne der peronistischen Vorstellungen zu kontrollieren und notfalls zu disziplinieren. Die negativen Folgen dieser extremen Politisierung der Arbeitsbeziehungen sollten sich bis in die Gegenwart auswirken.

Die Gewerkschaften bildeten auch nach Peróns Sturz fast zwei Jahrzehnte lang (1955-73) die stärkste oppositionelle Kraft im Land. Ihr Hauptkontrahent in dieser Zeit war das argentinische Militär. Deren Antiperonismus-Programm vermehrte die politischen und sozialen Spannungen im Lande, zumal der Mythos Perón weiterhin Anklang bei den Bevölkerungsmassen fand, und es führte letztlich zur Radikalisierung der Arbeiterklasse und zum Entstehen von Guerillabewegungen. Politische Unterdrückung und die Verfolgung von Oppositionellen (auch von Teilen der Gewerkschaftsführung) im Namen des Kampfes gegen den politischen Terrorismus waren an der Tagesordnung. Die Welle von Gewalt und Gegengewalt wurde auch durch Peróns Rückkehr an die Macht (1973) und seinen Tod (1974) nicht überwunden, sondern endete in einer siebenjährigen Militärdiktatur (1976- 83), die durch einen "schmutzigen Krieg" gegen die eigene Zivilbevölkerung und die demütigende Niederlage im Malvinen-Krieg gegen Großbritannien ihren unrühmlichen Höhepunkt fand.

Die 1983 erfolgte Wahl einer demokratisch legitimierten Regierung (mit Präsident Alfonsín) und deren Reformbestrebungen (auch gegenüber dem peronistischen Gewerkschaftssystem) führten zu einem die ganze Wahlperiode andauernden Konflikt zwischen Staat und Gewerkschaften. Politisch motivierte Generalstreiks waren an der Tagesordnung, denn die Gewerkschaften bildeten die Speerspitze der peronistischen Opposition gegenüber der Regierung der Radikalen. Der CGT ersetzte in dieser Zeit die am Boden liegende und in sich zerstrittene Partei der Peronisten (PJ). Die durch die verfehlte Wirtschaftspolitik der Militärdiktatur und die akute Wirtschaftskrise verschärften sozialen Spannungen zwangen letztlich Alfonsín, das Handtuch zu werfen und die Regierungsverantwortung noch vor Ablauf seiner regulären Amtszeit an seinen mit Unterstützung der Gewerkschaften gewählten Nachfolger Menem abzutreten. Paradoxerweise schaffte es erst der zum Staatspräsidenten gewählte Peronist Menem, das rigide Gewerkschaftssystem aufzubrechen und echte Reformen durch eine neoliberale Wirtschaftspolitik zu erzwingen, zu der sicherlich auch äußerer Druck (z.B. von seiten des Internationalen Währungsfonds und der Weltbank) beigetragen hat.

2. Die Struktur des Gewerkschaftssystems

Trotz eines gesetzlich garantierten Vertretungsmonopols für Branchengewerkschaften (*personería gremial*) gab es noch 1989 mehr als 1400 staatlich anerkannte Gewerkschaften. Es existierten verschiedene Gewerkschaftstypen nebeneinander: große Branchengewerkschaften, regionale und nationale Gewerkschaftsorganisationen, Betriebs- und Unternehmensgewerkschaften sowie standes- und berufsbezogene Interessenvertretungen[1].

---

[1] Einzig die Basisorganisationen erhalten direkte finanzielle Zuschüsse in Form der Pflichtbeiträge der Mitglieder; die regionalen und nationalen Zusammenschlüsse sind dagegen von den Zuwendungen ihrer Mitglieder abhängig.

Die Größenunterschiede waren dementsprechend, was für eine extrem ungleichgewichtige Struktur des gewerkschaftlichen Systems verantwortlich zeichnet (vgl. Fraga 1991). Lange Zeit existierte ein einziger nationaler Dachverband, die CGT, der 1986 nach dessen Wiedervereinigung 173 Mitgliedsverbände angehörten. Auch dort war eine extrem ungleichgewichtige Größenstruktur anzutreffen: zehn Gewerkschaften hatten jeweils mehr als 100.000 Mitglieder, was gut die Hälfte der ca. vier Millionen CGT-Mitglieder ausmachte. Zwei Drittel der gesamten Mitgliedschaft wurde von nur 20 Gewerkschaften gestellt. Die Rolle des Dachverbands war mehr die eines "politischen Clubs": Er diente den Mitgliedern als Diskussionsforum zur Verabredung gemeinsamer Vorhaben und war keinesfalls eine zentrale Instanz mit Kontrollbefugnissen gegenüber den Mitgliedsverbänden. Umgekehrt räumte die Satzung dem geschäftsführenden Vorstand, insbesondere aber dem Generalsekretär der CGT, ein beträchtliches Maß an Selbständigkeit gegenüber den Mitgliedsverbänden ein. Es gab untereinander genügend Freiräume für eigenmächtiges Vorgehen, insbesondere bei Streikaufrufen, was oft ein abgestimmtes Handeln unmöglich machte und politische Spannungen erzeugte. Das schlug sich in häufig wiederkehrenden Spaltungen und sonstigen Fraktionierungen nieder. Erst akute Gefahren oder Druck von außen bewirkten den politischen Schulterschluß und förderten die diversen Wiedervereinigungsbestrebungen.

Erst der Reformversuch der Regierung Alfonsín in Richtung auf eine Demokratisierung und Liberalisierung des Gewerkschaftssystems, der letztlich an der Gegenwehr der Gewerkschaften gescheitert ist, ermöglichte 1984 eine Verständigung der Gewerkschaftscaudillos dahingehend, die verschiedenen Gewerkschaftsflügel (CGT-Azopardo, CGT-Brasil und die Gruppe der 62) im Widerstand erneut zu vereinigen, was 1986 realisiert wurde (vgl. u.a. Palomino 1986b; Godio 1989b; 1991). Der CGT-Generalsekretär Ubaldini wurde zum Hauptgegenspieler der Regierung Alfonsín. Doch der innere Frieden hielt nur kurze Zeit, denn in der Frage einer Unterstützung "ihres" Präsidenten Menem – selbst um den Preis weitgehender Zugeständnisse von seiten der Gewerkschaften – gab es keinen Konsens. Letztlich spaltete sich die CGT erneut in ein Pro- und ein Anti-Menem-Lager (CGT-Andreoni bzw. CGT-Ubaldini). Andere versuchten, sich aus diesem Streit herauszuhalten, und verfolgten einen unabhängigen Kurs.

3. Die wirtschaftlichen und sozialen Rahmenbedingungen

Die eigentliche Crux der argentinischen Volkswirtschaft ist ihr wirtschaftlicher Dualismus: auf der einen Seite moderne, exportorientierte Unternehmen und auf der anderen Seite kleine, traditionelle Betriebe mit antiquierten Produktionsmethoden, die in erster Linie für den Binnenmarkt produzieren. Beide Bereiche unterscheiden sich durch ganz unterschiedliche Arbeitsbeziehungen: Im ersten Fall gibt es weitgehend durch Gesetze, Tarifverträge und Betriebsvereinbarungen geregelte Verhaltensnormen, im letzteren Fall sind prekäre, ungeschützte Arbeitsverhältnisse die Regel, die mitunter an (Selbst–)Ausbeutung grenzen. Entsprechend schwierig, wenn nicht gar unmöglich ist es auch für die Gewerkschaften im expandierenden informellen Sektor aktiv zu werden und Mitglieder zu rekrutieren.

Die strukturelle Arbeitslosigkeit ist zu einem Wesensmerkmal der argentinischen Volkswirtschaft und zum Organisationsproblem für die Gewerkschaftsbewegung geworden.

Der Verlust von (gewerkschaftlich organisierten) Arbeitsplätzen im industriellen und öffentlichen Sektor kann nur zu geringen Teilen im privaten Dienstleistungsbereich kompensiert werden. Dagegen hat die Regierung das permanente Problem der Inflation bislang sehr erfolgreich in den Griff bekommen (u.a. durch das Mittel der Peso-Dollar-Parität). Allerdings muß dafür der Preis in der Handelsbilanz gezahlt werden: Ein überbewerteter Peso verteuert die Exportprodukte und schadet diesem Wirtschaftszweig, während billige Importe die Kosten drücken und auch der binnenmarktorientierten Wirtschaft Konkurrenz machen. Die Zeiten einer staatlich geschützten, international kaum konkurrenzfähigen Volkswirtschaft mit überteuerten Monopolpreisen sind vorbei, allerdings mit negativen Folgen für den nationalen Arbeitsmarkt (vgl. u.a. Birle 1991; Bodemer 1991; Messner im vorliegenden Band).

4. Staat und Gewerkschaften

Die argentinische Gewerkschaftsbewegung war seit Perón immer auf den Staat fixiert gewesen und deshalb hochgradig politisiert. Sie erwartete politische Unterstützung von der Regierung bei Tarifauseinandersetzungen mit privaten wie öffentlichen Arbeitgebern sowie Gesetzesinitiativen, die den Arbeitnehmern, aber auch der Gewerkschaftsbürokratie zugute kamen. Diese Orientierung hat eigentlich immer für Zündstoff innerhalb der Bewegung gesorgt, nämlich in der Frage, wie man im eigenen Interesse mit der Regierung umgehen sollte, sei es als unentbehrlicher Juniorpartner in einer peronistisch geführten Regierung, sei es als politischer Kontrahent einer von den Streitkräften oder der Radikalen Partei geführten Regierung. Die massiven Organisationshilfen, die der Staat den Gewerkschaften gewährte (mit Ausnahme der Zeit der Militärdiktatur) in Form einer Überweisung von für alle Arbeitnehmer gesetzlich vorgeschriebenen Mitgliedsbeiträgen und Sozialabgaben haben zur internen Selbstgefälligkeit der Gewerkschaftselite und Abgehobenheit von der Basis geführt. Macht und Geld haben die Gewerkschaftsbürokratie korrumpiert und in den Augen der Öffentlichkeit völlig diskreditiert.

Die neoliberalen Wirtschaftsreformen der Regierung Menem bürden den Gewerkschaften große Lasten auf und machen es ihnen schwer, ihre Autonomie zu finden. Bildlich betrachtet, müssen sie entweder auf den sich in Bewegung befindlichen Reformzug aufspringen und aus pragmatischer Einsicht mitfahren (mitmachen), oder sie riskieren, entweder zurückgelassen oder von diesem überrollt zu werden, falls sie sich diesem (aus prinzipiellen Erwägungen) entgegenstellen wollen und nicht rechtzeitig zur Seite (und damit ins politische Abseits) springen. Ein Ausweg aus diesem Dilemma ist kaum vorstellbar. Der Wind weht den Gewerkschaften direkt ins Gesicht; sie sind überall in der Defensive. Bestenfalls können sie Nischen finden, in denen sie ihr organisatorisches (nicht politisches) Überleben sichern können.

5. Ein im Umbruch befindliches Gewerkschaftssystem[2]

Präsident Menem hatte sich vorgenommen – mit eigenen Worten (zitiert in Godio 1991, S. 452) –, "den traditionellen Peronismus zu einer Symbiose mit dem dynamischen Neoliberalismus" zu führen. Er stellte das argentinische Gewerkschaftssystem damit vor die radikale Alternative, entweder sich programmatisch neu zu orientieren oder die Chance zu verpassen, "einen wesentlichen Beitrag zu leisten zur Umwandlung des Landes in eine authentische, moderne Demokratie, die den wirtschaftlichen, politischen und sozialen Erfordernissen unserer Zeit genügt". Trotz der offenkundigen Rhetorik ist aber die Bandbreite der Erwartungen an einen tiefgreifenden Wandel in den Beziehungen zwischen Staat und Gewerkschaften aufgezeigt. Noch unklar ist, inwieweit sich Menem selbst in seinen Aktionen eine gewisse Selbstbeschränkung auferlegen oder den erkennbaren Trend in Richtung eines neuen personalistisch gefärbten Regimes, das unter dem Namen "Menemismus" firmiert, unterstützen wird. Mit dem traditionellen Peronismus hat es aber wenig gemein. Es scheint aber, als ob der im lateinamerikanischen Trend liegende Populismus auch in Argentinien weiter blühen wird, während sich das korporatistische System angesichts der beobachtbaren Fragmentierungen im Gewerkschaftslager, die möglicherweise keine vorübergehenden Erscheinungen sind, wohl kaum reparieren lassen wird. Zur Wahrnehmung einer quasi-staatlichen Kontrollfunktion ist die argentinische Gewerkschaftsbewegung heute nicht mehr zu gebrauchen.

Der peronistische Gewerkschaftsstaat ist von Menem zerschlagen worden, eine "menemistische Bewegung" ist im Aufbau, doch ihr wird nur noch begrenztes Gewicht zukommen angesichts des allgemeinen Bedeutungsverlustes der Gewerkschaften und der Konkurrenz im eigenen Lager. Zwar hat der Präsident die wiedervereinigte CGT auf seine Seite gezogen, doch Ende 1992 sammelten sich die konfliktbereiten Gewerkschaften in einem alternativen Dachverband CTA (*Congreso des los Trabajadores Argentinos*). Die Widerstände entzünden sich insbesondere an den Maßnahmen der Regierung zur Reform der Arbeitsbeziehungen (Stichwort: Flexibilisierung) und der geplanten Privatisierung des bislang unter gewerkschaftlicher Verwaltung befindlichen Krankenversicherungswesens (*obras sociales*).

Neben diesen weitgehend politisch motivierten Abspaltungen gibt es Trends, die in Richtung eines entpolitisierten, autonom bestimmten neuen Rollenverständnisses von Gewerkschaften deuten. Einige zukunftsorientierte Gewerkschaftsführer gehen – oftmals um die Gunst der Stunde zu nutzen – eigene, teilweise unkonventionelle Wege, um ihre Verbände zu neuen Ufern zu führen. So versprechen sich die Gewerkschaften im Dienstleistungssektor durch einen eigenen Zentralverband (*Confederación de Gremios de Servicios*) eine bessere Durchsetzung ihrer sektoralen Interessen. Auch die 1992 erfolgte Gründung einer nationalen Transportarbeitergewerkschaft UGTT (*Unión General de Trabajadores del Transporte*) zielt in die gleiche Richtung. Als außerordentlich innovativ und geschäftlich clever hat sich die Elektrikergewerkschaft *"Luz y Fuerza"* unter ihrem Vorsitzenden Lescano erwiesen, die sich als Aktiengesellschaft umdefiniert und umorganisiert hat. Sie konkurriert nun recht erfolgreich am Markt als gewinnorientiertes privatwirtschaftliches Dienstleistungsunternehmen und erwirtschaftet für ihre Mitglieder Gewinne. Darüber hinaus bietet sie ihnen soziale Vergünstigungen an, wie

---

[2] Hierzu ausführlicher Grewe (1994), siehe auch die Ausführungen bei Nolte (S. 98-124) im vorliegenden Band.

kostengünstige Privatversicherungen, subventionierte Urlaubsreisen sowie Stipendien für die Kinder. Es bleibt abzuwarten und herauszufinden, ob dieser "Exot" Nachahmer im Gewerkschaftslager finden wird oder diese Aktion letztlich eine Eintagsfliege ist.

Literatur

ABOS, Alvaro, 1989a: El modelo sindical argentino. Autonomía y estado. Buenos Aires.

– – –, 1989b: La regulación estatal de los sindicatos en Argentina. Buenos Aires.

ACUÑA, Carlos/CAVAROZZI, Marcelo/DE RIZ, Liliana/JELIN, Elisabeth/OSZIAK, Oscar, 1988: Estado, política y actores sociales en la Argentina contemporánea, in: CLACSO (Hrsg.), ?Hacia un nuevo orden estatal en América Latina?, Buenos Aires, Vol. 1, S. 1-56.

ANDERSON, Luis, 1990: Hacia un sindicalismo sociopolítico, in: Nueva Sociedad (Caracas) Nr. 110, S. 160-167.

BELIZ, Gustavo, 1988: CGT. El otro poder. Personajes, pactos y políticas. Buenos Aires.

BERNECKER, Walther L., 1982: Gewerkschaften zwischen Verfolgung und Machtbeteiligung. Bedingungen, Formen und Erfolge gewerkschaftlicher Organisation in Lateinamerika, in: Landeszentrale für Politische Bildung Baden-Württemberg (Hrsg.), Lateinamerika, Stuttgart, S. 153-166.

BIEBER, León, 1983: Argentinien, in: Siegfried Mielke (Hrsg.), Internationales Gewerkschaftshandbuch. Opladen, S. 211-219.

BIRLE, Peter, 1991: Vom "Plan Bunge & Born" zum "Plan Cavallo". Argentiniens wirtschaftliche und politische Situation nach zwei Jahren peronistischer Regierung, in: Lateinamerika. Analysen-Daten-Dokumentation, Beiheft Nr. 9, Hamburg (Institut für Iberoamerika-Kunde).

BODEMER, Klaus, 1991: Von Alfonsín zu Menem: Argentinische Wirtschaftspolitik im Wechselbad kontroverser Strategien, in: Nolte, Detlef (Hrsg.), Lateinamerika im Umbruch ?, Hamburg, S. 231-263.

BORNER, Jutta/MARMORA, Leopoldo, 1985: Argentinien. Die Gewerkschaften in der neuen Demokratie – neue Demokratie in den Gewerkschaften?, in: Ramalho (1985, S. 25-54).

CAPON FILAS, Rodolfo, 1989: El nuevo derecho sindical argentino. Buenos Aires.

CASOBONNE, Rodolfo, 1985: Argentinien. Konzertierung der Wirtschaftspolitik und innergewerkschaftliche Demokratie, in: Ramalho (1985, S. 55-74).

CAVAROZZI, Marcelo, 1984: Peronismo, sindicatos y política en la Argentina (1943-1981), in: Historia del movimiento obrero en América Latina. Buenos Aires.

CIOSL/ORIT/CISL/OIT, 1990: Retos y desafíos del sindicalismo para el año 2000, in: Nueva Sociedad (Caracas) Nr. 109.

DE RIZ, Liliana/CAVAROZZI, Marcelo/FELDMAN, Jorge, 1986: El movimiento sindical y la concertación en la Argentina, in: CLACSO (Hrsg.), El sindicalismo latinoamericano en los ochenta. Santiago de Chile.

FALCON, Ricardo, 1989: Problemas teóricos y metodológicos en la historia del movimiento obrero en Argentina, in: Zubillaga, Carlos (Hrsg.), Trabajadores y sindicatos en América Latina. Reflexiones sobre su historia. Montevideo, S. 149-168.

FERNANDEZ, Arturo, 1985: Las prácticas sociales del sindicalismo (1976-1983). Buenos Aires.

FRAGA, Rosendo, 1991: La cuestión sindical. Buenos Aires

GAUDIO, Ricardo/THOMPSON, Andrés, 1990: Sindicalismo peronista/gobierno radical. Los años de Alfonsín. Buenos Aires.

GODIO, Julio, 1989a: El movimiento obrero argentino (1943-1955). Hegemonía nacionalista-laborista. Buenos Aires.

– – –, 1989b: El sindicalismo argentino entre el corporativismo y la autonomía. Cinco años de tensiones entre el gobierno radical y la CGT, 1983-1989, in: Fundación Rafael Campalans (Hrsg.), El futuro de la democracia en Argentina. Buenos Aires, S. 55-65.

– – –, 1991: El movimiento obrero argentino (1955-1990). De la resistencia a la encrucijada menemista. Buenos Aires.

– – –/PALOMINO, Héctor/WACHENDORFER, Achim, 1988: El movimiento sindical argentino. Buenos Aires.

GREWE, Hartmut (unter Mitarbeit von Héctor Palomino), 1994: Vom Peronismus zum Menemismus: Argentiniens Gewerkschaftssystem im Umbruch, in: Grewe, Hartmut/Mols, Manfred (Hrsg.), Staat und Gewerkschaften in Lateinamerika, Paderborn, S. 41-126.

KNOBLOCH, Rudolf, 1980: Der Peronismus. Ein gescheitertes lateinamerikanisches Modell. Diessenhofen/Schweiz.

KÖHLER, Holm-Detlev/WANNÖFFEL, Manfred (Hrsg.), 1993: Gewerkschaften und Neoliberalismus in Lateinamerika, Münster.

MANSILLA, H.C.F., 1977: Der Peronismus in Argentinien, in: ders., Der südamerikanische Reformismus. Nationalistische Modernisierungsversuche in Argentinien, Bolivien und Peru. Rheinstetten-Neu, S. 55-95.

MESSNER, Dirk, 1996: Argentinien – Wirtschaftsstrategie im Umbruch: Anmerkungen zu den ökonomischen und politischen Determinanten von Wettbewerbsfähigkeit, in diesem Band.

MORENO, Omar R., 1993: Die letzte Chance für die argentinische Gewerkschaftsbewegung, in: Köhler/Wannöffel (1993, S. 24-45).

PALOMINO, Héctor, 1986a: Argentina: Dilemas y perspectivas del movimiento sindical, in: Nueva Sociedad (Caracas) Nr. 83, S. 89-102.

– – –, 1986b: Les syndicats dans les premières anneés du gouvernement constitutionnel, in: Problèmes D'Amérique Latine (Paris) Nr. 82, S. 42-56.

– – –, 1989: Hacia una nueva relación entre sindicatos y estado en Argentina, in: Fundación Rafael Campalans (Hrsg.), El futuro de la democracia en Argentina. Buenos Aires, S. 67-77.

– – –, 1991: Democratización y crisis: los dilemas del sindicalismo argentino, in: Campero/Cuevas (Hrsg.), Sindicatos y transición democrática, Santiago de Chile, Vol. 1, S. 25-60.

PARCERO, Daniel, 1987: La CGT y el sindicalismo latinoamericano. Historia crítica de sus relaciones. Buenos Aires.

RAMALHO, Luiz (Hrsg.), 1985a: Lateinamerikanische Gewerkschaften zwischen staatlicher Gängelung und Autonomie. Saarbrücken, S. 9-24.

– – –, 1985b: Lateinamerikanische Gewerkschaften zwischen staatlicher Gängelung und Autonomie, in: Ramalho (1985a, S. 9-24).

THOMPSON, Andrés, 1988a: Sindicatos y estado en la Argentina. El fracaso de la concertación social desde 1983, in: Boletín Informativo Techint (Buenos Aires) Nr. 251, S. 17-36.

– – –, 1988b: Negociación colectiva, democracia y crisis económica. Argentina 1983-1988, in: Boletín Informativo Techint (Buenos Aires) Nr. 255, S. 47-68.

TORRE, Juan Carlos, 1983: Los sindicatos en el gobierno, 1973-1976. Buenos Aires (CEDAL).

WACHENDORFER, Achim, 1990: Sindicalismo latinoamericano, un futuro incierto, in: Nueva Sociedad (Caracas) Nr. 110, S. 80-91.

WALDMANN, Peter, 1974: Der Peronismus, 1943-1955. Hamburg.

– – –, 1983: Gewerkschaften in Lateinamerika, in: Siegfried Mielke (Hrsg.), Internationales Gewerkschaftshandbuch. Opladen, S. 119-147.

WÜRTELE, Werner, 1977: Peronistische Gewerkschaftsführung und Staat in Argentinien, 1973-1976, in: Lateinamerika. Analysen und Berichte 1. Berlin, S. 128-171.

– – –, 1978: Gewerkschaften im abhängigen Kapitalismus Lateinamerikas, in: Olle, Werner (Hrsg.), Einführung in die internationale Gewerkschaftspolitik, Band 2, Berlin, S. 190-227.

ZORILLA, Rubén H., 1988: Líderes del poder sindical. Buenos Aires.

Peter Birle

Die Unternehmerverbände —
Neue *"Columna Vertebral"* des Peronismus?

Den argentinischen Unternehmern wurde von Sozialwissenschaftlern ein erheblicher Teil der Verantwortung für die jahrzehntelange politische und ökonomische Instabilität des Landes zugewiesen. Vor jedem Militärputsch, so lautet eine in diesem Zusammenhang aufgestellte These, sei von seiten der Privatwirtschaft der Ruf nach einem Sturz der zivilen Regierung laut geworden (Schvarzer/Sidicaro 1987, S. 6ff.). Seit der Redemokratisierung im Jahr 1983 haben sich die Unternehmerverbände dagegen wiederholt öffentlich zur Demokratie bekannt. Warum unterstützt die argentinische Privatwirtschaft heute die Demokratie? Wie tiefgehend ist dieser Einstellungswandel, und welche Konsequenzen ergeben sich daraus für die Stabilität des politischen Systems insgesamt? Eine ausschließlich auf die Entwicklungen der 80er und 90er Jahre rekurrierende Analyse verspricht keine zufriedenstellenden Antworten auf diese Fragen[1]. Daher werden im vorliegenden Beitrag im Rahmen einer historischen Längsschnittanalyse fünf Themenkomplexe untersucht, die für ein Verständnis des politischen Verhaltens der argentinischen Unternehmer und ihrer Interessenverbände zentral sind. Es geht erstens um die Organisationsstrukturen der Privatwirtschaft, zweitens um das Einfluß- und Konfliktpotential der Unternehmerverbände, drittens um die Auswirkungen unterschiedlicher Entwicklungsstile auf das politische Handeln der Unternehmer, viertens um die Beziehungen zwischen Unternehmerverbänden und politischen Parteien sowie fünftens um das Verhältnis der Unternehmer zur Demokratie[2].

I. Organisation der Privatwirtschaft

Die beiden bis heute wichtigsten Unternehmerverbände Argentiniens — die *Sociedad Rural Argentina* (SRA; gegründet 1866) und die *Unión Industrial Argentina* (UIA;

---

[1] Eine mangelnde "historische Tiefenschärfe" ist einer der Hauptkritikpunkte an vielen Arbeiten der akteurstheoretisch orientierten Transitions- und Systemwechselforschung. Vgl. dazu die Kritik bei Remmer (1990); siehe auch entsprechende Hinweise bei O'Donnell (1992).

[2] Für eine ausführlichere Auseinandersetzung mit diesen Fragestellungen vgl. Birle (1995a).

gegründet 1887) – entstanden bereits im letzten Drittel des 19. Jahrhunderts. In diesen "Gründerjahren" des argentinischen Nationalstaates begann ein umfassender wirtschaftlicher und gesellschaftlicher Modernisierungsprozeß, in dessen Verlauf das Land auf der Grundlage einer am Agrarexport orientierten Entwicklungsstrategie innerhalb weniger Jahrzehnte zu einem der reichsten Länder der Welt aufstieg. Bis zur Weltwirtschaftskrise von 1929/1930 wurde diese Entwicklungsstrategie von keiner relevanten gesellschaftlichen Gruppe grundsätzlich in Frage gestellt. Der entwicklungsstrategische Konsens schlug sich auch in der Organisation und im Handeln der Unternehmerverbände nieder. Sie verstanden sich nicht als Interessenvertretungen einer bestimmten gesellschaftlichen Gruppe, sondern als Repräsentanten eines "höheren" gesamtgesellschaftlichen Interesses. Es handelte sich eher um Clubs bzw. um Elitenzirkel als um genuine *pressure groups*. Die Beziehungen der Verbände untereinander waren durch eine grundsätzliche Interessenhomogenität geprägt, die sich in zahlreichen überlappenden Mitgliedschaften niederschlug (Schvarzer 1990). Die dominierende Rolle der in der SRA, in der 1924 gegründeten *Cámara Argentina de Comercio* (CAC) und in der bereits 1854 ins Leben gerufenen *Bolsa de Comercio de Buenos Aires* (BOLSA) organisierten Großunternehmer des Agrar-, Handels- und Finanzsektors wurde auch von den in der UIA organisierten Industriellen, deren Interessen ebenfalls eng mit dem Agrarexportmodell verknüpft waren, akzeptiert.

In allen Wirtschaftssektoren entstanden im Laufe des 20. Jahrhunderts konkurrierende Verbände, die jeweils nur einen Teil der potentiell von ihnen angesprochenen Unternehmer als Mitglieder gewinnen konnten. So bildeten sich im Agrarsektor infolge von schrittweisen Veränderungen der sektoralen Produktionsstruktur und daraus resultierenden Konfliktkonstellationen zwischen unterschiedlichen Typen von Produzenten nach und nach vier nationale Verbände heraus[3]. Die divergierenden institutionellen Profile und Ideologien der einzelnen Verbände bestanden auch nach dem Bedeutungsverlust der ursprünglichen Konflikte weitgehend fort (Martínez Nogueira 1986; Sidicaro 1982). SRA, CRA und CONINAGRO zeichneten sich in den vergangenen Jahrzehnten jedoch weniger durch grundlegende Interessendivergenzen, sondern eher durch abweichende Mitgliedschaftsstrukturen und unterschiedliche Handlungsstile aus. Die SRA kann sich aufgrund ihrer engen Verbindungen zum gesellschaftlichen und politischen Establishment einen zurückhaltenden, "diskreten" Aktionsstil leisten, während die CRA und ihr wichtigster Mitgliedsverband, die *Confederación de Asociaciones Rurales de Buenos Aires y la Pampa* (CARBAP; gegründet 1932), traditionell auf einen kämpferischen und konfliktorientierten Handlungsstil setzen (Palomino 1988 u. 1989). CONINAGRO ist aufgrund ihres Selbstverständnisses als Dienstleistungsunternehmen in politischer Hinsicht zurückhaltender als die übrigen Verbände. Eine abweichende entwicklungsstrategische Haltung nimmt innerhalb des Agrarsektors am ehesten die FAA ein. Die von ihr repräsentierten landwirtschaftlichen Produzenten sind aufgrund kleiner und mittlerer Betriebsgrößen und einer weitgehenden Konzentration auf den Binnenmarkt am stärksten von staatlicher Hilfe abhängig. Im Gegensatz zu den anderen Verbänden des Sektors war die FAA auch stets an einer aktiven, regulierenden und redistributiven wirtschaftspolitischen Rolle des Staates interessiert.

---

[3] Neben der SRA handelt es sich um die *Federaciones Agrarias Argentinas* (FAA; gegründet 1912), die *Confederaciones Rurales Argentinas* (CRA) und die *Confederación Intercooperativa Agropecuaria* (CONINAGRO; gegründet 1956).

Im Industriesektor kam es erstmals in den 30er Jahren zum Versuch, die Monopolstellung der UIA zu überwinden. Die UIA beanspruchte zwar für sich, die Interessen des gesamten Sektors zu repräsentieren, die Organisationsstrukturen und das politische Handeln des Verbandes wurden jedoch von einer kleinen Gruppe dominiert, deren Interessen sich nicht grundsätzlich von denen der Großagrarier und -händler unterschieden. Für die binnenmarktorientierte Klein- und Mittelindustrie und für die im Landesinneren angesiedelten Betriebe bot die UIA daher kaum Repräsentationsmöglichkeiten (Lindenboim 1976; Schvarzer 1991). Nach mehreren gescheiterten Versuchen zur Gründung eines alternativen Industrieverbandes gelang mit Unterstützung der peronistischen Regierung 1953 die Gründung der *Confederación General de la Industria* (CGI). Gemeinsam mit dem im gleichen Jahr entstandenen Unternehmerdachverband *Confederación General Económica* (CGE) konnte sich die CGI als Konkurrenz zu den traditionellen Unternehmerverbänden etablieren.

Nach dem Sturz Peróns 1955 führte die heterogene Interessenlage innerhalb der Privatwirtschaft zur Bildung von zwei verfeindeten Lagern, deren wechselseitiges Verhältnis zudem durch ideologische Konflikte, die die gesamte argentinische Gesellschaft spalteten (Peronismus versus Antiperonismus), belastet war. Die wirtschaftsliberal und antiperonistisch orientierten Verbände (SRA, UIA, CAC, BOLSA etc.) schlossen sich nach der Wiederzulassung der von den Streitkräften 1955 aufgelösten CGE 1958 zur *Asociación Coordinadora de Instituciones Empresarias Libres* (ACIEL) zusammen. ACIEL verstand sich, ebenso wie die in den 70er Jahren gegründete Nachfolgeorganisation, die *Asamblea Permanente de Entidades Gremiales Empresarias* (APEGE), explizit als Gegenorganisation zur CGE. CGE und ACIEL/APEGE vertraten grundlegend voneinander abweichende Positionen im Hinblick auf Organisationsprinzipien (hierarchisch strukturierter Unternehmerdachverband versus vollständige Organisationsfreiheit), Kriterien zur Ermittlung der Verbandsrepräsentativität (Anzahl der Mitglieder versus Wirtschaftspotential der Mitglieder), entwicklungsstrategische Leitbilder (gemischte Wirtschaft und staatliche Planung versus Wirtschaftsliberalismus), ausländisches Kapital (komplementäre, kontrollierte Rolle versus weitreichende Bewegungsfreiheit) sowie hinsichtlich des Verhältnisses zu den Gewerkschaften (Kooperation versus Konflikt) (Acuña 1988 u. 1989; Alberti/Golbert/Acuña 1984).

Nach der Redemokratisierung des Landes im Jahr 1983 bot das Verbandsspektrum des Privatsektors ein gegenüber früheren Jahrzehnten teilweise deutlich verändertes Bild. Zum einen hatten die binnenmarktorientierten Produzenten und deren Verbände (CGE/CGI) durch die Wirtschafts- und Gesellschaftspolitik der Militärdiktatur eine einschneidende Schwächung erfahren (Fernández 1985). Zum anderen reduzierten sich schrittweise die o.g. Konfliktlinien zwischen zwei privatwirtschaftlichen Lagern. Diese Tendenz verstärkte sich in den 80er Jahren, so daß die grundlegenden entwicklungsstrategischen Konflikte früherer Jahre ("Etatisten" versus "Liberale") an Bedeutung verloren. Zumindest auf verbaler Ebene spricht sich der größte Teil der argentinischen Unternehmer heute für eine zum Weltmarkt geöffnete, marktorientierte Wirtschaftsordnung aus. Die grundsätzliche Akzeptanz marktwirtschaftlicher Verhältnisse impliziert jedoch nicht, daß die einzelnen Wirtschaftsakteure auch dazu in der Lage sind, sich – oft innerhalb kürzester Zeit – auf entsprechende Bedingungen einzustellen. Für Unternehmen, deren betriebswirtschaftliche Logik sich über Jahrzehnte am Binnenmarkt orientiert und an den Schutz vor ausländischer Konkurrenz gewöhnt hatte, entstanden dadurch große

Schaubild:

Die wichtigsten nationalen Verbände und Koordinationsgremien der argentinischen Unternehmer nach 1983
(in Klammern das Gründungsjahr)

Industrie	UIA CGI CAI	(Unión Industrial Argentina) (1887) (Confederación General de la Industria) (1951) (Consejo Argentino de la Industria) (1982)
Landwirtschaft	SRA FAA CRA CONINAGRO	(Sociedad Rural Argentina) (1866) (Federación Agraria Argentina) (1912) (Confederaciones Rurales Argentinas) (1942) (Confederación Intercooperativa Agropecuaria Limitada) (1956)
Handel, Bauwesen und Dienstleistungen	CAC CACON UDECA CAME UAC	(Cámara Argentina de Comercio) (1924) (Cámara Argentina de la Construcción) (1936) (Unión del Comercio Argentino) (1981) (Coordinadora de Actividades Mercantiles Argentinas) (1981) (Unión Argentina de la Construcción) (1985)
Finanzsektor	ABRA ABIRA ADEBA FEBACOOP	(Asociación de Bancos de la Rep. Argentina) (1919) (Asociación de Bancos del Interior de la Rep. Argentina) (1956) (Asociación de Bancos Argentinos) (1972) (Federación de Bancos Cooperativos) (1973)
Dachverbände	CGE	(Confederación General Económica) (1953)
Sektorübergreifende Bündnisse und Gremien	CEA G 11 G 8 G 17	(Consejo Empresario Argentino) (1967): ca. 30 Großunternehmer und Spitzenmanager aus verschiedenen Sektoren. (Grupo de los Once) (1984-1985): SRA; CRA; CONINAGRO; UIA; ADEBA; CAME; CACON; CAC; Confederación del Comercio, la Industria y la Construcción; UDECA; CGT. (Grupo de los Ocho) (1987-1989): UIA; SRA; Bolsa de Comercio de Buenos Aires; CACON; ADEBA; ABRA; UAC; CAC. (Grupo de los Diecisiete) (1987; 1988): SRA; CRA; CONINAGRO; UIA; ADEBA; UDECA; CAME; CAC; CACON; Bolsa de Comercio de Buenos Aires; ABRA; UAC; CAI; ABIRA; Bolsa de Cereales de Buenos Aires; Cámara de Comercio, Industria y Producción de la Rep. Argentina; Comisión Empresaria de Medios de Comunicación Independientes. Grupo Regente (1988-1989): CRA; CAME; CAI; UDECA. MENA (Mesa del Empresariado Nacional) (1983-1989): FAA; CAI; AIERA; Confederación del Comercio y los Servicios de la República Argentina; Foro Empresario Nacional; Confederación Minera Argentina; mit Beobachtungscharakter: FEBANCOOP.

Herausforderungen. Die notwendige Modernisierung der Betriebe, die Innovation von Produkten und die Bemühungen um neue Marktsegmente erfordern Anstrengungen, durch die gerade kleine und mittlere Unternehmen oft überfordert sind. Daher fallen die tatsächlich angemeldeten Erwartungen und Ansprüche der Unternehmer gegenüber dem Staat auch weit weniger einheitlich aus als der rhetorische Konsens hinsichtlich der Angemessenheit marktwirtschaftlicher Verhältnisse (Birle/Wagner 1993).

Eine konstruktive Zusammenarbeit zwischen Regierung und Privatwirtschaft wird dadurch erschwert, daß trotz des Aufweichens der entwicklungsstrategischen und ideologischen Konflikte die traditionelle Heterogenität des unternehmerischen Organisations- und Repräsentationsspektrums auch nach der Redemokratisierung nicht überwunden werden konnte. Von einer funktionierenden Interessen*aggregation* durch die nationalen Unternehmerverbände kann allenfalls ansatzweise die Rede sein. Vielmehr sehen sich die politischen Entscheidungsinstanzen i.d.R. mit einer Fülle von unterschiedlichen, nicht selten widersprüchlichen Forderungen konfrontiert, die ihre Konfliktverarbeitungskompetenzen immer wieder überfordern. Dies gilt insbesondere für den Industriesektor. Dort konnte die von den Streitkräften 1977 aufgelöste und erst 1984 wieder zugelassene CGI ebensowenig wie die CGE an die Bedeutung früherer Jahre anknüpfen. Die CGI und der 1982 gegründete *Consejo Argentino de la Industria* (CAI) verstehen sich heute als spezifische Interessenvertretungen der Klein- und Mittelindustrie, erkennen jedoch die führende Rolle der UIA grundsätzlich an. Die UIA ihrerseits kann dem Anspruch, ein Sprachrohr des gesamten Industriesektors zu sein, seit einer im Jahre 1981 durchgeführten Statutenreform eher gerecht werden als früher. Die damals erfolgte Demokratisierung der Organisationsstrukturen und der innerverbandlichen Entscheidungsprozesse führte allerdings auch zu wachsender Heterogenität. Innerhalb der UIA bildeten sich informelle Bündnisse, die um die Besetzung der Führungspositionen konkurrieren. Widersprüchliche Mitgliederinteressen werden nur in geringem Ausmaß verbandsintern verarbeitet. Die UIA tendiert vielmehr dazu, sich auf die Repräsentation allgemeiner Forderungen, d.h. auf den kleinsten gemeinsamen Nenner zu beschränken (Lattuada 1990; Schvarzer 1991). Insbesondere unter den Großunternehmern wuchs daher in den 80er Jahren die Skepsis gegenüber der UIA. Sie suchten nach Möglichkeiten, um direkter mit politischen Entscheidungsträgern in Kontakt zu treten. Es entstanden informelle Bündnisse, wie der *Grupo de los 9* (G9) und die *Capitanes de la Industria* (CI), die ebenso wie einige sektorübergreifende Foren jeweils zur Herstellung eines kurz- bis mittelfristigen Minimalkonsenses gegenüber der Regierung dienten (Ostiguy 1990). Dabei konnten jedoch stets nur *punktuelle* und *gegen* eine bestimmte Politik gerichtete Übereinkünfte erzielt werden. Ein positiver, programmatischer Konsens kam in keinem Fall zustande, denn letztendlich überwogen immer wieder die kurzfristigen Interessen der beteiligten Akteure.

II. Das Einfluß- und Konfliktpotential der Unternehmerverbände

Innerhalb der argentinischen Volkswirtschaft spielte der Agrarsektor immer eine wichtige Rolle. Insbesondere während der Blütezeit des Agrarexportmodells (1880-1930) beruhte der Wohlstand des Landes nahezu ausschließlich auf der landwirtschaftlichen Produktion. Dies erklärt, warum die SRA über Jahrzehnte hinweg zu einem zentralen politischen

Machtfaktor werden konnte. Zum einen zeichneten sich die von ihr vertretenen Interessen aufgrund der Abhängigkeit des Landes von der Exportwirtschaft durch eine große Konfliktfähigkeit aus. Zum anderen war das von ihr propagierte Entwicklungsmodell bis zur Weltwirtschaftskrise fester Bestandteil der herrschenden Wertvorstellungen. Nach 1930 wurde die exportorientierte Entwicklungsstrategie zwar von verschiedenen gesellschaftlichen Akteuren in Frage gestellt, aber die bis 1943 amtierenden Regierungen räumten den landwirtschaftlichen Produzenten und den von ihnen vertretenen Interessen und Forderungen nach wie vor einen bevorzugten Status ein. Infolgedessen war das Verhältnis zwischen der SRA und den Entscheidungsträgern des politischen Systems – von wenigen Ausnahmen abgesehen – bis in die 40er Jahre durch enge und harmonische Beziehungen geprägt. Der Verband übte entscheidenden Einfluß auf die Besetzung von Posten innerhalb der Regierung und des Staates aus. Dabei beschränkte sich seine Präsenz nicht auf Bereiche, die unmittelbar mit landwirtschaftlichen Belangen in Verbindung standen. Die SRA stellte bis 1943 nicht nur die meisten Landwirtschaftsminister, sondern auch zahlreiche Präsidenten, Vizepräsidenten, Außen-, Finanz- und Justizminister sowie andere hochrangige politische Entscheidungsträger.

Mit der Machtübernahme durch den Peronismus veränderte sich diese Situation. Die Regierung Perón bemühte sich um die Etablierung eines neuen Entwicklungsmodells, das der Entwicklung des Binnenmarktes und den Interessen des urbanen Industriesektors Priorität einräumte. Gleichzeitig stellte sie den überkommenen gesellschaftlichen und politischen Status der Großagrarier und ihrer Interessenverbände in Frage. Dadurch sanken die Möglichkeiten der SRA, politische Entscheidungsprozesse zu beeinflussen. Trotzdem behielten die von den Agrarverbänden vertretenen Interessen eine erhebliche Konfliktfähigkeit. Denn auch wenn der Anteil der Landwirtschaft am BSP seit Mitte des Jahrhunderts kontinuierlich zurückging, so erwirtschaftet dieser Sektor doch bis heute fast 70% der Exporteinnahmen des Landes. Insbesondere die Großproduzenten des Sektors sind dazu in der Lage, politische Entscheidungsträger durch ihr Investitionsverhalten und/oder durch die Zurückhaltung von Devisen unter Druck zu setzen. Solche systemrelevanten Leistungsverweigerungen wurden (zusammen mit genuin politischen Druckmitteln) seit Mitte des Jahrhunderts wiederholt als Instrument eingesetzt, um unliebsame Regierungsentscheidungen zu verhindern, zu revidieren oder um Regierungen zu destabilisieren. So griffen die Agrarier gegenüber der dritten Regierung Perón (1973-1976) und gegenüber der Regierung Alfonsín wiederholt zum Druckmittel "Produzentenstreik".

Die Agrarverbände verfügen heute allerdings nicht mehr über jene hegemoniale Stellung, die sie bis in die 40er Jahre ausübten. Der Bedeutungszuwachs der Industrie steigerte auch die Verhandlungsmacht der Verbände des Sektors. Dies gilt in erster Linie für die Großindustriellen, die bis 1981 über eine hegemoniale Stellung innerhalb der UIA verfügten. Dagegen konnten die von CGE und CGI repräsentierten Klein- und Mittelunternehmer nahezu ausschließlich in jenen Phasen Einfluß auf politische Entscheidungsprozesse nehmen, in denen Regierungen ihnen von sich aus einen hervorgehobenen Status einräumten, d.h. vor allem unter den peronistischen Regierungen der Jahre 1946 bis 1955 und 1973 bis 1976. Nach 1955 gelang es CGI/CGE nur durch die Zusammenarbeit mit den durch ein beträchtliches Mobilisierungs- und Konfliktpotential charakterisierten peronistischen Gewerkschaften, im Rahmen "defensiver Allianzen" Regierungen zu Zugeständnissen zu bewegen (O'Donnell 1977; 1978 u. 1982). Auch unter der dritten peronistischen Regierung konnten CGI/CGE nur so lange eine zentrale

Rolle bei der Gestaltung der Wirtschaftspolitik spielen, wie sie von Perón protegiert wurden.

Die Klein- und Mittelindustrie war nicht nur einer der großen Verlierer der letzten Militärdiktatur. Auch die Regierungen Alfonsín und Menem räumten ihr de facto nur einen untergeordneten Status ein. CGI und CAI spielten und spielen bei der Ausarbeitung und Gestaltung der Wirtschaftspolitik keine nennenswerte Rolle. Zwar profitieren auch kleine und mittlere Unternehmer davon, daß die argentinische Gesellschaft das freie Unternehmertum heute viel stärker akzeptiert als in früheren Jahrzehnten und daß sich die Regierungen um ein gutes Verhältnis zur Privatwirtschaft bemühen, aber es waren insbesondere die Interessenvertreter der exportorientierten Großunternehmen aus Industrie und Landwirtschaft, die im Rahmen der seit Ende der 80er Jahre vollzogenen entwicklungsstrategischen Wende auf offene Ohren bei politischen Entscheidungsträgern stießen.

III. Entwicklungsstil und politisches Handeln der Unternehmer

Bis zur Machtübernahme durch den Peronismus in den 40er Jahren wurden die Interessen derjenigen Unternehmer und Unternehmerverbände, die aufgrund ihres Konfliktpotentials über Möglichkeiten zur Beeinflussung politischer Entscheidungsprozesse verfügten (SRA, CAC, BOLSA, UIA), durch den vorherrschenden Entwicklungsstil weitgehend zufriedengestellt. Nur vereinzelt übten sie äußeren Druck auf die Regierungen aus. Ihre Beziehungen zu den Entscheidungsträgern des politischen Systems waren – abgesehen von der Endphase der ab 1928 amtierenden zweiten Regierung Yrigoyen – charakterisiert durch "diskretere" Formen der Beeinflussung (Besetzung von Schlüsselpositionen innerhalb von Regierung und Verwaltung; informelle Übereinkünfte in Gesprächskreisen der gesellschaftlichen Elite). Dagegen existierte auf seiten derjenigen Unternehmer, deren Interessen durch Art und Ausmaß der Staatstätigkeit nicht zufriedengestellt wurden, zwar eine Disposition zur Beeinflussung der Regierungen im Sinne einer Modifikation der Entwicklungsstrategie, aber die geringe Konfliktfähigkeit der von den entsprechenden Verbänden – ab 1912 die FAA, seit den 30er Jahren die verschiedenen Verbände der Klein- und Mittelindustrie – repräsentierten Interessen verhinderte bis in die 40er Jahre, daß deren Forderungen Eingang in staatliche Entscheidungen fanden. Mit der Machtübernahme durch den Peronismus kam es zu einer grundlegenden Veränderung dieser Situation. Zum einen setzte die peronistische Regierung einen Entwicklungsstil durch, der den Interessen der bis zu diesem Zeitpunkt dominierenden Unternehmer fundamental widersprach. Zum anderen verhalf sie neuen gesellschaftlichen Akteuren (CGT, CGE) zum Durchbruch, die auch nach dem Sturz Peróns über Möglichkeiten verfügten, um ihre Interessen im Rahmen politischer Entscheidungsprozesse zur Geltung zu bringen.

Keine der ab Mitte der 50er Jahre amtierenden zivilen Regierungen verfolgte einen Entwicklungsstil, der auf die Zustimmung der wirtschaftsliberal orientierten Unternehmerverbände gestoßen wäre. Da die zivilen Regierungen den in ACIEL/APEGE zusammengeschlossenen Unternehmerverbänden zudem nur geringe Möglichkeiten zur Mitgestaltung politischer Entscheidungen einräumten, sahen sie sich mit einem erheblichen Druck von seiten dieser Verbände konfrontiert. Die Großunternehmer warfen ihnen regelmäßig Ineffizienz, Populismus, parteipolitischen Egoismus, Demagogie, Verstöße gegen die

Verfassung und Schwäche gegenüber den Forderungen der Gewerkschaften vor. Derartige Bedrohungsperzeptionen, die die Großunternehmer wiederholt zur Destabilisierung demokratischer Regierungen und zur Unterstützung von Militärputschen veranlaßten (s.u.), waren gegenüber den autoritären Regierungen nicht vorhanden. Die im Zuge der Militärdiktaturen unternommenen Versuche, den Entwicklungsstil zu modifizieren, stießen auf Konsens der Großunternehmer. Zudem verfügten diese über direkten Zugang zu den politischen Entscheidungsträgern der autoritären Regime. Allerdings manifestierte sich auch gegenüber den Militärdiktaturen in dem Maße die Kritik der Großunternehmer, wie die in Aussicht gestellte entwicklungsstrategische Wende nicht oder nur partiell verwirklicht wurde.

Von der letzten Militärdiktatur waren die Unternehmer sowohl in politischer als auch in ökonomischer Hinsicht sehr unterschiedlich betroffen (Auflösung der CGE und ihrer Mitgliedsverbände, Intervention der UIA, kaum Einschränkungen für die Verbände der übrigen Sektoren). Die engsten Bindungen zur Militärjunta wiesen die Unternehmer des Agrar-, Handels- und Finanzsektors auf. Mitglieder dieser Verbände besetzten phasenweise Schlüsselpositionen innerhalb der Regierung. Insgesamt ist jedoch zu betonen, daß die Einflußmöglichkeiten der Unternehmer − und insbesondere die ihrer Verbände − auf politische Entscheidungsprozesse geringer waren als unter früheren Diktaturen. Anders als in Chile kam es nicht zu einer Institutionalisierung des Verbandseinflusses (Campero 1984 u. 1992; Imbusch 1995). Wichtige Entscheidungen fielen in der Regel im engen Umfeld des Wirtschaftsministeriums. Dies erklärt, warum es in den letzten Jahren der Diktatur häufiger zu Kritik an der Wirtschaftspolitik kam. Dabei kann zwischen solchen Kritikern unterschieden werden, die unter den Folgen der überstürzten Marktöffnungspolitik zu leiden hatten und die das propagierte Modell grundsätzlich in Frage stellten (große Teile des Industriesektors), und denjenigen, die eine mangelhafte Umsetzung des "Programms von 1976" beklagten (Agrar-, Handels- und Finanzsektor) (Fernández 1985). Eindeutige Gewinner der Wirtschaftspolitik waren die Unternehmen des Handels- und Finanzsektor sowie eine kleine Anzahl von diversifizierten Wirtschaftsgruppen nationalen Kapitals. Insbesondere die Wirtschaftsgruppen profitierten von den zahlreichen Spekulationsmöglichkeiten, die sich durch Marktöffnung, Finanzreform sowie durch den Mißbrauch der Industrie- und Regionalförderung boten (Acevedo/Basualdo/Khavisse 1991; Azpiazu/Basualdo 1990; Azpiazu/Basualdo/Khavisse 1986; Basualdo 1987; Basualdo/Khavisse 1993). Zur Redemokratisierung leisteten die argentinischen Unternehmer keinen aktiven Beitrag. Im Unterschied zur chilenischen Privatwirtschaft sprachen sie sich aber nach der als nationale Schande empfundenen Niederlage im Krieg gegen Großbritannien und angesichts der tiefgreifenden Wirtschaftskrise in den letzten Jahren der Diktatur auch nicht für eine Aufrechterhaltung der Militärherrschaft aus.

Nach dem Regimewechsel des Jahres 1983 bemühte sich die Regierung Alfonsín zunächst um die Neuauflage einer binnenmarktzentrierten Entwicklungsstrategie. Sie bot den Unternehmern und ihren Interessenverbänden zwar einen Dialog an, aber eine gemeinsame Gestaltung der Wirtschafts- und Sozialpolitik lehnte sie ab. Beide Tatsachen provozierten manifesten Widerstand von seiten der Privatwirtschaft. Auch nach 1985 kam es nur phasenweise zu einer funktionierenden Zusammenarbeit zwischen Regierung und Unternehmern. Die verschiedenen heterodoxen Stabilisierungsprogramme stießen immer nur kurzfristig auf deren Zustimmung. Für Konflikte sorgte aber auch der durch wechselhafte Bündnisstrategien geprägte politische Stil der Administration. Nach der Verkündung des *Plan Austral* setzte die Regierung zunächst auf eine Zusammenarbeit mit den *Capitanes de la Industria*. Politische Opportunitätsgesichtspunkte veranlaßten sie dann 1987 zu einer Kooperation mit den Gewerkschaften, und zwar ausgerechnet mit jener Gruppe (*Los 15*), die sie selbst seit 1983 scharf kritisiert hatte. Im Zuge des *Plan Primavera* bemühte sie sich um eine Zusammenarbeit mit UIA und CAC. Jedes dieser Bündnisse implizierte jeweils die Ausgrenzung anderer relevanter Akteure von politischen Entscheidungsprozessen und veranlaßte diese zu Protesten. Da keine der Allianzen dauerhaften Bestand hatte, kam es im Ergebnis zu einer wachsenden Isolierung der Regierung (Acuña et al. 1988; Acuña/Golbert 1990).

Demgegenüber bemühte sich die Regierung Menem von Anfang an um eine pragmatische Zusammenarbeit mit der Privatwirtschaft. Ausgestattet mit dem großen Vorteil, daß die peronistischen Gewerkschaften sich gegenüber "ihrer" Regierung zu einer gewissen Grundsolidarität verpflichtet fühlten und daß große Teile der argentinischen Gesellschaft nach dem Trauma der Hyperinflation dazu bereit waren, einen sehr hohen Preis für die Wiedererlangung von Stabilität zu bezahlen, initiierte die Menem-Administration seit Mitte des Jahres 1989 mit Unterstützung der wirtschaftsliberal orientierten Unternehmerverbände eine radikale entwicklungsstrategische Wende. Die durch die Deregulierungs-, Privatisierungs- und Marktöffnungspolitiken herbeigeführten strukturellen Veränderungen der wirtschaftlichen Rahmenbedingungen sind von einer solchen Tragweite, daß auch zukünftige Regierungen – gleich welcher Couleur – sie nicht einfach wieder rückgängig machen können. Die Regierung Menem hat nahezu alle traditionellen Forderungen der wirtschaftsliberal orientierten Unternehmerverbände erfüllt: Abschaffung der Agrarexportabgaben, drastischer Abbau des "exzessiven staatlichen Interventionismus" in allen Wirtschaftsbereichen, Reduzierung der Staatsausgaben, Gewährung größerer Freiräume für private Investoren, Gleichbehandlung ausländischen Kapitals, Öffnung der argentinischen Volkswirtschaft gegenüber dem Weltmarkt, Reduzierung der "exzessiven Steuer- und Abgabenlast", "Flexibilisierung" der Arbeitsbeziehungen ... – die Liste könnte noch um einige Punkte verlängert werden. In einigen Bereichen gehen die bisherigen Reformen den Unternehmern noch nicht weit genug, aber zweifellos hat es seit Mitte des Jahrhunderts keinen anderen zivilen und auch keinen von den Streitkräften gestellten Präsidenten gegeben, dessen Politik in einem vergleichbaren Ausmaß den Interessen der Großunternehmer entgegengekommen wäre.

Die entwicklungsstrategische Wende und die zahlreichen Möglichkeiten, die die Regierung Menem den Großunternehmern zur Mitgestaltung der Regierungspolitik einräumte – während des *Plan Bunge & Born* besetzte eine Gruppe von Unternehmern (*Capitanes de Industria*) Schlüsselpositionen innerhalb des Wirtschaftskabinetts; unter den Wirtschaftsministern González und Cavallo wurden die Unternehmer*verbände* zu privilegierten Gesprächspartnern der Administration –, haben dazu geführt, daß von seiten der Privatwirtschaft gegenwärtig weitaus weniger äußerer Druck gegenüber den politischen Entscheidungsträgern manifestiert wird als in früheren Jahren. Dies schließt nicht aus, daß es über einzelne Fragen immer wieder zu Meinungsverschiedenheiten kommt. Aber gerade weil zwischen der Regierung und großen Teilen der Privatwirtschaft ein weitreichender entwicklungsstrategischer Konsens existiert, haben solche Divergenzen bislang nicht zu größeren Konflikten geführt.

IV. Unternehmerverbände und politische Parteien

In Argentinien spielen die Unternehmerverbände seit Jahrzehnten eine zentrale Rolle für die politische Interessenwahrnehmung der Privatwirtschaft, anders als in Ländern wie Kolumbien, Venezuela oder Uruguay, wo die Kanalisierung von Unternehmerinteressen traditionell stärker an politische Parteien gebunden ist. Dieses direkte Agieren der argentinischen Unternehmerverbände gegenüber den Entscheidungsträgern des politischen Systems ist auf zwei Faktoren zurückzuführen. Zum einen spielten die politischen Parteien des Landes über weite Phasen der historischen Entwicklung keine zentrale Rolle beim Zustandekommen gesamtgesellschaftlich bindender Entscheidungen, zum anderen existierten bis in die 80er Jahre keine Parteien, denen die Unternehmerverbände eine angemessene Vertretung ihrer Interessen zutrauten und die gleichzeitig über Chancen auf eine Beteiligung an politischen Entscheidungsprozessen verfügten.

Bis 1916 kam den politischen Parteien nur eine untergeordnete Rolle innerhalb der argentinischen Politik zu. Die herrschenden Gesellschaftsschichten bedienten sich zwar seit den letzten Jahrzehnten des 19. Jahrhunderts einer Partei (*Partido Autonomista Nacional*) zur Besetzung von Regierungsämtern, aber die eigentliche Macht im Staat ging von den Interessenverbänden der Oligarchie aus, wobei insbesondere die SRA eine zentrale Rolle spielte. Die Wahlrechtsreform von 1912 führte zu einer partiellen Öffnung des politischen Systems (Einführung des allgemeinen Wahlrechts für Männer) und ermöglichte der UCR als erster Massenpartei der argentinischen Geschichte die Übernahme der Regierungsgeschäfte in den Jahren 1916 bis 1930. Demgegenüber sank der Stimmenanteil der liberal-konservativen Wählerschaft nach 1916 auf etwa 25%. Mitglieder der Oligarchie hatten zwar seit Beginn des Jahrhunderts wiederholt auf die Notwendigkeit hingewiesen, Anstrengungen zur Etablierung einer konservativen Massenpartei zu unternehmen, entsprechende Bemühungen blieben jedoch erfolglos. Dadurch war der Oligarchie die Möglichkeit versperrt, über Wahlen eine erneute Übernahme der Regierungsgeschäfte anzustreben. Dies erwies sich zunächst nicht als größeres Problem, denn die UCR-Regierungen strebten keine grundlegende Veränderung der ökonomischen und sozialen Strukturen des Landes an. Als die Oligarchie dann aber im Zuge der Weltwirtschaftskrise eine Bedrohung ihrer grundlegenden Interessen empfand, verdrängte sie mit Hilfe der Streitkräfte die UCR von der politischen Macht. Unter den Fassadendemokratien der 30er Jahre spielten die politischen Parteien erneut nur eine sekundäre Rolle.

Die durch den Peronismus vorangetriebene Öffnung des politischen Systems für neue gesellschaftliche Akteure (Einführung des Wahlrechts für Frauen; Verleihung eines politischen Status an die Gewerkschaften) führte zur Herausbildung von Loyalitäten, durch die sich die Chancen der liberal-konservativen Kräfte, durch Wahlen an die Macht zurückzukehren, weiter verringerten. Somit existierte seit Mitte des Jahrhunderts innerhalb des Parteiensystems keine relevante Kraft, die den in ACIEL/APEGE organisierten Unternehmern die Möglichkeit geboten hätte, ihre Interessen über parteipolitische Kanäle in politische Entscheidungsprozesse einzubringen. Die beiden aus der Spaltung des Radikalismus hervorgegangenen Parteien (*Unión Cívica Radical Intransigente* – UCRI, *Unión Cívica Radical del Pueblo* – UCRP) waren für diese Gruppe keine vertrauenerweckenden und zuverlässigen politischen Partner. Der UCRI begegnete man wegen ihrer Bereitschaft, die Teilnahme des *Partido Justicialista* (PJ) an Wahlen zuzulassen, mit

Vorbehalten. Die stärker antiperonistisch orientierte UCRP kam wegen ihres "populistischen" wirtschaftspolitischen Programms nicht als Partner in Frage. Als einzige Möglichkeit der politischen Einflußnahme bot sich somit in Phasen der zivilen Herrschaft die außerparlamentarische Druckausübung der Unternehmerverbände gegenüber den politischen Entscheidungsträgern an (Cavarozzi 1983; Di Tella 1971).

Auch nach der 1983 erfolgten Redemokratisierung stellte sich die Situation aus der Perspektive der wirtschaftsliberal orientierten Unternehmer zunächst im wesentlichen so dar wie noch in den 70er Jahren: Keine der beiden großen Parteien bot ihnen eine "politische Heimat". Die starke Politisierung der Unternehmerverbände und die direkte Artikulation von Forderungen gegenüber den Entscheidungsträgern des politischen Systems blieben infolgedessen auch während der Amtszeit von Präsident Alfonsín ein prägendes Kennzeichen der argentinischen Politik (Lattuada 1989 u. 1990).

Zwei Entwicklungen führten im Verlauf der 80er Jahre jedoch dazu, daß sich das traditionelle Mißtrauen der Unternehmer gegenüber Parteien und Parlament zumindest partiell verringerte. Zum einen konnte sich mit der *Unión del Centro Democrático* (UCeDé) vorübergehend eine wirtschaftsliberal-konservative Partei etablieren, die auch bei den Wählern auf Zustimmung stieß (Gibson 1990 u. 1992). Zum anderen vollzogen die beiden großen Parteien seit der zweiten Hälfte der 80er Jahre eine Abkehr von ihren traditionellen programmatischen Vorstellungen. Diese Entwicklung setzte zunächst in der UCR ein. Ab 1987 bekannten sich Teile der Partei zu wirtschaftsliberalen Positionen. Ihr Präsidentschaftskandidat Angeloz warb 1989 offen um die Unterstützung der Unternehmer. Demgegenüber lehnte der PJ als Oppositionspartei noch 1988 jede Maßnahme ab, die ein Entgegenkommen gegenüber traditionellen Forderungen der Großunternehmer bedeutet hätte. Unter Präsident Menem vollzog die Partei dann jedoch ab 1989 einen radikalen Kurswechsel. Zum gegenwärtigen Zeitpunkt existiert zwischen beiden großen Parteien ein "wirtschaftsliberaler Konsens". Die Unternehmerfreundlichkeit von UCR und PJ fand ihren Ausdruck nicht zuletzt darin, daß bei den Wahlen der vergangenen Jahre wiederholt Vertreter der Privatwirtschaft auf vorderen Listenplätzen kandidierten. Anderseits führte die gewachsene Offenheit von UCR und PJ für liberal-konservatives Gedankengut dazu, daß diejenige Partei, die als erste entsprechende Ideen propagiert hatte — die UCeDé —, wieder an Bedeutung verlor.

Obwohl sich den Unternehmern und ihren Interessenverbänden innerhalb des Parteiensystems heute weitaus mehr Anknüpfungspunkte für die Artikulation ihrer Interessen bieten als in früheren Jahren, kommt dem direkten Agieren führender Verbandsfunktionäre gegenüber den politischen Entscheidungsträgern nach wie vor eine zentrale Rolle für die politische Einflußnahme von seiten der Privatwirtschaft zu. Dies hängt in erster Linie damit zusammen, daß die Exekutive — trotz einer gewissen Aufwertung des Parlaments nach 1983 — weiterhin das eindeutige Gravitationszentrum des politischen Systems ist. Gesetze gehen in der Regel auf Initiativen der Regierung zurück, die von der Legislative lediglich abgesegnet werden (De Riz 1989). Die Regierung Alfonsín und in noch weitaus stärkerem Ausmaß die Regierung Menem setzten umstrittene Entscheidungen auch wiederholt mit Hilfe von Dekreten und unter Umgehung des Parlaments durch. Generell spielt die Legislative "[...] eine wichtige Rolle bei der Formalisierung oder Legitimierung von politischen Entscheidungen und eine sekundäre Rolle als Verhandlungsarena [...]. Dieses Merkmal macht sie zu einem sekundären Objekt für das Handeln der Verbände gegenüber dem Staat" (Lattuada 1990, S. 33). Der direkte, informelle Meinungsaustausch zwischen Regierung und Verbandsvertretern – sei es im Rahmen von Audienzen, die der Präsident Vertretern der Privatwirtschaft gewährt, sei es anläßlich von gesellschaftlichen Aktivitäten (Clubs, Empfänge, Abendessen, Festveranstaltungen etc.) – spielt für die Unternehmer daher nach wie vor eine wichtigere Rolle als beispielsweise die Mitarbeit in Parlamentskommissionen. Demgegenüber rückt die Legislative in der Regel nur dann in den Mittelpunkt des Handelns der Verbände, wenn im Rahmen der informellen Kontakte mit der Exekutive keine aus der Sicht der Privatwirtschaft zufriedenstellenden Ergebnisse erzielt werden konnten. In diesen Fällen versucht man, Regierungsinitiativen durch eine Beeinflussung der Parlamentarier zu modifizieren oder zu blockieren.

V. Unternehmer und Demokratie

Die im Verlauf des 20. Jahrhunderts wiederholt zu beobachtende ablehnende Haltung großer Teile der argentinischen Unternehmerschaft gegenüber demokratischen politischen Systemen kann nicht zuletzt darauf zurückgeführt werden, daß sich mit der Demokratie für die Unternehmer verschiedene Bedrohungsperzeptionen verbanden. Im Jahr 1916 akzeptierte die Oligarchie die Installation eines demokratischen Regimes zunächst, denn durch den Regimewechsel drohte keine grundsätzliche Änderung der von ihr bevorzugten Entwicklungsstrategie. Es war zwar nicht gelungen, eine große konservative Partei aufzubauen, die es der Oligarchie ermöglicht hätte, ihre Interessen über parlamentarische Kanäle in politische Entscheidungsprozesse einzubringen, aber die Politik der UCR-Regierungen bewegte sich innerhalb von Grenzen, die die Großunternehmer zu tolerieren bereit waren. Die Besetzung von Schlüsselpositionen innerhalb des Regierungsapparates mit hochrangigen Mitgliedern ihrer Verbände verschaffte ihnen darüber hinaus gute Möglichkeiten, um ihre Interessen durchzusetzen. Zur "Bedrohung" wurde das demokratische Regime erst, als sich im Zuge der Weltwirtschaftskrise die entwicklungsstrategischen Präferenzen der zivilen Regierung veränderten und diese gleichzeitig versuchte, den Einfluß der Oligarchie innerhalb des Staatsapparates zu reduzieren. Infolgedessen unterstützten die traditionellen Unternehmerverbände einhellig den Sturz der Regierung Yrigoyen durch die Streitkräfte.

Auch die Unterstützung der Großunternehmer für den Putsch gegen Perón wurde durch Bedrohungsperzeptionen ausgelöst (binnenmarktzentrierte Entwicklungsstrategie und damit einhergehende Redistribution von Ressourcen vom Agrarsektor in den urbanen Industriesektor; systematische Förderung der regierungstreuen Gewerkschaften; Versuche, die Verbände der Privatwirtschaft zumindest teilweise in staatskorporativistische Repräsentationsstrukturen einzubinden).

Nach 1955 existierten mehrere Faktoren, die eine dauerhafte Akzeptanz demokratischer Regime durch die Unternehmer verhinderten: Demokratie war für viele von ihnen seit Mitte des 20. Jahrhunderts nicht nur gleichbedeutend mit "populistischen" Wirtschaftspolitiken und "unverantwortlich handelnden Parteien", sondern auch mit einer wachsenden "Bedrohung" durch organisierte gesellschaftliche Gegenmacht in Form der Gewerkschaften und der CGE. Darüber hinaus räumten weder die Regierung Frondizi (1958-62), noch die Regierung Illia (1963-66) oder die dritte peronistische Regierung (1973-76) den in ACIEL/APEGE organisierten Unternehmern Partizipations- und Einflußmöglichkeiten ein, die von diesen als angemessen betrachtet worden wären. Dies veranlaßte die Interessenverbände der Großunternehmer wiederholt dazu, die Legitimität und Autorität der zivilen Regierungen in Frage zu stellen und an der Herstellung eines für Staatsstreiche günstigen Meinungsklimas mitzuwirken (O'Donnell 1982).

Demgegenüber verfolgten die Militärregierungen nicht nur entwicklungsstrategische Zielsetzungen, die eher den Interessen der Großunternehmer entsprachen. Sie gewährten deren Repräsentanten zudem weitaus mehr Möglichkeiten zur Mitgestaltung der Politik als die zivilen Regierungen. Für große Teile der Privatwirtschaft war die Aussicht auf ein undemokratisches, aber stabiles politisches System auch deshalb verlockend, weil man einer "starken" Regierung eher zutraute, die Hegemonie des Peronismus innerhalb der Gewerkschaften zu brechen und der Arbeiterbewegung "Disziplin und Ordnung" aufzuzwingen.

Es soll allerdings nicht der Eindruck erweckt werden, als seien die Unternehmerverbände die einzigen gesellschaftlich relevanten Akteure gewesen, deren Einstellungen und Verhalten eine Stabilisierung demokratischer Regime verhindert hätten. Weder die seit Mitte des Jahrhunderts in wachsendem Ausmaß politisierten Streitkräfte, noch die politischen Parteien, die Gewerkschaften, die Kirche oder die Ende der 60er Jahre entstandene außerparlamentarische Protestbewegung sowie die Guerilla betrachteten die demokratische Herrschaftsform als ein besonders schützenswertes Gut. Alle genannten Akteure trugen aus unterschiedlichen Motiven heraus wiederholt zur Destabilisierung ziviler Regierungen bei. Liberaldemokratische Wertvorstellungen (funktionierende Repräsentations- und Mediationsmechanismen, Gewaltenkontrolle, gesellschaftlicher und politischer Pluralismus etc.) konnten nicht in der politischen Kultur des Landes verankert werden. Dazu trugen zum einen jene Akteure bei, die vorgaben, im Namen der liberalen Demokratie zu handeln, aber de facto einen großen Teil der Bevölkerung von politischen Entscheidungsprozessen ausgrenzten (die oligarchischen Regime bis 1916; die Machthaber der "Fassadendemokratien" in den 30er Jahren; die Anführer der "*Revolución Libertadora*" von 1955). Zum anderen etablierte der Peronismus eine Vorstellung von "substantieller" Demokratie, in deren Rahmen soziale Teilhabe weitaus höher eingestuft wurde als politische Partizipation. Nicht liberaldemokratische Institutionen und Verfahren, sondern die direkte Beziehung zwischen Führer und Massen sowie die korporativistische Einbindung der sozialen Basis in ein von oben gelenktes Treueverhältnis prägten das politische System während der Regierungszeit Peróns zwischen 1946 und 1955. Auch die zivilen Regierungen von 1958-62 und von 1963-66 können lediglich als "semi-demokratisch" charakterisiert werden, insofern jeweils ein relevanter Teil der Gesellschaft (die Peronistische Partei) von denjenigen Wahlen, aus denen sie ihre Legitimation ableiteten, ausgeschlossen blieb. Die Situation spitzte sich weiter zu, weil ab Ende der 60er Jahre Revolutionstheorien marxistischer Provenienz, die eine radikale Abkehr vom kapitalistischen Entwicklungsmodell und einen Bruch mit der "bürgerlichen" Herrschafts- und Sozialordnung anstrebten, wachsenden Zuspruch unter der jüngeren Generation fanden.

Im Zuge der Erfahrungen mit der letzten Militärdiktatur kam es zu einer Veränderung der politischen Kultur im Sinne einer höheren Wertschätzung für liberaldemokratische Grundrechtsgarantien, Institutionen und Prozesse (Catterberg 1989). Diese veränderte politische Kultur hat dazu geführt, daß die argentinische Gesellschaft zum gegenwärtigen Zeitpunkt kaum empfänglich ist für erneute "autoritäre Experimente". Insofern dürfte es selbst für den Fall, daß einzelne Akteure – beispielsweise die Unternehmer – eine ablehnende Haltung gegenüber dem demokratischen Regime an den Tag legen sollten, auf absehbare Zeit nicht möglich sein, jenes "putschfreundliche" Meinungsklima herzustellen, das allen früheren Machtergreifungen durch die Streitkräfte vorausging.

Die ablehnende Haltung der argentinischen Gesellschaft gegenüber einem erneuten autoritären Regime hängt in erster Linie mit der außerordentlichen Brutalität der letzten Diktatur zusammen. Nachdem das ganze Ausmaß der von den Streitkräften zu verantwortenden Menschenrechtsverletzungen bekannt wurde, erlitt das Militär Legitimationseinbußen, die bei weitem den Ansehensverlust früherer Diktaturen überstiegen. Selbst bei jenen Teilen der Bevölkerung, die die Repression nicht am eigenen Leibe zu spüren bekamen, ist – nicht zuletzt aufgrund der von der Regierung Alfonsín initiierten Gerichtsverfahren gegen die Verantwortlichen der Diktatur – das Bewußtsein für deren Greueltaten tief verankert.

Eine erneute Militärdiktatur dürfte für die Unternehmer aber auch deshalb auf absehbare Zeit keine "Option" darstellen, weil sich die Militärs nach 1976 auch für ihre zivilen Verbündeten als ein unberechenbarer und letztendlich unzuverlässiger Partner erwiesen. Das von ihnen hinterlassene wirtschaftliche Chaos und die Tatsache, daß sie dem internationalen Ansehen des Landes durch den Krieg gegen Großbritannien schweren Schaden zufügten, ließ auch bei den sozio-ökonomischen Eliten ernsthafte Zweifel an den Militärs als Allianzpartner aufkommen. Insofern würde eine erneute Diktatur, selbst wenn sie aufgrund einer geänderten gesamtgesellschaftlichen Situation wieder vorstellbar wäre, wohl auch von den Unternehmern eher als Risiko denn als berechenbare Alternative zu zivilen Herrschaftsformen eingestuft werden. Anders als in Chile, wo zahlreiche Unternehmer die Pinochet-Diktatur bis heute als erfolgreich betrachten, war der "*Proceso de Reorganización Nacional*" für die argentinischen Unternehmer kein "Erfolg" – für die wirtschaftsliberal orientierten nicht, weil das "Programm von 1976" nicht "konsequent genug" umgesetzt wurde; für viele Klein- und Mittelunternehmer nicht, weil ihre Betriebe unter den Konsequenzen der verfehlten Politik zu leiden hatten[4].

Alle Akteure, die von den Großunternehmern in der Vergangenheit als bedrohlich im Hinblick auf eine Garantie ihrer grundlegenden Interessen empfunden wurden, haben im Zuge der letzten Militärdiktatur und nach 1983 entweder einen Wandel vollzogen, aufgrund dessen sie für diese Unternehmer keine Bedrohung mehr sind, oder sie sind von der politischen Bühne des Landes verschwunden. Letzteres gilt für die von den Streitkräften zerschlagene Guerilla genauso wie für jene seit 1983 zunehmend in der Bedeutungslosigkeit versunkenen Linksparteien, die eine sozialistische Wirtschafts- und

---

[4] In Chile fand eine radikale Abkehr von traditionellen wirtschaftlichen und sozialpolitischen Strukturmustern statt (Privatisierung staatlicher Unternehmen, Öffnung gegenüber dem Weltmarkt, Liberalisierung des Finanzmarktes, Atomisierung der Arbeiterbewegung, Reformen der Arbeitsgesetzgebung, des Sozialversicherungssystems und des Erziehungswesens). In Argentinien blieben die unternehmerischen Funktionen des Staates dagegen trotz einer anderslautenden Rhetorik von zentraler Bedeutung für das Funktionieren der Wirtschaft (so gut wie keine Privatisierungen von Staatsunternehmen, Weiterführung und sogar Ausdehnung der Industrie- und Regionalförderungspolitik zugunsten einer kleinen Gruppe von Großunternehmen). Die in der zweiten Hälfte der 70er Jahre durchgeführten Strukturreformen (Finanzreform, Marktöffnung) wurden gegen Ende der Diktatur teilweise wieder rückgängig gemacht. Im Sozialversicherungssystem erfolgten zahlreiche Kürzungen, aber keine grundsätzlichen Korrekturen. Ähnliches gilt für das Arbeits- und Tarifrecht. Die existierenden Regelungsmuster wurden für die Dauer der Diktatur außer Kraft gesetzt, aber nicht grundlegend reformiert. Nach 1983 kehrte man zunächst zum *status quo ante* zurück (ausführlicher: Birle 1995a: S. 119ff.).

Gesellschaftsordnung anstrebten. Auf den Positionswandel der beiden großen politischen Parteien wurde bereits hingewiesen. In diesem Zusammenhang ist zu betonen, daß dem Wahlsieg der UCR im Jahr 1983 aus der Sicht der Unternehmer eine nicht zu unterschätzende Bedeutung zukam. Auch wenn es später zu großen Konflikten zwischen der Regierung Alfonsín und der Privatwirtschaft kam, so stellte doch die UCR zum damaligen Zeitpunkt eindeutig die von der Privatwirtschaft bevorzugte Option dar. Durch ihren Wahlsieg wurde nicht nur das "eiserne Gesetz" gebrochen, daß bei demokratischen Wahlen "automatisch" der PJ — von dem 1983 und selbst noch 1988 kaum jemand angenommen hätte, daß er sich einmal zu den traditionellen Positionen der wirtschaftsliberalen Großunternehmer bekennen würde — den Sieg davontragen würde. Auch die gewerkschaftskritische Haltung der Regierung Alfonsín stieß auf Zustimmung von seiten der Unternehmerverbände.

Innerhalb der Privatwirtschaft haben Positionen, die von den früher in ACIEL/APEGE zusammengeschlossenen Verbänden lange Zeit als Bedrohung ihrer Interessen empfunden wurden, an Bedeutung verloren. Das unternehmerische Verbandsspektrum weist zwar nach wie vor eine große Heterogenität auf, aber die seit 1953 existierenden ideologischen Konfrontationen sind verschwunden. Dies liegt weniger daran, daß diejenigen Verbände, die traditionell gegen die CGE und ihre Mitgliedsverbände Front machten, ihre Positionen geändert hätten. Verantwortlich war vielmehr die Tatsache, daß die strukturelle Machtposition der CGE, die ohnehin immer nur unter peronistischen Regierungen zum Tragen kam, durch die Wirtschaftspolitik der Militärdiktatur deutlich geschwächt wurde. Zudem vollzogen CGE und CGI im Laufe der 80er Jahre in entwicklungsstrategischer Hinsicht einen Wandel, aufgrund dessen sich ihre Verbandsideologien nicht mehr derart grundlegend von denen der übrigen Unternehmerverbände unterscheiden wie früher.

Die Gewerkschaften spielten als *columna vertebral* (Rückgrat) der peronistischen Bewegung seit Mitte des Jahrhunderts nicht nur unter den vom PJ gestellten Regierungen eine wichtige Rolle. Ihr Organisations- und Mobilisierungspotential konnte auch anderen zivilen und sogar den von den Streitkräften gestellten Regierungen das Leben schwer machen und sie zu Zugeständnissen zwingen. Die massive Repression der letzten Militärdiktatur gegen die gewerkschaftliche Basis, die wirtschaftliche und soziale Krise der 80er Jahre, die zunehmende Arbeitslosigkeit, Unterbeschäftigung und Arbeitsplatzunsicherheit, der allgemeine Ansehensverlust einer oft mit antiquiert wirkenden Konfrontationsstrategien und geringer technischer Expertise operierenden Führungsspitze, interne Konflikte und nicht zuletzt der "Menem-Schock" sind einige derjenigen Faktoren, die zu einer deutlichen Schwächung der Gewerkschaften geführt haben. Auch innerhalb des PJ mußten sie starke Positionseinbußen hinnehmen. Es ist schon recht vielsagend, wenn sich Mitglieder der SRA, selbst wenn dies nur im Scherz geschieht, als neue *columna vertebral* des Peronismus bezeichnen (*Página 12* vom 18.9.1991). Die gegen den erklärten Willen der Gewerkschaften, aber ohne größeren Widerstand durchgeführten strukturellen Reformen der letzten Jahre sind ein eindeutiger Beleg dafür, daß sich die nach 1955 existierende gesellschaftliche Pattsituation zugunsten der Unternehmer aufgelöst hat.

Diese Gewichtsverschiebungen gingen einher mit einer allgemeinen Veränderung der Beziehungen zwischen Gewerkschaften und Unternehmern. Trotz aller gegenseitigen Bedrohungsperzeptionen traten beide Akteure nach 1955 durchaus nicht immer als direkte Gegner auf. Im Rahmen der nach außen abgeschotteten Wirtschaft, in der der Staat als

"Schiedsrichter" der Arbeitsbeziehungen eine zentrale regulierende Rolle spielte, etablierte sich ein – für Lateinamerika nicht untypisches – Beziehungsmuster, das Schwarzer/Sidicaro (1987, S. 8) als "Klassenkampf durch Mittelsmann" bezeichnet haben (vgl. auch Birle 1995b u. Birle/Mols 1994). Die korporative Logik des politischen, ökonomischen und sozialen Systems veranlaßte beide Akteure dazu, sich mit ihren jeweiligen Forderungen an den Staat zu richten. Die Gewerkschaften verlangten von ihm höhere Löhne, die Unternehmer mehr Schutz vor ausländischer Konkurrenz oder höhere Subventionen. Auch in der Anfangsphase der Regierung Alfonsín waren die Auswirkungen dieser über lange Jahre eingeübten Verhaltensmuster noch zu spüren. Aber der G11 als gemeinsame Allianz von Unternehmern und Gewerkschaften gegen die Regierung war die vorerst letzte Manifestation des "Klassenkampfs durch Mittelsmann". Palomino (1987) hat die im Jahr 1987 beginnenden Auseinandersetzungen über die Neuformulierung der Arbeitsgesetzgebung als Wendepunkt in dieser Hinsicht bezeichnet. Spätestens jedoch mit der Marktöffnung unter Präsident Menem hat sich der "Klassenkampf normalisiert". Da der Wettbewerbsdruck von seiten der ausländischen Konkurrenz es nicht mehr zuläßt, Lohnerhöhungen einfach auf die Preise abzuwälzen, forderten – und erreichten – die Arbeitgeber in den letzten Jahren immer neue Reduzierungen der Arbeitskosten (Senkung der Arbeitgeberbeiträge zur Sozialversicherung, Anpassung der Löhne an die Produktivitätsentwicklung, Senkung der Entschädigungszahlungen bei Arbeitsunfällen und Entlassungen) und eine weitreichende "Flexibilisierung" der Arbeitsgesetzgebung. Gerade weil sich das Zuordnungsverhältnis zwischen Unternehmern, Gewerkschaften und Staat im Zuge der entwicklungsstrategischen Wende grundlegend verändert hat, ist der Wegfall der "Bedrohung" durch mächtige Gewerkschaften für die Arbeitgeber zum gegenwärtigen Zeitpunkt umso wichtiger. Es bleibt allerdings abzuwarten, ob und wann sie verstehen werden, daß eine tragfähige Sozialpartnerschaft nur mit "starken" Gewerkschaften möglich ist.

Zusammenfassend ist festzustellen, daß es für die Unternehmer zum gegenwärtigen Zeitpunkt gute Gründe gibt, das demokratische Regime zu akzeptieren:

– Die argentinische Gesellschaft ist aufgrund einer veränderten politischen Kultur zum gegenwärtigen Zeitpunkt kaum empfänglich für neuerliche autoritäre Experimente. Jeder Versuch, das für die Errichtung einer Diktatur erforderliche Meinungsklima herzustellen, dürfte auf absehbare Zeit zum Scheitern verurteilt sein.
– Die Erfahrungen mit der letzten Diktatur haben zu einem derart starken Legitimationsverlust der Streitkräfte geführt, daß eine politische Rolle von ihnen gegenwärtig nicht zu erwarten ist. Zudem erwiesen sie sich für die wirtschaftsliberal orientierten Unternehmer als unzuverlässiger Allianzpartner, so daß auch diese Akteure die möglichen Risiken einer neuerlichen Diktatur hoch einschätzen würden.
– Die politischen Parteien und die gesamte argentinische Gesellschaft sind heute wesentlich offener als früher für liberal-konservatives Gedankengut. Die Unternehmer verfügen dadurch über gute Möglichkeiten, um ihre Interessen im Rahmen demokratischer Spielregeln in politische Entscheidungsprozesse einzubringen und zu verwirklichen.
– Die Regierung Menem hat durch die strukturellen Reformen der letzten Jahre die meisten traditionellen Forderungen der wirtschaftsliberal orientierten Unternehmerver-

bände erfüllt. Da die Tragweite der Reformen es unwahrscheinlich macht, daß zukünftige Regierungen sie einfach wieder rückgängig machen können, dürften die grundlegenden Interessen der Unternehmer langfristig gesichert sein.
— Die organisierte gesellschaftliche Gegenmacht hat eine derartige strukturelle Schwächung erfahren, daß die Demokratie für die Unternehmer auch in dieser Hinsicht keine Bedrohung mehr darstellt.

Man kann sich, darin ist Guillermo O'Donnell (1992, S. 44) zuzustimmen, kaum wirtschaftliche und politische Rahmenbedingungen vorstellen, die für die lateinamerikanische Privatwirtschaft noch günstiger wären, als dies gegenwärtig der Fall ist (vgl. auch Cavarozzi 1992). Dies wirft gleichzeitig die Frage auf, mit welchen Reaktionen der Unternehmer zu rechnen ist, wenn die gegenwärtig dominierenden anti-etatistischen und an freier Marktwirtschaft orientierten Entwicklungsstrategien von zukünftigen Regierungen erneut radikal in Frage gestellt werden sollten. Wird dies lediglich zur Kritik an der Wirtschaftspolitik führen oder ist erneut eine illoyale Haltung der Unternehmer gegenüber den demokratischen Regimen zu befürchten? Betrachten die Unternehmer die Demokratie inzwischen als Wert an sich, der im Konfliktfall höher einzuschätzen ist als Marktwirtschaft, oder akzeptieren sie sie lediglich aufgrund eines utilitaristischen Kalküls? Die Frage ist insofern hypothetisch, als bislang keine "Testfälle" für eine mögliche Antwort zur Verfügung stehen. Zudem agieren die Unternehmer nicht in einem Vakuum, sondern ihre Einstellungen und ihr Verhalten sind genauso wie das aller anderen gesellschaftlichen Akteure auch von anderen Variablen (politische Kultur, internationale Situation etc.) abhängig. Es ist jedoch zumindest Skepsis angebracht, ob die Unternehmer auch dann noch vorbehaltlos für die Demokratie optieren, wenn grundlegende Parameter der gegenwärtig dominierenden Entwicklungsstrategien von relevanten Akteuren erneut in Frage gestellt werden sollten.

Literaturverzeichnis

ACEVEDO, Manuel/BASUALDO, Eduardo M./KHAVISSE, Miguel, 1991: ¿Quién es quién? Los dueños del poder económico (Argentina 1973-1987), Buenos Aires.

ACUÑA, Carlos H., 1988: Empresarios y política (Parte I). La relación de las organizaciones empresarias con regímenes políticos en América Latina: Los casos argentino y brasileño, in: Boletín Informativo Techint 255, S. 17-45.

— — —, 1990: Intereses empresarios, dictadura y democracia en la Argentina actual (Documento CEDES/39), Buenos Aires.

— — —, 1993: Argentina. Hacia un nuevo modelo, in: Nueva Sociedad 126, S. 11-24.

— — —/DOS SANTOS, Mario/GARCIA DELGADO, Daniel/GOLBERT, Laura, 1988: Relación estado/empresarios y políticas concertadas de ingresos. El caso argentino, in: Organización Internacional del Trabajo, S. 201-253.

— — —/GOLBERT, Laura, 1990: Empresarios y política (Parte II). Los Empresarios y sus organizaciones: ¿Qué pasó con el Plan Austral?, in: Boletín Informativo Techint 263, S. 33-52.

ALBERTI, G./GOLBERT, L./ACUÑA, Carlos H., 1984: Intereses industriales y gobernabilidad democrática en la Argentina, in: Boletín Informativo Techint 235, S. 77-123.

AZPIAZU, Daniel/BASUALDO, Eduardo M., 1990: Cara y contracara de los grupos económicos. Estado y promoción industrial en la Argentina, 2. Aufl., Buenos Aires.

– – –/BASUALDO, Eduardo/KHAVISSE, M., 1986: El nuevo poder económico en la Argentina de los años 80, Buenos Aires.

BASUALDO, Eduardo M., 1987: Deuda externa y poder económico en la Argentina, Buenos Aires.

– – –/KHAVISSE, Miguel, 1993: El nuevo poder terrateniente. Investigación sobre los nuevos y viejos propietarios de tierras de la provincia de Buenos Aires, Buenos Aires.

BIRLE, Peter, 1995a: Argentinien. Unternehmer, Staat und Demokratie, Frankfurt/M.

– – –, 1995b: Gewerkschaften, Unternehmer und Staat in Lateinamerika, in: Manfred Mols/Josef Thesing (Hrsg.), Der Staat in Lateinamerika, Mainz, S. 317-348.

– – –/MOLS, Manfred, 1994: Staat, Gewerkschaften und Unternehmer in Lateinamerika: Sozialpartner von morgen? in: Hartmut Grewe; Manfred Mols (Hrsg.): Staat und Gewerkschaften in Lateinamerika. Wandel im Zeichen von Demokratie und Marktwirtschaft, Paderborn u.a., S. 11-39.

– – –/WAGNER, Christoph, 1993: Unternehmer und MERCOSUR: Forderungen nach Öffnung *und* Protektionismus, in: Lateinamerika. Analysen-Daten-Dokumentation 10, 22, S. 41-54.

BORON, Atilio, 1992: Becoming Democrats? Some Skeptical Considerations on the Right in Latin America, in: Chalmers/Campello de Souza, S. 68-95.

CAMPERO, Guillermo, 1984: Los gremios empresariales en el período 1970-1983: Comportamiento sociopolítico y orientaciones ideológicos, Santiago de Chile.

– – –, 1992: Empresarios: Entre la modernidad y la legitimidad, in: FESUR (1992, S. 196-203).

CANITROT, Adolfo, 1980: La disciplina como objetivo de la política económica. Un ensayo sobre el programa económico del gobierno argentino desde 1976, in: Desarrollo Económico 19, 72, S. 453-475.

CATTERBERG, Edgardo, 1989: Los argentinos frente a la política. Cultura política y opinión pública en la transición argentina a la democracia, Buenos Aires.

CAVAROZZI, Marcelo, 1983: Autoritarismo y Democracia, 1955-1983, Buenos Aires.

– – –, 1992: Patterns of Elite Negotiation and Confrontation in Argentina and Chile, in: John Higley/Richard Gunther (1992, S. 208-236).

CHALMERS, Douglas A./CAMPELLO DE SOUZA, Maria (Hrsg.), 1992: The Right and Democracy in Latin America, New York.

CUNEO, Dardo, 1984: Comportamiento y crisis de la clase empresaria, 2 Bände, Buenos Aires.

DE RIZ, Liliana, 1989: La Argentina de Alfonsín: La renovación de los partidos y el parlamento, Buenos Aires.

– – –, 1994: Argentina. El enigma democrático, in: Nueva Sociedad, Caracas 129, S. 6-12.

DI TELLA, Torcuato S., 1971: La búsqueda de la fórmula política argentina, in: Desarrollo Económico 11, 42-44, S. 317-325

EPSTEIN, Edward C. (Hrsg.), 1992: The New Argentine Democracy. The Search For A Successful Formula, Westport.

ERRO, David G., 1993: Resolving the Argentine Paradox. Politics and Development, 1966-1992, Boulder & London.

FERNANDEZ, Ester, 1985: Comportamiento de los organismos empresarios en la Argentina (1976-1983), Buenos Aires.

FESUR (Fundación Friedrich Ebert en el Uruguay) (Hrsg.), 1992: Organizaciones empresariales y políticas públicas, Montevideo.

GARRIDO N., Celso (Hrsg.), 1988: Empresarios y estado en América Latina: Crisis y transformaciones, México/D.F.

GIBSON, Edward L., 1990: Democracy and the New Electoral Right in Argentina, in: Journal of Interamerican Studies and World Affairs 32, S. 177-228.

– – –, 1992: Conservative Electoral Movements and Democratic Politics: Core Constituencies, Coalition Building, and the Latin American Electoral Right, in: Chalmers/Campello de Souza (1992, S. 13-42).

HIGLEY, John/GUNTHER, Richard (Hrsg.), 1992: Elites and Democratic Consolidation in Latin America and Southern Europe, Cambridge.

IMBUSCH, Peter, 1995: Unternehmer und Politik in Chile, Frankfurt am Main.

ITZCOVITZ, Victoria, 1985: Organizaciones corporativas del empresariado argentino: La cámara argentina de comercio, Buenos Aires.

KOSACOFF, Bernardo (Hrsg.), 1993: El desafío de la competitividad. La industria argentina en transformación, Buenos Aires.

LATTUADA, Mario, 1989: La estrategia de las corporaciones agropecuarias sobre el estado (con especial referencia al congreso nacional), Buenos Aires.

– – –, 1990: El estado argentino y los intereses industriales, Buenos Aires.

– – –, 1991: Corporaciones y democracia. Los intereses agropecuarios en el Congreso Nacional, in: Ruralia (Buenos Aires), 1, S. 43-78.

LINDENBOIM, Javier, 1976: El empresariado industrial argentino y sus organizaciones gremiales entre 1930 y 1946, in: Desarrollo Económico 16, 62, S. 163-201.

MAINWARING Scott/O'DONNELL, Guillermo/VALENZUELA, J. Samuel (Hrsg.), 1992: Issues in Democratic Consolidation. The New South American Democracies in Comparative Perspective, Notre Dame/Indiana.

MANZETTI, Luigi, 1992: The Evolution of Agricultural Interest Groups in Argentina, in: Journal of Latin American Studies 24, S. 585-616.

MARTINEZ NOGUEIRA, Roberto, 1986: Las organizaciones corporativas del sector agropecuario. Notas para un ensayo interpretativo desde sus comportamientos, Buenos Aires.

NIOSI, Jorge, 1974: Los empresarios y el Estado Argentino (1955-1969), Buenos Aires.

O'DONNELL, Guillermo, 1977: Estado y alianzas en la Argentina. 1956-1976, in: Desarrollo Económico 64, S. 523-554.

– – –, 1978: Permanent Crisis and the Failure to Create a Democratic Regime: Argentina, 1955-66, in: Juan Linz/Alfred Stepan (Hrsg.), The Breakdown of Democratic Regimes: Latin America, Baltimore und London, S. 138-177.

– – –, 1982: El Estado burocrático autoritario: Triunfos, derrotas y crisis, 1966-1973, Buenos Aires.

– – –, 1992: Substantive or Procedural Consensus? Notes on the Latin American Bourgeoisie, in: Chalmers/Campello de Souza (1992, S. 43-47).

OSTIGUY, Pierre, 1990: Los capitanes de la industria. Grandes empresarios, política y economía en la Argentina de los años 80, Buenos Aires.

PALOMINO, Hector, 1987: Las corporaciones están entre nosotros, in: El Bimestre Político y Económico 4, 34, S. 22-24.

PALOMINO, Mirta L. de, 1988: Tradición y poder: La Sociedad Rural Argentina (1955-1983), Buenos Aires.

– – –, 1989: CARBAP (Confederación de Asociaciones Rurales de Buenos Aires y la Pampa) 1955-1983, Buenos Aires.

PERALTA RAMOS, Mónica, 1992: The Political Economy of Argentina. Power and Class Since 1930, Boulder/Col.

REMMER, Karen L., 1990: New Wine or Old Bottlenecks? The Study of Latin American Democracy, in: Comparative Politics 23, S. 479-495.

SABATO, Jorge F., 1988: La clase dominante en la Argentina moderna. Formación y características, Buenos Aires.

– – –/SCHVARZER, Jorge, 1988: Funcionamiento de la economía y poder político en la Argentina. Trabas para la democracia, in: Sábato (1988, S. 243-280).

SCHVARZER, Jorge, 1990: Estructura y comportamiento de las grandes corporaciones empresarias argentinas (1955-1983). Un estudio "desde adentro" para explorar su relación con el sistema político, Buenos Aires.

– – –, 1991: La Unión Industrial Argentina, Buenos Aires.

– – –/ITZCOVITZ, Victoria, 1989: Organizaciones corporativas del empresariado argentino. La Cámara Argentina de la Construcción (1960-1985), Buenos Aires.

– – –/SIDICARO, Ricardo, 1987: Empresarios y estado en la reconstrucción de la democracia en la Argentina, in: El Bimestre Político y Económico 35, S. 5-14.

SGUIGLIA, Eduardo, 1988: Los grandes grupos industriales en la Argentina actual: Estado y sociedad, Buenos Aires.

– – –, 1991: El club de los poderosos. Historia pública y secreta de los grandes holdings empresariales argentinos, Buenos Aires.

– – –, 1982: Poder y crisis de la gran burguesía agraria argentina, in: Alain Rouquié (Hrsg.), Argentina Hoy, Buenos Aires, S. 51-104.

– – –, 1988: La Bolsa de Comercio de Buenos Aires, Buenos Aires.

– – –, 1989: Los grandes empresarios argentinos contra el Estado, in: El Bimestre Político y Económico 42, S. 4-9.

– – –, 1993: 1989-1992: Fin d'une Argentine ou commencement d'une autre?, in: Problèmes d'Amérique Latine 8, S. 25-35.

SMITH, William C., 1989: Authoritarianism and the Crisis of the Argentine Political Economy, Stanford.

– – –, 1993: Reestructuración neoliberal y escenarios políticos en América Latina, in: Nueva Sociedad 126, S. 25-39.

VILLARREAL, Sofía/PALOMINO, Mirta/ITZCOVITZ, Victoria, 1986: Les organisations patronales argentines face au gouvernement démocratique, in: Problèmes d'Amérique Latine 82, S. 57-78.

WAISMAN, Carlos H., 1987: Reversal of Development in Argentina. Postwar Counterrevolutionary Policies and Their Structural Consequences, Princeton.

– – –, 1992: Argentina's Revolution from Above: State Economic Transformation and Political Realignment, in: Epstein (1992, S. 228-243).

Wolfgang S. Heinz

Militär und Demokratie

Ende April 1995 erklärten die ranghöchsten Offiziere von Armee, Luftwaffe und Marine, im Krieg gegen die Subversion unter der letzten Militärregierung (1976-83) seien illegale Methoden angewandt worden. Das Selbstbekenntnis kam zu einem Zeitpunkt, wo es wohl niemand mehr erwartet hatte. In den zwölf Jahren der neuen argentinischen Demokratie hatte kein führender Militär zugegeben, daß in den Jahren 1976-1983 systematische Menschenrechtsverletzungen begangen wurden[1]. Auch hatte die Regierung Menem durch den Gnadenerlaß für die 1985 verurteilten Militärs auf eine Aussöhnung mit den Streitkräften gesetzt.

Damit stellt sich die Frage, ob ein politischer Rollenwandel des Militärs stattgefunden hat, der dessen historisch belegbare Interventionsbereitschaft deutlich verringert hat. Haben die Streitkräfte die neue Demokratie weitgehend akzeptiert, oder gibt es, wie fast durchgehend in der Vergangenheit, auch weiterhin starke Gruppen innerhalb des Militärs, die eine Kontrollfunktion gegenüber der gewählten Regierung durchzusetzen versuchen? Unter Interventionsbereitschaft werden im folgenden verstanden:
- die Drohung, mit Gewalt die Macht zu übernehmen (Putschandrohung);
- politische Pressionen unterhalb der Schwelle einer Putschandrohung; und
- der Versuch, zivil-militärische Koalitionen mit Politikern oder gesellschaftlichen Kräften (z.B. bestimmten Wirtschaftsgruppen) aufzubauen, um politischen Druck auf die gewählte Regierung auszuüben.

Es ist die These dieses Beitrages, daß Anfang der neunziger Jahre die Interventionsbereitschaft des Militärs in allen drei Bereichen deutlich zurückgegangen ist. Dies ist aber nicht die Folge einer umfassenden Militärreform, sondern vor allem die Konsequenz ökonomisch bedingter und begründeter Kürzungen des Militärhaushalts (die immerhin politisch durchgesetzt werden konnten!) und einer bewußt nicht konfrontativen, kooptierenden Militärpolitik der Regierung Menem. Auch wenn es weiterhin kleine Gruppen von unzufriedenen Offizieren in den mittleren Rängen geben dürfte, kann zur

---

[1] Der frühere Polizeichef von Buenos Aires, General Ramón Camps, hatte sich zwar hierzu in Interviews geäußert, wurde aber aufgrund seiner erratischen Persönlichkeit kaum ernst genommen. Der pensionierte Konteradmiral Mayorga hatte 1985 den Fall Astiz kommentiert: "Wissen Sie, wieviele Astiz es in der Marine gab? 300. ...Diese Leute haben Menschen getötet? Natürlich. Die ganze Welt weiß, daß wir sie eliminiert haben" (zitiert in Verbitsky 1995, S. 21).

Zeit die Gefahr eines Putsches oder auch nur erheblicher politischer Pressionen als gebannt angesehen werden.

Nach einem kurzen historischen Rückblick wird zuerst die Militärpolitik der Präsidenten Alfonsín und Menem analysiert. Danach folgt eine Betrachtung der Rolle der militärischen Nachrichtendienste und des Bildes des Militärs in der Öffentlichkeit. Darauf werden die Diskussionen über die Mission der Streitkräfte nachvollzogen und abschließend einige zentrale Schlußfolgerungen formuliert.

I. Das Militär als Institution

Mit dem Putsch General Uriburus gegen Präsident Yrigoyen betrat das argentinische Militär 1930 die politische Bühne, die es 53 Jahre lang nicht wieder verlassen sollte. Seine kontinuierliche politische Rolle, bei der nur die Formen des politischen Einflusses variierten, war das Ergebnis einer autoritären Tradition und eines äußerst schwach institutionalisierten politischen Systems. Das heißt aber auch, daß alle Putsche aus zivil-militärischen ad-hoc-Koalitionen hervorgingen, die je nach konkretem Fall die beiden großen Parteien, Peronisten und UCR, die Gewerkschaften, die Medien, die politische Rechte und Wirtschaftskreise einschlossen. Aus völlig freien Wahlen ging zwischen 1949 und 1983 nur Juan Perón als Präsident hervor. Nach der Absetzung Peróns (1955) kam es zu einem Prozeß der zunehmenden *"autonomización"* und *"corporatización"* der Streitkräfte (López 1994, S. 54).

Zu den wichtigsten Legaten der letzten Militärdiktatur (1976-83) gehören die Verantwortung für systematische Menschenrechtsverletzungen (Comisión Nacional sobre la Desaparición de Personas 1994; Hodges 1991; Andersen 1993; Heinz 1995a; Verbitsky 1995), die militärische Niederlage im Krieg um die Malwinen gegen England und die nun nachgewiesene Regierungsunfähigkeit, einen Vorwurf, den die Militärführungen bis zu diesem Zeitpunkt immer wieder den Zivilisten gemacht hatten[2].

Nach dem Malwinen-Krieg wurde eine Untersuchung unter Leitung des pensionierten Generals Rattenbach durchgeführt. Das Oberste Militärgericht, der *Consejo Supremo*, verurteilte wegen fehlerhafter Amtsführung die Mitglieder der dritten Militärjunta Galtieri, Anaya und Lami Dozo. Niederlage und völliges Versagen der Führung der Streitkräfte haben im Militär tiefe Spuren hinterlassen. Sie sind eine Ursache für die drei Militärrebellionen unter Präsident Alfonsín, zeigten sie doch das tiefe Mißtrauen der mittleren und unteren Dienstränge gegenüber der Militärführung.

Ein zweiter Faktor waren die Prozesse gegen Militärs wegen ihrer Beteiligung an Menschenrechtsverletzungen. Die Militärrebellionen machten ein weiteres Hauptproblem deutlich: Der völlige Mangel an Disziplin, d.h. der Akzeptanz von Hierarchie, normalerweise das zentrale Kennzeichen einer militärischen Organisation. Keine Militärorganisation in den Nachbarstaaten hatte in diesem Zeitraum unter so großen Problemen zu leiden.

Ein Soldat oder Offiziersanwärter, der 1982 in den Dienst trat, mußte nacheinander folgende Ereignisse bewältigen:

---

[2] In einigen Abschnitten dieses Beitrages beziehe ich mich auf eine frühere Arbeit (Heinz 1994).

- die Niederlage im Malwinen-Krieg und das Gerichtsverfahren gegen hochrangige Militärs aufgrund dieser Niederlage;
- weitere Prozesse aufgrund systematischer Menschenrechtsverletzungen;
- vier Militärrebellionen (1987, 1988, 1990);
- die Halbierung des Militärhaushaltes unter Präsident Alfonsín und
- das Fehlen eines klaren Auftrages/einer Mission der Streitkräfte (nach Fraga 1991, S. 188).

In dieser Situation waren Unsicherheit und starke Ressentiments, vor allem gegen die Regierung Alfonsín, und fehlender Respekt für die häufig wechselnde Führung der Streitkräfte an der Tagesordnung (vgl. auch Grecco/González 1990). Seit 1990 scheint sich die Unzufriedenheit von den mittleren Dienstgraden auf die Unteroffiziersebene verlagert zu haben.

Nennenswerte demokratisch orientierte Gruppen sind seit 1983 innerhalb des Militärs nicht entstanden. Zwar drängten seit den siebziger Jahren einige pensionierte Militärs auf die Demokratisierung der Institution und gründeten das Zentrum argentinischer demokratischer Militärs (*Centro de Militares Democráticos Argentinos*/CEMIDA). Aber sie haben kaum Einfluß auf die neuen Generationen. Einige dieser Militärs haben in einem Buch ihre Vorstellungen über nationale Verteidigung vorgelegt; sie orientierten sich an schweizerischen und jugoslawischen Modellen (García u.a. 1987).

Aber auch in der Zivilgesellschaft gibt es ernsthafte Defizite: Es fehlt häufig am Verständnis für eine professionelle Rolle des Militärs in einer demokratischen Gesellschaft. In Parteien und Medien mangelt es an Experten und Beratern für Verteidigungs- und Sicherheitsfragen. Dies gilt auch für den parlamentarischen Raum (Gamba-Stonehouse 1990, S. 170-171).

II. Die Militärpolitik der Regierung Alfonsín

Mit Raúl Alfonsín trat 1983 ein Präsident sein Amt an, der gute Ausgangsbedingungen vorfand, um eine ernsthafte Reform der zivil-militärischen Beziehungen herbeizuführen. Die Niederlage im Malwinen-Krieg, Spannungen zwischen den drei Teilstreitkräften und die bekannt gewordenen systematischen Menschenrechtsverletzungen in den Jahren 1976 bis 1983 hatten zu einem erheblichen Prestigeverlust des Militärs geführt (Fontana 1987; Acuña/Smulovitz 1995). Der Übergang zur Demokratie wurde nicht zwischen Militärs und Politikern "paktiert", aber das Militär hatte auch keine absolute politische Niederlage erlitten (López 1994, S. 47). In der UCR dachte man über die Ziele einer möglichen Militärreform nach (Fundación Arturo Illia para la Democracia y la Paz 1988a; 1988b; 1988c). Mit der Entscheidung von Präsident Alfonsín, General Jorge Arguindegui zum Generalstabschef der Armee zu ernennen, wurden 5O Generäle pensioniert.

Die Prozesse gegen die Militärjuntas der letzten Diktatur

Alfonsín hatte im Wahlkampf die Bestrafung der für Menschenrechtsverletzungen verantwortlichen Offiziere versprochen, diese aber gleichzeitig in drei Gruppen aufgeteilt:

In die politisch verantwortliche Spitze, eine zweite Gruppe, die Exzesse bei der Ausführung von Befehlen begangen habe, und eine dritte Gruppe, die nur Befehle befolgt habe. Bestraft werden sollten nur die beiden ersten Gruppen (González Bombal 1995). Auf Antrag der Regierung hob der Kongreß das 1983 erlassene Selbstamnestiegesetz der Militärregierung auf. Per Dekret beschloß die Regierung, die Mitglieder der ersten drei Militärjuntas und zwei Montonero-Führer vor Gericht zu stellen. Der Präsident ernannte eine Kommission zur Aufklärung der Verschwundenenschicksale (*Comisión Nacional sobre Desaparecidos*). Menschenrechtsorganisationen hatten eine parlamentarische Kommission gefordert, sich aber hiermit nicht durchsetzen können.

Der Präsident setzte auf eine Selbstreinigung des Militärs durch die Militärjustiz. Die Prozesse gegen die ersten drei Militärjuntas fanden anfangs vor dem Obersten Militärgericht (*Consejo Supremo de las Fuerzas Armadas*) statt. Nach zögerlichen Ermittlungen verkündete das Gericht schließlich, es sei nicht in der Lage, den erforderlichen Zeitumfang für die Ermittlungen abzuschätzen und könnte Form und Inhalt der Einsatzbefehle der Militärregierungen nicht beanstanden. Überdies ließe sich eine Anklage wegen Exzessen bei der Ausführung von Befehlen nur dann erheben, wenn nachgewiesen werden könne, daß das mutmaßliche Opfer nicht für subversive Aktivitäten verantwortlich gewesen sei.

Nach dieser Erklärung zog das Bundesberufungsgericht den Prozeß an sich, der 1985 nach den Regeln der Militärprozeßordnung stattfand. In seinem Urteil räumte das Gericht ein, daß 1975 eine schwerwiegende Krisensituation bestanden habe, die die Sicherheitskräfte überforderte. Die Oberbefehlshaber hätten jedoch eine kriminelle Form der Terroristenbekämpfung eingeführt. Es verurteilte die Generäle Videla und Viola, die Admiräle Massera und Lambruschini und Brigadier (Luftwaffengeneral) Agosti zu Haftstrafen; sie verloren auch ihren militärischen Rang. Vier Offiziere wurden freigesprochen. Das Gericht klagte die Offiziere nicht wegen des Putsches von 1976 an, sondern aufgrund von konkreten Fällen von Folter und Verschwindenlassen, für die sie verantwortlich waren (Congreso de la Nación 1987). Die Hoffnung der Regierung Alfonsín und der Militärspitze, daß mit diesem Prozeß die Gerichtsverfahren weitgehend zu einem Ende kommen würden, erfüllte sich nicht. Vielmehr beschloß das Gericht in Punkt 30 seines Urteils, das Oberste Militärgericht (*Consejo Supremo de las Fuerzas Armadas*) über das Verfahren in Kenntnis zu setzen und es anzuweisen, entsprechende Ermittlungen gegen Offiziere einzuleiten, die die militärischen Zonen und Sub-Zonen befehligt oder über eigenständige operative Verantwortung verfügt hatten.

Historisch war die Verurteilung von hochrangigen Offizieren aufgrund von Menschenrechtsverletzungen eine seltene Ausnahme, nicht nur in Lateinamerika. Später luden die Gerichte mehr als vierhundert Offiziere in ähnlichen Fällen vor. Die innermilitärische Kritik an der Regierung wurde immer stärker, ebenso an der eigenen Führung, die solche Prozesse "zuließ".

Die Menschenrechtspolitik der Regierung Alfonsín war und blieb umstritten, weil immer wieder unklar war, wieweit der Präsident gehen konnte und wollte, ohne einen offenen Konflikt mit der Militärführung zu riskieren. Der Präsident muß sich fragen lassen, ob er nicht seinen realen Handlungsspielraum zu früh preisgegeben hatte, als er sich gegenüber den Drohgebärden einer kleinen Gruppe von Militärs zu nachgiebig zeigte (vgl. Verbitsky 1987; Mignone u.a. 1985; Nino 1985, 1988; Sancinetti 1989).

Der Beginn einer Militärreform

Präsident Alfonsín begann eine Militärreform, die eine neue Mission der Streitkräfte, Veränderungen in der Ausbildung und in der Militärgesetzgebung zum Ziel hatte. Er berief Zivilisten an die Spitze des neu eingerichteten Verteidigungsministeriums und der *Escuela de Defensa Nacional*. Zu den wichtigsten Schritten gehörten:

– Das Militärgesetzbuch wurde geändert. Bei gewöhnlichen Straftaten müssen sich Militärs zum ersten Mal seit 1823 vor zivilen Gerichten verantworten. Die Militärjustiz wurde aber nicht abgeschafft.
– Eine Kommission arbeitete unter Beteiligung von Zivilisten an einer Reform der Curricula und der Mission der Streitkräfte. Der Regierung Alfonsín ging es um die Einführung einer demokratischen, am Staatsbürger orientierten Ausbildung. Hier waren die Widerstände besonders groß, weil die innermilitärische Kritik an den Prozessen gegen hochrangige Militärs weiter zugenommen hatte. Die Regierung wurde überwiegend als Feind wahrgenommen, die die Institution jetzt auch noch zu "indoktrinieren" versuche. Die Ablehnung, ja der Haß gegenüber diesem Präsidenten waren stark ausgeprägt. Erheblicher Widerstand ließ diesen Teil der Militärreform steckenbleiben.
– Das Gesetz zur Verteidigung der demokratischen Ordnung (Ley 23.077) macht die Zusammenarbeit von Regierungsangestellten mit einer de facto-Regierung zu einer Straftat (Text in: Nino 1988, S. 195ff.).
– Das Gesetz über Nationale Verteidigung (Ley 23.554) von 1988 (Text in: La Nación, 14.4.1988) bedarf einer genaueren Betrachtung. Als Ziel nationaler Verteidigung nennt es das koordinierte Handeln aller Streitkräfte der Nation, um diejenigen Konflikte zu lösen, die den Einsatz der Streitkräfte erfordern, und um Aggressionen von außen entgegenzutreten (Artikel 2). In Artikel 4 wird ausdrücklich festgehalten, daß der fundamentale Unterschied zwischen nationaler Verteidigung und innerer Sicherheit immer berücksichtigt werden müsse. Im Vergleich zu früheren Gesetzen zu Verteidigung und Sicherheit sind fünf Aspekte hervorzuheben (vgl. auch Pion-Berlin 1991, S. 565ff.):
– Zum ersten Mal in der argentinischen Geschichte hat das Parlament Inhalte und Konzepte nationaler Verteidigung und Sicherheit ausführlich diskutiert.
– Das Gesetz stellt die zivile Kontrolle der Regierung über die Verteidigungspolitik und die Streitkräfte wieder her.
– Das Gesetz definiert als Mission der Streitkräfte ausschließlich die Verteidigung der Grenzen gegen eine externe Aggression. Eine innenpolitische Rolle und Aufgaben der inneren Sicherheit sind nicht vorgesehen. Polizei (Bundespolizei und Polizeikräfte der Provinzen), *Gendarmería Nacional* und *Prefectura Naval* werden hierfür verantwortlich gemacht.
– Es verwendet nicht mehr den Begriff der Nationalen Sicherheit, dem in den beiden vorangegangenen Militärdiktaturen von 1966-73 und 1976-83 eine zentrale Rolle zugekommen war.
– Im neu geschaffenen Nationalen Verteidigungsrat hat das Militär keine permanente Vertretung.

Nach dem Überfall der Guerillagruppe *"Movimiento Todos por la Patria"* auf die *La Tablada*-Kaserne des 3. Infanterieregiments 1989 gab die Regierung die klare Aufgabentrennung zwischen Polizei und Militär teilweise wieder auf. Nach dem Dekret 327/89 von Präsident Alfonsín konnte das Militär eingesetzt werden, wenn Polizei, *Gendarmería Nacional* und *Prefectura Naval*, nicht mehr in der Lage sind, mit einem Konflikt fertig zu werden. Die klare Grenzziehung zwischen innerer und äußerer Sicherheit, zwischen Aufgaben der Polizei und des Militärs, hatte nur ein Jahr lang Bestand.

Die drei Militärrebellionen von 1987 und 1988[3]

Bei den drei Militärrebellionen (April 1987, Januar und Dezember 1988) machten vor allem die mittleren Dienstgrade ihre Unzufriedenheit mit der eigenen Führung, den Gerichtsverfahren gegen Militärs und dem unzureichenden Sold deutlich[4]. Diese Gruppe erhielt den Namen *Carapintadas*, weil sie während der Rebellion mit geschwärzten Gesichter auftrat. Die erste Rebellion begann mit der Weigerung von Major Barreiros, einer gerichtlichen Vorladung nachzukommen. Es folgte die Militärrebellion von Ostern 1987. An der Spitze der ersten beiden Rebellionen stand Oberstleutnant Aldo Rico; an ihnen waren 150 und 300 Mann beteiligt. Es gab keinen Toten und zwei Verletzte. An den Rebellionen im Dezember 1988 und Dezember 1990, angeführt von Oberst Mohamed Ali Seineldín, nahmen 1.000 bzw. 427 Mann teil. Die Rebellionen der *"Carapintadas"* richteten sich gegen die Armeeführung, die "Schreibtischgeneräle", wie sie sie nannten – im Unterschied zu sich selbst, die sie gegen die Subversion und auf den Malwinen gegen die Engländer gekämpft hatten. Im Kern ging es um die (Mit-) Kontrolle der Armeeführung. Als dann die Armeeführung trotz verständnisvoller Behandlung durch die Regierung über Verwaltungsmaßnahmen die Beförderung von *Carapintada*-Offizieren verhinderte und die Ernennung von Oberst Seineldín zum Brigadegeneral im November 1988 ablehnte, war für sie eine neue Konfrontation unumgänglich. Allerdings zeigten sich auch Risiken. Es durfte möglichst nicht zu Opfern unter den Kameraden kommen (wie später, 1988 und 1990, der Fall), und die öffentlich vertretenen Interessen mußten eine Mobilisierung der mittleren Dienstränge, v.a. der Unteroffiziere, ermöglichen; im Mittelpunkt der Forderungen durften also keine persönlichen Interessen einzelner Offiziere stehen.

Die Regierung Alfonsín reagierte mit drei Maßnahmen auf den zunehmenden Druck des Militärs. Der Verteidigungsminister wies den obersten Militärstaatsanwalt an, Verfahren zusammenzulegen und keine Anklagen in denjenigen Fällen zu erheben, in denen *Junta*-Mitglieder 1985 freigesprochen worden waren; das "Schlußpunktgesetz" begrenzte die Zeit für neue Anklagen auf zwei Monate mit Ausnahme der Entführung von Minderjährigen. Nachdem aber die Gerichte daraufhin ihre Ferien gestrichen hatten, wurde dennoch gegen mehr als 200 Militärangehörige Anklage erhoben – eine viel höhere Zahl, als Regierung und Militärführung erwartet hatten. Das Gesetz über Gehorsamspflicht

---

[3] Hier wird von "Rebellionen" gesprochen, weil es um politischen Druck auf die Regierung ging, um bestimmte Zugeständnisse abzuringen, und nicht um eine politische Machtübernahme.

[4] Zum Verlauf vgl. Fabián Sain (1994, S. 79-170), zu Alfonsíns Militärpolitik López (1994).

verringerte schließlich die Zahl der Militärs, die strafrechtlich zur Verantwortung gezogen werden konnten, auf rund zwanzig. Damals verteidigte Alfonsín seine Politik, aber später räumte er die negativen Effekte der beiden Gesetze ein (El País, 18.5.1991). Generalstabschef Ríos Ereñu hatte die vertrauliche Zusage des Präsidenten, am Ende seiner Amtszeit die verurteilten Militärs zu begnadigen. Auf dieser Zusage baute er seine Strategie gegenüber den mittleren Diensträngen auf, konnte sich aber nicht durchsetzen (die Zusage des Präsidenten konnte er nicht öffentlich bekanntgeben). Als Alfonsín am Ende seiner Amtszeit einen Gnadenerlaß vom neugewählten Präsidenten Menem mitunterzeichnen lassen wollte, lehnte dieser nach Rücksprache mit seiner Partei ab (Acuña/Smulovitz 1995, S. 59/78). Auch Arbeitgeberverbände und die katholische Kirche hatten sich in der Zwischenzeit für eine Amnestie oder einen Gandenerlaß eingesetzt.

Im Ergebnis war für die Regierung unklar, wie die beiden Ziele Durchsetzung der Gerichtsverfahren und Militärreform gleichzeitig erreicht werden konnten, denn schon bald war deutlich geworden, daß es zu einem Zielkonflikt kommen würde. Auch in der Regierung selbst gab es Gruppen, die unterschiedliche politische Linien durchzusetzen suchten; für eine aktive Menschenrechtspolitik setzte sich Menschenrechtsberater Carlos S. Nino ein, für eine militärnahe Position Verteidigungsminister Jaunarena. 1988 näherten sich Präsident Alfonsín und Verteidigungsminister Jaunarena in ihrer Beurteilung des Kampfes gegen die Subversion den Militärs an. Alfonsín sprach im Dezember 1988 davon, daß es sich bei diesem Kampf "fast um einen Krieg" gehandelt habe, und Jaunarena vertrat die Auffassung, daß "der antisubversive Kampf notwendig gewesen, aber überwiegend außerhalb des Rahmens verfassungsmäßiger Regierungen geführt worden sei" (La Nación, 7.12.1988, 18.12.1988; zit. in Acuña/Smulovitz 1995, S. 73).

III. Die Militärpolitik der Regierung Menem

Unter Präsident Carlos Menem kam es zu einem radikalen Einschnitt in der Militärpolitik. Kurz nach seinem Amtsantritt verfügte er einen Gnadenerlaß zugunsten von 174 Teilnehmern an den ersten drei Militärrebellionen. Ein zweiter Gnadenerlaß führte zur Freilassung der früheren Generäle Videla, Viola, Galtieri, Suárez Mason, Camps und mehr als 30 weitere Armee- und Marineoffiziere, 64 Guerillas (die meisten leben im Exil), und des Montonero-Führers Firmenich. 63% der Bevölkerung im Großraum Buenos Aires lehnte den Gnadenerlaß ab, während sich 23% dafür aussprachen.

Die früheren Generäle Videla und Viola gaben nach ihrer Freilassung Erklärungen ab, in denen sie ihre Form der "Subversions"-Bekämpfung rechtfertigten, die Auffassung vertraten, sie seien unschuldig verurteilt worden, und eine öffentliche Rehabilitation des "Kampfes gegen die Subversion" forderten. Bereits 1988 und 1989 hatten die pensionierten Generäle Díaz Bessone, Luciano Menéndez und Antonio Bussi gefordert, diesen Kampf als gerecht anzuerkennen.

Der frühere Militärdiktator Videla hatte nach seiner Entlassung auf einem Kameradschaftsessen den "Schmutzigen Krieg" verteidigt. Die argentinische Gesellschaft hätte den Militärs für ihren Dienst an der Nation einen Preis zahlen müssen. Die Regierung Menem stellte daraufhin eine Strafanzeige wegen "Verteidigung einer Straftat" mit Bezug auf Artikel 213 StGB, der für eine solche Straftat eine Gefängnisstrafe zwischen sechs Monaten und zwei Jahren vorsieht.

Im Dezember 1990, dem Monat der Freilassung verurteilter Militärs nach Präsident Menems Gnadenerlaß, putschte Oberst Seineldín. Es kam zu Schießereien mit loyalen Militärs, bei denen vierzehn Menschen starben und 53 verletzt wurden[5]. Die Putschisten sollen nach Zeitungsberichten die Ermordung von Politikern, einschließlich des Präsidenten, geplant haben. Die Rebellion wurde innerhalb von 16 Stunden niedergeschlagen. Seineldín wurde zu unbegrenzter Haft verurteilt, weitere 14 Anführer der Rebellion erhielten zwischen zwei und zwanzig Jahren Gefängnis.

Die Tatsache des Putschversuches selbst, gegen einen Präsidenten, der mit seinem Gnadenerlaß Menschenrechtsorganisationen und die öffentliche Meinung ignorierte, zeigt drastisch, wie erstaunlich wirklichkeitsfern in bestimmten Militärkreisen gedacht wurde. Mit der Zerschlagung dieser Gruppe ist vorläufig die letzte Fraktion ausgeschaltet worden, die glaubte, über Putschversuche die Politik beeinflussen zu können.

Die *Carapintada*-Bewegung hat 1992 die "Bewegung für Nationale Identität und Iberoamerikanische Integration" (*Movimiento por la Identidad Nacional e Integración Iberoamericana*) ins Leben gerufen. Der von Aldo Rico geführte Teil hat eine politische Partei, die "Bewegung für nationale Würde" (*Movimiento de Dignidad Nacional*/MODIN), gegründet, die bei den Parlamentswahlen 1993 mit 5,8% der Stimmen und 7 Mandaten zur drittstärksten Partei wurde, 1995 aber auf 1,7% und 3 Mandate absank. MODIN setzt sich für einen Nationalismus der Rechten und Linken ein. Er bezeichnet sich selbst als "Bewegung". Seine Hauptziele sind der Kampf gegen Korruption, physische und rechtliche Sicherheit für den Staatsbürger, eine partielle Ablehnung der Zahlung von Auslandsschulden und ihre Nutzung für Investitionen in die Entwicklung des Landes.

Auch die Regierung Menem mußte sich mit den Folgen der letzten Militärdiktatur auseinandersetzen: Mit der *Ley de Reparación Histórica* erhielten 8.300 frühere politische Gefangene eine Entschädigung des Staates. Gegen einen Gesetzentwurf, der Angehörige von Familien, die "Verschwundene" zu beklagen haben, vom Wehrdienst ausgenommen hätte, wurde vom Präsidenten ein Veto eingelegt. Da 1995 der allgemeine Wehrdienst abgeschafft wurde, stellt sich diese Frage nicht mehr.

1994 entsandte die italienische Justiz einen Richter, einen Staatsanwalt und zwei Rechtsanwälte als Vertreter von Familienangehörigen nach Argentinien. Sie sollten dabei helfen, das Schicksal von 65 "verschwundenen" Italienern oder italienischstämmigen Argentiniern aufzuklären. Generalstabschef Díaz lehnte eine solche Untersuchung in einem Memorandum an den Verteidigungsminister ab.

Das Gesetz zur inneren Sicherheit

Durch das Gesetz 24.059 zur inneren Sicherheit von 1992 wurde ein "Rat für innere Sicherheit" geschaffen, der ein Krisenkomitee einsetzen kann. Dieses kann nach einer entsprechenden Entscheidung des Präsidenten die Unterstützung der Streitkräfte anfordern. Der Präsident muß vorher den Ausnahmezustand verkündet haben und die Leitung der Operationen übernehmen (Heinz 1995b).

---

[5] Zum Verlauf der Rebellion siehe Fabián Sain (1994, S. 170-207).

Das Gesetz sieht fünf Formen des Ausnahmezustands vor: den lokal begrenzten sozialen Konflikt, den allgemeinen sozialen Konflikt, den internen Angriff, den externen militärischen Angriff und Naturkatastrophen.

Im Kongreß hat eine Kommission, die sich aus Mitgliedern des Abgeordnetenhauses und des Senats zusammensetzt, die Aufgabe, die Aktivitäten der Behörden für innere Sicherheit und der Nachrichtendienste zu überwachen. Sie soll jährlich den beiden Parlamentskammern einen öffentlichen Bericht zukommen lassen und gleichzeitig einen geheimen Bericht für die Regierung und beide Kammern verfassen.

Weitere Schritte zur Reform der Institution

Obwohl Menem während des Wahlkampfes eine neoliberale Politik abgelehnt hatte, nahm er eine solche nach seiner Wahl sofort in Angriff (zum Peronismus Peróns und Menems vgl. Waldmann 1992). Er dehnte sie auch auf die Verteidigungspolitik aus. Mit wirtschaftlichen Mitteln erreichte er so, was Alfonsín mit politischen Argumenten versagt blieb: Die radikalste Organisationsreform (nicht politische Reform !) des Militärs in diesem Jahrhundert. Eine Reform war anläßlich der Staatsfinanzen und des großen Personalbestandes, besonders des Heeres, unausweichlich. Konflikte über zu geringe Bezüge selbst von hohen Offizieren, führten bis in die jüngste Zeit zu Spannungen zwischen der Militärführung und der Regierung. In der Regel war Verteidigungsminister Camilión nicht in der Lage, sich gegen den strikten Sparkurs von Wirtschaftsminister Cavallo durchzusetzen. Besonders die erheblichen Diskrepanzen zwischen den Gehältern von höheren Beamten und hohen Offizieren förderten die Spannungen. Ein Richter des Obersten Gerichtshofes verdiente rd. 180% und ein Botschafter 130% mehr als der höchste Offizier der Armee, der *Teniente General*.

Zwischen 1983 und 1993 ist die Zahl hoher Offiziere um 45% zurückgegangen. Ab 1985 ist die Zahl der Kadetten immer weiter gesunken (Zahlen im Vergleich von 1984 mit 1994: Heer von 1.359 auf 515; Marine von 780 auf 258; Luftwaffe von 662 auf 238). 1991 betrug die Mannschaftsstärke: Heer 6.000 Offiziere, 24.000 Unteroffiziere und 16.000 Rekruten; Marine 3.500 Offiziere, 11.500 Unteroffiziere und 2.000 Rekruten, Luftwaffe 2.000 Offiziere, 8.000 Unteroffiziere (andere Quelle: 6.000) und 1.000 Rekruten.

Die Mannschaftsstärke der argentinischen Streitkräfte wurde ohne vergleichbare Kürzungen in den Nachbarländern Chile und Brasilien von 1980 180.000 Mann im aktiven Dienst bis Anfang der neunziger Jahre auf 88.000 Mann verringert. Nahmen die Streitkräfte zwischen 1985 und 1992 noch 52.000 Mann neu auf, so werden es ab 1995 nur noch ca. 30.000 Mann sein. Auch wurde die traditionelle Überzahl von Offizieren im Vergleich zu den Soldaten abgebaut (1990 kamen auf einen Soldaten 1,5 Unteroffiziere und auf einen Offizier 2,6 Soldaten). Die vier Armeekorps wurden aufgelöst und durch kleinere Einheiten ersetzt. Es wurde angekündigt, 27 Militärunternehmen zu privatisieren und siebzig Liegenschaften – einschließlich des großen Campo de Mayo in Buenos Aires – zu verkaufen. Das Raketenprojekt Condor II wurde nach offiziellen Angaben aufgegeben.

1970 bis 1975 lag der Anteil des Verteidigungshaushalts am Bruttoinlandsprodukt zwischen 2,5% und 2,9%. In den letzten Jahren der Militärregierung stieg er auf zwischen

3,3% und 4,7%. Unter Präsident Alfonsín sank er bis 1988 auf 2,5% und betrug im Jahr 1991 nur noch 2%. Da die Verteidigungsausgaben reduziert wurden und ca. 75% für Gehälter und Pensionen verwendet werden, sind die Möglichkeiten für die Beschaffung von neuem Rüstungsmaterial äußerst begrenzt.

Neue Bedrohungsvorstellungen der Regierung Menem

Die sozialen Unruhen in Santiago del Estero 1993 und die neue Guerilla in Mexiko 1994 veranlaßten Präsident Menem, darüber nachzudenken, ob es auch in Argentinien zu politisch oder sozial motivierten Gewaltanwendung kommen könnte. Der Präsident setzte die Gründung eines neuen Sekretariats für die Sicherheit und den Schutz der Gemeinschaft durch, die das alte Sekretariat für innere Sicherheit im Innenministerium ersetzt. Brigadier (a. D.) Antonietti wurde zum Leiter ernannt. Die Hauptaufgabe besteht in der Koordination der verschiedenen Polizeikräfte, der *Gendarmería*, *Prefectura* und der SIDE in Fragen der inneren Sicherheit und der Analyse potentieller sozialer Unruhen.

Bedenklich stimmen Berichte, daß die Regierung angesichts der Ereignisse in Chiapas und der Unruhen in Santiago del Estero die Militärgeheimdienste 1994 mündlich angewiesen hat, auch Informationen zur innenpolitischen Lage zu sammeln (Clarín, 20.3.1994). Die geltenden Gesetze sehen für diese nur eine logistische Unterstützung der Sicherheitskräfte bei sozialen Unruhen vor.

IV. Das Bild des Militärs in der Öffentlichkeit

Das *Centro de Estudios Unión para la Nueva Mayoría* führte im Juni 1990 Umfragen in der Hauptstadt und im Großraum Buenos Aires über das Bild der Streitkräfte in der Öffentlichkeit durch. Zwischen 1986 und 1990 zeigte sich folgende Einstellung zum Militär (Fraga 1991, S. 161-178):

Das Bild der Streitkräfte in der Öffentlichkeit					
	1986	1987	1988	1989	1990
positiv	25,2%	18,7%	33,3%	35,8%	36,6%
durchschnittlich	24,6%	22,9%	16,6%	32,4%	32,9%
negativ	37,7%	49,8%	26,3%	22,4%	25,1%
weiß nicht/k.A.	12,0%	8,7%	13,8%	9,5%	5,4%

Insgesamt läßt sich eine leichte Verbesserung in der Bewertung der Streitkräfte seit 1987 konstatieren. Die sehr negative Meinung im Jahr 1987 dürfte auf die beiden

Rebellionen in diesem Jahr zurückzuführen sein. Zwischen Oktober 1993 und Mai 1994, dem Monat des gewaltsamen Todes des Soldaten Carrasco (vgl. *Abschnitt VII*), sank jedoch das Vertrauen in die Streitkräfte von 34% auf 22%.

Die positivste Wahrnehmung unter den drei Teilstreitkräften, der *Gendarmería*, der *Prefectura Naval* und der *Policía Federal* erfuhr die Luftwaffe, gefolgt von der *Prefectura* und der *Gendarmería*; am negativsten wurde die *Policía Federal* bewertet. Bei der Frage nach der Verbreitung von Korruption in Regierung, katholischer Kirche, bei Politikern, Unternehmern, Gewerkschaften, Streitkräften und der Polizei wurde das Militär nach der Kirche an zweiter Stelle als ein Akteur mit wenig Korruption bewertet. Eine Rolle des Militärs bei der Bekämpfung des Drogenhandels wurde von 56,5% der Befragten (Hauptstadt und Großraum Buenos Aires) positiv beurteilt, 9,6% unterstützten sie bedingt (*"regular"*) und 26,4% waren dagegen. In Hinblick auf eine positive Wahrnehmung in der Öffentlichkeit kamen die Streitkräfte im Vergleich mit Politikern, Unternehmern, Gewerkschaften, Streitkräften und katholischer Kirche auf die zweite Stelle nach der katholischen Kirche (am negativsten: Gewerkschaften und Politiker); im Großraum Buenos Aires stehen sie sogar knapp an erster Stelle. Unter den Anhängern politischer Parteien hatten die der UCeDé von den Streitkräften das positivste Bild, gefolgt von denen des *Partido Justicialista*, der UCR und der *Izquierda Unida*. Bei einem Vergleich von Institutionen, die am meisten dazu beitragen, die Situation des Landes zu verbessern, nannten 1993 die Befragten das Militär an vorletzter Stelle. Die Reihenfolge war: Lehrer, Viehzüchter, Journalisten, Industrielle, Kongreß, Kirche, politische Parteien, Militär, Gewerkschaften. Bei einem Vergleich der sechs wichtigsten Institutionen des Landes kamen die Befragten zum gleichen Ergebnis: Kongreß, politische Parteien, NROs, Kirche, Militär, Gewerkschaften (Página 12, 4.3.1993).

Zusammenfassend ist festzuhalten, daß die argentinische Bevölkerung dem Militär keine bedeutende Rolle in der Politik des Landes zuspricht; sein Bild in der Öffentlichkeit hat sich seit 1987 leicht verbessert und ist deutlich positiver als das der Polizei. Gegenüber einer Ausweitung der Militäraufgaben reagierte die Bevölkerung eher vorsichtig; das gilt für eine mögliche Rolle bei der Bekämpfung des Drogenhandels und für eine (stärkere) Beteiligung an den UN-Friedensoperationen.

V. Die Diskussion über die Mission der Streitkräfte

Unter Präsident Perón bestand die Mission der Streitkräfte in der Verteidigung der Grenzen. Nach dem Putsch gegen Perón 1955 wurde die Doktrin der nationalen Verteidigung zunehmend durch die Doktrin der nationalen Sicherheit ersetzt, die eine ständige Interventionsbereitschaft des Militärs für den Fall der Nichtübereinstimmung mit der Politik ziviler Regierungen begründete (López 1987).

Nach dem Sieg Fidel Castros in Kuba 1959 wuchs die Sorge der USA und lateinamerikanischer Regierungen, es könne zu einer kommunistischen Einfluß- und schließlich Machtübernahme auf dem Subkontinent kommen. Gegen 1960 wurde das Konzept der "Nation in Waffen" durch den "antirevolutionären" und "anti-subversiven" Kriegs ersetzt, womit vor allem der innenpolitische Raum in das Blickfeld geriet. "Die Streitkräfte haben sich einen Blankoscheck ausgestellt, um jeden militärischen Eingriff in die zivile Sphäre zu decken" (Waldmann 1971, S. 39). 1964 unterstrich General Onganía in einer Rede in West Point, der sog. West-Point-Doktrin, die Kontrollfunktion des Militärs gegenüber den zivilen Regierungen (López 1987, S. 83ff., 130ff.). Die Doktrin der nationalen Sicherheit wurde zum legitimatorischen Fundament der beiden folgenden Militärdiktaturen.

Wie bereits bei der Diskussion der Militärpolitik Präsident Alfonsíns deutlich wurde, verfolgte der Präsident eine strikte Trennung zwischen nationaler Verteidigung und innerer Sicherheit. Diese Trennung wurde nach dem Angriff auf die *La Tablada*-Kaserne zwar aufgeweicht, aber nicht aufgehoben, auch nicht unter seinem Nachfolger Menem. Präsident Menem teilte offenbar nicht die Besorgnis seines Vorgängers, das Militär müsse aus Fragen der inneren Sicherheit herausgehalten werden. Vielmehr bekundete er wiederholt sein Interesse, den Streitkräften entsprechende Aufgaben anzuvertrauen. Im Jahr 1990 unterschrieb er ein Dekret, durch das bei sozialen Unruhen als Folge von wirtschaftlichen Problemen die Streitkräfte eingesetzt werden können. Zwei Jahre später sprach er davon, sie zur Bekämpfung des Terrorismus einzusetzen. Immerhin, Regierungssprecher interpretierten seine Bemerkung dahingehend, das Gesetz über innere Sicherheit sehe einen Einsatz des Militärs nur dann vor, wenn die zivilen Sicherheitskräfte überfordert seien.

Aber nicht nur der Präsident bewegt sich unbefangen auf diesem schwierigen Gebiet. Auch Aussagen führender Militärs deuten manchmal darauf hin, daß die Militärführung nach neuen Aufgaben sucht. Heeresstabschef General Cáceres erklärte z.B. im Jahr 1990, die Armee sei bereit, den sozialen Frieden sicherzustellen: "Die Armee ist der Regierung untergeordnet und bereit, dem Präsidenten dabei zu helfen, das Klima der Ruhe aufrechtzuerhalten" (El Independiente, 23.2.1990).

In den ersten Jahren der neuen Demokratie haben hohe argentinische Militärs vor allem vor einem Wiedererstarken der Subversion und des Terrorismus gewarnt. 1993 sprach sich jedoch der Heereschef, General Balza, für die Konsolidierung des demokratischen Systems und die Beachtung der Menschenrechte aus. Er lehnte eine unreflektierte Gehorsamspflicht ab und erinnerte daran, es müßten die Konsequenzen aus der Befolgung von Befehlen beachtet werden. Die Befolgung amoralischer Befehle lehnte er ab (Clarín, 10.11.1993). Die bereits erwähnten Erklärungen der höchsten Offiziere von Armee, Marine und Luftwaffe zum Krieg gegen die Subversion stellten die erste Selbstkritik der Führung der Streitkräfte dar. Sollten sich diese Auffassungen unter Offizieren und Mannschaften durchsetzen, wäre dies ein großer Durchbruch für eine neue Grundsatzposition, daß die Streitkräfte in Zukunft akzeptieren, den Gesetzen und der gewählten Regierung unterworfen zu sein.

In der außenpolitischen Diskussion stehen weitgehend die traditionellen Bedrohungsvorstellungen im Vordergrund. Nicht alle sind notwendigerweise als aktuelle Konflikthypothesen, wohl aber als potentielle Spannungsfelder anzusehen. Zu den wichtigsten Bedrohungsvorstellungen gehören:
– die Möglichkeit einer Aggression im südlichen, menschenleeren Patagonien, in der Magellanstraße, der Drake-Passage, dem Beagle-Kanal und im argentinischen Alaska;
– der Malwinen-Konflikt;
– die Auswirkungen einer Destabilisierung Boliviens und Perus durch *Sendero Luminoso* und gut bewaffnete Drogenbanden; und
– die potentielle Bedrohung im Norden durch Brasilien (Tello 1990, S. 482-484).

Ein Kenner der Militärproblematik aus dem konservativen Meinungsspektrum, Rosendo Fraga, nennt acht Konflikthypothesen, die auch in Zukunft Gewicht haben dürften: ein Konflikt mit Chile, Brasilien oder England (um die Malwinen), eine Intervention in einem regionalen Konflikt wie am Persischen Golf, die Bekämpfung des Drogenhandels, eine multinationale Intervention in einem Nachbarland aufgrund einer anarchischen Situation (gemeint ist wohl Peru, falls der Leuchtende Pfad wieder stärker werden sollte), Guerillabewegung oder soziale Unruhen und die Verteidigung der ökologischen Sicherheit der Nation (Fraga 1991, S. 192).

Zur Zeit setzt die Regierung Menem vor allem auf eine argentinische Beteiligung an friedenserhaltenden UN-Operationen. 1.500 argentinische Militärs sind bereits im Einsatz. Die Einsatzgebiete waren bzw. sind die Golanhöhen, Angola, die Grenze Iran/Irak, die West-Sahara, Zentralamerika, Kambodscha, Kroatien und Zypern. Die Armeen Argentiniens und Uruguays haben 1994 einen Vertrag über die Zusammenarbeit bei der Aufstellung von Blauhelmen für die Vereinten Nationen geschlossen. Die UN-Einsätze sind in der Bevölkerung nicht unumstritten. Nach einer Umfrage im Januar 1993 stehen 70% der argentinischen Bevölkerung Blauhelmeinsätzen kritisch gegenüber; die Ablehnung der Einsätze im Irak, in Somalia und Ex-Jugoslawien wurde besonders deutlich.

Bei einer Wehrübung war 1994 der Soldat Carrasco durch Mißhandlungen seiner Vorgesetzten ums Leben gekommen. Zwei Offiziere wurden zu Gefängnisstrafen von 13 und 25 Monaten verurteilt. Der Vorfall führte zu einer Verschärfung der Diskussion über die allgemeine Wehrpflicht. Eine Meinungsumfrage kam 1994 zu dem Ergebnis, daß 61% der Bevölkerung den Wehrdienst ablehnen, der 1901 mit dem Gesetz Riccheri eingeführt worden war. Mit einem Präsidialdekret wurde die Wehrpflicht ab 1995 abgeschafft. Dieser Schritt wurde inoffiziell von einigen hohen Militärs kritisiert; er erfolge zu früh und man benötige für eine solche Reform eine Übergangszeit von 4-5 Jahren.

VI. Schlußfolgerungen

Bereits unter der Regierung Alfonsín war es gelungen, eine Reihe wichtiger Schritte auf dem Weg zu einer Militärreform voranzutreiben (Zuständigkeit ziviler Gerichte für Militärs u.a.) Das Verfahren gegen die Militärjuntas von 1985 ist in diesem Zusammenhang nicht in erster Linie als Gefahr für die Demokratie zu werten, sondern war ein zentraler Faktor für die erfolgreiche Unterordnung der Streitkräfte unter die demokratisch gewählte Regierung (Acuña/Smulovitz 1995, S. 99).

Später – nach drei Militärrebellionen – wurde der Zielkonflikt zwischen den Reformplänen und der Bestrafung der Verantwortlichen für systematische Menschenrechtsverletzungen immer deutlicher. Mehrere Projekte, wie eine neue *Escuela de Guerra*, Veränderungen in der Militärausbildung, die Schaffung einer Ausbildungsstätte für Verteidigungsfragen sowie eine komplette Restrukturierung der SIDE und der Militär-Nachrichtendienste, mußten zurückgestellt werden (Varas 1989, S. 61). Andererseits hat sich das Militär ohne Zweifel dem Kontakt mit der Zivilgesellschaft geöffnet. Im Unterschied zu den vergangenen Jahrzehnten können Offiziere jetzt auch an den Universitäten studieren. Die eingangs erwähnte Selbstkritik der drei Stabschefs hat die offizielle Version über den Kampf gegen die Subversion – dieser hätte notwendig mit den gewählten Methoden durchgeführt werden müssen – endgültig in Frage gestellt und damit wahrscheinlich zerstört.

Die bisherige Reform der Institution Militär wird sich voraussichtlich dämpfend auf die verbliebenen putschbereiten Teile des Militärs auswirken, die überdies in der Minderheit waren. Ein Teil von ihnen hat in der Partei Aldo Ricos, dem MODIN, seine Heimat gefunden. Dennoch ist es bei dem Charakter der argentinischen Politik, die bisher auf politischem Faktionalismus und zivil-militärischen Allianzen basierte, nicht auszuschließen, daß es auch in Zukunft zu Versuchen einer Intervention in der Politik kommt. Diese dürften sich eher in der Form indirekter Einflußnahme ausdrücken als in einer offenen Drohung, die politische Macht zu übernehmen. Zur Zeit gibt es jedoch keine Hinweise, die auf politische Pressionsversuche deuten würden.

Auch eine neue zivil-militärische Koalition mit der politischen Rechten oder bestimmten Wirtschaftskreisen ist unwahrscheinlich. Historisch war die Interventionsanfälligkeit des Militärs oft von der Stellung der politischen Rechten im politischen System abhängig. Mit seltenen Ausnahmen ist es dieser nicht gelungen, sich langfristig erfolgreich in einer politischen Partei zu organisieren. Die politische Unterstützung von Militärkreisen diente ihr daher als alternativer Zugang zur politischen Macht, auch wenn die jeweilige Militärführung immer auch eigene Interessen vertrat und daher nicht nur einfach als Instrument der Rechten fungierte.

Die Verluste der UCeDé bei den Parlamentswahlen 1993 sprechen jedoch eine klare Sprache, ebenso die Tatsache, daß der MODIN die Grenzen seiner möglichen Wählerschaft erreicht hat (Birle 1994, S. 28f.). Andererseits hat sich der *Partido Justicialista* unter Menem wirtschaftspolitisch so deutlich nach rechts bewegt, daß eine eigene konservative Partei zunehmend als überflüssig erscheinen muß. Da Unternehmer und Regierung in ihren Interessen weitgehend übereinstimmen, erübrigt sich eine Allianz mit dem Militär, um politischen Druck auf die Regierung auszuüben.

Ungeklärt ist indes nach wie vor die Frage der Mission[6]. Die Regierungen der Cono-Sur-Länder arbeiten an der wirtschaftlichen Integration, dem Mercosur, weshalb das Fortbestehen offizieller Feindbilder nicht überzeugen kann. Gleichwohl ist das Beharrungsvermögen traditioneller Bedrohungsvorstellungen bei Militärs bekannt. Für ihre Verteidigungsplanung benötigen sie eine klare Definition des Feindes und von Hypothesen über mögliche und wahrscheinliche Konflikte. Der Einsatz argentinischer Militärs bei UN-Friedensoperationen ist sicher ein interessanter Ansatz zur Bestimmung einer neuen Mission. Dennoch gilt: Selbst wenn die Regierung die Beteiligung an diesen Operationen weiter ausbaut, wird dadurch das zentrale Problem der Mission der Streitkräfte nicht gelöst, das über die UN-Aufgaben hinausgeht. Die Frage lautet nach wie vor: Was sind kurz vor dem Jahr 2000 realistische Aufgaben für das Militär? Ein entsprechendes Konzept ist bisher nicht in Sicht[7].

---

[6] Für neuere Beiträge siehe Cáceres/Sheetz (1995).

[7] Diese Frage ist auch wegen der in der Region schon verhalten geführten Diskussion über eine Abschaffung des Militärs von Bedeutung. Nach Costa Rica hat Panama seine Streitkräfte aufgelöst, und in Haiti wird für 1996 ein solcher Schritt erwogen. Natürlich besteht ein erheblicher Unterschied zu den großen Ländern Lateinamerikas, aber auch dort ist eine solche Diskussion mittelfristig nicht auszuschließen.

Literatur

ACUÑA, Carlos H./ SMULOVITZ, Catalina, 1995: Militares en la transición Argentina: Del Gobierno a la subordinación constitucional, in: Acuña, Carlos H. u.a., Juicio, castigos y memorias. Derechos humanos y justicia en la política argentina, Buenos Aires, S. 19-99.

ANDERSEN, Martin Edwin, 1993: Dossier Secreto. Argentina's Desaparecidos and the Myth of the "Dirty War", Boulder u.a.

BIRLE, Peter, 1994: Die politische und wirtschaftliche Situation Argentiniens nach den Parlamentswahlen vom Oktober 1993, in: Lateinamerika. Analysen-Daten-Dokumentation 11, 25/26, S. 19-30.

CACERES, Gustavo Cnl. (r)/SHEETZ, Thomas (Hrsg.), 1995:Defensa no provocativa. Un a propuesta de reforma militar para la Argentina, Buenos Aires.

COMISION NACIONAL SOBRE LA DESAPARICION DE PERSONAS, 1984: Nunca más, Buenos Aires.

CONGRESO DE LA NACION, 1987: La Sentencia, 2 Bde. Buenos Aires.

ESTEVEZ, Eduardo E., 1987: Seguridad e Inteligencia en el Estado Democrático, Buenos Aires.

FABIAN SAIN, Marcelo, 1994: Los levantamientos carapintada 1987-1991, 2 Bde., Buenos Aires.

FONTANA, Andrés, 1987: La política militar del gobierno constitucional argentino, in: José Nun/Juan Carlos Portantiero (Hrsg.), Ensayos sobre la transición democrática en la Argentina, Buenos Aires, S. 375-418.

FRAGA, Rosendo, 1991: Menem y la cuestión militar, Buenos Aires.

FUNDACION ARTURO ILLIA PARA LA DEMOCRACIA Y LA PAZ, 1988a: Lineamientos para una reforma militar, Buenos Aires.

– – –, 1988b: Organización del sistema militar. Buenos Aires.

– – –, 1988c: Defensa y seguridad, Buenos Aires.

GAMBA-STONEHOUSE, Virginia, 1990: Missions and Strategy: the Argentine Example, in: Louis W. Goodman/ Johanna S.R. Mendelson/Juan Rial (Hrsg.), The Military and Democracy. The Future of Civil-Military Relations in Latin America, Massachusetts/Toronto, S. 165-176.

GARCIA, José Luis/RATTENBACH, Augusto B./BALLESTER, Horacio P./GAZCON, Carlos M., 1987: Fuerzas Armadas Argentinas. El cambio necesario. Bases políticas y técnicas para una reforma militar, Buenos Aires.

GONZALEZ BOMBAL, Inés, 1995: "Nunca Más." El Juicio más allá de los estrados, in: Acuña, Carlos H. u.a., Juicio, castigos y memorias. Derechos humanos y justicia en la política argentina, Buenos Aires, S. 192-222.

GRECCO, Jorge/GONZALEZ, Gustavo, 1990: Argentina: El Ejército que tenemos, Buenos Aires.

HEINZ, Wolfgang S., 1994: Militär und Politik in Argentinien, in: Adolfo Pérez Esquivel u.a., Argentinien: Zehn Jahre Demokratie, Stuttgart, S. 101-109.

– – –, 1995a: The Military, Torture and Human Rights. Experiences from Argentina, Brazil, Chile and Uruguay, in: Ronald D. Crelinsten/Alex P. Schmid (Hrsg.), The Politics of Pain. Torturers and their Masters, Boulder/Col., S. 65-98.

– – –, 1995b: Seguridad Interior y Derechos Humanos en la Argentina después de la democratización, Taller "Democratización y Policía en América Latina", Veranstalter: CIEDLA/Instituto de Investigaciones sobre España y América Latina de la Universidad de Augsburgo/Fundación Konrad Adenauer, Guatemala, unveröff. Ms.

HODGES, Donald C., 1991: Argentina's "Dirty War", Austin.

LOPEZ, Ernesto, 1987: Seguridad Nacional y sedición militar, Buenos Aires.

– – –, 1994: Ni la ceniza, ni la gloria. Actores, sistema político y cuestión militar en los años de Alfonsín, Buenos Aires.

MIGNONE, Emilio F./ESTLUND, Cynthia L./ISSACHAROFF, Samuel, 1984: Dictatorship on Trial: Prosecution of Human Rights Violations in Argentina, in: Yale Journal of International Law 10, S. 119-150.

NINO, Carlos S., 1985: The Human Rights Policy of the Argentine Constitutional Government: A Reply, in: Yale Journal of International Law 11, S. 217-230.

– – –, 1988: La política de derechos humanos en la primera mitad del período del gobierno democrático, in: Ernesto Garzón Valdés/Manfred Mols/Arnold Spitta (Hrsg.), La nueva democracia argentina (1983-1986), Buenos Aires, S. 201-212.

PION-BERLIN, David, 1991: Between Confrontation and Accomodation; Military and Government Policy in Democratic Argentina, in: Journal of Latin American Studies 23, S. 543-571.

SANCINETTI, Marcelo A., 1988: Derechos humanos en la Argentina post-dictatorial, Buenos Aires.

TELLO, Angel, 1990: Algunas reflexiones sobre teoria, doctrina e hipótesis de conflicto, in: Gustavo Druetta u.a. (Hrsg.), Defensa y democracia: un debate entre civiles y militares, Buenos Aires, S. 449-485.

VERBITSKY, Horacio, 1987: Civiles y Militares. Memoria secreta de la transición, Buenos Aires.

– – –, 1995: El vuelo, Buenos Aires.

VARAS, Augusto, 1989: Democratization and Military Reform in Argentina, in: Augusto Varas (Hrsg.), Democracy under Siege. New Military Power in Latin America (1989, S. 47-64).

WALDMANN, Peter, 1971: Gesellschaft und Militär in Argentinien, in: Vierteljahresberichte Nr. 43, S. 30-49.

– – –, 1992: "Was ich mache, ist Justizialismus, nicht Liberalismus". Menems Peronismus und Peróns Peronismus: Ein vorläufiger Vergleich, in: Ibero-Amerikanisches Archiv 18, 1-2, S. 5-30.

Sandra Carreras

Die Entwicklung der Parteien seit Beginn der Demokratisierung

Eine Bilanz

I. Parteiensystem und politische Instabilität: Eine belastende Vergangenheit

Bis zum Jahre 1983 nahm die politische und wirtschaftliche Entwicklung Argentiniens einen zyklischen Verlauf, bei dem die Instabilität sich paradoxerweise als einzige Konstante erwies. Mit der Etablierung des neuen demokratischen Regimes stellte sich erneut die Frage nach den Gründen des wiederholten Scheiterns früherer Demokratisierungsversuche, ein Thema, das sowohl politische als auch politikwissenschaftliche Interessen weckte. So wurde damals eine Fülle teils neuer, teils lang bekannter Erklärungsvorschläge mit unterschiedlicher Akzentsetzung präsentiert. Was die politischen Parteien anbelangt, verdienen einige von ihnen besondere Aufmerksamkeit:

- Beide argentinischen Großparteien, der Peronismus wie der Radikalismus, verstanden sich eher als umfangreiche politische Bewegungen. Jede von ihnen erhob den Anspruch, eine umfassende Legitimität zu besitzen, weigerte sich aber gleichzeitig, die Legitimität des Gegners anzuerkennen (vgl. de Riz 1986, S. 672 ff.).
- Im Besitz der Regierungsverantwortung zeigten die argentinischen Parteien wiederholt die Neigung, sich als hegemoniale Kraft auf Dauer etablieren zu wollen. Mit diesem Ziel vollzogen sie eine systematische Beschneidung des der Opposition zur Verfügung stehenden Spielraums, was wiederum eine unloyale Haltung seitens der Oppositionsparteien provozierte und sie zur Duldung bis hin zur Mitarbeit am institutionellen Bruch veranlaßte (vgl. Mainwaring 1988, S. 20 ff.).
- Die politischen Akteure handelten grundsätzlich in einem anomischen Kontext (vgl. Nino 1992), denn nie war es gelungen, zu einer Übereinkunft über die Spielregeln zu kommen, die als allgemein verbindlich gelten konnten. Die einzige von allen beteiligten Akteuren akzeptierte Norm war: "Ich glaube an das Wahlverfahren, solange ich sicher sein kann, daß meine Gegner nicht gewinnen können" (Dahl 1978, S. 140).

- Der Versuch, den Peronismus vom politischen Leben auszuschließen, machte die Beziehungen zwischen den anderen Parteien zu einem "unmöglichen Spiel" (vgl. O'Donnell 1973, S. 169 ff.).
- Das Nichtvorhandensein einer erfolgreichen rechten Partei, welche die Interessen der konservativen Kreise bzw. der wirtschaftlich mächtigen Gruppen kanalisieren konnte, verleitete diese Kräfte zu extrainstitutionellen 'Lösungen' (vgl. Sábato/ Schvarzer 1988; Gibson 1990).
- Obwohl die Parteien über ein großes Mobilisierungspotential verfügten, war ihre organisatorische Struktur ausgesprochen schwach und durch ausgeprägten Personalismus und Faktionalismus gekennzeichnet (Grossi/Gritti 1989, S. 47 f.).
- Die argentinischen Parteien bildeten zwar Subkulturen mit starker Identifikationskraft, erwiesen sich aber gleichzeitig als schwache Vermittlungsstrukturen im Vergleich zu den Korporationen (Gewerkschaften, Unternehmerverbände, Streitkräfte, Kirche), denen es immer gelang, direkten Druck auf die jeweilige Regierung auszuüben (vgl. Snow/Manzetti 1993, S. 83 ff.).
- Der in der argentinischen Gesellschaft verankerte "Prätorianismus" veranlaßte, daß die Parteien zur Durchsetzung ihrer eigenen politischen Ziele eher nach der Unterstützung der Militärs riefen als eine gemeinsame politische Front gegen die Interventionen der Streitkräfte zu bilden (vgl. Rouquié 1982, S. 67).
- Der Radikalismus als Partei von Bürgern und der Peronismus als Bewegung organizistischen Charakters waren als Repräsentanten zweier völlig verschiedener Demokratieauffassungen entstanden. Demzufolge war das von ihnen gebildete Parteiensystem durch strukturelle Heterogenität gekennzeichnet (vgl. Grossi/Gritti 1989, S. 47 f.) und litt an konstitutiver Schwäche (vgl. Cavarozzi 1989).

Geht man davon aus, daß die erwähnten Faktoren zum Scheitern der früheren Demokratisierungsversuche beigetragen haben, stellt sich unmittelbar die Frage, ob diesbezüglich im Laufe der letzten Jahre Veränderungen festzustellen sind, und wenn ja, in welche Richtung. In der Absicht, beide Fragen zu beantworten, wird hier zunächst die organisatorische und programmatische Entwicklung der argentinischen Parteien analysiert. An zweiter Stelle wird der Versuch unternommen, ihre Leistungsfähigkeit in bezug auf die Erfüllung jener Funktionen zu evaluieren, die in demokratischen Systemen als parteieigen bzw. parteitypisch gelten (Sozialisation, Mobilisierung, Interessenrepräsentation und -artikulation, Personalrekrutierung und Regierungsbildung sowie Ausübung der Oppositionsrolle). Im dritten Schritt werden die neueren Veränderungen des Parteiensystems angesprochen. Schließlich sollen einige Schlußfolgerungen in bezug auf die Rolle der argentinischen Parteien im Konsolidierungsprozeß gezogen werden. Der Untersuchungszeitraum erstreckt sich von der Etablierung der Demokratie bis zu den letzten allgemeinen Wahlen und deckt somit die Regierungszeit des radikalen Raúl Alfonsín (1983-1989) und die erste Amtsperiode des jetzigen justizialistischen Präsidenten Carlos Menem (1989-1995) ab. Gegenstand dieser Untersuchung sind die drei Hauptakteure der gegenwärtigen politischen Szene Argentiniens: die Justizialistische Partei (PJ), die Radikale Bürgerunion (UCR) und die vor kurzem entstandene "Front Solidarisches Land" (FREPASO).

II. Innerparteiliche Transformationsprozesse seit der Demokratisierung

1. Organisationsstruktur

Nach langjähriger erzwungener Untätigkeit unter der letzten Diktatur blühten die Parteien mit der demokratischen Öffnung (ab 1981) wieder auf und wurden zu zentralen Protagonisten der politischen Szene. Sie wiesen ein starkes Mobilisierungspotential auf, das sich u.a. in Form einer massiven Beitrittswelle in einem bis dahin unbekannten Ausmaß niederschlug: Im Mai 1983 waren 5.610.000 Menschen, d.h. 31% aller Wahlberechtigten, Mitglied einer politischen Partei (CISEA 1984, S. 192).

Beide Großparteien hatten inzwischen tiefgreifende Veränderungen durchlebt. Der UCR gelang es als Folge eines erfolgreichen Erneuerungsprozesses, der hauptsächlich von der *Junta Coordinadora Nacional* und dem *Movimiento de Renovación y Cambio* vorangetrieben worden war, die alten verkrusteten Parteistrukturen zu öffnen und dadurch ihr Mobilisierungspotential deutlich zu steigern. Nach den parteiinternen Wahlen erreichte dieser Erneuerungsprozeß im Juli 1983 seinen Höhepunkt mit der Nominierung von Raúl Alfonsín als Präsidentschaftskandidat (vgl. Birle 1989, S. 41 ff.).

Die Tatsache, daß Alfonsín seinen Wahlsieg und schließlich auch seine Vormachtstellung innerhalb der UCR nicht der Unterstützung der lokalen Parteiführer oder den etablierten Parteistrukturen verdankte, sondern vornehmlich seiner eigenen Anziehungskraft inner- und außerhalb des Radikalismus, sollte wichtige Konsequenzen für die zukünftige Entwicklung der neuen Regierungspartei mit sich bringen. Die Bestrebungen des Präsidenten, seine eigene Partei unter Kontrolle zu halten, führten zu einem zum Vertikalismus neigenden Führungsstil, der u.a. in einer Veränderung der Parteistatuten zum Ausdruck kam. Nur durch eine machtpolitisch motivierte Modifikation jener Bestimmung, die die Kumulation von Regierungs- und Parteiämtern untersagte, konnte Alfonsín gleichzeitig Staatspräsident und de facto Vorsitzender der UCR bleiben. Seine ursprüngliche Strategie, die Harmonie zwischen den verschiedenen parteiinternen Gruppierungen durch eine ausgewogene Ämterverteilung aufrechtzuerhalten, wurde bald zugunsten einer wachsenden Hegemonie der *Junta Coordinadora Nacional*, einer parteiinternen, auf Alfonsín eingeschworenen Gruppierung der UCR, und vor allem deren Vertretern des Hauptstadtbezirks, aufgegeben, was wiederum Unmut unter den Führern anderer Parteiflügel erzeugte. In der Absicht, seine Politik vom Einfluß der Parteistrukturen zu befreien, diese aber weiterhin unter Kontrolle zu halten, versuchte der Präsident, eine sog. "Dritte Historische Bewegung" zu gründen. Als dieses Projekt jedoch scheiterte, sich eine Demobilisierung der Bevölkerung bemerkbar machte, und die Opposition wuchs, war die Regierung mehr und mehr auf die Unterstützung der sie tragenden Partei angewiesen. Die UCR war zu diesem Zeitpunkt als Folge der hegemonialen Strategie Alfonsíns allerdings sehr geschwächt. Hinzu kam die Tatsache, daß die Parteikader meistens mit Regierungs- und Verwaltungsaufgaben beschäftigt waren und nicht genügend Nachwuchskräfte zur Verfügung standen (vgl. Cavarozzi/Grossi 1989; de Riz/Feldman 1993). All dies mündete in einen Deinstitutionalisierungsprozeß, aus dem die Partei bis zum heutigen Tag noch keinen Ausweg gefunden hat. Die wiederholten Wahlniederlagen der letzten Jahre verstärkten diese Tendenz. Auch die seit dem Regierungswechsel von

1989 oft versprochene Selbstkritik des Radikalismus steht nach wie vor aus. Statt dessen wurde die UCR zum Schauplatz erbitterter Machtkämpfe zwischen mehreren Parteiführern, die sich immer stärker an Personen und immer weniger an politischen Inhalten orientierten. Während dessen blieben die Parteibüros leer und die alte Wählerschaft der UCR begab sich auf die Suche nach überzeugenderen Alternativen, ein Prozeß, der immer noch anhält.

Im Lager des Justizialismus deckte die Wahlniederlage vom Jahre 1983 etwas auf, das eigentlich schon seit langem bekannt war, aber immer wieder verleugnet wurde: die tiefe innere Krise einer Bewegung, welche die denkbar widersprüchlichsten Interessen zu vereinen vorgab. Angesichts dieser Krise prognostizierten damals manche Kenner, daß der Peronismus sich in unzählige Fragmente zersplittern würde. Nach einer ziemlich chaotischen Phase, in der es fast unmöglich war, eine Parteiführung unter den diversen konkurrierenden Gruppierungen zu identifizieren, setzte doch ein Reorganisationsprozeß ein, der sich sowohl auf Partei- als auch auf Gewerkschaftsebene vollzog. 1987 schien der Prozeß erfolgreich abgeschlossen zu sein, als die Erneuerer die Oberhand innerhalb der Partei gewannen und es ihnen gelang, die UCR in den Parlaments- und Gouverneurswahlen zu besiegen (vgl. de Ipola 1987; Chumbita 1989). Trotz aller Erwartungen, die die vielversprochene innere Demokratisierung der Parteistrukturen und ihre Verselbständigung gegenüber den Gewerkschaften erweckte, blieben die tatsächlichen Leistungen der Erneuerer diesbezüglich jedoch sehr bescheiden. Dies läßt sich dadurch erklären, daß die sog. "Renovación" eigentlich schon von Anfang an ein sehr heterogenes Gebilde war, deren Mitglieder sich mit der Sicherung eines kurzfristigen Sieges ihrer Kandidaten viel mehr beschäftigten als mit der wirklichen Institutionalisierung der Parteistruktur bzw. des eigenen Flügels.

Im Jahre 1988 gewann der damalige Gouverneur der kleinen Provinz La Rioja, Carlos Menem, die ersten — und bisher auch die letzten — demokratischen parteiinternen Wahlen des Justizialismus und wurde zum Präsidentschaftskandidaten gekürt. Damit kam das flüchtige Zwischenspiel der "Renovación" zu seinem Ende. Nach Menems Sieg bei den Präsidentschaftswahlen verfiel der PJ in einen zunehmenden Deinstitutionalisierungsprozeß, der diesmal direkt aus dem Regierungspalast gesteuert wurde. Ziel dieser Strategie war es, zu vermeiden, daß starke Parteistrukturen bzw. innerparteiliche Konkurrenten die personalistische Führerschaft des neuen Präsidenten in Frage stellen konnten. Die Machtkonzeption des Menemismus ist eben dadurch gekennzeichnet, daß sie die demokratische innerparteiliche Willensbildung völlig mißachtet und sie nur als Hindernis bewertet, wie einer der prominentesten Mitglieder der menemistischen Führungsriege, der ehemalige Innenminister Mera Figueroa, in entlarvender Deutlichkeit zum Ausdruck brachte:

"Die Demokratie dient dazu, einen Führer zu finden; sie ist eine Methode von Versuch und Irrtum bei der Suche nach der geeigneten Person. Wenn man aber den Führer gefunden hat — wie wir Menem gefunden haben — wird sie kontraproduktiv. Denn man kann nicht erlauben, daß ihm widersprochen, [oder] er in Frage gestellt wird, weil all dies zu Schwäche und Autoritätsverlust führt. Die Beratungsgruppe muß so klein wie möglich sein, in ständigem Kontakt mit dem Führer sein und wissen, daß schließlich nur er die letzte Entscheidungsinstanz bildet. Dies war der Fehler der Radikalen. Sie demokratisierten die Parteistrukturen, bis sie Alfonsín fanden. Sie wollten aber weiterhin auf der inneren Demokratie beharren und so haben sie ihn zerstört. Wir haben Menem gefunden. Jetzt müssen wir nur gehorchen" (zit. nach Cerruti 1993, S. 328 f.).

Die innerparteiliche Auseinandersetzung wurde unter solchen Umständen ausgeschlossen, während der Dissenz mit dem politischen Kurs der Regierung keine Kanalisierungsmöglichkeiten innerhalb der Parteistrukturen fand. Angesichts dieser Situation entschloß sich eine Gruppe peronistischer Abgeordneter, die sog. "Gruppe der 8", im Jahre 1990, den PJ zu verlassen, um an der Bildung einer neuen Parteiorganisation mitzuwirken, die den Vertretern anderer ideologischer und parteipolitischer Traditionen offenstehen sollte. So entstand der *"Frente Grande"*, ein politisches Gebilde, dessen institutionelle Festigung mit den Wahlerfolgen nicht mithalten konnte, eine Tendenz, die sich nach dem Zusammenschluß mit dem PAIS (*Política Abierta para la Integración Social*) — einer Parteigruppierung unter der Führung des peronistischen Senators und Ex-Gouverneurs der Provinz Mendoza, Octavio Bordón, — und der daraus resultierenden Gründung des FREPASO eher noch verstärkte. Die Einführung offener Wahlen unter Einbeziehung von Nichtparteimitgliedern, um zu entscheiden, welcher von den beiden Spitzenpolitikern, Carlos Alvarez und Octavio Bordón, für das Präsidentenamt kandidieren sollte, ermöglichte es, den Konflikt zwischen den beiden starken Führungspersönlichkeiten der FREPASO auf friedliche Weise zu lösen. Ein solcher Mechanismus konnte jedoch weder einen Beitrag zur Profilbestimmung der neuen politischen Kraft leisten noch zur Bildung kohärenter mittlerer Führungskader. Schon gar nicht trug er zur Integration von geschlossenen Gefolgschaften beider Kandidaten und der anderer Parteien und Gruppierungen, die sich an dem Bündnis beteiligen, bei.

Zusammenfassend läßt sich feststellen, daß seit der Einführung der Demokratie in Argentinien weder eine Festigung der Organisationsstrukturen der politischen Parteien noch eine stärkere Einbeziehung ihrer Mitglieder in den internen Willensbildungsprozeß zu verzeichnen waren. Die häufige Verwendung von Begriffen wie "Alfonsinismus", "Angelozismus", "Cafierismus", "Menemismus", "Duhaldismus", "Bordonismus" usw., ohne die kaum eine politische bzw. politologische Bestandsaufnahme auskommen kann, bildet einen zwar vielleicht naiven, aber dennoch starken Indikator des Ausmaßes, das der Personalismus in der argentinischen Politik erreicht hat. Die Nichtabhaltung von Parteikongressen bzw. die Bedeutungslosigkeit ihrer Entscheidungen deuten in die gleiche Richtung.

2. Programmatik

Im Laufe der letzten Jahren erlebten die argentinischen Parteien tiefgreifende Veränderungen in ihrem Selbstverständnis und konsequenterweise auch in ihrer Programmatik, die seit je eine beachtliche Unschärfe aufwies. Dem Alfonsinismus gelang es in seiner ersten Phase, neue Ideen in den klassischen Zielkatalog der UCR zu integrieren und das Image einer fast 100 Jahre alten Partei zu modernisieren, ohne dabei einen Bruch in ihrer politischen Tradition zu verursachen. Das war möglich, weil bis in die 80er Jahre jene Forderung unerfüllt blieb, mit der die UCR um die Jahrhundertwende auf die politische Szene getreten war, nämlich die uneingeschränkte Geltung der verfassungsmäßigen Ordnung. Nach der Regierungsübernahme verstand sich der Radikalismus als einziger Garant der bürgerlichen Freiheiten und schätzte die peronistische Opposition als eine Bedrohung für die demokratische Ordnung ein. Unter solchen Bedingungen konzentrierten sich die programmatischen Überlegungen des Radikalismus zunächst fast ausschließlich auf die Etablierung des Rechtsstaats. Wenig später beschäftigten sich die Parteiideologen unter dem Motto der "Gründung der Zweiten Republik" mit der inhaltlichen Ausgestaltung eines anspruchsvollen Modernisierungsprojekts, das die Verlagerung der Hauptstadt, die Modernisierung der öffentlichen Verwaltung sowie eine tiefgreifende Staats- und Verfassungsreform einschloß. Aufgrund der kritischen Wirtschaftssituation und der voranschreitenden Schwäche der Regierung mußten alle diese Pläne jedoch aufgegeben werden (vgl. Bodemer/Carreras 1991, S. 98 ff.; Groismann 1993).

Auch die klassische wirtschaftspolitische Zurückhaltung des Radikalismus konnte während der Amtszeit von Alfonsín nicht aufgehoben werden. Überzeugt, daß die Durchführung neokeynesianischer Konzepte noch möglich war, kümmerte sich die UCR zunächst kaum um die notwendige Umstrukturierung der Wirtschaft. Nachdem diese Strategie des Wirtschaftsministers Grinspun gescheitert war, wurde unter seinem Nachfolger Sourrouille der wirtschaftspolitische Kurs der Regierung ohne jegliche Einbeziehung der Parteistrukturen entschieden. Entsprechend kam es zwar seitens der UCR wiederholt zu Klagen über das mangelnde politische Gespür der "Technokraten" im Wirtschaftsministerium, ein konkretes Gegenkonzept wurde aber nicht vorgelegt. So blieb das programmatische Profil der UCR auf ihre klassischen Themen beschränkt: eine positive Identifikation mit dem Rechtsstaat und eine negative Definition des eigenen Selbstverständnisses als "das Gegenteil" des Peronismus. Dies war jedoch zu wenig, um nach dem Regierungswechsel 1989 als Opposition politisches Profil zu gewinnen. Mehr und mehr fiel es dem Radikalismus schwer, sich in einer politischen Umwelt zu regenerieren, in der die Frage der politischen Demokratie von der der ökonomischen Stabilität verdrängt worden ist und wo der Peronismus nicht mehr das ist, was er früher war.

Die chaotische Situation des Peronismus in der ersten Hälfte der 80er Jahre spiegelte sich in der Unfähigkeit dieser Partei wieder, ein politisches Programm zu entwerfen, das mehr beinhaltete als die Wiederholung alter rhetorischer Floskeln, die Erinnerung an die "guten alten Zeiten" und die Berufung auf die Autorität von Perón und Eva. Der lange Kampf zwischen Orthodoxen und Erneuerern war nicht zuletzt eine Auseinandersetzung über das Selbstverständnis des Justizialismus. Der Parteiflügel der "Erneuerer" widmete sich der schwierigen Aufgabe, den peronistischen Diskurs zu demokratisieren und zu modernisieren, ohne jedoch die Figur Peróns in Frage zu stellen. Dabei versuchten seine Anhänger, sich von jener dem traditionellen Peronismus eigenen Position zu befreien, welche einen unüberwindbaren Dualismus zwischen "realer" und "liberaler" bzw. "formaler" Demokratie behauptete, um sie jetzt unter dem neuen Motto "Demokratie mit sozialer Gerechtigkeit" als die beiden Seiten einer Medaille darzustellen (vgl. Podetti/Qués/Sagol 1988). Trotz dieses Slogans und der wiederholt geäußerten Kritik an der Wirtschaftspolitik der radikalen Regierungen, bemühte sich die Oppositionspartei jedoch nicht ernsthaft um die Definition eines Alternativprogramms. Solch einen Namen verdienen auch kaum die von der CGT erlassenen "26 Punkte", die eher eine zusammenhanglose Auflistung von zum Teil miteinander völlig unvereinbaren Forderungen bildeten.

Ab 1987 standen manche "Erneuerer" der Einführung neoliberaler Ideen offen gegenüber, was damals noch als eine zusätzliche Komponente der ohnehin schon bunten ideologischen Vielfalt des Peronismus interpretiert werden konnte. Eine wachsende Zahl von Politikern zeigte zunehmend weniger Skrupel, ihre Positionen ständig zu ändern. Trotz solcher Oszillationen überraschte die von Präsident Menem nach seinem Wahlsieg eingeleitete kopernikanische Wende doch durch ihre Radikalität. Die Frage, ob dieser Kurswechsel als die konsequente Weiterentwicklung der peronistischen Tradition oder vielmehr als ein radikaler Bruch einzustufen ist, sei hier dahingestellt (vgl. dazu. Giussani 1990; Waldmann 1992). Entscheidend in diesem Kontext ist die Tatsache, daß die Wende keine programmatische Erneuerung der Partei widerspiegelte. Das Kernstück der Menemschen Politik, die Wirtschaftspolitik, weist zwar hohe Beständigkeit und Kohärenz auf, sie ist jedoch keineswegs das Resultat einer programmatischen Veränderung des PJ, läßt sich vielmehr in erster Linie auf den sprichwörtlichen Pragmatismus des argentinischen Staatschefs zurückführen, der sich bewußt hütete, die Wirtschaftspläne seiner Regierung von seinen Parteifreunden absegnen zu lassen. So ist es kein Zufall, daß die ersten wirtschaftspolitischen Maßnahmen Menems nur mit der Unterstützung der UCR und lediglich mit einem Teil der peronistischen Stimmen im Kongreß genehmigt wurden.

Man hat argumentiert, daß in einem Kontext, in dem die alten politischen und wirtschaftlichen Konflikte an Bedeutung verloren haben, das Fehlen eines elaborierten Programms, die Heterogenität der sozialen Basis, die interne Fraktionierung und das Gewicht der Führer einen Richtungswechsel der Parteien ohne größere Brüche erlaubten. Ein gutes Beispiel hierfür sei die ideologische Transformation des Peronismus unter Menem (vgl. Nolte 1995, S.17). Wie unsere Analyse ergab, sollte jedoch nicht das Handeln der (peronistischen) Regierung mit dem der Partei gleichgesetzt werden. Auch ist offensichtlich, daß die ideologische Transformation des Justizialismus begleitet wurde von gravierenden organisatorischen Brüchen, die u.a. zum Ergebnis haben, daß heute ein Großteil der Führungkräfte der Opposition ehemalige Peronisten sind.

Die abtrünnigen Abgeordneten, die die "Gruppe der 8" bildeten, sprachen sich deutlich gegen verschiedene Maßnahmen der Regierung aus, waren aber nicht sehr überzeugend, was den Entwurf eines eigenen Programms betraf. Die Herausbildung des *Frente Grande* wurde zeitweise als die Erfüllung eines Urtraums der argentinischen Intellektuellen interpretiert, nämlich der Bildung einer von den Großparteien unabhängigen, mitte-links angesiedelten demokratischen Kraft. Dennoch tat sich auch die *Frente* in bezug auf sein programmatisches Profil schwer. Im Jahre 1994 konnte das Bündnis dieses Problem nur umgehen und sich ausschließlich auf die Aufwertung der politischen Ethik konzentrieren, weil zu diesem Zeitpunkt zwei Phänomene zu seinen Gunsten arbeiteten: 1. Die Öffentlichkeit zeigte sich von diesem Thema betroffen, da die Presse über Korruptionsskandale in höheren Regierungskreisen tagtäglich berichtete; 2. die UCR, die sich bis dahin als Hauptträger des ethischen Diskurses verstanden hatte, erlebte eine tiefe Glaubwürdigkeitskrise als Resultat des zwischen Alfonsín und Menem geschlossenen "Pakts von Olivos", der den Weg zu einer Verfassungsreform eröffnete. In der Wahlkampagne für die Verfassunggebende Versammlung, in der freilich die Wirtschaftspolitik nicht zur Debatte stand, konnte sich der "Frente" erlauben, diese Frage außer acht zu lassen und sogar öffentlich gestehen, daß er dafür keine Lösung habe.

Kurz nach den Wahlen trat jedoch die kaum überwindbare Kluft zwischen jenen im *"Frente"*, die auf einem unnachgiebigen Oppositionsverhalten beharrten (unter ihnen der Filmregisseur Fernando Solanas), und jenen anderen, die zum Kompromiß bereit waren und sich für ein breiteres (und somit diffuseres) Bündnis entschieden (Carlos Alvarez), offen zutage. Die letztgenannte Strategie mündete kurz darauf in der Konstituierung des FREPASO. Angesichts der Tatsache, daß die Bündnispartner sich programmatisch nicht festlegen konnten oder wollten, schlugen manche FREPASO-Insider vor, daß die Position des Bündnisses in bezug auf stark kontroverse Themen — wie etwa die Aufhebung der Bestrafung des Schwangerschaftsabbruchs — durch offene Befragung "aller dem *Frente* nahestehenden Bürger" zu bestimmen sei (Jozami 1994, S. 44). Wenn aber der *Frente* nicht in der Lage war, seine Haltung bezüglich der wichtigen und konfliktiven Themen selbst zu definieren, wie sollten sich die Bürger mit ihm identifizieren?

III. Die Leistungsfähigkeit der argentinischen Parteien

1. Sozialisation und Mobilisierung

Über Jahrzehnte hinweg haben die argentinischen Parteien eine wichtige Sozialisationsfunktion wahrgenommen. Sie gehört heute jedoch der Vergangenheit an. Folklore und Symbole der Parteien haben an Bedeutung verloren; ihre Ruhmestaten, die wichtige Bezugspunkte der kollektiven Identifikation bildeten, sind heute verblaßt, wecken allein das Interesse der Historiker. Die Subkulturen der Gegenwart haben kaum einen Bezug zu parteipolitischen Identifikationsmustern der Vergangenheit. Vergeblich sucht man heute nach etwas mit der Kultur des "peronistischen Widerstands" oder der in den alten Volksbibliotheken sozialistischer Prägung geduldig geleisteten Arbeit Vergleichbaren. Weder die *Unidad Básica* des Justizialismus noch das *Comité* der UCR fungieren heute als Zentren für kollektive Bewußtseinsbildungs- bzw. Indoktrinierungsarbeit. Der Begriff "politischer Aktivist" ist aus der Alltagssprache verschwunden, die politischen Aktivitäten sind in Verruf geraten, die Bürger ziehen sich aus dem öffentlichen Leben zurück. Auch in Argentinien macht sich die typische Haltung der Postmoderne (Privatisierung und Entzauberung) breit (vgl. Echegaray/Raimondo 1987).

Im Falle des Justizialismus kommt eine bewußte Ausschaltung all jener tradierten Bilder hinzu, welche auch nur andeutungsweise die Erinnerung an die früheren politischen Ziele der Bewegung wecken könnten. So zum Beispiel zeigten die Plakate früherer Zeiten in der Regel kräftige Gewerkschaftskämpfer mit hochgerollten Ärmeln und erhobener Faust, gleichsam symbolisch die Anerkennung der Rechte der Arbeiter reklamierend. Heutzutage werden gut gekleidete Technikerteams am Konferenztisch dargestellt, wobei die Zuschauer nicht genau erkennen können, ob es sich um Gewerkschafter oder Manager handelt.

Die großen Parteimobilisierungen, die den Demokratisierungsprozeß in den 80er Jahren begleiteten, waren die letzten Manifestationen dieser Art politischer Betätigung: Die Wahlkampagnen der Gegenwart entsprechen eher dem Muster eines Unterhaltungsspiels des Fernsehzeitalters mit seiner rigorosen Trennung von Schauspielern und Zuschauern. Noch bis vor kurzem spielte sich die Kommunikation zwischen Politikern und Wählerschaft hauptsächlich in zwei Spielarten ab: zum einen über die auf große Teilnehmerzahlen abstellenden Parteikundgebungen, auf denen es gar nicht nötig war, die Teilnehmer mit Argumenten zu überzeugen, weil die bloße Anwesenheit schon die grundsätzliche Zustimmung des Auditoriums signalisierte, zum anderen über die Presse, durch die prominente Politiker ihre Meinungen vor einem besonders interessierten Publikum verbreiteten. Dagegen wird heutzutage durch den geballten Einsatz von Massenmedien die Anzahl der Adressaten drastisch erhöht. Die Politiker geben sich vor der Kamera wie jeder gewöhnliche Mensch; Vertraulichkeit und Bürgernähe werden den Zuschauern vorgetäuscht. In dieser Form mag eine flüchtige Identifikation des Publikums mit manchen politischen Figuren entstehen, eine programmatisch fundierte politische Identifikation kommt dadurch aber nicht zustande. Um die Einschaltquote zu steigern, werden die Aussagen simplifiziert und banalisiert, die politischen Inhalte filtriert und verwandelt, so daß am Ende nur eine sehr geringe Zahl einfacher Ideen übrig bleibt, deren potentielle Widersprüche und praktische Implikationen ausgeblendet bleiben. Hinzu kommt, daß die ausschließliche Gewinnorientierung der privaten Fernsehsender in Argentinien nicht durch über Partei- und Gewinninteressen stehende öffentlich-rechtliche Anstalten ausgeglichen werden kann, denn diese werden durch die Regierung völlig instrumentalisiert (vgl. Cavarozzi/Landi 1992, S. 220 f., Sarlo 1994). Angesichts ihrer organisatorischen und programmatischen Schwächen können die argentinischen Parteien kaum einen Beitrag zur Umorientierung oder Milderung solcher Tendenzen leisten.

2. Repräsentation und Interessenaggregation

Die Repräsentationsleistung der Parteien kann empirisch auf dreifache Weise ermittelt werden, auf der Basis: 1. der Erklärungen, welche die Parteien selbst abgeben, 2. ihrer Wählerbasis, und 3. ihrer Handlungen in der Regierung. Was den ersten Punkt betrifft, zeigt schon die Tradition beider argentinischen Großparteien als Bewegungen, daß sie sich nie als Vertreter partikularer Interessen verstanden haben, sondern vielmehr den Anspruch erhoben, die ganze Nation zu verkörpern. Bezüglich des zweiten Punkts, der Wählerbasis, gilt nach wie vor die klassische Teilung zwischen einem hauptsächlich von den Mittelschichten getragenen Radikalismus und dem Peronismus, dessen wichtigstes Wählerpotential sich aus den unteren Schichten rekrutiert, wobei neuerdings jedoch auch ein starker Zulauf aus den Reihen der Besserverdienenden zu verzeichnen ist. Die konkreten Repräsentationsleistungen können allerdings nur unter Einbeziehung des dritten Punkts, des Regierungshandelns, gemessen werden, dessen tatsächliche Ergebnisse nicht unbedingt den erwünschten Zielen entsprechen müssen. Die detaillierte Ausführung dieser Problematik würde den Rahmen dieses Aufsatzes sprengen, dennoch müssen hier einige notorische Widersprüche der letzten Zeit erwähnt werden.

Ohne die Ehrlichkeit in Frage stellen zu wollen, mit der Alfonsín ursprünglich seine Ziele deklarierte, steht fest, daß seine Regierung ausgerechnet diejenigen Bevölkerungsgruppen enttäuschte, die sie in ihrem politischen Diskurs zu repräsentieren vorgab. Diejenigen, die gehofft hatten, daß die Justiz das letzte Wort über die während der letzten Militärdiktatur begangenen Menschenrechtsverletzungen sprechen würde, wurden von dem Schlußpunkt- und Gehorsamspflichtgesetz eines besseren belehrt. Wer an die Versprechungen über die Modernisierung der politischen Entscheidungsstrukturen und des bis dahin geltenden Führungsstils glaubte, mußte zusehen, wie die Regierung ein

Bündnis mit den Gewerkschaftsbossen und den rückwärtsgewandten Provinzherren schloß. Und schließlich: Am Ende der Regierungszeit Alfonsíns waren es gerade die Mittelschichten, die am stärksten von der Wirtschaftskrise und dem Verfall der öffentlichen Leistungen betroffen waren. Dagegen brachte die Regierung von Präsident Menem, der sich noch im Wahlkampf 1989 als Vertreter der Arbeiter, Armen und Marginalisierten präsentiert hatte, als Resultat die Zerschlagung der organisierten Arbeiterbewegung, wachsende Arbeitslosigkeit und Armut sowie eine Beschleunigung des Kapitalkonzentrationsprozesses.

Solche Phänomene lassen sich freilich nicht nur anhand der programmatischen Schwäche der politischen Parteien erklären. Sie sind vor allem auf strukturelle Bedingungen zurückzuführen, die den Handlungsspielraum der Regierungen sehr stark einschränken. Dennoch muß hier darauf hingewiesen werden, daß die politischen Parteien nicht als bevorzugte Kanäle der Interessenrepräsentation und -aggregation dienen. In dieser Funktion werden sie deutlich von den Interessengruppen übertroffen, die nach wie vor in der Lage sind, direkten Druck auf die jeweilige Regierung auszuüben, und die über größere Handlungskapazität als die Parteien vor allem dann verfügen, wenn die Entscheidung über die Implementierung konkreter Teilpolitiken sich nicht in den Händen des Parlaments befindet, sondern stark auf die Exekutivebene konzentriert bleibt.

Gleichwohl gibt es in der argentinischen Gesellschaft eine ganze Reihe von Problemen und Forderungen, die von keiner Partei wahrgenommen werden. Solche unbefriedigten Anforderungen werden zum Teil durch Bürgerinitiativen und ad hoc-Bewegungen aufgegriffen, die zwar einen hohen Mobilisierungsgrad erreichen und ein beachtliches öffentliches Ansehen genießen, aber kaum eine politische Aggregation zustande bringen. Beispielhaft erwähnt seien in diesem Zusammenhang die lang anhaltenden Volkskundgebungen, die in der Provinz Catamarca die Klärung eines Mordfalls verlangten, dessen mutmaßliche Täter Schutz von höchsten Regierungskreisen genossen (*"el caso María Soledad"*) und der unermüdliche Protest von den Rentnerorganisationen, die jede Woche vor dem Kongreßpalast vergeblich die Anerkennung ihrer Anrechte fordern. Darüber hinaus organisieren sich die Unterprivilegierten in zahllosen Selbsthilfeinitiativen mit dem Ziel, die Grundbedürfnisse einigermaßen befriedigen zu können. All diese Gruppen stehen den politischen Parteien skeptisch und mißtrauisch gegenüber und beschuldigen diese, sie für Wahlzwecke manipulieren und instrumentalisieren zu wollen (vgl. Grüner 1991; Ediciones Unidos 1994). In extremen Notsituationen entladen sich die von den Parteien ignorierten Forderungen in Form gewalttätiger Ausbrüche, die, sollten sie andauern, die Regierbarkeit des Systems in Frage zu stellen drohen. Die Serie solcher Ausbrüche, zu der es 1995 als Folge der Vertiefung der Anpassungspolitik in vielen (nicht nur armen) Provinzen gekommen ist, sollte Anlaß zum Nachdenken geben.

3. Regierungsbildung und Personalrekrutierung

Die Leistung der Parteien in der Erfüllung der Regierungsbildung- und Personalrekrutierungsfunktion kann anhand ihrer Beteiligung an der Bildung der letzten beiden Nationalregierungen evaluiert werden. Im Jahre 1983 berief Alfonsín in sein Kabinett Politiker, die der UCR und vor allem seinem Parteiflügel, dem *Movimiento de Renovación y Cambio*, angehörten: Bernardo Grinspun als Wirtschaftsminister, Raúl Borrás als Verteidigungsminister, Germán López als *Secretario General de la Presidencia*, Dante

Caputo als Außenminister. Einige von ihnen hatten bereits wichtige Posten in der Regierung Illia besetzt. Als die anfängliche neokeynesianische Wirtschaftsstrategie scheiterte, beschloß der Präsident, die Ausarbeitung einer neuen wirtschaftspolitischen Strategie, des sog. *Plan Austral*, einem parteifremden Team unter Führung des neuen Wirtschaftsministers und Harvard-Absolventen Juan Sourrouille anzuvertrauen, womit er mit einer alten Tradition seiner Partei brach. Obwohl das gesamte Kabinett der Autorität des Präsidenten unterstellt blieb, operierte es von diesem Moment an nicht mehr auf der Basis gemeinsamer politischer Konzepte und geteilter Verantwortung. Die Partei zog sich mehr und mehr in die bequeme Position eines externen Beobachters zurück und kritisierte den mangelnden politischen Spürsinn der "Wirtschaftstechnokraten". 1987 wurden im Interesse einer Waffenruhe mit Teilen der Opposition erneut UCR-fremde Persönlichkeiten in die Regierungsverantwortung eingebunden. So wurde Ernesto Figueras, ein prominentes Mitglied der *Sociedad Rural Argentina*, zum Staatssekretär für Landwirtschaft, der peronistische Gewerkschafter Carlos Alderete zum Arbeitsminister ernannt. Als Ergebnis dieses Schachzuges war die Opposition — gleichsam als Trojanisches Pferd — in der Regierung, was jegliche Koordination von Teilpolitiken auf Kabinettsebene unmöglich machte. Auch Eduardo Angeloz, der Präsidentschaftskandidat der UCR für die Wahlen 1989, nahm in seiner Wahlkampagne eine deutlich kritische Haltung gegenüber der Regierung Alfonsín ein, von dessen v.a. wirtschaftspolitischen Mißerfolgen er sich öffentlich distanzierte. Schließlich erzwang er sogar die Entlassung der Wirtschaftsequipe (vgl. Cavarozzi/Grossi 1989, de Riz/Feldman 1993).

Viele politische Mitstreiter Menems rekrutierten sich ebenfalls nicht aus den Reihen seiner Partei. Das gilt vor allen für das Wirtschaftsressort. Die Ernennung von Miguel Mor Roig und nach seinem plötzlichen Tod von Nestor Rapanelli zum Wirtschaftsminister — zwei Manager, die aus dem mächtigen Konzern Bunge & Born stammten — sowie die Aufnahme der UCeDé-Politiker Alvaro Alsogaray — als Berater des Präsidenten — und seiner Tochter María Julia — zuerst als Verantwortliche für die Privatisierung staatlicher Unternehmen und später im Umweltressort — waren ein Schlag ins Gesicht der klassischen peronistischen Partei- und Gewerkschaftsführung. Selbst der dritte Wirtschaftsminister Menems konnte kein Parteibuch vorlegen. Erman González war Wirtschaftsprüfer im Unternehmen der Familie Yoma (zu der Zulema, die Frau Menems, gehörte). Als Carlos Menem 1983 Gouverneur von La Rioja wurde, übernahm González als Vertrauensperson des Clans das Wirtschaftsministerium der Provinz. Schließlich besteht das Verhältnis zwischen dem PJ und dem seit 1991 amtierenden Wirtschaftsminister Domingo Cavallo erst seit 1987. Damals wurde Cavallo Abgeordneter dank einer eigens für diesen Zweck durchgeführten Änderung der Parteistatuten, wodurch die Ernennung von Nichtparteimitgliedern als Parteikandidaten für die Parlamentswahlen möglich wurde. Er betonte sogar ausdrücklich in seiner Wahlkampagne, er sei kein Peronist (vgl. Cerruti 1993, Frente Justicialista de la Renovación o.J.).

Auf der Ebene der Provinzregierungen stellen Carlos Reutemann und Ramón Ortega die besten Beispiele dafür dar, daß die Parteimitgliedschaft für die Peronisten eine sehr geringe Rolle bei der Rekrutierung hochrangigen politischen Personals spielt. Autorennfahrer der eine, Schlagersänger der andere, genossen beide in der Bevölkerung große Popularität. Sie verfügten über keine politischen Erfahrungen und hatten so gut wie keine Beziehungen zum Peronismus. Offenkundig waren es gerade diese Qualitäten, die ihnen zur Kandidatur und schließlich auch zum Gouverneursposten von Santa Fe und Tucumán verhalfen.

Was den FREPASO betrifft, ist bezüglich des Items 'Regierungsbildung/Personalrekrutierung' Fehlanzeige zu melden: Sie hatte bisher keine Chance, Regierungsverantwortung zu übernehmen. Zudem drängt sich nach ihrem bisherigen Verhalten eher der Eindruck auf, es handle sich nicht um eine Partei, die Kandidaten stellt, sonder eher um Kandidaten, die sich eine Partei nach ihren Vorstellungen zusammenbasteln wollen.

Gemeinsames Merkmal aller argentinischen Parteien, inklusive der kleinen, auf die aus Platzgründen, aber auch wegen ihrer geringen Relevanz hier nicht eingegangen werden soll, ist eine lange Geschichte von Spaltungen und Umbildungen, in deren Verlauf zahlreiche Politiker wiederholt die Fronten wechselten. Diese Praxis gilt offensichtlich noch heute: Wer eine parteiinterne Wahl verliert oder seine Vormachtstellung innerhalb einer Partei bedroht sieht, fühlt sich nicht unbedingt verpflichtet, dies zu akzeptieren. Er hat immer noch die Möglichkeit, mit seiner Gefolgschaft abzuwandern in der Hoffnung, daß die nächsten allgemeinen Wahlen ihm wieder jene Hauptrolle zuweisen, die ihm seine Parteifreunde bei früherer Gelegenheit abgesprochen hatten. Der Justizialismus der letzten Jahre bietet ein beeindruckendes Beispiel: Fest davon überzeugt, daß der PJ die Wahlen von 1983 gewinnen würde, versammelten sich sämtliche peronistische Gruppierungen hinter den Spitzenkandidaten Luder und Bittel. Im Jahre 1985 stellte sich der Flügel der Erneuerer, der sich bislang intern gegen die Orthodoxen nicht durchzusetzen vermochte, mit einer neu gegründeten Partei − dem sog. *Frente Renovador para la Justicia, la Democracia y la Participación* − zur Wahl, während die linken Strömungen sich für ein Bündnis mit der Kommunistischen Partei und dem *Movimiento al Socialismo* entschlossen. 1987 gab es in mehreren Provinzen zwei oder mehr von Peronisten aufgestellte Kandidatenlisten (Herminio Iglesias und Antonio Cafiero in Buenos Aires, Oraldo Britos und Rodríguez Saá in San Luis, Massei, der die nationale Parteiführung nicht anerkennen wollte, in Neuquén). Der Generalsekretär des Gewerkschaftsdachverbands CGT, Saúl Ubaldini, der die peronistische Opposition gegen die Regierung Alfonsín angeführt hatte, kandidierte 1991 völlig unabhängig von den Parteistrukturen für den Posten des Gouverneurs der Provinz Buenos Aires. Die Spitzenpolitiker des FREPASO, die bislang zu den Reihen des Justizialismus zählten, präsentierten sich schließlich im Jahre 1995 als die Erben des "echten" Peronismus gegenüber dem "verräterischen" Menem.

Die aufgeführten Fälle machen deutlich, daß die Parteigrenzen für viele Führungspersönlichkeiten offensichtlich kein Tabu waren und sie es somit nicht für nötig hielten, sich an eine gewisse Parteidisziplin zu halten. Die Einführung verschiedener wahltechnischer Mechanismen − wie etwa die *ley de lemas* oder offener parteiinterner Wahlen − zeigt, daß die politische Klasse sich dieses Problems bewußt ist, sie bietet aber keine Lösung für dessen Überwindung, sondern trägt eher zu dessen Verschärfung bei. Die argentinischen Parteien funktionieren somit nach wie vor und in erster Linie als Unternehmen zum Zweck der Machterreichung. Sie sind zwar in der Lage, Kandidaten an die Macht zu katapultieren, sie schaffen es aber nicht, eine Partei(en)-Regierung zu bilden. Diese auf die Funktion von Wahlmaschinen reduzierte Bedeutung der Parteien erfährt eine weitere Einschränkung durch die Omnipräsenz der Massenmedien und durch die Werbeagenturen. Beide übernehmen zunehmend jene Aufgaben, die in früheren Zeiten von den Parteiaktivisten, deren Zahl dramatisch zurückgeht, wahrgenommen wurden.

4. Die Oppositionsrolle: Kontrolle und Alternative

Kontrolle und die Bereitstellung einer Alternative bilden zusammen mit Kritik — auf die einzugehen den Rahmen dieses Artikels sprengen würde — die klassischen Funktionen der Opposition in modernen demokratischen Systemen. Daher ist es angebracht zu fragen, wie die argentinischen Parteien diese Aufgabe in den letzten Jahren wahrgenommen haben. Es wird allgemein behauptet, daß die innere Zerrissenheit des Peronismus während der ersten Jahre der Regierung Alfonsín die Partei daran gehindert habe, eine klar konturierte Oppositionsarbeit zu leisten, so daß diese Aufgabe in die Hände des Gewerkschaftsdachverbands überging. Präziser wäre es zu sagen, daß die peronistische Opposition imstande war, gleichzeitig an mehreren Schauplätzen tätig zu sein. Der radikalen Regierung stand ein Gegner gegenüber, der sich sowohl in beiden Kammern des Kongresses als auch durch die Provinzregierungen und die Gewerkschaften artikulieren konnte. So bot der Peronismus nicht nur "eine" personelle und sachliche Alternative, sondern viele — oft völlig widersprüchliche — "Alternativen" zur Regierungspolitik. Dieser Zustand, der bis zum Ende der Amtszeit Alfonsíns andauerte, verhinderte, daß die Regierung und die erste Oppositionspartei mittel- und langfristige Kompromisse erreichen konnten, wenn es auch manchmal zu punktueller Kooperation zwischen beiden kam. Die justizialistische Mehrheit im Senat bot gute Chancen für die Ausübung der Kontrollfunktion, die aber wiederum von zwei Faktoren stark beeinträchtigt wurde. Einerseits entwickelte die Exekutive eine starke Neigung, die politischen Entscheidungen außerhalb der parlamentarischen Arena zu verlagern; andererseits waren die peronistischen Senatoren des öfteren dazu bereit, im Austausch gegen punktuelle Gefälligkeiten der Nationalregierung zugunsten ihrer Provinzen bzw. ihrer Parteifreunde Regierungsvorhaben zuzustimmen.

Unter der Regierung Menems ist es der Opposition bisher nicht gelungen, der argentinischen Bevölkerung, die durch die Hyperinflation stark traumatisiert war, glaubwürdige Handlungsalternativen anzubieten. Nachdem sich mittlerweile fast das gesamte politische Spektrum damit abgefunden hat, die Grundzüge der Wirtschaftspolitik der Regierung als unumkehrbar zu akzeptieren, konnte die Opposition bisher auch keine Personalalternative anbieten, die durch ihr Ansehen oder durch die ihr zugetrauten sachlichen Kompetenzen gegen die Regierungsmannschaft erfolgreich hätte konkurrieren können. Das gilt sowohl für die UCR und den FREPASO, die sich eher widerwillig dem neoliberalen Konzept angenähert haben, als auch für die UCeDé, die diese Ideen schon seit Jahrzehnten propagiert.

Die Schwäche der Opposition, die aus den Wahlen 1995 hervorgegangene Kräftekonstellation und der Führungsstil des Präsidenten mit seiner unaufhaltsamen Neigung, die Kompetenzen der zweiten und dritten Gewalt permanent zu beschneiden (sogar so weit, daß Menem die Aufgaben des Kabinettschefs — ein von der neuen Verfassung geschaffenes Amt, das der präsidentiellen Willkür Grenzen setzen sollte — per Dekret definierte), machen die Ausübung der Kontrollfunktion nahezu unmöglich. Hinzu kommt, daß Korruptionsskandale aller Art das tägliche Brot der argentinischen Nachrichten bilden, ohne daß die dadurch ausgelöste öffentliche Empörung sich in Konsequenzen irgendwelcher Art für die Beteiligten niederschlagen würde. Vor diesem Hintergrund überrascht nicht, wenn mitunter behauptet wird, die einzige real existierende Opposition im heutigen Argentinien sei die Presse − oder genauer: ein Teil davon, v.a. die Tageszeitung "Página 12" und der etwas gemäßigtere "Clarín". Hierbei hat sich insbesondere der Journalist Horacio Verbitsky mit seinen Artikeln in "Página 12" und verschiedenen Buchpublikationen einen Namen gemacht und verschiedentlich den Zorn der Mächtigen (innerhalb und außerhalb der Regierung) auf sich gezogen.

IV. Veränderungen im Parteiensystem

Wie haben sich nun die Beziehungen der argentinischen Parteien untereinander im Laufe der letzten Jahre verändert? An erster Stelle muß betont werden, daß heute alle politischen Parteien die Wahlen als entscheidende Instanz für die Machtzuweisung akzeptieren und sich gegenseitig als legitime Gegner anerkennen, was einen deutlichen Fortschritt im Vergleich zur Vergangenheit darstellt. Allerdings bedeutet dies nicht, daß sie sämtliche Hegemonieansprüche aufgegeben hätten. Jede von ihnen behauptet nach wie vor, sie sei die einzige, die bereit bzw. in der Lage wäre, bestimmte Aufgaben zu erfüllen. So verstand sich der Radikalismus unter der Regierung Alfonsín als einziger Garant der demokratischen Ordnung, während heute der Menemismus behauptet, nur er könne die ökonomische Stabilität aufrechterhalten − zwei Aussagen, die indirekt verraten, wie wenig Vertrauen beide Parteien ihren angeblichen Leistungen im Grunde schenken.

Zweitens könnte man vermuten, die Beziehungen zwischen den Parteien hätten sich inzwischen so normalisiert, daß sie imstande wären, Regierungskoalitionen zu bilden, wie es sich in der Ernennung eines peronistischen Ministers im Kabinett von Alfonsín oder in der Aufnahme von Spitzenpolitikern der UCeDé seitens der Regierung Menems andeutete. In beiden Fällen handelte es sich allerdings nicht um eine Koalition, die aufgrund programmatischer Vereinbarungen zwischen den Parteien zustande gekommen war, sondern lediglich um einseitige, auf einem eher kurzfristigen Machtkalkül basierende personalpolitische Entscheidungen der Exekutive, die darüber hinaus heftige Konflikte in den Reihen ihrer angeblichen Partner auslösten. Vergleichbares gilt für die Reaktion der UCR nach dem sog. *"Pacto de Olivos"*, der zwar die Billigung der Partei *post factum* erhielt, aber in Wirklichkeit auf einen die Parteigremien souverän mißachtenden Alleingang Alfonsíns zurückzuführen war, und eine Kehrtwende in der bis dahin von der UCR verfolgten Oppositionsstrategie darstellte. Andererseits ist nicht zu leugnen, daß der FREPASO Merkmale eines echten Wahlbündnisses aufweist, dessen Kohärenz und Beständigkeit sich allerdings noch erweisen müssen.

Insgesamt scheint sich das argentinische Parteiensystem seit 1983 im permanenten Transitionszustand zu befinden, denn jedes Wahlergebnis sorgt für so wichtige Veränderungen, daß die Beobachter sich gezwungen sehen, dauernd die Klassifikation wechseln zu müssen: 1983 war das bislang geltende "eiserne Gesetz" (d.h. die Annahme, daß der Peronismus in offenen Wahlen nicht besiegbar sei) gebrochen worden. 1985 avancierte die UCR zu einer hegemonialen Partei. 1987 hieß es, der Bipartidismus konsolidiere sich. Dennoch profilierte sich 1989 die UCeDé − wenn auch nur vorübergehend − als dritte Partei, die in der Lage war, die Interessen der Rechten innerhalb der demokratischen Spielregeln zu kanalisieren und dadurch einen wichtigen Beitrag zur Stabilität des Systems zu leisten. 1991 wuchs der Stimmenanteil von neuen Provinzparteien, die von ehemaligen militärischen Gouverneuren geführt wurden (*Fuerza Republicana* in Tucumán, *Partido Renovador* in Salta und *Acción Chaqueña* in Chaco), sowie des von Aldo Rico geleiteten MODIN. Die Rechte hatte sich damit radikalisiert, aber auch fraktioniert. 1993 verzeichnete der Justizialismus einen deutlichen Stimmenzuwachs bei gleichzeitiger Dekonzentrierung, die sich in einer Zunahme der Stimmen der Rechtsextremen und in bescheidenem Maße auch der Mitte-Links-Alternativen ausdrückte. Bei den Wahlen zur *Constituante* 1994 zerbrach der Bipartidismus: Die geringe Zahl der radikalen Stimmen (19%) stellte den Anspruch dieser politischen Kraft auf den Titel einer Großpartei in Frage. 1995 konnte sich der PJ als Hegemon auf nationaler Ebene etablieren, die UCR mußte das schlechteste Ergebnis ihrer Geschichte verbuchen und wurde auf den dritten Platz verwiesen, während es der neu entstandenen Kraft FREPASO gelang, auf Anhieb 30% der Stimmen auf sich zu vereinigen (vgl. Catterberg/Braun 1989; Birle 1991; 1994; Echegaray 1993).

Angesichts solcher Schwankungen empfiehlt es sich, jeden Versuch der Klassifizierung des argentinischen Parteiensystems mit Skepsis zu betrachten. Der Flüchtigkeit der Wählerstimmen entspricht die Flüchtigkeit der Parteien selbst, die mit atemberaubender Geschwindigkeit entstehen, in der Bedeutungslosigkeit verschwinden (wie z.b. der *Partido Intransigente*, die UCeDé, der MODIN usw.) bzw. sich umwandeln, und zwar nicht nur, was ihre programmatischen Vorschläge betrifft, sondern auch in ihren Komponenten. Das Verhalten von Wählern und Parteien bedingen und verstärken sich wechselseitig. Wo verläuft die Grenze zwischen den Parteien? Macht es einen Sinn, etwa von Bipartidismus oder – seit dem Auftauchen des FREPASO – von Tripartidismus zu sprechen, wenn die Parteien lediglich ein Bündnis von Kandidaten ohne jegliche Disziplin bilden, die jederzeit bereit sind, das Boot bei der nächstmöglichen Gelegenheit zu verlassen?

Die Zukunft des argentinischen Parteiensystems bleibt offen, der Trend zeigt allerdings in Richtung einer Diversifizierung mit offenem Ausgang. Dies ist besonders deutlich in den Provinzen, wo die sog. "dritten Kräfte" viel stärker als auf der nationalen Ebene sind. Manche Provinzparteien verfügen sogar über eine Mehrheit und stellen die Regierung (vgl. dazu Adrogué 1995).

Im Augenblick fällt es schwer, an eine Erholung der UCR zu glauben, die sie wieder auf das Niveau ihrer historischen Stärke zurückbringen könnte. Auch die Aussichten auf eine mögliche Stabilisierung des FREPASO auf nationaler Ebene, auf der er bislang über eine lediglich bescheidene parlamentarische Fraktion verfügt, sind eher skeptisch zu bewerten. Der vor kurzem erreichte Sieg in der Senatorenwahl des Hauptstadtbezirks sowie die guten Chancen bei einer möglichen bislang jedoch immer wieder verschobenen Wahl eines Bürgermeisters der Stadt Buenos Aires dürften das Bündnis zeitweilig kitten, mehr aber auch nicht.

Was schließlich den Justizialismus anbelangt, so hängt dessen weitere Vormachtstellung nicht so sehr von den Initiativen der Opposition als von seiner eigenen Entwicklung ab. Hier ist der Kampf um die Nachfolge Menems bei den Wahlen 1999 schon voll entbrannt. Darüber hinaus hängt damit Schicksal der Regierungspartei eng mit der Wirtschaftsentwicklung zusammen: Wenn die Unsicherheit in diesem Bereich wachsen sollte, ist zu erwarten, daß die zweite Garde des Peronismus – sei es aus dem Kabinett, dem Parlament oder den Provinzregierungen – verstärkt ihren Unmut äußert. Unübersehbar ist, daß mit der verschärften Rezession und steigenden Arbeitslosigkeit die Meinungsverschiedenheiten zwischen dem Präsidenten und seinem Wirtschaftsminister seit Mitte 1995 spürbar zugenommen haben.

V. Schlußfolgerungen

"Wird die Betonung auf die politischen Parteien gelegt, erweist sich der Pessimismus fast als eine Konstante der Analyse der Konsolidierungsaussichten der argentinischen Demokratie" (Grossi/Gritti 1989, S. 39).
Dieses skeptische Urteil ist – wie unsere Analyse ergab – begründet. Die Parteien erfüllen so gut wie keine Sozialisationsfunktion mehr, haben ihr altes Mobilisierungspotential weitgehend eingebüßt und tun sich sehr schwer in der Wahrnehmung von Repräsentationsaufgaben, die offensichtlich andere Organisationen erfolgreicher und unmittelbarer als sie leisten. Diese Merkmale sind freilich nicht nur in Argentinien anzutreffen, sie werden – wenn auch in unterschiedlichem Maße – mehr oder weniger in allen gegenwärtigen Demokratien diagnostiziert (vgl. Alcántara 1995, S. 5 ff.). Gravierend ist jedoch die Tatsache, daß die argentinischen Parteien kaum in der Lage sind, als effektive Filter zu wirken, welche die Organisierung und Kanalisierung von sozialen Forderungen in das politische System ermöglichen. Ihnen gelingt es ebensowenig, die Agenda des politischen Willensbildungsprozesses entscheidend zu gestalten. Auch ihre Mitwirkung bei der Personalrekrutierungs- und Regierungsbildungsfunktion wird immer geringer. Alles in allem erweist sich ihr genuiner Beitrag zur Regierbarkeit – und somit auch zur Stabilität des demokratischen Systems – als eher bescheiden.

Vor fast einem Jahrzehnt definierte Morlino die Konsolidierung der Demokratie als einen Prozeß, der sich in mehreren Gebieten gleichzeitig vollziehen kann. Zwei von ihnen beziehen sich direkt auf die hier angesprochene Thematik: 1. der Bereich der Parteien und des Parteiensystems, 2. der Bereich der Beziehungen zwischen Regime und Vermittlungsstrukturen. Im ersten Fall beinhaltet die demokratische Konsolidierung die organisatorische Stärkung der Parteien, die klare Definition ihrer Identität, die Festlegung von programmatischen Positionen und Handlungsstrategien sowie schließlich die Etablierung einer kompetitiven Logik, deren Merkmale zwar – je nach vorherrschendem Parteityp und institutionellen Einschränkungen des jeweiligen Systems – sehr unterschiedlich ausfallen können, aber keineswegs einem andauernden Umstrukturierungsprozeß im Sinne wiederholter Parteigründungen, -spaltungen, -fusionierungen und Namensänderungen unterliegen dürfen. Im zweiten Bereich äußert sich die Konsolidierung in einem hohen Legitimations- und Integrationsgrad der demokratischen Vermittlungsstrukturen und ihrer Kehrseite, nämlich der Schwäche bzw. Bedeutungslosigkeit solcher Parteien, Bewegungen oder Gruppierungen, welche die Legitimität des Systems in Frage stellen. Dazu zählt auch das Ausbleiben von Ausschreitungen und anderen Phänomenen, welche die Regierbarkeit in Frage stellen können (vgl. Morlino 1986, S. 210 ff.).

Legt man diese Kriterien dem argentinischen Fall zugrunde, erweist sich die Situation als ziemlich ambivalent. Im Bereich der Parteien und des Parteiensystems fällt die Bilanz deutlich negativ aus. In bezug auf das Verhältnis zwischen Regime und Vermittlungsstrukturen lassen sich jedoch zweifellos Fortschritte erkennen, wie etwa die gegenseitige Anerkennung der Legitimität aller Beteiligten, die Respektierung der Wahlergebnisse sowie die Zurückhaltung der Streitkräfte, die sich offensichtlich aus dem politischen Spiel zurückgezogen haben, ob auf Dauer, bleibt abzuwarten. Keine Regierung hat allerdings bislang der Versuchung widerstanden, hegemoniale Ansprüche anzumelden, keine hat auf die dringendsten Forderungen der unterprivilegierten Bevölkerungsschichten eine adäquate Antwort gegeben. Die Gefahr anomischer Protestausbrüche bleibt somit weiter bestehen. So lange dies der Fall ist, muß die Frage nach der demokratischen Stabilität Argentiniens offen bleiben.

Literaturverzeichnis

ADROGUE, Gerardo, 1995: El nuevo sistema partidario argentino, in: Carlos Acuña (Hrsg.), La nueva matriz política argentina, Buenos Aires, S. 27-70.

ALCANTARA SAEZ, Manuel, 1995: Partidos políticos y gobernabilidad, in: Espacios, Revista Centroamericana de Cultura Política, San José, No. 3, S. 4-16.

BIRLE, Peter, 1989: Parteien, Parteiensystem und Demokratie in Argentinien: Die neuere Entwicklung der Unión Cívica Radical und ihre Stellung innerhalb des argentinischen Pateiensystems, (Dokumente und Materialien N° 11), Mainz: Institut für Politikwissenschaft, Johannes Gutenberg-Universität.

– – –, 1991: Von der Agonie zur Ekstase. Die argentinischen Gouverneurs-, Parlaments und Kommunalwahlen von 1991, in: Lateinamerika. Analysen-Daten-Dokumentation (Hamburg), 8, 17/18, S. 119-130.

– – –, 1994: Die politische und wirtschaftliche Situation Argentiniens nach den Parlamentswahlen vom Oktober 1993, in: Lateinamerika. Analysen-Daten-Dokumentation (Hamburg), 11, 25/26, S. 19-30.

BODEMER, Klaus/CARRERAS, Sandra, 1991: Modernisierung – Zum Bedeutungs- und Realitätsgehalt eines Entwicklungsslogans in der neuen argentinischen Demokratie, in: Manfred Mols; Peter Birle (Hrsg.): Entwicklungsdiskussion und Entwicklungspraxis in Lateinamerika, Südostasien und Indien, Münster und Hamburg, S. 97-144.

CATTERBERG, Edgardo/BRAUN María, 1989: Las elecciones presidenciales argentinas del 14 de mayo de 1989: la ruta a la normalidad, in: Desarrollo Económico (Buenos Aires), 29, 115, S. 361-374.

CAVAROZZI, Marcelo, 1987: Autoritarismo y democracia (1955-1983), Buenos Aires.

– – –, 1989: El esquema partidario argentino: partidos viejos, sistema débil, in: Marcelo Cavarozzi; Antonio Garretón (Hrsg.): Muerte y resurrección. Los partidos políticos en el autoritarismo y las transiciones del Cono Sur, Santiago de Chile, S. 297-334.

– – –/GROSSI, María, 1989: Los años de Alfonsín: La frustrante experiencia de los partidos en el manejo de la transición, in: Instituto de Ciencia Política, Universidad de la República Oriental del Uruguay (Hrsg.): Los partidos políticos de cara al 90, Montevideo, S. 227-247.

– – –/LANDI, Oscar, 1992: Political Parties under Alfonsín and Menem: The Effects of State Shrinking and the Devaluation of Democratic Politics, in: Epstein, Edward (Hrsg.): The New Argentine Democracy: The Search for a Successful Formula, Westport, S. 203-227.

CERRUTI, Gabriela, 1993: El Jefe. Vida y obra de Carlos Saúl Menem, Buenos Aires.

CISEA (Hrsg.), 1984: Argentina 1983, Buenos Aires.

CHUMBITA, Hugo, 1989: El significado democrático de la evolución del Justicialismo, in: Fundación Rafael Campalans (Hrsg.): El futuro de la democracia en Argentina, o.O., S. 37-54.

DAHL, Robert, 1978: Polyarchy. Participation and Opposition, New Haven und London.

DE IPOLA, Emilio, 1987: La difícil apuesta del peronismo democrático, in: José Nun; Juan Carlos Portantiero, (Hrsg.): Ensayos sobre la transición democrática en la Argentina, Buenos Aires, S. 333-374.

DE RIZ, Liliana, 1986: Política y partidos. Ejercicio de análisis comparado: Argentina, Chile, Brasil y Uruguay, in: Desarrollo Económico (Buenos Aires), 25, 100, S. 659-681.

– – – /FELDMAN, Jorge, 1993: El partido en el gobierno. La experiencia del radicalismo 1983-1989, in: Dieter Nohlen (Hrsg.), Elecciones y sistemas de partidos en América Latina, San José/Costa Rica, S. 447-463.

ECHEGARAY, Fabián, 1993: ¿Adiós al bipartidismo imperfecto? Elecciones y partidos provinciales en la Argentina, in: Nueva Sociedad (Caracas), No. 124, S. 46-52.

– – – /RAIMONDO, Ezequiel, 1987: Desencanto político y transición democrática, Buenos Aires.

EDICIONES UNIDOS (Hrsg.), 1994: Los que pelean de adentro. El Frente Grande y la militancia social, Buenos Aires.

FRENTE JUSTICIALISTA DE LA RENOVACION (Hrsg.), o.Z.: Habla Cavallo. Candidato a Diputado Nacional, Buenos Aires.

GIBSON, Edward, 1990: Democracy and the New Electoral Right in Argentina, in: Journal of Interamerican Studies and World Affairs 32, S. 177-228.

GIUSSANI, Pablo, 1990: Menem: su lógica secreta, Buenos Aires.

GROISMAN, Enrique, 1993: Reforma administrativa: enfoques y experiencias durante la gestión presidencial del Dr. Alfonsín, in: Bodemer, Klaus (Hrsg.): La reforma del Estado. Más allá de la privatización, Montevideo, S. 213-221.

GROSSI, María/GRITTI, Roberto, 1989: Los partidos frente a una democracia difícil: la evolución del sistema partidario en la Argentina, in: Crítica y Utopía, Buenos Aires, No. 18, S. 27-62.

GRÜNER, Eduardo, 1991: Las fronteras del (des)orden. Apuntes sobre el estado de la sociedad civil bajo el Menemato, in: Atilio Borón et al.: El Menemato. Radiografía de dos años de gobierno de Carlos Menem, Buenos Aires, 85-118.

JOZAMI, Eduardo, 1994: Reflexiones desde el Frente Grande, in: Ediciones Unidas (Hrsg.): Los que pelean de adentro. El Frente Grande y la militancia social, Buenos Aires, S. 33-45.

MAINWARING, Scott, 1988: Los partidos políticos y la democractización en Brasil y el Cono Sur. Reseña Crítica. Documento de Trabajo 8 del Grupo de Trabajo de Partidos Políticos del Consejo Latinoamericano de Ciencias Sociales (CLACSO), Buenos Aires.

MORLINO, Leonardo, 1986: Consolidamento democratico: definizione e modelli, in: Rivista Italiana di Scienza Politica, 16, 2, S. 197-238.

NINO, Carlos, 1992: Un país al margen de la ley. Estudio de la anomia como componente del subdesarrollo argentino, Buenos Aires.

NOLTE, Detlef, 1995: Ein Volk von Menemisten? Argentinien nach den Parlaments- und Präsidentschaftswahlen vom Mai 1995, in: Lateinamerika. Analysen-Daten-Dokumentation (Hamburg), 12, 28, S. 9-24.

O'DONNELL, Guillermo, 1973: Modernization and Bureaucratic-Authoritarianism. Studies in South American Politics, Berkeley.

PODETTI, Mariana/QUES, María E./SAGOL, Cecilia, 1988: La palabra acorralada. La constitución discursiva del Peronismo renovador, Buenos Aires.

ROUQUIE, Alain, 1982: El poder militar en la Argentina de hoy. Cambio y continuidad, in: Peter Waldmann; Ernesto Garzón Valdés (Hrsg.): El poder militar en la Argentina 1976-1981, Buenos Aires, S. 65-76.

SABATO, Jorge/SCHVARZER, Jorge, 1988: Funcionamiento de la economía y poder político en la Argentina: trabas para la democracia, in: Jorge Sábato (Hrsg.), La clase dominante en la Argentina moderna. Formación y características, Buenos Aires, S. 243-279.

SARLO, Beatriz, 1994: Argentina under Menem: The Aesthetics of Domination, in: NACLA Report on the Americas 27, 2, S. 33-37.

SNOW, Peter; MANZETTI, Luigi, 1993: Political Forces in Argentina, Westport/Conn. und London.

WALDMANN, Peter, 1992: "Was ich mache, ist Justizialismus, nicht Liberalismus". Menems Peronismus und Peróns Peronismus: ein vorläufiger Vergleich, in: Iberoamerikanisches Archiv 18, 1-2, S. 5-29.

Cecilia Braslavsky

Veränderungen im Erziehungswesen 1984-1995*

I. Einführung

In einer früheren Arbeit (Braslavsky 1994) stellten wir fest, daß das argentinische Erziehungswesen einen Prozeß tiefgreifenden Wandels durchläuft. Dies wird zwar von vielen Autoren konstatiert, führt jedoch zu ganz unterschiedlichen Interpretationen. Für einige handelt es sich um ein neokonservatives Projekt (Paviglianitti 1991), für andere um den Versuch von konsensorientierten und geplanten Änderungen (Cantero 1992).

Wir vertraten die Ansicht, daß die Veränderungen im argentinischen Erziehungswesen das Ergebnis von ganz verschiedenen Kräften sind, die zum Teil mit konstruktiven, zum Teil aber mit obstruktiven Maßnahmen auf eine Vielzahl von Forderungen und Bedürfnissen aus der Gesellschaft zu reagieren versuchten. Mittlerweile kann man feststellen, daß ein neues Erziehungssystem entsteht, das sich grundsätzlich von dem zwischen 1880 und 1991 herausgebildeten und stark regulierten bzw. konfigurierten Erziehungssystem unterscheidet (vgl. u.a. Puiggros 1993)[1].

Damals wie heute ging die Initiative vom Nationalstaat aus. Dieses Mal sind jedoch die Beziehungen zwischen dem Nationalstaat, den Provinzen und den sozialen Akteuren ganz anders. Generell herrscht eine starke Unzufriedenheit mit dem Erziehungssystem, da es die Menschen nach Ansicht vieler Beobachter weder für ihren individuellen Werdegang noch für ihre sozialen Tätigkeiten angemessen ausbildet (vgl. Gentili 1993; Zuleta Puceiro 1994; Ministerio de Cultura y Educación 1994). Die Reformvorschläge gipfelten 1984 in der Forderung nach einer Demokratisierung des Erziehungssystems und seiner Institutionen, zumal diese einerseits als elitär und autoritär galten, andererseits das System den Anforderungen einer zunehmend internationalisierten Ökonomie nicht mehr gerecht werden könne (Tiramonti/Braslavsky/Filmus 1995).

---

*   Übersetzung aus dem Spanischen von Nikolaus Werz.

[1] In diesem Artikel werden Begriffe mit folgenden Definitionen verwendet: **Regulation:** Festlegung der Ziele und Prinzipien und damit auch der Möglichkeiten und Beschränkungen der verschiedenen Institutionen und Agenten des Erziehungssystems. Dies geschieht durch die Einführung und/oder Legitimation gewisser makro- und mikroinstitutioneller Modelle, die sich in Gesetzen, Dekreten, Verordnungen und anderen formalen Normen niederschlagen. **Konfiguration:** Entwicklung der makro- und mikroinstitutionellen Modelle mit dem Ziel, auf die tägliche Entwicklung einzuwirken. Diese Definitionen orientieren sich teilweise an Bernstein (1994) und Popkewitz (1994).

Zu Beginn der Transition zur Demokratie 1983 traten ganz unterschiedliche politische Akteure für Veränderungen im Erziehungssystem ein, darunter die Radikale Partei, die den Erziehungsminister stellte, Teile der progressiven Kräfte[2] und auch die privaten katholischen Erziehungseinrichtungen mit restaurativer Absicht. Die progressiven Kräfte wollten zu den Prinzipien der goldenen Zeit der staatlichen Erziehung in Argentinien zurückkehren. Dazu gehörten der sog. *Estado docente*, die kostenlose Ausbildung sowie die Laizität und Einheitlichkeit der obligatorischen Erziehung. Für die Konservativen ging es darum, die Macht des Staates in diesem Bereich einzugrenzen und den der privaten Erziehung auszudehnen, um dadurch auch metaphysische und spiritualistische Ideen in die Bildung einzubringen. Ein Höhepunkt dieser restaurativen Tendenzen war der Februar 1988, als ein pädagogischer Kongreß zu Ende ging, in dessen Verlauf die rückwärts gewandte Logik immer deutlicher wurde[3].

Zu den traditionellen Problemen des Erziehungssystems gehören der Ausschluß von 5% der Bevölkerung im schulpflichtigen Alter, eine Schulabbrecherrate, die zwischen 12,1% in der Stadt Buenos Aires und 58,1% in der Provinz Corrientes variiert, niedrige Einkünfte der Lehrer (unter 300 Dollar im Monat), ein Laufbahnsystem, das die Anzahl der Berufsjahre höher bewertet als die Qualifikation bzw. das berufliche Engagement der Lehrer, mangelnde Investitionen in die Erziehung, schlechte Ausnutzung der ohnehin knappen Ressourcen und überholte Erziehungskonzeptionen (Braslavsky 1994).

Zu den neuen Herausforderungen gehören die Fragmentierung des Erziehungssystems, die Zunahme von Regellosigkeit innerhalb der Institutionen und die Notwendigkeit, die Auswahl der schulischen Inhalte zu erneuern und integrale pädagogische Konzepte zu entwickeln. Im Rahmen des *Congreso Pedagógico* begann eine Zusammenarbeit zwischen den unterschiedlichen Positionen. Alte Gegensätze verloren an Bedeutung, und als Reaktion auf die Herausforderungen auf internationaler Ebene begann die Ausarbeitung eines Erziehungsreformgesetzes, das als *Ley Federal de Educación* im April 1993 verabschiedet wurde.

Im folgenden werden Überlegungen zu den Notwendigkeiten und den Alternativen bei der Reform des argentinischen Erziehungssystems angestellt. Anschließend werden zwei wichtige Aspekte der Veränderungen in den vergangenen zwanzig Jahren benannt: zum einen der Aufbau des Erziehungssystems, zum anderen die Prozesse der Auswahl und der Organisation des Wissens sowie der Inhalte der Erziehung auf verschiedenen Ebenen. Abschließend wird über die Rolle des Staates im Erziehungswesen nachgedacht.

---

[2] In Argentinien bezeichnet man als progressive Kräfte ein weites Spektrum, zu dem man die Anhänger einer auf Gleichheit und Laizismus abzielenden Volksschulausbildung, einer demokratischen Organisation der Regierung, der freien Assoziation von Dozenten und Studenten sowie generell diejenigen zählt, die die Ausbildung der Bürger in Forderung stellen. Zu dieser Bewegung gehören Politiker und Gewerkschafter sowohl des politischen Liberalismus als auch des Sozialismus, aber ebenso Anhänger der Justizialistischen Partei. Meistens organisieren sie sich zur "Verteidigung des staatlichen Erziehungswesens".

[3] Vgl. die Beschreibung des Kongresses und verschiedene Stellungnahmen in: De Lella/Krotsch (1989).

II. Herausforderungen bei der Reform des Erziehungssystems

Gesellschaften sind ohne Erziehung, d.h. ohne eine gezielte und systematische Weitervermittlung von kulturellen Formen von der älteren auf die jüngere Generation, undenkbar. Wegen der zunehmenden Komplexität von Kultur wurde die Schaffung von Schulen notwendig. Somit sind die Erziehungssysteme komplexe Organisationen, die in historischer Perspektive erst zu einem relativ späten Zeitpunkt auftauchten, und zwar mit der Absicht, das Wissen und die Erziehung zu systematisieren. Die Erziehungssysteme sind also relativ jungen Datums und weisen erst eine Geschichte von 150 bis 200 Jahren auf. Ihr Ziel war u.a. die Aufrechterhaltung der symbolischen Kontrolle, in ihrer jetzigen Ausformung funktionieren sie erst seit 50 Jahren (für Spanien Viñao Frago 1990, für Frankreich Furet/Ozouf 1990). Ihre Konzeption hängt zusammen mit den Auswirkungen der modernen Technologien, mit der ersten Etappe der Industriellen Revolution und mit dem Aufkommen demokratischer Republiken in konsolidierten Nationalstaaten. In der westlichen Welt verlief ihre weitere Entwicklung parallel zu der effektiven Modernisierung der Gesellschaften. In diesem Prozeß haben sie außergewöhnliche Erfolge erzielt, gleichzeitig aber sind ihre Grenzen sichtbar geworden.

Die Zukunft der Erziehungssysteme hängt eng mit der Modernität und der Fähigkeit zusammen, sie im Zuge eines Projektes sozialer Integration zu aktualisieren und gleichzeitig die fundamentalen Menschenrechte und Prinzipien der Aufklärung zu verwirklichen (Habermas 1986). Die Gegenkräfte resultieren sowohl aus dem Vorhandensein prämoderner Formen als auch aus dem Aufkommen einer postmodernen Situation (Lyotard 1987) in der westlichen Welt; beide Einflußfaktoren können zu Formen der Entstrukturierung und zu Irrationalität führen. In diesem Kontext ist das Überleben der Erziehungssysteme davon abhängig, Funktionsschwierigkeiten zu überwinden und eine moderne Erziehung unter neuen Bedingungen zu garantieren[4].

Für die Erneuerung des Schulwesens sind wichtig: die Verwendung moderner Technologien, Curricularentwürfe, neue Schulbücher, gut ausgebildete Lehrer, Informationen über den Ausbildungsstand der Abgänger etc. Solche Leistungen können von den Schulen selbst nicht erbracht werden, und nur in wenigen Ländern mit einer ausgeprägten Tradition der Beteiligung sozialer Organisationen an Erziehungsfragen können solche Anstöße von außerhalb des Erziehungssystems erfolgen[5].

Die Erziehungssysteme der lateinamerikanischen Nationalstaaten orientierten sich an europäischen Vorbildern. Damit gingen die Anstöße weniger von den Akteuren in den einzelnen Gesellschaften aus, vielmehr handelte es sich um ein Modernisierungsprogramm, das um die Jahrhundertwende in verschiedenen Ländern "von oben" durchgesetzt wurde. Der Nationalstaat war nicht der einzige Akteur, allerdings einer der wichtigsten. Als Ergebnis verschiedener Einflußfaktoren entstand in Argentinien ein Erziehungssystem, das in den 60er Jahren vier unterschiedliche Schultypen sowohl

---

[4] Eine moderne Erziehung zu ermöglichen, bedeutet, den Zugang zu einem gemeinsamen Kodex offenzuhalten, der der Gesamtheit der Bevölkerung die fundamentalen Erziehungskompetenzen vermittelt.

[5] Dazu gehören die Vereinigten Staaten, wo die Vereinigung für die Entwicklung der Wissenschaften nach einer Gemeinschaftsarbeit von Universitäten und Erziehungseinrichtungen in der Lage war, einen sinnvollen Vorschlag mit wissenschaftlichen Inhalten für das Erziehungssystem zu erarbeiten (American Association for the Advancement of Science 1993).

auf der Ebene der Primar- als auch der Sekundarschulen besaß. Dazu gehörten die sog. nationalen staatlichen Schulen, die staatlichen Provinzschulen, die von der Zentralregierung betreuten Privatschulen und die von den Provinzregierungen betreuten Privatschulen. Jeder dieser vier Schultypen hatte seine eigenen Erziehungspläne, Normen, Fachleiter, Besoldungssysteme etc. (Tedesco u.a. 1983). Dies hatte zur Folge, daß Schulen, die 2000 km von der Hauptstadt entfernt lagen und nur zwei km von einer Provinzhauptstadt, nach den Regeln des Zentralstaates und unabhängig von der Provinzregierung funktionierten.

Im Unterschied zu einigen europäischen Ländern vernachlässigten die lateinamerikanischen Nationalstaaten die weitere Entwicklung des Schulsystems und beschränkten sich auf die mehr oder weniger eingefahrene Weiterführung der vorhandenen Einrichtungen. Im argentinischen Fall hatte dies einen Niedergang der Qualität zur Folge und führte zu Ungleichheiten im Erziehungssystem. Der Nationalstaat kümmerte sich allein um seine Schulen, und dies in vielen Fällen in sog. Pilotprojekten[6], nicht aber um die anderen Schultypen und noch weniger um die Erziehung insgesamt.

Die reine Assistenzfunktion des Staates für die Schulen verschärfte sich während der Militärdiktatur (1976-1983). Dies lag an dem mangelnden Interesse am Wissen als Entwicklungsfaktor, an dem Mißtrauen in die schulische Bildung im autoritären System und an den geringen Möglichkeiten der verschiedenen Sektoren und politischen Akteure, im Bereich der Erziehung ihre eigenen Interessen vorzutragen. Hinzu kamen die Abschaffung von Maßnahmen, die der Orientierung und Evaluierung der Erziehungseinrichtungen dienen sollten, ein Rückgang der Unterrichtsstunden u.a. als Folge zahlreicher Lehrerstreiks sowie eine nachlassende Fähigkeit, talentierte Kräfte für den Lehrberuf zu gewinnen.

Als Folge eines Rückgangs der effizienzbestimmenden Normen und der Unfähigkeit, sie zu erneuern, geriet das argentinische Erziehungssystem in einen Prozeß der Auflösung. Am gravierendsten war wahrscheinlich das Fehlen von Foren für die Debatte sowie die mangelnde Interaktion zwischen unterschiedlichen sozialen und politischen Akteure, die das Erziehungswesen erneut zu einer öffentlichen Angelegenheit hätten machen können.

Im Kontext einer schwachen Zivilgesellschaft führte dies zur weiteren Fragmentierung des Erziehungsangebotes und zur Schwächung des Erziehungssystems insgesamt. Damit weist das argentinische System sowohl die Probleme der Prä- als auch der Postmoderne auf. Angesichts dieser Auflösungserscheinungen gab es zwei Alternativen: Die erste bestand darin, alles wie bisher weiterlaufen zu lassen und unterschiedliche Erziehungsstrategien für die Schultypen zu entwerfen, was wenig Aussicht für Verbesserungen im Hinblick auf Gleichheit und Qualität eröffnet hätte (Braslavsky 1994). Die zweite bestand in einem Reformentwurf, der das Erziehungswesen erneut auf den Weg der Modernisierung zurückführen sollte.

Hinsichtlich der weltweit diskutierten Formen von Regulierung und Konfiguration von Erziehungssystemen können zwei grundlegende Konzepte unterschieden werden:

---

[6] Ein Beispiel dafür ist das sog. Projekt 13 in einer Reihe von Sekundarschulen Anfang der 70er Jahre. Schon damals ging man davon aus, daß die Sekundarschulen ein unangemessenes Organisationsmodell aufwiesen, u.a. deswegen, weil die Lehrer nur für die jeweiligen Unterrichtsstunden angestellt wurden, was die Schaffung des sog. Taxi-Lehrers zur Folge hatte. Dieses Projekt sollte für alle Schulen gelten, tatsächlich wurde es jedoch nur an einigen der National-Schulen eingeführt.

Das erste kann man als "minimale Regulierung" bezeichnen, d.h. es konzentriert sich auf die Nachfrage nach Erziehung und auf die erhofften Ergebnisse des Erziehungsprozesses. Das zweite könnte man als die "notwendige Regulierung" bezeichnen (vgl. dazu Gurrieri 1987), wobei das Schwergewicht auf den erforderlichen Prozessen mit Blick auf eine gesamtgesellschaftliche Modernisierung und Demokratisierung liegt.

Diejenige Konzeption, die man als "Regulierung und minimale Konfiguration" bezeichnen könnte, mißt dem Staat eine zurückhaltende Rolle zu. Statt dessen soll die Tendenz zur Dezentralisierung, Munizipalisierung und Privatisierung in der Erziehung gestärkt werden. Die Alternative "Regulierung und notwendige Konfiguration" geht dagegen davon aus, daß der Staat die Ausbildungsziele definieren muß, daß er entsprechende Informationssysteme schafft und in einer späteren Phase eine Evaluierung der Laufbahnsysteme durchführt (Berufszugang für Lehrer, Beförderungsrichtlinien). Die Rolle und die Notwendigkeit der staatlichen Intervention wird nicht unterschätzt, sondern modifiziert. Man geht davon aus, daß die Tendenz zur Dezentralisierung und Munizipalisierung des Erziehungssystems gefördert werden sollte, daß gleichzeitig aber auch die Autonomie und eine erneute Professionalisierung der Erziehungsinstitutionen gestärkt werden müssen (Luhmann/Schorr 1993).

Wie bereits erwähnt, befindet sich das argentinische Erziehungssystem seit längerer Zeit in einem Übergangsprozeß. Erst in den letzten Jahren hat man damit begonnen, systematisch über mögliche Alternativen nachzudenken. Der ganze Prozeß beschränkte sich zunächst auf die Forderung nach mehr Effizienz, die durch eine Dezentralisierung verwirklicht werden sollte. Darunter verstand man eine Übertragung eines großen Teils der Erziehungsinstitutionen des Zentralstaates auf die Provinzen und auf die Stadtverwaltung von Buenos Aires. Im folgenden sollen einige Aspekte dieser Übertragung von Schulen auf die Provinzregierungen genauer analysiert werden, wobei besonders auf einige paradoxe Effekte beim Wandel von dem alten zu einem neuen Erziehungssystem eingegangen wird.

III. Der Wandel im nationalen Erziehungssystem

1. Die Übertragung von Schulen und die Veränderungen des Erziehungssystems

Ende der 60er Jahre unternahm die damalige Militärregierung erste Schritte, um die staatlichen Schulen an die Provinzen zu übertragen (Puiggros 1993). Das Fehlen eines Konsenses hatte zur Folge, daß nach der Rückkehr zur Demokratie 1973 dieser Vorgang bis zur Machtübernahme der Militärs 1976 unterbrochen wurde. Bis 1978 ging dann praktisch die gesamte Primarschulerziehung in die Hände der Provinzregierungen und der Stadtverwaltung von Buenos Aires über. Die demokratisch gewählten Regierungen führten diesen Prozeß nach 1983 durch die Rückführung der mittleren Bildungseinrichtungen und der Institutionen zur Lehrerausbildung an die genannten Verwaltungsebenen weiter.

Für eine solche Rückführung lassen sich folgende Argumente anführen: die Garantie des konstitutionellen Föderalismus, eine bessere Ausnutzung der knapper werdenden Mittel, eine effektivere Organisation der verschiedenen konkurrierenden Erziehungssysteme auf ein und demselben Territorium und eine Übertragung von Entscheidungen an die einzelnen Erziehungseinrichtungen. Das konstitutionelle Argument stützt sich auf den Artikel der Verfassung, der den Provinzen die Vollmacht gibt, die Volkserziehung durchzuführen, was heutzutage zumindest die Primar- und Mittelschulerziehung beinhaltet. Staatliche Unterstützung könne es demnach nur geben, wenn die Provinzen vorübergehend nicht in der Lage seien, Schulen zu errichten. Die Befürworter eines solchen Sparkurses gingen davon aus, daß durch die Übertragung der Entscheidungsgewalt an die einzelnen Verwaltungsebenen eine bessere Ausgabenpolitik betrieben werden könne. Kritiker hielten dagegen, daß es nicht nur um eine Rationalisierung gehe, sondern um einen Versuch von staatlicher Seite, die Ausgaben für die Erziehung zu reduzieren (Naradowsky 1991). Eine dritte Gruppe, die weniger von fiskalischen Argumenten ausging, befürwortete die Dezentralisierung, da sie die Meinung vertrat, daß die Erziehungsinstitutionen dadurch eine größere Partizipation erzielen könnten (Cincecyt 1986).

Es kann nicht ausgeschlossen werden, daß die Übertragung der Verantwortlichkeiten im Erziehungswesen vom Nationalstaat auf die Provinzen in einigen zu einem Prozeß der Munizipalisierung führt. Zumindest in zehn Provinzen sehen die Normen des Erziehungssystems vor, daß es zu einer Munizipalisierung des Erziehungswesens kommt. Sieben von diesen Gesetzen wurden nach 1984 erlassen. In einigen Fällen, wie in der Stadt Mar del Plata, in der Provinz Buenos Aires und in Córdoba, ist die größere Teilnahme der Munizipien an der Schaffung und dem Erhalt der Erziehungssysteme eine Tatsache, auch wenn dies nicht für die Ausarbeitung von Vorschlägen für die Erziehung gilt.

Gegen Ende der 80er und zu Beginn der 90er Jahre führte die ohne eine Koordination mit der übrigen Bildungspolitik durchgeführte Übertragung von Erziehungsinstitutionen zu vier nach wie vor ungelösten Problemen (Senen González 1989, Tapia de Cibrian 1989, Kisilevsky 1990):

1. Entstehung von Organisationsstilen und Verhaltensstrukturen in der Provinz, die häufig ebenso bürokratisch und realitätsfern sind, wie es die der nationalen Regierung waren;
2. Stärkung von klientelistischen Strukturen;
3. Zunahme von Kosten ohne eine deutliche Verbesserung in der Qualität der erbrachten Leistung (z.B. durch Techniker mit geringer Erfahrung und Effizienz);
4. Enorme Schwierigkeiten bei dem Versuch, die Beteiligung der Erziehungsgemeinschaften zu fördern.

Die Öffnung des Erziehungswesens für gesellschaftliche Partizipation ist in den Verfassungen bzw. den Erziehungsgesetzen von zwanzig der dreiundzwanzig argentinischen Provinzen vorgesehen. Alle gehen davon aus, daß die Leitung des Erziehungssystems in den Händen der Regierung liegen muß, mit einer gewissen Beteiligung der Gemeinden. In den Provinzen Chaco, Río Negro und Salta sehen die Verfassungen darüber hinaus die Einrichtung von sogenannten Räten in den Erziehungsinstitutionen vor. In keinem Fall ist man jedoch dazu übergegangen, dies tatsächlich umzusetzen, was sehr wohl in der Provinz von Buenos Aires der Fall war, wo ihre Schaffung und Einrichtung per Dekret allerdings keine positiven Effekte erbrachte (Tiramonti 1993; Cigliutti 1993).

In den letzten Jahren wurde der Versuch unternommen, die Autonomie der Erziehungseinrichtungen zu stärken (Dutchatzky/Braslavsky/Frigerio u.a. 1993), ohne allerdings zu berücksichtigen, daß im Erziehungswesen bereits Anstrengungen in diese Richtung unternommen worden waren. In zwei neueren Studien (Braslavsky 1993; UEPC 1992) wird auf die Veränderungen der Erziehungseinrichtungen verwiesen. Nun sind die Institutionen in ihrer Beschlußfassung zwar zunehmend autonom, allerdings hat dieser Zugewinn nicht zu einer Verbesserung der Erziehungskonzepte geführt.

Es ist überaus schwierig, die verschiedenen Gründe für die paradoxen Effekte dieses Überganges und der Grenzen für die institutionelle Autonomie zu beschreiben. Eine Hypothese lautet, daß sich ein Teil der Probleme aus dem Fehlen einer neuen Regulierung und eines neuen Vorschlages für den Aufbau des Erziehungssystems ergibt. Es fehlen Koordinations- und Konzentrationsmechanismen, die nach der Übertragung der Erziehungsinstitutionen eine angemessene Konzeptualisierung der neuen Rollen des Nationalstaates, des Erziehungsministeriums und der einzelnen Schulen gewährleisten könnten.

Eine der wichtigen Errungenschaften im Zuge der Redemokratisierung war die Arbeit des Nationalen Erziehungskongresses zwischen 1984 und 1989. Es gelang ihm allerdings nicht, Koordinationsmechanismen durchzusetzen und ein neues Konzept für das Erziehungsministerium einzuführen. Grund war das Fehlen einer politischen Entscheidung für den Prozeß des Überganges und eines Plans für die Restrukturierung des Systems. Auch wenn einige Vorschläge vorgetragen wurden, konzentrierte sich der Kongreß doch vor allem auf diejenigen Schulen, die der direkten Verwaltung durch den Nationalstaat unterstanden, d.h. auf die 36% der damals noch nationalen Sekundarschulen im Lande. Unter anderem läßt sich dies auf die Existenz von peronistischen Regierungen in den meisten Provinzen zurückführen sowie auf die mangelnde Reife des politischen Systems, die es nicht zuließ, öffentliche Politiken unabhängig von der Regierung durchzuführen. Hinzu kam, daß auch die verwaltungstechnischen Vorschläge für die Neustrukturierung des Erziehungssystems nicht ausgereift genug waren.

1993 wurde das Bundeserziehungsgesetz verabschiedet. Es sieht ein dezidert föderales Erziehungssystem vor, in dem alle Erziehungssysteme der einzelnen Provinzen ein gemeinsames Informations- und Abstimmungssystem erhalten. Vorgesehen ist auch eine technische Beratung und eine spezielle Unterstützung für die benachteiligte Bevölkerung bzw. für die ärmeren Schulen (Popkewitz 1994). Das Erziehungsgesetz ist zu einer Art Einheitsplan für die amtierende Regierung geworden. Es wurden zwei föderale Systeme und ein Netz geschaffen, die von entscheidender Bedeutung für die neue Figuration des nationalen Erziehungssystems sind: ein föderales Informationssystem, ein System für die Evaluierung der Qualität der Erziehung sowie das föderale Netz für die ständige Ausbildung von Dozenten.

Die amtierende Regierung strebt u.a. auch eine Überarbeitung der Curricula an. Der "Föderale Rat für Kultur und Erziehung" soll im Zuge der Umstrukturierung des Erziehungssystems für eine Abstimmung zwischen den beteiligten Akteuren sorgen. Alle Aspekte, die über das Gesetz hinausgehen, müssen in einer Vollversammlung behandelt werden, die sich aus den Erziehungsministern der 24 Provinzen des Landes zusammensetzt und deren Vorsitz der nationale Erziehungsminister innehat. Zwei Beiräte fungieren als Beratungsgremien, ein technischer und ein sozio-ökonomischer Rat. Darüber hinaus ist die Schaffung eines Ministeriums vorgesehen, dessen Hauptaufgaben die Entwicklung von Erziehungspolitiken, die technische Hilfe, die Kompensation von Ungleichheiten, die Information und Evaluierung, die Förderung der Forschung, die Vertretung nach außen und die Frage der Anerkennung von Zeugnissen sein sollen. Zusammenfassend kann festgestellt werden, daß das neue Erziehungsgesetz versucht, die Übergabe der nationalen Schulen an die Provinzregierungen umfassend zu regeln. Es geht davon aus, daß die verschiedenen Übergangsgesetze und die Beschlüsse des "Föderalen Rates für Kultur und Erziehung" die Normen setzen, die es dem Erziehungssystem erlauben, den neuen Herausforderungen zu begegnen und die bisherige Fragmentierung des Systems aufzuheben. Der Nationalstaat als dynamisches Zentrum und die autonomen Behörden als Garanten von Qualität bilden die zentralen Pole des neuen Systems, das sich somit am Konzept einer "notwendigen Regulierung" orientiert. Ein zentraler Aspekt im Zuge der Transformation ist die Reform der Curricula. Ihr Ausgangspunkt müßte ein föderales Grundlagenabkommen sein, so wie es Artikel 66 des Gesetzes vorsieht. Darauf soll im folgenden eingegangen werden.

2. Curriculare Aspekte

Von den 225 Programmen, die in den letzten Jahren durchgeführt und die jüngst in einer Studie analysiert wurden, bewegte sich die Mehrheit (61%) um drei Hauptaspekte: Curriculare und schulische Reformen, Lernen an der Schule sowie Ausbildung und Weiterbildung der Dozenten (Cantero 1992). Diese Zahlen interpretierte der Autor der Studie als Beleg für einen Prozeß der Pädagogisierung bei Politikern und Planern. Wahrscheinlich geht diese Pädagogisierung auf die Einsicht zurück, daß es notwendig ist, die Inhalte und Methoden der Erziehung wieder ins Zentrum der Analyse zu rücken, da diese besonders auf das Verhältnis von Gesellschaft, Schulen und Erziehungssystem bezogen sind. Auch kann dies mit dem Ende des Konzeptes der Dezentralisierung als einziger Strategie zu tun haben sowie mit den gescheiterten Vorschlägen für eine stärkere Beteiligung der Gemeinden am Erziehungswesen.

Seit der Rückkehr zur Demokratie 1983 hat in vielen Provinzen und Institutionen des Landes eine Entwicklung zur curricularen Reform und zur pädagogischen Innovation eingesetzt. Ein Ergebnis war die Ausarbeitung von "Gemeinsamen Grundlagen der Republik Argentinien", die die "Versammlung des Föderalen Rates für Kultur und Erziehung" am 29. November 1994 verabschiedete. Ein Merkmal dieser Entwicklung war indessen, daß sie nicht Teil einer Neuordnung des Erziehungssystems gewesen ist und deshalb heterogene und widersprüchliche Züge aufwies. In einigen Provinzen stand die Aktualisierung der Inhalte im Vordergrund, in anderen konzentrierte man sich stärker auf die Veränderung der Arbeitsmethoden, schließlich rückte an anderen Orten die institutionelle Organisation der Schulen ins Zentrum. In einigen Fällen erarbeitete man relativ ausgereifte Vorschläge für einige Gebiete, während andere Bereiche vernachlässigt wurden. So stand in manchen curricularen Entwürfen in den Provinzen die Sprachausbildung im Vordergrund, während in anderen die ethische Erziehung der Bürger oder die Staatsbürgerkunde mit einer Ausrichtung an den Menschenrechten für zentral erachtet wurden.

Neben positiven und motivierenden Aspekten kam es auch zu paradoxen Effekten. Die Schwierigkeiten der Vermittlung von der einen zur anderen Provinz verstärkten sich, darüber hinaus hatten Schülerinnen und Schüler keine geeigneten Schulbücher, zumal gerade die kleinen Provinzen keinen interessanten Markt für Verlage darstellen. Die technischen Kapazitäten für die Bevölkerung im ganzen Land wurden nicht ausgenutzt, und es wurden gewisse Risiken hinsichtlich einer einheitlichen Versorgung der Bevölkerung mit Erziehung eingegangen.

Nachdem diese ungewollten Effekte und die qualitativen Unterschiede der Curricula-Entwürfe bekannt wurden, wuchs die Erkenntnis, daß Entwürfe für das gesamte Land notwendig seien, was zum Erlaß der gemeinsamen Inhalte durch den "Föderalen Rat für Kultur und Erziehung" führte. Damit wurden Anstrengungen unternommen, um das Erziehungssystem stärker mit der Gesellschaft, dem Arbeitsmarkt und dem akademischen Sektor zu verbinden.

Dieser Ansatz für ein erneuertes Erziehungssystem als Ausdruck symbolischer Regulierung wurde im Kultus- und Erziehungsministerium erarbeitet und anschließend in den Ministerien der Provinzen diskutiert. In der Vollversammlung des "Föderalen Rates für Kultur und Erziehung" wurde eine Methodologie entwickelt und eine Arbeitsgruppe eingesetzt. Unter der Oberaufsicht einer technischen Kommission des Kultus- und Erziehungsministeriums wurde eine Umfrage gestartet, die eine Befragung von 80.000 Personen und eine detailliertere Befragung von 2.000 Fachleuten auf verschiedenen organisatorischen und politischen Ebenen erlaubte. Auf dieser Grundlage formulierte der "Föderale Rat für Kultur und Erziehung" in mehr als einjähriger Arbeit seine Reformvorschläge.

Im Unterschied zu den bereits existierenden curricularen Entwürfen orientiert sich der neue Entwurf u.a. an der Vermittlung von grundlegenden Kenntnissen. Die Vermittlung von Lernfähigkeiten und von Konzepten erhalten einen höheren Stellenwert als die Vermittlung von Faktenwissen. Wichtig sind u.a. folgende Inhalte: Vorschläge für das Verstehen und die Ausarbeitung von Diskursen, Erhöhung der Problemlösungskapazität, mathematische Kenntnisse, Aufbereitung und Organisation von Informatik, um reflexiv, analytisch und kritisch zu denken und um kreative Projekte entwickeln zu können (Ministerio de Cultura y Educación y Consejo Federal de Cultura y Educación de la República Argentina 1995).

So unterschiedliche Organisationen wie die privaten Erziehungseinrichtungen und die Lehrergewerkschaften haben ihre grundsätzliche Bereitschaft für das Projekt zu erkennen gegeben, auch wenn es einige kritische Stimmen gab. Ausgewiesene Experten in diesem Bereich stellten fest, "daß es sich um eine Bemühung um Koordination und Aktualisierung handele, die dem gegenwärtigen Wissensstand entspreche" (Criterio 1995). Es wird davon ausgegangen, daß die genannten Inhalte ein wichtiger Schritt sein könnten, um im ganzen Land eine moderne Erziehung einzuführen.

Zweifellos spielten die "Gemeinsamen Grundlagen der Republik Argentinien" eine wichtige Rolle für die Neuordnung des Erziehungswesens. Für einen Erfolg der Reformbemühungen waren allerdings weitere Faktoren wichtig:

1. Die argentinische Gesellschaft und die argentinische Politik suchen nach konsensorientierten Formen der demokratischen Konsolidierung. Es ist kein Zufall, daß die "Gemeinsamen Grundlagen der Republik Argentinien" im gleichen Jahr verabschiedet wurden, in dem die Verfassunggebende Versammlung mit der Mehrheit aller Parteien tiefgreifende Reformen beschlossen hat, zu denen die Anerkennung von internationalen

Verträgen über die Menschenrechte sowie andere Fragen gehören, in denen ein Konsens traditionell schwierig war.
2. Im Erziehungssektor kam es zu einem signifikanten Rückgang des Klientelismus und des Sektierertums, zu einem neuen Professionalismus im Staatsapparat und einem Umdenken in der Verwaltung. Der Klientelismus und die sektiererischen Verhaltensweisen als charakteristische Merkmale des öffentlichen Sektors in Argentinien sind jedoch noch keineswegs überwunden. Im Erziehungsbereich verhinderten sie die Einstellung von technisch hochqualifizierten Fachleuten, die nicht mit den Regierungsparteien und den wichtigsten politischen Figuren des Landes verbunden waren. Das Nachlassen der beschriebenen Verhaltensweisen ermöglichte die Übernahme von Funktionären und Verwaltungsbeamten mit technischen Fähigkeiten und politischer Sensibilität, die Verbesserungen in der Administration einleiteten, und zwar u.a. bei der Versorgung mit Informationen, beim Einhalten von zeitlichen Vorgaben und beim Erkennen von Problemen. Sie hatten auch positive Effekte mit Blick auf verschiedene Provinzregierungen, die sich ihrerseits darin bestärkt sahen, einen professionelleren Führungsstil zu übernehmen. Dadurch wurde es möglich, bürokratische Hemmnisse zu überwinden und staatliche Politiken in vernünftigen Zeithorizonten durchzuführen.
3. Die Investitionen im Erziehungssektor und die Maßnahmen des Nationalstaates stärkten den Glauben daran, daß es möglich sein werde, das nationale Erziehungssystem zu reformieren und zu verbessern.
4. Die vergleichende Betrachtung ähnlicher Prozesse in anderen Ländern öffnete den Blick über lokale Prozesse hinaus und verhalf zu größerer Kreativität.

Während mehrerer Jahrzehnte der Stagnation und auch nach der Redemokratisierung gelang es keiner Schule oder Erziehungseinrichtung, von sich aus eine Synthese für eine Reform des Erziehungssystems einzuleiten. Der oben dargestellte, auf Impulse von seiten des Nationalstaates zurückgehende Reformvorschlag garantiert noch keine Verbesserung der Erziehungsqualität im schulischen Alltag. Er trägt jedoch dazu bei, positive Erwartungen hinsichtlich einer Veränderung des Erziehungssystems zu fördern. Allerdings gibt es nach wie vor Schwächen und Risiken.

IV. Die Rolle des Nationalstaates bei der Reform des Erziehungssystems

Der Nationalstaat war die treibende Kraft bei dem Versuch, von der Fragmentierung und Auflösung des argentinischen Erziehungssystems zu einer neuen Form zu gelangen. Er geriet in diese Rolle weniger kraft eines programmatischen Entwurfs, als durch die gesellschaftliche Praxis. Dies bekräftigt eine Hypothese, der zufolge es sinnlos ist, darüber zu räsonieren, ob der Staat in die Transformation lateinamerikanischer Gesellschaften einzugreifen habe, da er dies in der Praxis ohnehin tut (Gurrieri 1987).

Verschiedene Aspekte deuten darauf hin, daß der Transformationsprozeß noch nicht abgeschlossen und mit Risiken behaftet ist. Um dies zu verhindern, wäre eine Stärkung des Staates und der Provinzverwaltungen in dieser Hinsicht notwendig. Eine der Gefahren bei den jetzigen Veränderungen des Erziehungssystems liegt darin, daß nur die (u.a. von der wohlhabenden Bevölkerung genutzten) Privatschulen und diejenigen öffentlichen Schulen, die gezielt staatliche Mittel erhalten, an den Veränderungen partizipieren und über die für eine Erneuerung des Erziehungssystem notwendige Autonomie verfügen.

Die Ergebnisse der Evaluierungen von 1993 und 1994 deuten darauf hin, daß es landesweit im Erziehungssystem Verbesserungen gibt, besonders aber in den privaten Einrichtungen und denjenigen, die von dem sogenannten sozialen Erziehungsplan mit Mitteln für Ausrüstung und Ausbildung profitierten. Dies würde bedeuten, daß nur ein kleiner Teil der Bevölkerung an den Verbesserungen Anteil hat.

Die Schwächen verweisen auf die Notwendigkeit, nicht nur das Erziehungssystem, sondern auch den Staat zu modernisieren. Die Tatsache, daß der Staat zur Zeit ein aktiver Teilnehmer ist, bedeutet keinesfalls, daß es sich auch um einen starken Staat handelt (Faletto 1989). Im Gegenteil: Unter dem Gesichtspunkt der Professionalisierung seiner verschiedenen Organe, dem Aspekt der effektiven Planung und effizienten Durchführung ist er immer schwächer geworden. In den ersten zweieinhalb Jahren der Veränderungen des Erziehungssystems konnten diese aufgrund eines hohen Grades an Voluntarismus beibehalten werden. Man hat diese Vorgehensweise auch als "Verwaltungsheterodoxie" bezeichnet, die aus einem laxen Umgang mit rigiden Normen bzw. aus ihrer Nichtanwendung bestehe. Teilweise ist es gelungen, Hindernisse für die Modernisierung des Nationalstaates zu überwinden, indem man Verfahren für die Auswahl des Personals von Führungspositionen einführte und von den lange Zeit üblichen "Buchplänen" zu einer angepaßten und selektiven Planung überging (Matus 1987); darüber hinaus versuchte man, von bloß konjunkturellen Maßnahmen zu mittel- und langfristigen Strategien zu wechseln.

Es muß allerdings daran gezweifelt werden, ob damit schon ein irreversibler Prozeß zur Professionalisierung und Demokratisierung des Staates eingesetzt hat. Es ist möglich, daß die bisherigen Schritte noch unzureichend sind, um eine Veränderung des Systems durchzuführen. In den Provinzverwaltungen ist die Situation sehr heterogen. Nur wenige befinden sich in einer vergleichbaren Lage wie der Nationalstaat, viele sind dagegen im Prozeß institutioneller Reformen zurückgeblieben.

Die Provinzregierungen fordern vom Nationalstaat mehr, als im Zuge einer föderalen Reform möglich ist. Mit den diversen nationalen Traditionen in Lateinamerika kann nicht so einfach gebrochen werden, die Grundlagen müssen vielmehr wieder hergestellt und effektiver gestaltet werden. Die Dynamik des Nationalstaates ist ein Teil dieser Traditionen. Wahrscheinlich muß davon ausgegangen werden, daß Dynamik, Standhaftigkeit und Demokratisierung keine Synonyme sind, sondern drei unterschiedliche und notwendige Dimensionen für die Intervention des Staates im Prozeß einer Umwandlung des Erziehungssystems.

Literaturverzeichnis

AMERICAN ASSOCIATION FOR THE ADVANCEMENT OF SCIENCE, 1993: Benchmarks for Science Literacy, Proyect 2061.

BERNSTEIN, B., 1994: La estructuración del discurso pedagógico, Madrid.

BRASLAVSKY, C., 1993: Autonomía y anomía de la educación pública argentina, Buenos Aires.

– – –, 1994: Las transformaciones en curso en el Sistema Educativo Nacional, in: Revista OEA.

CANTERO, G., 1992: La transformación y la innovación de la educación en las provincias y en la MCBA. Prioridades políticas, opciones estratégicas y modalidades de gestión, o.O.

CIGLIUTTI, S., 1993: La participación en los consejos de escuela de la provincia de Buenos Aires, in: Propuesta Educativa (Buenos Aires), Nr. 9.

CINCECYT, 1986: El peronismo participa del Congreso Pedagógico, Buenos Aires.

Contenidos Básicos Comunes Para el Nivel Inicial y Para la Educación General Básica. Aprobados en la XXII Asamblea Extraordinaria del Consejo Federal de Cultura y Educación por Resolución No 39 del 29 de noviembre de 1994.

CRITERIO, Revista Nr. 2153 v. 11 Mai 1995.

DE LELLA, C./KROTSCH, P. (Hrsg.), 1989: Congreso Pedagógico Nacional. Evaluación y perspectivas, Buenos Aires: Editorial Sudamericana, Instituto de Estudios y Acción Social.

DUTCHATZKY, S./BRASLAVSKY C./FRIGERIO G. et al., 1993: El programa de mejoramiento de la calidad de la enseñanza media con énfasis en los CBU de Río Negro (informe final). La Asistencia Técnica en las provincias de mejoramiento en la calidad de la educación. Necesidades, posibilidades y límites, área Educación y Sociedad, FLACSO, Argentina, in: Revista Latinoamericana de Innovaciones Educativas (Buenos Aires) Nr. 13.

DURKHEIM, E., 1969: Historia de la educación y la pedagogía, Madrid.

FALETTO, E., 1989: La especificidad del Estado en América Latina, in: Revista de la CEPAL Nr. 38, S. 69-88.

FURET, F./OZOUF, M. 1990: Lire et Ecrire, París.

GENTILI, P., 1993: Poder económico. Ideología y educación. Un estudio sobre los empresarios, las empresas y la discriminación educativa en la Argentina de los años noventa, Magisterarbeit FLACSO, Buenos Aires.

GURRIERI, A., 1987: El papel del Estado en la concepción de la CEPAL, in: Revista de la CEPAL Nr. 31.

HABERMAS, J., 1986: La modernidad, un proyecto incompleto, in: Foster/Habermas et al., La posmodernidad, Barcelona.

KISILEVSKY, M., 1990: La relación entre la Nación y las Provincias a partir de la transferencia de los servicios educativos del año 1978, C.F.I. (Consejo Federal de Inversiones), Buenos Aires.

LEY FEDERAL DE EDUCACION Nr. 24.195. Aprobada el 14 de abril de 1993.

LUHMANN, N./SCHOOR K., 1993: El sistema educativo (problemas de reflexión), Universidad Iberoamericana de Guadalajara, Instituto Tecnológico y de Estudios Superiores de Occidente.

LYOTARD, J.F., 1987: La condición postmoderna, Madrid.

MATUS, C., 1987: Planificación y gobierno, in: Revista de la CEPAL Nr. 31, S. 161-178.

MINISTERIO DE CULTURA Y EDUCACION, 1994: Demandas de transformación educativa, Buenos Aires.

MUELLER, D.K./RINGER F./SIMON B., 1992: El desarrollo del sistema educativo moderno, Madrid: Ministerio de Trabajo y Seguridad Social.

NARADOWSKY, P., 1991: La descentralización como política, in: Realidad Económica (Buenos Aires) Nr. 99.

PAVIGLIANITTI, N., 1991: El neoconservadurismo en la educación argentina, Buenos Aires.

PIFFANO, H., 1987: Economía y finanzas de la educación, Buenos Aires.

POPKEWITZ, Th. S., 1994: Sociología política de las reformas educativas. Buenos Aires.

PUIGGROS, A. (Hrsg.), 1993: Historia de la educación en la Argentina, Band IV, Buenos Aires.

SENEN GONZALEZ, S., 1989: Políticas estatales y programas de descentralización educativa, C.F.I. (Consejo Federal de Inversiones), Buenos Aires.

TAPIA DE CIBRIAN, G., 1989: Federalización política y descentralización de la educación, Ministerio de Educación y Justicia/Organización de los Estados Americanos, Buenos Aires.

TEDESCO, J.C. et al., 1983: El Proyecto educativo autoritario, Buenos Aires.

– – –, 1989: El rol del Estado en la educación, in: Perspectivas (UNESCO, Paris), Vol. XIX, Nr. 4.

TIRAMONTI, G., 1993: Nuevos Modelos de Gestión: El caso de los Consejos Escolares de la Provincia de Buenos Aires, in: Propuesta Educativa (Buenos Aires) Nr. 9.

– – –/BRASLAVSKY C./FILMUS D., 1995: Las transformaciones de la educación en 10 años de Democracia, Buenos Aires.

UEPC (Unión de Educadores de la Provincia de Córdoba), 1992: Escuelas urbano marginales. Ciudad de Córdoba. Programa de Formación y Capacitación de los Trabajadores de la Educación.

VIÑAO FRAGO, A., 1990: Innovación pedagógica y racionalidad científica, Akal Universitaria, Madrid.

ZULETA PUCEIRO, E., 1994: La sociedad argentina ante el reto de la reforma educativa, Buenos Aires.

Klaus Bodemer

Peripherer Realismus?
Die Außenpolitik der Regierung Menem gegenüber Europa und den USA zwischen Kontinuität und Wandel

Seit der ersten Hälfte der 80er Jahre führten eine Reihe schwer kontrollierbarer externer Faktoren sowie politische und soziale Wandlungsprozesse im Innern der Nationen zu tiefgreifenden Veränderungen in den internationalen Beziehungen der lateinamerikanischen Länder. Neue außenpolitische Aufgaben traten parallel zu komplexen Prozessen demokratischer Transition und Konsolidierung auf. Durch die immer stärkere Verschränkung von Innen- und Außenpolitik stellte sich die Aufgabe der Anpassung auf doppelte Weise: zum einen an ein stark verändertes internationales Umfeld, zum andern an eine neue innenpolitische Situation.

Dieser grundlegende Sachverhalt gilt auch für Argentinien. Als Carlos Saúl Menem am 8. Juli 1989, fünf Monate vor dem Ende der regulären Amtszeit seines Vorgängers Raúl Alfonsín, die Regierungsgeschäfte übernahm, stand die argentinische Wirtschaft mit einer monatlichen Inflationsrate von annähernd 200% am Rande des Kollaps. Zugleich kam es mit dem Zusammenbruch der sozialistischen Regime in Osteuropa und dem Ende der Blockkonfrontation zu dramatischen Veränderungen im internationalen System. Beide Phänomene, die internen wie die externen Veränderungen, mußten sich, gemäß der engen Verflechtung von Innenpolitik, Außenpolitik und internationaler Politik, auf das außenpolitische Handeln der neuen Regierung auswirken. Bei dessen Analyse stehen im folgenden drei grundsätzliche Fragen im Vordergrund:

- Können die außenpolitischen Protagonisten der Regierung Menem zu Recht den Anspruch erheben, eine "neue Außenpolitik" zu praktizieren? (Frage nach der Kontinuität bzw. dem Wandel der Außenpolitik).
- Stimmt die peronistische These, die Außenpolitik Alfonsíns sei idealistisch überhöht gewesen, während nunmehr außenpolitisches Handeln durch Realismus und Pragmatismus geprägt sei? (Frage nach der Glaubwürdigkeit des Realismus-Anspruchs).

- Erfüllte sich die Erwartung der Menem-Administration, daß ihre außenpolitischen Vorleistungen von ihren Partnern im Norden honoriert würden ? (Frage nach dem Kosten-Nutzen-Verhältnis).

Als Anschauungssubstrat zur Beantwortung dieser Fragen dienen die Beziehungen zu den privilegierten außenpolitischen Partnern der Menem-Administration, Westeuropa und den Vereinigten Staaten.

I. Außenpolitische Vorstellungen in der Wahlkampfplattform der Peronisten

Seit Mitte der 70er Jahre befand sich die peronistische Bewegung in einer schweren Identitätskrise. Der Tod Peróns (1974), die bürgerkriegsähnlichen Zustände unter der Nachfolgerin Isabel Perón, die erlittene Repression unter dem Militärregime (1976-1983), schließlich die Wahlniederlage von 1983 hinterließen eine fraktionierte und in ihrem Selbstverständnis schwer angeschlagene Bewegung, deren konkurrierende Flügel über kein eigenständiges außenpolitisches Konzept verfügten. Erst in der letzten Phase der Regierung Alfonsín kam es zu punktuellen Versuchen einer außenpolitischen Strategiediskussion, wurden die Konturen eines peronistischen Außenpolitik-Konzepts sichtbar (zu Einzelheiten s. Bocco 1988, S. 193ff).

In den Wahlkampfauseinandersetzungen zwischen den beiden Präsidentschaftskandidaten Menem (PJ) und Angeloz (UCR) nahmen Fragen der Außenpolitik eher einen untergordneten Rang ein. Dies war nicht verwunderlich, war doch die sich mehr und mehr zu einem Desaster auswachsende Wirtschaftskrise das die öffentliche Debatte mit Abstand am stärksten beherrschende Thema.

In seiner Wahlplattform skizzierte Menem im Abschnitt "Lateinamerikanische Integration und aktive Eingliederung in die Welt" die Grundlinien seines außenpolitischen Credo. Als umfassende Ziele außenpolitischen Handelns werden der Schutz der Menschenrechte, Würde und Freiheit der Person, soziale Gerechtigkeit für alle Völker und die Wahrung der kulturellen Identität der Nationen herausgestellt. Das Zusammenleben der Völker habe sich auf die Prinzipien der friedlichen Konfliktregelung, der territorialen Unversehrtheit, der Selbstbestimmung sowie auf die Ablehnung von Kolonialismus und Rassismus zu gründen. Eine peronistische Außenpolitik fuße ergänzend auf der Überzeugung, daß die Außenpolitik stets "die der Nation und nicht der Parteien" sei. Kritisiert wird in den der Diagnose gewidmeten Passagen der Wahlplattform − in indirekter Anspielung auf die Politik der vorausgegangenen Administration − die "leichte Sichunterordnung unter Dependenzverhältnisse", zugleich aber auch das Konzept der Autarkie, das als unrealistisch abgelehnt wird. Die künftige Regierung müsse eine aktive Diplomatie und Kooperationspolitik betreiben, die die argentinische Souveränität stärken sollte. Dabei sei − in Anlehnung an das auf Perón zurückgehende Konzept der "Dritten Position" − auf "aktive Äquidistanz zu allen Machtzentren" zu gehen. In Sachen Malvinas sei mit Großbritannien direkt zu verhandeln, unter Einschluß der Souveränitätsfrage. Im Verhältnis zu Europa solle der Schwerpunkt auf den Wirtschafts-, Technologie- und Kulturbeziehungen liegen. Zu den USA, die sich in der Vergangenheit eher indifferent gezeigt hätten, gelte es, "homogene, kalkulierbare, zuverlässige und globale" Beziehungen aufzubauen, dabei der Erfahrung Rechnung tragend, daß in den politischen Beziehungen zwischen machtmäßig unterschiedlichen Partnern ein Zusammengehen stets die Dominanz des stärkeren bedeute, mithin eine Politik pragmatischer Interessenwahrung angebracht sei. Schließlich plädierte die Plattform für eine Reformulierung des Konzepts der Blockfreien, die Stärkung der Vereinten Nationen, die friedliche Nutzung der Kernenergie sowie die aktive Beteiligung am Kampf gegen Drogen und Terrorismus. Schließlich sollten die Provinzen in stärkerem Maße an der Außenpolitik beteiligt sowie die Professionalität des Auswärtigen Dienstes gewahrt werden (Granovsky 1991, S. 178 ff).

Insgesamt lagen die außenpolitischen Verlautbarungen des peronistischen Päsidentschaftskandidaten durchaus in der Kontinuität der bisherigen außenpolitischen Linie. Entsprechend fiel die Kritik an der Außenpolitik der Radikalen eher zurückhaltend aus: Sie habe aus einer defensiven Grundhaltung heraus gehandelt und die Pressionen der Machtzentren lediglich "neutralisiert oder kanalisiert", auf eine offensive Wahrung der nationalen Interessen jedoch verzichtet (Granovsky 1991, S. 178).

II. Grundprinzipien und Prioritäten der "neuen Außenpolitik"

Mit der Regierungsübernahme schienen die Peronisten zunächst entsprechend ihren bisherigen außenpolitischen Verlautbarungen zu handeln. Präsident Menem wie sein Außenminister Cavallo unterstrichen in den ersten Monaten ihrer Amtszeit — damit an die einschlägigen Passagen in der Wahlkampfplattform stillschweigend anknüpfend —, daß in der Außenpolitik Kontinuität gewahrt werden müsse, mithin die von der Alfonsín-Regierung implementierten Ordnungskriterien aufrechtzuerhalten seien. Ihre Änderung sei nicht — so die Äußerung Cavallos — Gegenstand des Regierungswechsels; ihre Kontinuität sei vielmehr "eine permanente Frage des nationalen Interesses"; sie rangiere über Parteiinteressen (vgl. Dirección General de Prensa, Ministerio de Relaciones Exteriores y Culto, Buenos Aires, 6. Juli 1989, S. 1). Gleichwohl ging diesem auf Kontinuität abhebenden Diskurs mehr und mehr ein zweiter parallel, der auf notwendige Anpassungen des außenpolitischen Instrumentariums an die veränderten internen und externen Rahmenbedingungen abhob. Unter ihnen kam der Unterschiedlichkeit der Erfordernisse des demokratischen Übergangs einerseits, der demokratischen Konsolidierung andererseits ein besonderes Gewicht zu (Russell 1991, S. 61).

Schon nach wenigen Monaten gab die Regierung ihre bisherige Zurückhaltung auf und verabschiedete sich von der Kontinuitäts-These. Wie in der Wirtschaftspolitik galt für Menem offensichtlich auch auf dem Gebiet der Außenpolitik die Devise, daß Wahlkampfaussagen keinerlei Verpflichtungscharakter für die Zeit nach den Wahlen zukomme. Entsprechend verbreiteten die außenpolitischen Entscheidungsträger wie die Mehrzahl der Medien mehr und mehr die These von einer "neuen Außenpolitik". Begleitet wurde diese Kampagne von einer wachsamen Kritik an den Grundprinzipien, Schwerpunkten und dem Stil der bisherigen Außenpolitik unter den Radikalen[1].

---

[1] Diese Praxis hatte — wie Roberto Russell, einer der besten Kenner der Materie, zu Recht betont — durchaus Tradition: Mit jedem Regimewechsel oder Regierungswechsel, mitunter sogar mit dem einen oder anderen Staatsbesuch war im Laufe der argentinischen Geschichte wiederholt die Manie kultiviert worden, von

Doch war die "neue Außenpolitik" wirklich so neu? Bezüglich des internen Bezugsrahmens waren bereits in der zweiten Halbzeit der Regierung Alfonsín ökonomische Variablen an vorderste Stelle außenpolitischer Prioritäten gerückt. Politische Kriterien, die in der Transitionsphase aus nachvollziehbaren Gründen Vorrang beanspruchen konnten, traten demgegenüber in den Hintergrund. Die weitgehende außenpolitische Übereinstimmung der in der Wahlkampagne 1989 um die Gunst der Wähler konkurrierenden beiden Großparteien, der UCR und des PJ, war auf dieses steigende Gewicht ökonomischer Faktoren zurückzuführen. Sowohl Angeloz, dem Präsidentschaftskandidaten der Radikalen, wie Menem war klar, daß sich die argentinische Demokratie in einer Situation extremer politischer Labilität und externer Verwundbarkeit befand und daß die zweite Phase der Demokratisierung eindeutig von wirtschaftlichen Notwendigkeiten bestimmt werde (Russell 1990d, S. 333). Der Außenpolitik kam damit instrumentaler Charakter für die als vorrangig eingestuften ökonomischen Reformen zu (Castro 1994, S. 23f).

Es waren vor allem drei Schlüsselbegriffe, die die neuen Akzentsetzungen in der Außenpolitik verdeutlichen sollten: "Realismus", "Pragmatismus" und "Normalität". "Realistisch" ist nach den Worten Cavallos die argentinische Außenpolitik dann, wenn sie in den Beziehungen mit den befreundeten Nationen das geeignete politische Ambiente für die Lösung der dringenden ökonomischen und sozialen Probleme der argentinischen Bevölkerung schafft; sie ist "pragmatisch", wenn sie auf einen (falschen) *"principismo"* und *"idealismo"* (nach Auffassung der Menemisten die Kardinalsünde der Alfonsinschen Außenpolitik) verzichtet; sie ist "normal", wenn sie nach dem Vorbild der erfolgreichen Länder des Nordens ihre Probleme mit Vernunft und Seriosität zu lösen versucht, mit dem Ziel, den Lebensstandard der eigenen Bevölkerung zu heben (Dirección General de Prensa, Ministerio de Relaciones Exteriores y Culto, 21.9.1989, S. 1).

Auf der Basis dieser Leitprinzipien fixierte die Regierung Menem drei außenpolitische Prioritäten:
a. die Überwindung der Verhandlungsblockade in der Falkland/Malvinas-Frage;
b. die Vertiefung der Beziehungen mit den Führungsmächten des Nordens, insbesondere mit den Vereinigten Staaten und (mit Abstand) mit der EG, um "eine gute Integration des Landes in die Weltwirtschaft und eine gute Lösung der Verschuldungsfrage" zu erreichen;
c. der Ausbau der Beziehungen mit den lateinamerikanischen Nachbarn, insbesondere Brasilien und Chile (Interview mit Außenminister Cavallo, in: La Nación, 14.7.1989).

Im folgenden geht es schwerpunktmäßig um die Prioritäten 1) und 2). Das Verhältnis zur Dritten Welt und − in diesem Zusammenhang − zu den Staaten Lateinamerikas soll nur in jenen Bereichen angesprochen werden, die mit den Beziehungen zum Norden in direktem Zusammenhang stehen.

"substantiellen Änderungen" zu sprechen. So auch jetzt wieder (Russell 1990b, S. 15).

III. Die Verhandlungen in der Falkland/Malvinas-Frage – Vom Multilateralismus zum Bilateralismus

Der Konflikt um die Falkland/Malvinas-Inseln[2], eine Uralt-Streitfrage der argentinischen Außenpolitik, stellte ohne Zweifel eines der sensibelsten Themen auf der politischen Agenda der beiden nachdiktatorialen argentinischen Regierungen dar. Seine Behandlung hatte über das direkte Verhältnis zu Großbritannien hinaus Rückwirkungen auf die Beziehungen zu den Vereinigten Staaten (Waffenverkäufe), zur EG (britisches Veto gegen ein Rahmenabkommen EU – Argentinien), zu den Vereinten Nationen, der OECD und der NATO (Sicherheit im Südatlantik), schließlich zu Nichtregierungsorganisationen (wie dem Roten Kreuz). Darüber hinaus hatte jeglicher Lösungsvorschlag vor der argentinischen Gesellschaft zu bestehen, die durch die schmachvolle Niederlage der Militärs in ihrem Selbstverständnis zutiefst verunsichert war.

Seit dem Ende der Kämpfe im Juni 1982 nahm die Malvinas-Frage einen für die argentinischen Interessen mehr und mehr dysfunktionalen Verlauf. Nach dem gescheiterten Versuch bilateraler Verhandlungen in Bern (Juni 1984) setzte die Diplomatie der UCR-Regierung fortan auf die multilaterale Karte. Trotz wachsender Erfolge, vor allem in der Vollversammlung der Vereinten Nationen, und zunehmenden diplomatischen Drucks auf die britische Regierung, die Verhandlungen wieder aufzunehmen, blieb diese hart. Sie praktizierte eine Politik der *"hechos consumados"*, der vollendeten Tatsachen[3]. Um die Verhandlungsblockade zu überwinden, bemühte sich die argentinische Diplomatie um eine alternative Strategie. So kam es, vermittelt über das *State Department*, ab Mitte 1986 zu einer Reihe informeller Gespräche mit den Briten und der Vorlage sog. *"non papers"*. In einem dieser nicht-offiziellen *papers* schlug Außenminister Caputo am 12. Juli 1987 über die völkerrechtliche Figur des "Regenschirms" (*paraguas*) den Ausschluß der Souveränitätsfrage sowie ergänzend eine offene Verhandlungsagenda vor. Die britische Seite akzeptierte ersteres, nicht jedoch die *"agenda abierta"*, sie war vielmehr lediglich bereit, begrenzte Themen zu verhandeln (Russell 1990, S. 2; 1990d, S. 335). Zu substantiellen Fortschritten sollte es in der verbleibenden Amtszeit Alfonsíns jedoch nicht mehr kommen.

Die Gründe für das Scheitern der multilateralen wie der bilateralen Strategie während der UCR-Regierung sind vielfältig. Zum einen war die argentinische Regierung Gefangene der zeitlichen Nähe des militärischen Debakels im Südatlantik und der Vordringlichkeit anderer Konfliktfronten (der Beagle-Kanal-Frage mit Chile, der Militärfrage sowie der Überwindung der wirtschaftlichen Stagnation im Innern), zum anderen war sie Opfer ihres eigenen nationalistischen Diskurses, der ihren Spielraum für Konzessionen beträchtlich einengte. Außenminister Dante Caputo wies selbst in einem rückblickenden Interview kurz nach dem Regierungswechsel auf diese Schwierigkeiten hin, sprach von der "Quadratur des Kreises". Das Thema sei auch für die britische Regierung und für

---

[2] Siehe hierzu die ausführliche Studie von Haffa (1987); zur neueren Entwicklung s. Caviedes (1994).

[3] So baute sie auf den Malvinas einen für Langstreckenflüge geeigneten Flughafen (Mai 1985), deklarierte als Reaktion auf die der Sowjetunion und Bulgarien von argentinischer Seite eingeräumten Fischereikonzessionen eine Fischerei-Schutzzone von 150 Seemeilen um den Archipel (Februar 1987), führte im März 1988 zum ersten Mal Militärmanöver im Südatlantik durch und eröffnete eine Schiffsverbindung von den Malvinas-Inseln nach Punta Arenas (Südchile) und Montevideo.

die konservative Partei von höchster Sensibilität gewesen. Die argentinische Regierung ihrerseits habe, konfrontiert mit einem verlorenen Krieg, nur über eine minimale Möglichkeit internationaler Druckausübung verfügt. Zudem habe die Angelegenheit international im Grunde niemanden interessiert. Er selbst habe nach der Devise gehandelt: nach außen die Angelegenheit am Kochen halten (*tensar afuera*), nach innen aber auf Entspannung zu setzen (*distender adentro*). Immerhin sei es gelungen, die britische Verhandlungsblockade aufzubrechen (Caputo 1989, S. 263f).

Die Briten — konkret: die "eiserne Lady" Margaret Thatcher — vertraten von Anbeginn an den Standpunkt, der militärische Sieg räume der britischen Seite das Recht ein, Bedingungen, Inhalte und Rhythmus der Verhandlungen — ausgenommen stets die Souveränitätsfrage, über die es nichts zu verhandeln gäbe — zu diktieren. Unter den von britischer Seite artikulierten Vorbedingungen, deren Einlösung als unverzichtbar galt, um ein Klima gegenseitigen Vertrauens zu schaffen, rangierten die formelle Einstellung aller Feindseligkeiten sowie die Wiederaufnahme der Handelsbeziehungen und des Luftverkehrs.

Was für die britische Seite "Vorbedingungen" waren, stellte sich für die Alfonsín-Regierung jedoch als Verhandlungschips dar (Russell 1990, S. 3; Russell/Corigliano 1989, S. 23). Die unterschiedlichen Ausgangspunkte beider Seiten führten letztlich zu unvereinbaren Positionen, ein Dilemma, aus dem die Diplomatie der UCR-Regierung keinen Ausweg fand.

Für die Umsetzung der wirtschaftlich dominierten außenpolitischen Ziele der peronistischen Regierung waren Fortschritte in der Malvinas-Frage von höchster Priorität. Nur über eine Verständigung mit England konnte der Ausbau der wirtschaftlichen Beziehungen zur EG, die mit dem zum 1. Januar 1993 in Kraft tretenden europäischen Binnenmarkt zusätzliche Impulse bekam, vorangetrieben werden.

Strategisch vollzog der neue Außenminister Cavallo eine radikale Abkehr vom Multilateralismus. Die von den Radikalen lange Zeit favorisierte Präsentation von Resolutionen in der UN-Vollversammlung hatte keinen Schritt weiter geführt. Die nunmehr favorisierte Strategie der schrittweisen Annäherung an die britische Regierung basierte auf drei Grundvoraussetzungen: der Rückendeckung der peronistischen Partei, der Verringerung des Widerstands der Opposition und der Zustimmung der Militärs.

Hinsichtlich des ersten Aspekts konnte die Regierung infolge des hohen Wahlsiegs auf eine starke interne Unterstützung rechnen, dies, obwohl in der klassischen peronistischen Strategie des "Dritten Wegs", die noch keineswegs obsolet geworden war, die Frage der Souveränität und Autonomie einen herausragenden Stellenwert einnahm. Ein geschickter Schachzug war es auch, den ehemaligen Botschafter in Washington, den Radikalen Lucio García del Solar, zum Verhandlungsführer zu wählen und damit den Widerstand der Opposition abzuschwächen. Er hatte bereits unter Caputo die Verhandlungen in der Falkland/Malvinas-Angelegenheit geführt und galt als ausgewiesener Kenner der Materie. Die Zustimmung der Militärs, die zu Alfonsín-Zeiten sich konstant gegen jeglichen Deeskalationsversuch gesperrt hatten, war schließlich der dritte, eine bilaterale Verständigung begünstigender Faktor.

Auch für die britische Seite hatten sich die Parameter geändert. So war die Popularität Margaret Thatchers inzwischen gesunken. Dies und der wachsende Druck seitens der amerikanischen Verbündeten veranlaßte die konservative britische Regierung dazu, mehr Flexibilität zu zeigen. Ergänzend kam hinzu, daß Menem im Unterschied zu seinem

Amtsvorgänger Alfonsín, der es im Laufe seiner Amtszeit sukzessive mit den tragenden politischen und gesellschaftlichen Kräften — vor allem den Militärs und den Unternehmern — verdorben hatte, zunehmend das Vertrauen dieser entscheidenden Machtfaktoren gewonnen hatte. Die argentinisch-britische Annäherung erfolgte schrittweise und mit diplomatischer Vorsicht. Nach einer Serie von Deklarationen beider Seiten und informellen, über die "Schutzmächte" Brasilien, die USA und die Schweiz vermittelten Kontakten kam es im August 1989 in New York zu einem ersten direkten Zusammentreffen, bei dem die Agenda für das zweite Treffen im Oktober in Madrid festgelegt wurde. Hier kam es dann zu substantiellen Fortschritten: So wurde 1.) das Prinzip des "Regenschirms", d.h. die Bestätigung, daß keine Seite in der Souveränitätsfrage von ihrer Position abgewichen sei, bestätigt; es wurden 2.) konsularische Beziehungen aufgenommen, 3.) als vertrauensbildende Maßnahme Arbeitsgruppen zur Vermeidung militärischer Zwischenfälle und zur Verbesserung des Informationsaustausches, der wirtschaftlichen Kooperation und zum Schutz der Fischbestände gebildet, schließlich 4.) der Luft- und Seeverkehr zwischen beiden Ländern wieder aufgenommen. Gleichzeitig versprach die britische Regierung, die Ausdehnung der von ihr einseitig dekretierten Fischereischutzzone zu reduzieren[4] und die Hindernisse für einen Ausbau der Beziehungen zwischen der EG und Argentinien abzubauen (Russell/Corigliano 1989, S. 283ff; Russell 1990, S. 4).

Auf dem zweiten Madrider Treffen (Februar 1990) wurde die Aufnahme voller diplomatischer Beziehungen beschlossen. Auf einem weiteren dritten Treffen, ebenfalls in Madrid, im November 1990, einigten sich beide Seiten auf eine Zone, in der der kommerzielle Fischfang verboten wurde. Außerdem schuf man eine gemeinsame "Fischereikommission des Südatlantik". Beide Maßnahmen waren von dem gemeinsamen Interesse diktiert, die maritimen Reserven im Südatlantik zu schützen. Auf der Linie einer Verbesserung der Wirtschaftsbeziehungen lag schließlich auch der bei dem Besuch Außenminister Cavallos in London im Dezember 1990 unterzeichnete Vertrag über den Schutz britischer Investitionen in Argentinien (Russell/Zuvanic 1991, S. 15ff).

Im weiteren Verhandlungsgeschehen kam es bis zum Ende der ersten Präsidentschaft Menems zu keinen weiteren substantiellen Fortschritten. Das hing einmal mehr damit zusammen, daß beide Seiten auch weiterhin auf ihrem Souveränitätsvorbehalt beharrten. Wiederholte Äußerungen Menems, die Inselgruppe sei bis zum Jahre 2000 wieder in argentinischem Besitz und ergänzend die Tatsache, daß die argentinische Souveränität über das Archipel auch in der reformierten Verfassung vom 22. August 1994 bestätigt wurde, nährten weiterhin das britische Mißtrauen, auch wenn der Realitätsgehalt derartiger Äußerungen bei Lichte besehen gegen Null tendierte[5].

---

4 Sie deckte sich fortan mit der militärischen Schutzzone. Für Argentinien bedeutete dieser Schritt die Wiedergewinnung einer Fischereizone von rund 4.000 qkm.

5 Alternative Lösungsszenarien des Falkland/Malvinas-Disputs diskutieren Escudé (1992) und Caviedes (1994).

IV. Die Beziehungen zu Westeuropa — ausgeprägtes politisches, schwaches wirtschaftliches Profil

1. Die multilaterale Ebene

Argentinien ist aufgrund seiner historischen Bindungen und kulturellen Affinitäten ohne Zweifel das europäischste Land Lateinamerikas. Entsprechend haben die Argentinier auch immer wieder ihre Zugehörigkeit zur Ersten Welt allgemein, zu Europa im besonderen unterstrichen und damit ihre Distanz zu Lateinamerika als Teil der Dritten Welt zum Ausdruck gebracht. Dies schlug sich auch in den Außenpolitiken der verschiedenen argentinischen Regime nieder. So nahm die *"conexión europea"* bereits in den 70er Jahren in der Außenpolitik der zweiten Regierung Perón einen herausragenden Platz ein. In der Folgezeit setzten die Militärs im Rahmen ihrer Wirtschaftsdiplomatie vor allem auf die transnationale Karte. Die zwischenstaatlichen Beziehungen wurden demgegenüber von den europäischen Regierungen infolge der massiven Menschenrechtsverletzungen stark zurückgefahren[6].

Durch das Malvinas-Abenteuer erreichten die Beziehungen dann ihren absoluten Tiefpunkt. Durch die unnachgiebige Haltung der Briten war die "Vergemeinschaftung" der europäischen Positionen unvermeidlich geworden, mit der Konsequenz, daß die EG die in ihrer bisherigen Geschichte härtesten Sanktionen verhängte.

Mit der beginnenden Redemokratisierung bemühte sich die UCR-Regierung um einen Neuanfang mit dem erklärten Ziel, das Image des Landes als *"paria internacional"* (Carlos Escudé) zu überwinden und ihm wiederum eine geachtete Position in der Völkergemeinschaft zu verschaffen. Dabei konnte die neue Regierungsmannschaft der Radikalen davon ausgehen, daß sie in zentralen Fragen der internationalen Politik (Zentralamerikakonflikt, Abrüstungsfragen, Menschenrechte, Behandlung der Auslandsschulden) die gleiche Sprache wie die ihrer europäischen Partner sprach. Ausgehend von der These, Argentinien sei "ein europäisches, blockfreies und auf dem Weg zur Entwicklung sich befindendes Land (*un país europeo, no-alineado y en vías de desarrollo*)", bemühten sich Alfonsín und sein Außenminister Caputo, nicht zuletzt über eine aktive Reisediplomatie, um eine Intensivierung der politischen und wirtschaftlichen Beziehungen zu Europa. Dabei setzte sie in einer ersten Phase vor allem auf die EG-Karte. Eintrittsbillett war hier allerdings ein Arrangement mit den Briten, denen in Brüssel eine Veto-Position zukam.

Die europäische Antwort blieb weit hinter den argentinischen Erwartungen zurück: So wurden die Verdienste Alfonsíns beim Aufbau demokratischer Strukturen zwar gewürdigt, genoß er wie sein Außenminister Dante Caputo in Europa hohes Ansehen, die rhetorische Unterstützung auf politischem Gebiet fand jedoch auf ökonomischem Gebiet keine Entsprechung. Das Dauerärgernis: Agrarpolitik und Handelsprotektionismus blieb bestehen. Mit dem Fortgang der Uruguay-Runde verhärteten sich die Fronten sogar noch. Die agrarpolitischen Forderungen beider Seiten waren unvereinbar. Auch auf bilateraler Ebene dominierte zunächst eher Zurückhaltung. Die nach wie vor ungelösten

---

[6] Die in Westeuropa auf breite Kritik stoßenden Menschenrechtsverletzungen erschwerten die bilateralen Beziehungen erheblich, wenngleich von Land zu Land in unterschiedlichem Maße. Zur Argentinienpolitik der Bundesrepublik Deutschland während dieser Epoche siehe die kritische Studie von Thun (1985).

wirtschaftlichen Probleme sowie die fortdauernde Resistenz der Militärs ließen das Land am Río de la Plata nach wie vor als Risikoland erscheinen. So machte Bundeskanzler Kohl während seines Staatsbesuchs in Buenos Aires im Juli 1984 die Gewährung von Krediten von einer vorhergehenden Einigung der argentinischen Regierung mit dem IWF abhängig (siehe New York Times vom 9. Juli 1984). Roberto Russell nennt ergänzend zwei weitere Bremsfaktoren auf argentinischer Seite: zum einen das Fehlen eines klar definierten Konzepts und adäquater Mechanismen, um das, was man sich von Europa erhoffte, auch in die Wege zu leiten, zum anderen der administrative Kompetenzwirrwarr in der argentinischen Europapolitik. So führten insbesondere die konkurrierenden Zuständigkeiten des Außen - und des Handelsministeriums mitunter zu Blockaden und inkonsistenten Handlungsweisen (Russell 1991b, S. 2).

Insgesamt wiesen die argentinisch-europäischen Beziehungen in dieser ersten Phase eine erhebliche Diskrepanz auf zwischen einem klaren Profil auf außenpolitischem Gebiet und einem eher schwachen Profil auf wirtschaftlichem Gebiet. Diese frustrierende Situation veranlaßte das argentinische Außenministerium, seit Beginn des Jahres 1987 eine mehr selektive, die Kooperation mit einzelnen Ländern favorisierende Strategie zu verfolgen. Dabei zielten die Verantwortlichen darauf ab, geeignete institutionelle und vertragliche Mechanismen zu schaffen, um mit ausgewählten europäischen Partnern in ein engeres Kooperationsverhältnis zu kommen. Dabei trat das Werben um Auslandsinvestitionen und um *Joint Ventures* (vor allem der Klein- und Mittelindustrie) vor die bislang favorisierte Strategie der Handelsausweitung[7]. Entsprechende Abkommen mit Italien und Spanien zählen nach Auffassung zahlreicher Beobachter zu den größten außenpolitischen Erfolgen Alfonsíns.

Angesichts des von der UCR-Regierung geerbten wirtschaftlichen Desasters stellte sich der Ausbau der (v.a. wirtschaftlichen) Beziehungen zu Europa für die peronistische Regierung mit noch größerer Dringlichkeit. Folgerichtig rangierte die Europa-Politik von Anfang an unter den außenpolitischen Prioritäten Menems. Nach anfänglichen erheblichen Vorbehalten bei europäischen Politikern und Wirtschaftskreisen gegenüber dem neuen Präsidenten[8] konnte die Regierung Menem mit ihren Wirtschaftsreformen, vor allem mit dem im März 1991 verabschiedeten *"Plan Cavallo"*, dessen Kern die Anbindung des argentinischen Peso an den US-Dollar war, sukzessive an internationalem Vertrauen gewinnen, dies trotz der langen Kette von Korruptionsskandalen und rechtsstaatlich mitunter zweifelhaften Praktiken der MenemRegierung.

Das verbesserte, wenn auch noch keineswegs fleckenlose Image Menems und seiner Regierung (unter der insbesondere der Architekt der Wirtschaftsreformen, Wirtschaftsminister Domingo Cavallo, über hohes Ansehen verfügte) fand auch in den europäisch-argentinischen Beziehungen seinen positiven Niederschlag — sowohl in ihrer bilateralen wie in ihrer multilateralen Dimension. Nachdem es der neuen Regierung in der zweiten Jahreshälfte 1989 gelungen war, die festgefahrenen Fronten im Verhältnis zu Großbritannien

---

[7] Da die handelspolitischen Kompetenzen bei der Gemeinschaft lagen, war hier der Handlungsspielraum für die argentinische Seite schon aus strukturellen Gründen erheblich eingeschränkt.

[8] Die Europäer hatten mehrheitlich auf den Wahlsieg des Präsidentschaftskandidaten der Radikalen, Eduardo Angeloz, gesetzt. Dessen Wahlkampfaussagen waren zwar nicht sehr präzise, dafür aber wesentlich weniger widersprüchlich als die seines Rivalen, des bislang in europäischen Kreisen weitgehend unbekannten Provinzcaudillo Menem. Zudem enthielt der Wahlkampfdiskurs des peronistischen Kandidaten noch manche populistische Versatzstücke des klassischen Peronismus, die eher abschreckend wirkten.

aufzuweichen, unterzeichnete Außenminister Cavallo am 2. April 1990 in Luxemburg ein Rahmenabkommen über wirtschaftliche Zusammenarbeit mit der EG. Dabei handelte es sich in der EG-Terminologie um einen "Vertrag der Dritten Generation", den ersten dieser Art zwischen der EG und einem lateinamerikanischen Land (Russell 1991b, S. 38). Wie schon die Verträge mit Spanien und Italien enthielt dieses multilaterale Übereinkommen die sog. "Demokratie-Klausel", derzufolge ein Staatsstreich die unmittelbare Suspendierung des Abkommens nach sich ziehen würde. Ausdrücklich hervorgehoben wurde die Multilateralität des Abkommens, in dem es hieß, daß Argentinien zu allen Mitgliedern der Europäischen Gemeinschaft Wirtschafts- und Handelsbeziehungen unterhalte. Der Vertrag sah neben einer Diversifizierung der argentinischen Exporte in die EG die Liberalisierung des Handels mit Industriegütern und Agrarprodukten vor und hielt die Möglichkeit offen, die künftige Kooperation noch intensiver zu gestalten. Befürchtungen europäischer Agrarkreise, mit dem Abkommen werde die bisherige Gemeinsame Agrarpolitik gefährdet, wurden von der Kommission in der Folgezeit als unbegründet zurückgewiesen: Es handle sich in Wirklichkeit lediglich noch um ein Drittel des bilateralen Agrarhandels, der von einer möglichen Liberalisierung betroffen sei, die restlichen zwei Drittel seien als Ergebnis der Uruguay-Runde bereits liberalisiert worden (IRELA 1995, S. 38).

2. Die bilaterale Ebene

In Ergänzung des vor allem handelspolitischen Engagements auf multilateraler Ebene unternahm die peronistische Regierung auch auf der bilateralen Ebene neue Schritte, mit dem Ziel, dem wirtschaftspolitischen Reformkurs durch Programme der Entwicklungsassistenz und Privatinvestitionen materiell eine solidere Basis zu geben. Diesem Ziel dienten — darin einer Übung der Alfonsín-Regierung folgend — eine Serie von Europareisen Menems[9]. Ergebnis dieser Besuche und ergänzender Kontakte auf der Arbeitsebene waren u.a. Investitionsförderungs- und Investitionsschutzabkommen mit nicht weniger als 10 westeuropäischen Staaten[10] sowie Doppelbesteuerungsabkommen mit Frankreich, Deutschland und Italien[11].

Auf der bilateralen Ebene kam den Beziehungen zu Spanien und Italien eine Schlüsselrolle zu. Das Verhältnis zur spanischen Krone und zur Regierung Felipe González war in der Alfonsín-Zeit durch weitgehende Übereinstimmung in den politischen Grundüberzeugungen geprägt. Das wirtschaftliche Profil der Beziehungen war demgegenüber eher schwach konturiert, Konsequenz des EG-Beitritts Spaniens sowie des restriktiven Anpassungskurses in Argentinien[12].

---

[9] So absolvierte Menem während seiner ersten Amtszeit drei Staatsbesuche in Deutschland, zwei in Spanien und jeweils einen in Österreich, Belgien, Frankreich und Italien (IRELA 1995, S. 38).

[10] Dabei handelt es sich um Belgien, Finnland, Frankreich, Deutschland, Italien, Luxemburg, die Niederlande, Spanien, Schweden und Großbritannien.

[11] Ergänzend kam es mit der Europäischen Investitionsbank (EIB) im Oktober 1994 zu einem Rahmenabkommen über die Finanzierung von Investitionsprojekten (IRELA 1995, S. 38f).

[12] 1984 betrug der argentinische Handelsbilanzüberschuß mit Spanien 200 Mio. US-Dollar, 1986 noch 50 Mio. US-Dollar, 1987 war er praktisch verschwunden (Russell 1991b, S. 14).

Mit dem Abschluß eines Freundschafts- und Kooperationsvertrags (Februar 1988) erhielten die beiderseitigen Beziehungen ohne Zweifel eine neue Qualität. Kernstück des Vertrags war auf politischer Ebene die Institutionalisierung eines Systems regelmäßiger politischer Konsultationen auf hoher Ebene, wirtschaftlich ein 5-Jahres-Abkommen über die Förderung des argentinischen Industrie- und Dienstleistungssektors, insbesondere der Klein- und Mittelindustrie, mit einem spanischen Finanzierungsbeitrag von insgesamt 1 Milliarde US-Dollar.

Die während der Alfonsín-Regierung bestehenden exzellenten politischen Beziehungen zwischen Spanien und Argentinien hatten auch unter seinem Nachfolger Bestand[13]. Demgegenüber hielt sich die praktische Umsetzung des Wirtschaftsabkommens in Grenzen. Administrative Probleme, geringe Komplementarität beider Volkswirtschaften sowie ein nachlassendes Interesse der spanischen Unternehmer waren einige der Gründe für das Implementierungsdefizit.

Auch die Beziehungen zu Italien gestalteten sich, vor allem auf wirtschaftlichem Gebiet, nicht in der von beiden Seiten gewünschten Weise. Bei der Umsetzung des 1987 geschlossenen Wirtschaftsabkommens war es schon zu Zeiten der Radikalen-Regierung zu erheblichen Verzögerungen aufgrund langwieriger Debatten im Kongreß und Kompetenzscharmützeln in der Ministerialbürokratie gekommen. Die im Zuge der allgemeinen System- und Finanzkrise in Italien ab 1994 vorgenommene drastische Kürzung der ODA betraf die gesamten Auslandsverpflichtungen und damit auch das Abkommen mit Argentinien. Andererseits verstärkte die italienische Seite in erheblicher Größenordnung ihr Engagement im Rahmen der umfangreichen, von Wirtschaftsminister Cavallo forciert vorangetriebenen Privatisierungsmaßnahmen[14]. Insgesamt eröffnete dieser Prozeß italienischen und spanischen Unternehmern im Rahmen der beiden Vertragswerke wie auch außerhalb neue Möglichkeiten für künftige Investitionen.

Auch für die Beziehungen zur Bundesrepublik Deutschland, dem dritten wichtigen Partner in Europa, läßt sich für den gesamten nachdiktatorialen Zeitraum eine Asymmetrie zwischen dem politischen und dem wirtschaftlichen Profil konstatieren. Die volle Unterstützung für den Demokratisierungsprozeß unter Alfonsín kontrastierte mit einer spürbaren Zurückhaltung auf wirtschaftlichem Gebiet. Die Devise hieß hier: abwarten, bis sich die wirtschaftliche Situation am Rio de la Plata stabilisiert habe. Zu einem Präferenzabkommen nach dem Muster der Vereinbarungen Argentiniens mit Spanien und Italien war die deutsche Seite nicht bereit. Wirtschaftsminister Bangemann sah in diesen Abkommen sogar einen Verstoß gegen den Geist der EG und der GATT-Regeln[15].

Mit den stabilitätspolitischen Erfolgen unter Wirtschaftsminister Cavallo wuchs auch bei deutschen Wirtschaftskreisen das Vertrauen in die Regenerationsfähigkeit der argentinischen Wirtschaft, ohne daß dies jedoch das Engagement deutscher Firmen über Er-

---

[13] Zu vorübergehenden diplomatischen Verstimmungen kam es lediglich im Zusammenhang mit dem sog. "Yoma-Gate", bei dem einigen Mitgliedern des unter Korruptionsverdacht stehenden Yoma-Clans enge Verbindungen zur spanischen Drogenmafia nachgesagt wurden.

[14] So erwarb die spanische Fluglinie Iberia die argentinische Fluggesellschaft *Aerolíneas Argentinas*, die spanische Telefongesellschaft *Telefónica de España* zusammen mit der italienischen Firma STET einen Anteil an der argentinischen Telefongesellschaft ENTEL. Außerdem beteiligte sich Italien an der Privatisierung des Petrochemiekomplexes Bahía Blanca (Russell 1991b, S. 11).

[15] Entsprechend äußerte sich Bangemann während seines Besuches in Buenos Aires im August 1988 (La Nación, 3.8.1988).

satzinvestitionen hinaus bislang spürbar gesteigert hätte. Dabei lieferte die mexikanische Finanzkrise Ende 1994 sowie ihre Rückwirkungen auf andere lateinamerikanische Bankenplätze, vor allem die Börsen in Buenos Aires und São Paulo (sog. Tequila-Effekt) jenen Argumente, die auch weiterhin zur Vorsicht rieten. Andererseits zeigen einige in jüngster Zeit gestartete politische Initiativen — so das auf der Konferenz der deutschen Botschafter in Buenos Aires im September 1993 verabschiedete 14 Punkte-Programm sowie das "Lateinamerika-Konzept der Bundesregierung" vom Mai 1995 (Bundestagsdrucksache 13/1479 vom 23.5.1995), daß man von deutscher Seite neben dem zunehmenden Engagement in Osteuropa und dem fernen Osten auch der Kooperation mit Lateinamerika neue Impulse zu geben bereit ist. Ob dies mehr als Lippenbekenntnisse sind, bleibt abzuwarten. Das argentinische Werben mit der wachsenden Attraktivität des gemeinsamen Markts des Südens (Mercosur) und der dezente Hinweis auf das wachsende Engagement US-amerikanischer und asiatischer (vor allem japanischer und koreanischer) Unternehmen im Cono Sur sollte in Brüssel und Bonn jedenfalls ernst genommen werden.

V. Die *"relación carnal"* zu den Vereinigten Staaten. Zwischen Realismus und vorauseilendem Gehorsam

Das Verhältnis zu den Vereinigten Staaten nahm in der außenpolitischen Agenda der verschiedenen argentinischen Regierungen seit je einen besonderen Platz ein. Dabei schwankten diese Beziehungen zwischen den Extremen totaler Ablehnung und nahezu bedingungsloser Gefolgschaft, in den Worten des Journalisten Granovsky: zwischen "stupidem Antiimperialismus" und "automatischem Bündnis" (Granovsky 1991, S. 177). Galt diese Schwierigkeit, im Verhältnis zum nördlichen Hegemon ein "natürliches Niveau" (*nivel natural*) (Marc Falcoff) zu finden auch für das redemokratisierte Argentinien? Die Antworten hierauf fallen höchst unterschiedlich aus. Sie führen im Kern zur Leitfrage nach der Kontinuität bzw. dem Wandel der argentinischen Außenpolitik unter Alfonsín und Menem bzw. ihrem Grad an Realismus und Pragmatismus.

Während der Militärherrschaft (1976-1983) waren die argentinisch-US-amerikanischen Beziehungen stark belastet. Verschiedene Versuche der Militärs, die Beziehungen auf eine solidere Grundlage zu stellen, scheiterten durch ihr eigenes Verhalten: die brutale Repressionspolitik im "schmutzigen Krieg" gegen die Guerilla, die Umgehung des Getreideembargos gegen die Sowjetunion sowie die Intervention der argentinischen Regierung zugunsten des Militärputsches von García Meza in Bolivien im Juli 1980. Durch den Falkland/Malvinas-Krieg sanken die Beziehungen schließlich auf einen historischen Tiefstand[16].

Mit dem Regimewechsel wurde versucht, den unsteten außenpolitischen Kurs zu verlassen und einen auf festen Grundlagen ruhenden Spielraum für die bilateralen Beziehungen zu schaffen. Dabei waren gleichermaßen Elemente des Wandels wie der Kontinuität zu beobachten (Russell 1991, S. 62f). So war die Regierung Alfonsín zwar von Anfang

---

[16] Die totale Unterstützung Englands durch die USA veranlaßte General Galtieri in seiner Abschiedsrede, dieses Land als "Feind Argentiniens und des argentinischen Volkes" zu apostrophieren (Clarín, 16.6.1982).

an bemüht, den Dissens über außenpolitische Zielsetzungen mit der Reagan-Administration abzubauen, zeigte sich andererseits aber — wie ihre Vorgänger — bestrebt, ein bestimmtes Niveau bilateraler Differenzen aufrecht zu erhalten. Mit der Formel, Argentinien sei ein "westliches, blockfreies, auf dem Weg zur Entwicklung befindliches Land" sollte gegenüber den USA eine Mischung von Annäherung und Distanz praktiziert werden, d.h. eine Strategie, die es erlaubte, einen gewissen Grad an nationaler Autonomie zwischen den Blöcken zu wahren (Melo 1993, S. 27). Auf Distanz ging die Alfonsín-Regierung insbesondere in politischen Fragen. So wurde der US-Interventionismus in Zentralamerika scharf verurteilt, während man gleichzeitig den USA bei ihrem Versuch, das Castro-Regime der Menschenrechtsverletzung anzuklagen, die Gefolgschaft verweigerte. Auch der Waffenverkauf an die Sandinisten und die aktive Rolle der argentinischen Diplomatie in der Blockfreienbewegung dienten nicht gerade der Vertiefung der bilateralen Beziehungen.

Im Gegensatz zu den Wahlen 1983, bei denen die Vereinigten Staaten einen Wahlsieg des peronistischen Kandidaten Italo Luder erwartet hatten, zogen sie bei den Präsidentschaftswahlen 1989 den Sieg des UCR-Kandidaten Angeloz einem Triumph Menems vor. Menems populistischer Stil und seine kontroversen Äußerungen vor und während dem Wahlkampf machten den Exgouverneur der kleinen Provinz La Rioja in ihren Augen zu einem unsicheren Kantonisten. Nicht vergessen hatte man in Washington auch, daß Menem noch 1988 wegen des US-Luftangriffs auf Lybien den Abbruch der Beziehungen mit den USA verlangt hatte. Eine stärker auf Konfrontation angelegte Außenpolitik schien somit bei einem Wahlsieg Menems durchaus wahrscheinlich[17].

Während Alfonsín in der zweiten Hälfte seiner Amtsperiode den Beziehungen zu den USA eher stillschweigend den ersten Platz einräumte, ließen Menem und sein Außenminister Cavallo und ab 1992 dessen Nachfolger Di Tella keine Gelegenheit aus, die USA demonstrativ als den privilegierten Partner hinzustellen, nicht zuletzt als Konsequenz einer internen Allianz mit dem Establishment und den lokalen Lobbies (Granovsky 1991, S. 176). Diesem Verhalten lag die Prämisse zugrunde, daß Argentinien als mittlere Macht nicht über die Kapazität verfüge, um eine globale Außenpolitik zu betreiben, vielmehr pragmatisch sich auf jene Partner zu konzentrieren habe, von denen man am ehesten Unterstützung bei dem vorrangigen (entwicklungs)politischen Ziel — dem Aufbau einer ökonomisch potenten, auf dem Weltmarkt konkurrenzfähigen und weltweit respektierten Mittelmacht — erwarten könne[18]. Außenpolitik wurde damit — mehr noch als zu Zeiten Alfonsíns[19] — zum Reflex der Innenpolitik. Daß die USA unter den privilegierten Partnern so eindeutig den ersten Platz einnehmen sollten, hatte weitere Gründe: Zum einen erschienen die USA in der Perzeption der peronistischen Regierung trotz ihrer geschwächten Wirtschaftskraft auch in der post-bipolaren Weltordnung als die politische und militärische Führungsmacht und regionale Vormacht. Auch sei sie

---

[17] In diese Richtung ging auch die Vermutung des Lateinamerika-Experten Roett (1989, S. 177).

[18] Das Interesse des Finanzsektors an guten Beziehungen zu den USA gründete allerdings weniger auf entwicklungspolitischen Motiven. Ihm ging es vielmehr in erster Linie um die Aufrechterhaltung des Kapitalflusses und möglichst hohe Renditen.

[19] Angesichts des in den Jahren der Militärdiktatur erlittenen doppelten Legitimationsverlustes — in der Innen- wie in der Außenpolitik — sah es Alfonsín als seine vorrangige Aufgabe an, die Demokratisierung nach innen mit einer bewußten Reintegration nach außen zu verbinden (Bodemer 1987, S. 21).

der glaubwürdigste Garant einer freien Marktwirtschaft, d.h. der Wirtschaftsordnung, die nach dem Zusammenbruch der sozialistischen Planwirtschaften nunmehr unangefochten die Szene beherrsche. Zu dem Hegemon auf Konfrontation zu gehen – wie in der Vergangenheit mehrfach geschehen – zahle sich nicht aus, sei vielmehr den eigenen Interessen auf der ganzen Linie abträglich. Zum anderen mache die von Alfonsín geerbte chaotische Wirtschaftssituation die Unterstützung der USA (als Handelspartner, Kreditgeber und Investor, vor allem aber als potente Einflußgröße in den internationalen Finanzinstitutionen) dringlicher denn je (Busso 1994, S. 29). Argentinien müsse – so die Formulierung Menems - "im Einklang mit der Epoche" leben, als "vertrauenswürdige und berechenbare Macht" wiederum Ansehen gewinnen und dies durch Leistungen, nicht durch einen moralischen Diskurs (wie unter Alfonsín). Mit der westlichen Führungsmacht müsse ein "würdevolles und reifes Einverständnis" gefunden werden. Dieses dürfe sich nicht nur auf die Zielebene beschränken, vielmehr gelte es darüber hinaus, die noch zur Alfonsín-Zeit bestehenden *"disensos metodológicos"* abzubauen (Zuvanic 1993, S. 16; Russel/Zuvanic 1991, S. 21; Rizzo Romano 1994, S. 14). Ergänzend ging es darum, den tradierten Anti-Amerikanismus des Peronismus hinter sich zu lassen und dem auf die Vorwahlperiode zurückgehenden Eindruck eines ultranationalistischen Menem entgegenzutreten (Felperin/Romero 1993, S. 44).

Diesem Konzept entsprechend griff die neue Regierung im Rahmen ihrer Strategie des *"low profile"* zu weitreichenden einseitigen Konzessionen in den konfliktiven Fragen der bilateralen Agenda, um sich das Vertrauen der USA zu erwerben. Klarer Ausweis dieser einseitigen Vorleistungen waren Themen und Verlauf der USA-Visite Menems im September 1989, des ersten offiziellen Besuchs eines peronistischen Präsidenten in den USA. Daß Menems Erwartungen in starkem Maße von wirtschaftlichen Interessen bestimmt waren, war schon daran ablesbar, daß sich in seiner Begleitung zahlreiche, vor allem dem traditionellen Unternehmerflügel zuzurechnende Industrielle befanden[20].

Die Gesprächsagenda enthielt für jeden etwas: Auf wirtschaftlichem Gebiet unterstrich Menem seine feste Absicht, staatliche Unternehmen zu privatisieren, Subventionen abzubauen und sukzessive auf eine zum Weltmarkt hin offene und international konkurrenzfähige Wirtschaft hinzuarbeiten. Ergänzend versprach er die Kapitalisierung der Auslandsschulden, die Errichtung eines rechtlichen Garantiesystems für Auslandsinvestitionen sowie die Gleichbehandlung inländischen und ausländischen Kapitals. Auf politischem Gebiet vollzog Menem in diversen Fragen eine Annäherung an bzw. Übernahme des US-amerikanischen Standpunkts. So unterschrieb er die amerikanische These, daß das Drogenproblem eines der großen politischen und sozialen Risiken in Lateinamerika sei, vergleichbar der Guerilla in den 60er und 70er Jahren, und versprach aktive argentinische Unterstützung im Kampf gegen die Drogenmafia. Außerdem kündigte er in der Falkland/Malvinas-Frage seine Bereitschaft zu Konzessionen an, um die festgefahrenen Verhandlungen wieder in Bewegung zu bringen. Im Gegenzug erging sich die amerikanische Seite in Elogen auf den Besucher. Der rasche Schulterschluß Menems mit dem wirtschaftlichen Establishment, konkret die Ernennung des Bunge & Born-Managers Roig zum Wirtschaftsminister, hatte bereits in den ersten Wochen der neuen Regierung viel an Mißtrauen abgebaut. Konkret kündigte Bush die Aufhebung des sog. *Humphrey-Kennedy-Amendments* an, das den Waffenverkauf an Argentinien

---

[20] Eine Liste der Menem auf seiner Staatsvisite begleitenden Unternehmer findet sich in La Nación vom 23.9.1989.

verbot, versprach, sich bei den Kreditgebern für eine dem Mexiko-Deal vergleichbare Schuldenlösung im Rahmen des Brady-Plans einzusetzen, und gab grünes Licht für einen 1,4 Milliarden US-Dollar *stand-by*-Kredit des IWF an Argentinien (Russell 1990, S. 6). Diese Gegenleistungen waren indes eher punktueller Natur und nicht Teil eines Gesamtkonzepts. Über ein solches Konzept, d.h. über eine klare Strategie verfügte die Administration Bush nämlich weder bezüglich Lateinamerika insgesamt, noch hinsichtlich des Cono Sur und Argentiniens. Ihre Interessen im Cono Sur lagen Anfang der 90er Jahre eher auf sicherheitspolitischem als auf wirtschaftlichem Gebiet (dies sollte sich erst – wenn auch in Grenzen – im Laufe des Mercosur-Prozesses ändern). Andererseits hatten zwei Ereignisse bzw. Entwicklungen der 80er Jahre es nahe gelegt, von einem allzu engen Sicherheitsbegriff Abstand zu nehmen. So hatte das Falkland/Malvinas-Debakel unmißverständlich deutlich gemacht, daß eine Demokratie die beste Sicherheitsgarantie darstellt. Zum anderen hatte das durch die Schuldenkrise ausgelöste wirtschaftliche Desaster in der Mehrzahl der lateinamerikanischen Länder ergänzend gelehrt, daß Demokratien erst dann als konsolidiert gelten können, wenn sie beim Abbau der akkumulierten "sozialen Schulden" Erfolge nachweisen können. Voraussetzung hierfür war die Implementierung weitreichender Wirtschaftsreformen.

Es war aufgrund dieser Erfahrungen durchaus konsequent, wenn Menem von Anfang an (und mit der Einführung des *"Plan Cavallo"* mit wachsendem Erfolg) nach innen wie nach außen bestrebt war, sich als Politiker darzustellen, der sich der gleichzeitigen Verwirklichung der auch von den USA als prioritär angesehenen Triade Demokratie, Sicherheit und Entwicklung verschrieb[21].

In Ergänzung der bei der US-Visite Menems (September 1989) angekündigten Vorleistungen versuchte die peronistische Diplomatie in der Folgezeit durch eine Reihe weiterer Schritte, ihr Verhältnis zu den USA noch enger zu gestalten, dies in der Hoffnung auf (vor allem wirtschaftliche) Gegenleistungen. Dies führte insgesamt zu einer Ausweitung der bilateralen Agenda:

Auf sicherheitspolitischem Gebiet waren es vor allem zwei Stolpersteine, die in der Vergangenheit das argentinisch-amerikanische Verhältnis belastet hatten: die Entwicklung des Raketenprogramms Condor II sowie die Verbreitung von Massenvernichtungswaffen.

Das von Argentinien seit 1984 gemeinsam mit Ägypten und der Bundesrepublik Deutschland betriebene Raketenprojekt "Condor II" wurde von den USA mit Besorgnis betrachtet, da die Trägerrakete mit der entsprechenden Technik auch für militärische Zwecke verwendet werden könnte. Für die argentinische Seite wurde das Vorhaben jedoch stets als Ausdruck nationaler Autonomie und Nachweis einer erfolgreichen eigenständigen Technologieentwicklung interpretiert. Peronisten wie Radikale reagierten entsprechend sensibel gegenüber externer Kritik. Versuche der US-Regierung, die Alfonsín-Regierung unter Druck zu setzen, waren entsprechend erfolglos verlaufen. Menem, der noch im Wahlkampf die Fortsetzung des Projekts angekündigt hatte, wurde rasch klar, daß eine derartige Politik dem prioritären außenpolitischen Ziel einer Verbesserung der

---

[21] Auf diese Zieltriade hatte bereits der ehemalige US-Außenminister George Shultz bei seinem Besuch in Buenos Aires im Jahre 1989 verwiesen (Caputo 1989, S. 265). Die Inhalte der Triade wurden eher restriktiv gefaßt: Demokratie als Abhaltung freier Wahlen und Garantie individueller Freiheiten; Sicherheit als friedliche Konfliktlösung und Verzicht auf die Produktion und Weitergabe von Kernwaffen; Entwicklung als neoliberale Anpassungsstrategie nach innen, Weltmarktöffnung nach außen.

Beziehungen zu den USA diametral entgegenstand. Im April 1990 ließ er durch seinen Verteidigungsminister Ermán González verkünden, daß "... die Entwicklung der Rakete "Condor II" aufgrund politischer und haushaltsbedingter Entscheidungen eingestellt wird" (Fraga 1990, S. 3). Außenminister di Tella nannte ergänzend (und als wahren Grund für den Verzicht) die Beseitigung des im Ausland bestehenden Mißtrauens (Monitor-Dienst Lateinamerika, 7.5.1991, S. 2). Regierungsintern löste die Ankündigung eine Polemik zwischen der für das Projekt verantwortlichen Luftwaffe und dem Verteidigungsministerium einerseits, dem Wirtschafts- und Außenministerium andererseits aus[22], desgleichen scharfe Kritik seitens der UCR (Villalonga 1991, S. 230; Granovsky 1991, S. 183 und 200). An dem von Menem dekretierten endgültigen Aus des Raketenprojekts änderte dies jedoch nichts mehr.

Ausdruck einer pragmatischeren Sicherheitspolitik und der Absicht, potentielle Konflikte künftig friedlich zu lösen, war ergänzend die Unterzeichnung von drei wichtigen Vertragswerken: eines zwischen Argentinien, Chile und Brasilien über das Verbot des Besitzes, Transfers und Einsatzes chemischer und bakteriologischer Waffen (Vertrag von Mendoza vom 5. September 1991), des Vertrags von Tlatelolco über eine atomwaffenfreie Zone in Lateinamerika (10. November 1993) (IRELA 1995, S. 33) und schließlich des Vertrags über die Nichtverbreitung spaltbaren Materials (*Non-Proliferation-Treaty*; 22. Dezember 1994).

Ausdruck eines neuen sicherheitspolitischen Denkens sowie des Wunsches einer engeren Allianz mit den führenden Industrieländern war schließlich auch das mehrfach bekundete Interesse an einer Mitgliedschaft in der NATO. Es stieß jedoch bei den Bündnispartnern auf keinerlei Resonanz.

Ein letzter Bereich sicherheitspolitischer Erwägungen betraf die interamerikanischen Beziehungen. Hier teilte Argentinien weitgehend die Positionen der USA und Kanadas und unterstützte diesbezüglich die Bemühungen der OAS, Fragen der politischen Demokratie, der Menschenrechte, des internationalen Rechts und der Marktwirtschaft in einen erweiterten, der post-bipolaren Welt angemessenen sicherheitspolitischen Dialog einzubeziehen (IRELA 1995, S. 30).

Mit sicherheitspolitischen Fragen eher indirekt zu tun hatte schließlich die argentinische Position im Verhältnis zu den Karibik-Staaten Kuba und Haiti. In der Kuba-Frage übernahm Menem in diametralem Gegensatz zu seinem Vorgänger Alfonsín voll den US-Standpunkt. Während die Staaten der Rio-Gruppe mehrheitlich für eine Rückkehr der Inselrepublik in die regionalen und hemisphärischen Organisationen ohne jegliche politische Vorbedingungen votierten, reklamierte Menem einen spürbaren politischen Wandel auf der Inselrepublik als Voraussetzung für die argentinische Unterstützung. Auch war die Menem-Regierung die einzige, die die Embargo-Politik der USA nicht ausdrücklich verurteilte. Davon überzeugt, daß das CastroRegime bislang noch keine ausreichenden Schritte in Richtung Demokratisierung und Respektierung der Menschenrechte unternommen habe, verhinderte die argentinische Delegation die Debatte über einen von Mexiko und Brasilien eingebrachten Antrag in der Rio-Gruppe, der einen direkten Zusammenhang zwischen dem Embargo und der Wirtschaftskrise auf der

---

[22] Als Außenminister hatte Cavallo im September 1989 noch vehement für die Fortsetzung des Raketenprogramms votiert, dann jedoch aufgrund der klaren Absage aus Washington eine Kehrtwendung vollzogen (Página 12, 24.9.1989).

Zuckerinsel herstellte. Im Alleingang mit Panama votierte Argentinien schließlich am 6. März 1991 in der UN-Menschenrechtskommission zugunsten eines US-Antrags, die Menschenrechtssituation auf Kuba zu untersuchen. Allerdings schloß sie sich, um den Konsens nicht zu gefährden, der auf dem 8. Rio-Gipfel am 9./10. September 1994 verabschiedeten Kuba-Erklärung an, die die Aufhebung des Embargos forderte (IRELA 1995, S. 31).

Auch in der Haiti-Frage scherte die Menem-Regierung aus der gemeinsamen regionalen Position aus, unterstützte die US-Politik zugunsten einer militärischen Intervention (gegen das Votum der Rio-Gruppe, die auf ihrem 8. Gipfeltreffen mehrheitlich für Selbstbestimmung und gegen eine militärische Intervention votiert hatte), beteiligte sich an der UN-Truppe, die das Öl- und Waffenembargo überwachen sollte und später an der UN-Friedenstruppe.

Weitere Elemente der pro-nordamerikanischen Außenpolitik Menems waren schließlich der demonstrative Austritt aus der Bewegung der Blockfreien, die konsequente Unterstützung des UN-Sicherheitsrats und seiner Resolutionen, die — innenpolitisch heftig umstrittene — Entsendung eines Truppenkontingents und zweier Kriegsschiffe an den Persischen Golf zur Teilnahme an der Irak-Blockade, schließlich die Beteiligung an nicht weniger als neun Friedensmissionen[23].

Von besonderem Gewicht war unter diesen Maßnahmen ohne Zweifel der Rückzug aus der Blockfreienbewegung, wurde damit doch mit einer langen außenpolitischen Tradition Argentiniens gebrochen. Trotzdem entbehrte der Schritt nicht einer gewissen Logik: Nachdem das Militärregime in der Blockfreienorganisation eine *low profile*-Position eingenommen hatte, bekannte sich die Alfonsín-Regierung ausdrücklich zu den Werten der Bewegung (Ablehnung der Blockbildung und des Wettrüstens, Förderung der Entspannung u.ä.) und betrieb, getragen von der Überzeugung, daß zwischen der internen Demokratisierung Argentiniens und einer internationalen Demokratisierung ein enger Zusammenhang bestünde, eine Politik aktiver Mitarbeit in Nord-Süd-Fragen. Mit der fortschreitenden Entspannung reduzierte sich dieses Engagement in der zweiten Hälfte der 80er Jahre jedoch spürbar, nahm die argentinische Delegation zunehmend moderate Positionen ein. Unter der Regierung Menem ging dieser Prozeß weiter. Gemeinsam mit Indien und Jugoslawien versuchte die argentinische Diplomatie innerhalb der Blockfreien, eine Konflikthaltung zu den Großmächten zu vermeiden (Russell 1991, S. 68ff; 1990d, S. 339f). Die letzte Konsequenz zog dann Cavallo-Nachfolger Di Tella, nicht zufällig Erfinder der Formel von der *"relación carnal"* (Granovsky 1991, S. 184), mit den Vereinigten Staaten: Am 19. Dezember 1991 erklärte die Regierung ihren Austritt aus der Blockfreienbewegung[24]. Schon einige Monate zuvor war dieser Schritt von Di Tella angekündigt, dann zunächst aber wegen parteiinternen Widerstands zurückgestellt worden. Offizielle Begründung war, daß die Bewegung weder Menschenrechte, Pressefreiheit noch politischen Pluralismus respektiere und nicht bereit sei, sich an die neuen Gegebenheiten im internationalen System anzupassen. Di Tella stellte ergänzend fest, daß die Blockfreienbewegung "von prokommunistischen Kreisen übernommen worden sei" (Ansprache Di Tellas vor der UNVollversammlung, Monitor-Dienst Lateinamerika,

---

[23] In Angola, Kroatien, Zypern, Haiti, Irak-Kuwait, den israelisch besetzten Gebieten, Mozambique, Ruanda und der Westlichen Sahara (IRELA 1995, S. 33).

[24] Dies just zu einem Zeitpunkt, als andere lateinamerikanische Regierungen der Bewegung beitraten.

26.9.1991, S. 9). Daß das entscheidende Motiv des argentinischen Rückzugs jedoch weniger in der Entwicklung der Bewegung selbst, als in dem Wunsch zu suchen war, bei der US-Regierung (und ihren europäischen Verbündeten) weitere Pluspunkte zu sammeln, wird durch die Tatsache belegt, daß die Blockfreienbewegung seit ihrem 9. Gipfeltreffen 1989 in Belgrad mit den Themen Menschenrechte, Umweltverschmutzung, Drogenhandel und Terrorismus sehr wohl neue Materien der internationalen Agenda zu diskutieren begonnen hatte (Busso/Bologna 1994, S. 38).

Mit dem innenpolitisch heftig umstrittenen Engagement am Persischen Golf vollzog die Regierung einen signifikanten Wandel im Vergleich zur traditionell proarabischen Einstellung der Peronistischen Partei. Sie setzte sich außerdem über das Prinzip der gegenseitigen Konsultationen in der Rio-Gruppe hinweg – eine Haltung, die vor allem in Brasilien zu negativen Reaktionen führte (Gajevic 1993, S. 110).

Die wachsende argentinische Beteiligung an UN-Friedensmissionen diente schließlich über die deklarierten friedenspolitischen Absichten hinaus dem Ziel, die durch das Falkland/MalvinasAbenteuer und verschiedene Militärrevolten "kontaminierten" Streitkräfte zu "säubern", sie von der Innenpolitik fernzuhalten und ihnen einen neuen, konstruktiven Auftrag (sowie ein neues Image) zu geben (Busso 1993, S. 88).

Insgesamt konnte Menem am Ende seiner ersten Präsidentschaft ein von Konflikten weitgehend freies Verhältnis zum nördlichen Hegemon vorweisen. Eine Ausnahme bildete der sog. Patentstreit auf dem Medikamentensektor. 1991 hatte sich die argentinische Regierung verpflichtet, innerhalb von zwei Jahren die Patentschutzregelungen für pharmazeutische Produkte den auf dem US-Markt geltenden Bestimmungen anzupassen. Entsprechenden Druck übte in der Folgezeit wiederholt der wegen seines undiplomatischen Stils heftig umstrittene US-Botschafter Terence Todman aus. Für ihn war die Verabschiedung eines neuen, die Interessen amerikanischer Exporteure schützenden, neuen Patentgesetzes auf dem Medikamentensektor wichtigstes Ziel neben der Einstellung des Condor-Projekts. In beiden Fällen scheute sich der Diplomat nicht, massiv zu intervenieren und ein *linkage* zwischen argentinischem Wohlverhalten und US-amerikanischer Unterstützung in wirtschaftlichen Angelegenheiten (Schuldenproblematik, Handel und Investitionen) herzustellen (Busso 1994, S. 57). Als schließlich im April 1995 ein Patent-Gesetz vom Kongreß verabschiedet wurde, kündigte Menem sofort sein Veto an. Die auf massiven Druck der argentinischen Pharmalobby zustandegekommene Regelung räumte den einheimischen Unternehmen eine fünfjährige Übergangsfrist ein, bis der volle Patentschutz greife. Die Regierungsvorlage hatte drei Jahre vorgesehen. Die USA antworteten mit einer geharnischten Protestnote und drohten mit Handelssanktionen (Clarín, Internationale Ausgabe, 4.-10.4.1995, S. 1 und 3). Unbeeindruckt davon, wiesen Senat wie Deputiertenkammer das Präsidentenveto zurück. Im Juni wurde schließlich das (unkorrigierte) Gesetz verabschiedet. Die Angelegenheit war damit jedoch für die USA keineswegs erledigt: Wenige Monate nach der Gesetzesverabschiedung beschied das US-Handelsministerium ein argentinisches Ersuchen abschlägig, 25 neue Pharmaprodukte in die USA einzuführen (Clarín, Internationale Ausgabe, 15.-21.8.1995, S. 8). Das Thema bleibt somit auf der innen- wie außenpolitischen Agenda.

VI. Peripherer Realismus? – Eine kritische Kosten-Nutzen-Bilanz und die Frage der Kontinuität

Die Frage nach der Kontinuität, dem Realitätsgehalt und dem Kosten-Nutzen-Verhältnis der "neuen" Außenpolitik Menems stellt sich ohne Zweifel am deutlichsten im Verhältnis zu den Vereinigten Staaten. Kein außenpolitisches Thema hatte während der ersten Präsidentschaft Menems in der argentinischen Öffentlichkeit, den Medien wie in der Wissenschaft eine solche Resonanz ausgelöst wie die Beziehungen zur westlichen Führungsmacht. In ihnen spiegeln sich wie in einem Brennglas Verdienste und Schwächen der "neuen" Außenpolitik. Die Diskussion deckte von politischer Polemik bis zu akademischen Debatten und theoretischen Kontroversen ein breites Spektrum ab. Dabei ging es neben handfesten Kosten-Nutzen-Kalkülen um die Frage der Autonomie (bzw. deren Preisgabe), des politischen Stils sowie positiver bzw. negativer *linkages*.

Die Menem-Regierung hatte ihr "neues Verhältnis" zu den Vereinigten Staaten mit der These untermauert, die USA-Politik Alfonsíns, vor allem dessen Zentralamerika-, Kuba- und Dritte-Welt-Politik, habe das Verhältnis zur US-Regierung erheblich belastet. Daß diese Teilpolitiken, von Alfonsín und seinem Außenminister Caputo abgeschwächt als *"disensos metodológicos"* qualifiziert, wirklich das argentinisch-nordamerikanische Verhältnis belasteten, wie Menem und sein außenpolitischer Berater und Konzeptlieferant Carlos Escudé unterstellten, ist mehr als zweifelhaft. Unbestritten ist, daß Alfonsín als Konsequenz der zunehmenden Verschlechterung der wirtschaftlichen Situation (Scheitern des Plan Austral) und der wachsenden externen Verwundbarkeit ab 1986 das Verhältnis zu den USA von Platz drei (nach den Beziehungen zu den lateinamerikanischen Ländern und Westeuropa) an die erste Stelle der Prioritäten treten ließ. Dieser als "realistischer Kurswechsel" apostrophierte Schwenk rückte endgültig ökonomische Aspekte in den Vordergrund und reduzierte die noch bestehenden *"disensos metodológicos"* auf politischem Gebiet weiter. Diese Annäherung der UCR-Regierung hielt die Regierung Menem nicht davon ab, die bislang verfolgte Politik gegenüber den USA als unrealistisch und den nationalen Interessen abträglich zu bezeichnen sowie einen Kurswechsel um 180 Grad anzukündigen. Daß dieser Kurswechsel – entgegen der peronistischen Propaganda – in Wirklichkeit nicht stattfand, vielmehr eher gradueller Natur war, wird auch durch verschiedentliche Äußerungen von nordamerikanischer Seite belegt. Sie machen deutlich, daß der politische Dissens in Detailfragen (wie den Menschenrechten auf Kuba) für die USA solange von eher marginaler Bedeutung war wie in zwei für ihre Interessen prioritären Fragen Konsens bestand: der Schuldenregelung und der Demokratisierung (Felperin/del Huerto Romero 1993, S. 44). Dieser Konsens bestand bereits zu Zeiten Alfonsíns[25]. Die Grundlagen für die neuen hemisphärischen Beziehungen wurden somit bereits vor dem Regierungswechsel gelegt. Eine kopernikanische

---

[25] Mark Falcoff, ehemaliges Mitglied des Auswärtigen Ausschusses des Senats und renommierter Außenpolitik-Experte der USA, wies auf einem internationalen Seminar zur argentinischen Außenpolitik im März 1992 in Buenos Aires darauf hin, daß der Prozeß der Demokratisierung in Argentinien im amerikanischen Kongreß, in den Medien und in der Öffentlichkeit auf breite Resonanz stieß und Alfonsín, ungeachtet seiner abweichenden Positionen in Fragen wie der Blockfreien-Bewegung, der Kuba- und der Zentralamerika-Politik, in den USA hohes politisches Ansehen genoß (Falcoff 1992, S. 97). Vergleichbar äußerte sich der ehemalige argentinische Botschafter in den USA (und unter Menem Chefunterhändler mit den Briten in der Falkland/Malvinas-Frage), Lucio García del Solar (1992, S. 199).

Wende, eine *"ruptura"*, fand trotz anderslautender peronistischer Beteuerungen in den argentinisch-nordamerikanischen Beziehungen seit 1989 nicht statt, wohl aber Korrekturen inhaltlicher und klimatischer Natur. Vor allem wiesen die Beziehungen, wie wir sahen, ein erhebliches Maß an einseitigen argentinischen Vorleistungen auf. Diese wurden erklärtermaßen in der Erwartung konkreter, vor allem wirtschaftlicher Gegenleistungen getätigt − eine Rechnung, die nicht aufging:
− Der Verzicht auf die Weiterentwicklung des Condor-Projekts führte keineswegs zu dem erwarteten nordamerikanischen Technologietransfer;
− Auch auf wirtschaftspolitischem Gebiet bot sich dem Juniorpartner Argentinien keine Chance eines positiven *linkage*. Die Prioritäten beider Seiten divergierten zu sehr: Während die argentinische Seite vor allem an flankierenden Maßnahmen zur wirtschaftlichen Gesundung, konkret an Schuldenerleichterungen, vermehrtem Handel und amerikanischen Investitionen interessiert war, setzten die USA eher auf kurzfristige Gewinnmitnahmen auf dem Kapitalmarkt[26]. Erschwerend kommt hinzu, daß beide Ökonomien weniger komplementär als konkurrierend strukturiert sind.

Auch die statistischen Befunde widerlegten den offiziell zur Schau getragenen Optimismus: Obwohl die USA zusammen mit Brasilien am Ende der 80er Jahre zum wichtigsten Außenhandelspartner avancierten, betrug 1990 ihr Anteil am argentinischen Export lediglich 13,8% (der Europas 30,3%), am Import 21,5%; der argentinische Anteil am US-Außenhandel lag bei ganzen 0,30% (Bouzas 1992, S. 181). Seit der Etablierung des *Plan Cavallo* (April 1991) mit seiner Dollar-Peso-Parität wuchs das Handelsdefizit mit den USA kontinuierlich. Während der US-Außenhandel von 1989 bis 1993 insgesamt um 36% stieg, verminderte sich im gleichen Zeitraum der Handel mit Argentinien um 0,5% (IRELA 1995, S. 32). Größtes Ärgernis auf handelspolitischem Gebiet war und ist jedoch die Politik der Agrarsubventionen, deren spürbarste Konsequenzen für die argentinischen Landwirte der Verfall der Weizenpreise auf dem Weltmarkt sowie der Verlust traditioneller Märkte sind. Der Verkauf subventionierten amerikanischen Weizens an Brasilien im Jahre 1991 machte vollends deutlich, wie wenig Argentinien mit Entgegenkommen rechnen konnte, wenn in den USA mächtige Sektorinteressen auf dem Spiel standen. Auch die von der US-Regierung zusammen mit der EU in der Uruguay-Runde bis zum Schluß der Verhandlungen durchgehaltene harte Linie nahm auf die Interessen der lateinamerikanischen Landwirte nur wenig Rücksicht[27]. Außenminister Baker verwies in diesem Zusammenhang anläßlich des Besuchs seines argentinischen Amtskollegen di Tella in Washington (Juni 1991) entschuldigend auf die bestehenden gesetzlichen Restriktionen und damit auf den Kongreß, der oft die besten Absichten der Regierung zunichte mache (Granovsky 1991, S. 200).

Auf dem Gebiet der privaten Direktinvestitionen war der Befund nicht wesentlich besser. Die geringe strategische Bedeutung des Landes sowie die relativ bescheidene Marktgröße wirkten hier in Verbindung mit der Rechtsunsicherheit und der endemischen

---

[26] Diesbezüglich stimmten die erwähnten US-Interessen mit denen des argentinischen Finanzsektors durchaus überein. Kritiker leiten daraus die These ab, daß die von Menem und seinem Außenminister formulierten Entwicklungsziele rein deklaratorischer Natur seien, das Kardinalproblem somit darin bestehe, die (Entwicklungs)Interessen des Landes mit denen des "Establishments" in Einklang zu bringen.

[27] Zu den Auswirkungen der Uruguay-Runde auf Lateinamerika, vor allem auf die Länder des Cono Sur siehe Bodemer (1995, S. 26ff).

Korruption als Bremsfaktoren. Entgegen den argentinischen Erwartungen hinsichtlich einer substantiellen Beteiligung amerikanischer Konzerne an den privatisierten Staatsunternehmen waren es hier auch in erster Linie europäische Firmen, die sich engagierten. Eine Ausnahme bildete lediglich der Erdölsektor. In Ziffern betrugen die US-Beteiligungen bis Juli 1993 12% am Gesamtwert der privatisierten Unternehmen (Spanien: 14,76%, Italien 8,76%; Frankreich 6,92% und Argentinien 40,25%) (Baulde 1993, S. 104).

Auf der Habenseite der bilateralen Bilanz wären lediglich die nordamerikanische Unterstützung für den wirtschaftlichen Reformkurs in den internationalen Finanzorganisationen zu nennen sowie die Bereitstellung eines Kredits zur Abmilderung des "Tequila-Effekts" im Gefolge der mexikanischen Peso-Krise. Als zusätzliche Hilfe, wenn auch eher symbolischer Natur, kann schließlich das von Clinton wie auch bereits von seinem Vorgänger mehrfach ausgesprochene Lob der Führungsqualitäten Menems und seines Wirtschaftsministers Cavallo sowie für den von ihnen konsequent vorangetriebenen wirtschaftspolitischen Reformkurs gewertet werden.

Insgesamt findet so das von Vertretern der Menem-Regierung verschiedentlich vorgebrachte Argument, nur eine enge Anlehnung an die USA erlaube Argentinien als einer mittleren Macht, von der entwickelten Welt respektiert zu werden und an ihren Errungenschaften partizipieren zu können, in der Realität nur wenig Unterstützung. Eine entsprechende Kosten-Nutzen-Bilanz des argentinisch-nordamerikanischen Schulterschlusses fällt so auch eher ernüchternd aus. Vergleichbares gilt für den ökonomischen Bereich im Verhältnis zu Europa. Verschiedentliche Alleingänge der argentinischen Diplomatie (so in der Kuba- und Haiti-Frage, in der Blockfreien- sowie in der Golf-Politik) hatten zusätzlich zu Verstimmungen lateinamerikanischer Regierungen geführt.

Schon wenige Monate nach ihrem Amtsantritt hatte die Regierung Menem − entgegen ihren bisherigen Verlautbarungen − fundamentale Neuerungen in der Außenpolitik angekündigt und sich von der ihrer Meinung nach idealistisch überhöhten Außenpolitik ihres Vorgängers distanziert. Wie unsere Analyse ergab, waren diese Änderungen jedoch eher gradueller Natur. Den "realistischen Richtungswechsel" (*giro realista*) hatte bereits Alfonsín ab Mitte der 80er Jahre eingeleitet. Dies gilt sowohl im Verhältnis zu den Vereinigten Staaten (Ausnahme: Kuba-Politik) wie in Fragen der Dritte-Welt-Politik. Veränderte interne und externe Rahmenbedingungen führten hier allerdings zu neuen Akzentsetzungen. Die Beziehungen zu Europa (Ausnahme: Falkland/Malvinas-Konflikt) wie zu den lateinamerikanischen Nachbarn wiesen schließlich die größte Kontinuität auf. Die wiederholten Alleingänge Menems sowie dessen Nibelungentreue zu den USA löste bei letzteren jedoch wiederholt kritische Kommentare aus. Insgesamt spricht einiges für die von Ex-Außenminister Caputo im Rückblick formulierte These, eine UCR-Regierung hätte nach einem Wahlsieg im wesentlichen auch keine substantiell andere Außenpolitik betrieben als Menem. Originalität beanspruchen können Menem und sein Außenminister Di Tella indes in Fragen des Stils sowie in Bezug auf einige überzogene Ansprüche bzw. Überreaktionen, die mit dem vielbeschworenen Realismus, Pragmatismus und war wiederholt für sich reklamierten Bescheidenheit nur wenig zu tun hatten. Beispiele hierfür sind die Nahost-Politik, das Auftreten in den Vereinten Nationen sowie der im Cono Sur erhobene argentinische Führungsanspruch.

Der bescheidene Ertrag der einseitigen Allianz mit Washington brachte Menem und seinen Außenministern Cavallo und di Tella wiederholt massive Kritik ein. So wurde ihnen vorgeworfen, das Verhältnis zu den USA unter dem Gespann Alfonsín/Caputo zu negativ zu zeichnen und die in vielen Bereichen weiterbestehende Kontinuität zu ignorieren. Zudem hätten sie, trotz ihres ständigen Verweises auf die beschränkten Ressourcen und Verhandlungschips einer Mittelmacht, die Möglichkeiten Argentiniens genauso überschätzt wie die Interessen des nördlichen Hegemon an diesem Land. Bevorzugtes Objekt der Kritik war vor allem der seit Februar 1991 als Nachfolger Cavallos (er übernahm das Wirtschaftsressort) amtierende Außenminister Guido di Tella, zuvor Botschafter in Washington. Er machte noch entschiedener als sein Vorgänger die USA zum Eckpfeiler für die angestrebte Eingliederung Argentiniens in die Weltwirtschaft, plädierte für einen weiteren Ausbau der Beziehungen zum "großen Bruder" und die Vermeidung von allem, was diesen verärgern könnte. Die bilaterale Agenda sei — so der Minister — strikt auf die Diskussion der Themen zu beschränken, die mit dem Wohlergehen der Bevölkerung zu tun hätten. "Mit Tibet sollen sie doch machen, was sie wollen!" — so eine seiner saloppen, viel zitierten Aussprüche in diesem Kontext (zit. nach Escudé 1992a, S. 62). Von Di Tella stammte auch die viel zitierte Charakterisierung der bilateralen Beziehungen als *"relación carnal"*. Formeln dieser Art, die der neue Außenminister mit Vorliebe benutzte, dazu das forsche Auftreten des US-Botschafters Todman, *"el virrey"*, der ungeniert amerikanische Wirtschaftsinteressen vertrat und die Korruption in der Menem-Administration anprangerte, verstärkten noch den bei manchem Beobachter vorherrschenden Eindruck einer bedingungslosen Unterordnung Argentiniens unter die nordamerikanischen Interessen. Kritiker dieser Politik sprachen von der Gefahr einer "übertrieben demonstrierten Nibelungentreue (*seguidismo sobreactuado*)" (Ruzzo Romano 1993, S. 15; Felperin/Huerto Romero 1993, S. 66; Borón 1992, S. 142), von einer "automatischen, unkritischen und bedingungslosen Allianz (*alineamiento automático, acrítico e incondicional*)" (Melo 1993, S. 33), von "Herodianismus" (Felperin/Huerto Romero 1993, S. 65), von "exzessiven Gesten" (Granovsky 1991, S. 203)[28] und prangerten die "Selbstkastration ... (der argentinischen, d.v.) Kapazität (an), eine intelligente, seriöse und pragmatische Außenpolitik zu konzipieren und umzusetzen" (Borón 1992, S. 141). Übereinstimmend wird aus diesen Defiziten die Forderung nach einer selbstbewußteren, um ein eigenständigeres Profil bemühten Politik gegenüber den USA abgeleitet, einer *"autonomía progresiva"*, einer auf pragmatischen Verhandlungen beruhenden Außenpolitik, angesiedelt zwischen "nacktem Realismus" und "peripherem (Neo)Idealismus"[29] (Melo 1993, S. 33).

---

[28] Als eine solche übertriebene, wenn nicht sogar peinliche Geste wurde das von Menem an die Adresse der Konfliktparteien gerichtete Angebot einer Vermittlerrolle im Vorderen Orient interpretiert.

[29] Das Konzept des *"neoidealismo periférico"* wurde von dem argentinischen Außenpolitik-Experten Roberto Russell als Gegenkonzept zu dem von Carlos Escudé (bis 1992 außenpolitischer Berater Menems) entwickelten Konzept des *"realismo periférico"* entwickelt. Letzteres verstand sich als theoretische Grundlage der Menemschen Außenpolitik. Auf eine grob vereinfachte Kurzformel gebracht, meint der Begriff nichts weiter als realistische Politik aus der Perspektive der peripheren (unterentwickelten) Länder. Das von Roberto Russell entwickelte Konzept des "peripheren Neoidealismus" definiert das nationale Interesse in Begriffen der ökonomischen Entwicklung und bestimmt allgemeingültiger Normen mit Verpflichtungscharakter. Fragt man nach dem Korrelat in der Realität, so läßt sich noch am ehesten die Außenpolitik Alfonsíns in der zweiten Phase seiner Amtszeit (1986-1989) als eine Politik des peripheren Neoidealismus charakterisieren. Die beiden konkurrierenden Konzepte standen im Zentrum einer außerordentlich anregenden politischen und wissenschaftlichen Debatte, deren Verlauf hier jedoch aus Platzgründen nicht behandelt werden kann; siehe hierzu vor allem: Escudé (1991; 1992; 1992a; 1992b); Gavecic (1993, S. 94ff); Gaveglio/Angelone (1993, S. 71ff); Russell (1991a; 1994).

Am treffendsten läßt sich der Begriff des "peripheren Realismus", so wie ihn die argentinische Regierung interpretiert und auf das argentinisch-amerikanische Verhältnis anwandte, wohl als "vorauseilender Gehorsam" (Gajevic 1993, S. 112) und "selbstauferlegte Unterordnung (*subordinación autoimpuesta*)" (Paradiso 1993, S. 200) umschreiben. Bei einer derartigen Strategie eines schwächeren Landes gegenüber einer Supermacht konnte es kaum überraschen, daß die Gegenleistungen der letzteren sich weitgehend in rhetorischen Konzessionen erschöpften.

Literaturverzeichnis

BAULDE, Carlos, 1993: Las cifras de la relación carnal, in: Noticias, 14.7.1993, Buenos Aires.

BODEMER, Klaus, 1987: Die Außenpolitik der Regierung Alfonsín zwischen Autonomiebestrebungen und neuer (alter) Abhängigkeit, in: Vierteljahresberichte. Probleme der Entwicklungsländer, Nr. 107, S. 21-38.

– – –, 1991: Demokratisierung der Außenpolitiken – eine realistische Forderung für die neuen Demokratien Lateinamerikas?, in: Nohlen, Dieter u.a. (Hrsg.): Demokratie und Außenpolitik in Lateinamerika, Opladen, S. 339-368.

– – –, 1995: Más bienestar para todos? La Unión Europea, el GATT y América Latina, in: Centro de Estudios Unión para una Nueva Mayoría, Cuaderno Nr. 133, Buenos Aires, S. 18-32.

BORON, Atilio, 1992: Las transformaciones del sistema internacional y las alternativas de la política exterior argentina, in: Russell (1992, S. 105-148).

BOUZAS, Roberto, 1992: Un acuerdo de libre comercio entre Estados Unidos/Mercosur: Una evaluación preliminar, in: Bouzas u.a. (Hrsg.): Liberalización comercial e integración regional. De NAFTA a Mercosur, Buenos Aires.

BUSSO, Anabella, 1994: Menem y Estados Unidos: Un nuevo rumbo en la política exterior argentina, in: C.E.R.I.R. (1994, S. 53-109).

– – –/BOLOGNA, Alfredo Bruno, 1994: La política exterior argentina a partir del gobierno de Menem: Una presentación, in: C.E.R.I.R. (1994, S. 17-51).

CAPUTO, Dante, 1989: Interview mit Dante Caputo, in: América Latina/Internacional, 6, 21, S. 260-268.

CASTRO, Jorge, 1994: La política exterior de Brasil y Argentina a cinco años de terminada la guerra fría (de la integración económica a la alianza política), in: Propuestas Democráticas, 1, 4, S. 21-27.

CAVASALES, Julio C., 1992: En el final de un largo camino: Argentina y el Tlatelolco, in: América Latina/Internacional 9, 32, S. 497-502.

CAVIEDES, César N., 1994: Conflict over the Falkland Islands: A Never Ending History?, in: Latin American Research Review, 29, 2, S. 172-187.

C.E.R.I.R. (Centro de Estudios en Relaciones Internacionales de Rosario) (Hrsg.), 1994: La política exterior del gobierno de Menem, Rosario.

ESCUDE, Carlos, 1991: La política exterior de Menem y su sustento teórico implicito, in: América Latina/Internacional, 8, 27, S. 393-406.

– – –, 1992: Realismo periférico. Fundamentos para una nueva política exterior argentina, Buenos Aires.

– – –, 1994: Cultura política y política exterior: el salto cualitativo de la política exterior argentina inaugurada en 1989, in: Russell (1992, S. 169-196).

FALCOFF, Mark, 1992: Comentario, in: Russell (1992: 202-206).

FELPERIN, Myriam/DEL HUERTO ROMANO, Maria, 1993: Administración Alfonsín y Menem: Algunos cambios en la agenda de política exterior hacia E.E.U.U., in: Rizzo Romano/Melo (1992, S. 19-40).

FRAGA, Rosendo, 1990: Relación Argentina − E.E.U.U. en el área de seguridad, Centro de Estudios Unión para la Nueva Mayoría, Buenos Aires.

GAJEVIC, Mira, 1993: Die argentinische Außenpolitik nach 1983: Ein Vergleich der Regierung Alfonsín mit der Regierung Menem, Magister-Arbeit im Fach Politikwissenschaft, Universität Mainz, mimeo.

GARCIA DEL SOLAR, Lucio, 1992: Comentario, in: Russell (1992: 197-201).

GRANOVSKY, Martin, 1991: Política exterior. Las relaciones carnales, in: Borón, Atilio u.a. (Hrsg.): El Menemato. Radiografía de los años de gobierno de Carlos Menem, Buenos Aires, S. 173-205.

HAFFA, Annegret, 1987: Beagle-Konflikt und Falkland (Malvinas)-Krieg. Zur Außenpolitik der argentinischen Militärregierung, München.

IRELA, 1995: Argentina in the 1990s: Progress Prospects under Menem (Dossier Nr. 54), Madrid.

MELO, Artemio Luis, 1993: Introducción al análisis de la política exterior argentina hacia los Estados Unidos (1983-1992), in: Rizzo Romano/Melo (1993, S. 19-40).

PARADISO, José, 1993: Debates y trayectoria de la política exterior argentina, Buenos Aires.

RIZZO ROMANO, Alfredo H., 1993: Prólogo, in: Rizzo Romano/Melo (1993, S. 9-18).

− − −/MELO, Artemio Luis (Hrsg.), 1993: Las relaciones Argentina − Estados Unidos (1983-1993). Variables para un análisis interpretativo, Rosario.

RUSSELL, Roberto, 1990a: Los primeros pasos del gobierno Menem: Cambios o ajuste en la política exterior argentina?, in: Cono Sur, IX, 1, S. 1-6.

− − −, 1990b: Argentina: Una nueva política exterior?, in: Muños (Hrsg.): El desafío de los ′90. Anuario de políticas exteriores latinoamericanas 1989-1990, Caracas, S. 15-29.

− − −, 1990c: Cambio de gobierno y política exterior: las primeras tendencias de la gestión peronista, in: América Latina/Internacional, 7, 24, S. 333-341.

− − −, 1991a: Demokratie und Außenpolitik: Der Fall Argentinien, in: Nohlen, Dieter u.a. (Hrsg.): Demokratie und Außenpolitik in Lateinamerika, Opladen, S. 59-78.

− − −, 1991b: Las relaciones de Argentina con Europa Occidental (IRELA. Documento de Trabajo Nr. 29), Madrid.

− − −, 1992: La política exterior argentina en el nuevo orden mundial, Buenos Aires.

− − −, 1994: Los ejes estructurantes de la política exterior argentina: Apuntes para un debate, Buenos Aires.

− − −/CORIGLIANO, Francisco, 1989: El gobierno Menem y las negociaciones sobre Malvinas, in: América Latina/Internacional, 6, 22, S. 279-288.

− − −/ZUVANIC, Laura: Argentina: La profundización del alineamiento con Occidente, in: Heine, Jorge (Hrsg.): Hacia unas relaciones internacionales de mercado? Anuario de políticas exteriores latinoamericanas 1990-1991, Caracas, S. 15-28.

THUN, Tino, 1985: Menschenrechte und Außenpolitik 1976-1983, Bremen.

VILLALONGA, Julio, 1991: Menem y las fuerzas armadas, in: Borón, Atilio u.a.: El Menemato. Radiografía de dos años de gobierno de Menem, Buenos Aires, S. 209-236.

ZUVANIC, Laura/CORIGLIANO, Francisco, 1993: Argentina: Más allá del alineamiento con Estados Unidos, in: Heine, Jorge (Hrsg.): Enfrentando los cambios globales. Anuario de políticas exteriores latinoamericanas 1991-1992, Santiago de Chile, S. 15-30.

Nikolaus Werz

Die deutsch-argentinischen Beziehungen

Die Beziehungen zwischen Argentinien und Deutschland gelten als ausgezeichnet. Dies mag ein Grund dafür sein, warum zu dem bilateralen Verhältnis kaum Arbeiten vorliegen. Jüngere Publikationen beschäftigen sich vor allem mit der neueren außenpolitischen Standortbestimmung Argentiniens, wobei es sowohl um das Verhältnis zu den USA geht (Tulchin 1990) als auch um den sog. *"realismo periférico"* (Escudé 1992) und die veränderte weltpolitische Situation nach 1989 (Russell 1992). Während zu Argentinien insgesamt im deutschsprachigen Raum eine recht ansehnliche Zahl von Studien vorhanden ist, wurde die Außenpolitik entweder unter dem Aspekt der Menschenrechtsverletzungen (Thun 1985), der Frage der Demokratisierung (Grabendorff 1984; Barrios 1991; Nohlen/Fernández 1991) oder im Zusammenhang mit den Außenpolitiken anderer lateinamerikanischer Länder behandelt (Mols/Zimmerling 1985). Eine neuere Magisterarbeit vergleicht die Außenpolitiken von Alfonsín und Menem (Gajevic 1993).

Allerdings enthalten die erwähnten Untersuchungen kaum Aussagen zu den bilateralen Beziehungen, einiges ist dagegen in Veröffentlichungen zu den Deutschen und Deutschstämmigen in Argentinien enthalten. Am häufigsten ist die Epoche des Dritten Reiches und der Folgezeit untersucht worden.

Die nachfolgenden Ausführungen beschränken sich nicht nur auf die Diplomatiegeschichte zwischen Deutschland und Argentinien, sondern berücksichtigen auch die kulturellen und wissenschaftlichen Beziehungen. Angesichts der Intensität der Kontakte wird auch auf die unterschiedlichen Bilder in den jeweiligen Ländern eingegangen.

I. Zur Geschichte der Beziehungen

Bei den Außenbeziehungen zwischen beiden Ländern ist zu berücksichtigen, daß Deutschland als politische Größe erst nach Argentinien entstand. Argentinien ist seit 1810 eine Republik, 1916 wurde in geheimen Wahlen die erste demokratische Regierung gewählt. Seit 1871 haben sich die deutschen Grenzen hingegen mehrfach verschoben, und die kulturellen Beziehungen zu Argentinien waren − u.a. wegen der starken Einwanderung aus der Schweiz und aus Österreich − auch mit denen anderer deutschsprachiger Länder verknüpft.

Genaue Angaben über die Zahl der Deutschen in Argentinien sind nicht vorhanden, von 200.000 ist die Rede, von denen etliche eine doppelte Staatsbürgerschaft besitzen, hinzu kommen noch ca. 800.000 Argentinier mit deutschen Vorfahren (Encke 1981, S. 309). Die aus deutschsprachigen Ländern kommenden Argentinier haben am Aufbau und der Entwicklung des Landes mitgewirkt. Durch verschiedene Einwanderungswellen hat ihre Zahl bis in die 50er Jahre zugenommen. Heute gelten die Deutschstämmigen als viertgrößte Gruppe nach den Zuwanderern aus Italien, Spanien und denen aus verschiedenen arabischen Ländern, die umgangssprachlich häufig als *"turcos"* bezeichnet werden (SZ, 2.6.1985).

Deutsche Söldner und Großkaufleute waren bereits an der Eroberung Argentiniens beteiligt. Der Landsknecht Ulrich Schmidl hat mit seiner "Wahrhaftigen Beschreibung" eine erste wichtige Geschichtsquelle geliefert. Nur wenige Deutschstämmige überlebten die Hungersnöte und Kämpfe. Anfang des 17. Jahrhunderts gelangten Jesuiten in den Norden Argentiniens und nach Paraguay, es sollen insgesamt mehr als hundert Geistliche gewesen sein. Die aus Deutschland kommenden waren auch an der Gründung des Vizekönigreiches Rio de la Plata und an der Unabhängigkeitsbewegung von Spanien beteiligt. Einzelne von ihnen, wie der Offizier Friedrich Rauch, erlangten später wegen der rücksichtslosen Bekämpfung der Urbevölkerung traurige Berühmtheit.

1824 wurde die Einwanderungsbehörde gegründet, allerdings hatte es schon 1812 ein Dekret zur Förderung der Immigration gegeben. Bis 1869, als Präsident Sarmiento eine Zentrale Einwanderungskommission gründen ließ, war die Zahl der Deutschen einer Volkszählung zufolge auf 4.991 (von 1,8 Mio. Einwohnern) gestiegen (Hoffmann 1979, S. 93; ferner Fischer 1992). Seit 1855 besteht der Deutsche Club, 1863 wurde die erste deutschsprachige Zeitung gegründet, die "La Plata-Zeitung". Außerhalb der Hauptstadt siedelten die Deutschen vor allem in der Provinz Santa Fé, während sich die Wolga-Deutschen bevorzugt in Entre Rios niederließen.

Seit den 1880er Jahren begannen sich die Einwanderer in unterschiedlichen politischen Lagern zu formieren. 1882 gründeten einige den sozialistischen Verein "Vorwärts" in Buenos Aires und brachten von 1886 bis 1901 die erste sozialistische Wochenzeitung in deutscher Sprache heraus (Bauer 1989). 1890 unterbreiteten sie dem argentinischen Parlament einen Arbeitsgesetzvorschlag, organisierten eine 1.-Mai-Kundgebung und unterstützten ihre argentinischen Mitstreiter bei der Gründung der Sozialistischen Partei Argentiniens. Neben der nach wie vor dominierenden national-konservativen und kaisertreuen Ausrichtung etablierte sich eine liberale Linie. Der Schweizer Johann Allemann, der 1873 einer Einladung Sarmientos gefolgt war, gründete in den folgenden Jahren das "Argentinische Wochenblatt", das 1889 durch das "Argentinische Tageblatt" ergänzt wurde. Später strich er das zweite "l" aus seinem Namen, um der landesüblichen Phonetik besser gerecht zu werden.

Die Expansionspolitik des Deutschen Reiches hatte in Argentinien zunächst vor allem einen handelsmäßigen Charakter. Der Anteil deutscher Erzeugnisse am argentinischen Import stieg von 3% (1872) innerhalb von zehn Jahren auf 9% (1882) und bis 1913 weiter auf 16,9% (Lütge 1955, S. 244ff). Der Anteil Argentiniens an der deutschen Gesamtausfuhr stieg von 1,2% (1900) auf 2,6% (1913). Deutschland nahm im argentinischen Außenhandel den zweiten Platz hinter Großbritannien ein. Damit war Argentinien vor dem Ersten Weltkrieg für Deutschland der wichtigste südamerikanische Handelspartner geworden. Nicht unerheblich daran beteiligt waren die Waffenlieferungen von Krupp und DW/MF (Schäfer 1974, S. 181). Deutsche Militärbehörden entsandten Generalstabsoffiziere als Instrukteure, während jüngere Offiziere aus Argentinien in Deutschland ausgebildet wurden. So entstanden im militärischen Bereich schon früh enge Beziehungen, die sich über das gesamte 20. Jahrhundert ausdehnen. Mittlerweile war die Bezeichnung "Auslandsdeutsche" entstanden, die allein in Buenos Aires gegen Ende des 19. Jahrhunderts 158 Vereine besaßen. Gleichzeitig gewannen deutsche Wissenschaftler und Philosophen an Einfluß. Erwähnt sei hier der "Krausismo", die spanische bzw. argentinische Variante der Philosophie Karl Christian Friedrich Krauses (1781-1832), ein in Deutschland nahezu vergessener Philosoph, der in liberalen und sozialdemokratischen Parteien des spanischsprachigen Raums einen erheblichen Einfluß entfaltete. Zu nennen ist auch Herrmann Burmeister, der von 1861-1891 Direktor des "Naturhistorischen Museums" in Buenos Aires war und 1870 die naturwissenschaftliche Fakultät der Universität Córdoba gründete. In den Anfangsjahrzehnten des 20. Jahrhunderts wurden deutsche Physiker gezielt angeworben, was auch als ein Versuch kulturimperialistischer Durchdringung interpretiert wurde (Pyenson 1985); inwieweit sich solche Traditionen fortsetzten und sich möglicherweise auf spätere Rüstungs- und Atomprogramme erstreckten, läßt sich aus der Literatur nur schwer rekonstruieren.

Nach dem Ersten Weltkrieg begann eine neue Auswanderungswelle nach Argentinien. Ein Teil der Zuwanderer wurde nach Misiones gelenkt. Bis 1938 soll sich die deutsche Gemeinde auf 236.755 Deutschsprachige vergrößert haben, von denen 43.626 die deutsche Staatsangehörigkeit besaßen. Für die neuere Geschichte Argentiniens und die wissenschaftliche Entwicklung überaus bedeutend war der Zustrom nach 1933 von bis zu 40.000 hauptsächlich jüdischen Emigranten aus Mitteleuropa, zu denen Akademiker verschiedenster Fachrichtungen gehörten. Ulrich Encke (1991) hat das Kapitel über die Deutschen in seinem Argentinien-Buch mit dem Titel "Von Jägern und Gejagten" überschrieben. Damit sind die Breite und die unterschiedlichen Positionen recht gut umschrieben. Argentinien hat Verfolgte und später deren Verfolger beherbergt, und das Nebeneinander funktionierte relativ gut. Obwohl Argentinien im Verhältnis zur Gesamtzahl der vorhandenen Einwohnerschaft nach Palästina zwischen 1933 und 1945 die meisten Flüchtlinge und Immigranten aufnahm, geschah dies doch weitgehend unabhängig oder sogar gegen staatliche Intentionen. Die argentinische Elite hielt an dem Konzept einer Förderung der Einwanderung in ländliche Regionen fest und zeigte, im Unterschied zur Politik der Regierung Cárdenas in Mexiko gegenüber den Flüchtlingen der spanischen Republik und dem Modernisierungs- und Einwanderungskonzept der Regierung Vargas in Brasilien, wenig Interesse an den "unerwünschten Flüchtlingen" (Senkman 1991, S. 424).

1. Weimarer Republik und Drittes Reich

Mit dem Ende der Weimarer Republik und dem Aufkommen des Nationalsozialismus bildeten sich konträre politische Lager. Sprachrohr des liberalen deutschsprachigen Argentinien war das "Argentinische Tageblatt" (AT). Es verstand sich als eine argentinische Zeitung deutscher Sprache. Während der Weimarer Republik bekannte sie sich zur Demokratie, und der antifaschistisch-liberale Grundkonsens der damaligen Journalistengeneration blieb für die Zeit des Dritten Reiches und danach bestimmend. Das "AT" gilt als die einzige deutschsprachige Tageszeitung der Welt, die sich durchgehend gegen die Nationalsozialisten wandte. Es ließ sich auch von verschiedenen Anschlägen der Auslandsorganisationen der NSDAP und durch die Proteste der deutschen Botschaft beim argentinischen Außenminister Carlos Saavedra Lamas nicht einschüchtern. Die große Zahl von Flüchtlingen vor dem Dritten Reich erklärt die gegen Ende der 30er Jahre hohe Auflagenzahl von 50.000 Exemplaren pro Tag. Nach 1943 und unter Juan Domingo Perón war das Blatt Pressionen ausgesetzt (Schoepp 1992).

Auf die Aktivitäten Alemanns und seiner Freunde ging die Gründung der Organisation "Anderes Deutschland" (1937) zurück, ebenso waren sie an der Bildung der "Freien Deutschen Bühne" und der besonders in den 30er und 40er Jahren wichtigen Pestalozzi-Schule (1934) in Buenos Aires beteiligt. Das "Andere Deutschland" wurde von dem vormaligen sozialdemokratischen Abgeordneten August Siemsen herausgegeben, der über die Schweiz 1937 nach Argentinien flüchtete, später nach Osnabrück übersiedelte und von dort 1955 in die DDR, wo er 1958 starb. Sein Sohn Pieter Siemsen lebte ebenfalls in der DDR, kritisierte aber später die mangelnde Würdigung des "Anderen Deutschland" zugunsten des lateinamerikanischen Komitees des "Bund Freies Deutschland" und bezeichnete die Übersiedlung als "das Ende meiner schöpferischen politischen Tätigkeit" (Siemsen 1995, S. 20). Auch Erich Bunke, wie August Siemsen einer der Begründer und Lehrer am Colegio Pestalozzi, ging in die DDR. Seine 1937 in Argentinien geborene Tochter Tamara starb 1967 in Bolivien zusammen mit Ernesto Che Guevara und wurde unter dem Namen *"Tania — la guerrillera"* bekannt.

Wahrscheinlich ist die Stärke der Nazis in Argentinien und ihr Einfluß auf die argentinische Außenpolitik überschätzt worden[1]. Das nach dem Besuch einer deutschen Handelsdelegation in Südamerika 1934 geschlossene deutsch-argentinische Waren- und Verrechnungsabkommen erfüllte nicht alle Erwartungen, zumal die deutsche Seite das Gleichgewicht der Lieferungen nicht einhalten konnte, denn Deutschland hatte traditionell mehr aus Argentinien importiert als dorthin exportiert (Ebel 1971, S. 429). Die Auslandsorganisationen (AO) der Nationalsozialisten konnten bis 1937 uneingeschränkt aktiv sein, danach erfolgte eine Verschärfung der Einwanderungsbestimmungen, und eine "Argentinisierung" der ausländischen Vereine wurde angestrebt. Arnold Ebel gelangt zu dem Ergebnis, man sei sich in der Wilhelmstraße durchaus darüber klar gewesen, "daß die Aktivität der AO eine Belastung für die gegenseitigen Beziehungen darstellte und stand daher ihrer Einschränkung keineswegs ablehnend gegenüber" (Ebel 1971, S. 431). Eduardo Labougle, von 1932 bis 1939 argentinischer Botschafter in Berlin, berichtet in seinem Buch *"Misión en Berlín"* von Unterschieden zwischen dem Außenministerium und der Auslandsorganisation der NSDAP. In einem Gespräch mit Staatssekretär von Weizsäcker am 18. Mai 1938 habe er ihn auf propagandistische Aktivitäten an deutschen Schulen angesprochen und auf die Tatsache, daß in Argentinien geborene Deutsche in

---

[1] Historiker und Gesellschaftswissenschaftler aus der DDR haben sich intensiv mit dem deutschen Imperialismus sowie den deutsch-lateinamerikanischen Beziehungen und denen zu Argentinien auseinandergesetzt. Insgesamt wurde die Einheitlichkeit der deutschen Außenpolitik während des Dritten Reiches und deren tatsächlicher Einfluß auf die lateinamerikanischen Länder eher überschätzt, allerdings sind die Positionen nicht einheitlich. So kommt Friedrich Katz zu einem zurückhaltenden Urteil und dem Ergebnis, daß die deutschen Bemühungen während der beiden Weltkriege, die lateinamerikanischen Länder auf ihre Seite zu ziehen, nicht erfolgreich waren. Nur im ersten Weltkrieg blieben einige der wichtigsten Staaten, wie Mexiko, Chile und Argentinien, neutral. Faschistische Bewegungen seien — auch in Argentinien — ohne wirkliche Bedeutung geblieben (Katz 1966).

die Auslandsorganisationen der Partei aufgenommen wurden. Labougle deutet an, daß es nach entsprechenden Anweisungen von Weizsäckers zu einer moderateren deutschen Politik in Argentinien gekommen sei (Labougle 1946, S. 92). Ein am 15. Mai 1939 erlassenes Dekret untersagte alle Beziehungen zwischen Organisationen in Argentinien und dem Ausland (Jackisch 1989, S. 214).

Die Mitgliedschaft in den Auslandsorganisationen der NSDAP lag 1937 umgerechnet auf die Zahl der Deutschstämmigen bei 3,5% und blieb damit deutlich unter der in anderen lateinamerikanischen Ländern, wie Bolivien (25%), Chile (18,5%) oder Venezuela (18,4%), wobei die wesentlich geringere Zahl von Auslandsdeutschen in den genannten Ländern berücksichtigt werden muß (Jackisch 1989, S. 212). Mitte 1939 waren es ca. 1.600 Mitglieder in Argentinien und 8.000 in ganz Lateinamerika. Relativ erfolgreich war die Wirtschaftsdiplomatie des Dritten Reiches gegenüber Lateinamerika bis 1939, sie stellte damit Washingtons *"open door empire"* in Frage. Mit dem Kriegsausbruch wurde der Warenverkehr mit Lateinamerika nahezu unmöglich.

In der deutschsprachigen Öffentlichkeit Argentiniens waren die Nationalsozialisten nicht bestimmend. Von den beiden deutschen Tageszeitungen verstand sich die "Deutsche La Plata Zeitung" als offizielles Sprachrohr des Reiches, während das "Argentinische Tageblatt" (AT) eine demokratische Position vertrat. 1935/36 erschien darüber hinaus "Die Schwarze Front" unter der Federführung Otto Strassers (Spitta 1978a, S. 11). Bestrebungen, unter den spanischsprachigen Zeitungen reichsfreundliche Positionen zu fördern, waren vorhanden. So erhielten die nationalistische Abendzeitung *"El Pampero"* und die von dem anti-britischen Autor Raúl Scalabrini Ortíz herausgegebene Morgenzeitung *"La Reconquista"*, die nach kurzer Zeit einging, Unterstützung aus Deutschland (Volberg 1981, S. X). Insgesamt blieben diese Versuche erfolglos, und der damalige deutsche Botschafter Dr. Edmund Freiherr von Thermann, der 1933 zunächst als Geschäftsträger nach Buenos Aires kam und Mitglied der NSDAP war, mußte nach Berlin berichten: "Die wirklich einflußreichen Zeitungen, wie *La Prensa, La Nacíon* oder *El Mundo* sind nicht käuflich, auch nicht durch Millionenbeiträge" (zit. nach Jackisch 1989, S. 218).

2. Die Beziehungen ab 1945

Nach 1945 wurde Argentinien zum bevorzugten Fluchtziel für Nationalsozialisten. Ein deutschfreundlicher Präsident, dessen gezielte Einwanderungspolitik sowie das Vorhandensein einer aktiven und national gesinnten deutschen Gemeinschaft machten das Land für viele zur Fluchtburg. Da die Alliierten einen Auswanderungsstopp verfügt hatten, handelte es sich um eine illegale Emigration. Offenbar stand keine nationalsozialistische Geheimorganisation dahinter (Meding 1992). Perón sah in den von ihm bewunderten Fachleuten und Militärs aus Deutschland eine Möglichkeit, die wirtschaftliche Entwicklung voranzubringen. Bekannte Namen waren darunter, wie Oberst Rudel und Prof. Kurt Tank, die nicht als Kriegsverbrecher galten. Weltweites Aufsehen erlangte dagegen der Fall Adolf Eichmann, der bis zu seiner Entführung durch den israelischen Geheimdienst (1960) bei Mercedes Benz in Buenos Aires arbeitete.

Mit den nationalistisch bzw. nationalsozialistisch gesinnten Zuwanderern nach 1945 verschob sich die Zusammensetzung in den deutschen Vereinen und die Nachfrage an deutschsprachiger Presse. Wilfried von Oven, ehemaliger Pressechef von Joseph Goebbels, übernahm 1952 die Chefredaktion der 1945 gegründeten "Freien Presse". Die Auflage stieg aufgrund der wachsenden Zahl von nationalistischen Zuwanderern in den 50er Jahren von 15.000 auf ca. 30.000 täglich, womit sie zur größten deutschsprachigen Zeitung außerhalb Europas wurde. Im Unterschied zum "AT" bezeichnete sie sich als "deutsche Zeitung in Argentinien".

Erwähnt sei die 1947 gegründete Monatsschrift "Der Weg". 1953 soll die stark antisemitische und in kostspieliger Aufmachung erscheinende Zeitung eine Gesamtauflage von 25.000 erreicht haben, von der ein erheblicher Teil in die BRD ging. Hinter ihr standen nationalsozialistische Residuen, insbesondere der damals eine politische Rückkehr nach Deutschland planende Oberst Rudel. Mitarbeiter des "Weg" unterhielten Verbindungen zur verbotenen Sozialistischen Reichspartei (SRP) und zu rechtsradikalen Kreisen; erst nach dem Konkurs der Zeitschrift im Jahr 1958 kam es zu strafrechtlichen Ermittlungen des Lüneburger Landgerichtes (Meding 1992, S. 263).

Im Juni 1950 wurde ein Handelsvertrag mit Argentinien geschlossen, die Wiederaufnahme der diplomatischen Beziehungen erfolgte am 8. Januar 1952. Dr. Hermann Terdenge übergab sein Beglaubigungsschreiben als Botschafter und knüpfte sehr bald enge Beziehungen zum argentinischen Präsidenten. Perón war bei der feierlichen Rückgabe des Botschaftsgebäudes am 4. April des gleichen Jahres zugegen und hißte eigenhändig die schwarz-rot-goldene Flagge. In seiner Ansprache lobte er Deutschland und sprach von "den alten Kameraden der deutschen Wehrmacht, denen wir in besonderem Maße unsere Ausbildung und Erziehung verdanken" (zit. in Meding 1992, S. 267). Die guten persönlichen Beziehungen zu Perón erleichterten auch eine Teil-Restitution des deutschen Vermögens. Auf Anraten Peróns und mit dem Ziel der Koordination in dieser Frage gründeten die deutschen Vereine einen Dachverband (*Federacíon de Asociaciones Argentino-Germanas*, FAAG), der am 27. April 1955 im *Teatro Colón* entstand. 1956 wurde per Gesetzesdekret die Rückgabe des Besitzes kultureller, sozialer und sportlicher Vereinigungen verfügt. Die deutschen Betriebe wurden 1958 öffentlich versteigert, so daß die Mutterhäuser ihre Filialen wieder erwerben konnten (Hoffmann 1979, S. 126).

Intensiv und noch relativ wenig erforscht sind die argentinisch-deutschen Beziehungen unter Juan Domingo Perón. Auch die deutsche Industrie hatte schnell wieder gute Beziehungen hergestellt. Die politische Nähe des Botschafters zum Präsidenten war so ausgeprägt, daß Terdenge nach dem Sturz Peróns 1955 abgelöst werden mußte. Ein Jahr lang amtierte ein Geschäftsträger, 1956 wurde ein neuer Botschafter entsandt, worauf sich die deutsch-argentinischen Beziehungen schnell wieder normalisierten.

Im Juni 1973 erfolgte die Herstellung diplomatischer Beziehungen zwischen Argentinien und der DDR. Anfang der 70er Jahre wurde das "Alexander-von-Humboldt-Institut der Freunde der DDR" in Buenos Aires gegründet. Kuba, Brasilien und zeitweilig Nikaragua waren jedoch wichtigere Außenhandelspartner der DDR als Argentinien. In der zweiten Hälfte der 70er Jahre erhielt die DDR einen größeren Auftrag zur Lieferung von Hafenkrähnen; 1979 gewährte die DDR Argentinien einen Handelskredit in Höhe von 30 Mio. Dollar (Bischof 1982, S. 311). 1985 wurde ein Kulturabkommen zwischen der Regierung der DDR und der Regierung Argentiniens geschlossen.

3. Die Beziehungen ab 1976

Die Beziehungen und der politische Besuchsverkehr zwischen Argentinien und der Bundesrepublik sind unter der Diktatur (1976-1983) nicht wesentlich zurückgegangen. In der Zeit des Waffenembargos von US-Präsident Jimmy Carter avancierte die Bundesrepublik zum wichtigsten Rüstungslieferanten. Auch die Besuche deutscher Politiker hielten an, wobei sich die SPD allerdings zurückhielt (Thun 1985, S. 143).

Während der Militärdiktatur ab März 1976 gehörte Argentinien mit Chile und später Nicaragua zu den lateinamerikanischen Ländern, die innenpolitische Kontroversen in der Bundesrepublik hervorriefen. Das Interesse an den innenpolitischen Zuständen in Argentinien in der bundesdeutschen politischen Öffentlichkeit nahm allerdings erst mit der Fußballweltmeisterschaft zu, die eine Debatte über "Fußball und Folter in Argentinien" (1978; FDCL 1978) hervorrief. In diesem Zusammenhang wurde auf das sog. Verschwindenlassen und die Ermordung von mehreren Deutschen hingewiesen, was zu Aktivitäten von Menschenrechtsorganisationen und der Solidaritätsbewegung zugunsten der Opposition in Argentinien führte. Nach der Verhaftung und der Ermordung eines deutsch-argentinischen Studenten aus München (1976) entstand die Initiative "Freiheit für Klaus Zieschank", die neben vielen anderen Aktivitäten zur Aufklärung seines Schicksals einen längeren Hungerstreik in Bonn durchführte. Eine ähnlich große Bekanntheit hat der Fall von Elisabeth Käsemann hervorgerufen, die im gleichen Jahr ermordet wurde. 1993 hat die evangelische Kirche in ihrer Geburtsstadt Gelsenkirchen ein Elisabeth-Käsemann-Haus eingeweiht (Bayer 1993). Im Zuge der Solidaritätsbewegung entstanden auch die "Argentinien-Nachrichten" in Stuttgart.

Durch eine sprachlich nicht immer geglückte Übersetzung des Berichtes der "Nationalen Kommission zur Untersuchung des Verschwindens von Personen" (CONADEP) mit dem deutschen Titel "Nie wieder!" wurde dieser für das Verständnis der neueren argentinischen Geschichte wichtige Text interessiertem Publikum zugänglich gemacht.

Zu den kritischen Momenten der Beziehungen zählt der Krieg um die Falklands/Malvinen 1982. Während sich die Bundesrepublik auf verhaltene Weise zur englischen Position bekannte, demonstrierten ca. 7.000 Deutsch-Argentinier Ende Mai auf der Plaza San Martín. Auf den mitgeführten Spruchbändern war etwa zu lesen: "Geteiltes Deutschland, begreife den argentinischen Einheitswillen". Der Präsident des Dachverbandes der deutsch-argentinischen Vereinigungen (FAAG), Federico Mertig, beendete seine Ansprache mit den Worten: "Wir argentinischen Bürger betrachten uns alle als Kinder San Martíns, der uns lehrte, unser Vaterland in Ehren und mit Würde zu verteidigen. Beschreiten wir gemeinsam den von ihm vorgezeichneten Weg, und wir werden den Endsieg erringen" (AT, 29.5.1982). Im Zuge des Krieges im Südatlantik nahmen die Kontakte zwischen Argentinien und der DDR vorübergehend zu[2]. Anfang Mai 1982

---

[2] Es sei in diesem Zusammenhang an den rapide gestiegenen Handelsaustausch zwischen der Sowjetunion und dem südamerikanischen Land erinnert, zu dem es nach dem Einfall in Afghanistan aufgrund des gegen die UdSSR von den USA verhängten Getreide-Embargos gekommen war. Argentinien erhöhte seine Getreideverkäufe von 1,9 Mio. Tonnen 1979 auf 7,5 Mio. 1980 bzw. zwischen 12 und 15 Mio. 1981. Im Gegenzug machte die UdSSR ihren Einfluß geltend, um eine Verurteilung Argentiniens durch die Menschenrechtskommission der Vereinten Nationen zu verhindern (AT, 9.1.1982). Später drängte sie dann weitgehend erfolglos auf die Abnahme von Waffen und Industriegütern (Informe Latinoamericano, 19.4.1985).

besuchte der stellvertretende Außenminister der DDR, Botschafter Bernhard Neugebauer, sechs Tage lang Buenos Aires und wurde u.a. vom damaligen Außenminister Nicanor Costa Méndez empfangen. Argentinien und die DDR betonten "die Notwendigkeit, den Kolonialismus und Neokolonialismus in allen seinen Formen zu eliminieren" (El Cronista Comercial, 11.5.1982).

Im Demokratisierungsprozeß Argentiniens nach 1983 nahmen die diplomatischen Kontakte mit der Bundesrepublik Deutschland schnell wieder zu. Dabei wandelte sich die Zusammensetzung und die politische Herkunft der Besucher: Der dem christlich-sozialen Arbeitnehmerflügel der CDU zugerechnete Heiner Geissler zählte zu den ersten Reisenden. Hans Dietrich Genscher war der erste westliche Außenminister, der das Land Anfang 1984 nach der Rückkehr zur Demokratie besuchte und mit der aus freien Wahlen hervorgegangenen Führung zu Gesprächen zusammentraf. Seine Visite leitete eine Serie von Besuchen ein, u.a. den von Helmut Kohl im Juli 1984 als erstem Kanzlerbesuch und zugleich als erster europäischer Regierungschef nach der Re-Demokratisierung. Präsident Raúl Alfonsín bezeichnete bei dieser Gelegenheit die Bereitschaft zur Zusammenarbeit als Beitrag zur "Wiedereingliederung des demokratischen Argentiniens in die Welt" (NZZ 8./9.7.1984). Mit dem Besuch verbanden sich Hoffnungen auf eine deutsche Vermittlerrolle in Europa nach dem Krieg um die Falklands/Malwinen und Fortschritte in der Schuldenfrage, wobei zumindest die Erwartungen in dem zuletzt genannten Punkt enttäuscht wurden (Clarín, 7.7.1984). Die argentinische Außenpolitik war darum bemüht, das Bild eines demokratischen und vertrauenswürdigen Landes zu präsentieren. 1985 kam nach 25 Jahren mit Raúl Alfonsín wieder ein argentinischer Präsident in die Bundesrepublik.

Der Verdacht einer geheimen deutsch-argentinischen Rüstungskooperation hält sich auch in den 80er Jahren. Argentinische Zeitungen wiesen 1989 auf ein mit irakischer Hilfe finanziertes ägyptisch-argentinisches Condor-Projekt hin. Das "Nest des Condor" befände sich in der Nähe der Provinzstadt Córdoba, wo mit Hilfe von MBB ein "argentinisches Peenemünde" entstünde (SZ, 13.4.1989). Unter der Regierung Menem wurde das Condor-Projekt auf nordamerikanischen Druck gegen den Protest des Militärs eingestellt.

Im Februar 1992 ließ Präsident Carlos Menem die Nazi-Archive in Argentinien öffnen, möglicherweise als eine Reaktion darauf, daß ihn der jüdische Weltkongreß 1990 als "herausragenden Staatsmann" ausgezeichnet hatte. Was die Historiker und Wissenschaftler in acht Mappen vorfanden, war enttäuschend und bestand überwiegend aus Zeitungsausschnitten und einigen internen Dokumenten der Polizei. Offenbar sind Quellen – etwa die Akte über Martin Bormann – zurückgehalten worden. Für die Forscher brachten die Materialien wenig Neuigkeiten, allerdings setzten die nun ganz offenkundigen Verbindungen zwischen Perón und verschiedenen Nationalsozialisten in Argentinien eine Debatte in Gang, die geeignet sein könnte, mit überkommenen Vorstellungen aufzuräumen. "Der alte Peronismus endet", kommentierte die Zeitung "Página 12".

Der Peronismus hatte eine auf Importsubstitution ausgerichtete nationalistische Industrialisierungsstrategie verfolgt, die bis Anfang der 80er Jahre auch von den meisten Sozialwissenschaftlern positiv bewertet wurde. In welchem Ausmaß er dabei auch auf Techniker, Rüstungsexperten und Offiziere aus Deutschland, Italien und Kroatien setzte, war nicht ins Bewußtsein der interessierten Öffentlichkeit gerückt. Die Frage, ob Perón dafür vorab eine größere Geldsumme aus dem Dritten Reich erhalten hatte oder ob gar der hin und wieder durch die Presse geisternde, in Mar del Plata angelandete sagenhafte SS-Schatz als Finanzquelle diente, ist in diesem Zusammenhang unerheblich. Anscheinend hat Perón weitgehend aus eigenem Antrieb gehandelt, wobei die Vorteile für sein Land international aufgrund der dadurch hervorgerufenen Spannungen mit den USA auf längere Sicht gering waren. Die "deutsche Gefahr" und die Rede von einem "Vierten Reich" und einem "neuen Berchtesgaden in der Antarktis" sind teilweise übertrieben worden, um der damals auf eine größere Unabhängigkeit von den USA zielenden argentinischen Außenpolitik entgegenzuwirken. Das mit der "Öffnung" der Akten aufgekommene Interesse hat also auch mit der innerargentinischen Diskussion und den Interpretationen des Peronismus zu tun.

II. Argentinien-Bilder und Deutschland-Bilder

Anfang der 70er Jahre war in argentinischen Kinos eine Zeichentrickfilm-Reklame der Bier-Marke Bieckert zu sehen: Zwei blonde Männer steuerten auf unbeholfene Weise einen Laster an einer Kreuzung vorbei und wurden deswegen von einem Polizisten angehalten. Nach kurzen Verhandlungen erklärte der Ordnungshüter: *"No les hago la boleta porque son germanos"* — worauf die holprige Antwort erfolgte: *"No, no somos hermanos, somos primos"*[3]; die Stimmung war danach in den Kinos stets ausgezeichnet.

Auf sympathische Weise gab die Werbung gängige Fremd- und Selbstbilder wieder. Auf der einen Seite die eifrigen und arbeitsamen, jedoch etwas einfältigen und immer hölzern wirkenden Deutschen, auf der anderen Seite die wesentlich gelasseneren, großzügigeren und beherrschten Argentinier. In überspitzter Form hat dies in der Fremdbeschreibung von den Deutschen als *"alemanes cuadrados"* und den Argentiniern als *"cancheros"* seinen Niederschlag gefunden. Auf eigentümliche Weise sind beide Typen miteinander verbunden und aufeinander angewiesen. Dabei gibt es wahrscheinlich ein markanteres Bild der Deutschen in Argentinien als der Argentinier in Deutschland, was an der wesentlich größeren Zahl und der ständigen Präsenz von Deutschstämmigen in der argentinischen Einwanderungsgesellschaft liegt.

In argentinischen Texten tauchen früh Bilder von den Deutschen auf. Sarmiento, der von den Einwanderern eine Modernisierung des Landes erwartete, schreibt an einer Stelle seines *"Facundo"*:

"Mitleid und Scham fühlt, wer in der argentinischen Republik die deutsche und schottische Kolonie im Süden von Buenos Aires mit den Dörfern im Landesinneren vergleicht. In den ersteren sind die Häuser stets gestrichen und mit Blumen geschmückt ... das nationale Dorf stellt die traurige Kehrseite dieser Medaille dar ..." (Sarmiento 1974, S. 9).

Unter den Einwanderern und Deutschstämmigen wurde die Lebenssituation im Lande aufgegriffen. In der Zeitschrift "Phoenix" wird etwa 1931 die Begegnung zwischen Einheimischen und Zugereisten behandelt. Neben der Beschreibung von Schwierigkeiten wird darauf verwiesen, daß "das Gegensätzliche und Wesensfremde durch ebenso

---

[3] "Sie bekommen keinen Strafzettel, weil sie Germanen sind." Antwort: "Nein, nein, wir sind keine Brüder, sondern Vetter."

Sympathisierendes, Liebenswertes und Angenehmes in der neuen argentinischen Heimat aufgewogen wird". Das Land biete "eine wundervolle persönliche Freiheit", der Deutsche lerne die große persönliche Liebenswürdigkeit des Argentiniers schätzen und "die unbegrenzte Gastfreundlichkeit und Höflichkeit", deshalb strebe er danach, "die anfängliche feindseelige Ablehnung gegen das Neue, Ungewohnte und deshalb Unbequeme durch eigene Kraft zu überwinden" (Scheele-Willich 1931, S. 59).

Alte Klischees haben sich mit der Zeit abgemildert. Es fällt schwer, über ein spezifisches Bild Argentiniens in den deutschen Medien zu schreiben. Während der Militärdiktatur war das Argentinien-Bild schlecht, auch wenn die Menschenrechtsverletzungen erst relativ spät ein Thema in der Presse wurden, da das Pinochet-Regime und ab 1979 Mittelamerika in der Berichterstattung im Vordergrund standen.

Während des Krieges im Südatlantik wurde das Argentinien-Bild in Deutschland auch zu einem Politikum für die deutschsprachige Presse in Buenos Aires. Im "AT" wurde schon zuvor hin und wieder die Darstellung des Landes in der bundesdeutschen Presse behandelt, und zwar vor allem während der Militärdiktatur 1976-1983. Erwähnt wird in diesem Zusammenhang die "den Europäern unbegreifliche Wirtschaftskrise" in einem reichen Land (AT, 2.1.1982). Die vom "Spiegel" publik gemachte enge Zusammenarbeit im Rüstungsbereich wurde wiedergegeben (AT, 13.3.1983). Die Zeitung konstatierte ein "gespaltenes Argentinien-Bild": Zwar werde Argentinien nicht mehr zu den Entwicklungsländern gezählt, "politisch gilt das Land aber immer noch als eine Art südamerikanische Bananenrepublik, wo Großkapitalinteressen gepaart mit den Stiefeln der Militärs für das Ausbluten weiter Bevölkerungskreise sorgen" (AT, 17.4.1982). Die traditionell guten Beziehungen seien durch die Entwicklungen der letzten Jahre "nachhaltig gestört" worden. Waren bereits der Peronismus und die argentinische Wirtschaft undurchsichtige Phänomene, so hat der Konflikt um die Falklands/Malwinen das Bild von einem schwer erklärbaren Land verfestigt. In den in Argentinien veröffentlichten Kommentaren zur Berichterstattung in der deutschen Presse wurde eine pro-britische Einstellung der FAZ-Leitartikel konstatiert. Ein konservativer Nachrichtensprecher im öffentlich-rechtlichen Fernsehen habe den Generalpräsidenten Galtieri als "Suppentellerfaschisten" bezeichnet. Nur die linke "Tageszeitung" aus Berlin spreche vom "Malwinen-Krieg" und erkenne als einzige den kolonialen Charakter des Konflikts an (AT, 22.4.1982).

In der bundesrepublikanischen Öffentlichkeit konnte keiner so recht etwas mit dem Konflikt anfangen. Eine gewisse Betroffenheit setzte erst nach der Versenkung der General Belgrano ein; SPD-Politiker erklärten, die Verhältnismäßigkeit der Mittel sei nun überschritten. Der Umgang mit dem fernen Krieg geriet zum innenpolitischen Zankapfel, nachdem der aus England für die FAZ berichtende Karl Heinz Bohrer den Deutschen "die politische Moral von Mainzelmännchen" attestiert hatte, da sie das Verhalten einer alten Weltmacht gegenüber einer südamerikanischen Militärdiktatur nicht begreifen könnten. Aber auch innerhalb der linken Lateinamerika-Szene kam es zu einer Debatte darüber, wie man sich zu dem Konflikt verhalten solle (TAZ, 25.5.1982).

Periodisch kehren Artikel wieder, die auf den Abstieg und die verschlechterte Einkommenssituation in Argentinien hinweisen. Das einstige Einwandererland sei zum Auswandererland geworden, konstatiert ein Beitrag Ende der 80er Jahre und verweist auf die Rückkehrerbewegung unter den Deutschstämmigen. "Junge Argentiniendeutsche beten die Heimat ihrer Vorfahren geradezu an, beschwören das angebliche Stammland von Ordnung und Fleiß, der harten, aber gut bezahlten Arbeit" (Der Spiegel 15/1989, S. 193).

Das Image des seit 1989 amtierenden Präsidenten Carlos Menem in der deutschen Presse war zunächst negativ. Ihm haftete etwas operettenhaftes und unseriöses an. Seine privaten Affären und persönlichen Eskapaden bestimmten das Bild, seine Wirtschaftspolitik fand zunächst kaum Beachtung. So stellte ihm der Korrespondent der "Welt", Werner Thomas, in einem langen Gespräch die Frage:

Welt: "Was sagen Sie zu den ausländischen Reaktionen auf ihre äußerliche Erscheinung? Ihnen wird ja — nicht zuletzt wegen Ihres Backenbartes — etwas operettenhaftes unterstellt.

Menem: "Hoffentlich schreiben Sie nicht auch, daß ich weiße Anzüge, spitze Schuhe, Plattformabsätze, riesige Ringe und goldene Ketten trage" (Menem 1989, S. 7).

Solche Äußerungen bzw. die ihnen zugrundeliegenden Vorstellungen sollten nicht überbewertet werden, schließlich finden sie sich auch in der argentinischen Presse. Allerdings verdeutlichen sie die Schwierigkeiten, ein realistisches Bild von der Politik des Landes zu vermitteln. Menem und der Menemismus bleiben ein schwer deutbares Phänomen, es finden sich jedoch auch wissenschaftliche Aufsätze, die sich um eine realistische Deutung bemühen (Waldmann 1992).

Die Berichterstattung über das Land und seine touristischen Sehenswürdigkeiten ist vergleichsweise kontinuierlich und umfassend. "Die Zeit" veröffentlichte Anfang der 90er Jahre mehrere längere Artikel, die auf die geographischen und kulturellen Besonderheiten eingingen (Die Zeit, 2.2.1990); eine besondere Faszination übt Buenos Aires aus (Die Zeit, 29.6.1990, 3.5.1991, 5.3.1993; FAZ-Magazin, 26.10.1995). Ausführlich wird auch die soziale Situation in den Armutsvierteln der Hauptstadt dargestellt (Die Zeit, 29.1.1993).

Zwar sind nicht alle großen deutschsprachigen Tageszeitungen mit einem eigenen Korrespondenten in Argentinien vertreten, es läßt sich jedoch eine recht kontinuierliche Information feststellen, die etwa unter der Überschrift "Belesen wie die Argentinier" auch über die Buchmesse in Buenos Aires berichtet (FAZ, 30.4.1992). Im Unterschied zu anderen lateinamerikanischen Ländern finden sich in der deutschsprachigen Presse immer wieder Artikel über das kulturelle Leben besonders in Buenos Aires, wobei besonders die Berichte von Peter B. Schumann zu Film, Musik und Theater (Schumann 1995) und von Eva Karnofsky erwähnt werden müssen. Die ARD, die Deutsche Welle und die Süddeutsche Zeitung sind mit eigenen Korrespondenten in der argentinischen Hauptstadt vertreten.

III. Die aktuellen Beziehungen

Bei einem Besuch im Mai 1994 bezeichnete Forschungsminister Paul Krüger Argentinien als wichtigsten wissenschaftlichen Partner in Lateinamerika (Clarín, 2.5.1994). In Argentinien werden 21 Schulen aus öffentlichen Mitteln der Bundesrepublik gefördert. Dazu gehören drei Begegnungsschulen (Goethe-Schule etc.), eine Schule mit verstärktem Deutschunterricht und 16 Sprachbeihilfeschulen. Hinzu kommt ein Lehrerbildungsinstitut in Buenos Aires. Die ca. 13.000 Schüler werden von 47 entsandten Lehrern und elf sog. Programmlehrkräften unterrichtet.

Die deutschsprachige Lateinamerikaforschung hat sich regelmäßig in Kolloquien mit Argentinien beschäftigt. Als Beispiele seien aus dem politik- und sozialwissenschaftlichen Bereich erwähnt:

- "Probleme der argentinischen Gegenwart" am Institut für Iberoamerika-Kunde in Hamburg (Bayer u.a. 1976);
- "Argentinien – Gegenwartsprobleme und Zukunftsperspektiven" in Augsburg 1981;
- "Argentinien" 1983 in der Evangelischen Akademie Hofgeismar (Argentinien 1983);
- "Menschenrechte und Wirtschaftsinteressen in Argentinien" 1985 in der Evangelischen Akademie Hofgeismar;
- "Die neue argentinische Demokratie" in Mainz 1986 (Garzón Valdés/Mols/Spitta 1988).

Ende der 80er Jahre hat die Intensität der deutsch-argentinischen Treffen im sozialwissenschaftlichen und politischen Bereich etwas nachgelassen. Dies hängt auch mit 1989/1990 und der deutschen Vereinigung zusammen. Unabhängig davon hat eine "deutsch-argentinische Schulbuchkommission" ihre Arbeit aufgenommen und mittlerweile drei Konferenzen sowohl in Deutschland als auch in Argentinien durchgeführt. Erklärtes Ziel ist es, u.a. einen gemeinsamen Schulbuchtext über lateinamerikanische Geschichte zu erarbeiten.

Die argentinisch-deutschen Wirtschaftsbeziehungen weisen – beginnend mit dem Handelsvertrag von 1857 – eine lange Tradition auf (vgl. von Gleich 1991, S. 94). Seit 1964 gibt es eine deutsch-argentinische gemischte Kommission für Wirtschaftsfragen, seit 1969 eine weitere für wissenschaftlich-technologische Zusammenarbeit und seit 1991 eine Kulturkommission. Bereits Ende der 80er Jahre wurden in Argentinien die zögerlichen deutschen Investitionen vermerkt (Clarín, 24.4.1988). Die dortige Regierung und einige deutsche Firmen bemühten sich darum, einen Vertrag für Kooperation ähnlich wie mit Italien und Spanien abzuschließen. Von argentinischer Seite kam es zu Kritik über die mangelnde Bereitschaft zu Investitionen, auch bei der Privatisierung von Staatsbetrieben habe Deutschland wenig Interesse gezeigt (BDI 1992, S. 105). Die ausländischen Firmen, die seit Anfang der 90er Jahre Investitionen in Höhe von über 35 Mrd. US-Dollar tätigten, kommen aus den USA, Frankreich, Spanien, Chile, Kanada und weiteren, vor allem europäischen Staaten. Im genannten Zeitraum beliefen sich die deutschen Direktinvestitionen auf weniger als 1 Mrd. US-Dollar (SZ, 2.6.1995).

Bei der Reise einer Wirtschaftsdelegation im Juni 1995 wurde einmal mehr der Rückgang des deutsch-argentinischen Außenhandels beklagt. Verantwortlich seien neben den Nachwirkungen der Militärdiktatur die deutsche Vereinigung, die Auslandsinvestitionen verhindert habe. Die hochrangig besetzte Delegation führte Gespräche mit Präsident Menem und mehreren argentinischen Ministern. Hans Henkel, Präsident des deutschen Arbeitgeberverbands, bezeichnete den argentinischen Privatisierungskurs und den Umgang mit den Staatsunternehmen sogar als Vorbild für Deutschland (Clarín, 7.6.1995).

Zwischen Argentinien und der Bundesrepublik Deutschland bestehen folgende Vereinbarungen:
- Rahmenabkommen über wissenschaftlich-technologische Zusammenarbeit von 1969,
- Kulturabkommen von 1973,
- Rahmenabkommen über technische Zusammenarbeit von 1976,
- Doppelbesteuerungsabkommen von 1979,
- Luftverkehrsabkommen 1985,
- Investitionsschutz- und Förderabkommen 1991,
- ein bilaterales Abkommen über die Förderung und den gegenseitigen Schutz von Kapitalanlagen 1991,
- Vereinbarung über bilaterale politische Konsultationen 1993,
- (Schulabkommen von 1993, das von argentinischer Seite noch nicht ratifiziert wurde).

Die zahlreichen Auslandsschulen sind bereits erwähnt worden. Zur bundesdeutschen Präsenz in Argentinien gehört auch die Anwesenheit der vier großen Parteienstiftungen mit Niederlassungen in der Hauptstadt. Das von der Konrad-Adenauer-Stiftung finanzierte CIEDLA-Institut veröffentlicht in Buenos Aires mit *"Contribuciones"* eine sozialwissenschaftliche Zeitschrift für lateinamerikanische Leser. Die GTZ förderte 1995 insgesamt 21 Vorhaben in Argentinien. Diese neuere bundesdeutsche Präsenz dient nicht der Pflege des Deutschtums, sondern außen- bzw. gesellschaftspolitischen Kontakten. Der Assimilationsprozeß der deutschen Einwanderer ist in den letzten Jahren weiter zügig vorangeschritten, was sich nicht zuletzt in der nachlassenden Häufigkeit des Erscheinens der deutschsprachigen Presse manifestiert. Die politisch überlebte "Freie Presse" stellte 1976 ihr Erscheinen ein, das "Argentinische Tageblatt" erscheint seit 1981 als Wochenausgabe.

In den letzten zwei Jahren fanden mehrere diplomatische und wirtschaftliche Initiativen, die auch auf andere südamerikanische Länder zielten, in Buenos Aires statt:

− vom 5. bis 11. Oktober 1993 die Konferenz deutscher Botschafter in Lateinamerika;
− am 6. und 7. Juni 1995 eine Lateinamerika-Konferenz unter Leitung von Bundeswirtschaftsminister Rexrodt;
− 29 deutsche High-Tech-Firmen nahmen vom 21. bis 23. Juni 1995 in Begleitung des baden-württembergischen Wirtschaftsministers Dieter Spöri an einem Technik-Symposium teil.

IV. Ausblick

Bis auf wenige Krisenmomente, zu denen der Sturz Peróns 1955 und die Zeit während der Militärdiktatur ab 1976 gehören, waren die Beziehungen zwischen Deutschland und Argentinien weitgehend problemlos. In der Geschichte der beiden so entfernt liegenden Länder gibt es große Unterschiede, aber auch Gemeinsamkeiten. Beide Länder gerieten aufgrund diktatorialer Herrschaft und einer − besonders in der deutschen Geschichte − expansiven Außenpolitik zu internationalen "Paria-Staaten", so ein Begriff von Carlos Escudé, haben aber in der Folgezeit Anstrengungen unternommen, um sich wieder in die internationale Gemeinschaft einzugliedern.

In einem 1979 geschriebenen und kontrovers diskutierten Text hat Osvaldo Bayer als verbindendes Element zwischen beiden Staaten "Die Wiedergewinnung der Republik in Argentinien. Die Verteidigung der Republik in Deutschland" genannt (Bayer 1995:74). Mittlerweile ist der Prozeß der Wiedergewinnung der Republik in Argentinien weit vorangeschritten. Er zeigt sich in dem Bestreben, internationale Anerkennung zu erreichen, die Vergangenheit aufzuarbeiten und eine stabile Demokratie aufzubauen. Vielleicht liegen gerade hier die interessantesten Aspekte künftiger argentinisch-deutscher Beziehungen.

Staats- und Arbeitsbesuche des Bundespräsidenten, des Bundeskanzlers (BK) und des Bundesaußenministers (AM) in Argentinien

04.05.-07.05.1964	BPräs. Lübke
Oktober 1968	AM Brandt
14.04.-19.04.1984	AM Genscher
08.07.-12.07.1984	BK Kohl
16.03.-20.03.1987	BPräs. von Weizsäcker
05.10.-11.10.1993	AM Kinkel
08.10.-10.10.1993	AM Kinkel

Staats- und Arbeitsbesuche argentinischer Staatsoberhäupter und Außenminister in Deutschland

26.05.-21.05.1954	AM Jerónimo Morales
27.06.-01.07.1960	Arturo Frondizi
15.09.-18.09.1985	Raúl Alfonsín
23.07.-26.07.1986	AM Mario Caputo
23.11.-26.11.1988	Raúl Alfonsín
07.02.-08.02.1990	AM Domingo Cavallo
08.04.-11.04.1991	Saúl Menem
30.09.-04.10.1992	Saúl Menem
18.10.-20.10.1994	Saúl Menem

Literaturverzeichnis

AUSWÄRTIGES AMT, 1993: Deutsche Lateinamerikapolitik 1993. Dokumentation, Bonn.

BARRIOS, Harald, 1991: Regimetyp und Außenpolitik – die Fälle Argentinien, Brasilien und Chile im Vergleich, in: Nohlen u.a. (1991, S. 113-137).

BAUER, Alfredo, 1989: La Asociación Vorwärts y la lucha democrática en la Argentina, Buenos Aires.

BAYER, Osvaldo u.a., 1976: Probleme der argentinischen Gegenwart, Hamburg.

– – –, 1993: El regreso de Elisabeth, in: Página 12, 2.10.1993.

– – –, 1995: Osvaldo Bayer. Mein Bild von Deutschland, in: Gert Eisenbürger (Hrsg.), Lebenswege. 15 Biographien zwischen Europa und Lateinamerika, Hamburg, S. 63-74.

BINDER, Thomas, 1978: Südamerika: 2. Argentinien – Chile – Uruguay – Paraguay, Fribourg und Köln.

BISCHOF, Henrik, 1982: Lateinamerika und die kommunistischen Staaten, in: Klaus Lindenberg (Hrsg.), Lateinamerika. Herrschaft, Gewalt und internationale Abhängigkeit, Bonn, S. 293-314.

BRUNS, Dirk, 1988: Argentinien. Ein Expreß-Reisehandbuch, Rieden a. Forggensee.

BUCHRUCKER, Christian, 1982: Nationalismus, Faschismus und Peronismus 1927-1955. Ein Beitrag zur Geschichte der politischen Ideen in Argentinien, Berlin (Diss.).

DEUTSCH-ARGENTINISCHE INDUSTRIE- UND HANDELSKAMMER, 1991: 1916-1991, Buenos Aires.

DÖRNER, Heinrich, 1992: Nachlaßplanung in argentinisch-deutschen Erbfällen, (Arbeitshefte des Lateinamerika-Zentrums Nr. 9), Münster.

EBEL, Arnold, 1971: Das Dritte Reich und Argentinien. Die diplomatischen Beziehungen unter besonderer Berücksichtigung der Handelspolitik (1933-1939), Köln und Wien.

ENCKE, Ulrich, 1991: 8 x Argentinien, München.

ESCUDE, Carlos, 1992: Realismo periférico. Fundamentos para la nueva política exterior argentina, Buenos Aires.

FDCL, 1978: Fußball und Folter. Argentinien '78, Berlin.

FISCHER, Thomas, 1992: Deutsche und schweizerische Massenauswanderung nach Lateinamerika 1819-1945, in: Wolfgang Reinhard/Peter Waldmann (Hrsg.), Nord und Süd in Amerika. Gegensätze, Gemeinsamkeiten, Europäischer Hintergrund, Freiburg, S. 258-305.

FRÖSCHLE, Hartmut (Hrsg.), 1979: Die Deutschen in Lateinamerika. Schicksal und Leistung, Tübingen und Basel.

FUßALL UND FOLTER. Argentinien '78, Hamburg 1978.

GAJEVIC, Mira, 1993: Die argentinische Außenpolitik nach 1983: Ein Vergleich der Regierung Alfonsín mit der Regierung Menem, Mainz (Magisterarbeit).

GARZON VALDES, Ernesto/MOLS, Manfred/SPITTA, Arnold (Hrsg.), 1988: La nueva democracia argentina (1983-1986), Buenos Aires.

von GLEICH, Albrecht, 1991: Die Rolle der deutschen Wirtschaft und ihrer Institutionen bei der Entwicklung der argentinisch-europäischen Wirtschaftsbeziehungen, in: Deutsch-Argentinische Industrie- und Handelskammer, 1916-1991, Buenos Aires, S. 94-104.

GRABENDORFF, Wolf, 1978: Die Außenpolitik Argentiniens, in: Zapata (Hrsg.), Argentinien. Natur-Gesellschaft-Geschichte-Kultur-Wirtschaft, Tübingen und Basel, S. 153-167.

HAMBURGER INSTITUT FÜR SOZIALFORSCHUNG (Hrsg.), 1987: Nie wieder! Ein Bericht über Entführung, Folter und Mord durch die Militärdiktatur in Argentinien, Weinheim und Basel.

HALPERIN DONGHI, Tulio, 1994: Geschichte Lateinamerikas von der Unabhängigkeit bis zur Gegenwart, Frankfurt a.M.

HOFFMANN, Werner, 1979: Die Deutschen in Argentinien, in: Fröschle (1979, S. 40-145).

HUMPHREYS, Robert Arthur, 1982: Latin America and the Second World War 1942-1945, Vol. 2, London. JACKISCH, Carlota, 1987: El nazismo y los refugiados alemanes en la Argentina 1933-1945, Buenos Aires.

KANNAPIN, Klaus, 1966: Zur Politik der Nazis in Argentinien von 1933 bis 1945, in: Sanke (1966, S. 81-102).

KATZ, Friedrich, 1966: Grundzüge der Politik des deutschen Imperialismus in Lateinamerika 1898-1941, in: Sanke (1966, S. 9-70).

LABOUGLE, Eduardo, 1946: Misión en Berlin, Buenos Aires.

LÜTGE, Wilhelm/HOFFMANN, Werner/KÖRNER, Karl Wilhelm, 1955: Die Geschichte des Deutschtums in Argentinien, Buenos Aires.

MEDING, Holger, 1992: Flucht vor Nürnberg? Deutsche und österreichische Einwanderung in Argentinien; 1945-1955, Köln.

MENEM, Carlos, 1989: Die Zukunft liegt in Lateinamerika (Interview), in: Die Welt, 5.6.1989, S. 7.

MOLS, Manfred/ZIMMERLING, Ruth, 1985: Die Außenpolitik Argentiniens, Brasiliens, Mexicos und Venezuelas, in: Karl Kaiser/Hans-Peter Schwarz (Hrsg.), Weltpolitik. Strukturen-Akteure-Perspektiven, Bonn, S. 679-695.

NOHLEN, Dieter u.a. (Hrsg.), 1991: Demokratie und Außenpolitik in Lateinamerika, Opladen.

– – –/FERNANDEZ, Mario, 1991: Demokratisierung und Außenpolitik. Themen und Thesen einer vergleichenden Analyse der Fälle Argentinien, Brasilien und Uruguay, in: Nohlen u.a. (1991, S. 37-58).

POMMERIN, Reiner, 1977: Das Dritte Reich und Lateinamerika. Die deutsche Politik gegenüber Süd- und Mittelamerika 1939-1942, Düsseldorf.

PYENSON, L., 1985: Cultural Imperialsm and Exact Sciences. German Expansion Overseas 1900-1930, New York.

RUSSELL, Roberto, 1992: La Política Exterior Argentina en el Nuevo Orden Mundial, Buenos Aires.

SARMIENTO, Domingo F., 1974: Facundo (Edición anotada y comentada por Jorge Luis Borges), Buenos Aires.

SANKE, Heinz (Hrsg.), 1966: Der deutsche Faschismus in Lateinamerika 1933-1943, Berlin.

SCHÄFER, Jürgen, 1974: Deutsche Militärhilfe an Südamerika, Düsseldorf.

SCHEELE-WILLICH, Cissy von, 1931: Muy Gringo – muy Creollo, in: Phoenix 17, 1/2, S. 52-60.

SCHUMANN, Peter B., 1995: Im Schatten des Doktor Frosch. Die argentinische Kultur unter dem Menemismus, in: Frankfurter Rundschau, 13.5.1995, S. ZB 2.

SCHOEPP, Sebastian, 1992: Hoffnung für deutsche Asylanten. Das "Argentinische Tageblatt" schrieb für Verfolgte des Nazi-Regimes, in: Frankfurter Rundschau, 24.10.1992.

– – –, 1995: Das Argentinische Tageblatt 1933-1945. Eine "bürgerliche Kampfzeitung" als Forum der Emigration, in: Vierteljahreshefte für Zeitgeschichte 43, 1, S. 75-114.

SCHRADER, Achim (Hrsg.), 1991: Deutsche Beziehungen zu Lateinamerika, Münster.

SENKMAN, Leonardo, 1991: Argentina, la segunda guerra mundial y los refugiados indeseables 1933-1945, Buenos Aires.

SIEMSEN, Pieter, 1995: "Ich habe mich immer als Lateinamerikaner gefühlt", in: Gert Eisenbürger (Hrsg.), Lebenswege. 15 Biographien zwischen Europa und Lateinamerika, Hamburg, S. 11-21.

SPITTA, Arnold, 1978a: Die deutsche Emigration in Argentinien 1933-1945. Ihr publizistisches Wirken (Arbeitspapiere der Universität Bielefeld/Lateinamerika-Forschung Nr. 14), Bielefeld.

– – –, 1978b: Paul Zech im südamerikanischen Exil. 1933-1946, Berlin

THUN, Tino, 1985: Menschenrechte und Außenpolitik: BRD – Argentinien 1976-1983, Bremen.

TULCHIN, Joseph S., 1990: Argentina and the United States. A Conflicted Relationship, Boston.

WALDMANN, Peter, 1992: "Was ich mache, ist Justizialismus, nicht Liberalismus". Menems Peronismus und Peróns Peronismus: Ein vorläufiger Vergleich, in: Ibero-Amerikanisches Archiv 18, 1/2, S. 5-30.

ZEUSKE, Max/STRUBLIG, Ulrich, 1988: Die Geschichte der deutsch-lateinamerikanischen Beziehungen vom Ende des 19. Jahrhunderts bis 1945 im Spiegel der DDR-Historiographie, in: JbLA 25, S. 807-830.

Autorenverzeichnis

Birle, Peter, Dr. phil., Politikwissenschaftler, wissenschaftlicher Assistent am Institut für Politik- und Verwaltungswissenschaften, Universität Rostock.

Bodemer, Klaus, Dr. phil., Akademischer Direktor am Institut für Politikwissenschaft der Universität Mainz, 1991-93 Projektleiter der Friedrich-Ebert-Stiftung in Montevideo/Uruguay; ab Mai 1996 Direktor am Institut für Iberoamerika-Kunde, Hamburg.

Braslavsky, Cecilia, Dr., Directora General de Investigación y Desarrollo im Ministerio de Cultura y Educación, Buenos Aires.

Carreras, Sandra, Historikerin und Politologin, Lehrbeauftragte an der Universität Mainz, Institut für Politikwissenschaft, Abt. Politische Auslandsstudien und Entwicklungspolitik.

Garzón Valdés, Ernesto, Prof. Dr. em. am Institut für Politikwissenschaft der Johannes Gutenberg Universität, Mainz.

Grewe, Hartmut, Dr.phil., Auslandsmitarbeiter der Konrad-Adenauer-Stiftung in Caracas, zuständig für den Bereich der Gewerkschaftsförderung in Lateinamerika.

Haldenwang, Christian von, Dr. rer. soc., wiss. Mitarbeiter und Lehrbeauftragter am Institut für Politikwissenschaft der Universität Tübingen.

Halperín Donghi, Tulio, Dr.phil., Prof. für Geschichtswissenschaften an der University of California, Berkeley.

Heinz, Wolfgang S., Dipl.Psych., Dipl.Pol., Dr. phil, Lehrbeauftragter an der Freien Universität Berlin, FB Politische Wissenschaften.

Jackisch, Carlota, Dr.phil., Historikerin, wissenschaftliche Mitarbeiterin der Konrad-Adenaur-Stiftung in Buenos Aires (CIEDLA).

Kohut, Karl, Dr. phil., o.Prof. an der Katholischen Universität Eichstätt, Sprach- und Literaturwissenschaftliche Fakultät.

Messner, Dirk, von 1989 bis Anfang 1995 wissenschaftlicher Mitarbeiter des Deutschen Instituts für Entwicklungspolitik, Berlin; seit März 1995 wissenschaftlicher Geschäftsführer des Instituts für Entwicklung und Frieden, Duisburg.

Nolte, Detlef, Dr., Politikwissenschaftler, wiss. Mitarbeiter am Institut für Iberoamerika-Kunde, Hamburg.

Riekenberg, Michael, PD Dr. phil., wissenschaftlicher Mitarbeiter an der Universität Leipzig, Historisches Seminar, Vergleichende Geschichtswissenschaft/Ibero-Amerika.

Riz, Liliana de, Dr., Soziologin, Professorin an der Universidad de Buenos Aires (UBA).

Spitta, Arnold, Dr., Lateinamerika-Referent beim Deutschen Akademischen Austauschdienst, Bonn.

Waldmann, Peter, Dr. jur., o.Prof. an der Universität Augsburg, FB Soziologie und Sozialkunde.

Werz, Nikolaus, Dr. phil., o.Prof. am Institut für Politik- und Verwaltungswissenschaften, Universität Rostock.

Institut für Iberoamerika-Kunde, Schriftenreihe

Bd. 37: Petra Bendel (Hrsg.), **Zentralamerika: Frieden - Demokratie - Entwicklung?** Politische und wirtschaftliche Perspektiven in den 90er Jahren, 1993

Bd. 38: Bert Hoffmann (Hrsg.), **Wirtschaftsreformen in Kuba.** Konturen einer Debatte, 2., aktualisierte Aufl. 1996

Bd. 39: Barbara Töpper und Urs Müller-Plantenberg (Hrsg.), **Transformation im südlichen Lateinamerika.** Chancen und Risiken einer aktiven Weltmarktintegration in Argentinien, Chile und Uruguay, 1994

Bd. 40: Dirk Kloss, **Umweltschutz und Schuldentausch.** Neue Wege der Umweltschutzfinanzierung am Beispiel lateinamerikanischer Tropenwälder, 1994

Bd. 41: Robert Lessmann, **Drogenökonomie und internationale Politik.** Die Auswirkungen der Antidrogen-Politik der USA auf Brasilien und Kolumbien, 1996

Bd. 42: Detlef Nolte und Nikolaus Werz (Hrsg.), **Argentinien: Politik, Wirtschaft, Kultur und Außenbeziehungen**, 1996

Bd. 43: Gilberto Calcagnotto und Barbara Fritz (Hrsg.), **Inflation und Stabilisierung in Brasilien.** Probleme einer Gesellschaft im Wandel, 1996

Bd. 44: Utta von Gleich (Hrsg.), **Indigene Völker in Lateinamerika.** Konfliktfaktor oder Entwicklungspotential?, 1996

Bd. 45: Detlef Nolte (Hrsg.), **Vergangenheitsbewältigung in Lateinamerika**, 1996

Vervuert Verlag
Wielandstr. 40, D-60318 Frankfurt
Tel. 069 - 59746 17 Fax: 069 - 597 8743
e-mail: bibrisb@ibero.rhein-main.com